濱海年鑑

管峻题

(2017)

总第12卷

滨　海　县　人　民　政　府　主　办

滨海县地方志编纂委员会办公室　承　编

方志出版社
Publishing House of Local Records

图书在版编目（CIP）数据

滨海年鉴（2017）/ 滨海县地方志编纂委员会办公室编.
—北京：方志出版社，2017.8
ISBN 978-7-5144-2499-7

Ⅰ. ①滨… Ⅱ. ①中… Ⅲ. ①滨海县—2017—年鉴
Ⅳ. ①Z525.34

中国版本图书馆CIP数据核字（2017）第207789号

滨海年鉴（2017）

编　　者：滨海县地方志编纂委员会办公室
责任编辑：徐　宏
出 版 人：冀祥德
出 版 者：方 志 出 版 社
地址　北京市朝阳区潘家园东里9号（国家方志馆4层）
邮编　100021
网址　http://www.fzph.org
发　　行：方志出版社发行中心
电话（010）67110500
经　　销：各地新华书店
印　　刷：南京顺和印刷有限责任公司
开　　本：889×1194　1/16
印　　张：27.25
字　　数：1168千字
版　　次：2017年9月第1版　2017年9月第1次印刷
印　　数：0000～1200册
ISBN 978-7-5144-2499-7　**定价：**398.00元

滨海县地方志编纂委员会

滨海年鉴（2017）编辑部

地　　址　滨海县行政中心0934室

电　　话　0515—84198239

邮　　编　224500

邮　　箱　bhxz05@163.com

《滨海年鉴（2017）》各单位审稿人员

（按姓氏笔画排序）

于庆龙	于彬彬	马　红	王日乐	王文龙	王红将	王体运
王　建	王荣峰	王信红	王朝阳	王朝晖	王翠芹	仇旭东
卢剑波	卢　清	史冬珠	权照阳	成德春	朱永惠	朱　明
朱　凯	刘龙和	刘　平	刘志宏	刘宝春	刘思源	刘晓明
刘海洋	刘慧云	刘德阳	郁步生	孙永军	孙　权	孙厚惠
孙耀明	严栋东	严海燕	李文浩	李小宇	张良潮	李　华
李志成	李　品	李海峰	李章全	杨　成	杨如龙	杨红兵
杨修松	杨　笋	杨海燕	吴雪冬	何向东	谷　峰	汪红玲
沈　军	沈连国	沈　奎	宋彩松	张生华	张奇志	张　盛
陆燕山	陈旭东	陈红兵	陈柏森	陈浩海	陈海兵	陈海君
陈　雷	陈锦锋	金　力	周　正	周树春	周　潜	庞　岩
郑贵荣	单龙彬	孟庆国	胡亚萍	姜少兵	姜　忠	姜爱民
姚绍章	夏甜甜	顾玉荣	顾炳跃	皋古华	徐天洲	徐为沐
许世兵	徐启南	殷绍军	殷振黎	高亚圆	高明刚	唐晓艳
唐高龙	黄耀家	崔　雯	梁高峰	梁　娟	董华林	蒋　华
蒋逸文	李元豹	程开山	鲁晓明	蒯乃畅	蒯中华	路长林
鲍爱萍	臧必飞	裴道好	戴广文	戴克祥		

《滨海年鉴（2017）》各单位撰稿人员

（按姓氏笔画排序）

王卫国	王永强	王　伟	王兆根	王　佐	王建平	王建军
王姝媛	王菊萍	王　敏	王雯玥	王　雷	王　鹏	水克胜
仇　雪	孔令振	石进波	石晓帅	叶为国	史书联	史海文
吕湘连	朱丽娜	朱　凯	朱　猛	任　宏	刘华成	刘　军
刘作城	刘　玲	刘　品	刘海洋	刘海燕	刘照耀	汤慧慧
孙夕连	孙正永	严岭山	严保成	杜观军	李开俊	李允嫱
李功华	李亚楠	李晓霞	李雪婷	李晶晶	李　静	杨西婷
杨如湘	杨砚池	杨婷婷	杨　磊	吴万生	吴春兰	吴　茜
吴　科	吴海玲	闵　君	汪洪峰	汪　洋	沈月新	沈玉洁
张冬生	张贵顶	张　钛	张俊华	张　峰	张海峰	张润东
张　梅	张　琰	张警芳	陆春颖	陈大伟	陈卫卫	陈　伟
陈贵江	陈海东	陈海英	陈海琴	陈　清	陈曙光	范业锋
范芳琳	林祥龙	季　超	金永信	周为民	周　静	赵建国
赵　琼	赵皓宇	柏婷婷	姜云燕	姜凤帮	胥撼春	姚成志
秦　丽	袁海波	徐亚娟	徐珊珊	徐美秀	许　浩	徐　娟
徐媛媛	栾　成	陶建飞	黄亚清	曹效峨	梁　旭	梁明清
梁晓娟	程焕友	蒯源源	解英姿	蔺栢玮	谭海兵	魏　为
魏军之	魏振雄	陆　磊				

编辑说明

一、《滨海年鉴（2017）》以马克思列宁主义、毛泽东思想、邓小平理论、“三个代表”重要思想、科学发展观、习近平新时代中国特色社会主义思想为指导，贯彻落实党的十九大精神，坚持辩证唯物主义和历史唯物主义的立场、观点、方法。

二、《滨海年鉴（2017）》全面、客观、系统地记述2016年度滨海县自然、政治、经济、文化和社会发展等方面的基本情况，重点突出经济建设，凸显滨海发展优势和本土文化特色；反映全县各行各业紧紧围绕县委、县政府“沿海争先跨越、淮河争当门户、全市争创一流”的总体目标，奋力开创全面建设小康社会的大事、要事、新事。该年鉴的编纂出版，旨在发挥存史、宣教、资政作用，为全县各级党政领导科学决策和有关部门开展工作提供参考依据，为社会各界了解滨海、扩大滨海对外宣传提供最具权威的年度县情信息，也为编修县志积累资料。本卷为第12卷。

三、《滨海年鉴（2017）》采用章节体辅以条目体的体例形式架构篇目。章节为宏观结构，条目是微观形式，由此组成本部年鉴体系。篇章层次的确定和取舍，从科学分类和社会分工出发，力求门类完备、不缺要项；层次的升降和增删，着眼年度特征、本土特色和专业特点；层次的分类、领属和位次，立足分类合理、归属得当，结构严谨、层次分明，前后照应、排列有序。节和节下层次，原则上以职能工作为记述实体，以保证年度工作的延续性和年度资料的著述性；辅助条目以及亮点特色和单一性记事条目用“相关链接”形式呈现。

四、《滨海年鉴（2017）》由卷首、卷末和主体内容三大版块构成，卷首设“图说滨海”“特载”“大事记”，卷末设“附录”“索引”，主体内容设“滨海概览”“政治建设”“经济建设”“基础设施”“生态环境”“文化建设”“社会民生”“区域发展”“人物风采”9篇53章，章下设综述，节下一般设无题序，宏观介绍行业年度情况。“人物风采”篇主要收录2016年度新闻人物、省市部门及以上荣誉获得者、高级专业技术人员，“逝世人物”收录在本县担任过副处级以上领导职务的党政军干部、滨海籍知名人士。全书卷首彩图80幅，随文插图230幅，表格52张。

五、《滨海年鉴（2017）》中的图文资料，由各镇区、各部门、各单位提供，并经单位负责人审核。文中所列数据以县统计局统计资料为准。

滨海年鉴（2017）编辑部

2017年10月

黄河骄子　革命老区
淮河门户　东方新港
沿海争先跨越
淮河争当门户
全市争创一流

滨海名片

- 国家级二类开放口岸
- 国家级商品粮基地县
- 全国粮食生产先进县
- 全国水利建设先进县
- 全国科技工作先进县
- 全国特殊教育先进县
- 全国绿化模范县
- 全国书法之县
- 全国林业生产大县
- 全国白首乌标准化示范区
- 全国生态建设示范区
- 全国最具投资潜力中小城市五十强
- 全国最佳泵阀产业特色园区
- 中国石油和化学工业最具投资价值园区
- 中华诗词之乡
- 中国楹联之乡
- 中国民间文化艺术之乡

年度荣誉

- 国家级妇幼健康优质服务示范县
- 全国扶贫系统先进集体
- 国家海洋工程环境保护执法示范建设单位
- 省人口协调发展创建工作先进县
- 全省基层党冬训工作示范县
- 省平安渔业示范县
- 省海洋综合管理先进集体
- 全省妇女儿童工作先进集体
- 江苏省妇女小额贷款发放工作先进县
- 江苏省“无小耳朵社区”创建工作先进县
- 全省新闻工作先进单位
- 全省农民专业合作社建设先进集体
- 全省教育工作先进集体
- 全省国土资源节约集约利用模范县

滨海县地图（2016年）

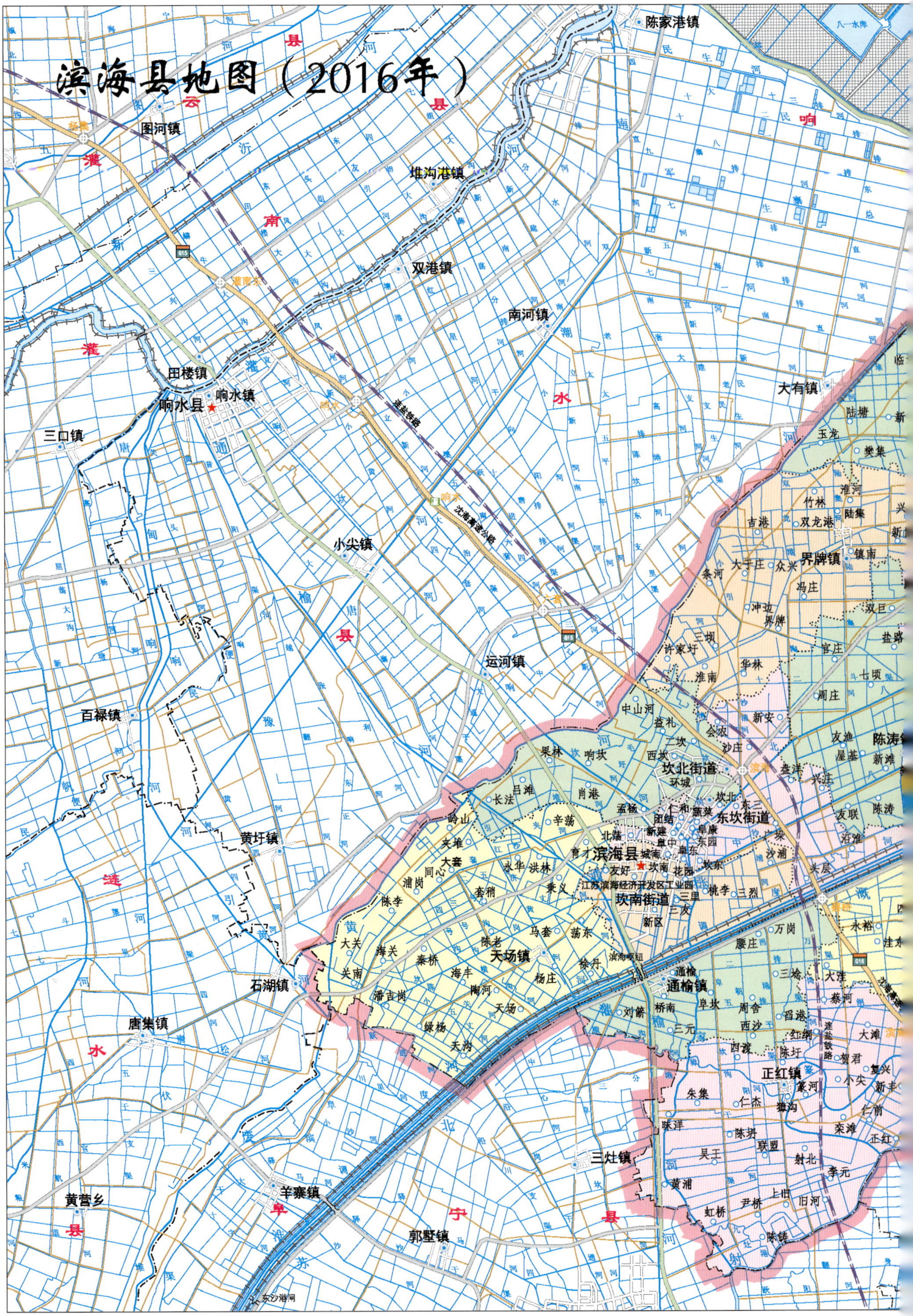
陈家港镇
图河镇
堆沟港镇
双港镇
南河镇
田楼镇
响水县
响水镇
三口镇
小尖镇
大有镇
界牌镇
运河镇
百禄镇
坎北街道
东坎街道
滨海县
坎南街道
黄圩镇
天场镇
通榆镇
石湖镇
唐集镇
正红镇
三灶镇
羊寨镇
黄营乡
郭墅镇
陈涛镇
江苏滨海经济开发区工业园

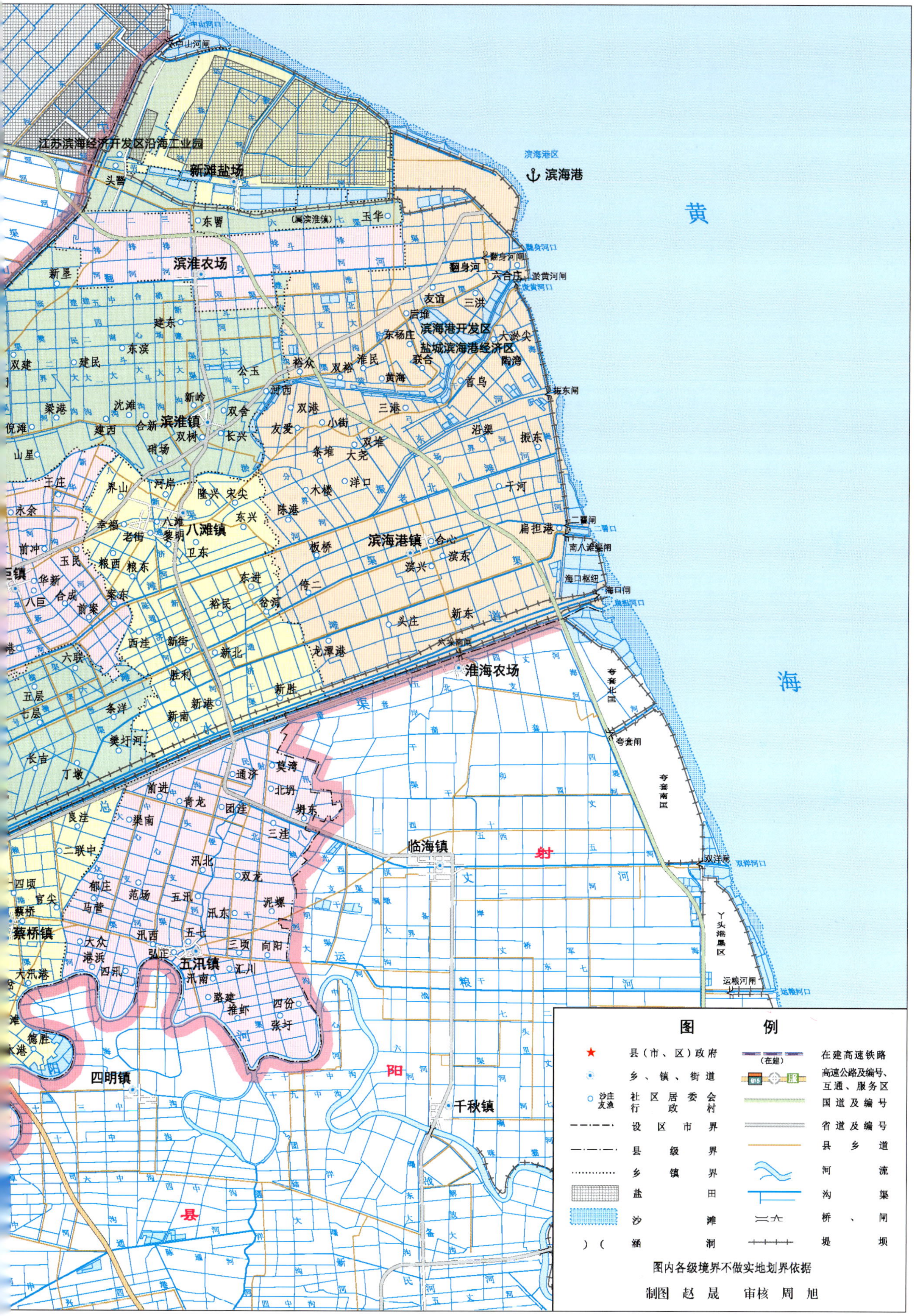

审图号：苏S（2017）011号

滨海县城区图

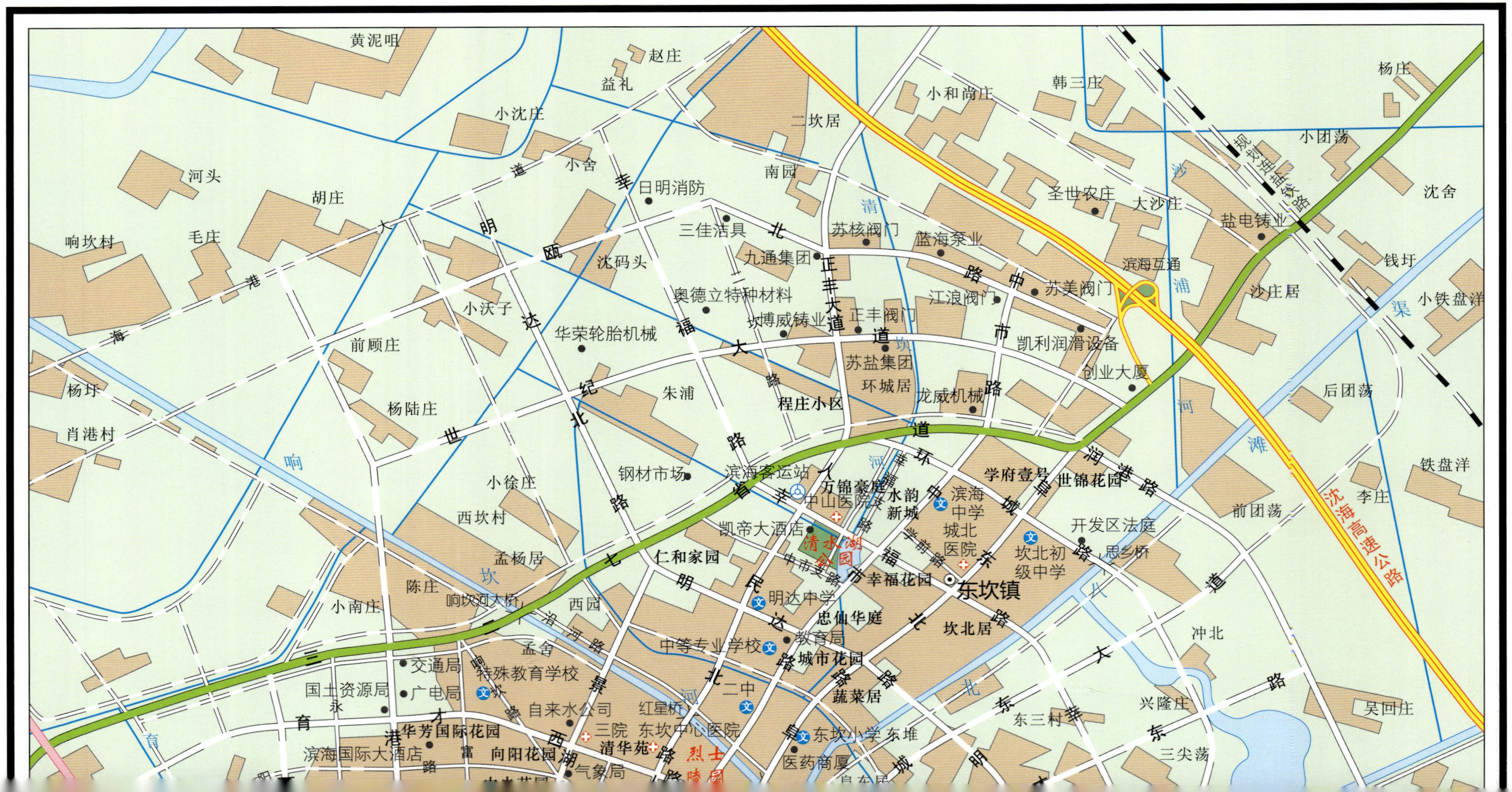
黄泥咀
赵庄
益礼
小沈庄
二坎居
小和尚庄
韩三庄
杨庄
小团荡
沈舍
河头
胡庄
小舍
日明消防
南园
圣世农庄
大沙庄
盐电铸业
钱圩
响坎村
毛庄
三佳洁具
苏核阀门
蓝海泵业
滨海互通
小铁盘洋
沈码头
九通集团
江浪阀门
苏美阀门
沙庄居
奥德立特种材料
正丰阀门
坎博威铸业
小沃子
华荣轮胎机械
前顾庄
凯利润滑设备
苏盐集团
创业大厦
后团荡
环城居
龙威机械
杨圩
杨陆庄
朱浦
程庄小区
肖港村
铁盘洋
钢材市场
滨海客运站
小徐庄
万锦豪庭
学府壹号
世锦花园
中山医院
水韵新城
滨海中学
李庄
前团荡
西坎村
凯帝大酒店
城北医院
开发区法庭
清水湖公园
坎北初级中学
思乡桥
孟杨居
仁和家园
幸福花园
东坎镇
陈庄
响坎河大桥
西园
明达中学
小南庄
忠仙华庭
坎北居
冲北
孟舍
中等专业学校
教育局
城市花园
交通局
特殊教育学校
国土资源局
广电局
二中
蔬菜居
兴隆庄
自来水公司
红星桥
东三村
吴回庄
华芳国际花园
三院
东坎中心医院
东坎小学
东堆
滨海国际大酒店
向阳花园
清华苑
烈士陵园
三尖荡
气象局
医药商厦
沈海高速公路
规划连盐铁路
阜中路
中市路
正丰大道
北环路
环城道
润港路
东坎大道
人民路
明达路
幸福大道
世纪大道
七星路
欧亚路
港城路
东坎北路
三港道
沙浦
清浦
滩河
响坎河
渠
八滩河
北河
育才路
西湖路
富港路

审图号：苏S（2015）071号

5月18日，滨海港干散货码头场景。　　陈其龙　摄

9月22日，滨海港火电厂建设现场。　　陈其龙　摄

横跨滨海港疏港航道的开发大道大桥，全长636.48米，主桥为独塔双索面斜拉桥，主塔高73米，造型为“A”字形，取意于新四军番号“N4A”，A也象征着“第一”的意思。该桥是盐城市境内主塔最高的斜拉桥。图为11月3日大桥近景。　刘胜铨　耿志花　摄

4月19日，响坎河景观带是滨海县旧城改造的重点工程建设施工现场。　王晶晶　摄

8月22日，滨海港灵龙湖一角。 陈其龙 摄

9月22日，滨海港港区观海大道。

2016年，滨海县致力开发旅游项目，打造沿海百里风光带、黄河故道生态旅游等项目，一批新景点相继建成。图为9月22日灵龙湖近景。 陈其龙 摄

陈其龙　摄

8月22日，滨海港港区月堤海景公园外景。　　陈其龙　摄

6月16日，国家电投储配煤中心储煤球形仓在滨海港港区封顶。 陈其龙 摄

国家电投在滨海北H1#100MW海上风电项目的25台风机建成，2016年6月并网发电。截至7月28日，累计发电4455万千瓦时。图为海上风电场景。 陈其龙 摄

5月5日上午，中国农业发展银行行长祝树民（中）在副市长、县委书记李逸浩等领导陪同下，在兴胃新城一期工程车建设现场调研。

陈其龙　摄

2月17日，县长钱武华陪同法国道达尔天然气中国总裁罗郎（中）一行考察滨海港。

唐　颖　摄

12月20日，县城公共自行车服务站点——吉达广场停车点。　　王晶晶　摄

4月8日，滨海公园湖边景色。　　陈其龙　摄

5月6日，西湖公园一角。 陈其龙 摄

9月20日，南湖桥畔远景。 陈其龙 摄

9月16日，滨海县城区概貌。　　陈其龙　摄

11月1日，新建成的东坎老街沿河风光带。 陈其龙 摄

4月7日，滨海港港城通海大道入口处。 陈其龙 摄

8月17日，天场镇的滨海红色文化纪念馆近景。　　陈其龙　摄

9月19日，县城城北区一角。　　陈其龙　摄

3月15日，正红镇区街道。　　陈其龙　摄

8月23日，东坎镇新安新村二期项目概貌。　　陈其龙　摄

6月20日，即将竣工交付的锦绣园安置小区。　　陈其龙　摄

9月17日，龙泰御景湾小区一角。　　陶必虎　摄

10月28日，连盐铁路滨海北站开工奠基现场。 陈其龙 摄

3月16日，国家电投党组书记、董事长王炳华（中）在市长王荣平、副市长兼县委书记李逸浩、县长钱武华等领导的陪同下视察国家电投海上风电项目施工现场。 陈其龙 摄

9月22日，国家电投协鑫滨海火电公司施工现场 。　　陈其龙　摄

2月13日，华奥橡胶机械有限公司生产车间。　　陈其龙　摄

4月24日，超威电源有限公司生产车间。　　陈其龙　摄

12月1日，吉华公司智能工作室技术人员工作现场。　　王晶晶　摄

11月10日，滨海荣大饲料有限公司生产车间。　　　　王晶晶　摄

10月18日，江苏腾龙石化有限公司生产车间。　　　　王晶晶　摄

10月18日，江苏舜羽服饰有限公司生产车间。 王晶晶 摄

10月25日，苏盐集团设备安装现场。 陈其龙 摄

11月5日，三明纺织有限公司生产车间。　　陈其龙　摄

5月3日，科立新材料公司安全加固的防雷设备近景。　　陈其龙　摄

1月22日，盐城美逸家纺有限公司生产车间。 陈其龙 摄

9月14日，江苏日明消防有限公司产品车间技术人员在检验产品。
王晶晶 摄

11月15日，阿里巴巴农村淘宝特色中国滨海馆外景。
陈其龙 摄

7月6日，八巨镇巨峰设施农业葡萄园场景。　陈其龙　摄

9月17日，滨海县白首乌种植基地近景。　朱美玲　摄

12月13日，滨海县蔬菜基地群众采摘包菜场景。　陈其龙　张　军　摄

3月5日，滨海县"邻里守望，志愿服务进社区"集中行动启动仪式。　　陈其龙　摄

10月10~15日，县人民医院举行"手卫生促进宣传周"教育活动，向就诊患者发放手卫生知识宣传单，并耐心向患者讲解卫生相关知识。通过开展系列手卫生宣传活动，营造共同关注洗手健康的良好氛围，提高医护人员手卫生意识，增强感染控制意识和防控能力。　　王晶晶　张长英　摄

11月5~6日，2016年盐城市首届中小学运动会在县第一初级中学举行。本次运动会设高中组、初中组、小学组3个组别，来自全市中小学共11支代表队、563名运动员参加本次比赛。盐都区、滨海县、市直代表队分获团体总分前三名。

陈世建　摄

2016《中国好声音》全国城市海选滨海赛区总决赛在欧堡利亚举行，全县近200名选手经过8场初赛，产生24名选手参加总决赛。5月27日，经过评委和现场观众的评选，选出10名选手代表滨海县参加盐城赛区比赛。　陈其龙　摄

6月5日“世界环境日”，县自行车运动协会与盐阜酒业有限公司组织近百名骑车爱好者，从滨海公园出发环行县城，经S327抵达八滩镇，以实际行动倡导绿色低碳出行、共享运动健康的生活理念。 陈其龙 摄

2月10日，县劳动就业处“保民生、促就业”活动现场。 盛伟为 摄

4月17日，由团县委、县妇联、关工委、体育局和互联网协会主办的县“大美滨海、放飞梦想”首届千人风筝创意创作大赛在县体育中心举行，千余名家长带着儿童参加比赛，并现场展示儿童才艺。 陈其龙 摄

8月31日，为创优新学期全县学校交通安全环境，增强学生交通安全意识，县公安交警大队组织各路面执勤中队民警，深入辖区中小学校、幼儿园，开展“开学第一课”交通安全宣传活动。图为界牌中队民警到镇中心小学发放交通安全宣传资料。 张 威 摄

10月13日，县实验小学3个校区联合举行少先队员入队仪式。1593名小朋友面向鲜红的队旗庄严宣誓。

王晶晶　陆立海　摄

3月16日，卫计委组织专家开展义诊活动现场。

卫计委　提供

3月27日，滨海网携手东方爱婴早教中心开展寻找春天的秘密大型户外活动场景。　滨海网　提供

2月13日，南湖剧院百姓大舞台票友淮剧演出现场。　陈其龙　摄

滨海县游泳协会组织代表队多次代表盐城市参加国际、国内民间组织的游泳比赛。

县游泳协会　提供

2月4日，2016滨海春晚，县公安局演出的小品《爱的变奏曲》剧照。

陈其龙　摄

江苏省滨海中学校园近景。　　陈其龙　摄

6月16日，中考首场考试结束后，考生们走出考场。　　王晶晶　摄

2016年11月1日，滨海县实验小学人民路校区一角。　陈其龙　摄

8月16日，县明达中学高一新生军训现场。　　王晶晶　摄

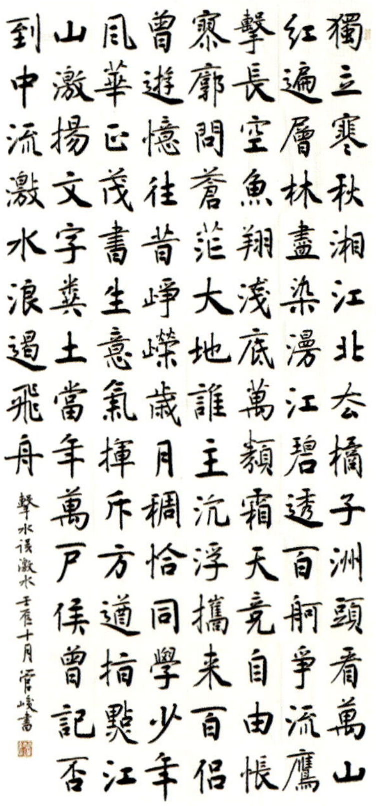

管　峻　书法作品

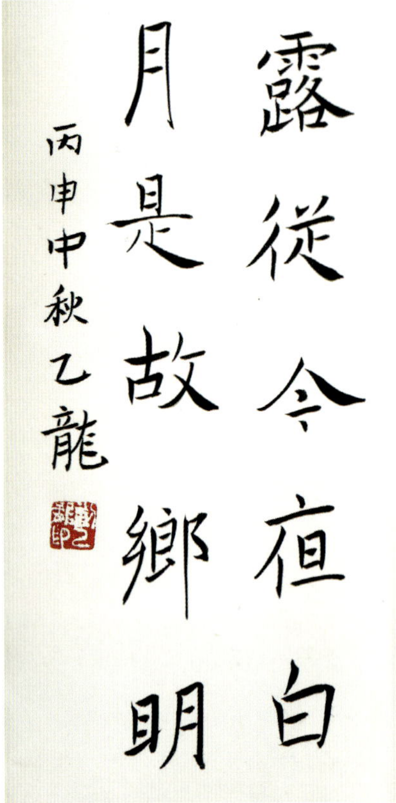

刘必龙　书法作品

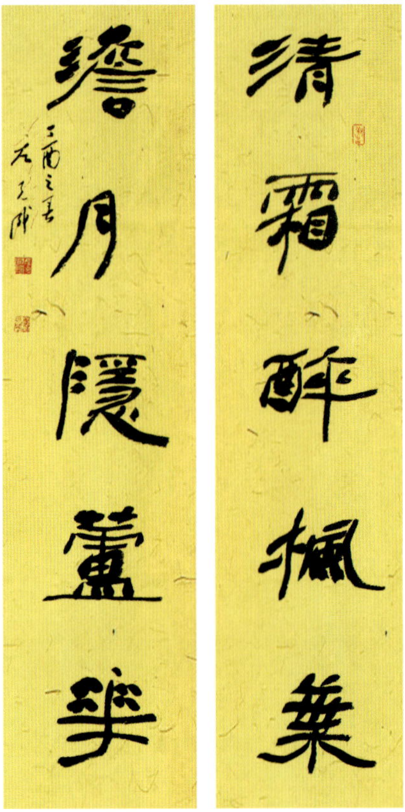

左克成　书法作品

肖登元　绘画作品

包建岚　绘画作品

于跃波　绘画作品

情系灾区 爱满天下

——滨海县“6·23”助力抢险救灾纪实

6月23日下午，盐城市阜宁、射阳两县部分地区遭受冰雹、雷雨、龙卷风等自然灾害。滨海县公安干警、驻滨海武警官兵及电力、水务工程技术人员，在第一时间赶赴灾区抢险救灾，爱心志愿者前往灾区捐送物资，陆川饭店等餐饮企业将快餐送到灾民手中。24日下午，中共滨海县委、滨海县人民政府组织机关党员干部在县政府行政办公中心现场开展募捐活动，接受捐赠12.68万元；县委、县政府专门到阜宁、射阳送慰问金70万元；全县230个企事业单位及驻滨武警部队积极参加捐款，一些在外的创业人士主动回来捐赠。滨海人用自己的真情大爱，为灾区人民奉献爱心，为灾区重建贡献力量，共捐赠490多万元（含物资折币）。

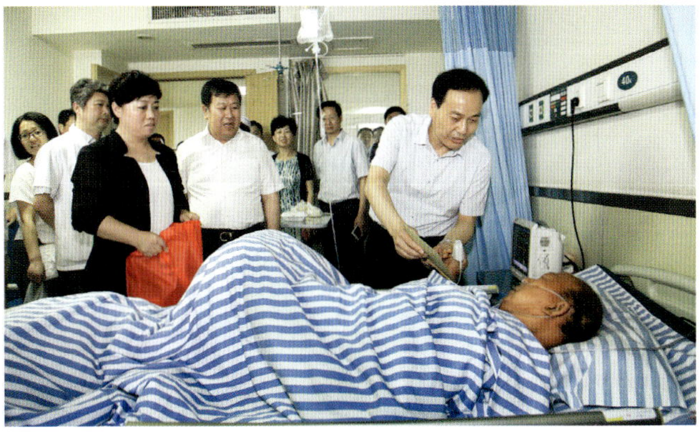

2016年6月24日，县委书记钱武华，代县长刘永轩等县领导到县人民医院亲切慰问从“6·23”阜宁灾区转到滨海县治疗的受伤群众。 陈其龙 摄

6月24日，江苏苏盐阀门集团董事长韩正海向灾区捐款100万元。 陈其龙 摄

6月24日，滨海县党员干部向阜宁县“6·23”灾区募捐活动现场。 陈其龙 王 莉 摄

6月23日14时30分许，阜宁、射阳两县部分地区突发龙卷风、冰雹严重灾害，滨海县公安局抽调民警50多人，出动警车12辆，组成突击队，第一时间奔赴灾区抢险救灾。 县公安局 提供

6月24日，驻滨海某部官兵在阜宁抢险救灾现场。 陈其龙 摄

6月26日，滨海县志愿者赴灾区一线献爱心。 陈其龙 摄

6月25日，县军休所向阜宁灾区捐款。 陈其龙 摄

6月27日，滨海县群众自发赴灾区捐送物品。 陈其龙 摄

要　目

Main Contents

目 录

第 03 章　历史文化

第 04 章　年度综述

第二篇　政治建设

第 05 章　中共滨海县委员会

第 06 章　滨海县人民代表大会

第 07 章　滨海县人民政府

第 20 章　现代服务业

第 21 章　金 融 业

第 22 章　经济事务管理

第四篇　基础设施

第 23 章　城镇建设与管理

第 24 章　水利建设

第 25 章　能　源

第 26 章　交通运输

第五篇　生态环境

第 27 章　生态建设

第七篇　社会民生

第 37 章 体育事业

第 38 章 社会事务

第八篇 镇场概况

第 39 章 五汛镇

第 40 章 蔡桥镇

第 51 章　农场　盐场

第九篇　人物风采

第 52 章　人物简介

第 53 章　人物名录

附　录

索　引

各单位审稿、撰稿人员

特　　载

□ 滨海县国民经济和社会发展第十三个五年规划纲要（节选）

□《人民日报》：“三单”扶贫　富民强村（脱贫攻坚进行时）

□ 逐梦沿海踏浪行——滨海县沿海开发工作侧写

□ 滨海县创建“全国妇幼健康优质服务示范县”纪实

特　载

滨海县国民经济和社会发展第十三个五年规划纲要(节选)

第三章　"十三五"总体要求

第一节　指导思想

"十三五"时期,高举中国特色社会主义伟大旗帜,全面贯彻党的十八大和十八届三中、四中、五中全会精神,以马克思列宁主义、毛泽东思想、邓小平理论、"三个代表"重要思想和科学发展观为指导,深入贯彻习近平总书记系列重要讲话精神,按照"四个全面"战略布局,坚持发展第一要务,以提高发展质量和效益为中心,加快形成引领经济发展新常态的体制机制和发展方式,围绕"全面建成小康社会"总体要求,以"五大发展理念"为精髓、"强、富、美、高"为方向,以"沿海争先跨越、淮河争当门户、全市争创一流"作为目标追求,加快建设富庶美丽、开放包容、绿色生态、和谐幸福的新兴沿海城市。

第二节　基本原则

一、以"四个全面"战略布局为发展统领　全面建成小康社会是总体目标,全面深化改革是力量源泉,全面依法治国是根本要求,全面从严治党是根本保证。

二、以创新、协调、绿色、开放、共享五大理念为发展遵循　创新是引领发展的第一动力;协调是持续健康发展的内在要求;绿色是永续发展的必要条件和人民对美好生活追求的重要体现;开放是繁荣发展的必由之路;共享是中国特色社会主义的本质要求。

三、以"强、富、美、高"为发展蓝图　按照省委提出的"强、富、美、高"总体部署要求,加快建设经济强、百姓富、环境美、社会文明程度高的新滨海。

四、以"五个盐城"建设为发展方向　市委提出,通过创业盐城、开放盐城、生态盐城、幸福盐城、厚德盐城建设,不断拓展"建设新盐城"的内涵和外延,要把"五个盐城"建设作为滨海"十三五"发展的新要求、新定位、新内涵,并在滨海大地上深入实践,取得丰硕成果。

五、以"五大会战"为发展动力　沿海开发、项目建设、城镇建设、城乡统筹、民生幸福五大会战,是"四个全面""五大发展理念"在滨海的生动实践,是建设"强、富、美、高"新滨海的必然要求,是建设"五大盐城"的崭新平台。新时期、新阶段必须进一步升级五大会战,使其成为推进滨海"十三五"经济社会发展的强劲动力。

第三节　发展战略

一、沿海开发战略　沿海开发是滨海县发展的空间所在、潜力所在、优势所在、特色所在、希望所在。"十三五"时期将是滨海县三港建设深入推进、闯关夺隘、开花结果的收获季节。要充分依托现有的发展基础,抢抓"一带一路"、沿海开发、长三角一体化、淮河生态经济带建设四大战略机遇,着力构建沿海开发新体制,从投资、建设、运营、管理入手,深入研究与中交一航院、国家电投在港口开发建设方面的投资合作方式,以港口为依托,以集疏运体系为纽带,以央企、外企为合作伙伴,在更高层面、更大范围、更广领域配置资源、集聚要素、参与竞争合作。加快构筑综合立体的交通网络,加快"三港联动"开发,实现港口通航,沿海经济总量在全市争前列、全省争进位,成为江苏东部沿海重要战略增长极。

二、转型升级战略　以临港产业为龙头,现有产业为基础,全力推动新医药、新材料、新能源、高端装备制造"三新一高"四大战略性新兴产业加快扩张、加速集聚,打造"千亿级新兴产业"规模。大力发展现代观光农业和生产性服务业,重点突破发展研发设计、现代营销、物流配送等生产性服务业,实施"互联网+工业""互联网+农业""互联网+服务业"的融合式发展,实现三次产业结构由"231"向"321"的历史性转变。

三、产城融合战略　大力推进产业和城市融合发展,建成以县城为中心、港城为副中心、兴图新城和重点中心镇为区域中心的现代城镇发展体系,把滨海建设成为江苏省中等城市、盐城北部中心城市、淮河生态经济带出海门户城市,培植引领县域经济跨越发展的强劲动力。

四、统筹城乡战略　加快新型城镇建设,探索以城带乡、以工促农、城乡一体化发展新路径,依托城镇建设,加快农村土地流转、农业人口转移、农村集中居住点建设,下大力气整治农村环境,改善广大农民的生产生活条件,实现城乡共同繁荣、共同富裕,拓展经济社会发展新空间。

五、民生优先战略　大力发展绿色能源等新型产业,强化污染防控,提升生态质量;持续推进精准扶贫、精准脱贫,鼓励"大众创业、万众创新",千方百计提升城乡居民收入水平;继续大力实施城乡供水、污水处理、垃圾处理、教育医疗均衡布局、道路交通建设等重大实事工程,让全县人民共享改革发展成果,共同建成全面小康社会。把"发展惠民"

作为根本目的，完善社会综合保障服务体系，推动民生保障提挡升级，切实防范和化解社会风险，全面提高城乡群众生活质量。

第四节　发展目标

“十三五”期间，全县经济社会发展的总体目标是：紧扣一个主题，即“加速沿海崛起、推动板块进位、实现小康升级”；坚持五新追求，即坚持“新港口、新产业、新城市、新农村、新生活”的发展追求；实施五大战略，即“沿海开发、转型升级、产城融合、统筹城乡、民生优先”五大战略；开展八大行动，即“项目载体攻坚、沿海开发提速、工业发展转型、城市品质提升、城乡一体统筹、民生幸福升级、社会治理创新、生态文明建设”八大行动；努力实现“两个翻番、三个更加、四个提升”，即全县经济总量、城乡居民收入在2010年的发展基础上分别提前四年和三年翻一番，公共服务更加完善、社会治理更加有效、文明风尚更加浓厚，产业发展、科技创新、对外开放、生态建设四项水平显著提升。

未来五年滨海经济社会发展的主要目标是：

综合实力显著增强。经济保持中高速增长，地区生产总值年均增长11%左右；一般公共预算收入年均增长10.5%以上。消费对经济增长的贡献率达到52%，固定资产投资年均增长14%，注册外资实际到账年均增长10%。

转型升级步伐加快。三次产业比重达12∶43.8∶44.2，产业结构实现从“二三一”到“三二一”的历史性转变。现代产业体系基本形成，战略性新兴产业实现规模扩张，传统产业实现提质增效，新兴产业年均增速保持25%以上，高新技术产业产值占规模以上企业工业总产值的比重达58%。农业现代化迈出决定性步伐，现代农业发展水平达88%，户籍人口城镇化率提高到62%。

创新创业活力彰显。自主创新体系逐步建立，让创新成为滨海发展最鲜明的特征和最强劲的动力。（全社会研发）R&D经费支出占地区生产总值提高到2.5%以上，财政科技支出占公共预算支出的比重达3%以上；信息化发展水平达到91%，科技进步贡献率达到61%；“双创”载体不断丰富，众创空间建设、创业主体培育、创业企业孵育、投融资体系建设、创业服务提升、创业文化营造等工作成效明显，全民创业、万众创新的活力充分释放。

改革开放不断深化。重要领域和关键环节上的改革取得重要成果，形成系统完备、科学规范、运行有效的体制机制。对内对外开放新优势不断放大，全方位开放新格局、开放型经济新体制基本形成，利用外资、对外贸易、外包业务规模保持全市领先、走在苏北前列，开放型经济主要指标增幅高于全省平均水平。

生态环境品质提升。生态文明建设投入增幅高于地区生产总值增幅，能源资源使用效率大幅提高，主要污染物排放总量有效控制，城乡生态环境和人居环境明显改善，生态文明制度体系更加健全，空气质量达到二级标准的天数比例达80%，清洁能源使用占比走在全省全市前列，人民群众对生态建设的满意度不断提高。

民生幸福全面推进。全体居民人均可支配收入突破30000元，年均增幅达11%左右；城镇常住居民人均可支配收入突破40000元，年均增幅达10.5%；农村常住居民人均可支配收入近25000元，年均增幅度12%。城镇登记失业率控制在3%以内，保障性住房覆盖率达到23%，教育现代化综合得分达到90分以上，城市居民公共交通出行分担率达到22%，全县人民的归属感、自豪感和幸福感显著增强。

社会文明持续进步。公民思想道德素质、科学文化素质、健康素质明显提高，公共文化服务体系更加完善，文明创建活动深入开展，文化事业文化产业繁荣发展。法治建设扎实推进，社会治理水平和公共安全感明显提升，法治建设满意度达到90%，社会文明更加进步。

到2020年，全县“沿海崛起、板块进位、小康升级”的发展目标基本实现，全县城乡展现出经济实力强、创业活力足、开放程度高、百姓生活富、生态环境美、社会风气好、法治意识浓的崭新面貌。

第五节　总体思路

一个极点：即全面推进沿海开发，打造江苏沿海重要战略增长极。到“十三五”末，港口集疏运体系基本建成；储配煤中心、火电、LNG等重大项目陆续投运；风电装机容量达200万千瓦，临港重大工业项目开工建设。港城功能全面凸显，围绕滨海港“亿吨大港、千亿产业”目标，加快推进沿海崛起。

双赢目标：即实现强县与富民的有机统一。在县域经济加快发展的同时，千方百计提高城乡居民收入，到2020年分别达40000元、25000元。大力发展教育、文化、医疗、社保等社会事业，注重机会公平，保障基本民生，民生支出占公共财政支出比重每年提升1个百分点，到2020年达70%，实现全县百万人民共同迈入全面小康。

三沿经济：即打造沿海、沿路、沿河三沿经济带。沿海要充分利用岸域、水域、陆域资源，实现资源整合，增强辐射功能。沿路包括公路和铁路，其中公路要提升S327、临海高等级公路经济带，沈海高速打造坎北、蔡桥两大道口经济园，策应S348新建、S226西移等重大工程，超前规划沿路经济定位，拉动周边经济发展；铁路沿线要着力规划建设火车站周边商贸、物流经济区，建设站前广场，畅通节点交通，带动周边镇区经济发展。沿河主要是沿南北疏港航道、通榆运河、射阳河规划建设水上物流经济带、经济园。

四大板块：即一是在县域范围内建设新型城镇化综合试点区。2015年滨海县被江苏省列为国家新型城镇化综合试点县，盐城市仅滨海一个县（市），“十三五”期间将会在城乡建设、项目布局、土地指标等方面获得更多支持，我们要主动对接、乘势而为，全力推进滨海县的新型城镇化建设工作。二是以县城为核心（含工业园、现代农业产业园、南山智汇园、医药产业园、电商创业园等）建设创新发展引导区。依托县城，充分利用南山智汇园作为崭新平台，吸引高层次领军人才，建设医药产业孵化器、机械产业研究院、人才及创业大厦、总部经济园，拓展研发平台，全方位发展新产业经济，打造创新高地。三是以临港产业为依托建设绿色能源示范区。大力发展超超临界火电、陆海风电、LNG清洁能源、光伏发电，打造在江苏沿海乃至全国有影响力的绿色能源生产示范区。四是以沿海工业园为平台建设转型发展先导区。发挥省级循环经济示范区品牌优势,加快传统化工向新医药、新材料转型升级步伐,“十三五”期间每年整合小企业10家左右,“十三五”末企业总数控制在80家以内,皆为新医药、新材料产业链上的骨干企业。与此同时加快实施沿海工业园污水处理四期、五期等环保提升工程,建设绿色园区,实现由传统化工向战略性新兴产业的华丽转身。

五层联动:即县城、港城、兴胥小镇组团(整合沿线东胥小镇、滨淮农场集镇)、中心镇、农村新型社区五个层面的建设互动互补。其中,县城是全县政治、经济、文化中心,其定位是国家中型、盐城北部中心城市、沿海开发和淮河生态经济带出海门户城市。港城是全县次级中心,通过S327与县城实现快速互通。兴胥小镇组团是全县第三城市中心,与沿海工业园实现产城融合发展,并接受港城辐射带动。12个中心镇是全县区域中心,未来通过S226、S327、S328、S348、G228、G204等实行快速连通。农村新型社区(居民点)是全县生活居住中心。这5个层次功能各不相同,“十三五”期间必须科学规划,形成层级分明、布局合理、功能互补的五级城乡建设发展体系。

生态六道:即“一心、两纵、三横”生态廊道。一心为县城“三湖一河”生态节点,即南湖、西湖、清水湖公园及响坎河风光带;两纵为西部通榆河清水廊道、东部临海高等级公路暨月亮湾月堤海景绿色清水廊道;三横为南部苏北灌溉总渠暨淮河入海水道绿色复合廊道、中部黄河故道绿色生态廊道、北部翻身河及盐城湿地珍禽国家自然保护区(滨海段)生态廊道。通过生态廊道保护建设,打造水绿生态滨海,建设美丽宜居家园。

第四章　重点任务和重大举措

第一节　推进沿海开发,实施临港项目,打造江苏沿海新极点

一、建设亿吨大港　加快建设大型深水泊位,完善泊位结构,扩展航道通航能力,提升港口综合能级。新建10万吨级通用码头6个、液体散货泊位4个,内河1000吨级码头10个,开工建设15万吨级通用码头和矿石码头;积极实施30万吨级航道工程,规划建设20万吨级原油码头;初步形成以20万吨~30万吨级泊位为龙头、10万吨~15万吨级泊位为主体、5万吨级海港泊位和千吨级内河泊位为支撑的码头等级结构,力争到2018年吞吐能力达2000万吨,2020年突破5000万吨,争取早日跻身亿吨大港行列。

二、打造千亿板块　充分发挥临港产业在港口经济中的支撑作用,坚持以突破临港重大项目为抓手,发展结构上高度关联、产业上适度配置的临港产业。努力打造江苏沿海充满活力与张力的重要战略增长极。

合力突破五大产业。全力抢抓我省“引导石化、钢铁工业有序向沿海地区转移”的重大发展机遇,按照“大项目-大产业-大园区-大基地”的产业发展思路,重点发展能源、石化、冶金、海工装备、物流五大特色产业。能源产业,突出国家电投、中海油两大央企项目,确保国家电投协鑫超净燃煤发电示范项目一期2017年投产,推进二期建设,中海油LNG接收站、加注分销、冷能等综合利用项目2018年建成运营;加快发展海陆双百万千瓦级风电、百兆瓦级光伏等可再生能源产业;大力招引风电装备、光伏设备制造等项目,构筑新能源及其装备制造业全产业链,推动新能源的开发利用,打造在江苏沿海乃至全国有影响力的绿色能源生产示范区。石化产业,主动承接沿江和苏南地区的产业转移,重点发展石化、煤化工、甲醇制烯烃、新材料4个高端型、生态型、特色化的“区中园”。冶金产业,积极拓展与南钢、沙钢的战略合作,重点发展汽车用板材项目。装备制造产业,重点发展与石化、风电相配套的机械制造产业、环保装备及海洋装备制造产业。物流产业,主要建设通用物流、液体散货物流项目,形成以物流产业为主的港口综合服务体系。努力培植1个~2个规模超百亿元的产业基地,初步构建以煤、电、气、化为主的千亿级临港产业板块。

着力提升载体功能。全面策应市委“一区两带”战略,加快建设滨海新区;快速突破以深水大港为龙头、以盐田开发为载体的临港产业区建设,尽快完善“十通一平”等基础设施功能,创成省级经济开发区、申报国家级临海新区;初步构建起以临海高等级公路、海堤公路为主轴的黄金海岸经济带,以30万吨航道和淮河入海水道航道为支撑的淮河生态经济带。推动临港产业区与沿海工业园融合发展。注重引进一批龙头型、旗舰型企业参与三港基础设施、现代服务业建设。借力盐城综合保税区功能作用,推进体制机制创新,加快海关监管点、保税物流中心建设,推动港区积极争取海关特殊监管区以及国家级检验检疫平台。

努力深化产业合作。面向韩企台企寻求合作,加快建设韩资台资富集区;加快构建滨海与南山的人才、产业等开放合作新格局,把滨海港打造成承接深圳盐田港等现代型临港产业转移的新高地;打通滨海港西向市场通道,广泛集聚西部出海资源;放大国家电投、中海油、一航院等央企引领、联接和带动作用,争取国家重大产业布局,吸引更多的央企和领军企业投资落户;重点强化与连云港港、大丰港在产业、物流和信息等方面的互连互通互补,形成错位融合、“抱团出海”的发展格局。

三、建设活力港城　临海新城按照“临海微城市起步,致力建成县城副中心,成为淮河生态经济带门户城市”的发展定位,突出以“月亮湾、新外滩”为主题创意,发挥海域条件优越、海岸线型独特、自然资源丰富的优势,体现“月亮湾”特色、打造“新外滩”名片,努力在盐城融入“一带一路”战略中发挥牵引和辐射功能。重点强化“三城一平台”建设。建设服务“三港”的宜业之城。强化月亮湾新港城在建设滨海新区中的支撑作用,重点建设港口行政服务中心、“一关三检”、旅游集散中心等服务功能项目,致力成为淮河经济带接轨海外的蓝色商务窗口,形成服务“三港”的多功能政务中心。建设绿色生态的宜居之城。重点建设古黄河博物馆、灵龙湖生态主题公园、新外滩风情街等生活配套服务设施,承接产业工人生活居住,强化港城社会承载功能。建设亲海临海的宜游之城。重点建设海滨天然浴场、黄海大佛、海佛禅寺和海鲜美食街等特色旅游项目,建设江

苏沿海品味独特的蓝色旅游带，融入盐城沿海旅游产业集群。基本建成功能配套设施完备、旅游功能全面拓展、品牌形象初步展示的临海魅力新城。打造港口优质服务平台。积极营造法治化、国际化、便利化的投资、创业和人居环境，搭建新的揽货网络和运输平台，提升港口辐射功能，加强与世界知名航运公司、进出口商、代理公司的合资合作，加快"电子口岸"建设，切实提高口岸现代化、信息化水平。

四、构筑开放通道　按照"东向出海、南向融合、西向拓展、北向联动"的开放合作战略，积极构筑港口绿色开放通道。尽快建成北疏港航道，形成"通江入海连运河"的集疏运体系；实施淮河入海水道（滨海枢纽以西段）航道工程，打通淮河流域出海物流通道，积极构建"水上陇海线"；大力推进疏港铁路支线、淮滨高速、阜建高速北延、通用机场等综合枢纽设施建设，基本形成港口、铁路、高速公路、内河航运、地下管廊组成的分工合理、有效衔接的全要素现代综合交通体系；成功获批国家一类开放口岸，积极参与长三角区域通关一体化改革、苏北五市检验检疫一体化建设，不断优化通关流程，提高通关便利化水平，全面融入国际化港口群的交流与合作；深化与国家电投、一航院的战略合作，主动承接锦州港、唐山港的"外溢"效应，依托亚欧大陆桥南翼的区位优势，积极与连云港港"抱团出海"，全力争取与大丰港共享综合保税功能，全面融入长江经济带战略，加强与上海港、南通港、宁波港在金融、货运、航线方面的合作，构建起以港口为龙头的海陆开放大通道。

五、促进集约开发　滨海县港口资源得天独厚，必须放眼长远、科学规划、有序开发。聚合沿海资源，统筹布局生产、生活、生态空间，合理安排沿海岸线和海洋资源，按照海洋功能区规划，发展适宜产业，同时为沿海中远期发展预留空间。保护生态资源，坚守生态红线，再造万亩森林，创建国家级"AAAAA"旅游景区，打造沿海"生态走廊"。构建人才引进机制，重点引进港口运营、通关管理、产业服务、金融贸易等方面的高端人才，集聚人才优势，推进沿海开发良性发展。

第二节　优化产业体系，培育新兴产业，构筑产业发展新平台

一、加快发展工业主体经济

大力发展战略性新兴产业。加速传统产业向新医药、新材料、新能源、高端机械装备"三新一高"战略性新兴产业转型步伐。新医药产业。以生物制剂、化学制剂、医疗器械为主攻方向，以沿海工业园医药中间体项目为前道和基础，依托海港大道，在县城北区建设6平方千米医药产业园，从事成药生产。通过建设GMP车间，引进医药生产科技孵化器，实现裂变扩张，加快新医药产业项目落地建设，"十三五"末，医药产业园入园项目达30个以上，完成项目投入40亿元以上，年销售100亿元，全县新医药产业力争实现销售200亿元。新材料产业。以高分子材料、高端金属结构材料、高性能纤维及其复合材料为主攻方向，以沿海工业园新材料产业园为载体，以投资30亿元的飞翔新材料产业园、20亿元的新化化工、13亿元的科利新材料、1亿美元的东盈新材料、工业园万恒核级泵阀和军用船舶阀门、潜艇特种合作材料阀门、特种纺织材料等重大项目为支撑，打造以高分子新材料、高性能新材料为核心的超百亿产业链。新能源产业。以新型煤电、风电、生物质能发电为主攻方向，依据能源大港战略定位，以临港产业为支撑和带动，在临港产业区规划建设50平方千米新能源产业园，到"十三五"末，沿海2×100万千瓦火电、300万吨LNG、200万千瓦风电投入运营，规划建设10万千瓦光伏项目，实现新能源产业销售200亿元以上。高端装备制造业。以高端机械装备、海洋开发装备为主攻方向，以工业园机械项目为基础，在临港产业区规划建设15平方千米重型装备产业园，依托S327实现两园互动，工业园主要从事关键零部件生产及硫化、环保、医疗、纺机四大整机生产，并形成产业链条，临港产业园主要从事重型装备制造和大型整机生产，高端装备实现产出倍增。到2020年四大战略性新兴产业产值达600亿元以上，占全县工业比重达50%以上。

着力推进传统产业转型升级。彻底改变产品低端、企业低效的问题。产品向高端化转型。机械装备制造产业，引导企业淘汰一批落后的车、钳、铇、铣设备，积极推进工业化和信息化深度融合，引进大型加工中心、3D打印等先进设备，大力开发高性能纺机零部件、硫化设备零部件、长输管线阀门、大口径（井口）阀门、核电阀门、临氢阀门、军用船舶潜艇阀门7大关键零部件及纺织、硫化、环保、医疗4大整机设备。纺织业要大力开发利用竹纤维、蚕纤维、木纤维、多种纤维混合纺等新型纺织材料。化工业要大力开发抗艾滋病、抗肿瘤、治疗心脑血管等创新性新药及纳米新材料、复合新材料产品。农产品加工业要加快发展肉类、粮食精深加工产品，如酿酒、火腿、罐头、饼干等，大力开发首乌酒、首乌饮料、首乌洗化用品等，促进产品向产业链和价值链高端迈进。企业向规模化转型。鼓励企业新上各类技术改造项目，力促企业兼并重组做大做强。引导发展无望的小企业挂大靠强、置换重组，实现清理整合。每年新增销售超10亿元企业2家、税收超亿元企业1家以上。到2020年，全县销售超10亿元企业达15家，其中20亿元～50亿元2家、50亿以上1家；税收超亿元企业6家，其中2亿元～5亿元2家，5亿元以上1家。产业向集群化转型。进一步创新招商引资方式方法，大力引进实施产业链项目，新上亿元以上产业项目200个以上，其中10亿元以上项目20个以上，通过重大项目的引领和带动，促进大企业集聚，大产业集群。积极推进非化工产业快速聚合，彻底克服有企业无产业的局面。在纺织行业，加快织造、印染、后整理、服装加工等产业链上重大项目的引进。在机械行业，加快从零配件向部件、整机的链接延伸；其中硫化设备、纺机设备零部件尽量由园区内企业参与竞标生产，形成完整的产业链条。在化工行业，实施产品高端化、装备现代化、工艺清洁化、控制自动化、资源循环化、能源节约化六化联动，以氯气、氢气、氧气、盐酸、H酸、烧碱、有机胺等为原料，加快下游产业链延伸，构建隔墙供应、循环发展新模式。在医药制造行业，坚持以医药中间体为基础，加快成药项目落户建设，形成企业—产业—园区联动发展、集聚发展、节约发展新模式。

全面促进园区载体功能提升。除临港产业外，形成“7+13”园区发展新格局。“7”，即7个县级园区，“13”，即13个镇区全民创业园。其中，依托县城重点提升6园，依托兴曌小镇及港口辐射带动提升沿海工业园承接功能。江苏滨海经济开发区工业园。南区北至丁字港，西至通榆运河，东至张家河，区域面积10平方千米。“十三五”期间，通过整合保留并培植部分机械、纺织、制药等优势项目，对部分体量小、效益差的劣势项目有序实行“退二进三”，通过发展金融、研发、物流等生产性服务业，恢复其城市功能，使产城实现无缝对接，深度融合。北区南至S327，西至204国道，北至海港大道，东至沿海铁路，区域面积32.1平方千米，重点发展高端装备制造产业，主要生产核电、火电、军用船舶潜艇阀门等高端零部件，以及纺机、硫化、环保、医疗等四大整机设备。工业园北区除二产功能外，主动承接带动城北生活片，重点对响坎河进行河道整治，并对其北侧居住用地进行改造，打造高品质生活区。通过旧城区改造，初步形成综合性商业主中心。加快S327沿线仓储物流、贸易、工业设计、信息服务等项目建设，打造生产型服务业经济带。加快森风汽车城、宝丰商博城和洲盛国际家居广场等重点市场建设，建成一批基地型、龙头型专业市场，打造区域性商品集散中心。规划建设三大城市产业功能区，即：生态湖功能区，位于响坎河以西5平方千米；生态绿色居住区，主要为区内产业工人服务；火车站功能区，规划面积4.5平方千米，打造站前商贸、物流服务区。滨海医药产业园。东至经四路，西至中山河，南至沿海铁路，北至新惠路，用地面积10平方千米，以沿海工业园医药中间体为基础和前道，通过海港大道实现快速联接，以“高端化、集群化、生态化、特色化”为目标，着力发展生物制剂、化学制剂、医疗器械、现代中药、健康保健五大产业，打造国内外知名的成品药生产基地。农产品加工园。规划建设10平方千米，分设食品加工、首乌园、果蔬加工、冷链物流、休闲食品、生物科技、粮油加工、畜禽加工、水产加工、木业加工、发酵制品、饮料制品十二大功能区。2017年完成一期110.46公顷建设，2020年完成二期506.66公顷建设，2025年全部完成园区建设。滨海南山产业园。着力加快园区基础设施配套建设，全方位承接深圳南山等地产业转移，与南山智汇园形成互动发展，着力打造以医疗器械、环保设备为主导的高端装备制造产业高地，加快脉动医疗机械等项目落地步伐，“十三五”末入园项目15个以上，完成工业投资20亿元，实现开票20亿元。滨海南山智汇园。坐落县创业大厦，借助深圳南山新兴产业资源、科技创新能力、高端人才优势，面向深港澳、拓展珠三角、对接长三角，重点发展生物医药、高端装备制造、互联网、环保技术及其他高新技术产业，十三五”末，建设成为辐射和影响苏北乃至全省、长三角区域的特色科技孵化园，成为区域创新的汇聚点和驱动源。电商创业园。位于县工业园北区，与滨海南山智汇园电商服务平台互动发展，把现代服务业作为转型发展的新空间，顺应“互联网+”，加速政策落地、项目引进、企业集聚。大力发展网上营销，促进传统产业向新产业经济快速转型。沿海工业园。一手抓产业转型升级。充分利用国家火炬滨海高分子新材料特色产业基地、国家火炬滨海新医药特色产业基地两块牌子，加速园区产业向新材料、新医药转型步伐，“十三五”末，园区规上企业销售突破500亿元，两大战略性新兴产业占比达80%以上；发展布局有序向东延伸挺进，实现与滨海港大型石油化工和煤化工项目联动发展，依托港口开辟产品对外出口新通道，使更多的企业在国际市场中配置资源要素，搏击市场大潮，参与竞争合作；推进污染排放第三方治理试点，打造循环经济示范区，走出一条循环化、绿色化、集约化持续发展之路，“十三五”期间，与工业园抱团打造国家级经济技术开发区和国家级高新技术产业开发区。一手抓城市功能打造。从适应产业集聚发展的实际需要出发，加快产城融合发展步伐，提升完善园区的城市功能及配套服务。规划建设兴曌生态小镇，建成布局结构合理、基础设施完善、公共服务便利、生态品质高雅、环境宜居优美、地方文化浓郁、海滨特色鲜明的现代化集镇，提升园区配套及承载能力。重点规划建设生态商务核心区、商业服务区、生态居住区、滨河生态居住区和加工制造区五个功能片区，发展现代商贸和服务业，打造文化特色鲜明、生态环境良好的生产服务型特色小镇。实施疏港航道码头工程、连接滨海港管廊工程，提升园区项目承载力、竞争力。13个镇区全民创业园，坚持因地制宜、分类指导，鼓励镇区根据自身资源特色、产业特点和基础条件，研究制定全民创业园发展规划，加快推进镇域经济发展步伐。工业基础较好的镇区，要把做大做优镇区工业作为增强区域经济实力、促进农民增收的首要任务；农业特色鲜明的镇区，要突出特色兴镇，助农致富，大力发展高效农业，着力突破农产品加工业，吸纳农村剩余劳动力，提升农业附加值。“十三五”末，东坎镇全民创业园拓展到5平方千米，实现销售50亿元以上；其它镇区全民创业园建成1平方千米，实现销售10亿元以上。

二、加快发展新型服务业　着力拓展新领域，发展新业态，培育新热点，推进服务业规模化、品牌化、信息化、网络化经营，逐步构建起与现代制造业相配套、与城市化进程相协调、与城乡居民需求相适应的现代服务业体系。不断提高服务业比重和水平，到2020年，实现服务业投资240亿元，年均递增16.5%；服务业增加值310亿元，年均递增12%；服务业增加值占地区生产总值比重达44.2%。

加快发展生产性服务业。构建大物流体系。充分利用高速公路、疏港航道、铁路、海运等立体交通运输体系，加快建设以港口物流为龙头的4大物流基地。依托滨海港、淮河入海水道和新长铁路及连盐铁路滨海港支线等枢纽，为大宗散货集散中转、临港产业仓储运输、集装箱联运及保税区提供物流服务，建成1—4号物流园，培育省级重点物流园区，将滨海港建设成淮河、黄海联运中转新平台和区域物流枢纽港。到2020年末，吞吐量向亿吨迈进。依托临海高等级公路、北疏港航道，承接港口物流，规范建设化工物流，为沿海工业园企业提供原料及产成品的仓储运输、中转分拨、流通加工等物流服务。依托县城各类专业市场及开发区工业园，在县城北区规划建设综合物流园区。依托农产品种养基地及城镇农产品市场，打造以冷链物流为主体的农产品物流基地。与此同时，重点培育八滩镇、界牌镇、蔡桥镇、正红镇、天场镇等专业物流中心和区域性物流龙头企业，构建城乡一体、快捷高效的物流体系，使其成为县域经济发展的新动脉。打造研发及商务平台。推进开发区工业园、沿海工业园商务服务集聚区建设，加快建设与发展滨海南山智汇园，引导法律服务、会计、审计、咨询评估、广告等行业的创新发展，培育一批本土商务服务企业和总部经济领衔企业。以国家级孵化器和省级孵化器为抓手，加快发展新医药、新材料、新能源、高端装备制造等研发设计、检测认证、供应链管理、金融后台等服务外包业态，培育壮大一批服务外包企业，塑造“滨海服务”品牌。发展信息等现代服务业。实现“互联网＋”全覆盖，以3D技术应用为契机，推进数字技术、信息技术、智能化技术在化工、机械、纺织等主导产业中的应用，开拓工业主体经济营销新手段、新方法、新途径，提高“滨海智造”的市场覆盖率、占有率、竞争力。推进互联网增值服务、信息安全服务和数字内容服务，加快智慧城市、数字城市建设。通过“互联网＋农业”，着力完善智能化信息设施，加快建设新型信息化服务体系，全面构建现代化“智慧农业”信息管理平台及现代农业创意园。鼓励金融创新，打造银、证、保等专业金融机构，鼓励建设股权投资、产业投资等新型金融机构集聚区。到2020年末，生产性服务业占服务业比重达50%。

提升发展生活性服务业。把扩大消费作为县域经济增长的新动力，积极适应国内“互联网＋”时代消费结构升级的新变化，进一步提升商贸、流通、房地产等生活性服务业的发展规模和水平。优化城市产业布局。在县城，以优化大型超市、购物中心、批发市场等商业网点结构和布局为突破点，重点发展四大生活性服务业集聚区，形成县城服务业发展轴。分别是以新时代广场、欧尚广场为中心的南部住宿餐饮业集聚区，周边覆盖欧堡利亚商务酒店、天海元商务酒店、金正广场、欧尚城市花园等；以银厦广场为中心的中部服装集聚区，周边覆盖鑫鼎国际广场、阜东中路商业街、玉龙路商业街、向阳大道商业街、名尚高端服装城、育才路商业街；以滨海源西区为中心的集文化、休闲、餐饮于一体的城市综合体，“十三五”期间一期工程全面竣工；以洲盛、宝丰为代表的北部小商品、家居用品集聚区，着力推进两大项目的后续工程建设。与此同时，支持便利店、中小超市、社区菜店等社区商业发展，使广大居民日常生活便利快捷，购物在小区，消费在家门，激发消费末端活力。激活农村消费市场。充分依托规模企业，鼓励和支持连锁经营、物流配送、电子商务等现代流通方式向农村延伸。完善农村服务网点与农产品购销，支持大型超市与农村合作组织对接，改造升级农产品批发市场和农贸市场，释放农村潜在消费能量。稳健房地产市场。大力发展成品住宅，增加商业房地产供应，引导群众理性消费。加快县城北区商业综合体及配套服务业的规划建设，引导居民购买入住。削减存量住房比例，促进房地产业平稳健康发展。

创新发展公共服务业。完善城乡公共服务体系，发展壮大公共服务产业。放宽市场准入，引入竞争机制，加大教育、文化、广播电视、医疗卫生、社会养老、体育等社会事业领域的市场化投入，实现投资主体多元化。加快发展教育培训。围绕产业发展与劳务经济，积极开展多层次非学历教育培训，整合现有职业技能教育资源，建设一批优质职业技能教育培训基地。大力发展医疗卫生服务。鼓励、引导民营医院、民办养老护理机构的发展，促进医疗服务、养老服务的多元化、多样化，鼓励医疗养老服务进村（小区）入户，拓展发展空间，服务千家万户。积极拓展文化体育消费市场。丰富拓展滨海书画、诗词、楹联之乡的内涵与外延，通过市场化手段促进电影进农村、书屋进农家、戏曲进小区，书画、诗词、楹联深入人心，千方百计做大做强文化产业。提升广大群众特别是青少年的体育健身意识和健康水平，实施农民体育健身工程，形成较为完善的体育健身产业体系。提升社区服务质量。大力发展家政服务、养老托幼、住院陪护、维修保洁、社区保安、废旧物品回收等便民服务，促进社区服务业向产业化、社会化、专业化方向发展。“十三五”末家政服务业从业人员突破2万人。

突破发展旅游产业。抢抓江苏沿海开发、国家“一带一路”、长江经济带和淮河生态经济带建设等战略发展机遇，充分挖掘县域水文、人文、田园等资源禀赋，把滨海建设成海滨休闲之城、生态体验之城、水浒文化之城、艺术创意之城，打造长三角地区海滨休闲生态旅游城市。优化旅游空间布局。在县域范围内构建“一轴、一带、二心、二区”空间格局。一轴，即沿S327旅游发展轴，贯通串联滨海县城与港城月亮湾两大核心板块，引领带动全县旅游产业发展。一带，即沿海旅游景观带，依托海阔、天蓝、树绿自然景观及海陆风电视觉景观，打造临海碧水绿道。二心，分别是县城旅游休闲中心、港城月亮湾小镇中心。二区，分别是S226以东，以月亮湾小镇为核心，以古黄河入海口、淮河入海口等独具特色的河海交汇生态旅游区；S226以西，以水魔方为核心，以乡村旅游和河湖生态旅游为重点的自然风光旅游区。打造区域特色旅游项目。着力打造十一大旅游项目。一是月亮湾小镇；二是滨海水魔方，位于现代农业产业园，重点建设梨花雨休闲生态园、通榆河水利枢纽及万鸟天堂风景区、废黄河立交三大浏览区；三是《水浒》背景地——沙浦寨；四是在滨海港镇境内建设66.66公顷何首乌生态园；五是打造“古黄河入海口、黄海领海基准点、亚热带与暖温带临海分界点”三个标志性节点景观以及淮河入海口风景区，建设大禹治水（淮河）神话故事园、淮河历史文化博览园、淮河居生态园、亲水栈道等特色项目；六是在八滩镇规划建设“醉美五醍浆”体验园；七是在县城北片区建设滨海文化景观园，集清水湖文化艺术中心、“楷模”临习台、书法广场、书法交易中心于一体；八是在八滩镇新港村境内新建“古黄河第一村”；九是在苏北灌溉总渠沿线建设百里总渠绿色长廊；十是在界牌镇境内，紧邻废黄河、中山河，打造86.66公顷阅田生态园；十一是在正红镇打造正红故里篆河乡情风光带。开辟精品旅游线路。分别是古黄河精品主题游、海滨度假精品游、淮河休闲生态体验游三条线路。强化旅游包装策划。通过各种新闻媒体推介滨海的旅游产品，把“滨海，一个让人回味的地方”作为城市形象主题，规划建设游客服务中心，构建“一网”（滨海旅游网)、“一库”(滨海旅游在线咨询数据库)、“一线”(滨海旅游热线)新平台,引进、培养旅游专业服务人才,打通对外旅游交通线路,把滨海建设成为全省、全国乃至全世界的新型旅游目的地。通过旅游业大发展,促进现代农业观光、生态工业及住宿餐饮商贸交通等三次产业绿色协调发展。到“十三五”末,年接待游客总量达500万人次,旅游业总收入突破50亿元。

三、加快发展现代农业 大力发展农业规模化经营,打造培植一批规模种养基地,加快发展高效农业、设施农业、生态农业、观光农业,把转型升级、惠民富民作为主题主线。到2020年,全县粮食总产量达110万吨,生猪饲养量达250万头,家禽饲养量达5500万羽,蔬菜总产达130万吨。全县农业总产值达146亿元,农业增加值突破75亿元,年均分别递增6.5%、4.1%。全县农民人均纯收入中,来自农业经营收入达8000元。

重抓农业结构调整,培植优势特色产业。坚持把结构调整作为贯穿农业现代化的主题,按照大产业战略布局的要求,着力调优农业结构,稳定粮食生产,培植优势产业,提高种养效益,增加农民收入。大力开展粮食绿色增产行动。以粮油高产增效创建为引擎,以联耕联种、土地流转为抓手,破解适度规模经营的制约瓶颈,加快亩产吨粮和百亿斤粳稻产能基地建设,重点突破绿色增产模式效益瓶颈,逐步扩大绿色有机稻米种植规模,促进粮食增产增效,确保粮食总产稳定在百万吨以上。大力开展生态健康养殖行动。加快全县畜牧基地升级改造,重点推进温氏年出栏60万头优质苗猪、年饲养2500万只草鸡养殖基地工程建设。到2020年,新增规模化养殖场区300个,生猪规模养殖比重达85%。全面启动环境载畜量规划,统筹考虑环境承载和消纳能力,划定禁养区、管好限养区、发展宜养区,加快推进规模养殖场和生态养殖小区建设。到2020年所有畜禽规模养殖基地均达到省生态健康养殖要求。大力开展地方特色产品彰显行动。紧紧抓住白首乌通过卫计委新资源食品认定的历史机遇,完成滨海白首乌地方标准制订工作,着力打造白首乌标准化示范基地,白首乌种植面积达2666.67公顷以上,加快引进和培育高附加值首乌产品精深加工企业,将白首乌打造成彰显滨海特色的精品产业。

重抓接二连三工程,促进一二三产融合。立足大农业理念,进一步开阔视野,延伸产业链条、拓展增值空间。培强龙头企业。着力打造以金昉、爱生首乌为龙头的首乌深加工,以温氏畜牧、汇利食品为龙头的肉类深加工,以五醍浆酒业、玉醍醇酒业为龙头的粮食深加工,以海大、富川为龙头的蔬菜深加工,以海苑食品为龙头的海产品深加工,以东南人造板、泰悦木业为龙头的林木深加工6大产业链,提升农产品加工层次,延长产业链条,努力培植一批生产规模大、产品档次高、带动能力强的新龙头。到2020年,全县销售超5亿元农产品加工企业达16家以上,其中5亿元~10亿元10家,10亿元~20亿元4家,20亿元以上2家,形成滨海农产品加工新特色和新优势。构建销售网络。以建成长三角地区优质农产品供应基地和集散中心为目标,启动建设农产品综合批发市场和农副产品冷链物流项目,在上海、南京等大中城市设立滨海农副产品直销窗口40个以上,建立完善滨海农产品销售网和同城配供系统,建成重点农产品销售电商平台1个,实现网上农产品年销售3亿元,年农产品出口额150万美元。拓展园区功能。到2020年全县农产品检测监管体系全面建成。加快完善农产品加工园一期工程,快速推进二期工程建设,入园企业30家以上,总投资40亿元以上,销售突破100亿元,成为省级园区。同时市级农产品加工园区在镇区实现全覆盖。规划建设沿海现代粮食产业园,形成东南沿海地区进出口粮食集散地及大型粮食加工物流中心。发展休闲农业。把休闲观光农业作为新方向,致力打造废黄河故道观光度假带,S327休闲观光农业带,重点新建一批休闲观光农业景点,积极争创休闲农业与乡村旅游示范县。

重抓生态农业建设,增强绿色发展理念。推进废弃物利用常态化。全面推行秸秆综合利用,大力推广机械化全量还田,着力完善秸秆收储利用体系,合理引导秸秆能源化利用,全县秸秆综合利用率达98%以上。以沼气利用为纽带,多形式开展畜禽粪便资源利用,引导规模养殖场就近流转一定规模的土地,就地消纳、利用畜禽粪便。新建1座秸秆气化集中供气工程、2000处农村户用沼气工程、50处规模畜禽场沼气治理工程。发展环境友好型农业。大力推广种养有机结合、农牧循环发展、产业生态友好的绿色发展模式和技术,积极探索立体种养、庭院资源综合利用、有害生物综合防治等技术。“十三五”期间,建成3个循环农业典型模式、4个生态循环农业示范镇、1个病死动物无害化处理场。推广农业标准化生产。引进标准化技术规程,推广标准化生产技术,严格投入品全程监管,全面开展农业面源污染防治行动,普及使用低毒低残留高效农药和化肥,开展土壤重金属污染防治及修复试点。完善县镇村三级农产品监管检测体系,建立农产品质量安全全程控制技术集成示范点,实现农产品质量网上全程可追溯。积极申报农产品公共品牌,建成农产品产地准出示范基地15个,新增“三品”数量50个以上。加大农产品推介力度,提高滨海大宗农产品和地方特色农产品的知名度。

重抓装备设施配套,助推农业产能升级。整合各类资源,持续加大对农业装备的投入。夯实基础设施。按照“拓展高产田、提升中产田、减少低产田”的思路,加快高标准粮田建设。重点配套建设排灌及机耕路桥的农田工程体系,建设高标准粮田和优质稻米基地,全县联耕联种面积达40%以上。同时新建15万吨高标准粮仓,使全县总仓容量超30万吨规模,完成7个重点信息化粮食收储布局。配套生产设施。积极发展智能温室、苏式日光能温室、连栋大棚、标准钢架大棚等高档次设施农业,大力引入防虫网、遮阳网、喷灌滴灌和杀虫灯等绿色配套设施,推进农业精准化、自动化和智能化发展步伐。三三线沿线及S327县城以西段6666.67公顷蔬菜基地等重点工程优先实施。“十三五”末,高效设施农业面积达2.13万公顷,比重达到20%。推进农业机械化。继续推广水稻、小麦、玉米等主要作物生产全程机械化,引导设施蔬菜、畜禽养殖等高效农业基地提高机械水平,积极探索主要农产品精加工机械、果蔬贮运保鲜机械、农产品保鲜储藏及产后处理与精加工机械化技术，推广应用收割、植保、化肥深施、秸秆还田等高性能新型机具，每年分别新增大中型农业机械、特色农业机械500台、1000台，力争农业机械化水平每年提高2个百分点以上，到2020年突破85%。

四、加快发展电子商务产业　努力培育和集聚电子商务产业，促进经济转型升级和产业结构调整，全面提升全县产业的活力和竞争力。以滨政发〔2015〕63号文件为基础，不断完善支持电子商务发展的政策，集聚发展电子商务的全新合力。

加快电子商务推广应用。推动电子商务进企业。鼓励工业企业利用电子商务开拓国内外市场，促进实体经营和网上经营有机融合，以供应链管理为重点，实现采购、生产、销售全流程网络化；鼓励大型零售企业拓展线上业务，自建、完善网络营销渠道，借助线下销售网点优势，开展全渠道线上线下互动经营；鼓励外贸企业加强与第三方跨境电子商务服务平台合作，增强与商务、海关、税务、检验检疫等部门联网互通，积极开拓国际市场，提升滨海企业国际竞争力。推动电子商务进特色街区。积极探索B2C、C2C、O2O商业模式，利用街区的知名度，创新"线上街区"与"线下街区"互动促销的经营方式，进一步拓展销售渠道，提高特色商业街区的影响力和对外辐射力，推动特色商业街区的立体化发展。推动电子商务进交易市场。支持东明、宝丰、洲盛、大润发等大型交易市场加快完善仓储、物流、配送基础设施，为场内商户开展线上交易创造条件。鼓励富民农产品交易市场等大型交易市场与国内著名电商企业合作，将平台的流量资源与市场的客户资源相结合，通过共建平台或开设专区、子站等方式，促进实体交易与线上交易共同发展。推动电子商务进农村。在农村地区推广线下生产、平台网店销售的经营模式，鼓励农民专业合作社、农业龙头企业开展家庭农副产品电子商务销售，广泛宣传推介白首乌、香肠、海蜇丝、界牌小花生、草鸡蛋、陈涛粉丝、蔡桥千层、正红草柳编等特色农产品，打造电子商务示范村。支持阿里巴巴到滨海县实施"千县万村"农村淘宝项目，鼓励大学生村官、回乡创业青年建立服务点，开展网上代购代销服务，带动农民增加收入，促进农村地区电子商务发展。

加快电子商务基础设施建设。推进电子商务产业园区建设。鼓励经济开发区工业园、沿海工业园、滨海港经济区、现代农业产业园区、各镇民营创业园积极创造条件建设电子商务园区，吸纳中小电商企业、网店入园发展，吸引国内知名电商企业和配套服务企业入驻，形成集商品贸易、平台运营、物流配送、融资支持、软件开发、人才培训等多功能多业态为一体的电子商务园区。完善电子商务网络设施建设。提高通信网络的覆盖范围和服务水平，为电子商务用户提供接入、服务托管及商务应用解决方案等服务。支持全免费Wi－Fi无线网络服务覆盖镇、村和4G网络建设，顺应电子商务由PC端向移动端延伸发展的趋势，为移动电子商务发展提供基础支撑。加快电商物流配送网络发展。鼓励"万村千乡市场工程"承办企业以及其他拥有配送中心的本地流通企业开展电子商务物流配送，发挥其辐射农村的优势。支持大型电商企业到滨海县建设仓储物流基地，吸纳县内物流、快递企业集聚。积极发展共同配送，鼓励有条件的电商企业自建或与物流、快递企业合作，构建城乡一体的综合配送体系。积极鼓励创设一批本地品牌快递企业，拓展乡村配送、生鲜配送等特色业务，引进一批知名品牌快递物流企业，到滨海县设立客服中心或转运分拨中心。在社区、学校等区域规划建设快递投送点，加快构建"最后一千米"的终端配送网络。推动快递网络向农村延伸，力争"十三五"前两年内实现"镇区有网点，村居通快递"的目标。

加快电子商务平台建设。支持综合类平台建设。结合滨海县产业结构特点，培育一批集商品销售、交易支付、售后服务于一体的商品销售服务类综合平台。引进知名电商平台企业建设特色中国·滨海馆，集中展示、推介和销售全县名特优新产品，提升全县产品知名度，扩大销售规模。鼓励发展专业性平台。支持建设新医药、新材料、装备制造、纺织服装、农副产品加工、建材、家居等垂直类电子商务平台，打造一批具有行业特色的专业性平台，带动相关产业的发展。支持以大米、首乌、粉丝、禽蛋、蔬菜、瓜果、肉类、水产等农副产品为主的专业平台建设，健全网上订货、冷链配送、定点直供体系，方便居民生活消费。培育特色交易服务平台。支持发展服务本地居民为主的票务订购、房产交易、网上订餐、文化旅游等区域性服务平台，不断提高居民生活便利化程度，促进消费市场繁荣。鼓励发展以撮合货源和运力配对为主的第四方物流平台，不断降低空载率，提高物流效率。积极推动各类服务性平台特色化、差异化发展。

第三节　推进产城融合，建设新型城镇，构建联动发展新格局

一、优化空间布局　全面实施新一轮城市总体规划，科学布局城镇、产业、居住、生态空间，以新城建设带动旧城提升，打造网格化、组团式城镇发展格局，县域内构建"一轴、双核、四片、六带"的城镇空间结构。到"十三五"末，县城及港城达到52平方千米，42万人口规模。联动提升"一轴"。沿327省道的城镇发展轴，依托327省道建设商贸小区、集散市场、特色园区，提升县城能级，推动港口发展，真正实现同城效应，联动发展。重点重抓"双核"。主城区和港城区。统筹推进"四片"。主城区发展片，以现代服务业为先导，以富有特色的农副产品深加工为基础，大力发展装备制造、电子信息、新材料、新医药、纺织服装等产业；临海发展片，依托滨海港良好的建港条件和集聚资源要素能力，辐射带动沿海工业园现有产业，重点发展新能源、装备制造、港口物流、精细化工、汽车零部件制造等产业；中部发展片，以八滩镇为中心，整合带动八巨、滨淮等镇发展，主要以现代农业、生态农业和特色农副产品加工为基础，大力发展酿造、化工设备、纺织等特色产业，同时促进机电、建材等已有产业的发展；南部发展片，实现通榆、正红、蔡桥、五汛等镇联动发展，主要以商贸、生态农业和特色农副产品加工为主。协同打造"六带"。随着S348新建、S328北移、S226西移，县域城镇构成"田"字形6条发展带，通过路网催生人流、物流、信息流，形成现代城镇发展新格局。S348渠南城

镇发展带，串联五汛、蔡桥、正红、通榆4个镇区，沿线重点发展商贸服务业、加工制造业，建设优质稻米生产基地；S327渠北城镇发展带，是连接县城与港城的主轴线，沿线串联现代农业园、界牌、八巨、八滩、滨淮、滨海港经济区6个镇区，重点发展现代服务业，打造现代高效农业生产基地；G228东部沿海发展带，以港城为中心，串联五汛、滨海港、滨淮、沿海工业园、兴罾小镇等镇区，重点发展临港产业、新医药、新材料等战略性新兴产业，带动临港服务业和生态观光农业的发展；G204西部发展带，依托县城，沿线串联正红、通榆、天场、工业园南区、现代农业园5个镇区，中南部发展纺织、机械加工产业，北部发展农产品加工业；S328中部横向发展带，依托县城，串联陈涛镇、滨海港镇，东连G228，西接G204，重点打造畜禽养殖产业带；S226中部纵向发展带，串联蔡桥、陈涛、八巨、界牌4个镇区，重点打造设施农业、规模养殖产业带。

二、提升县城功能　健全功能分区。县城以苏北生态型水绿宜居城市、江苏沿海现代化港口城市为总体定位，建成综合竞争力、辐射带动力和资源集聚力全面增强的中等沿海城市，打造长三角城市群沿海发展带节点中心城市、江苏沿海中等规模城市、盐城北部中心城市、沿海开发和淮河生态经济带出海门户城市、连云港和盐城沿海城镇轴的次中心城市，进一步加大主城区投入力度，完善功能，提升品位，形成“一心六片”团块状布局。一心：指主城区中部的综合性商业主中心，人民路—向阳大道—阜东中路—越河路—明达路—北八滩渠—后圩河路—阜东中路—东坎路围合区域，总面积2.5平方千米，其中规划城市建设用地2.0平方千米。主要承担县级商业中心功能，重点发展商业、金融、商务、科技研发等，“十三五”期间规划建设1－2幢商贸商务高层地标性建筑。六片：指城西、城北、城东三个生活片和城南工业片、城北工业片、站前物流仓储商贸片三个产业片。在此基础上通过育才路东延、海滨大道东延，加快规划建设城东体育中心，有序拓展提升城东区。完善配套能力。加快老城棚户区改造步伐，推进滨海源西区建设，加大欧尚国际花园、西片区七号地等地块拆迁力度，“十三五”期间完成拆迁量50万平方米，使老城区焕发生机和活力。加快县城教育、卫生布局调整，“十三五”新建各类学校15所，实施县人民医院，县中医院、第三人民医院整体联动搬迁，全面建成“15分钟健康服务圈”。加强县城“公园绿地10分钟服务圈”建设，提高公园绿地服务半径覆盖率，重点打造街头游园建设，达到居民出行300米有1000平方米～2000平方米公园绿地，出行500米有2000平方米以上公园绿地。尽快启动县文化艺术中心建设，建成博物馆、图书馆、科技馆和妇女儿童活动中心。改善城市交通，实施城乡道路畅通工程，“十三五”期间改建城市道路9项17.1千米，新建城市道路19条，44.2千米，重点加快建设海港大道、润港大道、海滨大道、人民路北延(至站前路)、站东路、幸福路、明达路南延、育才路东延和城东大道等主干道路，形成“节点畅通、环网相连”的城市路网。按照“城乡一体、辐射周边”的要求，对周边镇区的交通、供水、供气、环保等基础设施进行统筹规划建设。加快建设火车站站前广场仓储商贸区建设，配合连盐铁路通车，加大地下管网建设力度，重点建设1号泵站至医药产业园4.8千米污水干管、3号泵站至农产品加工园4.6千米污水干管、响坎河及张家河西岸10千米污水截流干管、村镇燃气主干管网、城市雨水管网提升及镇区供水管网。加大社会停车场建设，新建小区和商贸城市综合体项目一律按规定标准建设停车场。推进产城融合。加快在县城发展劳动密集型、技术密集型、资本密集型龙头产业，重点打造开发区工业园、滨海南山产业园、滨海南山智慧园、医药产业园、电商及大学生创业园、东坎民营创业园等专业园区。强化产业配套，建设占地10万平方米的滨海医药产业园邻里中心。在农村大力实施联耕联种，加快发展现代农业，统筹推进“万亩农产品加工产业城”，形成县城和周边镇区的链式产业布局，带动群众创业就业。“十三五”末，“六园一城”新增6.8万个就业岗位。培植省道S327沿线生产型服务业经济带，大力招引仓储物流、贸易、工业设计、信息服务等项目。同时以打造区域性商品集散中心为目标，投入30亿元，建成15万平方米的森风汽车城、20万平方米的宝丰商博城和17万平方米的洲盛国际家居广场等重点市场；建设城东、坎北农贸市场；新建城西、城北排挡市场、水果批发市场、花鸟鱼虫市场。实行“规模化、品牌化、网络化、信息化”运作，通过基地型、龙头型专业市场，推动县城对周边要素的集聚，加快产城融合的步伐。

三、打造临港新城　港城是全县次级中心，通过S327与县城实现快速连通，互动互补。“十三五”期间，港城将以古黄河文化为底蕴，以服务临港产业项目为中心，加快发展生产性服务业，加速实施月亮湾、灵龙湖、月堤海景公园等景观工程，形成“一城、两轴、三片”的布局结构。一城：指港城，包括港城西组团(通港路—S327—湖滨路—银河路围合区域)和港城月亮湾组团(芷江大道—翻身河—宋公大道围合区域)。规划城市建设用地5平方千米，建设服务滨海港开发和临港工业发展的行政管理中心、金融商贸中心和生活配套服务中心，建成淮河下游地区沿海新兴工贸城市、港口城市，形成沿海城镇轴(连云港和盐城之间)的次级中心。两轴：指远航路产业发展轴和黄河路生活服务联系轴。三片：指港区、沿海工业园和新滩经济区三个产业片。前期重点推进新滩经济区风电路以北的启动区、港城、港区基础设施前期工程和沿海工业园黄海路以北片区开发建设。“十三五”末港城建成区域达5平方千米，常住人口达5万人。

四、建设兴罾小镇　兴罾小镇规划面积7.19平方千米，主要服务现有30平方千米、110家企业、2万职工的沿海工业园发展。小镇整合现有兴罾村、滨淮农场、新滩新区公共资源、生态资源及基础设施资源，重点发展现代商贸和服务业，打造文化特色鲜明、生态环境良好的生产服务型特色小镇。重点规划建设生态商务核心区、商业服务区、生态居住区、滨河生态居住区和加工制造区五个功能片区，与滨淮集镇联动发展，2017年常住人口达2万人，2020年达3万人以上。总体定位是将兴罾新城建成布局结构合理、基础设施完善、公共服务便利、生态品质高雅、环境宜居优美、地方文化浓郁、海滨特色鲜明的现代化小镇，为沿海工业园高速发展提供可持续的生活服务支撑。

五、建设区域中心　镇区是县域区域中心，除县城、港城、兴晋小镇外构建"4+8"镇区发展新格局，其中滨海港镇、蔡桥镇、天场镇、八滩镇为全市重点中心镇，从东南西北四个方位与县城港城遥相呼应、发展共振。要加快推行强镇扩权改革，增强城镇综合承载能力以及对周边地区的辐射带动能力。五汛镇、正红镇、通榆镇、农业园区、界牌镇、陈涛镇、八巨镇、滨淮镇为区域发展中心，要着力推进城镇资源整合和组团式发展，以城镇的资源和产业特色为支撑，推动高端创新要素加速集聚和资源分类重组，加快传统产业和发展方式转型升级，促进集镇组团化、规模化、集聚化、高端化发展。加强镇区建设规划管理，加快集镇基础设施和功能配套项目建设，加强县城与周边城镇的功能配套，提升中心镇、重点镇水平，支持发展特色镇，培育城镇组群，形成新型城镇体系。推动城镇发展与疏解中心城区功能相结合，与特色产业发展相结合，与服务"三农"相结合，引导农村劳动力实现就地安居乐业，彻底改变粗放低效的发展模式和零散割裂的发展方式，走出一条宜居宜业、特色鲜明的生态、环保、低碳集镇组团发展的特色之路。"十三五"末，重点镇常住人口突破2万人，一般镇区达1万人以上。

六、优化空间聚落　加大以城带乡力度，保障城乡协调发展。在大力推进县城区、重点中心镇建设的基础上，充分发挥城镇的规模效应、集聚效益，促进和引导长期稳定从事二三产业的农村劳动力向城镇有序转移，科学规划和有序引导村庄集聚，建立城—镇—村三级城乡空间聚落体系，促进居民点布局优化，引导和支撑农村居民点撤并，形成支撑滨海人口城市化进程的特色产业体系。到2020年，在现有农村居民点的基础上，全县建成新型农村社区23个。现状规模大、公共服务设施配套、基础条件较好的自然村，作为重点村，着力加强基础设施、公共服务设施综合配套建设，培育建设"康居村庄"；乡村产业、历史文化、自然景观、建筑风貌等方面具有特色的村庄作为"特色村"，着力发展壮大特色产业，保护历史文化遗存和传统文化，协调村庄和自然河湖融合关系，塑造建筑和空间形态特色，配套完善相关公共服务设施，引导建设"美丽村庄"。按省市要求加快编制镇村布局规划和村庄规划，加快重点村、特色村的规划、建设、管理工作，做到规划前瞻性、建筑有特色、管理常态化。加大村庄居民点的形象打造、环境整治、美化绿化力度，建成社区道路、集中供水、污水处理、垃圾转运、入学入园、医疗康复、商业购物等配套工程，彻底改变农村集中居住社区环境，建设文明富裕新生活。

七、提升发展理念　着力提升城市品位，把建筑作为凝固的音乐来谱写，把道路作为流动的风景来打造，把广场作为文化名片来描绘。县城以城市水环境整治和绿化提升为抓手，加快以"三湖一河"为中心的绿化改造工程建设，做足"水绿"文章，放大"水绿"特色。新建道路两侧建设10米以上景观带，其中火车站组团及城东片区新建道路两侧不少于30米景观带；响坎河、张家河沿线两侧建设45米至60米绿化景观带。挖掘全国诗词、楹联、书法县的文化底蕴，规划建设诗联文化街、书法文化街，打造书画名城，深入实施市民素质教育，既要空气好、人气旺，更要风气正、士气足。加快建设"智慧城市"，推动城市网格化、数字化管理。积极推进"撤县建市""撤镇建街道"工作，以城关镇为基础，新组建3个街道办事处，早日建成"现代风格、商贸繁荣、人文宜居、水绿生态"全省一流的秀美县城。"十三五"末，港城及兴晋新城重点建设以月亮湾、月堤海景公园、玲珑湖为中心的沿海绿色亲水走廊。中心镇大力开展村庄环境整治，彰显田园风光特色，建设美丽宜居家园。

第四节　主攻基础设施，汇聚资源要素，彰显区域发展新优势

一、加快交通集疏运体系建设　打造公路、水路、铁路、航空、管道立体交通网络，实现区域交通发达、城乡交通一体、疏港交通便捷的全新目标，构建快捷、高效、通畅的人流物流体系，缩短与国内大中城市的时空距离，实现长三角主要城市3小时到达、市区及相邻市县1小时到达、县域范围内主要结点30分钟到达的目标，进一步提升滨海的交通区位优势，为全县经济社会发展构建快捷、高效的绿色通道。建设公路运输新干线。重点规划建设5条公路干线，总里程203.6千米，总投资26.5亿元。淮滨高速全长110千米，其中滨海境内65千米，阜建高速北延至沈海高速，全长42千米，两条高速公路连接滨海港区，分别构建滨海县向西、向南高速出行通道。新建省道S348，全长34.9千米，东西走向，途经正红镇、蔡桥镇、五汛镇，计划2019年竣工投运，将与S327相呼应，成为总渠南北的两条黄金通道。S328北移至淮河入海水道北侧，连接G204、G228，同时作为县城南环路，全长70千米，"十三五"期间建成通车。S226西移，全长31.7千米，改线后经蔡桥、陈涛、八巨、界牌四个镇，连接S327、S348、海港大道，实现中部乡镇东西南北快速出行。新修S327至S328连接线，长4千米，构建环形路网，实现快速连通。通过重大工程的实施，与原路网形成"六纵六横"高等级对外道路交通新格局。开辟水路运输新航道。加快推进滨海港北疏港航道建设，按三级航道规划、四级航道标准建设，2016年内竣工，为滨海港开辟水上集散新通道。规划建设淮河入海水道（滨海枢纽以西段）二期工程并上升为三级以上航道，建设南疏港航道，实现海河联运，形成三至四级骨干巷道2条83千米；同时建成五至七级干线航道11条200千米，真正确立滨海港淮河门户的战略地位。承接铁路运输新动脉。2017年连盐铁路滨海段建成通车。规划建设疏港铁路支线，全长50千米，单线电气化标准。积极调研认证港口至新长铁路的疏港铁路支线，构建港口集疏运新通道。规划空中运输新航线。加快通用机场规划选址及空域分析工作，力争取得突破。服务管廊运输新需求。围绕LNG项目建设，科学确定天然气外输管廊走向，优选管廊布局，优化设计方案，减少建设成本。实施便民利民新举措。加快铁路综合枢纽建设，改善城乡居民的出行条件，打通火车站与正丰大道、海港大道、S327、新安大道的连接线，2017年竣工通车。建设火车站广场及火车站公路客运中心，使各种交通形式有序布置、无缝对接、零距离换乘。建设客运分流站3座，即城

南、城东、港城客运分流站。县城建立公共自行车租赁系统，计划开设60个公共自行车站点，投放1500辆自行车，自2016年起逐步实施。海港大道二期2018年底建成通车。新建农村一级公路145千米，改造农村公路750千米.实施危桥改造全覆盖，改造提升200座桥梁。新建公交站点40个，新增公交里程500千米，全面改善城乡居民的出行条件，实现村村通公交目标，2020年，镇村公交覆盖率达100%，实现"镇镇通一级、村村通公交、进城十分钟、高速一刻钟"目标。打造智能交通新系统。对城市公交、农用班车等进行科学化、信息化、智能化疏导，以提效、疏堵、节能、降耗，在最大程度上畅通出行，便民利民。

二、加快水利基础设施建设　控减水旱损失、化解资源环境约束、优化城乡河塘生态、完善农田灌排设施、保障工程良性发展、调控运行安全有序、水文化适度彰显，打造"河畅海安景美、水清岸绿宜居"水生态环境。全面建成标准较高、协调配套的防洪(潮)减灾工程体系。实施淮河入海水道二期渠北排灌影响处理工程、黄河故道干河治理工程、海堤达标建设工程(包括：中山河闸至新滩盐场海堤防护及保滩工程、南八滩闸至入海水道海口枢纽海堤达标工程、海堤防汛道路及跌水工程、振东闸南北港堤修复工程、淤黄河挡潮闸拆建工程、振东闸至二罾闸保滩工程、海堤损毁地段逐年修复工程、翻身河北圆头水毁修复工程等8项工程)等三项流域治理工程。实施射阳河堤防治理加固工程、淤黄河滩地整治工程、翻身河地区整治工程、西坎船闸改建工程、总渠岸坡治理工程等五项区域治理工程。同时对全县209个标准较低的圩区进行治理。全面建成水资源开发利用与节约保护工程体系。加强饮用水源地保护力度，实施通榆河、灌溉总渠、淤黄河等三处集中式饮用水源地达标建设工程。实施农村饮水安全"十三五"提质增效工程，在医药产业院内规划建设一座新型自来水厂，满足周边地区对高品质生活用水、医药生产用水的需求。注重节水型社会建设，重点建设市级以上节水型企业(单位)5家、市级以上节水型小区5家、市级以上节水型学校10所。全面建成功能齐全、长效管护的农村水利工程体系。实施全县河道疏浚整治工程、三层灌区续建配套节水改造项目、农业综合开发南干中型灌区节水配套改造项目、中央财政小型农田水利重点县工程、千亿斤粮食产能规划田间工程和从土地出让金中计提的农田水利项目、废黄河沿线地区水土保持工程等6项工程。全面建成符合现代化水管理要求的服务体系。加强水资源管理和保护能力、防汛抗旱防台能力及基层水利服务体系建设，强化河道工程、水利工程、农村水利工程长效管理。全面建成综合配套、保障有力的水利发展保障体系。不断提升依法行政、社会管理和公共服务水平，以法制建设、资金保障及技术装备信息化为工具，以先进的科学技术和精干有为的人才队伍为支撑，保障水利全面发展。

三、加快城市农村电网建设　按照城乡一体化标准，实施500千伏滨响输变电工程，进一步增强北部500千伏电网网架结构，为国家电投协鑫火电、中海油LNG等项目提供强有力的电力保障。新建220千伏变电所4座，即：在八巨镇境内新建220千伏八巨输变电工程，解决该区域用电增长需求；在蔡桥镇境内新建220千伏安固输变电工程，用以改变滨海县东南部区域电网比较薄弱的状况；在滨海港镇境内淮河入海水道北侧新建220千伏二罾输变电工程，策应和服务"三港"经济发展，并为沿海陆上风场、海上风场电能并网接入提供电力保障；在新滩盐场境内、中山河入河口东侧新建220千伏海堤输变电工程，策应港口产业项目布点。新建110千伏玉华、新安等变电所9座、110千伏线路87.4千米，使110千伏网架结构更加可靠、合理。另外，新建10千伏线路151条总长606.05千米，其中电缆线路359.45千米，使重点输变电工程与重点区域、重点项目安全对接，同时满足居民生活水平不断提高的新需求。

四、加快热电联产建设布局　"十三五"期间，将全县热电联产分为三个供热片区，即县城供热片区、沿海工业园供热片区、港口供热片区。县城供热片区。加快推进宏东生物质能热电项目建设，主要解决县城主城区和工业园南区企业供热，同时根据医药产业园供热需求，适时启动县城北片区热电联产项目，主要解决工业园北区和医药产业园企业供热。对目前热负荷尚不具备建设热电项目条件的工业园北区和医药产业园"十三五"前期建设供热站，待条件成熟时建设热电项目。沿海工业园供热片区。"十三五"期间，加快推进森达热电扩建工程，利用现有锅炉的富余能力，配置1台1.5万千瓦背压式汽轮发电机组和新建1台220t/h高温高压燃煤锅炉，配置1台2.5万千瓦背压式汽轮发电机组及相应辅助设施。滨海港供热片区。"十三五"前期主要考虑由2×100万千瓦火电供热，后期根据滨海港建设情况及需求适时建设热电项目。

五、加快清洁高效能源建设　2017年国家电投一期2×100万千瓦超超临界火电项目建成投运，"十三五"期间建成二期2×100万千瓦项目，并规划建设三期2×100万千瓦项目。快速推进大唐、国家电投、华电等海陆风电建设，风电装机容量达200万千瓦。建成10万千瓦光伏发电项目，建成中海油滨海LNG接收站，优化布局LNG外输管线。开工建设热能、冷能综合利用项目，全面提升能源利用效率，把滨海港临港产业区打造成全省乃至全国有影响的绿色能源示范区。

第五节　打造科技平台，建立创新体系，积聚内生发展新动能

一、突出科学技术引领，着力推进产业转型升级　全力扩张战略性新兴产业。按照"产业规模化、技术高端化、发展集聚化"的总体要求，统筹规划、合理布局，全力提升新医药、新材料、新能源、高端装备4大战略性新兴产业总量规模。"十三五"期间，全县高新技术产业产值以年均25%的速度递增，高新技术产业产值占规模工业比重达58%。战略性新兴产业产值占高新技术产业产值的比重达45%以上。加快提升传统产业发展水平。促进传统产业发展高新化，做大做强新型纺织、化工、机械装备、农产品加工等传统支柱产业。努力实现纺织产业做特色、创品牌，加速向后道延伸；化工产业能自净、可循环，加速向新医药、新材料转型；机械装备产业走高端、精密化，加速向整机成套装备迈

进;农产品加工业扩规模、求效益,加速向精深加工转化。加大企业研发投入,在开发新产品、新工艺、新技术方面取得重大突破,不断提高技术创新水平,增强传统产业的综合竞争力。全面推进农业产业化进程。实施农业科技创新工程,加快农业标准化建设,培植星火龙头企业,大力推进绿色食品生产基地建设,推进农业产业化进程,加快建设优质良种基地、省级以上现代农业示范基地。着力推进现代农业产业园区建设,围绕种子种苗工程、高效栽培技术研究、农产品精深加工等农业科技专项做好研发工作。“十三五”期间,扶持农业龙头企业20家以上,新增各级各类民营农业科技研发机构15家以上。

二、突出创新体系建设,着力提升自主创新能力　加快区域创新体系建设。争创省高新技术开发区、省级科技型园区、省两化融合示范区、省新型工业化产业示范区,力争到“十三五”末建成省创新型城市,争创国家创新型城市。创新创业载体建设总面积达10万平方米以上,建立公共研发机构达20家以上,建成各类科技创业园,孵化面积达50万平方米、在孵企业100家以上,重点镇全部建成省级创新型乡镇。强化企业创新主体地位。加快高新技术企业、民营科技企业、创新型企业培育,提升企业核心竞争力。到2020年,力争国家级以上高新技术企业达到100家以上,省级高新技术企业达到150家。鼓励和支持企业承担或参与国家、省、市重大专项、重大科技攻关等项目,突破掌握关键核心技术。“十三五”期间,新实施国家级、省级科技计划项目100项以上,企业新品开发做到生产一代、储备一代、研制一代,开发省级高新技术产品200个以上。推进企业研发机构建设。加快推进企业创建重点实验室、工程技术研究中心、技术中心、院士工作站、博士后工作站等科研开发机构,提升企业研发水平,积极支持和鼓励企业与高校院所开展产学研合作。到“十三五”末,规模以上企业设立市级以上独立研发机构的比例达到100%,企业技术开发费占销售收入的比例达到3%以上。加大知识产权保护力度。2020年专利申请量、授权量分别达到2000件、500件以上,其中万人发明专利拥有量达到5件以上。促进科技金融紧密结合。加大政府科技财政投入,到2020年,全社会研发投入(R&D)占地区生产总值比重达2.5%以上,其中,企业研发投入占全社会研发投入(R&D)的70%以上。财政科技支出占一般预算支出的比例3%以上。加大构建科技金融服务平台力度,5年内金融机构配套投放科技专项贷款突破5亿元。到2020年,新增科技金融服务中心(科技银行)、科技小额贷款公司5家以上。

三、突出功能提升导向,加强产业园区平台建设　立足滨海自身的产业基础与优势,将滨海南山智汇园建成创新型、生态化、友好型园区,并打造成国家级孵化器。大力提升智汇园与区域产业的互补性、辐射力,形成一批以智汇园主导产业和优势企业为依托的区域特色产业集群,成为区域人才、技术、金融服务中心。加速建设滨海医药产业园高科技企业加速项目,突出发展大健康产业,集聚医疗器械产业项目,专注发展高精尖项目。面向全县所有园区、企业广泛开展科技孵化及创新服务,“十三五”期间引进10亿元~15亿元创业资金投资滨海创新创业企业,服务企业总产值超100亿元。加快推进四大战略性新兴产业,强化国际500强、国内50强、行业50强企业招商,迅速形成产业聚集效应。加快共性技术平台建设,到2020年,建成质量较高、运营较好的医药产业研究院、新材料产业研究院、新能源产业研究院、高端装备制造产业研究院和白首乌产业研究院。

四、突出高层人才集聚,着力打造创新人才高地　加快高层次创新创业人才集聚。大力实施高层次创业创新人才引进计划、科技创新团队建设计划和企业博士集聚计划,加快人才、项目、平台和服务的“四位一体”联动,吸引更多高端人才到滨海创业,更多先进技术和创新成果到滨海转化。积极引进国家“两院院士”、国家“千人计划”、省“双创计划”、省“博士集聚计划”等各类高层次人才,建设一批院士工作站、博士后工作站、研究生工作站等人才创新平台。壮大创新型科技人才队伍建设。实施科技企业家培育计划,促进项目、人才和基地建设的深度结合。到2020年,在滨海县造就一批拥有自主知识产权,具有核心研发能力,掌握关键核心技术的科技企业家和创新研发团队,人员总数达1200人,其中高层次科技创业人才总量达500人,省突出贡献中青年专家和市突出贡献中青年专家分别达10人、20人,享受政府特殊津贴专家20人。加大技能紧缺人才培养培训。提高人才科技创新能力。县每年选拔资助10名左右优秀青年到知名高校、科研院所学习深造,选派30名左右优秀青年专业技术人才到大企业挂职锻炼,县设立人才专项资金,对引进的各类人才给予资助奖励,到2020年全县本科以上,中级职称以上专业技术人才总数达2万人。充分发挥“科技镇长团”作用。坚持科技管理工作重心下移,把科技创新资源布局到乡镇,延伸到村组、企业,协调利用好各种资源,强化内引外联,积极牵线搭桥,打通高校和企业的市场通道,把科教人才优势与经济先发优势深度结合起来,有效解决区域经济转型难题。

五、突出健全体制机制,推进大众创业万众创新　大力发展众创空间。滨海港经济开发区、开发区工业园、沿海工业园、镇区民营创业园等各级各类园区都要建设依托互联网的新型众创孵化平台,为创新创业者提供良好的项目孵化空间,实现创新与创业、线上与线下、孵化与投资相结合,促进技术和创意加快转化为商业化产品。大力培育创新主体。按照县鼓励全民创业的政策意见,加大对大学生青年创业者、大企业高管创业者、科技人员创业者、留学归国创业者、农民创业者等五类创业主体的支持力度。在开发区工业园、沿海工业园建立大学生创业指导服务专门机构、实习基地,强化大学生创业教育和培训。支持企业家二次创业,鼓励大企业高管借助人脉资源、管理经验等优势,创办各类经济实体,提高创新创业的成功率。大力打造创新集群。围绕四大战略性新兴产业、现代服务业、高效生态农业等重点领域,贯通“苗圃孵化器—加速器—产业园区”孵化培育链条,促进中小微企业成长壮大。在发展空间、资本运作、市场开拓等方面,为中小科技型企业提供个性化服务。着力实施企业“小巨人”培育计划,培育一批具有全球视野、现代管理理念及创新意识的企业家。

六、突出科技普及应用,促进经济社会协调发展　强化互联网技术、可再生能源技术、数字化技术、新材料技术、节能环保技术、健康科技技术等在现实生产、生活中的应用。围绕健康生活、智慧生活、平安生活、低碳生活,加快建设以"新知识普及、新技术示范、新产品应用"为主要内容的科技社区,使之成为民生科技成果的展示区、先进适用技术的示范区和科技惠民的先行区。到 2020 年,建成 2－5 个省级科技社区。

第六节　强化要素保障,破解瓶颈制约,探索跨越发展新路径

一、强化环境容量保障　在经济新常态下,环境容量将成为制约全县经济社会发展的首要因素。"十三五"期间全县化学需氧量、二氧化硫、氨氮、氮氧化物四项主要污染物排放指标总量完成省、市下达的目标任务。加快县城污水处理厂日处理 4.5 万吨污水迁建扩能工程和配套管网建设工作,确保 2016 年投入运营,实现减排效益,使更多的指标用于项目建设。加快结构调整,陈量项目加速结构优化,逐步淘汰高排放低产出项目,严控新上 10 蒸吨及以下燃煤小锅炉,大力发展光伏、风电等新能源项目。"十三五"期间,要通过优化转型,确保主要污染物排放削减率完成上级目标任务。重大项目争取排放指标点供,提升滨海县的排放基数。

二、强化人力资源保障　"十三五"期间,工业经济发展对产业工人的需求将急剧增加,加大适用型产业工人的培训,切实破解劳动力资源的结构性矛盾是当务之急。坚持围绕临港产业、纺织服装、医药化工、泵阀机械、农产品加工等支柱产业及新医药、新材料、新能源、装备制造四大战略性新兴产业,有针对性地培养产业人才。进一步整合职业教育资源,以滨海县中等专业学校为基础,申请成立滨海县职业技术学院,并形成每年定向培训 1 万人的规模。制定激励政策,支持园区和企业创办职工大学,开展适应性培训。通过提高最低工资标准、规范劳资关系吸引全县三十余万在外务工人员有序返乡就业、创业,为主体经济发展提供充裕的人力资源,到 2020 年,全县高技能人才总数突破 5 万人。加强农村实用人才队伍建设,为社会主义新农村建设提供坚强保障,从农业产业结构调整的实际出发,以提高科技素质、专业技能、经营能力为核心,努力培养一支农村技能型、经营型、创业型人才队伍,到 2020 年,全县农村实用人才突破 5 万人,其中种养大户 1 万人以上,其他农村实用人才 4 万人以上。

三、强化土地资源保障　"十三五"是全县经济社会加速发展的黄金时期,对建设用地需求量较大,必须统筹安排,优化利用土地资源,优先保障滨海港开发建设、工业、城建、基础设施、社会事业等重大项目用地需求。全力争取用地指标。"十三五"全县新增建设用地指标达 2333.33 公顷以上。一方面充分利用省新型城镇化综合试点县政策机遇,千方百计争取土地指标;另一方面力争将更多的重大项目列入省以上重点项目规划盘子,争取更多的点供指标。优先保障三港、基础设施、民生等重大项目用地。保障符合国家产业政策、环保要求和土地利用总体规划,投资强度达到规定标准的高科技、高产出的生态型工业项目用地。提高土地利用效率。坚决遏制低水平重复建设和盲目圈占土地,分类摸排全县面上建设用地情况,对低效利用建设用地,依法依规整合重组,每年清理整合 66.66 公顷、。对闲置 2 年以上的土地按规定坚决予以收回,并依法及时处置,切实提高土地综合利用水平。通过腾笼换鸟、置换重组、招大引强等有效形式,优化产业结构,提高土地节约集约利用水平,稳步提高单位面积产出效率。强化土地收储职能。"十三五"期间,逐年编制土地收购和供应计划,出台土地盘活整治实施方案,每年收储土地 26.66 公顷以上,计划收储土地 133.33 公顷以上,并有序推向市场,实现土地价值最大化。推进土地制度改革。进一步完善统一、竞争、开放、有序的国土资源要素市场。加快县域内宅基地使用权、集体建设用地使用权确权登记工作,在符合土地利用和城镇建设总体规划前提下,采取出让、租赁、作价出资、转让等方式依法流转,将布局分散、基础设施不配套的集体建设用地整合复垦,通过指标转换的方式,将集体建设用地使用权进行移位报批,服从服务于港口等重大项目建设。积极加强与黄海经济区的合作,充分利用黄海经济区 8000 公顷存量建设用地,实现临港重大项目跨区域布局,使一批临港重大项目顺利落户。

四、强化金融支撑保障　加大引进全国性股份制商业银行、优质城市商业银行分支机构力度,大力发展保险、证券、期货、融资租赁、创业投资等金融机构。"十三五"末,全县银行业金融机构达到 20 家。推进设立村镇银行、小额贷款公司、融资性担保公司等新型农村金融机构,"十三五"末,实现"三五三十"目标,即:村镇银行达到 5 家、财务公司达到 5 家、证券机构达到 5 家、小额贷款公司达到 10 家、融资性担保公司达到 10 家、保险机构达到 10 家。积极探索新的融资方式,推进企业上市步伐,加快棚户区改造等产业债券发行进程,开辟直接融资新路径。同时抢抓国家政策机遇,发行两期企业债券,发行总额达 30 亿元。对临港重大基础设施项目、城建项目通过 BT、BOT、PPP 等形式合作建设。"十三五"末,存贷款规模达 700 亿元,其中存款总额 400 亿元,贷款总额达 300 亿元。

第七节　建设绿色滨海,提升生态质量,开创持续发展新模式

一、优化国土空间布局,维护生态系统安全　着力优化产业布局。积极实施主体功能区发展战略,对港区及东坎镇、滨海港镇、八滩镇、滨淮镇、滨淮农场等点状开发区域积极发展战略性新兴产业和先进制造业。积极推进工业集中区的整合撤并和搬迁,控制新增建设空间,优先保障镇区和保留工业区的用地,引导农民集中居住,完善城市基础设施和公共服务,增强大规模吸纳人口的能力,优化农村生活空间。着力强化禁止开发区域管控。坚决守住耕地保有量这一底线,通榆河清水通道维护区、响坎河饮用水源保护区、通榆河饮用水源保护区、淤黄河饮用水保护区等一级管控区属于禁止开发区域,严禁一切形式的开发建设活动。盐城湿地珍禽国家级自然保护区(滨海)、淮河入海道(滨海)洪水调蓄区、射阳河(滨海)清水通道维护区、废黄河—中

山河(滨海)洪水调蓄区等二级管控区以生态保护为重点,实行差别化的管控措施,严禁有损主导生态功能的开发建设活动。把居民饮用水安全放到重要位置,加快实施中山河取水口上移迁建工程,将其上移至中山河滨海船闸上游,远离危化品运输航道,保障安全取水、安全用水。着力转化农业发展方式。加大农村环境综合整治和农田基础设施建设,推进连片标准农田建设,提高农田增产增收能力。加强现代农业产业园区、农产品加工集中区和农产品市场体系“三大载体”建设。大力发展设施园艺业,促进园艺产业转型升级。着力发展特色高效渔业,提高现代渔业综合生产能力。积极发展休闲农业与乡村旅游业,推进休闲观光农业示范区建设。

二、深化产业结构调整,推进经济绿色转型　优化产业转型升级。按照全面融入长三角经济圈战略要求,以“三港”建设为新的突破口,以培育壮大优势产业,加快提升支柱产业,改造提高传统产业,开拓发展新兴产业为重点,实现全县工业产业结构战略性调整。到2020年,资源产出增加率达到18%以上,单位工业用地产值达到48亿元/平方千米以上,碳排放强度降至290千克/万元以下,单位地区生产总值能耗下降到0.38吨标煤/万元以下,再生资源循环利用率达到84%以上,高新技术产业产值占规模以上产值比重达到58%以上,节能环保产业增加值占地区生产总值比重达5.5%以上。加快工业生态转型。加快集聚发展,加大沿海工业园内项目优化重组力度,逐步淘汰一批“两高一低”项目,整合沿海工业园企业到80家以内,大力发展循环经济,推行清洁生产,使园区项目步入环境友好型的良性发展轨道,迅速形成聚合发展新优势。策应滨海港开发建设,着力打造绿色能源生产示范区;充分利用煤化工、石油化工产生的成品和副品,开发新品精细化工类产品,形成以氯碱产业为基础,与氯碱化工、煤化工、石油化工相关联的精细化工产业集群。积极发展海洋化工,形成盐碱联合开发,盐化、石化、煤化工、海洋化工协调发展的特大型产业链条。大力发展生态农业。紧紧围绕市委、市政府提出的“打造全国农业经济总量第一市和江苏高效农业第一市”的目标,大力发展设施农业、现代农业、生态农业、休闲观光农业等精品农业,发展优质粮食、设施果蔬、水生水产等优势产业,继续推进有机、绿色食品基地的建设。到2020年,主要农产品中有机、绿色食品种植面积的比重达到85%以上。

三、加大环境治理力度,全面提升生态效益　以解决大气、水、固废、土壤等污染为重点,推进城乡环境综合整治、工业污染防治及生态环境保护和建设,加强污染综合防治,实现污染物减排由总量控制向环境质量改善转变。强化水环境治理。加快污水处理厂建设,推进雨污分流改造,建设滨海经济开发区污水处理厂、滨海医药产业园污水处理厂、滨海港经济开发区污水处理厂、沿海工业园污水处理厂四期和五期工程及污水处理厂高浓废水处理工程(一期)。加快八滩镇、天场镇、农业园镇、通榆镇、陈涛镇、滨海港镇、八巨镇、界牌镇、正红镇、滨海港经济区等10个镇区的污水处理厂及配套管网建设。加强现有污水排水管网的维修与养护,切实加大地下污水管网配套建设力度,采取向上争取、县级配套、镇区自筹、社会资金入股等多种形式筹集资金,真正把管网联通起来,污水收集起来,净水排放出来,杜绝断头管网、形象工程,保证污水管网覆盖范围内生活污水和工业废水全部进入污水收集系统。“十三五”期间,根据各镇区城镇化发展情况,必要时进一步扩大污水处理厂的处理规模。全面开展排水分流制改造,新开发的城区及工业园区按分流制铺设雨水和污水管道,旧城区结合旧城改造由合流制逐步过渡到分流制。以住宅小区为单位,逐步开展“雨污分流”工作。到2017年完成县城建成区雨污分流改造,2020年完成全县镇区雨污分流改造。强化空气质量改善。着力抓好大气污染重点行业和企业整治,控制扬尘、机动车尾气污染,治理餐饮油烟,进一步加大力度开展加油站、油库废气和其它挥发性有机物(VOCS)控制。推进工业企业脱硫除尘改造,提高热电企业脱硫效率,实施燃煤锅炉(窑炉)和导热油锅炉整治工程。加强对市政、建筑、拆迁等工地进行集中整治,深入开展“绿色工地”创建活动,切实加大扬尘污染控制力度。严格实施机动车国Ⅳ排放标准,同时实行机动车环保标志分类管理,强化机动车尾气排放检测,积极推广使用清洁燃料和新能源汽车,切实加大机动车尾气污染控制力度。强化固废污染控制。全面推进清洁生产,从源头削减固体废物的产生量。加大产业结构调整力度,实行原材料替代,改进生产工艺,降低企业固体废物产生量。开展ISO 14000环境管理体系认证、环境标志认证,从社会与工业企业源头提高固体废物循环利用率,提高废物在不同企业及社会层次之间的循环、循序利用,减少废物产生量。强化工业污染防治。大力发展循环经济,加快淘汰高能耗产业,降低工业污染排放量。提升工业园、沿海工业园环境管理水平。完善污水处理、实施集中供热、建设绿化防护带,推进环保基础设施建设,强化健全园区环境监测监管体系、环境风险防范体系,提升园区环境管理水平。加快实施县垃圾焚烧发电项目和沿海工业园固废焚烧工程三期项目。强化城乡环境整治。加大县城内河的整治力度,消除城市内河“黑臭”现象。对超标噪声进行限期治理,完成城区及乡镇噪声功能区划,建设噪声达标区。加强社会生活、建筑施工和道路交通噪声的监管工作。全面组织实施农村环境综合整治,到2020年基本建立“组保洁、村收集、镇运转、县处理”的城乡生活垃圾一体化处理模式,积极推广无害化卫生厕所,全县农村卫生厕所普及率达95%。实施农村废弃物治理工程,新建户用沼气、畜禽养殖场沼气、秸秆气化等重点工程,关闭或搬迁饮用水源河道两侧3千米内畜禽规模养殖场,有效防止饮用水源受到污染。强化生态环境保护。“十三五”期间,侧重沿海生态防护林、沿海林场、废黄河故道防沙治沙工程建设以及种苗基地建设。新造成片林3333.33公顷,年均完成沿海防护林133.33公顷,新建农田林网3333.33公顷,完善提高林网6666.66公顷,新建绿色通道50千米,完善绿色通道200千米。到2020年,实现农田林网的控制率达100%,高标准农田林网比例达90%,活立木蓄积量达400万立方米以上,真正实现城在林中,人在绿中。强化绿色生活理念。

积极倡导节约简朴、保护自然的绿色生活理念，引导机关、企业及广大群众从生活的点滴做起，争做低碳环保生活的倡导者和践行者。切实转变生活方式和消费模式，通过全社会的共同努力，形成节约、低碳、绿色、适度的生态生活新风尚。大力推广新建绿色建筑，扩大可再生能源建筑应用规模，发展安全耐久、节能环保、施工便利的绿色建材。结合村庄环境整治和样板村庄打造，探索建设适合农村特点的绿色农房。倡导绿色出行，落实公交优先战略，加强城市步行和自行车交通系统建设，发展县城公共自行车网络。实施差别化停车收费，研究实施出租汽车合乘政策，减少机动车上路行驶总量。倡导购买小排量、新能源等节能环保型机动车，超前规划布局新能源电动车充电桩。

第八节　深化各项改革，着力扩大开放，激发体制机制新活力

一、全面深化行政管理体制改革　大力推进行政管理改革。积极推进"撤县建市""撤镇建街道"工作。以滨海港为战略平台，研究实施镇区合一管理体制，2017 年底前升级为省级开发区，2020 年底前升级为国家级开发区。加强与黄海经济区的战略合作，探索滨海新区的体制和模式，从根本上拓展滨海港开发区空间，提升集聚要素资源的能力。扩大重点园区自主权，创新开发区管理体制，除主要行政管理人员外，其他人员打破身份界限、能上能下、能进能出、绩效考核，实行年薪制，对重特大项目引进有功人员实行重奖，激活园区发展活力。严格控制财政供养人员规模扩大，降低行政成本。大力推进户籍制度改革。全面放开户籍限制，凡在县城、港区有合法稳定住所（含租赁）的人员，本人及其家庭成员可以在当地申请登记常住户口，每年转移农村户口 2 万人以上。大力推进行政审批改革。主动承接上级下放的审批事项，建立"5310"服务机制，即：推行五张清单，实行三证合一，实现"一费制"收取，"十三五"末过度到"零费制"。突破审批权精简下放，在县政务办基础上成立县行政审批局，真正实现一站式审批服务。在滨海港经济开发区、开发区工业园、沿海工业园分别设立行政服务中心，园区内项目最大限度下放到园区备案审批，全面提升行政效能。

二、全面深化经济体制改革　完善民营经济发展配套改革。鼓励有条件的企业通过兼并、收购、强强联盟、发债上市等方式做大做强。"十三五"期间，县开发区工业园、沿海工业园每年兼并重组企业分别达 10 家以上，本土上市企业达 2 家以上。规范市场经济秩序，激发各类市场主体的积极性，推进公共资源交易服务平台、县域信用平台建设。稳步推进金融体制改革。大力发展金融市场，有效缓解重大项目建设和中小企业发展中的资金难题。深化资源性产品价格和要素市场改革。全面放开竞争性领域产品和服务价格，健全土地、资本、劳动力、技术、信息等要素市场。推进生态环境治理的体制机制改革。稳步实施沿海工业园污染排放第三方治理国家试点，完善节能减排、污水垃圾收集处理机制，建立落后产能淘汰机制，努力突破经济跨越发展的瓶颈制约。

三、探索农村经营体制改革　深化土地经营体制改革。大力推进农村土地承包经营权登记颁证工作，对土地承包合同、承包清册、登记簿、证书、农户信息等资料逐户搜集登记，确保全部完成农村土地确权登记颁证工作。完善土地经营权流转市场和运行规则，进一步健全服务和管理网络，加强对流转面积、价格、用途等情况的监测。建立土地投资补偿机制、土地流转监督约束机制，完善土地承包合同管理，切实保护规模经营者和转让土地农户的利益。积极培育新型经营主体。加强联耕联种区域内的农田基础设施和大型农机装备配套建设，培植专业化服务组织，"十三五"期间，确保推广联耕联种面积 4 万公顷，新增新型经营主体适度规模经营面积 2 万公顷以上。鼓励和引导家庭农场创建，确保新发展 500 家以上，使总数突破 1000 家，培植县级以上标准示范性家庭农场 300 家。积极推广"龙头企业 + 合作社 + 基地 + 农户"的合作经营模式。坚持把发展加工型农业龙头企业、销售型龙头企业作为形成产业链的关键，安排财政引导资金，进一步支持企业技术革新、打造品牌、做大做强。大力推进农村金融改革。针对经济薄弱村产业发展基础差，持续增收难的情况，创新扶贫方式，通过股息分红，使经济薄弱村每年有稳定的收益，增加集体经济积累。积极开发农业保险新产品，扩大种植业保险覆盖面，"十三五"末达 95% 以上。充分挖掘村级资产资源，赋予农民对承包地占有、使用、收益、流转及承包经营权、抵押担保权。积极推动开展以林权、土地承包经营权、农村居民房屋所有权"三权三证"抵押贷款为突破口的"三农"金融服务改革试点，盘活农村资源，破解农村融资瓶颈，激发农民创业热情，增加农民财产性收入。

四、加快对外开放步伐　积极推进区位融合。以滨海港为新的战略平台，以公路、水路、铁路、航空、管道五位一体立体交通为新的纽带，加强与沿海各地、淮河生态经济带沿线乃至长江中下游地区和中西部地区的经济合作，加速融入长三角一体化进程，加快淮河生态经济带出海门户建设，争取一类开放口岸早日获得审批，探索建立滨海港保税物流园区。加快开放型经济发展步伐。"十三五"末利用外资突破 1 亿美元，进出口总额达 6.6 亿美元，形成以国际化企业为主体、国际化园区为载体、国际化人才为支撑的对外开放新局面。探索园区共建新模式。主动承接上海、深圳及苏南、浙江等地区的产业转移，推进园区合作向深层次、紧密型、特色化发展。"十三五"，滨海南山产业园入驻企业达 15 家以上，实现有效投入 30 亿元，其中工业投资 20 亿元，2020 年实现销售 20 亿元、税收 1 亿元；滨海南山智汇园入驻企业达 20 家以上，引进创新创业资金 10 亿元 ~ 15 亿元以上；上海工业综合开发区滨海工业园每年承接上海产业转移项目 8 个以上。在承接产业转移中坚持有所为，有所不为，进一步实现由招商引资向招商选资的转变，坚决拒绝高能耗、高污染项目。每年承接高科技含量产业转移项目 50 个以上，在产业转移中拉长加粗新特产业链条，实现产业优化升级，增强产业综合竞争力。

第九节　关注民计民生，发展社会事业，共创幸福美满新生活

一、实施教育提质工程

高水平普及基础教育。优质普惠发展学前教育。建立

以公共财政投入为主的学前教育成本分担机制，落实公办幼儿园教职工编制标准，创新幼儿园教职工聘用与补充机制，依法落实幼儿园教职工工资福利待遇和社会保障。优质均衡发展义务教育。义务教育经费全面纳入县级财政保障范围，并建立增长机制，教育经费向农村学校、薄弱学校、特殊教育学校、寄宿制学校、小规模学校和留守儿童少年较多的学校倾斜，区域内城乡、校际差距基本消除，初步形成义务教育城乡一体化发展格局。全方位实施教育布局调整。一是加快建设县一中西湖路校区、实小人民路校区，尽快实施县三中易地新建，在东城区规划新建1所初中、1所小学，积极协调明达中学、县二中和坎北初中等学校进行资源整合。通过布局优化整合，让农村中小学布局更趋合理，促进教育公平。二是创建五星级高中、四星级高中各1所，新建1所三星级高中，优化整合五汛中学和獐沟中学高中教学资源，全县形成1所五星级、2所四星级、2所三星级的高中学校布局。三是加强港城初级中学建设，2020年前建成港城小学、幼儿园，适时在港城建设滨海中学分校。四是加强特殊教育学校建设，确保入学残疾儿童少年享受免费教育比例达到100%。五是建立普惠性民办幼儿园经费管理机制，积极鼓励社会力量举办学前教育，引导和支持民办幼儿园提供普惠性保育教育服务。到2020年，全县省优质园比例达到90%，省定优秀标准学校达80%以上，学生、社会对学校的满意度达90%以上，县域义务教育优质均衡发展达省定要求。六是促进教育公平发展，健全流动人口随迁子女受教育保障机制，坚持政府负责、公办为主，确保流动就业人口随迁子女由公办学校充分吸纳，平等接受义务教育，允许其在流入地参加升学考试。关爱农村留守儿童少年，做好教育和管理工作。实施家庭经济困难学生资助计划，逐步提高农村义务教育学校家庭经济困难生的生活补助标准，扩大高中学生政府奖学金资助比例。

全力改善办学条件。继续实施《滨海县全面改善义务教育薄弱学校基本办学条件项目规划(2014～2018年)》，确保全县所有义务教育学校都达到标准化学校办学标准，为更高水平教育现代化建设打下坚实基础。“十三五”期间，新建校舍项目198个，规划建筑面积36.5万平方米。新建1所高级中学、2所中心初中、8所中心小学新校区或分校、2所中心幼儿园、2所定点小学。各中心初中、中心小学、定点小学的教学用房、教学辅助用房和生活用房基本满足师生需求。新建塑胶场地10片。全面完成校舍安全工程，所有校舍达到国家抗震设防要求，健全校舍安全监控、质量鉴定、维修改造长效管理机制，完善教学设施设备的维护与更新制度。全面改善幼儿园办学条件，对民办幼儿园严格规范管理。按照《江苏省中小学教育技术装备标准》Ⅰ类标准，实施教育装备高水平提升工程，为学校统一配备标准课桌椅、理化生实验仪器设备、图书、音体美器材、学生电脑等教学设备满足教学需要。完善配套食堂设备、学生用床、饮水设备等各类生活设备和安全设施。稳步推进全县中小学宽带网络、数字教育资源、网络学习空间建设，实现宽带网络“校校通”、优质资源“班班通”、网络学习空间“人人通”。

加强教师队伍建设。着力加强教师培训。整合县教研室、电教室和中专校的职能和资源，建成教科研训四位一体的县教师发展中心。到2020年，全县小学、初中专任教师中具有本科以上学历的比例分别达到90%、100%，高中阶段专任教师中具有硕士研究生以上学历(学位)的比例达到20%以上，职业学校“双师型”教师比例达到75%以上。努力放大名师效应。确保每一所学校都有县级以上骨干教师，每一个学科都有市级名教师、省特级教师。全县新增市名校长、模范校长、优秀校长20名以上；新增正高级教师、省特级教师、市名教师15名以上；县学科带头人、教学能手以上骨干教师总量占专任教师比例达到20%以上。全力加大招录力度。拓宽优秀师范毕业生招录范围，积极引进高层次教育人才，支持职业学校面向企业、社会聘用专业技能人才。进一步提高农村学校音、体、美、信息教师和幼儿园教师比例，加快解决教师结构性短缺问题，其中专职教师比例小学、初中分别不低于60%和80%。

提升教育服务能力。健全现代职业教育制度，切实履行发展职业教育的责任，增强政府在发展职业教育中的统筹规划、综合协调、宏观管理作用。优化职业教育资源，推进职业教育集约式、企业式发展。全力办好滨海中等专业学校，规划建设新校区，成功创建省高水平现代化职业学校。中餐烹饪、机械加工技术专业实训基地创建成省高水平示范性实训基地，争创2个～3个省品牌专业，新增3个～5个专业实训基地。围绕滨海港产业结构、人口流动、行政区划调整等情况，实施港口开发教育配套工程。进一步加强滨海港城初级中学建设，2020年前建成滨海港城小学、幼儿园。落实成人教育经费投入，加强镇区成人教育中心校建设，到2020年所有镇区社区教育中心全部创建成省级社区教育中心，村(居、社区)各创建一所省标准化居民学校。推进终身教育公共服务体系及基础设施建设，扩大公益性文化体育设施免费开放范围，拓展其教育服务功能。开放各类学校和培训机构的学习场所和教育设施，面向社会开展农村实用技术培训、农村劳动力转移等各类培训，从业人员培训率达55%以上，新增劳动人口平均受教育年限达15年。

优化教育管理体制。转变政府管理职能。深入推进管办评分离，正确处理政府、学校、社会之间的关系，做到政府宏观管教育、学校专心办教育、社会参与评教育。运用法规政策、规划标准、公共财政、信息服务等手段引导支持学校发展。规范教育决策程序，充分听取群众意见，重大教育政策出台前必须组织专家论证、公开讨论、公示听证和风险评估等。健全教育分级管理体制。加快完善县级统筹、县与镇区共建的学前教育管理体制；建立健全以县为主的义务教育管理体制，注重发挥镇区参与建设义务教育学校的作用；建立完善县统筹规划建设、学校自主发展的高中教育管理体制；建立健全以县为主、政府统筹、行业参与、社会支持的职业教育管理体制。推进各级各类学校管理体制改革，逐步取消学校行政化管理模式和行政级别。健全教育经费保障机制。明晰教育事权和财权支出责任，确保教育经费增长法定要求和拓宽教育经费渠道政策措施落实到位。稳步提高各级各类教育生均经费标准和生均财政拨款标准，并健全动态调整机制。建立教育债务化解控制机制，加大财政支持力度，到2020年，基本完成公办高中基建债务化解任务。

加快发展体育事业。加大政府购买公共体育服务力度，加强体育设施建设，基本建成县、居住社区(镇)、基层社区(村)三级体育健身场地设施网络，全县所有镇、村(社区)建有健身场所。进一步完善县城"10分钟健身圈"和"绿色健身步道"，到2020年达到人均体育场地面积达3平方米。开展丰富多彩的全民健身活动，加强体育指导员队伍建设，至2020年，每万人拥有社会体育指导员30名以上，健身工程点、晨晚练健身点、居委会(行政村)及各类健身俱乐部均配备社会体育指导员，城乡社会体育指导员覆盖率达98%以上。推动滨海县中小学校园足球广泛深入开展，夯实滨海县校园足球教学基础。以现有4所全国校园足球特色校为抓手，引领示范，以点带面，至2020年前，成功创建"全国校园足球特色县"。全县学校"校园足球俱乐部"不少于校园总数的90%。全民健身人数占全县人口的45%以上。

二、实施健康滨海工程

推进县域医疗资源整合延伸。整合医疗资源。以县级公立医院为龙头，建立县镇村医疗卫生机构分工协作机制。加快县级医疗机构资源优化整合，多方筹措资金，力争"十三五"期间，县人民医院、县中医院、第三人民医院(精神病防治院)、县妇幼保健和计划生育指导所以及东坎镇卫生院实行联动整体搬迁。有条件的医院和镇(区)卫生院设立老年科，推行医养结合，补充社会养老资源的空缺。新设立农业园区、界牌、滨海港经济区3个医疗急救分站，总数达到7个，进一步提高应对突发公共卫生事件与应急救治的能力水平。加强基层医疗卫生基础设施建设，完成村级卫生室的新、改、扩建和镇(区)卫生院基础设施标准化建设任务，并确保符合省规范要求。每镇(区)新建成2个~3个省级示范村卫生室，逐步提高乡村医生实施基本药物制度定额补助标准。促进乡村医生逐步向执业(助理)医师转化，推动镇区卫生院领办村卫生室。提升服务能力。实施临床重点学科、重点专科培育计划，配合省市做好县级医院专科建设扶持工作，推广和转化医疗卫生技术成果，争取有自主创新研究项目列入省部级项目库推广应用，科研项目获省级奖项取得新的突破。推进县级医院标准化、规范化建设，制定吸引人才的特岗补助等政策，多渠道引进和培养高层次人才(硕士以上学历或高级职称)，大力实施医学重点人才培养计划。鼓励和促进医院提档升级，实现县人民医院升级为三级医院的目标，至少保证一家一级医院升级为二级医院。到"十三五"末，全县每千人口职业(助理)医师数达2.5人，全科医生人数达3人，注册护士3人以上，全县每千人口床位数达到4.5张。实施均衡服务。以县级公立医院为龙头，探索实施县镇村医疗服务体系一体化管理，建立县镇村医疗卫生机构分工协作机制。深化对口支援，强化晋升职称前到基层医疗卫生机构服务，县级公立医院向镇(区)卫生院及村卫生室轮派医师和管理人员，并明确对口支援的技术支持要求，通过财政支持和政策制度保障，促进基层服务能力提升和分级诊疗制度建设。

提升计划生育服务管理水平。全面实施一对夫妇可生育两个孩子政策，加强出生人口动态监测，引导群众合理安排生育，调控人口总量、提升人口素质、优化人口结构、引导人口合理分布，促进家庭幸福和人口均衡发展。加强优生优育、避孕节育、妇幼健康的咨询指导，落实免费的卫生计生服务项目，提高生殖健康、妇幼保健、托幼健康等公共服务水平。进一步简化和规范计划生育证件管理，做好生育信息采集和出生证明管理，精简再生育审批程序和材料，推行承诺制等便民措施，方便群众办事。提升流动人口卫生计生基本公共服务均等化水平，促进流动人口社会融合。深入开展"关爱女孩行动"和"圆梦女孩志愿行动"，加大打击"两非"行为力度，有效防控采血鉴定胎儿性别行为。加大对有特殊困难的计生家庭帮扶力度，深入实施"新家庭计划"，开展计生家庭居家养老照护试点工作。全县出生政策符合率保持在95%以上，出生人口性别比控制在110以内。

实施医疗计生为民便民举措。健全基本医疗保障体系。到2020年新农合参保率稳定在98%以上，新农合政策范围内住院报销率80%以上，人均年筹资标准达上年度农村居民收入的3%以上，稳定提高医保筹资和保障水平，完善和落实职工医保、居民医保和新农合之间的衔接办法，加大对大病患者的救助力度。有效控制医疗费用增长。彻底走出"以药补医"怪圈，进一步推进基本药物制度实施，实现省市县三级联动的药品采购服务监管机制。改革完善公立医院药品集中采购办法，基层医疗卫生机构目录外药品实行零差价销售。完善总额控制下的按病种付费、按服务单元付费等相结合的混合付费综合改革。规范医疗服务行为，有效控制医疗费用不合理增长。加强公共卫生服务工作。强化重大疾病防控工作，加大重点传染病防控力度，进一步提高预防接种服务水平，建立健全慢性病综合防控长效管理机制，全面加强食源性疾病防治管理。完善职业病监测和职业健康风险评估体系，提高职业病防治能力。十三五期间，甲、乙类传染病年发病率控制在1/10万以下，国家免疫规划儿童疫苗接种率以镇(区)为单位达到98%以上，卫生监督监测覆盖率达100%。切实加强妇幼健康管理，推动妇幼保健和计划生育技术服务资源整合，逐步实现县级妇幼保健机构所向院转型，深化妇幼保健和计划生育技术服务内涵，提高妇幼健康保障水平。到2020年，母婴保健专项技术机构和人员持证率100%，省级爱婴医院复核评估率不低于50%、在册托幼机构卫生保健合格率达到95%以上，住院分娩率稳定在99%以上，儿童系统管理率95%，孕产妇系统管理率95%，免费婚检率95%，免费孕前优生健康检查覆盖率95%，孕前优生健康检查覆盖率稳定在90%以上。加快智慧健康信息管理。构建"互联网+"医疗平台，推动县三级健康信息平台建设升级，完善业务信息系统和数据。加快远程医疗系统和居民健康卡建设，推动健康相关信息"三网融合"应用，开展区域检验检查、影像诊断及远程会诊、远程监护、远程培训等业务，促进服务资源纵向流动和基层服务能力提升。在严格遵循国家统一标准、保证跨地区通用基础上,按照开放兼容原则,积极促进居民健康卡与其他各类公共服务 IC 卡“多卡合一”,方便群众健康治疗。推进健康滨海建设。建立全民健康档案,组织机关企事业单位及离退休人员定期体检,大力发展康复、护理、精神、医养结合养老等机构,形成急性病、亚急性病、慢急性病分类就诊救治模式,全面推进医疗卫生与养老服务融合发展,促进医疗服务与全民健康无缝对接。大力发展社会办医和健康服务业,放宽社会资本举办康复、医养结合、护理院等限制,社区卫生服务中心全部实施家庭责任医生制度和社区综合管理,全县人均寿命 77 岁以上(女性 78 岁),全面推行健康滨海建设。

三、实施文化惠民工程

加快建设文化服务体系。完善公共文化服务网络。全面建成县、镇(区)、村(社区)三级文化设施体系,完成县文化艺术中心、镇(区)文化站和村(社区)活动室建设,实现“县有四馆、乡有一站、村有一室”,公共文化服务设施网络覆盖率达 100%,万人拥有公共文化设施面积达到 1300 平方米。完善提升镇文化站设施建设和服务水平。县城争创国家一级文化馆、图书馆,同时创建国家一级文化站 1 个、二级文化站 2 个、三级文化站 11 个,争创 5 个江苏省公共文化服务体系镇级示范区。以县图书馆为中心,完成 14 个镇(区)图书馆分馆建设,带动村(社区)综合性公共文化服务中心建设,确保“十三五”末建成 80 个服务中心。加快建设数字图书馆、网上博物馆、网上文化馆、网上剧院,努力形成覆盖城乡的数字文化服务体系。争创江苏省文化先进县。丰富群众文化活动内容。以滨海春晚为统领,继续举办广场文化艺术周、广场舞大赛、大众读书节、少儿书画大赛等大型群众文化活动。争创“中国书法之乡艺术节”等具有滨海特色、全国影响的群众文化活动品牌。进一步开展“文化预约惠民服务”活动,创新形式,完善机制,确保每年送戏下乡不少于 80 场,送电影不少于 3600 场,送各类讲座、展览不少于 100 场。推出群众文艺精品力作。以全国、全省“五个一工程奖”和省舞台艺术精品工程奖为目标,加大作品创作生产力度,确保每年创作小戏不少于 40 部,大戏不少于 2 部,排演的小戏不少于 5 部,大戏不少于 1 部。编辑出版《滨海民族民间文化精粹》系列丛书,力争新增省级“非遗”项目 1 个、市级 5 个、县级 10 个。

全面推动文化产业发展。打造书画特色产业名片。设立县文化产业专项扶持资金,制定扶持激励政策,培养一批书画营销商和经纪人,组建规模较大的书画营销公司,带动现有书画廊和装裱店走产业化、规模化发展之路。采取“走出去、请进来”等多种形式,邀请海内外著名书画家到滨海举办展览、讲座等文化交流活动,争取南艺在滨设立一批书画创作室,鼓励县内书画家在滨或外出举办个展。加强文化载体建设。策应县文化艺术中心的建设,完善提升滨海县 1128 文化创意产业园,引进发达地区的资源、人才,招引体量大、资产优的文化企业入驻,鼓励县书法艺术创作人、营销者入园办企业,走文化规模化、产业化道路,使滨海县更多的文化产品走向市场、创造价值,打造滨海文化产业新品牌。促进文化与产业深度融合。组织专家学者对已有旅游景区景点的历史演变进行研究,深入挖掘景点潜在的文化内涵,为其赋予更高层次的文化品味。按照“高起点定位、高层次规划”原则,把保护、弘扬滨海历史文化、特色文化与城市建设有机结合起来,将滨海的历史文化精髓和书画品牌特色融入街道、公园、雕塑、新建小区及广场的规划建设之中,打造以入城口、主题公园、特色商业街区、城市广场及标志性建筑等为重要节点的城市文化景观带。加强沈海高速、县城出口处和县城主要干道形象宣传设施建设,增加城市历史文化厚重感。到“十三五”末,文化产业增加值占地区生产总值比重达 6%,成为全县重要支柱产业之一。培育新兴文化产业链条。加强规划引导,优先发展文化服务业和文化贸易业,重点发展现代传媒、文化旅游、创意设计、广告服务、工艺美术和演艺娱乐等六大行业,努力构建结构合理、优势突出、竞争力强的现代文化产业体系。顺应“互联网+”发展趋势,坚持自主研发和引进相结合,积极发展基于网络的文化产品,推动文化生产方式、消费方式和服务方式创新。大力培育数字出版、移动多媒体和动漫游戏等新兴文化业态,推动新闻出版、广播电视等传统产业利用网络和数字信息技术。发展移动多媒体电视、手机电视、数字报刊、移动终端 APP 等业务。加大招商引资力度,加快引进一批新兴文化业态,在土地使用、资金投入等方面给予支持。探索建立零门槛文化创业特区,鼓励和扶持文化创客,加强对小微文化企业的培育和扶持,促进文化领域创业创新。

不断强化广电技术保障。重新整合三个电视自办节目频道。进一步做强《黄海在线》网站和“移动客户端”建设,完善“无线滨海”手机用户客户端,与移动互联网新媒体互联互通,实现广播电视网络融合。开设广播电台、电视台微信公众号,及时发布动态消息,实现节目在线播出。实施地面无线数字电视覆盖工程,改造广播电视发射台中心机房,建设地面无线数字电视发射基站,安装地面无线数字电视发射机,通过“高、标、清”方式免费传送中央、省、市、县 25 套数字电视节目,惠及无线数字电视用户 10 万户。加快农村智能广播(即应急广播)工程建设,搭建县、镇、村三级智能广播平台。

四、实施民生保障工程

完善社会保障体系,建立公平社保机制。坚持“全覆盖、保基本、多层次、可持续”的方针,以公平、可持续为原则,加快完善覆盖城乡、人人享有、科学合理的社会保障体系。“十三五”期间,城镇职工基本养老保险、医疗保险、工伤保险、生育保险、失业保险分别净增 1 万人、1 万人、0.5 万人、0.3 万人、1 万人。“十三五”末,城镇职工基本养老保险、医疗保险、失业保险参保率达 98% 以上,城乡居民养老保险参保率力争 100%。

夯实基本民生保障,强化社会救助体系。持续实行城乡困难家庭最低生活保障制度,做到动态调整,应保尽保。全面建立托底救助制度,建立主动发现机制,健全“一站式”救助运行机制,确保困难群众及时得到救助。健全和完善面向老年人、残疾人和未成年人的福利补贴和重点人群分类施保制度,实现托底性民生保障的可持续发展。建设三个平台,即建成1所1500平方米国家标准"三级"救助管理机构;建成1个500平方米应急救灾物资储备仓库;建成县级"三站式"综合民生服务平台。与此同时,提高抚恤优待标准,加快烈士陵园建设,做好退役士兵参训、就业、创业、安置工作,巩固军政军民团结,创建省级双拥模范县。

发展养老福利产业,健全养老服务体系。积极采取公建民营、民办公助、政府补贴等多种方式兴办养老服务机构,逐步建立养老服务从业人员职业资格认证制度,到2020年,每千名老人拥有养老床位40张,其中护理型床位达50%以上。建立60岁以上老人信息数据库,做好80岁以上高龄老人补贴发放工作,专业养老护理服务从业人员的持证上岗率达到95%以上。优化老年生活环境,将老年基础设施建设纳入全县发展规划,通过新建和对现有资源进行有效整合。实施四项工程,一是建成占地10公顷、10万平方米、2000张床位的养老服务综合体;二是建成1000平方米功能齐全的省级示范性社区养老服务中心;三是全面完成敬老院升级改造,50%达三星,其余达二星;四是12349虚拟养老院覆盖老人15万名以上,缓解养老业基础设施不足的矛盾。

实施儿童专业救助,建立保障服务体系。健全困境儿童分类保障制度,改善困境儿童的生活环境,最大限度的保障困境儿童的权益。按时足额发放困境儿童基本生活费,保证困境儿童能够正常生活和就学,困境儿童救助率达100%。建立未成年人社会保护制度、机制和网络,建成未成年人保护中心,建立未成年人数据库,健全未成年人保护、教育、辅导工作机构,为全县未成年人健康成长创造条件。

五、实施脱贫致富奔小康工程

认真贯彻落实中央、省、市扶贫开发工作会议精神,以精准扶贫、精准脱贫为遵循,以《江苏省农村扶贫开发条例》为准则,聚合要素,因类施策。以收入账单精准识别帮扶对象。按照农户申请、群众评议、登门核算、张榜公示、系统录入的程序,以年度人均纯收入6000元以下为标尺,严格低收入农户建档立卡环节,确保帮扶对象12.5万低收入人口的真实性、公开性、透明性。与此同时,实行年度动态更新,并建立帮扶联系卡(针对开发式农户)制度,在村及组长期、固定设立低收入农户公示牌。以点供菜单精准拓展帮扶空间。围绕低收入农户增加收入、经济薄弱村增加积累的总体目标,整合省财政奖补、省委工作队帮扶、灌溉总渠以北片区扶贫开发等资金,以农民专业合作社、家庭农场、龙头企业、电商平台为引领载体,立足产业类、就业类、公益类、基础类点穴帮扶,设计点供菜单,明晰奖补标准。在此基础上,完善农户自主选择、项目缜密认证、增收长效带动、资产收益扶贫等机制,不断提升精准扶贫的覆盖率、滴灌率、贡献率。以实绩清单精准评价帮扶成效。加大金融扶贫力度。在提高扶贫小额贷款单笔投放额度的前提下,依托金融载体,实行国有控股、配置股权,采取固定分红或保底分红方式,拓展经济薄弱村集体经营性收入增长渠道。加大教育扶贫力度。对考取重点高中(含职中)、大专、二本以上院校专业的建档立卡低收入农户实施资助,从根本上阻隔贫困代际遗传。加大产业扶贫力度。着力整合资金、土地等要素,重点扶持龙头企业、合作组织等载体,新增饲养10万只羊、饲养100万头优质生猪、种植6666.67公顷四青蔬菜、种植3333.33公顷首乌的四大特色产业生产基地,力争带动3/4的开发式低收入农户迈上产业脱贫之路。加大新型产业,如光伏发电项目、"互联网+项目"带动低收入农户培植扶持力度,发展农村网上商城,培植农户网上经营、销售农产品,直接提高农产品附加值和经营收入。加大社会扶贫力度。延伸"牵手致富"、村企结对触角,释放健康扶贫潜能。借助政策提标、政府兜底等复合举措,确保救助式低收入农户有序进入脱贫行列。与此同时,通过扶贫低收入农户数量、脱贫低收入农户质量和转变经济薄弱村考量,健全动态督查、实绩考核体系,不断提升脱贫致富奔小康工程实施的水平和层次。

六、实施创业就业扶持工程

加大政策扶持,激发创业活力。通过政策的鼓励和引领,有效激活各类创业要素,加快建设创业滨海。降低创业门槛。按照"非禁即入"原则,允许居民利用闲置房屋、闲置土地自营或转租他人从事生产经营,支持发展"一址多照"和集群注册,为创新创业提供便利的工商登记服务。免收相关费用。凡申办创业项目的,不受出资金额限制,全部纳入行政审批服务绿色通道,在办理注册、登记、变更时零收费、零障碍、零门槛。扶持创业贷款。对个体工商户或个人独资企业,可给予5万元以上的创业贷款,并给予贴息扶持。实施创业补贴。县财政每年设立不少于600万元创业扶持专项资金。对初次创业者、个体工商户升级创办私营企业、创业培训基地、投资新建和改建创业孵化基地的给予相应奖励。增加居民收入。实施城乡居民收入提升工程,健全科学的工资水平决定机制、正常增长和支付保障机制,完善最低工资增长机制、企业工资集体协商机制、市场评价要素贡献并按贡献分配机制,全面落实机关事业单位工资改革政策,改革津补贴制度。拓宽居民投资途径,多渠道增加居民财产性收入,千方百计增加农民收入。规范收入分配秩序,扩大中等收入者比重,着力提高中低收入群体收入水平。

加快载体建设,打造创业平台。加快镇区创业载体建设。加快推进现有全民创业园的整合、优化和升级,将园区打造成返乡人员创办中小企业的孵化区和成长区。推行建设用地流转,合理利用闲置土地、空置厂房、停办学校等存量资源,进行指标置换,将闲置指标调剂到园区,加快廉租标准厂房的建设进度,大力开拓小微企业的生存发展空间。县财政每年设立镇区全民创业园发展专项资金800万元,通过以奖代补的方式,重点用于创业园科学规划、特色产业培植、服务平台和标准多层厂房等基础设施建设。加快专业特色市场建设。促进泵阀产品、东明建材、洲盛家居、宝丰小商品、鑫鼎国际、新时代餐饮、银厦服饰、永信钢材、农产品贸易、通贸装饰等十大市场提档升级。加快镇区农副产品贸易市场的建设力度,完善基础设施,配套服务功能,增强农副产品贸易市场的吸引力和辐射力。加快花鸟鱼虫、水果市场及夜市排档建设，扩大就业空间。加快特色商业街区建设。坚持高起点定位，树立精品意识和品牌意识，积极创建全国、全省闻名的综合或专业特色商业街区。加快提升玉龙路商业街、阜东路商业街、向阳大道商业街、育才路商业街、人民路商业街品位层次，加快规划建设文化一条街、夜市（小吃）一条街，彰显滨海特色。各镇区在推进城镇化建设时，也要将商业街区同步规划建设。加快电商创业园及大学生创业园建设。以扶持大学生、海外高层次人才等群体创业为重点，完善提升"大学生科技创业园"、"电商创业园"等创业孵化基地。积极引入第三方专业化服务，为创新创业和电商产业发展提供全方位、立体式、一条龙服务。积极推广创客空间、创新工场等新型孵化模式，加快发展市场化、专业化、集成化、网络化的众创空间，实现创新与创业、线上与线下、孵化与投资相结合，为创业者提供低成本、便利化、全要素、开放式的综合服务平台和发展空间。在创业园迅速形成产业集聚优势，打造滨海新的经济增长点。

激励企业培训，优化服务环境。有计划地对创业人员开展教育培训，将有创业愿望的城乡劳动者全部纳入免费创业培训范围，鼓励县内各类培训机构和创业园区（基地），对各类创业主体开展不同层次和内容的免费创业培训，县财政按照合格人数对培训机构给予定额补贴。采取"走出去、请进来"的办法，建立一支水平高、能力强的电商培训师资队伍，"十三五"期间实施全民创业万人培训计划。发展专业服务，加快发展企业管理、财务咨询、市场营销、人力资源、法律顾问、知识产权、检验检测、现代物流等第三方专业化服务，为创业主体做大做强提供有效的服务支持。通过全民创业热情的激发，引导全体人民通过诚实劳动实现美好梦想，提高收入水平，提升幸福指数。

七、实施公共安全工程

健全公共安全人防、物防、技防网络，加快构建地面、地下、空中、海域、网络立体化社会治安防控体系，提高公共安全体系建设水平。强化食品药品安全监管，推动监管关口前移，建立全程可追溯制度。加强基层监管能力，完善行政执法和刑事司法衔接工作机制，强化农产品安全源头治理和生产、加工、储运、流通全过程监管。抓好餐桌污染治理，依法打击假冒伪劣商品，全面提升食品药品安全保障水平，让人民群众放心消费、健康消费、安全消费。落实安全生产责任制，强化沿海工业园、公共聚集场所、道路交通等重点领域监管和专项整治，杜绝较大以上安全生产事故发生。加强应急管理体系和队伍建设，全面提高防突、减突、救突能力。夯实基层一线公共安全基础，实现城乡安全监管执法和综合治理网格化。加强公共安全教育和舆论引导。全面实施重大工程项目和重大决策社会稳定风险评估。

八、实施全面小康工程

全面建成小康社会是"四个全面"战略布局的首要内容，是全县"十三五"总体奋斗目标，是滨海百万人民"十三五"时期的梦想和追求。全县上下必须矢志不渝、脚踏实地的推进全面小康工程。一是两年实现两个翻番。全县经济总量、城乡居民收入在2010年的发展基础上分别提前四年和三年实现翻一番目标，即地区生产总值2016年实现翻番目标，城乡居民收入2017年实现翻番目标。二是重点重抓民生实事。加快城乡供水一体化工程扫尾工作，加快县城及镇区污水管网、垃圾发电厂、垃圾中转站建设，不断改善公交出行条件，千方百计提高农村居民成套住房比例；提升健康养老、文化体育等公共服务水平，着力打基础、补短板。三是全力提升实现程度。对照省定5大类22项36个新版小康指标，一方面要重点重抓薄弱指标，如人均地区生产总值、城镇居民收入等核心指标，目前实现程度均低于80%；生活污水处理覆盖率、生活垃圾集中收运率需达90%以上，这些指标缺口较大，必须狠抓投入、扩总量快上项目、夯实基础。另一方面要着力巩固优势指标，目前实现程度大于80%乃至达标指标，如养老保险覆盖率、法制建设满意度和公共安全感、空气质量达标天数等，这类指标容易反弹，要动态跟踪监测，使其稳步提升。36项指标能达标的要全力冲刺达标，不能达标的要力保超过小康目标值80%这一底线，确保如期全面建成小康社会，全面提高广大城乡居民的生活质量和幸福指数，使"十三五"确定的经济社会各项目标任务真正落到实处。

第十节　建设法治社会，优化社会治理，汇聚向善向上新合力

一、加快建设法治政府　加快转变政府职能，完善行政决策机制，全面推进依法行政，深化行政执法体制改革，创新社会治理体制，着力建设法治政府和服务政府，促进全县行政机关依法行使行政权力，履行法定职责，充分保障人民群众的合法权益。到2020年，县镇两级政府基本建成法治政府。增强法治意识。强化法律法规的宣传、学习、培训工作，同时把运用法治思维的能力作为提拔和使用干部的重要依据，确保各级干部带头严格遵守法律、尊重法律、信仰法治。全面落实行政机关负责人行政诉讼出庭应诉制度，保证出庭应诉率达95%以上。坚持依法行政。对事关经济社会发展全局和人民群众切身利益的重大政策、重大项目等事项的决策，坚持履行公众参与、专家论证、风险评估、合法性审查和集体讨论研究等程序。健全规范性文件、重大行政处罚、重大行政许可备案审查制度。积极推行政府及其工作部门权力清单制度，依法公开权力运行流程，完善各领域办事公开制度，推进决策公开、管理公开、服务公开、结果公开。规范行政执法行为，整合执法资源，相对集中执法权限，推进综合执法，提高执法水平，加快建立权责统一、权威高效的行政执法机制。全面落实行政执法责任制和执法过错责任追究制。强化权益保障。不断完善常态的政民互动机制，主动自觉接受社会监督。针对民生保障、食品药品安全、环境保护、安全生产、征地拆迁、社会治安等群众关心关注的热点焦点问题和管理领域，定期开展行政执法专项监督检查活动。健全行政复议案件审理机制，纠正违法或不当行政行为。建立健全信访与行政复议、行政诉讼衔接机制，及时化解各类行政争议。完善行政执法与刑事司法衔接机制，惩治扰乱市场经济秩序违法行为，规范健康有序的社会主义市场经济秩序。

二、维护司法公平正义　到2020年，政法各部门执法

工作综合考核实绩、涉法涉诉信访结案化解率在全市领先,人民群众对公正司法满意率达95%以上。强化执法规范秩序建设。严格按照法律规定程序办案,让人民群众在每一起司法案件中都感受到公平正义。强化人权司法保障,严格实行非法证据排除规则,完善司法救助、法律援助、涉法涉诉信访代理等制度,保障公民权利及时得到救助。坚持阳光司法,全面落实审务、检务、警务公开,加快推进审判流程公开、裁判文书公开、执行信息公开三大平台建设,积极推行网上办案、网上庭审直播,录制并保留全程庭审资料。完善县涉法涉诉联合接访中心运行机制,实行公、检、法、司等部门人员集中办公接访,不断完善联合接待、归口处理、会办研究等一系列涉法涉诉信访问题处理工作机制,服务大局稳定。强化执法监督机制建设。在保障依法独立行使审判权、检察权的基础上,健全司法权力分工负责、互相配合、互相制约机制,加强和规范对司法活动的法律监督和社会监督,切实防止有法不依、执法不严、违法不纠等问题发生。广泛实行人民陪审员、人民监督员制度,深入开展人大代表、政协委员和社会群众代表评议执法活动,拓宽人民群众有序参与司法渠道。严格落实执法责任和错案责任追究制度,建立健全合议庭、独任法官、检察官、人民警察权责一致的办案责任制,法官、检察官、人民警察在职责范围内对办案质量终身负责。坚守防止冤假错案底线,健全错案防止、纠正、责任追究机制,严肃查处造成冤假错案的责任人,以切实防止冤假错案的实际成效取信于民,不断提高执法司法公信力。强化政法队伍能力建设。加强业务技能教育培训,不断提高政法队伍做好新形势下群众工作、维护社会公平正义、新媒体时代社会沟通、科技信息化运用、拒腐防变等能力。加强政法领导班子建设,不断增强政法部门领导班子的凝聚力、战斗力。深入开展"公正司法示范点"创建活动,积极培育公正文明、规范执法的先进典型,树立政法机关公正司法的良好形象。

三、加强基层民主法治建设 到2020年,城乡居民自治率分别达到95%和98%,城乡和谐社区达标率达到99%,全国民主法治村(社区)达到1个以上,省级民主法治村(社区)达到50%,县级民主法治村(社区)建设成果得到进一步巩固。夯实基层民主法治组织基础。村(社区)要进一步完善基层党组织领导下的村(居)民自治机制,选优配强"两委"工作班子。企业要按照规定,建立党组织和工会组织,指导、督促企业遵守《劳动法》、《劳动合同法》等法律法规,切实维护职工的合法权益。加强基层民主法治阵地建设。切实加强"一委一居一站一办"和网格化管理服务平台建设,实现政府行政管理与基层群众自治有效衔接、良性互动。村(社区)和企事业单位普遍建立法制学校、法制宣传栏、法制图书室,有条件的可建设融合民主法治内容的综合性文化服务中心,使其成为基层经常性开展民主法治活动的有效载体。健全完善基层民主自治工作机制。完善议事决策机制,健全村(居)民会议、村(居)民代表会议议事决策制度和议事规则,切实保障村(居)民当家作主的民主权利。完善民主管理机制,健全村(居)民自治章程和村规民约。建立健全村(居)民监督机制,村(社区)干部定期报告工作制度,接受群众评议。健全以职工代表大会为基本形式的企事业单位民主管理制度,保障职工参与管理和监督的民主权利。

四、加强综治平安建设 到2020年,公众安全感达92%,县、镇、村三级社会服务平台规范化运行率达100%,平安法治示范社区创建率达100%,农村技防"村村通"建设达标率达100%。预防化解社会矛盾。坚持滚动排查和集中排查相结合,摸清底数,建立社会矛盾纠纷动态台账,狠抓领导包案责任落实,加大矛盾纠纷化解力度。加强交通事故、医患纠纷等专业调解组织建设,提高化解调处成功率。深入推进"权益保障卡"制度,引导依法逐级表达诉求,严格执行信访依法终结制度,把信访纳入法治化轨道,健全社会治安防控体系。坚持严打方针不动摇,加大多发性侵财案件侦破力度,强化非法集资、电信诈骗、危害食品药品安全等问题综合治理;加强学校、幼儿园、医院等重点部位内部安防和周边综合治理;深化"技防城"建设,进一步提升重点要害部位、重要路段、复杂场所技防覆盖率,实现技防城提档升级;突破农村技防"村村通"工程,全县296个村(社区)出入口、主要道路交叉口等治安关键节点布建不少于10个高清视频监控探头。深入开展系列平安创建活动,实现基层系列平安创建全覆盖,同时县、镇、村三级巡防队伍常态化开展治安巡防。加强公共安全监管。严密公共交通工具安防措施,推进智能交通建设,完善重点单位、车辆、道路常态监管机制。推进社会消防安全"防火墙"工程建设,加大公共消防基础设施和能力建设力度,不断提高消防工作水平。创新部门协调联动机制,加强危爆物品、寄递物流清理整顿,严格执行寄运物品100%先验视、后封箱,寄递物流活动100%实名制,邮件、快件100%通过X光机安检制度,实现寄递单位、寄递人员信息采集率达100%,可采寄递数据采集率达95%以上。建立健全安全生产隐患排查治理体系和安全预防控制体系,加大监管执法力度,坚决遏制重特大安全事故的发生。

《人民日报》:"三单"扶贫富民强村(脱贫攻坚进行时)

江苏省盐城市滨海县通过实施精准扶贫惠民强村提升行动,有效提高了产业致富项目精准度、实效性。在新一轮脱贫攻坚中,滨海县创新完善收入账单制度,精准识别帮扶对象;放大点供菜单制度,精准拓展帮扶空间;健全实绩清单制度,精准评价帮扶成效。县委书记李逸浩说,"三单"工作模式,使扶贫开发由"大水漫灌"转向"精确滴灌",去年低收入人口脱贫5.2万人。

"一户一策"分类帮低收入农户捧上"新饭碗"。日前,八巨镇汇群食用菌生产基地里,工人们忙着将一个个菌包运到灭菌池里加温灭菌。"这6个大棚是我们村低收入农户'创业孵化小区',每个棚带动21户农户经营,省委帮扶工作队按每户4000元配股,仅生产收益每户就可增收3300元呢!"八巨村党支部书记、汇群食用菌合作社发起人宋华伟说。

新农村 10 人民日报

“耕种管收全包”，山东临沂再塑农业社会化服务体系

一场始于秸秆禁烧的“嬗变”

0.5%是咋实现的

年底喜事多

天津

精准帮扶 穷村“摘帽”

江苏滨海

“三单”扶贫 富民强村

“免费学技术，打工拿工资，年底参加保底分红，过去想都不敢想呐！”农户嵇达成激动地说，入股不到一年，自己就尝到了不少甜头。针对低收入农户不同情况，滨海提供包括特色种养业、转移就业等27类到户增收项目。目前，全县共有1.1万户低收入农户参加专业合作社。

内生动力被激发，经济薄弱村栽下“摇钱树”。东坎镇广垛村群众增收缓慢，集体一穷二白。今年，省委工作队调研后决定扶持广垛村成立农机合作社，补助村集体35万元购买了3台收割机和1台旋耕机。村党支部书记董仁花说：“机器已全部出租出去，合作社每年给村里8万元租金，这些钱一半将用于补助低收入农户，一半用于村基础设施建设。”今年，滨海县共实施97个村级资产增收项目，投入帮扶资金达1200多万元，21个经济薄弱村有望实现15万元经营性收入，甩掉“贫困村”帽子。

（《人民日报》2015年12月27日10版　姚雪青　杨光　王　语）

逐梦沿海踏浪行

——滨海县沿海开发工作侧写

滨海因海而生，因海得名。44.6千米的海岸线，从先辈们筑堤捍海到依海劳作，大海为滨海人烙下海的印记；从昔日盐蒿荒滩到如今沸腾工地，大海见证这片土地演绎的激情涌动……在滨海港开发建设上，滨海县以港口开发为重点，以产业集聚为方向，以基础配套为支撑，以港城建设为依托，坚持科学发展、提速发展、有序发展、聚力发展，沿海千亿元板块增长极正在加快隆起。

12月14日，灯火璀璨的滨海港通用码头。

陈其龙　摄

好中求快，港口建设快马加鞭

沿着海堤公路进入滨海港10万吨级通用码头，迎面6座橘红色的门座式起重机一字排开，耸立在码头，见证着滨海港正在发生的巨变。

“港口是沿海开发建设的龙头，龙头起则全盘活。江苏沿海开发上升为国家战略以来，滨海港口建设如同踏上腾飞的筋斗云，码头建设一天一个样。”滨海港经济开发区管委会负责人告诉记者。

滨海港码头建设速度让人惊羡。对此，滨海港经济开发区港口建设局局长赵凤刚有发言权。从滨海港10万吨级通用码头规划建设到抛石动工，从1号码头建成通航到2号码头主体结构基本建成……一路走来，他经历过很多个“第一个”“第一次”，见证滨海港码头建设的过程。

“码头辅建区综合办公楼、候工楼、码头入口、进港船舶的污水处理等辅助设施即将投入使用；港区1、2号物流园项目水下铺排工程已经结束，年底竣工；10万吨级煤码头一期工程正在进行接卸输送系统安装；5万吨级液体散货码头地下结构工程基本建成……”赵凤刚向记者讲述着码头建设的最新进展。

与如火如荼的码头建设相呼应的，是加快推进的航道和交通基础设施建设。海堤公路、海油大道、闸北路等三港道路连接线已建成通车；全长62.48千米的北疏港航道滨海船闸、运盐河船闸主体基本建成，航道主体工程年底前有望竣工。港口集疏运体系日益完善，辐射带动能力显著增强，为滨海港建设亿吨大港奠定了基础。

热火朝天，临港产业集聚发展

项目是港口的生命线。放眼滨海县沿海开发，处处都有央企标识的项目落户，满眼都是项目建设的繁忙景象。吊塔林立、车来人往，风机耸立、风叶转动……勾勒一道道靓丽的风景线。

国家电力投资集团公司、中国海洋石油总公司、中国华电集团公司、中国大唐集团公司等一批央企纷纷抢滩滨海港,带来了千亿的投资项目;“全国最大海上风电场落户滨海港,全世界最先进的超超临界发电机组……”五大发展理念在滨海港临港产业项目中得到生动佐证。

2月20日,国家电投协鑫滨海发电厂建设现场。
陈其龙　摄

在2016年国家“十二五”科技创新成就展上展出的高精尖科技产品中,世界首台百万千瓦超超临界二次再热燃煤发电机组赫然在列。滨海港正在建设的国家电投协鑫2×100万千瓦火电项目,采用的就是超超临界发电机组。该机组建成运营后,将成为当今世界上发电效率最高、供电耗煤最低、环保指标最优的火电机组。

“目前项目1号、2号锅炉钢结构吊装基本完成,烟囱外筒壁施工至240米,集控楼砌筑及粉刷基本完成,空压机房、油管区域等设施建设完成;二期2×100万千瓦火电项目初可顺利通过国家电力设计总院评审,有关手续正在申办。”火电厂负责人樊正扩介绍说。

作为火电项目的核心配套工程,国家电投滨海港5000万吨储配煤中心项目施工现场,记者看到两个直径上百米的球形仓并排而立,封闭式的球形仓外观基本成型。工程总监代表罗松说:“球形仓的网壳是2016年3月开始安装的,一共有21层,预计整个球形仓工程8月底完工。”

加快风电新能源发展,是滨海县实施沿海绿色开发的一个具体体现。总投资超百亿的国家电投风电、华电陆上风电和大唐海上风电等项目的集聚发展,是滨海县沿海临港产业发展中的一大特色。目前,国家电投陆上风电和一期海上风电项目已经建成并网发电,大唐海上风电项目加快推进,进一步夯实滨海港构建国家级风电产业基地的基础。

新能源、新材料、新医药、海工装备等与滨海港产业定位相符的“大进大出大空间”的临港产业项目招商在积极推进。随着国家电投储配煤中心项目、国家电投协鑫火电项目、中海油LNG项目等项目建设以及后续产业链项目的延伸,滨海港以煤电、火电、风电、液化天然气能源为主导的临港重大特色产业“千亿板块”的集聚优势日益凸显。

宜业宜居,临海港城日新月异

沿着宽阔的观海大道,驱车前往月亮湾新港城,一路上,海风习习,景色怡人。走近月亮湾,26层的月亮湾温泉度假酒店矗立在海滨,侧畔的灵龙湖已见雏形,月堤海景公园芳容初现;海滩上,三五成群的游人正在游玩,构成了一幅美丽的画卷。

面对周边千帆竞发的沿海发展新形势、新要求,滨海县着眼当前、放眼未来,秉持“绿色生态、亲海临海”的发展理念,突出“月亮湾、新外滩”的主题创意,打造沿海百里风光带,推进建设服务三港联动的宜业之城、绿色生态的宜居之城和亲海临海的宜游之城。

月亮湾新港城北接滨海港,南临生态环境优越的古黄河入海道,规划10平方千米。目前,一期5.5平方千米的临海新港城框架已拉开。“目前,港区绿化提升、六合庄街面改造、安置小区一期等一批基础配套工程基本完工,港城学校、港城医院基本竣工,观海大道、六合大道等一批基础道路工程基本竣工,灵龙湖生态公园、海滨浴场、月堤海景公园等一批重点工程主体基本完成,月亮湾温泉度假酒店今年底将建成运营,中国古黄河博物馆、海佛禅寺等一批旅游景点前期工作全面启动,港城服务功能逐步提升完善。”滨海港经济开发区规划建设局副局长李炳辉说。

说起月亮湾新港城的变化,滨海港经济区六合庄村民潘大爷感触颇深。“现在,港城建设一天一个样,天天不一样。我每天早上起来的第一件事,就是看看港城又发生了什么新变化。”潘大爷说。从港城日新月异的变化中,老人感受到了“面朝大海、春暖花开”的梦想正在变成现实。

“市委、市政府决策打造滨海港城经济区,为滨海县加快沿海开发带来新的机遇。我们将按照县第十二次党代会的部署,积极抢抓“一带一路”、江苏沿海发展和长三角城市群发展规划等重大战略机遇的叠加优势,主动策应国家淮河生态经济带规划,大力推进沿海开发提速行动,早日将滨海港城经济区建设成为淮河流域出海的枢纽港和淮河生态经济带门户城市。”滨海港经济开发区负责人信心满怀地说。

(吕纯军)

滨海县创建“全国妇幼健康优质服务示范县”纪实

2016年,滨海县紧紧围绕“儿童优先,母亲安全”这一宗旨,始终坚持“政府主导、部门合作、社会参与”的工作方针,持续开展妇幼健康优质服务示范工程创建活动,全县妇幼健康服务公平性、普及性和群众满意度得到明显提升,成功创建国家级妇幼健康优质服务示范县,成为全市唯一获此殊荣的县份。

在凝聚合力上花气力

县委、县政府每年均将妇幼健康工作列入全县经济社会发展总体规划，作为县为民办实事工程，纳入全县年度综合目标绩效考核。县委、县政府主要领导多次深入一线视察指导妇幼健康服务工作，并就加强妇幼健康服务体系建设、创优妇幼健康服务质量等作出重要批示；县人大、县政协先后多次组织代表、委员视察指导妇幼健康服务工作，及时帮助解决问题困难，指导落实整改措施。

7月17日，全市妇女儿童工作现场推进会在滨召开，市县领导观摩滨海县妇幼保健工作成果展板。

卫计委　提供

组织领导到位　县成立创建妇幼健康优质服务示范工程领导小组，定期召开创建妇幼健康优质服务示范工程推进会；制定下发《滨海县创建妇幼健康优质服务示范工程实施方案》等文件，细化任务分解，明确工作职责。借助"卫计与健康"电视专栏、"政务访谈""政风热线"、高炮宣传、健康主题公园和机关、各医疗机构"微信公众平台"等媒介，定期宣传和推送项目政策、健康知识及创建工作动态，着力营造上下联动、广泛参与的良好氛围。

督导考核到位　实行妇幼健康目标责任制管理，纳入各相关单位绩效考核指标体系，加强工作督查指导。集中督查6期，发放创建交办单28份，交办事项32件，项项办结。将妇幼健康服务工作纳入全县公共卫生服务360°闭环式管理系统，实行以县为单位的"五统一"统筹管理模式，即工作由县级统一领导、任务由县级统一安排、考核由县级统一部署、资金由县级统一管理、结果由县级统一公开，全面提升妇幼健康项目实施绩效。

经费保障到位　县政府将妇幼健康事业经费纳入财政预算，逐年增加，近3年投入专项资金2000余万元；妇幼健康服务机构人员经费、公用经费投入符合相关要求，有力保障了妇幼健康事业的持续发展。

在体系建设上出新招

加强妇幼健康服务体系建设　去年初，县妇幼保健所和县计划生育指导站整合为县妇幼保健和计划生育指导所（以下简称妇计所），规范设立8个一级科室，20个二级科室；根据省、市文件精神，扎实推进基层妇幼保健计划生育服务资源整合工作；结合新一轮镇（区）卫生院基础设施建设，统筹推进规范化妇幼健康门诊建设，规范化妇幼健康门诊占64.29%；参照三级医院标准，加强全县急危重孕产妇和高危新生儿两个救治中心建设，并定期开展拉练活动，同时，建立健全三级妇幼健康服务信息网络，应急救治能力显著增强。县财政投入近6000万元，基本完成全县320个村卫生室达标建设工程，并统一配备产后访视包等设备，着力夯实妇幼健康服务"网底"。加快县妇幼保健院规划建设，目前已完成选址、图纸设计、可行性报告、立项等前期准备工作。计划于2017年上半年开工建设，2019年底建成投用。

加强妇幼健康人才学科建设　针对县妇计所缺编缺人现状，去年新增10个编制且加大妇计所招聘自主权。近3年来，县妇计所招聘本科生13人，硕士生1人；加大基层妇幼人才引进力度，确保在每年农村卫生人才免费订单定向培养计划中占比不低于10%；积极开展公共卫生服务项目、三网监测等业务培训，努力提升培训效果。强化妇幼健康专科建设。县人民医院儿内科建成市级重点专科，为盐城市新生儿专科护理培训基地，新生儿重症监护技术处于全市先进行列；县妇计所中医妇科门诊与龙江韩氏妇科合作，建成由国家中医药管理局批准的"龙江韩氏妇科二级工作站"，计划在三年内建成市级重点专科。

加强妇幼健康服务联合体建设　制定《滨海县妇幼健康服务联合体实施方案》，组建以县妇计所为龙头，县人民医院、中医院提供技术支撑，镇（区）卫生院及所辖村卫生室、其他母婴保健技术服务机构为成员单位的妇幼健康服务联合体，明确县、镇、村三级工作职责，严格执行妇幼保健分级服务清单，形成上下联动、分工明确、执行规范的良性分级诊疗机制。县妇计所牵头加强转接诊服务体系、运行机制建设，专门设立糖耐量实验接待室，方便全县孕产妇转诊检查，同时积极推行孕妇保健个性化签约服务，参合人员签约费用由新农合补偿45%，目前全县共签约1602人。县人民医院建立复旦附属妇产科医院张剑峰教授工作室；县人民医院和中医院的11名妇产科、儿科专家在14个镇区卫生院流动设立"名医工作室"，并在五汛、正红两个镇卫生院分别挂牌成立全县儿科、妇产科专病专科联盟活动中心，定期开展条线病案研讨、学术交流、业务培训和专家坐诊等活动，并邀请三级医院专家定期到滨海讲学、坐诊和指导，基本建成县域远程会诊、影像、心电等五大中心，为基层提供远程医疗服务技术支撑。

加强妇幼健康服务信息化建设　借助区域卫计信息平台，实现妇幼信息县、镇、村三级互联互通、数据共享。在全市率先使用盐城妇幼信息管理系统；自主研制妇幼健康服务短信通知模块，实行儿童体检、孕产妇产前检查预约短信自动提醒；推广使用"手机孕育桥APP"软件，服务对象可通过手机客户端查看体检、产检具体信息和评价，妇幼健康专业人员可通过手机安装"医生端"软件，实行移动随访，大大提高服务效能。

市妇保院专家技术指导现场。

在强化监管上求突破

强化母婴保健服务监管　切实加大母婴保健服务市场整治力度，每年开展2次以上执法检查活动，严厉打击非法母婴保健服务行为，母婴保健服务单位的母婴保健技术服务执业许可证持证率100%，从业人员的母婴保健技术考核合格证书持证率100%。全面落实“两禁止”工作措施，依法打击“两非”行为，全力控制出生人口性别比。加强助产服务质量监管，全面贯彻落实国家卫计委《加强产科安全管理十项规定》要求，建立健全产科、产房和新生儿科管理制度，促进产科质量不断提高。持续加强爱婴医院建设，对爱婴医院管理做到有计划、有措施，定期检查、督导爱婴医院(卫生院)年度复查评估合格率100%。

强化托幼机构保健服务监管　卫生、教育部门协同配合，坚持将托幼机构卫生保健合格证作为托幼机构准入和评等创优的前提条件；切实加强托幼机构卫生保健队伍建设，每年举办培训班，进行业务知识培训；定期组织儿童保健、疾病控制、卫生监督人员到现场进行检查指导，托幼机构卫生保健检查率、合格率100%。

强化妇幼健康服务行风监管　以《医疗机构从业人员行为规范》为重点，深入开展医务人员职业道德和法制纪律教育，加强行风建设，提升医德医风水平，为妇女儿童提供人性化服务和人文关怀。全面推行妇幼健康服务所务公开制度，畅通投诉举报渠道，主动接受社会各界监督。

在特色服务上做文章

重抓基本公共卫生妇幼项目优质服务　加强围产期保健服务管理，大力推行早孕建卡，全面实施凭卡分娩，深入推进高危孕产妇分级管理，母婴安全进一步得到保障。加强“两个”系统管理，系统管理率不断提高。全县孕产妇保健管理率99.54%，早孕建卡率95.78%，孕产妇住院分娩率99.99%，符合产前诊断条件的孕妇产前诊断率100%，产妇产后访视率97.32%；7岁以下儿童保健管理覆盖率95.90%，3岁以下系统管理率92.69%，儿童视力筛查率80.05%，6月龄儿童母乳喂养率88.75%，纯母乳喂养率71.17%，新生儿访视率98.01%。筛查出的各类体弱儿基本得到科学、规范、及时的指导治疗，学龄前儿童健康水平明显提高。

重抓重大妇幼卫生项目优质服务　在全市率先开展农村妇女“两癌”筛查试点工作，并在国务院妇儿委主办的《两纲通讯》上交流。累计进行宫颈癌检查203945人，查出宫颈癌71人，宫颈CIN病变583人；累计进行乳腺癌检查207275人，查出乳腺癌121人，对所有阳性病人均进行及时、规范的随访，治疗率100%。2014年起，在全市率先升级宫颈癌检查方法，使用宫颈液基细胞学检查(TCT)取代传统的宫颈刮片检查，进一步提高检测水平。扎实做好住院分娩补助工作，累计发放住院分娩补助47997人，做到应补尽补。扎实做好补服叶酸预防出生缺陷工作，累计新增服用叶酸68357人，服用依从率、叶酸知识知晓率均达95%以上。扎实开展孕产妇艾滋病、梅毒和乙肝母婴阻断工作，全县孕产妇艾滋病、梅毒和乙肝检测率99.99%，持续加强阳性病人的转诊管理，规范母婴阻断治疗流程。认真贯彻落实“滨海县乙肝免疫球蛋白使用管理方案”，乙肝表面抗原阳性孕产妇所生的2424名新生儿24小时内免费接种乙肝免疫球蛋白率100%。

标准化建设的村卫生室。

重抓特色妇幼卫生项目优质服务　扎实开展“三网监测”工作，持续保持优质规范的监测效果，受到卫生部妇幼专家组充分肯定。在全市率先开展“免费婚前医学检查”，自主开发婚前医学检查信息管理系统，并与民政部门协调合作，婚检率由免费婚检前的2%上升到92.19%，及时控制和降低了出生缺陷发生率，受到省市妇儿工委督查组充分肯定。全面落实出生缺陷综合防治措施，着力实施怀孕中期产前筛查，去年筛查8791人，筛出可疑阳性460人，全部进行一对一的追踪随访服务。新生儿疾病筛查工作成效明显，全县新生儿疾病筛查率98%以上，确诊甲状腺功能低下患儿12人，苯丙酮尿症患儿6人，原发性肉碱缺乏症1人，听力障碍47人，达到早诊断早治疗目的。

重抓计划生育技术优质服务　采取集中与设点相结合的方法，借助信息化手段，有力有序开展免费孕前优生检查项目，目标人群覆盖率95%以上。全县共检查5042对夫妇，筛查出高风险人群767人，同时按要求进行妊娠结局随访，共随访6848对，分娩5921人，没有发生出生缺陷和畸形。

(卫计委)

大事记

大 事 记

1 月

5 日　县政协召开第十二届第五次会议。听取徐亚关于增补县政协十二届委员会常务委员会委员的说明,并协商候选人名单。会议审计《政协滨海县第十二届委员会第五次会议选举办法》(草案);审议《政协滨海县第十二届委员会第五次会议决议》(草案)。

△　县慈善总会天场分会成立。

6 日　县人大召开第十四届第五次会议。听取审计滨海县人民政府工作报告、滨海县人大常委会工作报告、滨海县人民法院工作报告、滨海县人民检察院工作报告;书面审查滨海县 2015 年国民经济和社会发展计划执行情况与 2015 年预算执行情况的报告,批准滨海县 2016 年国民经济和社会发展计划和 2016 年预算草案。会议批准上述工作报告并通过相应的决议。大会选举产生县人民代表大会财政经济委员会、法制委员会组成人员 10 名;补选 4 名县人大常委会委员。

11 日　省安委会检查组到滨海检查安全生产工作。

△　市委宣传部副部长薛万昌率领市考核组一行到滨海考核宣传思想文化工作。

△　滨海首例子宫脉栓塞手术成功。

12 日　省服务型政府建设研究基地调研组一行到滨海调研精准扶贫工作。

△　市督查组一行到滨海督查防范非法集资风险工作。

13 日　省民防局副局长杨建国一行到滨海调研基层人防工作。

14 日　县召开 2015～2016 年度基层党员干部冬训工作会议。

15 日　县戏剧创作节目《危情七天》获盐城文华优秀节目大奖,《宋公堤》获市新剧本评比二等奖。

16 日　县首届"微友"书画展在凯帝王朝大酒店举行。

△　东坎镇新安村获评省新农村建设示范村。

18 日　市医改办调研组一行到滨海调研深化医药卫生体制改革工作落实情况。

28 日　省、市劳动模范,滨海书画家协会主席周崇华逝世。

30 日　《新华日报》专版刊登左其安《创新管理　整合优化均衡发展——合力打造一流师资队伍》文章。

2 月

2 日　《人民日报》头版刊登姚雪青、杨光、王语《江苏滨海"三单"扶贫富民强村》文章。

4 日　县 2016 迎新春文艺晚会在会议中心举行。

14 日　县召开创业有成人士代表新春座谈会。

15 日　县表彰 62 名见义勇为积极分子。

18 日　公安干警吉林娟获评"盐城好人"称号。

24 日　县首座水平式垃圾压缩站试运行成功。

28 日　市人大常委会副主任谷家栋一行到滨海调研市七届人大六次会议 1 号议案《关于加快推进"清洁乡村"行动的议案》办理工作。

29 日　山东博兴县政协考察团到滨海考察。

3 月

1 日　县组织开展《盐城市绿化条例》实施首日宣传活动。

2 日　八巨镇前案村入选省"水美乡村"。

5 日　县举行"邻里守望,志愿服务进社区"集中行动启动仪式。

8 日　市经信委调研组到滨海开展重点工业项目"走基层、送服务"活动。

15 日　新疆察布查尔锡伯自治县考察团一行到滨海考察。

15 日　县组织多个部门在滨海公园举行纪念"3・15"国际消费者权益保护日活动。

22 日　市气象局局长吴一鸣到滨海调研气象工作。

△　市关工委主任陆树臻一行到滨海调研关心下一代工作。

23 日　连云港市海州区委副书记张志峰率队考察滨海村级集体经济发展和困难农户增收经验。

23 日　县召开老干部工作会议。

△　县召开关心下一代工作会议。

△　团县委召开十五届三次全体(扩大)会议。

26 日　县召开政法工作会议。

28 日　市镇村工业经济发展专题调研组到滨海调研。

30 日　市老促会会长储金泉一行到滨海调研精准扶贫工作。

31 日　商务局举行首期电商培训班。

是月　海监滨海县大队被中国海警局授予“滨海工程环境保护执法示范建设单位”。

4 月

4 日　阜宁县政协副主席李德平一行到滨海考察交流扶贫开发工作。

7 日　山东省昌邑市政协考察团到滨海考察。

△　韩正海入选“中国好人”榜。

8 日　县召开绿色滨海建设工作现场推进会。

10 日　县首届乡村旅游节开幕。

11 日　刘文胜获评省“十佳反贪局长”。

12 日　县举行南京银行滨海支行开业暨银企战略合作签约活动。

△　省水利厅副厅长、省淮河下游联防指挥部指挥叶健一行到滨海检查指导淮河下游联防地区防汛工作。

13 日　市营改增工作督查组一行对滨海营改增工作进行专题督查。

17 日　市政协副秘书长、研究室主任洪承志一行到滨海调研精准扶贫工作。

19 日　市考核组一行到滨海对 2015 年度实行最严格水资源管理制度情况进行检查考核。

20 日　县政府召开第 29 次常务会议，传达学习省、市有关会议精神，分析当前经济形势，研究部署当前重点工作。

△　县被认定为省级创业型城市。

△　市人大常委会副主任肖紫英一行到滨海开展《中华人民共和国科技成果转化法》和《江苏省促进科技成果转化条例》贯彻执行情况执法检查。

△　梁嘉琪获评市“最美教师”。

21 日　2016 年全市小学内涵建设现场推进会在滨海召开。

△　市政府副秘书长、政府办主任、研究室主任姚学龙一行到滨海调研现代农业产业园区和滨海港经济区建设工作。

△　市政协副主席吕拔生到滨海调研指导乡村旅游业发展工作。

23 日　县举办“致青春 · 我的滨海梦”青年演讲比赛暨第六届“大众读书节”启动仪式。

25 日　市经信委副主任薛友祥率队到滨海督查“五抓五比”竞赛活动开展情况。

28 日　市委副秘书长、市委农办主任徐国均率调研组一行到滨海调研古黄河现代农业经济区建设工作。

5 月

1 日　陈建银、陈小勇、张蕾、张玉银、钱钦富、谭燕、陶会玲 7 人被省人民政府授予“劳动模范”。

4 日　县召开大气污染防治工作会议。

△　县召开纪念五四运动 97 周年暨十佳青年创新创业先锋表彰会。

4～5 日　市换届风气巡回督查组一行到滨海督查镇党委换届工作。

5 日　市人大常委会环资委主任杨柳率调研组到滨海专题调研沿海开放开发工作。

7～9 日　江苏省第七届全民健身运动会门球大联赛(县区站)暨第七届江苏省县区门球比赛在滨海举行。

8 日　盐城工学院党委书记葛世伦、院长叶美兰等到滨海考察。

△　县第二实验小学五(5)班学生张惟伟获第十五届“雨花杯”全国中小学生作文大赛一等奖。

△　县召开食品安全工作会议。

9 日　县农商银行被全国总工会授予“工人先锋号”。

11 日　市降成本政策宣讲团到滨海宣讲《关于降低实体经济企业成本的实施意见》。

△　市政协副主席孙长春一行到滨海对因病致贫、因病返贫人群实施精准扶贫工作进行调研。

15 日　省委党史工办主任张亚青一行到滨海调研指导扶促工作。

17 日　县政府召开第 30 次常务会议，传达学习省、市会议精神，研究部署当前重点工作。

18 日　国家电投集团公司副总经理夏忠一行到滨海港调研项目进展情况。

18～20 日　滨海 11 个镇先后召开党员代表大会，选举产生新一届镇党委和纪委班子，全县镇党委换届工作圆满完成。

19 日　市督查组到滨海督查绿色盐城建设和农村河道整治工作。

26 日　滨海港区疏港航道运盐河船闸下闸首闸门吊装成功。

29 日　南通大学调研组一行到滨海调研精准扶贫工作。

31 日　全市安全生产责任保险现场会在滨海召开。

是月　县检察院被最高人民检察院授予“全国先进基

层检察院”。

6 月

1 日　县召开领导干部大会,宣布省市委关于滨海县委、县政府主要领导调整的决定:钱武华任中共滨海县委书记,不再担任滨海县县长职务;提名刘永轩为滨海县县长候选人;李逸浩不再担任中共滨海县委书记职务。市委副书记戴元湖代表市委讲话。

2 日　县十四届人大常委会召开第四十次会议。会议审议并通过了有关人事任免事项;决定接受钱武华辞去滨海县人民政府县长职务的请求,任命刘永轩为滨海县人民政府副县长、代理县长。

△　省纪委党风室主任刘海涛一行到滨海调研督导“正风肃纪村居行”专项整治行动开展情况。

2～3 日　省国土厅厅长李侃桢一行到滨海调研国土资源管理工作。

4 日　山东省莒县县委书记孟青,县委副书记、县长费立志率莒县党政代表团一行到滨海参观考察。

6 日　河南省商丘市政协副主席王清辰一行到滨海考察黄河故道生态旅游工作。

△　南京海关调研组到滨海调研精准扶贫工作。

7 日　常州大学食品学院“外专千人计划”专家吉姆·哈迪一行到滨海考察扶贫开发项目。

11 日　省发改委调研组到滨海调研渠北片区整体帮扶等工作。

△　市政协副主席马成志率调研组到滨海专题调研沿海万亩林场建设情况。

13 日　县十四届人大常委会召开第四十一次会议。会议审议通过县人民政府《关于提请将滨海县仁和家园保障性住房工程项目还贷资金列入财政预算的议案》《关于全县道路交通安全管理情况的报告》,听取并评议部分市人大代表履职情况的报告。

△　全市抓党建促脱贫攻坚座谈会在滨海召开。

13～14 日　省供销合作总社监事会主任郭乃红一行到滨海督查调研供销合作社综合改革工作。

15 日　市心血管疾病诊治进展学术研讨会在滨海召开。

△　副市长葛启发率市相关单位部门负责人到滨海检查秸秆双禁和综合利用工作。

△　中国农业发展银行江苏省分行副行长袁文华一行到滨海调研。

16 日　市民防局局长刘新国一行到滨海检查人防工作。

△　中国建设银行盐城分行党委书记、行长潘劲松一行到滨海调研。

19 日　市商务局督查组到滨海督查利用外资工作。

20 日　里下河地区淮剧票友电视邀请赛在南湖戏剧院开幕。

△　县举行中国供销·滨海农产品批发市场项目签约仪式。

△　市发改委副主任高晨光一行到滨海就上半年沿海开发工作进行督查指导。

21 日　盐城市全国人大代表专题调研组一行到滨海考察淮河生态经济带规划建设情况。

22 日　参加全市政务服务工作现场推进会人员到滨海观摩。

27 日　市委常委、组织部部长尹卫东到滨海开展“七一”走访慰问活动。

28 日　全国人大代表、上海铁路局副局长、南京铁路办事处主任姜曦辉一行到滨海调研精准扶贫工作,走访慰问低收入农户。

29 日　省环保厅副厅长陈志鹏一行到滨海督查指导环保重点工作。

是月　县人武部林永军被中央军委国防动员部党委表彰为“优秀共产党员”。

7 月

1 日　县举行庆祝中国共产党成立 95 周年大会。

1～2 日　市委常委、纪委书记刘德民,市人大常委会副主任谷家栋先后到滨海检查指导防汛工作。

4 日　省委组织部组织三处处长朱建华一行到滨海走访慰问中华人民共和国成立前老党员和生活困难党员。

△　全市第三届安全生产综合执法演练竞赛在滨海举行。

5 日　孙志秀入选见义勇为“中国好人”,徐振理入选“江苏好人”。

△　《滨海年鉴(2016)》由中国文史出版社出版发行。

6 日　市换届风气巡回督查组到滨海检查换届风气工作。

△　省委省级机关工委书记王立平一行到滨海调研扶贫工作。

△　市委书记朱克江到滨海检查指导沿海防汛工作。

7 日　市委统战部副部长、市民宗局局长季放到滨海督查贯彻落实中央、省市委关于统一战线重大决策部署情况。

11 日　市经信委督查组到滨海督查工业经济工作。

△　江苏理工学院党委常委、副校长侯文华,南通大学杏林学院党委副书记刘时方一行到滨海调研精准扶贫工作。

△　北京滨海商会一行到滨海考察。

12 日　市残联理事长刘桂湘到滨海调研残疾人工作。

13 日　省公安厅消防总队副总队长丁玉连率队到滨海开展夏季消防检查。

△　华宝集团李运全被纺织工业部授予“全国纺织行业劳动模范”。

△　丁淑萍、王为国、王俊斌、刘文杰、刘健、李显明、张小航、邱长兵、陈淑磊、胡峻海、徐厚良、简贵群、嵇雷、董仁花、蒯刚 15 人被市政府授予“劳动模范”。

14 日　南通大学党委副书记、副校长江应中到滨海调研精准扶贫工作。

19 日　中国共产党滨海县第十二次代表大会在县会议中心隆重开幕。县委书记钱武华代表中共滨海县第十一届委员会向大会作《沿海争先跨越、淮河争当门户、全市争创一流，为全面建成高水平小康社会而努力奋斗》的工作报告。县委副书记、代县长刘永轩主持大会。

22 日　滨海举行《中国共产党滨海历史（第二卷）》首发式暨第三卷启动编修工作会议。县委书记钱武华作批示。市委党史办主任茆贵鸣、县委副书记张孝荣出席。

24 日　东南大学附属中大医院“国家著名介入诊疗专家滕皋军教授工作站”在县人民医院签约揭牌。

25 日　县第一初级中学柔道队 13 名队员代表市参加省青少年柔道锦标赛，有 9 人获奖。

26 日　市委六届九次全会进行分组讨论，市委副书记、市长王荣平参加滨海分组讨论。市人大常委会副主任周德祥，副市长邹毅实，县委书记钱武华，县委副书记、代县长刘永轩，县政协主席许松柏，县领导周岚、沈卫东、王海荣、李军、李运亮、薛正红等参加讨论。

△　市科技局督查组到滨海督查科技创新工作。

28 日　国家电投集团公司副总经理魏锁一行到滨海港调研。

29 日　中国共产党滨海县第十二届委员会举行第一次全体会议。会议选举产生中国共产党滨海县第十二届委员会常务委员会委员。他们是：钱武华、刘永轩、张孝荣、周岚、沈卫东、李杰、姚兆春、王海荣、徐亚、李军、许晓云。会议选举钱武华为中国共产党滨海县第十二届委员会书记，刘永轩、张孝荣为中国共产党滨海县第十二届委员会副书记。会议通过县纪委常委、书记、副书记选举结果；审议通过《中共滨海县委工作规则》。

△　市人大常委会人代委主任杨刚率队到滨海调研工业项目。

是月　县检察院被中共中央授予“全国先进基层党组织”。

△　县卫生监督所执法案例被国家卫计委评为“2016 年度卫生计生监督执法优秀典型案例”。

8 月

1 日　市铁路办副主任杨华一行专程到滨海调研滨海港铁路支线项目建设情况。

△　副市长周绍泉到滨海检查指导沿海开发重点项目和城乡环境综合整治工作推进情况。

4 日　盐城军分区政治部主任王文专门到滨海检查指导征兵工作。

5 日　市重大项目督查组到滨海督查重大项目推进工作。

6～7 日　湖北省武汉市汉阳区委常委、常务副区长邹俊煜，区人大常委会副主任黄学真率考察团一行到滨海参观考察。

7 日　全市人大教科文卫委员会主要负责人座谈会在滨海召开。

8 日　“2016 年滨海县全民健身月系列活动”启动仪式及健身日展演活动在县体育馆举行。

9 日　市委常委、统战部部长倪峰一行到滨海调研指导基层统战工作。

△　市政协主席李驰率副主席马成志、吕拔生、尹金到、沈洪清和秘书长张洪达等一行到滨海调研乡村旅游工作。

△　“90”后陆婷婷在南京东南大学附属中大医院成功为患白血病 6 岁小孩捐献造血干细胞。

12 日　安徽省阜阳市政协副主席葛阳一行到滨海考察。

△　国家电投集团公司党组副书记、副总经理余剑锋一行到滨海港调研。

13 日　县成立全民阅读促进会。

14 日　市委副秘书长、农办（扶贫办）主任徐国均到滨海调研。

15 日　县境 S327 线 3K + 500 至 12K 段计 8.5 千米公路大修工程正式启动。

16 日　县举行 2016 年“迪赛诺 · 普信”助学金发放仪式。江苏普信制药有限公司母公司上海创诺医药集团为 100 名品学兼优的贫困学生每人发放 5000 元助学金。

△　参加全市司法行政半年工作会议的领导参观滨海港。

17 日　市检查组到滨海开展涉企收费清理情况专项检查。

18 日　首届中国（徐州）国际武术大赛，县陈氏太极拳研究会 16 名运动员参赛，集体项目获一、二等奖，个人项目获金牌9枚,银牌9枚。

△ 东坎镇东坎小学蔺玉菊获“省最美春蕾班班主任”称号。

24日 县沿海工业园慈善基金会2016年助学金发放仪式在明达中学举行。

△ 县召开省科技镇长团欢迎欢送会,欢迎第九批科技镇长团专家到滨海挂职并欢送第八批科技镇长团。

△ 常州—盐城“百企帮百村”精准扶贫推进会在滨海召开。盐城市委副秘书长、农办(扶贫办)主任徐国均,常州市工商联党组书记查艳出席。

△ 省委常委、副省长杨岳到滨海调研扶贫开发工作,并看望慰问省委驻滨帮扶工作队全体队员。省委副秘书长胥爱贵等随行。市委书记朱克江,市委副书记戴元湖等分别陪同。

△ 省环保厅苏北督查中心处长于永清率队到滨海督查大气污染防治重点项目实施情况。

△ 县举行重点利用外资项目集中签约仪式。

△ 省人社厅副厅长周英一行到滨海调研创业孵化基地建设工作。

30日 省宏观经济学会副会长顾为东到滨海调研淮河生态经济带出海门户课题。

31日 县教育局、县红十字会联合举行2016年“金秋助学”活动。

△ 县在昆山市成功举办“’2016滨海(昆山)招商说明会”。

△ 县政协召开十二届二十二次主席会议,专题就渠南片区高效农业规划发展进行研究。

9月

1日 县举行2016年度教育扶贫助学金发放仪式。共为256名贫困学生发放104万元助学金。

2日 县十四届人大常委会召开第三十二次主任会议。听取滨海港建设运行情况汇报。

3日 徐振理获中国人民抗日战争网上纪念馆优秀资料一等奖。

6日 市纪委督查组到滨海开展扶贫领域监督执纪问责专项督查工作。

7日 省委农办农村发展处处长许善平率督查组到滨海督查扶贫工作。

8日 县委书记钱武华主持召开县委常委会,研究讨论教育现代化、农业农村、优化发展环境以及目标任务绩效考核等工作。

10日 中国共产党滨海县代表大会在县会议中心大礼堂召开,选举产生滨海县出席中国共产党盐城市第七次代表大会代表。

13日 市发改委党组书记、主任苏冬率调研组到滨海调研招商引资和项目推进工作。

19日 县委书记钱武华专题听取和会办沿海开发条线重点工作。

20日 安徽省和县副县长秦宗川一行到滨海考察。

21日 省卫计委评审组对滨海妇幼健康优质服务示范工程创建工作进行现场评审。

22日 “市金融超市滨海镇村行”“中小微企业服务联盟园区行”活动暨全县银企签约仪式举行。

24日 滨海举行“金秋九月·魅力滨海”第十二届广场文化艺术周开幕式。

△ 盐城滨海商会举行成立大会。市政协副主席、市工商联主席吕拔生出席。

23日 市委常委、纪委书记王小红到滨海调研指导工作。

25日 省委组织部组织一处调研员陈勇一行到滨海督查基层党建七项重点任务落实情况。

26日 县人大常委会组织部分人大代表,对义务教育均衡发展情况进行调研。

△ 省安监局局长陈正邦一行对盐城市危化品安全专项整治工作情况进行督查,并在滨海召开情况汇报会。市政府副秘书长张步胜、市安监局局长洪家宁出席。

27日 市委副书记、代市长戴源参加滨海代表团讨论市第七次党代会工作报告。

10月

7日 县委书记钱武华主持召开县委常委会,进一步深入贯彻落实市第七次党代会精神和会议提出的打造江苏滨海新区的决策部署,专题研究加快推进滨海沿海开发工作。

8日 县委书记钱武华率队看望慰问百岁老人,把党和政府的关怀和温暖送到群众心坎上。

9日 县委书记钱武华主持召开县委常委会,传达市农村道路提档升级工程“三年行动计划”现场推进会精神,听取县镇两级人大换届选举、城市建设、作风建设、社会治理创新、健康滨海、文化旅游、生态环保和安全生产等工作情况汇报。

11日 市委副书记、代市长戴源到滨海调研指导工作。

13日 省商务厅公布滨海县天场镇为省农村电子商务示范镇。

14日 市委书记王荣平到滨海调研扶贫开发工作,看望慰问低收入农户和省委驻滨帮扶工作队队员,并实地察看产业项目带动低收入农户增收情况。市委副书记戴元湖与市委常委、秘书长潘道津等陪同。

△ 省委组织部副部长、省人社厅厅长谭颖一行到滨海调研扶贫开发和人力资源社会保障工作。市委常委、常务副市长庄兆林陪同。

△ 县政协原主席、党组书记顾正岚逝世。

15日 县召开县镇两级人大换届选举工作会议，学习贯彻习近平总书记关于换届工作的重要指示精神，按照省、市委和省、市人大常委会要求，部署县镇两级人大换届选举工作。

△ 县教师发展中心举行揭牌仪式。

17日 县举行首届"十大金牌工匠"表彰大会。

18日 全市村（社区）妇代会改建妇联工作现场观摩推进会在滨海召开。市妇联副主席高清华出席。

△ 市政协副主席尹金到一行到滨海调研政协工作。

16～19日 由省委老干部局、省扶贫工作领导小组办公室、省科技工作者协会组织实施的银发人才扶贫行动在滨海开展。

19日 县举行首届"十大金牌工匠"表彰大会，授予10人县"十大金牌工匠"、20人"十大工匠"、66人为县技术能手。

20日 东坎镇广垛村、八巨镇前案村、八滩镇粮东村、界牌镇条河村被授予"江苏省文明村"。

△ 省发改委副主任王汉春一行到滨海走访慰问贫困户、调研沿海开发工作。

22日 副市长、市公安局局长王巧全到滨海调研指导公安工作。

28日 县举行连盐铁路滨海北站站房暨海港大道与人民北路连接线工程开工仪式。连盐铁路滨海北站为客货共线铁路车站。

29日 中国工程院院士张全兴、潘德炉、王超到滨海考察。

是月 徐晶晶入选"盐城好人"获"感动江苏教育人物——2016美德学生"提名奖。

△ 县扶贫办公室被国家人力资源和社会保障部、国务院。扶贫开发领导小组办公室授予"全国扶贫系统先进集体"。

11月

1日 江苏省中学语文特级教师李德贵逝世。

1～2日 省委省级机关工委副书记徐前兵一行到滨海开展科技、文化、卫生"三下乡"活动。

△ 县集邮协会举办长征八十周年纪念邮票首发式。

3日 淮安市发改委副主任、区域办副主任徐洪云率淮河生态经济带规划编制组一行到滨海考察。

5～6日 2016年全市中小学生运动会在滨海举行。

2～7日 县委书记钱武华率团赴美国开展招商活动，并参加2016江苏·盐城（洛杉矶）沿海发展产业投资说明会。

8日 S348滨海段工程开工建设。

9日 省交通运输厅副厅长陆留生一行到滨海调研沿海开发工作。

△ 县在深圳市举行江苏滨海·南山产业园共建推介会。

△ 省民政厅安置处副处长罗新文一行到滨海调研退役士兵"双培"工程。

△ 副市长吴晓丹到滨海调研扶贫开发、创业就业等工作开展情况。

11日 全市治安基层基础工作推进会在滨海举行。

△ 县委书记钱武华主持召开县委常委（扩大）会议，传达学习省委十二届十三次全会和省委书记李强讲话精神。

15日 省地方统计调查局局长、省农普办主任王当龄一行到滨海调研第三次全国农业普查工作开展和秋粮生产情况。

△ 市委副书记戴元湖率参加全市农业结构调整"家家到"现场观摩会议的领导到滨海观摩。

17日 县召开第十一届村民委员会暨第六届居民委员会换届选举工作会议。

△ 在北京举行的"中国非物质文化遗产传承中心筹备仪式暨《国家级非物质文化遗产巡礼》丛书发行仪式"上，滨海籍著名书法家管峻获评"大国非遗工匠文化大使"。

18日 中国供销·滨海农产品综合批发市场正式开工建设。

20日 徐进城著《进城留痕》一书由吉林文史出版社出版发行。

23日 吕彩成"运河一锅鲜"乡村土菜获评全省美食大赛金牌菜第一名。

26日 市经信委副主任陆达成一行到滨海检查指导工业企业污染专项整治情况。

27日 省级示范路创建考核组一行到滨海考核港城路省级示范路创建工作。

28日 县委书记钱武华主持召开县委常委（扩大）会议，传达学习省第十三次党代会精神，部署当前重点工作。

△ 中国中小城市网发布滨海县八滩镇入选全国"综合实力千强镇"，排列第646位。

31日 建设银行江苏省分行党委副书记、副行长樊庆刚到滨海开展扶贫慰问和调研活动。

△ 省"平安渔业示范县"考核组到滨海考核评审省"平安渔业示范县"创建工作。

是月 县法院被最高法院政治部表彰为"2016年度在司法理论宣传工作中做出突出成绩的人民法院"。

12 月

1 日　全市化工产业智能化绿色化发展暨工业企业污染整治现场推进会在滨海召开。副市长周绍泉出席。

1～2 日　省统计局普查中心副主任张桂敏率执法检查组一行,到滨海检查基本单位统计数据质量。

2 日　市委农工办(扶贫办)考核组一行到滨海考核扶贫开发工作。

3 日　县委书记钱武华主持召开县委常委会,传达学习市委七届二次全会精神,研究部署深入推进全面从严治党的各项任务措施。

4 日　县举行“不忘初心,尊重宪法,共筑共享法治滨海”现场宣誓签名活动。

5 日　省农委工作督查组到滨海督查农村土地承包经营权确权登记颁证工作。

6 日　省“现代民政示范县”考核评估组一行到滨海考核验收省“现代民政示范县”创建工作。

△　市经信委调研组一行到滨海调研 2017 年重点新增长点项目开展情况。

7 日　县举行“江苏省人民医院技术支持医院、冠心病中心滨海分中心和省危急重症远程诊疗网络医院”签约仪式。

8 日　省水利厅副厅长叶健一行到滨海检查验收“十二五”期间中央投资的农村饮水安全工程,检查农村水利建设安全生产工作。

△　省纪委党风政风监督室副主任章健一行到滨海调研“正风肃纪村居行”专项整治行动开展情况。

9 日　县十四届人大常委会召开第四十四次会议。

12 日　市人大常委会副主任丁宇一行到滨海督查县镇人大换届选举工作。

13 日　市地震局局长、党组书记唐耀华率市督查组一行到滨海督查防震减灾工作。

△　省林业局局长夏春胜一行到滨海专题调研沿海生态防护林建设工程。

14 日　省委常委、常务副省长黄莉新到滨海调研沿海开发工作。

△　安徽省政府参事室调研组一行到滨海调研“淮河生态经济带建设及淮河流域综合治理”课题。

△　顾大钊、孙强两名滨海籍专家候选第三届盐城杰出人士。

19 日　市委人大换届纪律督查组到滨海督查县镇人大换届纪律工作。

21 日　市考核组一行到滨海考核打击侵权假冒工作。

△　市纪委副书记孙红亮率队到滨海调研。

22 日　中国海洋石油总公司副总经理李辉一行到滨海考察中海油 LNG 项目。市委常委、常务副市长庄兆林陪同。

26～27 日　江苏省星级高中复审专家组一行对滨海五汛中学省三星级高中进行复审验收。

27 日　市人大常委会副主任谷家栋一行到滨海视察沿海工业园环保工作。

△　滨海港疏港航道滨海船闸和运盐河船闸工程交工验收会在滨海召开。省交通运输厅航道局局长董志海、市交通运输局局长管亚光等出席。

28 日　省政府召开农村留守儿童关爱保护工作联席会议全体会议暨“合力监护相伴成长”专项行动会议。

30 日　中国共产党滨海县第十二届委员会第二次全体会议召开。

是月　正红镇、滨淮镇中心卫生院被国家卫计委授予 2015～2016 年度国家级“群众满意的乡镇卫生院”。

△　滨海县被国家卫计委办公厅授予“国家级妇幼健康优质服务示范县”。

△　淮剧大戏《危情七天》在省淮剧展演中获二等奖。

第一篇

滨海概览

第01章　地理环境

综　　述

滨海县地势西北高，东南低，地面真高在11.0米~0.6米之间。主要土种有水稻土类、黄潮土类、潮盐土类等。县境没有原始植被，天然植被比较少，大部分为人工栽培。县境属北温带地区，气候温和，四季分明，光照充足，雨量充沛。主要自然灾害有洪涝、干旱、台风、冰雹、霜冻等。自然资源有土地资源、水资源、动植物资源、风力资源、海港资源、旅游资源、矿产资源等。2016年，境内土地总面积为1949.6平方千米，东西最大直线距离55千米，南北最大直线距离47千米，陆地面积1631.16平方千米，水域面积217.16平方千米，滩涂面积100.38平方千米。县属滩涂面积18746.66公顷，其中，潮上带14013.33公顷，潮间带4733.33公顷，已开发利用潮上带滩涂14013.33公顷，已开发利用潮间带滩涂666.66公顷。全县耕地面积为100093.33公顷，承包地面积为72853.33公顷。境内海岸线总长度为44.6千米。总户数34.13万户，总人口123万人。被誉为"国家级商品粮基地县、国家级生态示范区、全国绿化模范县、全国林业生产大县、全国首乌之乡、全国最具投资潜力中小城市50强、国家级二级开放口岸"等称号。滨海港正在申报国家一类开放口岸。

第一节　地理位置

滨海县位于盐城市东北部，在北纬33°43′~34°23′与东经119°37′~120°20′之间。东临黄海，南依射阳河、苏北灌溉总渠与射阳县交界，西与涟水县毗邻，西南与阜宁县相连，北隔废黄河、中山河与响水县相望。滨海县处于国家"一带一路"和长江经济带交汇点、淮河生态经济带和江苏沿海开发等国家战略交汇叠加区域，是淮河流域的出海门户，江苏沿海大开发的主阵地，是1988年国务院确定的首批沿海开放县之一。距上海浦东机场3.5小时，距盐城、淮安、连云港机场1小时车程；盐通铁路滨海段工程施工接近尾声；G204、G228、S327、S328、S348以及陈李公路、海堤公路、沿海高速、疏港大道纵横交错与宁靖盐、京沪、宁连高速联成一体贯穿全境；通榆运河南接长江水道，入海水道，中山河，苏北灌溉总渠贯穿境内并西接京杭运河，滨海港已成为国家二类开放港口，是苏北沿海建10万吨~20万吨码头的理想选址；优越的区位条件，使滨海融入上海经济辐射圈。

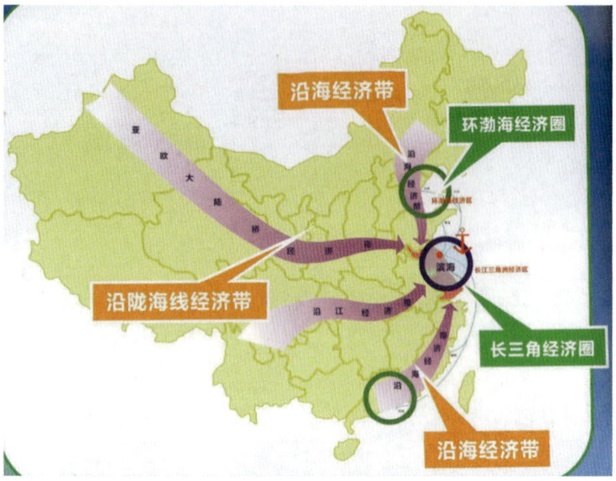

滨海县区位图。

第二节　成陆演变

滨海县境，原为淮河口处的浅海湾。在漫长的地质运动变化中，滨海这块地球上古老陆地在海侵和海退中演绎着沧海桑田之变。有时是淮河平原和残丘分布的"苏北盆地"景观，有时成了安静地躲在黄海湖西侧的湖底之中；有时变成一马平川的陆地；到了地球上第四纪最后一次冰期结束，滨海县境又被海水淹没，第三次变为沧海。滨海县成陆较晚，除西部古沙冈部分土壤两千多年前形成外，大部分土壤是在近六七百年间形成的，沿海地区成陆只有300多年。西汉成帝永始二年（前15），淮河口移至现在的天场乡潘冈村、吉冈村一线，县境成陆宽约2千米，长约9.9千米。南宋高宗建炎二年（1128），黄河在河南濮阳一带决口，河水横溢，一泻千里，向东一股流入梁山泊，向北一股流入济河，向南一股流入淮河。黄淮合流，从云梯关外入海，浊浪滚滚，奔腾咆哮，夹带大量泥沙在河口外沉积，海岸日渐向东延伸。元世祖至元十八年（1281），历时153年，海岸线向东延伸到今天场乡一线，推进3.5千米。明弘治八年（1495），黄河全流夺淮，海岸快速淤长，明万历九年（1581），海岸延至东坎一线，向东延伸15千米。清康熙四十二年（1703），海岸线延伸到八滩东。清嘉庆五年（1800），海岸延伸到大淤尖。清咸丰五年（1855），黄河在河南省铜瓦厢决堤，北徙山东入渤海，县境内黄河遂成故道。南宋建炎二年（1128）黄河夺淮以前，县境绝大部分为海洋，随着沂、沭、泗、淮诸河夹带泥沙不断向海湾中淤积，海水愈来愈浅，近陆部分逐步变成潮间带或露出水面的沼泽，至明万历六年（1578）县境土壤开始逐渐形成，至清咸丰五年（1855）滨海陆地完整形成。

第三节　地质　地貌

一、地　　质

县境位于扬子断块区内苏北断陷盆地的东北部，地层发育齐全，沉积一套浅海相、滨海相及陆相物质。第四纪沉积厚度为150米左右。县境地质构造主要是由一系列北东向褶皱、断裂，以及配套的横张或张扭性断裂组成的滨海断褶皱带。地质构造滨海断褶带在中生代印支～燕山早期褶皱隆起，遭受到剥蚀，直到第三纪时才被覆盖。县境绝大部分地区为隆起区。滨海断褶带的主要褶皱自北向南有：小喜滩向斜，新淮河口背斜，康庄～新滩盐场背斜，滨海～滨淮倒转向斜，八滩南背斜等。褶皱轴大致平行，背斜皆向北东昂起，向南西倾伏。滨海断褶带内断裂，是以一系列平行的北东向断裂为主。自北向南主要有穆庄～新星断裂、界牌～滨淮农场断裂、八滩～小街断裂和新港断裂。除界牌～滨淮农场断裂与新港断裂为逆向断层外，其余均为正断层。断裂长10余千米至数十千米，最长的74千米左右。除穆庄～新星断裂切割白垩纪上统浦口组外，其余均发育于古生代。

二、地　　貌

县境地处废黄河、中山河与射阳河之间，全部为黄淮冲积平原，地势平坦。由于受淮河入海水道、通榆河开挖、高速公路、国道、省道、县乡道路建设、沿海滩涂、废黄河滩涂开发以及城镇建设、自然保护区建设、绿化工程实施等人为因素的影响，境内地貌发生比较明显的变化。滨海的陆域地貌，直接与古黄河有关。历史上，黄河素以“善淤、善决、善徙”而闻名。在南宋之前，黄河下游河道绝大部分时间都是流经河北平原由渤海湾入海，与沉睡在黄海海底的滨海县境没有任何关系。黄河长期夺淮入海对苏北自然地貌的变迁起了极大的影响，造就苏北平原上包括滨海在内的新大陆，从而催生滨海陆地新的地理风貌。滨海境内以“套、巨、港、圩、滩、坎、坝、层、冲”等地形来命地名的较多。县境地处废黄河、中山河与射阳河之间，全部为黄淮冲积平原，地势平坦。滨海地形皆为平原，总体呈北高南低，西高东低。废黄河夺淮以后，携带的泥沙经海潮、风浪作用沉积而成，从废黄河老堆向南，地势逐渐倾斜。地面高程一般在0.6米～9.8米之间，按地面高程（废黄河零点）可将全县分为高亢地、次高地和低洼圩区三种类型。总的地貌可以分为废黄河沿岸高滩地区、黄泛坡地、渠南水网地区、翻身河低洼地区、海相沉积沙冈古土壤区。

海相沉积沙冈古土壤地区　位于天场乡西北部，原为古淮河边之沙冈，包括天场乡的潘冈、吉冈、绿杨冈等地，总面积11.4平方千米。本地区地势较高，大部分真高在7.5米～8.2米之间，微地形稍有起伏，河流较少。

废黄河沿岸高滩地区　位于废黄河南岸沿线和废黄河尾闾淤槽两岸，系一狭长地带，由原黄河的老堆及滩地组成，群众谓之外滩。包括今大套、东坎、界牌、八巨、八滩、樊集、滨淮、滨海港、振东等乡镇的全部或部分地区，总面积315.08平方千米。本地区地势高亢，地面真高在11.0米～3.2米之间，一般地方5米左右，微地形起伏不平，河流较少，水源缺乏。

黄泛坡地区　位于淮河入海水道以北，东至黄海，北连废黄河滩地。实为黄河泛滥所造成的沉积坡地，群众谓之里滩。包括大套、天场、东坎、八巨、八滩、振东、陈涛等乡镇部分地区，总面积476.83平方千米。本地区地势西北高、东南低，大体上沿废黄河老堆一带地势较高，离堆越远越低。全区地面真高在1.0米～4.0米之间。地势平坦，微地形起伏较小。苏北灌溉总渠开挖后，原有向南流入射阳河河道被切断，改由排水渠（1998年改挖成淮河入海水道）和南八滩渠、中八滩渠、北八滩渠入海。该区排水受到一定影响，汛期常有客水压境，易涝易渍。

渠南水网地区　位于苏北灌溉总渠以南，射阳河以北，包括五汛、蔡桥、正红、通榆4个镇，总面积438.78平方千米。本区地势由北向南倾斜，地面真高在0.6米～3.5米之间。射阳河沿岸地势较低，经过长期农田基本建设，土地基本达到方整化、河网化。本区地势平坦，河网纵横，水资源丰富，可谓鱼米之乡。

翻身河低洼地区　位于中山河以南，废黄河老堆高地以北的翻身河两岸，直至黄海的广阔地区，包括滨海港翻身河南北两岸地区，樊集乡黄河老堆以东地区，滨淮镇北部地区以及滨淮农场、新滩盐场，总面积637.91平方千米。本区北部较高，逐渐向东向南倾斜，东部沿海最低。该区内几乎无自然河道，解放前为荒滩、湿地，解放后开挖翻身河和南干渠，始形成骨干水系，但缺乏淡水资源。

第四节　气候特征

县境处于中纬度，属暖温带与热带过渡地区。气候温和，冬冷夏热，四季分明，光照充足，降水较充沛，无霜期较长，旱、涝、风灾经常发生。县境季风性气候特点比较明显，夏季风来自东南方或南方的海洋，偏南风较多，气候炎热，潮湿多雨，高温和多雨相结合，有利于农作物的生长。但这一时期也是台风、暴雨、冰雹、龙卷风多发季节，常导致农作物受害。6～7月份，副热带高压与北方不断补充南下的冷空气在江淮流域交汇，县境经常出现一段较长时间的雨季，人们称之为梅雨（或霉雨）季节，其间正是棉花、水稻等作物生长旺盛时期，也是春播作物及果树需水较多的季节，梅雨带来较多的雨水，对农业生产有益。但是梅雨量的多少，入梅、出梅时间的早晚，年际变化比较大,经常造成干旱、雨涝、烂麦场等灾害,给农业生产带来不利影响。冬季风来自西北方或北方大陆,本地多偏北风,气候寒冷,干燥少雨,是农作物易遭受冻害的季节。春、秋季属冬、夏季风的转换期,春季南方暖气团势力逐渐增强,本地区温度回升,雨水增多。秋季北方冷空气团势力逐渐增强,本地区温度下降,雨水减少。由于季风的强弱和出现的早迟不同,常形成干旱、雨涝、寒潮、霜冻、低温、连阴雨等灾害。由于所处位置不同以及植被、水体等差异,县境沿海地区、苏北灌溉总渠以北和以南地区的气候又稍有差异。沿海地区春季气温回升慢,秋季气温降低也慢,冬季气温较高,夏季气温较低。总积温沿海少,渠北较多,渠南最多。无霜期沿海较长,渠南次之,渠北最短;日照时数则渠北多于渠南。县境四季,民间习惯多以月份表示,应用较为广泛。3~5月份为春季,气候温和,气温逐步回升,冷暖变幅较大,雨水逐渐增多。常年平均气温为14.4℃,年平均降水量964.8毫米,年平均日照数2134.6小时,无霜期211天。2016年,年平均气温偏高,降水量偏少,日照时数偏少。年平均气温15.1℃,极端最高气温37.3℃,出现在7月24日;极端最低气温-14.0℃,出现在1月24日。年降水量923.1毫米,日最大降水量87.3毫米,出现在7月1日,最长连续降水日数8天,降水量70.6毫米,出现在10月21日到28日。年日照时数1918.8小时。全年无霜日数242天,终霜日出现在3月26日,初霜日出现在11月24日。

海边潮汐。 陈其龙 摄

第五节 海岸 潮汐

一、海 岸

滨海县境海岸是典型的侵蚀性海岸。1855年黄河北徙山东入渤海,全流夺淮结束,境内海岸停止淤涨,在海流的冲刷下,海岸转为蚀退。当时海岸线在望海墩之东,离现在的六合庄约25千米。1855~1967年,历时112年,县境海岸蚀退21千米,年平均蚀退187.5米。冲毁村庄20多个,冲毁土地约160平方千米。2008年,县境海岸南起扁担港,北至套子口,全长44.6千米,占盐城市海岸线总长度的9%。海堤总长54.9千米,其中属于滨海县管的主海堤41.6千米(主海堤桩号0+000~7+400、20+700~54+900),属于省属新滩盐场管辖的主海堤13.3千米(主海堤桩号7+400~20+700)。从扁担港至翻身河口北段三岸口长26.86千米,大致为南北走向;翻身河口北段三岸口至滨海闸长28.04千米(包括新滩盐场13.3千米)为东西偏西北走向。堆堤标准:堤顶宽8米~10米,顶高程5米~7米,迎海坡1:4~1:5,背海坡1:3。

二、潮 汐

县境海岸潮汐每周期(24小时50分)涨落两次(白天叫潮,夜间叫汐)。每月有两次大汛,两次小汛,一般在农历的每月初三日潮位最高,初七、初八日开始下降,十一、十二日降至最低潮,后又开始回升,至十八日复至最高,流速最快,二十二三日又下降至最低,如此周而复始。一年之中,冬季潮位低于夏季,秋季潮汛最大,故有"八月十八赛马跑"之说。

滨海海岸的潮汐类型为不正规半日潮,据1993年实测资料证明,废黄河下游海区,平均潮差只有1.98米,平均流速为1.26米/秒,为全省最低。根据历年观测,滨海闸、翻身河闸、六垛闸潮汐情况大致如下:

滨海闸 平均高潮位1.75米,平均低潮位-0.06米,平均潮差1.82米。多年平均最高潮位3.05米,平均涨潮历时4小时,平均落潮历时8小时25分。

翻身河闸 平均高潮位1.27米,平均低潮位-0.32米,平均潮差1.58米。多年平均最高潮位2.50米,平均涨潮历时3小时38分,平均落潮历时8小时48分。

六垛闸 平均高潮位1.37米,平均低潮位-0.31米,平均潮差1.69米。多年平均最高潮位2.55米,平均涨潮历时3小时41分,平均落潮历时8小时41分。

根据1993年5月测试,滨海海域平均潮位以上主要为东南流,平均潮位以下主要为西北流。在涨潮段,潮流由西北转为东南的时间大约在低潮位后的1小时~2小时,其转流时间具有自岸向海推迟的特点。测点的涨落潮最大垂线平均流速1.25米/秒~1.28米/秒。

实测东南流量大垂线平均流速为140厘米/秒,而西北流量大垂线平均流速为127厘米/秒。各垂线大、中、小潮的平均流速,西北流和东南流相差不大,大、中潮一般在60厘米/秒~70厘米/秒。小潮一般在30厘米/秒~50厘米/秒。从西北流与东南流的历时看,西北流的历时略大于东南流的历时。

滨海近海余流,主要为离岸流。滨海近岸水域含沙量较大,有向海递减的趋势,大、中潮的平均含沙量大于小潮平均含沙量。含沙量的垂线分布量由底层向表层逐渐减少，－5 米等深线处约 0.9KG/立方米～1.0KG/立方米，－10 米等深线处约 0.5KG/立方米～0.6KG/立方米。

第六节　人口　民族

一、人　　口

2016 年，滨海县总人口为 123 万人（公安户籍人口数），其中城镇人口 64.91 万人，占总人口的 52.8%，人口密度为 631 人/平方千米。全县机关拥有公务员（含参公）2601 人，其中男 2082 人，女 519 人；研究生 100 人，大学本科 1641 人，大专及以下 860 人；县直机关 2134 人，乡镇机关 467 人。全县事业单位总人数 12894 人，其中男 7069 人，女 5825 人；研究生 186 人，大学本科 7683 人，大专 2610 人，中专及以下 2418 人；县直机关 5634 人，乡镇 7260 人。全县评聘技术职称人员 10736 人，其中高级 1905 人，中级 4912 人，初级 3919 人。全县书法人才 2200 人，其中国家级会员 20 人，省级会员 60 人，市、县级会员 2000 人。戏剧人才 15 人，其中高级职称 3 人，中级职称 2 人，初级职称 10 人。

二、民　　族

2016 年，少数民族有回族、苗族、蒙古族、侗族、朝鲜、彝族、满族、瑶族、傣族、壮族、藏族、白族、土族、土家族、布依族、拉祜族、哈尼族、佤族、普米族、畲族、傈僳族、达斡尔族、怒族、独龙族、珞巴族、基诺族、羌族、布朗族、裕固族、阿昌族、维吾尔族等 37 个民族，共有少数民族人口 3337 人。其中有 2 个少数民族村：东坎镇广垛民族村有回民 1340 人，界牌镇淮河民族村有回民 546 人。

空中鸟瞰水绿滨海。　　　　陈其龙　摄

第02章　自然资源

综　述

滨海县地处苏北平原东端,属北亚热带向南暖温带过渡的湿润季风气候,四季分明,气候温和,宜农宜林,宜牧宜渔,拥有丰富的土地、海洋、生物等资源,充足的人力资源,优良的港口资源,丰富的水资源、太阳能资源、风力资源、矿产资源以及旅游自然资源。

第一节　土地资源

全县耕地面积10.01万公顷。全县林桑果竹地为5.6万公顷,林堤占地236.93公顷,城镇居民、工业、交通等非农业占地32.48万公顷。全县水域面积207平方千米,占全县总面积10.85%,其中河流面积1.38万公顷,占总水面的66.41%,坑塘水面6983公顷,占33.58%。境内海岸线总长度为44.6千米,占全市海岸线总长度的9%。全县土壤主要是水稻土、潮土和盐土,包括沙土、夹沙土、两合土、淤土、盐性土、花碱土等。土壤肥力普遍较低,速效钾40ppm~160ppm,有效锌、硼均低于临界值,有效铜、铁较为丰富,PH值在8.0~8.5,地下水矿化度高,易返盐。

第二节　生物资源

滨海县生物资源比较丰富。水产资源主要有各种鱼类、虾、蚌、蟹等71种;林木主要有水杉、意杨、刺槐、银杏、柳树、桃、李、梨、杞柳等100余种;草本植物有200余种;农作物主要有稻、麦、玉米、大豆、油菜、棉花、蔬菜等;另有党参、太子参、白术、何首乌、半夏等100余种中药材植物。野生动物资源120多种。人工养殖畜禽有猪、黄牛、羊、马、长毛兔、鸡、鸭、鹅等多种;有鸟类120多种,其中属国家一级保护动物3种,二级保护动物20多种,还有野鸭、野兔、獾等各种野生兽类和两栖类动物。

第三节　港口资源

滨海港位于废黄河三角洲海岸,地处江苏东部沿海最凸出岸段,地理坐标为北纬34°18′,东经120°16′37″,与日本、韩国隔海相望。10多家国内一流科研机构的100多位专家教授,经过20多年的勘测研究后一致认为:滨海港是江苏沿海建设10万吨~15万吨级码头条件最好、投资最省的深水良港。滨海港是天然大港,坐拥区位经济新空间。地处环渤海经济圈和长三角经济圈的结合部,是连接南北、贯通东西的经济走廊。中国第三大河流——淮河在滨海港区域入海。国家已规划实施淮河入海水道二期工程,滨海港将成为淮河流域重要的出海门户,辐射带动安徽、河南等内陆省份的广大地区。滨海港还是江苏沿海距日韩最近的港口,国家发改委在《江苏沿海地区发展规划》中要求江苏沿海开发"立足沿海、依托长三角、服务中西部、面向东北亚",滨海港凭借其独特的区位优势,必将成为江苏沿海"面向东北亚"的战略支点。是江苏沿海起步最晚、建设最快的综合性深水大港。2011年11月,10万吨级进港航道全面建成。2014年10月,10万吨级通用码头1号码头正式开港试航。2015年年底,建成5万吨级液体散货码头1座,第二座10万吨级通用码头主体工程、港口集疏运和国家电投煤炭码头4个泊位在整治建设中,启动建设中海油LNG专用码头围堰工程、千吨级内河码头8个。

2016年,滨海港规划建设5万吨~10万吨级码头泊位7个,总投资54亿元,已投资46亿元,已建成6个(其中干散货码头2个,煤码头4个),液体散货码头1个在2016年年底建成。10万吨级1号通用码头实现运营;10万吨级煤码头安装接卸输送系统;5万吨级液体散货码头地下结构工程、港区后方堆场项目水下铺排工程、北疏港航道滨海船闸、运盐河船闸等重点工程基本建成。滨海港作为江苏唯一新开一类独立开放口岸列入《国家口岸发展"十三五"规划》。

临港产业共引进临港重大产业项目6个,总投资455亿元。在建项目5个,总投资335亿元,已完成投资180亿元。预计国家电投协鑫火电项目明年二季度并网发电;国家电投储配煤项目的球形仓、陆上堆场等基础工程基本完成;中海油LNG综合利用项目加快推进,核准支持性文件33项已完成31项,预计2017年一季度开工建设;大唐海上风电、国家电投海上风电、华电陆上风电等项目正在加快推进。港城建设按照"一带两区三节点"规划要求,重点建设50个项目,总投资28亿元,已开工项目16个,已完成投资12亿元。灵龙湖生态公园、海滨浴场、月堤海景公园主体工程基本建成,月亮湾温泉度假酒店进入内部装饰装潢,观海大道、六合大道等一批主干道路基本竣工,古黄河路、金地路、听海路等干线道路正在加快建设,安置小区一期、六合庄街面改造等一批基础功能项目基本竣工。

滨海港港口远景。　　陈其龙　摄

第四节　水资源

滨海县境内河流属淮河流域水系,多年平均径流深度为213毫米,年平均径流量3.24亿立方米,过境客水年平均为94.06亿立方米,地下水为2.21亿立方米,加上过境客水合计水资源总量为99.51亿立方米。境内有淮河入海水道、苏北灌溉总渠、废黄河(中山河)、通榆河、射阳河5条主干河道,其他干支河流48条,总长852千米,集水面积约3737.65公顷,河网密度为6.29千米/平方千米。县境河流水位直接受里下河地区的降水量及射阳河闸、六垛闸、二罾闸、振东闸和滨海闸启闭的影响。滨海县地下水属潜层水,有部分属渗漏水,全年开采量为0.13亿立方米,主要补给来源于降水入渗,其次为地下径流侧向补给。

第五节　风资源

县境具有明显季风气候的特征。冬季,气流常来自西伯利亚,多吹西北风;夏季受副热带高压的影响,气流常来自海洋,多吹东南风。全县常年平均风速为3.3米/秒,各月平均风速以3月、4月和5月较大,都在3.7米/秒或以上,最大值风速为5.1米/秒;8月、9月和10月较小,都在3.0米/秒或以下,最小值出现在9、10两个月,平均风速只有1.8米/秒。最大平均风速为21.3米/秒。东北到北风次之,占20%;西到西南风最少,只有10%。按16个方位计算,东南风最多,占10%;东南偏东和静风次之,占8%。除了正南、正北和静风外,偏东象限的7个风向占51%,偏西象限的7个风向只有30%。风向西北偏北风,极大瞬间风速为31.3米/秒,风向东南偏东,相当于浦氏风力11级。县内全年的风向频率以偏东南风为最多,占25%,属北亚热带与暖温带过渡带海洋性季风气候。滨海近海岸带的风速、风能等值线走向基本与海岸线平行,区内风资源分布东高西低,自内陆愈向海边风资源愈丰富。风能区65米高度年平均风速6.7米/秒,平均风功率密度约318w/平方米,风能资源丰富。

滨海县风力发电设施施工现场。　　陈其龙　摄

第六节　太阳能资源

滨海县常年平均太阳辐射总量为117.47千卡/立方厘米,夏季最多为37.59千卡/立方厘米,占全年32%;春秋季为33.34千卡/立方厘米,占全年22%;冬季最少为20.25千卡/立方厘米,占全年17%。1986~2005年,平均每日日照时数为2338.1小时。平均年日照百分率为53%。日照的年际波动较大,最多的1989年达2575.1小时。最少的1995年只有2057.0小时,极端值相差618.1小时。季节分配夏多冬少,8月份最多为240.9小时,日照百分率为58%;2月份最少为163.6小时,日照百分率为53%。日照时数的季节分布:春季(3~5月)为633.7小时;夏季(6~8月)为665.2小时;秋季(9~11月)594.9小时,冬季(12月~来年2月)为506.0小时。

第七节　矿产资源

滨海县区域内粘性土壤(老油泥)是主要的矿产资源。其土壤物质主要来源为淮河冲积近代黄泛物,粘性较强,适宜砖瓦生产,属非金属矿种。滨海的黏土资源主要分布在废黄河一线的大套、东坎、滨淮、樊集等乡镇,堆堤高出地面部分,有3米~5米可供开采。八巨、界牌、陈涛等乡镇地势高低不平,灌水困难,无法栽种水稻,农业生产效益低,中低产田改造后,余土可供砖瓦企业生产使用,既提高企业效益,又能增加农民收入。正红、五汛、通榆等乡镇,鱼塘、废沟塘开采整治可发展养殖业,对长期淤塞的河道冲浆疏通拓宽,开采的淤土可供作砖瓦原料,变废为宝。县境黏土储量约610万立方米。

第八节　旅游资源

自然旅游资源　滨海县的自然旅游资源中最有特色最有吸引力的是黄河故道及入海口海滨旅游资源,包括黄河故道及入海口、滩涂、沙滩、潮汐、盐场、海岸养殖等。1855年黄河北徙山东入海,故道断流,淤长停止,潮汐剥蚀,海岸退缩。由于没有受到大的人为破坏,滨海境内仍有诸多黄河故道的原貌值得观赏,可供人们体验沧海桑田之感。滨海海滨有较广阔的优质沙滩,有利于在此开发设计海滩休闲、体育运动等旅游项目。滨海的潮汐壮观程度使人联想到浙江海宁的海潮,遗憾的是海潮涨落时间规律不够稳定,影响它的旅游开发价值。滨海县废黄河沿线林木资源丰富,是著名的何首乌种植基地,204国道沿线以花卉园艺为重点的生态农业示范带,是生态旅游的理想地带。

人文旅游资源　滨海的历史是一部生动的滩涂开发史,创造很多带有本土文化特色的人文旅游资源。如宋公堤、淮河入海道枢纽工程、清水河、绿水沱、鸭蛋汪、扁担港、射阳河等。滨海县是革命老区,是顾正红烈士的家乡,顾正红烈士故居、王桥战斗烈士纪念碑、陈毅元帅诗碑亭等不仅是人们观光游览的景点,也是瞻仰、缅怀,接受爱国主义教育的最好基地。滨海是全国“书法之县”“诗词之乡”,滨海籍书法家李敦甫、管峻的书法艺术享誉海内外。滨海素有“首乌之乡”的美誉,首乌能使白发转黑,具有延年益寿功能,何首乌制品畅销全国各地及港、澳和东南亚一带。滨海的五醍浆大曲始酿于清乾隆年间,是取八滩鸭蛋汪优质地下泉水,以优质高粱为原料,以小麦、大麦、安豆制作的麦曲为自然糠化发酵酿制而成的,素有“隔墙三家醉,开坛十里香”的美誉,具有色清透明、绵甜甘冽、入口圆润、口味悠长的独特风格。为了治理淮河,在滨海境内,国家投资3.5亿元开挖淮河入海水道,入海道枢纽工程与通榆河、苏北灌溉总渠上下、东西、南北交叉形成水上立交的雄壮景观,与周围的旅游配套设施相结合,可以开发水利工程观光游览项目。大套乡境内的“万鸟天堂”以及盐城市第一、第二翻水站、江苏省第三翻水站是AAAA级国家水利旅游景区。滨海位于江苏沿海的中北部,滨海境内废黄河三角洲海岸是江苏近千千米海岸线上唯一能建深水大港的海岸,随着滨海港港口及月亮湾、灵龙湖等开发建设工程的实施,滨海港已经成为旅游胜地。

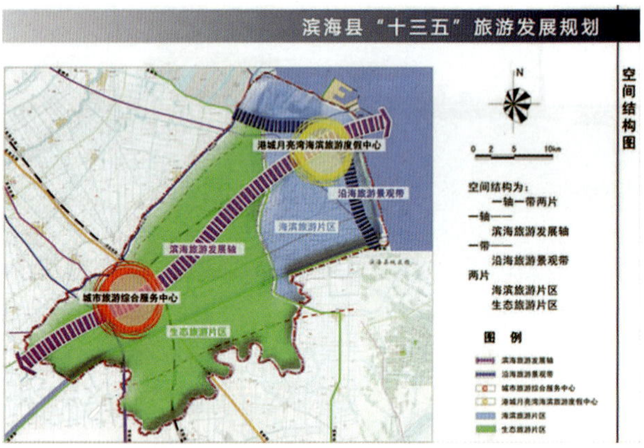

滨海县“十三五”旅游发展规划空间结构图。

旅游局　提供

第03章 历史文化

综　述

滨海县西部成陆有2000余年的历史，东部成陆只有700多年历史。县境内在清康熙年间就有多种民间手工作坊，至清朝中期，县境商业日趋繁荣，文化事业颇有名气，曾先后出过1名状元、2名进士、8名举人，以及一大批秀才和贡生；新民主主义革命初期，杰出的工人代表顾正红，一直走在反对帝国主义与资本家残酷剥削的罢工队伍前列，英勇牺牲，永垂史册；抗日战争与解放战争期间，黄克诚、张爱萍等老一辈革命家曾在这里战斗生活过，先后有一大批革命家，艺术家在此留下足迹；新中国成立后，涌现出一批滨海籍领导干部、知名人士、专家学者、中高级知识分子、企业家，达1300余人；改革开放后，党的政策催生出一大批优秀经济发展人才，他们的足迹踏遍祖国的大江南北，其中业绩突出者就达400余人，他们为祖国的经济建设作出一定的贡献。滨海县先后获得"中国楹联之乡、中华诗词之乡、中国民间文化艺术之乡、全国书法之县等文化名片称号。

第一节　建置沿革

滨海境域元、明朝时属淮安府山阳县，清朝时属阜宁县。1941年9月20日，析原阜宁县一区、十一区一部，六区、十二区大部，二区、三区全部置阜东县，属盐阜行政公署。1942年4月，盐阜行政公署将涟灌阜边区改为潮南县；6月，改为滨海县（今响水县前身）。1949年11月，阜东县与滨海县合并，仍名滨海县，县政府驻东坎镇，属苏北行署区盐城专区。1952年，改属江苏省盐城专区。1954年，下设13区，辖189乡、11镇；10月，撤销糜滩区，苏北灌溉总渠以南地区划归五汛区，总渠以北地区划归三坝区；射阳县德胜乡划入獐沟区。1956年2月，临海区12乡1镇划入射阳县；滨淮区分地域划归八巨区和八滩区；三坝区分地域划归潘荡区和八巨区；潘荡区总渠以南部分划归獐沟区；原划给阜宁县羊寨区之大关、小关、三冈、绿杨4乡划回，并改置为大关、三冈2乡，属潘荡区。辖8区、90乡、9镇。1957年，下设6区、1镇、35乡。1958年9月，下设9个人民公社。1959年3月，调整为24个人民公社、1个县属镇。1960年4月，响水口、周集、小尖等划归灌南县；1964年4月，复划归滨海县。1965年，正洪公社改名为正红公社。1966年3月19日，析出废黄河、中山河以北区域置响水县。1966年，辖20个人民公社、1个镇。

1970年，滨海县属盐城地区。1983年3月，属盐城市。1986年，下设4镇21乡。1996年8月，由滨淮农场划出新生分场的裕华、堆西、新生3个村，樊集乡划出的头罾、新垦、中山3个村，樊集乡原使用的国有滩涂，合并设立头罾乡。1999年9月，二罾乡与振东乡合并设新的振东乡。2000年6月，坎南、陆集、北坍、陈铸、滨淮5乡改镇、果林乡并入东坎镇。2001年6月，坎南镇、坎北乡并入东坎镇，北坍镇并入五汛镇，新港乡并入八滩镇，头罾乡并入滨淮镇，陈铸镇、獐沟镇、正红乡合并为正红镇，界牌乡与陆集镇合并为界牌镇，淤尖乡与临淮乡合并为滨海港镇。2011年1月，振东乡更名为滨海港镇，原滨海港镇更名为盐城滨海港经济区，天场乡更名为天场镇；樊集乡并入滨淮镇；界牌镇双巨、周庄、官庄三村划归陈涛乡，陈涛乡改镇。2011年6月，省政府批准盐城市市滨海现代农业产业园区更名为江苏省滨海现代农业产业园区。2016年年末，滨海县实有东坎、五汛、蔡桥、正红、通榆、天场、八巨、八滩、陈涛、滨海港、滨淮、界牌，共12个镇和江苏滨海经济开发区、江苏滨海现代农业产业园区、盐城滨海港经济区3个园区，35个居委会、261个村委会；210个居民小组、1947个村民小组。境内驻有省属国营滨淮农场、淮海农场（部分）以及市属新滩盐场。

第二节　滨海名人

滨海人杰地灵。清朝时期出过1名武状元徐开业、2名进士、8名举人。清康熙帝康熙帝下旨敕封吴任臣播善扬德，封授征仕郎职务；清雍正帝诰封滨海正红朱希贤治水功臣为武德将军。民国初期，滨海天场人臧在新走在民主革命斗争的前列，在南京雨花台英勇就义，被南京国民政府追授为中将衔烈士。中国共产党成立初期，杰出的工人代表顾正红，走在反对帝国主义与资本家残酷剥削的罢工队伍前列，英勇牺牲，吹响震惊中外的"五卅"运动的号角。中国工农红军早期领导人、无产阶级革命家张绩之，在长征途中带领200多名红军战士血洒贵州剑河荡，牺牲时年仅30岁。著名水利专家熊梯云，组织指挥导沂整沭工程，开挖新沂河、苏北灌溉总渠、排水渠等治淮工程，被誉为"江苏大禹”。著名音乐家、戏剧家陈西汀,一生创作40多部剧本,他创作的《红楼梦》系列剧,在哈尔滨举办的“首届中国《红楼梦》艺术节”获得最高荣誉奖。新中国成立后,涌现出徐少甫、张华祝、朱相远、王荣等一大批滨海籍政府高级领导干部,李世荣、曲方桓2名中将,李文潮、王兆耀、汤朝荣等19名少将,于俊崇、王超、顾大钊3名中国工程院院士,全国著名书法家管峻、李敦甫、臧科等专家学者以及一大批优秀经济人才,他们的足迹遍布世界各地。

第三节　风俗　方言

民情风俗　滨海位于吴文化和楚文化的交汇区域,历经黄河文化的融合;民间风俗自成体系,深深植根于人民群众的生活之中。岁时、婚嫁、生日、酒宴、殡葬等习俗带有滨海本土特定的印记,随着时代的发展虽有所革新,但主流习俗依然代代相传。20世纪80年代后,滨海人在吃、穿、住、行上,追求时尚、讲究品位、享受生活。优良传统与时代新风已经融汇成滨海人新的民风民俗。

滨海方言　滨海方言“山芋腔”属于江淮官话阜滨片,具有独特的方言面貌,语音地道、代表性强,地方话特色鲜明。明初苏淞居民移居滨海,对滨海方言产生一定影响,逐步掺入一些吴语的语音和语汇。改革开放后,滨海方言处于不断的变化之中,移民带来的客籍方言,以及打工青年讲普通话等均对滨海方言产生或多或少的影响。滨海方言没有翘舌音,部分舌面音与舌齿音合流,部分韵母、声调与普通话有差异,其总的特点是十之八九近于淮扬,一二近于吴语,既有南方语言柔和温婉的特点,又有一些北方语言粗犷的发音,声音不南不北、不软不硬,听起来既易懂又别有韵味。滨海方言中的成语、俚语、歇后语是滨海人生活实践的结晶,使用较为广泛、含义地区化明显。

第四节　风物揽胜

一、文化遗存

吉冈遗址　位于天场乡潘吉岗村与阜宁交界处,面积约为2.5万平方米。文化层厚0.6米~1.8米。采集遗物有东周夹砂红陶,泥质灰陶等,还有米字、方格、窗格、席纹硬陶片、宋代高圈足白瓷碗、唇口碗等。还有明代早期青花瓷碗、罐、瓶等残器。该遗址区分布在废黄河口南侧侵蚀性海岸的潮间带区域高程约1米的灰黑色黏土层之上。在地面采集的陶片当中,有泥质黑皮灰陶,泥质红陶和夹砂红陶,偶见北宋晚期青白瓷残片。从残口沿来看,有平折沿带直角折的方口束颈黑皮灰陶素面盆、仰宽折沿红陶绳纹盆、盘式豆、灰陶钵等;纹饰有素面、瓦纹、细绳纹、粗绳纹等。

宋公堤　滨海县境内海岸是江苏省境内唯一的侵蚀性海岸,历来海潮为患。据《阜宁县志》记载,近百年来,先后发生灾难性的海啸达10次之多。特别是1939年农历七月十六日发生的大海啸,巨浪滔天,铺天盖地,吞没了村庄,淹没了农田,沿海数十里尽成泽国,上万人民的生命财产毁于一旦。潮水退后,伏尸无数,遍地哀鸿,县境有3000余人死于非命。1940年10月,抗日民主政权建立,县长宋乃德决心修筑海堤。1941年2月,宋乃德召开参议会,邀集地方士绅共商修堤大计。是年5月15日,开始修筑北段堤,至6月5日修筑成功。从中山河南岸至废黄河北岸,长28.5千米,底宽18米,高3米,坡度2:3,计83万立方米。6月20日,南堤开始动工,由于土匪疯狂破坏,工程进展较慢,至7月30日南堤筑成,长19千米,底宽20米,顶宽5米,高3米~5米,计60多万立方米。是年冬,为颂扬民主政府宋乃德县长的功绩,于堤上竖“宋公纪功碑”,此后即习惯称此堤为“宋公堤”。

宋公堤纪念亭。　　陈其龙　摄

鸳鸯白果树　县境滨海港镇友谊村有两株相互依偎、高耸参天的白果树,当地人亦称为“鸳鸯白果树”。鸳鸯白果树树高均在16米左右,树围各为3.4米左右,东西座向,东雌西雄,两树露出表土70厘米粗的侧根连为一体,成挽手状,树龄已有二百多年,人们称其为“银杏王”。这两棵白果树,原属地主李素成、李成之的个人财产,解放后,树的产权归原临淮乡条河村所有,现已承包给当地农户看护。两棵白果树至今枝叶繁茂,丰年产果300多公斤。据当地老人惠开宇介绍,传说在很早以前,苏州城里的李姓人家被

三百余年双栖白果树。　　陈其龙　摄

官员驱逐出城，派往苏北海岸北沙（今阜宁县内）垦荒。因黄河夺淮，海岸逐渐东移，若干年后，李姓子孙有部分东迁至现在的滨海港镇友谊村安家落户，李姓人家有位80岁老太亲手栽植这两棵雌雄白果树。树址在废黄河北侧，两棵大白果树在黄海滩头显得十分抢眼，从海上漂泊而来的船只老远就能望见。因为这个缘故，鸳鸯白果树又成为海上往来船只寻找归宿的航海标志。

石刻灯罩、貔貅石雕 它是滨海县古代寺庙文化是稀有的宗教文化遗存。滨海黄河故道流域，虽然地方不算很大，但在古代却建有许多座庵堂寺庙，且宗教门类较多，有佛教、基督教、伊斯兰教还有道教等。从明代至清代，分布于故道流域的庵庙有：邑厉坛、东岳庙、大悲院、古大佛寺、荣庵、七里庵、都天庙、天后宫、龙王庙、文昌宫、耶稣庙堂（东坎）、耶稣庙堂（大套、三坝、天赐场、沈家滩、小五巨、八巨各有一座）、黄坡寺、清真寺、老大王庙、三圣庵、大仙堂、龙王庙（八滩）、道观、西庵、三泓庵、小沙庵、土地庙等。另外，在古代的天赐场和潘吉岗一带，有一处规模较大的寺庙群落，它们是净土庵、太平庵、十方庵、北极庵、观音庵、茶庵、福缘庵、观音庵（在原老塌沟处，与前面的观音庵不在一处）、天仙院、慈济院、金轮寺、栖霞庵、吉冈庵、卓锡庵等。在方圆不到10千米以内，有史料可查的寺庙竟如此之多，在全国也实属罕见。据“石刻灯罩、貔貅石雕”这两件遗存，可知晓道教、佛教、基督教、伊斯兰教这些宗教文化早已盛传于滨海故道流域。

物质文化遗存——石刻灯罩。　　易庆怀　摄

物质文化遗存——石雕貔貅。　　易庆怀　摄

二、自然景观

通榆河枢纽工程景区 通榆河枢纽工程景区位于204国道大套入口向内三四千米农业园区夹堆村境内，古老的废黄河、新兴的通榆河、苏北灌溉总渠以及淮河入海水道贯穿整个景区。这里春有花，夏有荫，秋有果，冬有青，2005年8月被评为“国家水利风景区”。风景区内碧水蓝天、草盛树茂、鸟语花香、水榭亭台、曲桥长廊、喷泉雕塑，以游览通榆河滨海至响水段水利工程景观和沿途风光为主线，兼观黄海波澜及海堤达标工程等水利设施。南北方向沿通榆河轴线长40千米，东西方向沿苏北灌溉总渠轴线长50千米，各景点共占地面积280多公顷。景区内水陆交通便捷，闸站相连，环境幽雅，治水历史、海盐文化深蕴其中。壮美的工程景观、优美的人文景观与奇丽的生态环境构成一幅美丽的画卷。景区内建有水利宾馆、欧式广场、垂钓中心、万鸟天堂等景点（观），规划建设有水上乐园、水利工程展览馆等。一个集旅游观光、休闲度假、会议接待、参观实习、康乐健身、科普教育为一体的水利风景区正在盐阜大地这片红色的热土上孕育、成长。2007年，盐城市物价局〔2007〕017号文件函复：通榆河枢纽国家水利风景区由滨海县大套乡境内主景区和响水县响水镇境内分景区两部分组成，主景区有生态园、大套一站、大套二站、大套船闸等景点，分景区主要有响水船闸（船闸公园）等景点。核定通榆河枢纽国家水利风景区门票价格为20元/人次，其中主景区门票价格为15元/人次，分景区门票价格为5元/人次。如果游客既参观主景区，又参观分景区，只收取15元/人次。

黄河故道生态大观园 位于现代农业产业园境内，重点依托黄河故道历史故事发展生态农业，建有农业采摘体验园、温控植物展示园、垂钓中心等。是春夏秋冬休闲游玩的好去处，秋季旅游活动主要有采摘蔬果，在采摘园内采摘南瓜、番茄、青枣等；游赏湿地，在芦苇丛中划船游玩；观赏花卉，在花卉园内可以看到菊花、百合花、桂花等；趣味活动有推南瓜、赶水鸭、捏泥人等。其他还有植物展览、垂钓、民俗体验等活动。

黄河故道入海口景区 自清黄河北上复归原来入海道后，黄河故道断流，形成黄河故道入海口的独特风貌，有月亮湾度假村、海滨浴场等新景点。一望无际的滩涂是一大特色，总面积1.07万公顷，大面积的海水养殖、淡水养殖、海水制盐等，折射出盐文化特点。

大套万鸟天堂 位于农业园区夹堆村境内的越河湾，是一座三面环水的小岛。岛上树林内栖息几十万只白鹭、灰鹭等多种飞禽，故名“万鸟天堂”。岛内有6.67公顷林地，中间刺杉，外围刺槐，北面柳树，南面竹林，东边柿林，全岛中高外低，虽满眼皆绿，但深浅不同。

淮河入海水道滨海枢纽景区 淮河入海水道滨海枢纽景区位于204国道、通榆运河、苏北灌溉总渠与淮河入海水道交汇处，是淮河入海水道四大枢纽工程之一，整个工程雄伟壮观，气势恢宏。枢纽主控塔可以看到淮河入海水道、灌溉总渠、遥榆运河和204国道。“三水一道”，像龙女的飘带，在淮北平原上编织一个宏伟壮观、五彩缤纷的“中国结”。“彩霞与水鸟齐飞，河水共长天一色”，水文化在这里得到完美表达。

淮河入海水道风景区示意图。

滨海公园 东起供电小区、县老年活动中心，西至南湖广场北段，南起海滨大道，北至新建居民区，占地面积12.34万平方米，其中水面面积4万平方米(利用原坎南砖瓦厂挖土水塘拓宽改造而成)。园内有临水长廊、临水平台238米(长廊顶部绘制历史故事画66幅)；湖心岛建有六角亭，由九曲桥(长98米)与两岸相连；建有滨海古今名人大理石牌坊20面132平方米；老年活动中心内设棋牌轩、书画室。园内栽植乔木、灌木、花草30多个品种，110多个类别，草坪6万多平方米。公园南大门宽60米，高16.6米。东大门是台胞王少黄先生于1998年捐建。该园建于1995年，2002年扩建改造。

南湖公园 东起南湖东岸，西至富康路，南起迎宾西路，北至师苑路，占地面积50万平方米，绿化面积18.8万平方米。园内建有仿古建筑重檐六角亭、长廊、水榭；湖面周围栽植梅花、樱花、桂花、垂槐、紫薇等多种景观树种，坡地植满草坪，配以卵石路、广场砖路800平方米，用龙柏、红叶石楠、金边黄杨等低矮植物栽成色块组合，绿地配置泛光灯、麦花灯、草坪灯等各式灯具近千盏；风光带内有灯光音乐喷泉1处，景墙2面，景观桥3座，长廊4条，亲水平台3处，景观亭4个，休闲广场8个，休憩平台8处。是休闲、观光、娱乐、健身场地，为居民应急避难场所。滨海县淮剧团、滨海书画院在此办公。广场东侧南湖为人工湖，原为西大沟的北段，2002～2004年拓宽挖深，水面面积16.68万平方米，沿湖建块石驳岸、汉白玉栏杆1200米，湖面有音乐喷泉。

南湖风景区一角。 陈其龙 摄

清水湖公园 东起中市路，西至凯帝大酒店，南起幸福支路，北至S327。占地面积19.98万平方米，其中湖面面积6.66万平方米，绿化面积13.32万平方米。整个景区由天和广场、地和广场、人和广场、音乐喷泉、涌泉带、灯柱以及众多亲水平台景观组成，园内植以乔木、灌木、花草等，品种繁多，四季常青。建于2009～2011年，总投资8000万元。

西湖公园 东起永宁路，西至电子中专，南起冠华学校、友好村，北至海滨大道。占地面积17.3万平方米，其中湖面面积9.1万平方米，绿化面积5.3万平方米。整个景区由北广场、东广场、草坪、大理石桥、湖面、激光音乐喷泉、涌泉带、灯柱以及众多亲水平台景观组成，其中连接北广场和东广场的380米长的石桥以及数码灯柱是公园的中心景观。建于2010～2012年，总投资6000万元。

三、名特风味

海　盐 滨海原盐(海盐)产地主要是新滩盐场，称“淮盐”，色白、粒大、味香。1941年新滩盐场效仿淮北济南场开始建泥池搞滩晒制盐，20世纪70年代改泥池平晒为塑苫结晶。原盐(海盐)的学名叫氯化钠(NaCl)，成六面体或八面体的粒状，味咸、色白、无异味、溶于水和甘油，有吸湿性、可塑性，有杀菌力和腐蚀性等特征。原盐(海盐)的用途十分广泛，据资料统计，盐的用途达1.4万种以上。可归纳为6大类：食用、药用、工业用、农业用、渔牧业用、国防化学用。

何首乌 滨海县何首乌系列产品主要包括首乌粉、首乌饮片、首乌固体饮料、首乌晶、首乌速溶豆乳粉等。首乌固体饮料获全省供销社系统优质产品奖，盐城市优质产品奖。“总渠”牌系列首乌产品参加全国供销合作总社在北京举办的农副产品展览会，首乌粉获江苏省优质产品称号，精制首乌粉获得国家首届食品博览会铜牌奖，“总渠牌”首乌系列产品被亚运会列为指定产品。2000年以后，“爱生牌”何首乌被评为江苏绿色保健食品。“果老牌”何首乌，获得江苏省卫生局产品质量检测合格证书、卫生部保健食品批准证书、首届江苏名牌农产品证书、首届江苏名特优农产品(上海)交易会产品畅销奖、国家食品生产QS认证。

加工前洗干净的何首乌。 刘盛烜 摄

2015年,何首乌粉制作技艺入选江苏省第四批非物质文化遗产名录。白首乌是我国传统的食、药、美容兼用植物,被历代医家视为养身防老珍品。滨海县种植白首乌有200多年历史,是全国白首乌唯一的集中产地,全国白首乌95%产量出自这里。

五醍浆 滨海的五醍浆大曲始酿于清乾隆年间(1736～1796),是取八滩鸭蛋汪优质地下泉水,以优质高粱为原料,以小麦、大麦、安豆制作的麦曲为自然糖化发酵酿制而成的,素有"隔墙三家醉,开坛十里香"的美誉,具有色清透明、绵甜甘洌、入口圆润、口味悠长的独特风格。

五醍浆特曲白酒。

允大糟坊酒 "允大糟坊"白酒以优质高粱为原料,以小麦、大麦、豌豆作的麦曲为糖化发酵剂酿造。清乾隆年间,八滩初成集镇时,允大糟坊因其酿造白酒而远近出名。2014年,江苏迎宾酒股份有限公司为了继续发扬"允大糟坊"的传统工艺,聘请老酿酒师的后人掌作,酿出保持"允大糟坊"风格的白酒,公司在原址重塑允大糟坊风采,兴建古井,凉亭、允大糟坊门楼、古建筑车间,结合现代工艺用玉醍神泉水经过软水处理后投入酿酒生产使用,生产的酒具有窖香浓郁、味醇甜厚,口感丰富、绵长、净爽的独特风格。是年,"允大糟坊""允大"系列白酒,获得国家颁发的注册商标。

允大糟坊酒。

白首乌酒 2014年9月,由滨海县的金昉集团和四川泸州老窖联手研发的白首乌新产品"百年白首"白首乌系列养生酒,得到专家高度评价。该系列酒由中国酿酒大师沈才洪携团队悉心酿制,在保证原料风味及功效的前提下,充分发扬浓香型白酒优势,酒体清亮,酒质醇和,安养身心,倡导健康饮酒新风尚。

滨海大米 滨海大米主种植区滨海港镇合心等村境内,这里土质肥沃,日照充足,空气清新,具有原生态种植特质,种植基地外方圆25千米内没有污染源。采取传统的农业耕作方式进行,依靠原生态优质的稻米种植环境,独特的灌溉水洗,种植过程中无化学肥料、无农药和无生长调节剂,完全使用农家肥料,确保水稻的安全性。滨海大米颗粒均匀坚硬,米粒鲜亮,口感醇厚芳香、清淡绵软,富含人体所需微量元素,在上海、南京、杭州、广州等大中城市享有较高的知名度和美誉度。

"海苑"牌海蜇 "海苑"牌海蜇系列产品是江苏省名牌产品、江苏省名牌农产品、盐城八珍之一,精选黄海领域无污染、优质天然的海蜇为原料,经过传统工艺并结合现代科学方法精制而成,具有较高科技含量。"海苑"牌海蜇是一种高蛋白、低脂肪的海产珍品,既保留原海蜇脆嫩可口之独特风味和丰富营养元素,又为消费者食用提供方便,含有人体所需的铁、钙、碘、等多种微量元素,成为家庭酒楼佐餐佐酒、馈赠亲友的高档海珍礼品和美味佳品。

即食海蜇丝。

滨海大套蜜梨 1958年,滨海县大套乡从河北两山地区引进蜜梨树苗,植于黄河故道(中山河)南堤,这里气候温和,土壤独特,地势高亢,是蜜梨生长的最佳环境。1984年,拓植至大关村,达646.67公顷,是名副其实的"万亩梨园"。2015年,尚存200余公顷,主要植于江苏滨海农业园区(滨海大套)境内。滨海大套蜜梨不仅继承河北昌黎蜜梨特有皮黄肉白、大小均匀、核小皮薄、肉细汁多、甜脆爽口、含糖量高、耐贮藏等特点,还因黄河故道地区独特的气候及地质环境衍生出独特的口感:质脆,肉质细嫩,多汁味甜,香味浓郁,且极耐储藏;蜜梨采收后,置于无人居住的房间或土窖中,到第二年春不霉不烂,而且更加金黄诱人,香气浓郁。在具备冷库和冷藏运输条件下,可实现季产年销,周年供用。

滨海香肠 选择新鲜(猪)肥肉20%～25%,瘦肉75%～80%,去掉筋膜,分别切成肉丁,每50公斤料肉配入酱油1公斤、精盐2公斤、白糖2.5公斤、60度曲酒0.3公斤、姜汁1000克、葡萄糖大葱适量拌和,灌进肠衣(直径32毫米～34毫米,长约60厘米)晾晒,冬季3个～5个晴天,夏季2个～3个晴天,晒到瘦肉干、肠皮皱,重量减轻30%左右即可。特色是色泽鲜艳红嫩,有韧性、不空心,条形整齐,肥瘦均匀,香气浓郁,味美可口。

滨海香肠。

滨海猪头肉 选择新鲜猪头,松香拔毛,冷水浸泡2小时,洗净后,与配制好的大茴香、小茴香、肉桂、花椒、白扣、白芷、草果、千里香等20多种中草药放进铝锅,加水淹没,无烟煤烀2个小时即可。特色是色泽淡红,澄清透明,肉香四溢,腴而不腻。

“园盛隆”牌古安梨 原产地在江苏省连云港市海州洪门果园,传说是当地尼姑庵从外地引种嫁接而得名,至今已有120多年栽培历史。由于皮薄汁多、肉质柔嫩、核小无渣滓,味道甜美,独具芳香而深受人们喜爱。古安梨含有丰富维生素B,能保护心脏,减轻疲劳,增强心肌活力,防止动脉粥样硬化;常食有助于消化吸收,保护肝脏,同时抑制致癌物质亚硝胺的形成,起到防癌抗癌作用。解放前,古安梨一直作为贡品。解放后,1953年当地政府曾寄两箱至北京给毛泽东主席品尝;1958年、1959年各送一次给中央,给参加中央会议各地代表品尝。1989年获得江苏省“省优”产品称号,1992年、1995年参加江苏省中晚熟水果评比,均获江苏省优质水果称号。2016年,为了加快农场转型升级,推动旅游观光产业发展,滨海县园盛蔬菜专业合作社,江苏省农垦农业发展股份有限公司滨淮分公司高效农业中心在场外联合建设符合标准化生产质量要求的种植基地66.67余公顷,在场内规划建设高效农业采摘园,从原产地引进种植古安梨,取名“园盛隆”牌古安梨。采摘园一期面积6.67公顷,长远规划面积33.33公顷,生产出的产品以满足农场、沿海工业园以及周边广大职工群众需要为主,并通过“互联网+”销往全国各地。

“园盛隆”牌古安梨产品推介会。

滨淮农场办公室 提供

八巨镇巨峰设施栽培基地大棚内工人们正在采摘卷心菜并装箱,准备销往北京、天津和南京等地市场。

陈其龙 张 军 摄

第 04 章　年度综述

综　　述

2016 年,面对错综复杂的宏观形势和艰巨繁重的改革发展稳定任务,滨海县始终坚持稳中求进工作主基调,紧扣“三争”目标,坚持“六为”要求,深入实施“八大行动”,以供给侧结构性改革为主线,扎实做好稳增长、调结构、促改革、惠民生、防风险各项工作,圆满完成“十二五”规划确定的各项目标任务,实现“十三五”发展的良好开局。全年完成地区生产总值 391.61 亿元,按可比价计算比上年增长 8.9%;其中,第一产业实现增加值 57.99 亿元,增长 1%;第二产业实现增加值 156.72 亿元,增长 9.3%;第三产业实现增加值 176.9 亿元,增长 10.8%。人均地区生产总值达 41761 元,比上年增长 8.9%。经济结构进一步优化,三次产业增加值比例由上年的 15.5∶41.2∶43.3 调整为 14.8∶40∶45.2,二、三产业比重提高 0.7 个百分点。

第一节　经济社会发展

一、经济建设

固定资产投资　全年完成固定资产投资 377.87 亿元,比上年增长 16.3%。其中,工业投资 232.87 亿元,比上年增长 19.5%;服务业投资 139.11 亿元,比上年增长 13.1%。房地产市场平稳发展。全年完成房地产开发投资 21.34 亿元,比上年增长 24.1%;商品房销售面积 77.46 万平方米,比上年增长 0.3%,商品房平均价格 4452 元/平方米,比上年下降 7.2%。

沿海开放建设　滨海港一类独立开放口岸列入《国家“十三五”口岸发展规划》。港口码头初具规模。10 万吨级通用码头 1 号码头实现运营,2 号码头主体及辅助设施基本竣工;10 万吨级煤码头一期工程接卸输送系统安装施工;5 万吨级液体散货码头地下结构基本建成;港区 1、2 号物流园项目水下铺排工程已经完成;北疏港航道滨海船闸、运盐河船闸主体基本建成。能源大港初具雏形。总投资 80 亿元的国家电投协鑫火电一期工程完成 86%,二期工程通过国家电力设计总院评审;总投资 100 亿元的国家电投储配煤项目球形仓、陆上堆场等基础工程基本完成;中海油 LNG 项目年内陆域工程可全面开工建设;大唐海上风电项目加快推进,国家电投海上风电、华电陆上风电项目并网发电。港城建设初见成效。月亮湾温泉度假酒店进入装饰装潢阶段;灵龙湖生态公园、海滨浴场、月堤海景公园主体工程基本建成;以观海大道、古黄河路、渔港路、六合大道、宋公大道等为主体的港城“三纵五横”道路网络基本形成,安置小区等一批基础性、功能性项目基本竣工。完成各类绿化提升共计 36 万平米,港城生态景观形象令人耳目一新。滨海港城经济区定位为全市发展南北“两核”之一,战略地位日益提升,“三港”建设的后发优势不断递增。

工业和建筑业　2016 年,规模以上工业企业实现增加值 173.67 亿元,比上年增长 9.7%;实现主营业务销售收入 685.82 亿元,比上年增长 6.4%。全县工业用电量 17.22 亿千瓦时,比上年增长 0.9%。全年实现规模以上工业总产值 705.62 亿元,比上年增长 3.5%,其中,高新技术产业产值 479.19 亿元,增长 28.8%,占规模以上工业总产值比重达 64.2%。全年完成建筑业总产值 109.2 亿元,增长 8.3%。年内有资质施工企业承建施工面积 688 万平方米,比上年增长 17.2%;竣工面积 345 万平方米,比上年增长 2.7%。

农林牧渔业　2016 年,全年实现农林牧渔业总产值 110.69 亿元,比上年增长 3.2%。农业生产形势较好。全年粮食作物播种面积 13.01 万公顷,比上年增长 0.1%;粮食产量 95.6 万吨,比上年下降 0.2%。部分经济作物产量有所下降。棉花产量 252 吨,油料产量 3.1 万吨,分别比上年下降 5.6%、12.8%。水果总产量 7.78 万吨,比上年下降 3.5%。林牧渔业发展稳定。全年造林 840 公顷,全县林木覆盖率达 30.99%,比上年提高 0.25 个百分点。2016 年末,全县生猪出栏量 84.79 万头,比上年下降 4.9%;家禽出栏量 2090 万只,比上年下降 24.3%。肉类总产量 9.92 万吨,比上年下降 23.2%;禽蛋类总产量 8.9 万吨,比上年同期下降 3.5%;水产品产量 10.1 万吨,比上年增长 1%。高效设施农业建设取得新突破。全年高效农业面积达到 4.67 万公顷、设施农业面积 1.56 万公顷。农业产业化进程加快。全县农产品加工龙头企业 194 家,比上年新增 8 家,其中省级 8 家。农业机械化水平继续提高。年末全县拥有农机总动力 84.5 万千瓦,比上年略降 0.6%;农用排灌动力机械 12.3 万千瓦,与上年持平。

交通运输和邮政业　2016 年,年末县内等级公路总里程达 2163 千米。其中:高速公路 27 千米,一级公路 164 千米,二级公路209千米。全社会客运量515万人次,货运量1760万吨,分别比上年增长3.4%、4.2%。

全年完成邮政业务总量6804万元,比上年增长15.8%。实现邮政业务收入7497万元,比上年增长8%,电信业务收入45810万元,增长0.4%。年末城乡固定电话用户9.5万户,年末移动电话用户69.64万户,互联网宽带接入户数15.75万户。

国内外贸易和市场物价 2016年,全年实现社会消费品零售总额110.46亿元,比上年增长11.1%。其中:批发业和零售业分别实现零售额11.65亿元、87.91亿元,比上年增长9.2%、11.3%;住宿业和餐饮业分别实现1.18亿元、9.72亿元,比上年增长11.4.%、11%。城镇消费品零售额98.96亿元,比上年增长10.7%;农村消费品零售额11.5亿元,比上年增长13.9%。

全年完成进出口总额37732万美元,比上年下降1.6%。其中:进口总额6969万美元,比上年下降12.5%;出口总额30764万美元,比上年增长1.2%。注册外资实际到账5263万美元,比上年下降17.3%。

全年居民消费价格总指数(CPI)比上年上涨1.9%。八大类商品价格指数六升两降,其中食品烟酒类涨4.5%、医疗保健类涨4.5%、其他用品和服务类涨2.9%、衣着类涨0.9%、教育文化和娱乐类涨0.7%、交通和通信类涨0.6%;生活用品和服务、居住类分别下降1.2%、0.4%。全年商品零售价格总指数上涨0.6%,生产资料价格总指数上涨0.3%。

财政、金融和保险 2016年,全年实现财政总收入68.48亿元,比上年增长6.2%。实现一般公共预算收入34.07亿元,比上年下降11.9%。其中,税收收入25.08亿元,比上年下降20.8%,占一般公共预算收入的比重为73.6%。

2016年年末金融机构各项存款余额310.3亿元,比年初增加75.66亿元,其中储蓄余额173.62亿元,比年初增加21.56亿元。年末各项贷款余额249.73亿元,比年初增加64.03亿元,其中中长期贷款余额145.22亿元,比年初增加40.66亿元。人保、财保等主要保险机构承保金额680.54亿元,比上年增长61%;实现保费收入2.79亿元,比上年增长13%。

二、社会发展

科学技术和教育 全年组织实施各类科技项目253项,下达科技经费14885万元,其中省级项目70项,市级项目51项。创新驱动效果进一步显现,全年专利申请量2018件,其中发明1082件;授权专利709件,授权发明41件。

全县共有学校总数160所,在校生人数16.18万人。其中:普通中学30所,在校生3.49万人,在校生人数比上年多2430人;小学58所,在校生8.47万人,在校生人数比上年多2351人;职业高中1所,在校生3410人。全县拥有各类幼儿园70所,在园儿童3.96万人。基础教育质量稳步提高。小学、初中毕业生升学率分别达到100%、98.2%。全年高校录取人数3428人,其中本科以上1862人,占录取总人数的54.3%,比上年下降2.8个百分点。

文化、卫生和体育 拥有艺术表演团体1个,表演场馆9个。有文化馆1个,文化站14个,公共图书馆1个,藏书37万册。群众文化和文化产业建设取得新突破,一批文艺作品在省市获奖。乡镇文化站、农家书屋实现全覆盖。广电网络进一步完善,广播、电视人口覆盖率达100%,有线电视入户率达95%。

城乡公共卫生设施、医疗条件不断改善,全县年末共有卫生机构45个,其中,医院(含乡镇卫生院)36所;拥有病床2806张。全县共有卫生技术人员3155人,其中,医生1083人。卫生工作人员中具有大专以上学历的有2375人,占总人数的57.7%;拥有中级以上职称的1127人,占总人数的27.4%。预防保健工作成效显著,全县卫生服务体系健全率达100%。新型农村合作医疗覆盖面达100%。

全县共有三级以上运动员6人,裁判员30人。青少年运动员在市以上体育比赛中获得奖牌23枚,其中:金牌9枚,银牌2枚、铜牌12枚。中小学体育锻炼达标率98.2%。全民健身运动蓬勃发展,根据全省国民体质健康监测,滨海县健身达标率达到98.2%,优秀率达到12%。

人口、人民生活和社会保障 2016年末全县户籍人口123万人,比上年增长0.5%;年末常住人口93.45万人,与上年下降0.7%。人口出生率13.76‰,人口死亡率7‰,人口自然增长率6.76‰。全县计划生育率99.83%。

2016年,全县居民人均可支配收入20275元,比上年增长9.6%。城镇常住居民人均可支配收入26543元,比上年增长8.6%;人均消费支出15922元,比上年增长7.4%。农村常住居民人均可支配收入14931元,比上年增长9.1%;人均消费支出11225元,比上年增长10.7%。从业人员年平均工资53219元,比上年增长12.9%。城镇居民住房人均建筑面积31.8平方米,农村居民人均钢筋、砖木结构住房面积43.7平方米。

2016年末全社会从业人数达44.68万人,比上年减少1.46万人。城镇新增就业11345人,城镇失业人员再就业8919人,城镇登记失业率为1.9%,与去年同期持平,继续稳定在较低的水平。

2016年末全县参加失业保险49237人,参加城镇基本养老保险96690人,参加城镇基本医疗保险10.03万人,养老保险、医疗保险、失业保险覆盖率分别达到97%、97%、96.7%。

环境保护 全年空气质量达到二级标准的天数269天,地表水好于三类水质标准的比例为71.4%,城镇污水达标处理率91.8%。建成自然保护区面积132.18平方千米,城市绿化面积1389.83公顷,绿化覆盖率42.4%,比上年提高2.7个百分点。县城可吸入颗粒物PM2.5浓度为46微克/立方米,区域环境噪声53.4分贝,区域环境良好。

表 1

2016 年滨海县各镇区基本情况一览表

指标 地区	总户数（户）	总人口（人）	总面积（平方千米）	耕地面积（公顷）	农村承包地面积（公顷）	河流水面（公顷）	坑塘水面（公顷）	沟渠水面（公顷）	沿海滩涂（公顷）	内陆滩涂（公顷）	居委会（个）	村委会（个）	居民小组（个）	村民小组（个）	党委（个）	党总支部（个）	党支部（个）	党员（人）	团委（个）	团支部（个）	团员（人）
五汛镇	22234	88010	152.54	9548.93	7128.8	727.27	932.3	1797.87	-	82	2	29	12	173	1	32	144	3564	11	51	1375
蔡桥镇	15999	62260	92.07	5531.47	3991.27	472.93	588.87	740.27	-	53.87	2	15	21	108	1	19	85	2143	7	43	1103
正红镇	29779	109129	145.29	8109.13	7436.4	857.2	1010.93	1190.07	-	231.6	2	29	24	256	1	34	157	4363	8	48	1321
通榆镇	10903	40577	55.80	3219.6	2589.4	403.6	272.73	555.33	-	51.73	2	9	14	58	1	12	52	1557	7	35	959
天场镇	12888	51369	81.93	4294.07	3212.07	737.8	390.4	1045.73	-	129.87	-	14	-	93	1	14	93	1499	8	42	1147
东坎镇	72981	227501	133.59	6053.4	3682.27	917.07	535.33	740.93	-	59.53	17	18	77	131	2	39	192	6576	39	177	4833
界牌镇	20630	80413	122.69	7573.07	6297.53	377.2	468	931.8	-	78.53	1	20	5	162	1	24	103	2836	9	48	1314
陈涛镇	17552	70666	110.89	6735.27	4639.07	636.13	733.73	972.93	-	-	-	19	-	136	1	20	74	2119	7	42	1136
八巨镇	14092	53047	69.02	4206.13	3632.33	213.93	188.2	587.73	-	-	1	11	7	94	1	14	89	1765	9	39	1074
八滩镇	29576	90688	111.14	6196.2	5214.67	676.13	671.2	952.2	-	100.93	2	20	11	137	3	24	102	3011	11	54	1461
滨海港镇	17990	59960	139.62	5629.2	4620.87	762.73	1623.47	1160.67	2497.73	182.67	-	15	-	105	1	16	81	1901	13	49	1343
滨淮镇	28464	108736	198.76	12169.07	10250	767.33	1242.67	1360.73	-	113.4	1	26	7	192	2	28	117	3289	12	35	962
农业园区	10836	47274	63.17	3448.13	2761.67	244.8	182.53	457.53	-	2.47	-	13	-	110	1	15	75	1591	5	37	1032
滨海港经济区	24003	91875	195.06	8325.87	6220.13	1005.6	1779.8	1205.8	3153.73	29.93	-	21	-	178	1	22	108	2609	3	31	854
工业园	7326	29656	37.29	1474.33	1178.33	172.53	208	156.27	-	4.33	4	2	25	14	2	6	58	914	1	25	737
沿海工业园	1917	6256	28.62	26	—	196.47	279.27	3.27	768.4	-	1	-	7	-	2	1	61	522	2	42	1133

说明：1. 表中国土面积、耕地面积等相关国土指标数据为国土部门核定 2015 年年末数据，2016 年数据未定案；

2. 表中工业园、沿海工业园的人口和区域面积等指标均按照所辖村（居）来计算。

表 2

2016 年滨海县各镇区经济指标完成情况一览表

指标/地区	地区生产总值		其中:一产增加值		二产增加值		三产增加值		财政总收入		一般公共预算收入		规上工业增加值		规上工业开票销售		规上工业入库税收		固定资产投资		其中:工业投资		农村居民人均可支配收入		进出口总额		注册外资实际到账(万美元)
	实绩(万元)	比上年(%)	实绩(万元)	比上年(%)	实绩(万元)	比上年(%)	实绩(万元)	比上年(%)	实绩(万元)	比上年(%)	实绩(万元)	比上年(%)	实绩(万元)	比上年(%)	实绩(万元)	比上年(%)	实绩(万元)	比上年(%)	实绩(万元)	比上年(%)	实绩(万元)	比上年(%)	实绩(元)	比上年(%)	实绩(万美元)	比上年(%)	实绩(万美元)
五汛镇	326389	8.6	62920	0.9	153740	9.0	109729	11.6	14361	-25.3	11751	-23.0	100010	9.5	3665	-23.3	63	-2.6	304522	16.0	223970	14.3	20844	9.4	12	-	300
蔡桥镇	145924	8.9	24910	1.1	67520	9.3	53494	11.5	11762	-14.0	9426	-21.0	84486	9.8	8778	20.0	109	11.1	183480	16.6	136375	15.4	17103	9.1	510	31.4	144
正红镇	343073	9.8	73500	0.9	126117	9.4	143456	11.4	10359	-4.8	8516	-7.4	34349	9.6	9590	4.5	265	18.8	74677	16.6	60570	14.9	18962	9.0	176	95.6	-
通榆镇	109736	8.7	16410	1.1	59043	8.9	34283	11.1	11335	-19.1	9931	-25.5	66056	10.3	11966	59.2	181	14.2	121400	16.2	89260	14.6	17260	9.2	-	-	-
天场镇	128534	9.1	13310	1.3	88238	9.5	26986	11.3	13980	-27.5	10707	-8.9	108031	10.1	1168	307.2	7	677.1	152046	16.1	112070	14.2	12897	8.8	-	-	-
东坎镇	630180	9.0	57865	1.0	317634	9.3	254681	11.7	83487	-13.4	65297	-23.8	259264	9.7	175213	45.6	3443	41.1	542532	17.1	307150	15.9	18931	9.8	578	0.2	287
界牌镇	217370	9.6	45375	1.0	104048	9.1	67947	10.6	15549	-1.4	11488	-13.5	122211	9.4	10519	3.2	520	101.2	220197	17.0	175655	16.0	13180	8.8	48	-36.0	-
陈涛镇	152671	9.2	33240	1.0	57699	8.8	61732	10.9	9666	-16.9	7955	-20.9	40151	9.0	4784	-20.8	675	69.3	113350	15.9	78750	14.5	13481	8.8	908	-41.3	-
八巨镇	156992	9.7	24225	1.3	79909	9.6	52858	10.7	13362	-4.0	8647	-13.8	91087	8.9	5970	3.0	176	105.0	153061	16.8	112070	14.8	13984	9.3	14	-	-
八滩镇	283275	8.9	37730	1.5	152119	9.0	93426	11.2	13704	-14.3	11223	-23.7	162352	9.2	45682	-9.1	2437	35.4	358832	16.9	252300	15.7	17823	9.1	2064	-20.1	-
滨海港镇	196985	9.3	46540	1.3	96114	9.2	54331	10.5	10396	-16.3	7815	-13.4	115716	10.2	17980	45.7	195	291.5	175909	16.3	124995	15.1	17468	9.4	-	-	315
滨淮镇	288268	9.5	46130	1.2	180523	9.4	61615	11.0	24052	-12.6	18942	-16.6	276535	9.9	13813	1.8	482	9.7	418201	16.8	301175	15.3	17018	9.3	-	-	-
农业园区	99158	9.4	18000	1.4	42567	9.7	38591	10.8	9287	-19.0	8298	-22.3	23227	10.5	35737	205.2	508	69.9	125017	16.8	97225	15.6	13771	9.5	81	-8.0	13
滨海港经济区	209894	8.9	47070	0.9	84801	9.0	78023	10.7	11477	-25.7	9080	-22.8	95620	10.7	10592	543.7	180	67.2	94230	15.7	69760	14.0	14656	9.4	-	-	-
工业园	-	-	-	-	-	-	-	-	29051	-11.5	23524	-16.1	-	-	422189	31.3	15787	79.9	600950	16.1	498975	14.7	-	-	3307	-18.6	1935
沿海工业园	-	-	-	-	-	-	-	-	95385	0.4	60546	2.9	-	-	1553769	-6.9	98629	9.3	867435	16.3	773375	14.7	-	-	30034	3.8	2684

说明:表中地区生产总值及三次产业、规模以上工业增加值的增幅为可比价增幅,其余为现价增幅。

表 3　　2012～2016 年滨海县国民经济及社会发展主要指标一览表

指　　标	2012 年	2013 年	2014 年	2015 年	2016 年
一、人口					
全县总户数(万户)	34.32	34.02	34.12	34.13	34.14
年末总人口(万人)	120.05	120.10	121.48	122.35	123.00
#:女性	57.09	56.91	57.56	57.97	58.28
#:城镇人口	29.71	29.80	30.17	34.07	64.91
年末常住人口(万人)	94.48	94.30	94.28	94.10	93.45
城镇化率(%)	47.2	48.8	50.50	52.10	53.60
二、从业人员(万人)	45.29	45.69	46.12	46.14	56.40
#:城镇单位从业人员	3.96	8.73	9.63	10.49	9.97
三、地区生产总值(亿元)	267.69	300.10	328.19	361.30	391.61
#:第一产业增加值	49.70	52.98	53.10	55.97	57.99
第二产业增加值	117.89	131.54	138.63	148.98	156.72
第三产业增加值	100.10	115.58	136.46	156.35	176.90
四、农业					
农林牧渔业总产值(亿元)	88.58	95.13	99.95	107.25	110.69
农林牧渔业增加值(亿元)	49.70	52.98	55.95	58.26	60.36
现代农业发展水平(%)	66.15	69.81	73.53	82.49	84.42
高效农业面积(万公顷)	3.87	4.2	4.33	4.53	4.73
设施农业面积(万公顷)	1.08	1.22	1.36	1.51	1.56
中低产田改造面积(万公顷)	0.45	0.45	0.45	0.45	0.30
主要农产品产量					
粮食(万吨)	91.04	93.01	96.52	97.35	95.62
棉花(吨)	1314	697	320	267	252
油料(吨)	42072	43399	39857	36022	31400
水果产量(吨)	38766	42722	59594	80656	77837
生猪总产量(万头)	152.36	135.90	141.10	141.42	134.90
#:出栏	95.56	84.90	90.10	89.15	84.79
家禽总产量(万只)	3861	3382	3890	3875	3313
#:出栏	2876	2302	2770	2763	2090
肉类总产量(万吨)	12.90	11.11	11.80	12.92	9.92
禽蛋产量(万吨)	10.16	9.01	9.25	9.20	8.88
水产品产量(万吨)	9.4	9.7	9.9	10.0	10.1
#:海水	3.7	2.8	2.7	2.2	2.2
淡水	5.7	6.9	7.2	7.8	7.9
蚕茧产量(吨)	165	300	157	38	28
五、工业					
规模以上工业企业数(个)			216	229	228

续表 3

指　　标	2012 年	2013 年	2014 年	2015 年	2016 年
规模以上工业总产值(亿元)	425.09	492.31	569.68	681.58	705.62
规模以上工业增加值(亿元)	106.29	122.02	139.93	163.74	173.67
规模以上工业主营业务收入(亿元)	444.74	492.93	563.23	640.92	685.82
规模以上工业利税总额(亿元)	52.18	55.14	59.31	58.56	64.22
规模以上工业利润总额(亿元)	30.09	30.15	32.71	32.16	35.01
全社会用电量(亿千瓦时)	22.01	24.45	25.19	24.66	26.26
#:工业用电量	16.01	17.50	18.14	17.06	17.22
六、投资、建筑和房地产					
固定资产投资(亿元)	187.32	215.11	265.45	324.91	377.87
#:工业投资(亿元)	121.60	138.49	167.40	198.35	232.87
服务业投资(亿元)	62.31	70.70	96.11	123.51	139.11
#:房地产开发投资(亿元)	19.82	21.51	16.00	17.20	21.34
建筑业总产值(亿元)	73.70	86.20	92.00	100.70	109.20
#:县内(亿元)	11.00	22.10	38.00	30.00	32.60
土地出让面积(公顷)	293.75	113.00	152.47	143.08	240.35
土地划拨面积(公顷)	48.31	14.60	2.94	393.71	8.91
商品房销售面积(万平方米)	70.74	77.90	72.30	77.25	77.46
#:住宅(万平方米)	57.06	50.70	55.30	60.66	66.19
商品房销售均价(元/平方米)	4280	4728	4867	4796	4452
#:住宅(元/平方米)	3620	3824	4123	4141	4298
城市绿化面积(公顷)	1222	1273	1316	1350	2071
城市绿化覆盖率(%)	40.0	40.3	40.9	41.2	42.0
七、交通运输和邮电					
客运量(万人)	343	358	428	498	515
货运量(万吨)	1738	1854	1404	1689	1760
港口货物吞吐量(万吨)	290	338	386	305	326
邮政业务总量(万元)	4545	4411	4914	5877	6804
电信业务收入(万元)	43429	45480	46711	45647	45810
固定电话户数(万户)	18.22	21.19	27.32	19.89	9.50
移动电话户数(万户)	46.72	69.96	73.02	65.61	69.64
互联网宽带接入户数(万户)	7.47	6.81	7.99	14.88	15.75
函件(万件)	41.90	29.01	43.45	29.47	25.08
八、内外贸易					
社会消费品零售总额(亿元)	69.98	78.89	89.12	99.46	110.46
进出口总额(万美元)	21445	27513	46280	38362	37732
#:进口	1897	4979	14122	7963	6969
出口	19548	22534	32158	30399	30764
实际利用外资(万美元)	15009	13025	8615	6360	5263

续表 3

指　　标	2012 年	2013 年	2014 年	2015 年	2016 年
九、财政					
财政收入(亿元)	53.44	57.40	65.93	64.46	68.48
#:一般公共预算收入	24.94	29.07	33.45	38.65	34.07
财政支出(亿元)	68.77	73.80	81.84	87.01	97.73
#:一般公共预算支出	48.09	53.01	58.07	69.45	70.89
十、金融					
各项存款余额(亿元)	158.33	182.93	208.46	234.64	310.30
#:住户存款	97.14	114.90	131.88	153.34	176.95
各项贷款余额(亿元)	109.94	135.16	156.94	185.70	249.73
#:中长期贷款	51.70	68.64	84.73	104.94	145.23
十一、物价					
零售物价总指数(%)	101.8	101.6	101.2	101.2	100.6
居民消费价格总指数(%)	102.1	102.5	102.4	102.3	101.9
十二、科技					
科技项目总数(项)	116	127	245	266	253
#:国家级	10	11	15	15	0
科技项目下达经费数(万元)	2453	3641	3950	4085	14885
#:国家级	268	232	100	125	0
专利申请受理量(件)	1046	1328	1577	1758	2018
#:发明	157	192	176	326	368
专利申请授权量(件)	186	141	111	292	257
#:发明	16	21	27	39	41
研发经费占 GDP 比重(%)	1.00	1.10	1.38	1.59	1.72
十三、教育					
各类学校数(所)	161	161	127	159	160
#:普通中小学数	137	137	90	88	88
各类学校在校学生(万人)	15.56	15.98	15.62	16.14	16.18
#:普通中小学在校学生	9.75	10.34	10.98	11.48	11.96
十四、卫生					
卫生机构数(个)	41	41	41	41	45
#:医院(含镇卫生院)	36	36	36	36	36
床位数(张)	2275	2460	2585	2692	2806
卫生技术人员(人)	2785	2877	2970	3050	3155
#:医生	908	943	978	1031	1083
十五、人民生活、社会保障					
从业人员工资总额(亿元)	13.83	32.97	40.52	49.69	52.36
从业人员平均工资(元)	37387	37890	42518	47988	53249
全体居民人均可支配收入(元)			16942	18485	20257

续表 3

指　标	2012 年	2013 年	2014 年	2015 年	2016 年
城镇居民人均可支配收入(元)	19090	21037	22432	24451	26543
农村居民人均可支配收入(元)	10429	11702	12524	13683	14931
城镇低保户数(户)	2571	2525	2579	2475	2439
农村低保户数(户)	23049	21009	21481	21335	21132
城乡基本养老保险覆盖率(%)	95.71	95.71	95.68	95.95	96.5
城乡基本医疗保险覆盖率(%)	95.91	95.91	96.00	96.05	97
失业保险覆盖率(%)	95.47	95.47	95.52	95.59	96.3
城镇住房保障体系健全率(%)	71.46	71.46	81.78	89.15	90
每千名老人拥有养老床位数(张)	36.16	35.94	29.12	35.10	42
年末城镇登记失业率(%)	2.16	2.10	1.91	1.90	1.85
十六、社会治安					
刑事案件发案数	2457	2263	2193	2303	2287
刑事案件立案数	493	500	571	500	529
每万人刑事案件发案数	20.47	18.86	18.05	18.82	18.59

说明:1.“城镇人口”指标 2015 年前数据为“非农业人口”;
2.“财政收入”指标统计口径在 2015 年有调整;
3.“住户存款”指标 2014 年前数据为“储蓄存款”;
4.“全体居民人均可支配收入”指标从 2014 年编起,以前年度无此指标数据;“农村常住居民人均可支配收入”2013 年以前数据为“农民人均纯收入”;
5.“城镇单位从业人员”及其“工资总额”“平均工资”指标从 2013 年起统计范围和口径调整,以前年度指标数据为在岗职工统计口径。

第二节　全面小康建设

2016 年,滨海县以高标准抓好新型农村示范社区建设来带动全面小康建设。围绕特色镇村发展,强化产业支撑,塑造地域特色,制定新型农村社区建设三年行动方案,组织 14 个镇区申报 24 个试点社区,明确年度实施项目和建设内容,并出台系列扶持考核办法。县政府以实施“一事一议”财政奖补项目助推小康建设。落实各镇区进一步规范“一事一议”筹资筹劳的议事范围、议事程序、上限标准、分摊办法及审批程序,确保所筹资金全部用于村内公益事业建设项目。年内全县共投入一事一议财政奖补项目资金 3637.22 万元,其中省补 2817.17 万元、一事一议自筹及其他资金 820.25 万元,共为 15 个镇区 120 个村实施 126 个项目。以“四项措施”为保障,拓宽农民增收渠道促动小康建设。坚持从“农业产业化、发展村集体经济、培育家庭农场、创建合作社示范社”等方面开辟农民增收渠道。是年全县共招引规模农产品加工企业 8 个,总投资 8.84 亿元。年底规模龙头企业达 186 家,年销售收入达 198 亿元,规模农产品加工产值占农业总产值比重为 1.7∶1,带动农户 25.6 万户。实施村级经济扩量工程,全县村级总资产 60317.1 万元,村平资产 209.43 万元;村级集体总积累 34569 万元,村平积累 120.03 万元,其中积累在 1000 万元以上的村 2 个(滨淮镇东罾村、八滩镇八滩村);村集体经营性总收入 69678 万元,比去年同期增长 11.2%,新增集体经营性收入达 18 万元以上村 52 个。新增家庭农场 172 个,累计认定家庭农场 783 个,市级示范家庭农场 15 个,省级示范家庭农场 6 个。新增加农民专业合作社 32 家,总计达 1004 家,入社成员达 23.8116 万人,占全县总农户数的 94%。以落实精准帮扶责任来推动小康建设。全县排出 102 个县直单位,重点帮扶 60 个村、一般联系 236 个村。继续实施“牵手致富”工程,将全县机关、事业单位在职人员全部结对帮扶低收入农户,实现结对帮扶对象全覆盖。全县资助总额达 856.6 万元,兴办入学、就医、务工等实事 5365 件。截至 2016 年年底,全面建成小康社会进程监测综合得分达 90 分,比上年提高 1.3 分,能够达到省级验收对综合积分的要求。达标指标总数达到 23 个,实现程度在 80% 到 100% 之间的指标有 7 个;实现程度低于 80% 的指标仍为 6 个。

第二篇

政治建设

第 05 章　中共滨海县委员会

综　述

2016 年,中共滨海县委贯彻落实中央、省市委决策部署,团结带领全县干群,全力扩总量、调结构、促转型、抓改革、惠民生、防风险、保稳定,全县经济社会发展和党的建设各项事业取得新的成效,全面建设小康社会迈出坚实步伐。

发展布局　着眼于新的形势任务,在保持工作连续性的基础上,重抓思路谋划。确立“沿海争先跨越、淮河争当门户、全市争创一流”的总体目标,对全局性重点工作逐项理清思路、明确任务、夯实举措:把打造江苏沿海战略增长极作为沿海开发的奋斗目标;把构建现代产业体系作为项目建设的攻坚方向;把加快实现“九个一体化”作为推进城乡统筹的重要任务;把建设“淮河门户城市、水绿人文城市、宜业宜居城市”作为城市发展的目标定位;把打造“四区五带八基地”作为现代农业的发展载体,统筹推进“三农”十项重点工作;把加快交通基础设施建设,推进教育现代化,建设“健康滨海”,加快精准脱贫步伐作为重点,着力构建民生保障体系;把实施社会治理创新“六项计划”作为促进和谐发展的有力举措。发展路径更加清晰。坚持“项目为上、转型为要、改革为先、民生为本、统筹为重、环境为基”的“六为”发展要求,走产业强县、“四化”同步、创新驱动、全民共享、城乡一体、绿色发展之路,推进“项目载体攻坚、沿海开发提速、工业发展转型、城市品质提升、城乡一体统筹、民生幸福升级、社会治理创新、生态文明建设”八大行动,发展举措切合滨海实际。推进机制更加有效。整合力量抓推进,调整强化条线工作组织指挥体系和工作机构;围绕项目抓推进,实行工作项目化、时间节点化、任务责任化,靶向发力、精准用力;完善机制抓推进,建立常态督查推进、月度通报公示、季度观摩评比、半年考核的督查考核机制,推动工作落实。

发展质态　大力推进供给侧结构性改革。积极防范风险,顶住下行压力,企业生产经营加速回暖,银行新增贷款增幅全市第一,规上企业开票销售增长面由年初的 42% 提高到 53.7%。固定资产投资、城镇居民人均可支配收入增幅全市第一,服务业增加值、社会消费品零售总额、农村居民人均可支配收入等指标增幅位居全市前列。发展质量持续提升。新增规上企业 30 家、国家级高新技术企业 10 家、上市企业 2 家。传统产业加快升级,60 个重点技改项目完成投入 45.8 亿元,15 家企业实现重组,淘汰落后工艺和装备 368 台套。品牌创建取得实效,新增省级高新技术产品 36 个,“滨海大米”获批中国地理标志商标。经济结构不断优化。二、三产占比 85.2%。新医药、新能源等新兴产业占规上工业开票销售收入比重 45.8%,电商产业实现网上销售 15 亿元。商品房销售 71.5 万平方米,去化周期全市最短。农业结构加快调整,现代农业经济区加快建设,全县新增高效农业 6666.67 公顷、设施农业 1606.67 公顷,改造中低产田 7866.67 公顷。

发展空间　着力优化生产力布局,形成沿海、园区、城镇协调并进的发展格局。沿海开发步伐全面提速。滨海港一类独立开放口岸正式列入《国家“十三五”口岸发展规划》。临港战略产业加速集聚,总投资 315 亿元的国家电投协鑫火电等 5 个临港重大产业项目累计完成投资 214.5 亿元;码头航道加快建设,总投资 36.4 亿元的 7 个 5 万吨～10 万吨级码头泊位建成 6 个,累计完成投资 26 亿元;临海港城框架全面拉开,总投资 35 亿元的 60 个港城项目累计完成投资 12 亿元,“三纵五横”路网基本形成,灵龙湖生态公园、海滨浴场等重点项目进入扫尾阶段。项目攻坚力度持续加大。扎实推进“项目攻坚年”活动,组建县招商局和 11 个产业招商局、73 个专职招商小分队,成立 8 个滨海驻外商会、9 个招商办事处联络处,强化产业招商,项目的体量、质量、数量同步提升,新开工舒马克、中农批等亿元以上重大项目 60 个,新竣工超威新能源等亿元以上项目 45 个。园区承载能力不断增强。沿海工业园投入 7 亿元,对安全环保设施进行绿色化、智能化改造。新医药产业园投入 3 亿元,推进道路管网等配套建设,完成高科技企业加速器主体工程。国家火炬高分子材料、新医药特色产业基地经科技部复审通过。国家级阀门检测中心启动建设,脉动科技研发中心投入使用,南山智汇园获批国家级“众创空间”。电商产业园获省电子商务示范园称号,特色中国滨海馆电子商务平台正式上线。全民创业园新建标准厂房 31.5 万平方米、新增入园企业 60 家。城镇发展格局日益优化。加快构建“一主、一副、一辅、十镇、多节点”的城镇发展布局体系。县城 81 个重点项目累计完成投入 80 亿元,完成房屋征收 10 万平方米;城镇面貌加快出新,八滩镇列入国家特色镇试点,兴曹新城加快建设,完成 1197 户康居工程危房改造任务。交通基础设施更加完善。组织交通基础设施建设大会战,完成投资 18.5 亿元,加快构建“六纵六横”骨干路网,实施海港大道、省道 348、火车站枢纽等 10 个重点工程,改造农村公路270千米、危桥59座。

发展成果 倾力兴办民生实事,人民群众获得感不断增强。推进精准扶贫、精准脱贫,实施产业到户项目1.2万个,载体带动项目29个,片区开发项目46个,化解村级债务6000万元,扶贫开发工作获国务院表彰。扎实推进全民创业,新发展私营企业2400家、个体工商户1.2万户。绿色生态环境不断优化。开展县城环境"三补三治"行动,六大类73项整治任务全面完成,省级文明城市创建年度测评顺利通过。组织农村环境综合整治,"七整治三提升"工作有力有效推进,镇区9个污水处理厂和主干管网建设任务基本完成。不合格屠宰场全部关停。开展"绿色滨海"行动,全县林木覆盖率31%,列全市第一。创成省级生态县。公共服务资源更加均衡。财政用于民生方面的支出52.6亿元,支出占比达75.2%。教育现代化步伐不断加快,投入16亿元实施新建、修缮校舍项目50个,"两校一园"等7个项目全部竣工;建设"健康滨海",实施"四个一"工程,免费健康体检近40万人。"文化预约"入选全省宣传思想文化工作创新案例。城乡供水一体化扎实推进,通水率达91%。社会保障能力稳步增强。城乡居民养老保险参保人数持续增加,保障标准进一步提高。农业人口参合率继续保持100%,政策范围内住院补偿比和住院费用实际补偿比位居全市前列。加快托底救助体系建设,成立县社会救助中心,受益范围不断扩大。社会治理体系更加完善。推进社会治理工作体系化、社会化、法治化。强化民风建设,设立"厚德滨海"榜,获评"中国好人"2人,全县注册志愿者达12.5万人;推进技防"村村通"工程,持续开展打击犯罪专项行动,治安局势持续稳定;建立行政裁量权基准制度,制定冤假错案防范纠正机制,法治环境不断优化;重抓矛盾排查化解,扎实整改安全隐患,矛盾化解率、隐患整改率分别达83%、98.6%,实现"四个确保",社会大局保持和谐稳定。

发展活力 抓紧抓实重点领域和关键环节改革。投融资体制改革取得突破。按照实体化、市场化运作要求,组建5家投融资平台,启动债券发行工作;抢抓国家政策机遇,推进公益项目PPP融资,已上报总投资80亿元的项目28个。行政管理体制更加顺畅。全面推进"三集中、三到位",进一步精简行政审批事项,精简率达33.9%,实质性推进并联审批、"多图联审",行政审批效率持续提高;创新行政管理体制,滨海港经济区、滨海港开发区实现"港区合一";扎实推进商事制度改革,启动市场主体简易注销登记国家级试点工作。农村经济活力日益增强。完成农村土地承包经营权确权登记年度任务。建成运营县集体产权交易中心。新增土地适度规模经营面积6666.67公顷,组建家庭农场172家、农民专业合作社32家。

党的建设 开展"两学一做"学习教育活动,县委常委带头参加支部活动、开展学习讨论、讲好专题党课,推动党员干部落实"三基本",实现"三回归"。组织"治痼疾、强党性、树新风"等专项行动,从小事细节入手,步步深入从严开展作风建设,制定"九提倡九反对九严禁"文件,出台村(居)干部"十个严禁"规定,组织"爱滨海、话发展、献诤言"活动,严肃党规党纪、凝聚思想共识。干部队伍建设不断强化。举办基层干部轮训班、各类专题培训班,参训3000多人次,获评省党员冬训工作先进县。全面推行"四审四议三公开"工作法,严格执行"三制五评"综合分析研判机制。完成县镇两级党委和村"两委"换届任务,树立为发展配干部、凭实绩用干部的鲜明导向。基层组织建设持续加强,制定出台加强农村基层党建"1+3"制度文件,建立健全基层干部报酬待遇、政治激励、关心关爱三项机制,基层基础更加坚实。惩防体系建设加快完善。认真履行"两个责任",严格执行履行主体责任双报告、党组织主要负责人述责述廉、"一案双查"等制度;全面推行廉政风险防控、巡察监督、谈话函询等一系列制度;坚持从严执纪,深入开展"正风肃纪村居行",始终保持有腐必反、有贪必肃,无禁区、全覆盖、零容忍的高压态势。党建工作的深入开展,有效提振广大党员干部埋头实干、开拓进取、克难奋进的拼搏精神,"坚定信仰、崇尚实干、情系民生、敬畏规矩"的要求正成为自觉行动。

第一节 重要会议

一、中国共产党滨海县第十二次代表大会

7月19日,县第十二次党代会召开。会议的主要任务是:深入学习习近平总书记系列重要讲话,特别是视察江苏重要讲话精神,全面贯彻中央和省市委决策部署,回顾总结县第十一次党代会以来的工作,审议确定今后五年的奋斗目标与战略重点,选举产生中共滨海县第十二届委员会和纪律检查委员会,动员全县各级党组织、广大党员干部和人民群众,进一步解放思想、开拓创新、苦干实干,为全面建成高水平小康社会而努力奋斗。会上,县委书记钱武华代表中共滨海县第十一届委员会向大会作《沿海争先跨越,淮河争当门户,全市争创一流,为全面建成高水平小康社会而努力奋斗》的报告。钱武华在报告中着重讲四个方面的意见:立足新起点,准确把握全县发展的基本方位;开启新征程,精心描绘高水平全面小康宏伟蓝图;引领新常态,全面落实跨越发展的战略举措;树立新状态,扎实推进全面从严治党。对滨海"十三五"发展,大会确立沿海争先跨越、淮河争当门户、全市争创一流的"三争目标",提出项目为上、转型为要、改革为先、民生为本、统筹为重、环境为基的"六为要求",部署项目载体攻坚、沿海开发提速、工业发展转型、城市品质提升、城乡一体统筹、民生幸福升级、社会治理创新、生态文明建设"八大行动"。

二、县委第十二届第二次全会

12月30日,县委召开第十二届二次全会。会议的主要任务是:以习近平总书记系列重要讲话精神为指引,认真贯彻落实党的十八届六中全会、省市党代会、全会和经济工作会议精神,回顾总结2016年以来的工作,研究部署2017年经济社会发展的各项任务,深入推进全面从严治党,动员

全县干群创新创优勇争先、苦干实干促发展，奋力开创全面建设小康社会新局面。会上，县委书记钱武华代表县委常委会向大会作《创新创优勇争先，苦干实干促发展，奋力开创全面建设小康社会新局面》的报告。钱武华在报告中从六个方面回顾总结县委常委会一年来的工作：发展布局在深入谋划中进一步优化，发展质态在转型升级中进一步提升，发展空间在统筹协调中进一步拓展，发展成果在共建共享中进一步扩大，发展活力在深化改革中进一步激发，党的建设在全面从严中进一步加强。从八个方面对新一年的工作进行部署动员：更宽视野推进联动发展，加快描绘沿海开发新蓝图；更大力度推进转型升级，加快构建现代产业新体系；更重特色建设新型城镇，加快打造淮河门户新坐标；更高定位促进协调发展，加快开创"三农"并进新局面；更实举措推进普惠共享，加快创造全面小康新生活；更深层次推进改革创新，加快激发进位争先新活力；更新理念推进社会治理，加快构筑和谐稳定新格局；更严标准推进生态建设，加快厚植绿色发展新优势。围绕深入推进全面从严治党明确四个方面的要求：深入学习领会全会精神，认真贯彻落实中央和省市委的决策部署；加强和规范党内政治生活，严明政治纪律和政治规矩；强化党内监督约束，着力规范权力运行；履行治党管党责任，全面落实党的建设各项任务。

第二节　重要活动

"项目攻坚年"活动　7月8日，县委召开全县"项目攻坚年"活动暨工业经济工作会议，动员全县上下进一步增强推进项目攻坚的使命感责任感紧迫感，举全县之力、聚全民之智，以最大的决心全力打赢项目攻坚这场硬仗，构筑滨海转型发展、跨越发展的坚实基础。会上，县委书记钱武华着重强调三个方面：项目建设牵动发展全局，有项目就有希望，没有项目就没有一切；高标准定位、高目标追求，奋力攻坚克难，坚决实现项目大突破、产业快转型；项目检验干部，压力激发动力，坚决打赢项目攻坚战。

交通基础设施建设攻坚会战　7月9日，县委召开全县交通基础设施建设攻坚会战动员大会，动员全县上下攻坚克难、苦干实干，全力谋求交通基础设施建设大突破，促进全县经济社会大发展，助力民生大改善。会上，县委书记钱武华强调指出：认清形势，抢抓机遇，乘势而上，以只争朝夕的精神广泛凝聚交通基础设施建设攻坚会战的共识；坚定信心，攻坚克难，苦干实干，以舍我其谁的胆识迅速掀起交通基础设施建设攻坚会战的热潮；上下一心，勇于担当，拼搏奋进，以众志成城的斗志坚决打赢交通基础设施建设攻坚会战。

"治痼疾、强党性、树新风"作风建设专项行动　7月29日，县委召开"治痼疾、强党性、树新风"作风建设专项行动动员大会，动员全县上下以"治痼疾、强党性、树新风"为主题，进一步转变作风、树好形象、强化执行、提升效能，以更加高昂的精神状态、更加扎实的工作作风，奋力投身到贯彻落实党代会确定的各项目标任务上来，为

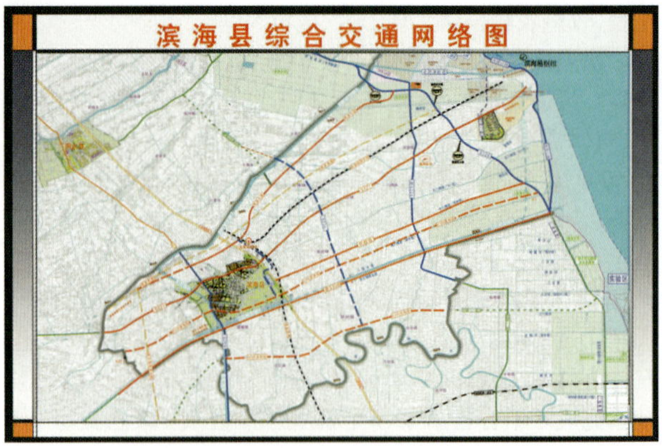

综合交通网络图。　　交通运输局　提供

建成全面小康社会提供坚强保障。会上，县委书记钱武华强调：坚持久久为功、严防松懈思想，以强烈的历史责任感、深沉的使命忧患感和顽强的意志品质，扎实推进作风建设活动；坚持学与做紧密结合、高线与底线辩证统一，以刮骨疗毒的决心革除积弊、以先锋模范的标准引领新风；扎实做好规定动作、务实开展自选动作，以严肃认真的态度确保作风建设专项行动各项任务落到实处；强化组织领导、严格督促检查，以动真碰硬的手段保障作风建设活动持续深入开展。

第三节　组织建设

2016年，滨海县有基层党组织2585个，其中机关事业单位党组织632个，农村党组织1293个，"两新"党组织466个；党(工)委52个，党总支360个，党支部2173个。全县组织工作紧扣全面从严治党主线，突出抓好"两学一做"学习教育、县镇领导班子集中换届，统筹推进干部队伍建设、基层党建工作、人才工作和组织部门自身建设，各项工作取得良好成效，为保障服务全县发展大局做出应有贡献。

一、"两学一做"学习教育

2016年，把"两学一做"学习教育作为龙头任务，坚持抓在日常、严在经常，推动全县党员干部思想作风建设进一步好转。县委主要领导亲自谋划特色活动、组织学习研讨等工作，县委常委会学在先、做在前，严格执行县委常委会学习教育工作方案，组织专题学习讨论4次，为基层党员放好样子。县学习教育协调小组充分发挥作用，3个督导组常态化开展严督实导，确保全县学习教育不虚不偏不走过场。编印县处级领导干部及全县面上2个层面《学习资料汇编》，制定机关、农村和社区、窗口服务单位、非公有制企业和社会组织、学校、流动党员6个分类指导方案，分类开展"三带三帮""三走进三服务"等六大实践行动，引导各层各类党员立足岗位、履职尽责。

落实"三基本"实现"三回归"　县领导带头，700多名科级干部参与，坚持每月统一活动日到所在支部和基层联

系点参加组织生活，为基层党员干部讲党课 1300 多场次，推动全体党员思想回归本位、作风回归本分、形象回归本色的活动做法被《党的生活》等媒体报道。

“爱滨海、话发展、献诤言”活动 围绕“四查找四征集”，查找出各类问题 765 个，收集意见建议 863 条，收到征文 737 篇，形成 92 条问题清单和责任清单。组织全体党员和科级以上党员领导干部，分别围绕“五查摆五强化”和“八查摆八强化”，深刻查摆剖析，自觉检身正己。

二、组织集中换届工作

2016 年，把集中换届工作作为全年工作的重中之重，顺利完成换届任务。5 月，完成全县镇党委换届，11 个镇党委于 5 月 20 日前完成换届任务。7 月，召开中国共产党滨海县第十二次代表大会，选举产生 365 名县党代表，选举产生新一届县委委员、纪委委员。10 月，完成村（社区）党组织换届，296 个村（社区）党组织统一进行换届。

换届选举督查 全方位、多角度宣传“九严禁”等纪律要求，编发换届风气监督短信息 27 期 972 条次，组织科级以上领导干部和“两代表一委员”、换届工作人员签订书面承诺书 2600 多份，组织观看《镜鉴》专题片 25 场次，县委主要领导和纪委书记、组织部长共开展谈心谈话 385 人次，实现换届纪律知晓率和谈心谈话覆盖率两个 100%。建立换届风气监督联系点制度，县领导带头深入联系镇指导工作。成立换届风气巡回督查组，开展 2 轮集中督查，畅通“12380”电话、信访、网络和短信“四位一体”综合举报受理平台，实时监督和了解换届风气，始终保持高压态势，整个换届过程风清气正。

党代表选举把关 细化代表产生“四步流程”，严把推荐、考察、公示、审查“四道关口”，选举产生 1022 名镇党代表，365 名县党代表，46 名出席市党代会代表，实现代表结构的“三升一降”。

换届人事统筹安排 组织换届考察，切实加强综合分析研判，统筹谋划镇党委、人大、政府换届人事安排方案。新选拔 2 名镇党委书记、2 名镇长，人大主席全部实现专职配备，择优选拔 11 名村党支部书记、镇（区）事业编制人员和大学生村官进入镇领导班子，每个镇领导班子至少分别配备 1 名女干部、35 岁左右年轻干部和“三类人员”。选拔 6 名县直机关事业单位人员进入镇领导班子进行压担培养锻炼，优化班子结构、增强整体功能。完成县镇两级党代会选举任务，党委提名的候选人均满票或高票当选。

三、基层组织建设

组织制度建设 制定出台《关于全面从严加强农村基层党建工作的意见》等“1+3”制度文件，完善镇村党组织抓基层党建工作责任清单、问题清单、整改清单，推动农村基层党建制度化、规范化。成立县委“两新”工委和教育工委，建立党建工作责任清单制度，理顺相关领域党建工作领导机制。开展“两新”组织党组织集中组建活动，新建非公企业党组织 11 个，实现“两新”组织四个 100% 目标任务，党的组织覆盖和工作覆盖不断扩大。

村干部队伍建设 完成村（社区）党组织换届工作，选举产生 294 名村（社区）党组织书记、1153 名村两委委员，平均年龄分别较上届下降 2.8 岁、6.3 岁，大专以上学历比上年上届上升 31.2%、26.3%，班子结构得到进一步优化。举行村（社区）党组织书记集中培训和工作论坛，精准选派 60 名机关干部到经济薄弱村担任第一书记，组织开展优秀村书记评选，村干部管理不断规范。

党建工作投入 新增 2000 万元财政专项资金，提高村干部报酬待遇，在确保基本报酬达农村人均纯收入两倍的基础上，村书记人均新增考核报酬 1 万元。投入 1368 万元改造升级村级党群服务中心 28 个，拓展提升 296 个村级远程教育站点，七大类村级便民服务平台整合全面启动。以 20 万元为标准在 18 个城市社区设立为民服务专项资金，实施公益服务、帮扶慰问、党员教育等为民服务项目 117 个。

党员管理 全县现有党员 5.34 万人，其中，女党员 10328 人，占 19.33%；少数民族 35 人，占 0.07%；流动党员 5363 人，占 10.04%。在年龄结构上：30 岁及以下 5946 人，占比 11.13%；31～40 岁 8098 人，占比 15.16%；41～50 岁 8514 人，占比 15.94%；51～60 岁 9388 人（60 岁 1066 人），占比 17.57%；61～70 岁 11748 人，占比 21.99%；71 岁及以上 9731 人，占比 18.21%。在学历结构上：本科及以上 6683 人，占比 12.51%；大专 8356 人，占比 15.64%；高中或中专 20524 人，占比 38.42%；初中及以下 17862 人，占比 33.43%。在从业结构上：机关事业单位党员 9052 人，占比 16.94%；企业党员 9475 人，占比 17.74%；农牧渔民党员 23344 人（女性 3574 人），占比 43.7%；离退休党员 10937 人，占比 20.47%；其他党员（个体工商户从业人员、复员转业待安置人员、自由职业人员等）617 人，占比 1.15%。年内开展党员组织关系集中排查、党代会代表和党员违纪违法给予相应处理情况排查清理、基层党组织按期换届专项检查和党费收缴工作专项检查。年内，新发展党员 422 人。搭建智慧党建云平台，提高党员管理教育实效性，实现村（社区）网络党支部全覆盖，加强对流动党员的管理。基层党建重点工作落实情况受到省、市督查组肯定。

四、干部队伍建设

人事档案管理 完成 2355 卷干部人事档案专项审核工作，以“三龄两历一身份”为重点，共审核出生时间记载不一致的 710 人，参加工作时间认定有误或工作经历记载不一致的 175 人，入党时间认定有误或缺少党表的 63 人，并按相关要求进行规范和认定，补充收集各类材料 3863 份，涉及人数 1586 人。及时更新干部信息基础台账，建立 10 大类专业人员名册。完成部分公务员补充登记，对符合条件的 107 名镇区副科级以上领导干部进行集中登记。

干部审计监督 完善科级干部个人有关事项信息库，分四批对拟提拔重用 80 人的住房、婚姻、出入境记录等重要事项进行查核，将结果作为干部选拔任用重要依据。

完成年度“三责联审”和经济责任审计项目计划,对1人离任的领导干部进行“三责联审”,对4人领导干部进行任中经济责任审计。严格执行提醒、函询、戒勉制度,全年提醒1人。扎实推进社团企业兼职、因私出国(境)证件等问题长效治理,超职数配备干部年底前全部整改消化到位。

年轻干部培养锻炼 年内举办基层干部轮训班、各类专题培训班4期,参训1000多人次,组织参加上级调训123人次。先后选派10名优秀年轻干部赴深圳市南山区挂职学习,选派39名优秀年轻干部担任经济薄弱村(社区)第一书记,抽调30多名年轻干部到港城经济区、现代农业经济区、县招商局、县信访局、县优化办、县督查考核办、县美丽乡村建设办等部门跟班学习,选拔7名35岁左右年轻干部进入镇领导班子,新选配2名35岁左右年轻干部担任镇党政正职,“人才到基层锻炼、干部从一线选拔”的培养选拔链进一步完善。

第四节　宣传工作

一、政治教育

中心组学习研讨 组织开展对习近平总书记系列重要讲话和十八届五中、六中全会精神的学习宣传,深化党员干部的思想认识;结合县“两学一做”专题教育工作安排,先后召开县委中心组专题学习研讨会7次,并接受市组织的中心组巡听。落实意识形态工作责任制,把意识形态工作纳入班子述职考核的重要内容。

学习型党组织建设 组织开展以“看党史、学党章;看著作、学理论;看讲话、学精神;看案例、学先进”为主要内容的“四看四学”活动;年内评选表彰东坎镇、八滩镇、沿海工业园、县财政局、滨海地方税务局、县检察院、县供电公司、县水利局、县卫计委、滨海农商银行、县建设与规划局等领导班子为“优秀学习型领导班子”;评选表彰县机关事业单位社会保险管理处党支部、滨海农商行蔡桥党支部、东坎镇坎东社区党总支、五汛镇汛北村党总支、八滩镇粮东村党支部、蔡桥镇蔡桥社区党总支、正红镇新丰村党总支、天场镇海丰村党总支、滨淮镇公玉村党支部、滨海县第一初级中学党支部、滨海县港城初级中学党支部、滨海清泉化学股份有限公司党支部等为“学习型党组织”;创新农村党员冬训工作机制,“查问述评”冬训模式被评为市冬训工作创新案例,滨海县被表彰为省冬训工作先进县。

理论普及活动 开展“老领导回乡讲党课”、市县下访干部和第一书记驻村宣讲活动200多场次。成立县全民阅读工作理事会,组织开展以“悦读,让滨海更美丽”为主题的第六届大众读书节,通过中小学生古诗词朗诵会、青年演讲比赛等10余项读书活动,掀起全民阅读热潮,被表彰为市全民阅读工作先进县;举办建党95周年知识竞赛,在《滨海日报》开设理论专栏,开展“理论故事汇”有奖征文活动,以小故事阐释大道理,推动理论广泛普及。

二、新闻宣传

主题宣传 围绕党的十八届六中全会和省市县党代会精神等重大主题,先后在县内主要媒体策划开设“实施八大行动,推进跨越发展”“贯彻省、市、县党代会精神”“项目建设镇区行”“善行滨海”和“向工匠致敬”等专题专栏,组成较大声势的系列报道,为全县改革发展加油鼓劲;落实“三贴近”,深化“走转改”,规范宣传形式,改进报道方式,提升宣传报道的质量和品位;利用户外广告牌、电子显示屏等多种载体宣传好党代会精神,全面净化社会舆论环境,使县委、县政府的各项决策部署家喻户晓、深入人心。

对外宣传 有计划有步骤对外讲好“滨海故事”,传播“滨海声音”,加强与中央和省市主流媒体的沟通联络,定期邀请到滨海采风,全年在《新华日报》《盐阜大众报》等市以上主流媒体用稿110多篇。《江苏盐城:老人被压车底众人抬车救人》在央视新闻频道播出,《聚焦富民吹响扶贫聚集号》在12月7日《新华日报》头版刊出,《滨海县“好人接力”成风尚》《民风建设,输入滨海“文明密码”》《不让一村一户在致富路上掉队》《以科技创新助推经济腾飞》等稿件在《中国县域经济报》和《新华日报》刊用。

三、舆论引导

舆情监测 健全信息通报制度,建立多层次舆情工作通报机制,定期上报舆情。当突发舆情发生后能迅速应对,在第一时间进行处置,如成功处置昌兴壹城学区划分、高考减招等突发舆情。县新闻宣传部门、公安、民间网站三位一体、整体联动、通力协作,切实加强对互联网的监管。全年共监测网络舆情886条,处置658条,处置率74.3%。积极倡导健康向上的网络文化,联合公安部门,对危害国家安全、色情、暴力等网络不良信息严厉打击,全年打击网络违法犯罪总计3人次。建立舆情快报、通报及研究报告制度,周密监控、科学研判、快速反应,将网民对社会热点问题、重大的群体性事件、重大政府行为的反映收集,第一时间汇报给相关领导,第一时间作出反应,第一时间迅速处置,创新舆情研判机制,与县公安网监部门信息共享、密切配合、灵活应对、确保网络安全,在重大舆情处置上,扬长避短、快速反应,取得良好的效果。举办全县网络发言人队伍网络舆情处置培训和实战演练3次,全面提高网络舆情处置、引导水平和网络宣传力度。通过网络发言人制度的建设和运行,党委、政府及时倾听网上民声,镇区部门和单位解决网民困难,有效地推进网上监督,密切新时期党群关系,促进转型时期社会和谐,营造健康良好的网上舆论氛围。

专题活动 4月中旬,县内商业网站论坛和摄影、作家等文化协会,围绕“传播滨海美丽风貌,弘扬网络正面能量”主题,启动“翰墨绘梦滨海行”网络文化系列活动。活动共历时3个月,网友踏寻县域范围内的14个镇区,活动参与人数近百人,通过摄影、绘画、诗歌等形式创作数量可观的优秀网络文化产品,全面展示滨海县的乡村民居、风土人情、自然景观、生态工业、生态航道、现代农业、休闲旅游等新风貌、新景观、新变化，受众累计达30万人。该活动被省“网信江苏”公众号刊登推广。举行主题鲜明的首届千人风筝节、第四届全县中小学生网络征文大赛等网络主题活动。

合作交流 2016年，县委宣传部组织网友、版主、站长等学习习总书记系列重要讲话精神，并组织部分网友走进公安局、卫计委、城管局等镇区和部门，交流情况、提出建议、增强共识、促进和谐。10月份，宣传部门、县网监大队、经信委、市场监督管理局等互联网管理职能部门组成网络空间专项整治工作组，对论坛网站不规范的经营行为和管理制度，现场提出整改意见，限定整改日期；对论坛网站从业人员进行法律法规政策宣传，强化行业自律；对论坛网站正面宣传，给予指导帮助，策划选题方案，促进网络空间健康清朗。

相关链接·
“翰墨绘梦滨海行”网络文化系列活动

2016年，县网信办牵头滨海县互联网行业协会、县摄影俱乐部、县作家协会、县书画家协会、县诗词楹联协会等社会团体，成立“翰墨绘梦滨海行”采风小组，以古黄河文化带和宋公堤历史遗址为经纬线，覆盖14个镇区，深入乡野民居、农家田园、历史古迹等基层一线，挖掘风土人情、自然景观以及经济发展的新面貌、新变化、新成果。聚合摄影、书画等资源要素，采用上下结合、内外联动的方式推动活动开展。利用民间文艺爱好者、文化志愿者了解地籍风貌的优势，鼓励他们提供一手资料和更多线索，使采风更加丰富多彩。创作《梦圆大港》《行吟滨海（组诗）》《情侣树、将军树》等一批优秀的摄影、书画、诗联、散文作品。利用新兴媒体便捷、高效、立体的优势，按照实地取景—网络投票—举办展览的模式，将线上投票比赛与线下展览紧密结合。依托黄海在线、滨海论坛等网络、微信平台，开展美图美文大赛，接受观众点评、投票，多角度探访历史发展的轨迹，全方位展示经济发展的成果，多视角描绘大港梦想的愿景，县网信办发挥优秀网络文化作品在引领网络风尚、打造清朗网络空间、助力滨海发展上的示范带动作用。

4月22日，翰墨绘梦滨海行合影。　宣传部　提供

第五节　精神文明

一、文明城市创建

2016年，完善文明城市创建联动体系和考核机制，成立领导班子、明确责任分工、细化分解任务，推进各类专项整治。实施县城主干道路升级改造工程，阜东路等主干道进行路面“白改黑”升级；生活垃圾卫生填埋场一期工程使用良好，县城生活垃圾无害化处理率达100%；县城区敞开式垃圾池全部改为封闭式垃圾房，城区旱厕进行“旱改水”升级改造；大力实施街道不积水工程和照明全覆盖工程，硬化背街小巷和城中村路面，路灯亮化率达95%以上。2016年，滨海文明城市省级测评结果位列全省第28名，比2015年提升3个位次。参加省级系列文明创建，29个单位、镇村、社区和学校被评为省级文明单位、文明镇村、文明社区；深化文明镇村、“六好”文明户创建活动，以农村环境综合整治为抓手，以建设“民富、村强、乡美”的新农村为目标，推进乡风文明建设。

相关链接·
滨海精神·市民守则·市民公约

新时期滨海精神 善于科学发展，勇于进位争先，敢于洼地崛起，乐于无私奉献。

滨海市民守则 热爱祖国，建设滨海；爱岗敬业，诚实守信；遵纪守法，见义勇为；举止文明，爱护公物；敬老爱老，邻里团结；尊师重教，拥军优属；移风易俗，计划生育；讲究卫生，绿化环境。

滨海市民公约 不随地吐痰，不乱设摊点；不乱扔垃圾，不破坏绿化；不乱停乱放，不说脏话粗话；不乱贴乱画，不损坏公物；不乱搭乱建，不在禁烟场所吸烟。

二、公民思想道德建设

2016年，全面实施公民文明素养和道德素质“双素”提升行动，组织“感动滨海·系列最美”评选，强化“四德”教育，全年共评选产生“美丽滨海人”20人：梁加琪、于生、庚春、高开余、杜甫秀、孙志秀、沈国法、周建军、沈子林、刘必荣、孙永兰、徐华益、张世杰、王磊、张立胜、胡红、吴泳伸、张秀云、金仁亮、施见林；推荐产生“盐城好人”4人：陶福岗、孙志秀、梁加琪、徐晶晶；推荐产生“江苏好人”1人：孙志秀；推荐产生“中国好人”2人：韩正海、孙志秀；孙志秀成为中国文明网“好人365”封面人物，徐振理家庭被评为江苏省首届文明家庭。年度先进典型数量居全市前列。年内，加大典型宣传力度，建立“厚德滨海”榜定期发布制度，实现镇区、村居、学校和窗口单位全覆盖；以关心、礼遇、学习、争当“好人”和道德模范为主题，建立健全滨海县“好人”和道德模范推选、推荐、礼遇和宣传等激励机制，在全社会营造“存好心、做好事、当好人、有好报”的浓厚氛围。县委宣传部、县文明办在景湖路以图文并茂的版面设立“好人一条街”,展示“滨海好人”的旗帜形象,弘扬“滨海好人”的榜样精神,传播“滨海好人”的文明声音。“勇斗窃贼女保安”赵春风、“吻出生命的火花”何欣颖、“正义守护神”刘文胜、“一诺千金”周万平、“矢志公益”的韩正海、“勇救溺水幼童”的孙志秀等“好人群体”,形成独特的“好人文化”,成为滨海一道绚丽的风景、一张闪光的名片,为滨海创建文明城市谱写新的精彩篇章,为建设“强富美高”的新滨海注入强大的精神力量。每天行人驻足观看,“好人街”成为厚德滨海的文明精神之窗、传播爱心之墙。年内,全县评选出“美丽新滨海”10人:江苏建农植物保护有限公司秦东光、江苏吉华化工有限公司陈小勇、滨海随耕生态农业有限公司张建兵、江苏华财管道有限公司潘永铭、盐城九洲饲料发展有限公司谢金祥、滨海县文化馆朱旭、滨海县公安局杨玉明、滨海中学王环乐、江苏八巨药业有限公司刘玉坤、滨海县疾控中心徐辉。“美丽新滨海人”提名10人:江苏清泉化学股份有限公司李显明、盐城恒盛化工有限公司张小航、滨海温氏畜牧有限公司郁林华、盐城帝盛化工有限公司沈少华、盐城市华泰制桶有限公司鞠伟、江苏游恩实业有限公司陈其根、滨海县妇幼保健所杜嘉天、滨海港镇卫生院徐艳红、滨海县农经管理站张红、滨海县八滩第二初级中学郭萍。

三、志愿服务建设

2016年,组织“文明滨海·厚德迎春”“邻里守望,志愿服务进社区”“中秋欢乐颂·志愿我先行”等系列大型志愿服务集中行动,开展“岗位学雷锋标兵”“最美志愿者”评选活动。在全县14个镇区建立志愿服务组织,做到有机构、有人员、有制度、有活动、有阵地,实现志愿组织在机关、镇区、社区的全覆盖。按照省市部署,积极推广使用文明江苏志愿服务平台,充分发挥平台功能作用,加强全县志愿服务工作规范化管理,加强志愿服务组织和注册志愿者经验交流和风采展示,使之真正成为全县志愿服务工作的综合信息平台与服务管理平台。依托平台积极探索以服务时间和服务质量为主要指标的星级考评制度,落实志愿者礼遇制度,提升志愿者的价值认同感。截至12月31日,全县注册志愿者突破12.6万人,其中服务时长达到或超过24小时的志愿者2.6万人,志愿服务组织608个,累计开展各类志愿活动2200多场次,志愿者总数、服务活动数均列全市之首,全县志愿服务已初步呈现出制度化、规范化、常态化发展态势。

四、未成年人思想道德建设

2016年,继续深化“八礼四仪”教育实践活动,组织电信、移动部门群发短信30多万条,通过发放倡议书形式,让学生带动家长一起践行“八礼四仪”,并通过“小手拉大手,文明礼仪共遵守”活动的开展,发挥学校和家庭的联动作用,形成文明礼仪养成教育的强大动力。县各中小学校充分利用学校宣传阵地,广泛开展宣传,让“八礼四仪”牢牢根植于未成年人脑海中。组织县教育局、文广新局等部门联合开展“快乐童心心理志愿文化服务进村小”活动,对全县14个镇区近万名留守儿童提供亲情关爱、心理健康辅导、人身安全防范常识宣传、权益维护和生活困难帮助等服务。开展“我们身边的好少年”“校园文明礼仪形象大使”评选和“学党史、知党情、颂党恩、跟党走,童心共筑中国梦”主题教育活动,引导广大未成年人崇德向善、崇尚文明。

相关链接(一)·滨海县“好人接力”成风尚

一则喜讯传到滨海:9月份“中国好人榜”评选结果出炉,该县农妇孙志秀因勇救溺水幼童当选见义勇为类“中国好人”。此前,4月份“中国好人榜”上,坚持21年资助家乡敬老院和困难家庭的滨海县企业家韩正海,当选助人为乐类“中国好人”。

滨海县不断完善“滨海好人”的评赞机制,使评选制度化、常态化,并从就学资助、住房保障、养老医疗、就业服务等方面,帮助各级“好人”解除后顾之忧,让好人好报不再停留在嘴上。该县还在各镇区、社(居)设立“厚德滨海榜”,开展“道德讲堂”宣讲活动,通过新闻媒体等大力宣传好人好事,引导广大群众自觉学先进、主动当好人。

2016年,滨海县评选产生15名“滨海好人”。滨海县委书记钱武华说:“我们积极选树遵纪守法、见义勇为、友爱奉献等多方面典型,宣传学习‘中国好人’‘最美人物’‘滨海好人’等各类道德模范,就是为了倡导践行善举,引领良好民风。”

在文明新风的感召下,一个个普通滨海人,投身于一场没有终点的“好人接力赛”。8月中旬,“滨海老人被压车底、众路人抬车相救”的感人故事,被媒体广泛报道。8月30日晚,带妻子到苏州看病的滨海县界牌镇官庄村村民唐子伍,在河边听到呼救声,毫不犹豫跳下水,将76岁的郭奶奶救上来。 (胡亚萍　吕盐滨)

相关链接(二)·民风建设,输入滨海“文明密码”

2016年年初,滨海县开展“十佳环卫工人”“十佳白衣天使”“十佳师德模范”等先进典型的评选。他们将在年底的“滨海春晚”集中登场收获荣誉表彰,也将文明的光辉辐射全社会。

9月30日,勇救落水儿童的滨海花甲农妇孙志秀当选“中国好人”。此前,该县已有5人当选“中国好人”、6人当选“江苏好人”,众多民间好人、草根英雄的动人故事传遍乡镇村居。在滨海这块土地上,藏着怎样的“文明密码”?

滨海县委书记钱武华告诉记者:“县里把民风建设融入‘十三五’社会治理创新等八大行动之中,今年以来全面实施文明新风普及计划,通过将社会主义核心价值观和优秀传统文化相结合的民风建设,塑造遵纪守法、明礼诚信、奋进求变、淳朴向善、理性包容的文明环境。”

民风建设,如何扎实推进、取得成效?滨海让优秀的身边人、动人的身边事引领文明风尚。除结合传统节日集中推出行业先进,该县还有多种接地气的文明评比活动,比如综合遵纪守法、家庭美德、诚实守信、勤劳致富、优生优育、保护环境评选“六好文明户”,截至9月底,累计评选出3.85万个;“好媳妇、好婆婆、好妯娌、好邻居”的评选,先他荐自荐、再群众评议,让敬老爱幼、孝老爱亲、勤俭持家、邻里互助的传统美德深入人心。

“全国模范教师”邵海霞、“全国模范检察官”刘文胜、坚持32年为42位烈士寻亲的徐振理、1人撑起5个破碎家庭的农民杜甫秀、捐献造血干细胞的“90后”滨海教师陆婷婷、合力抬车救老汉的20多位市民……他们,就是滨海人最美的乡邻、最好的榜样。

该县多平台联动、多媒体融合、全县域覆盖,介绍先进典型、传播文明新风。县主要媒体开辟“最美滨海人”专栏,每周拿出重要版面宣传先进典型。微信、微博、移动客户端等新兴传播平台上,通过歌曲、摄影、微电影等反映身边好人好事的“我的善行日志”网络剧有奖征集,关注度高、互动性强。县淮剧团与阳光艺术团等民间文艺团体联合创作以凡人善举、文明新风等为主题的文艺作品巡回演出,年内将实现296个行政村“村村到”。

民风建设,规章制度提供保障。“最美滨海人”评选系列化、制度化,细到线索征集、月报、考核和畅通报送渠道等各环节。以村规民约、市民公约、行业规范等为主要内容的《滨海县文明市(村)民手册》,7月编印完成。6月出台的《滨海县关爱道德典型实施办法》,建起关爱、帮扶和礼遇道德典型机制。

道德评议,是该县民风建设中一项创新。村居组织声望较高的老党员、老干部、老教师以及德高望重的乡贤成立道德评议会,适时对不守规、不懂礼等不文明现象现场评议。评议过程,也就是广泛宣传党的政策法规、村规民约,结合村内重大决策或社会热点讲道德、辨是非、倡文明的过程。 (胡亚萍　孙德松)

第六节　统战工作

2016年,全县统战工作坚持改革创新、服务大局,团结带领党外各界人士积极参政议政,先后提名推荐党外市级人大代表13人、县级人大代表109人,市级政协委员14人、县级政协委员180人。着力抓好党外人士培训、民族宗教事务、驻外商会建设等工作,在服务全县经济社会发展中取得较好成效,呈现和谐共进的良好局面。

一、非公有制经济人士统战工作

做好非公经济人士的联系沟通服务工作,经常登门拜访并保持通信或电话联系,定期向他们通报全县经济社会发展情况,激发他们回乡投资激情,有多名在外创业成功人士回乡投资兴业。加强驻外商会建设,成立北京、上海、盐城3家驻外商会,“五好”工商联创建顺利通过验收,县工商联换届圆满完成。引导非公经济人士参政议政,结合开展“两学一做”专题教育实践活动,多次组织召开非公代表人士座谈会,广泛听取他们为全县经济社会发展提出的好思路、好建议,先后向有关部门提交意见建议100余条。引导非公经济人士投身新农村建设和光彩事业,先后捐资1000多万元。

二、党外代表人士统战作用

搭建制度平台,经常同党外人士谈心交流,定期向党外人士通报全县经济社会发展情况,实现党外人士参政议政工作制度化、规范化、常态化。加强党外干部培养选拔力度,2016年底全县有党外科级干部队。做好党外人士政治安排工作,把优秀党外人士优先推荐为市、县人大代表、政协委员人选。县无党派知识分子联谊会开展“三下乡”活动3次,发放书包等学习用品200多份,农技资料1万余份,免费体检近千名群众。

三、民族宗教统战工作

采取结对帮扶,实施精准扶贫,通过建立山羊、水牛养殖扶贫基地,帮助100多户少数民族群众致富增收。向省、市争取专项民族帮扶资金60万元,实施道路维修、桥梁改建等民生工程。开展以《宗教事务条例》为主要内容的法律法规宣传学习教育活动,组织宗教人士赴南京、淮安等地接受爱国主义教育。开展慈善募捐活动,筹集善款60余万元,全部用于困难家庭救助。做好宗教活动场所的安全稳定工作,全年未发生一起安全事故,没有宗教人士违法上访。推进星级宗教场所创建,目前,星级宗教场所已达131家。

第七节　机关党建

2016年,县委县级机关工委下辖10个党总支,235个党支部,4469名党员。以落实全面从严治党为主线,深入开展“两学一做”学习教育和“机关党建规范年”活动,全面加强机关党的建设。省级机关工委及相关单位领导先后三次到滨海调研机关党建工作,对滨海的做法给予肯定。

“两学一做”学习教育　结合“两学一做”,开展落实“三基本”,实现“三回归”活动,县领导带头、700多名科级党员领导干部积极参与,每月统一活动日上午到所在支部、下午到基层联系点参加组织生活,指导支部开展活动,为基层党员讲党课1300多场。通过举行“两学一做”知识竞赛、向党员转发县委推荐的书籍,引导党员搞好自学。

“三走进三服务”　开展“三走进三服务”行动,组织机关、企事业单位3000余名在职党员到农村、社区报到,开展志愿服务活动17000余人次,兴办实事160余件。阜宁、射阳两县突发特大龙卷风冰雹严重灾害后,组织机关党员干部开展“为灾区献爱心”捐款活动,累计捐款220万元。开展“爱滨海、话发展、献诤言”活动,组织机关党员献计献策,共收到征文72篇、各类意见建议713条。

党群“牵手致富”　组织县级机关党组织与行政村、机关干部与低收入农户结对,围绕项目、技术、资金、生活等方面,开展“一村一策”“一户一策”精准帮扶,投入资金1000多万元,实施产业到户项目1万个,帮助解决生产、生活难题8000余件。

“三会一课”记录簿调阅 年初制定全年调阅计划,印发到机关各支部,月初下发通知,调阅“三会一课”记录簿。机关工委建立调阅台账,每次调阅情况都进行详细登记,对存在的问题以及整改意见,及时向单位主要负责人书面反馈,并对调阅结果及时进行通报。

巡回调研 每月选取七八个机关基层党组织开展巡回调研,通过听汇报、看台账、召开座谈会,全方位了解机关党建工作开展情况,对发现的问题当场提出整改意见,同时建立台账,详细记载整改落实情况,及时反馈,定期通报。

党费收缴管理 印发加强党费收缴和管理的通知。机关工委和各党支部统一建立党费收缴台账,各党支部向机关工委解缴党费时,都要附上党员交纳党费清单。机关工委定期向机关单位主要负责人反馈党费缴纳情况。省委组织部“千组万支”督导组对滨海的做法给予肯定。

第八节 对台工作

组团赴台开展经贸考察暨招商活动 4月17~23日,副县长王成松率团赴台开展农渔业专题招商活动,邀请5家企业参加市组织的经贸活动。拜访台湾渔业协会、新竹农会、台肥苗栗有机肥厂、高雄养老服务中心、口福国际渔产品等企业。7月12~16日,县商务局、县工业园等单位7人赴台招商,拜访龙杏制药、玉兔医药生物科技、口福国际渔产品等一批岛内知名企业,跟踪洽谈6个在滨海投资项目,在嘉义中华两岸企业发展协进会年会上推介滨海。在嘉义市正式挂牌成立江苏滨海台湾经贸联络处、江苏滨海经济开发区台湾经贸办事处。11月16~21日,县工业园组团赴台招商,先后拜访悠克国际事业集团、瑞士ESPACY化妆品公司。在嘉义举办’2016江苏滨海经济开发区(台湾)金秋专场招商会,邀请近百名台商参会,签约2个项目:总投资500万美元的物联科技项目、总投资500万美元的生物酵素项目,扩大滨海经济开发区在台影响力和知名度。

县政府组团参加深圳南山区台谊会春茗会 3月23~25日,副县长李军带领滨海经济开发区、县台办等单位负责人参加深圳台商协会南山联谊会2016年春茗会。李军向参会台商介绍滨海县基本情况、发展优势,以及南山区与滨海县合作共建的南山产业园、南山智汇园建设等情况。在深圳期间,代表团拜会南山区政府相关领导、南山区台办等单位,参观环胜电子等台资企业。

台湾高美医护管理专科学校董事长钟绍和等到滨海参观访问 3月4~6日,台湾高美医护管理专科学校董事长钟绍和,台湾海运承揽工会理事长、海霆国际物流集团董事长戴治中一行到滨海参访,县委副书记刘永轩、副县长高明荣陪同。在滨海期间,钟绍和、戴治中一行参观县城市建设和城市规划展览馆,参观访问华澳机械、万恒铸业等企业,对滨海港开发建设现场进行实地考察,并就滨海港运营管理、港航合作等相关事宜进行深入洽谈。

台湾迪园农业科技公司董事长林渊熙等到滨海考察 7月28日,台湾迪园农业科技有限公司董事长林渊熙一行到滨海参访,就盐碱地投资造林等事宜进行实地考察,台湾芝柏集团顾问、农业博士林克谟,台湾迪园农业科技公司执行长傅昶维等技术专家随行,县委副书记张孝荣、市台办副主任黄益成陪同。在滨海期间,林渊熙一行参观访问台企富川生物科技等项目现场,听取滨海县林业生产等相关情况介绍,并就盐碱地投资造林、与富川生物科技合作发展循环经济等事宜进行洽谈交流。

台湾嘉义中华两岸企业发展协进会代表团到滨海县投资考察 1月26日和3月17日,台湾嘉义中华两岸企业发展协进会理事长黄国荃带领嘉义中华两岸企业发展协进会代表团两次赴滨海县投资考察,副县长高明荣等县领导陪同。黄国荃一行参观滨海港10万吨级通用码头、国电投协鑫火电等项目建设现场。两次考察期间,与滨海经济开发区成功签约化妆品生产项目和口福国际渔产品、魔力食品、综合酵素、马蹄蛤美信水产4个保健食品项目。

深圳市南山区台商协会到滨海县考察 3月7~9日,深圳市南山区委统战部副部长、南山区台办主任、侨办主任陈小桐,深圳台商协会副会长、南山区台商协会会长陈辉鸿等一行到滨海县考察,县长钱武华,县委常委、组织部长长徐亚,副县长李军等县领导陪同。代表团一行先后参观滨海与南山合作共建的南山产业园、南山智汇园,参观访问科利新材料、万恒铸业、滨海港十万吨级通用码头、国电投协鑫火电等企业和项目建设现场,对富川生物科技、盛海农业科技等高效现代农业项目进行实地考察,并听取相关情况介绍。

台资“蕈旺”高端食用菌生产项目在滨海县成功签约 8月29日,台企富川生物科技(江苏)有限公司和香港新旺投资(中国)有限公司共同投资兴建的“蕈旺”高端食用菌生产项目在滨海县成功签约,县委副书记张孝荣出席签约仪式并致辞。“蕈旺”高端食用菌生产项目总投资2000万美元,占地总面积11.4公顷。重点建设具有较高科技含量和独立知识产权的高端菌种研发中心、观赏菌生产中心、菌类产品展示推广中心、食用菌生产技术培训中心、冷链物流中心,以及食用菌精加工中心等项目。

第九节 老干部工作

2016年,全县有离休干部235人,其中机关单位有84人,事业单位有77人,企业单位有74人;享受副地市级交通医疗待遇有5人,县(处)级待遇有81人,乡(科)级待遇有149人;1937年7月7日~1942年12月底参加工作的6人,1943年1月1日~1945年9月2日参加革命工作的63人,1945年9月3日~1949年9月底参加革命工作的166人。

一、服务与管理

学习教育活动 “两学一做”制定下发《在全县离退休干部党员中开展“学党章党规、学系列讲话，做合格党员”学习教育实施方案》，引导广大老干部进一步增强政治意识、使命意识、责任意识、担当意识，为党的事业、为建设家乡不断发出正能量。审计局、教育局、卫生局、水利局等4家单位组织离退休党员到天场红色文化纪念馆、革命烈士陵园等教育基地进行“两学一做”观摩学习。全县42个老干部党支部，组织2100名老干局党员参加学习活动。

9月，县老干局组织老干部代表参观天场红色纪念馆，在雪耻碑前合影留念。 闵 君 摄

支部组织建设 2016年，县委老干部把党建工作作为全年的重点工作来抓，做到经常抓、抓经常。抓好全县老干部党支部建设的考核指导。会同县委组织部制订印发《关于加强全县老干部党支部建设的意见》《全县“五好”老干部党支部创评标准》等文件，做到年初有部署、半年有检查、年终有考核，促进全县老干部党建工作整体水平不断提升。成立离退休干部党工委。为做好老干部党建工作，老干局多次向县委主要领导汇报，与县委组织部、编办等部门会办，6月份在全市率先成立滨海县离退休干部党工委，由县委老干局局长兼任党工委书记。开展离退休干部党建试点社区工作。在东坎镇新建社区建立县老干部工作党建试点社区，单位主要负责人与东坎镇、新建社区多次就新建社区试点工作开会探讨。7月底，县委老干局及时划拨适量经费，用于社区老干部党员活动室的改造、升级，新建社区离退休干部党支部已正式成立，日均参加活动老党员有30余名。创新离退休干部党建管理模式，在老干部活动中心成立县老干部活动中心临时党支部。有163名老干部党员在活动中心临时党支部登记。利用党员活动日，组织老干部党员认真收听收看大党课，开展重温入党誓词，抄写党章等活动。及时向党员通报全县重要会议精神，引导老同志的思想与县委、县政府保持高度一致。

“银发人才”专项扶贫 10月16日下午，省委老干局、省扶贫办、省老科协启动江苏“银发人才”扶贫行动，组织29名老专家赴滨海开展送医送技活动。省老专家先后深入到东坎镇吕滩村、现代农业产业园区夹堆村、套稍村开展送医送技等服务基层群众活动，累计义诊群众1087人次，深入滨海农业龙头企业15家，与30多名医疗工作者、养殖大户签订帮扶意愿书，整个活动组织得力、安排有序，省、市局领导和专家、群众也非常满意，达到预期效果。

文体活动开展 全县有老干部门球、太极拳、交谊舞、书画、楹联、气功等各类协会21个，参加的老干部有2000多人。县老干部活动中心基本上做到周周有活动、月月有比赛。2016年，举办老干部书画展、征文比赛、门球比赛、文艺演出等各类庆祝活动36次，近1500名老干部参加活动。

老年大学教学质量工作 老年大学有学员280人，开设中医保健、诗词楹联、舞蹈、绘画等13个专业，累计培训学员3000多人，广大学员在各类报刊上发表的文章、诗词、绘画等作品1000多篇，有200多人次在市以上的各类比赛中获奖。

二、政治、生活待遇落实

“五必访”走访慰问 坚持做到老干部生病住院必访，老干部家庭矛盾必访，老干部生活困难必访，老干部有较大思想情绪或无故不参加组织生活必访，每逢中秋、春节等重大节日必访。2016年，通过“五必访”，看望生病住院老干部及遗孀100多人次，帮助协调解决老干部家庭矛盾60多起，吊唁去世老干部30多人，为老干部生日祝寿12次，帮助老干部解决实际困难50多件。

老干部座谈会 围绕老干部关心的护理费、医疗服务和生活待遇方面的问题召开11次老干部座谈会，参加的老干部达700多人次。通过召开座谈会，及时了解老干部的所需所盼，帮助老干部了解政策、化解矛盾、释疑解惑，解决实际困难。

离休干部医疗服务 从方便离休干部就诊就医方面出发，就医疗定点、门诊费用等问题多次和县离休干部医疗服务办公室及相关医院协调，解决老干部就医不便的实际困难。全县各定点医院都建立离休干部看病就医绿色通道。设立离休干部专门售药窗口、门诊科室和老干部病房，配备最好医生，门诊就医购药不需挂号，对看病不便的老干部，采取上门诊治及送药的办法，为离休干部就诊就医提供便捷、优质的服务。

离休干部相关政策待遇落实 根据市局文件精神，及时全县离休干部护理费标准；专项督查破产企业离休干部的生活待遇工作，保证各单位发放的资金及时足额发放；妥善做好离休干部医药费报销协调解决工作，保证离休干部满意。

三、正能量发挥

2016年，根据市局活动安排，举办滨海县“夕阳生金辉、增添正能量”活动，通过“忆往昔、看今朝、谈发展”主题征文、“正能量之星”评比两项活动，激发老同志发挥正能量积极性。召开老干部党支部书记会议，印发活动要求，积极引导，组织全县老干部党支部参与到活动当中。全县累计投稿35篇，推出26名“正能量之星”候选人。邮政局退休干部樊建民的作品《集邮让我忙碌着快乐着》获得征文比赛一等奖，刊登在《东方生活报》以及市、县老干部局网站上。通过微信票选，交通局退休干部黄明连作为全县推选出来的“健康之星”，其先进事迹在《盐城电视台一套节目》巡回播放，组织全县离退休干部收看。同时，组织老干部开展“牵手”大学生村官、“立家规、正家风”等活动。至2016年底，全县有100多名老干部在各级关工委等涉老单位工作，有80多名老干部担任有关部门行风监督员，不少老干部自发担任招商引资信息员、社区青少年辅导员，全年有60多人次老干部为青少年作革命传统主义和爱国主义教育讲座。

退休干部黄明连(中)被市委组织部、市老干局表彰为市“正能量之星”。　　老干局　提供

第十节　信访工作

2016年，县信访工作围绕“四个确保”工作目标，全县信访总量稳中有降，信访形势持续平稳向好，完成全国、省、市两会、G20峰会、六中全会、省市党代会等重大活动时期信访稳定工作任务。县信访工作在盐城市信访绩效考核中连续多年名列前三，全县信访工作在2013～2015年连续三年获评评“省信访工作先进县”，2016年滨海县信访局获评五年一度评选的省信访系统“先进集体”。

责任落实　进一步强化领导干部接访下访、包案等工作制度，落实信访工作领导责任、主体责任、直接责任，优化党政领导接待日工作方案，坚持有人接待不空档，件件交代不含糊，滚动督查促化解。全年领导接待群众来访349批次，交办265批次。

渠道畅通　通过综合运用信、访、网、电、视频等信息化工具，发挥窗口的主体作用，做到事事有交代，件件有回应。全年到县信访总量下降8.9%，到市信访下降58.8%，到省信访下降66.7%；办理来信613件，领导信箱160件，网上投诉116件，复查复核26件。

民生服务　扎实化解元旦、春节、中秋期间以拖欠工资、工程款为重点的信访问题以及施教区引发的矛盾。通过扎实细致的工作化解集访，为社会大局的和谐稳定作出积极努力。

联合接待　以推动问题解决为工作的落脚点，发挥联席办的牵头作用，组织开展“信访积案攻坚化解专项行动”，对跨镇区、部门的以及越级访的，全部实行联合接待，件件会办。有效扼制重复访、违法访。

活动开展　开展4月、8月金桥行动。各级领导率先垂范，深入基层，带头接访下访。两次活动共有1079名科级以上领导干部开展下访，化解矛盾979件，两次县交办171件信访问题，化解率达93%，有力推动基层及时把问题处理在源头、化解在萌芽。

源头寻找　加强初信初访办理。落实接访首问首办责任制，及时答复信访群众，解决群众合理诉求，努力将矛盾化解于初始阶段，防止初信初访演变成信访积案。加强矛盾纠纷排查。建立横向到边、纵向到底的全方位排查体系和“组每天、村每周、镇(区)每半月、县每月”集中排查制度，及时掌握社会稳定动态，针对排查出的问题，坚决落实属地责任，采取有效措施化解，做到第一时间介入，真正做到预警在先、防范在早、不留死角。按照有访必接、接后必查、查后必办、办后必复、异议必应的“五必工作法”，依托“阳光信访”信息系统，不断提高信访工作规范化、信息化水平。

权益保障　权益卡制度执行有力，先后多次召开全县权益保障卡业务培训会议，把握“发卡、用卡、录卡、督卡”四个重点环节，及时对滨海县权益保障卡制度推进情况进行通报，有效地提升业务水平，持卡走访态势基本形成。同时，扎实做好依法分类处理信访投诉请求法定途径清单汇编及流程图制定、审核、公示、编印成册等工作，保障群众合理合法诉求依照法律规定和程序就能得到相应的处理，提高依法办事的整体水平。

第十一节　党校工作

2016年，贯彻落实中央《关于加强和改进新形势下党校工作的意见》，坚持党校姓党、党校教师姓党原则，围绕“教学立校、科研兴校、人才强校”的工作思路，凝心聚力，锐意进取，履行培训职能，发挥智库作用，搭建成长平台，利用媒体宣传，坚持从严治校，完成全年各项工作任务。

一、理论宣讲

2016年，以习近平总书记系列重要讲话精神为引领，选派5名骨干教师深入县直机关、镇区园区、企事业单位和村社区，用干部群众喜闻乐见的方式和通俗易懂的语言，面对面、心贴心地进行宣讲，重点宣讲十八届五中、六中全会精神以及省、市、县委全会精神，宣讲十三五规划，丰富宣传形式、扩大宣传覆盖范围，把党的理论、方针、政策深入贯彻到基层中去。全年共深入基层宣讲30场次以上，得到基层干群的一致好评。

二、干部培训

围绕县委中心工作，发挥党校干部教育培训“主渠道、主阵地”作用，坚持党校姓党，突出主业主课，确保党性教育课不低于总课时的20%。全年举办参公人员培训班、县直机关入党积极分子培训班、县招商引资人员培训班、县基层干部培训班等各类班次10期，累计参训人员3000多人次。促进干部队伍素质的提升，为创建“强富美高”新滨海提供坚强的人才保证和智力支持。

县直机关建党对象培训班现场。　县委党校　提供

三、学历教育

2016年，与中南大学、四川农业大学联合举办网络学历教育，对400名在籍学员加强常规管理，从入学、考试、论文指导、答辩等各个环节进行精细化管理服务，全年组织考试答辩20场。

四、科研工作

实施“科研兴校”工程，明确工作责任，修改完善《校级重点课题实施办法》等教科研制度，明确责任分工，实施目标管理，使得科研任务责任到人，加大经费投入，完善激励机制，切实增强教科研人员的积极性与主动性。全年围绕滨海“十三五”规划及经济社会发展、党性教育等课题深入调研、扎实科研，完成科研论文35篇，并在《滨海通讯》《滨海日报》以及省级以上刊物发表。

第十二节　保密工作

一、保密宣传

2016年，滨海县保密工作注重在宣传教育的内容、对象、形式上下功夫，通过编印分发《保密知识手册》，举办保密图片展览，加大《中华人民共和国保卫国空秘密法》的宣传普及力度，增强全社会做好新形势下保密工作的政治意识、大局意识和责任意识。在县委、县政府主办的《滨海通讯》期刊上4次选登保密基本知识、社会关注度高的保密热点文章，定期召开全县保密工作培训会议，常态化开展全县新进公务人员保密知识培训，使更多的机关干部了解保密知识，增强在日常工作中保密的自觉性。组织全县相关涉密人员参加全市涉密信息系统及涉密计算机“三员”培训，使更多的涉密岗位管理人员增强自身专业性，提升保密工作业务能力。

二、保密检查

监督检查覆盖面加大　联合外办、台办等部门对因公出国出境的党政干部和企业管理人员进行保密法规、制度考核检查，联合公安、工商、文化等部门对全县多家废旧物资收购站进行废旧文件的涉密检查，联合公安、教育部门对中高考试卷保密室进行全面和细致的检查，加强考务人员的保密教育，保证全县中高考顺利进行。

互联网保密检查　在市保密局的指导下，多次对全县机关、单位互联网门户网站组织开展拉网式保密检查，做到不漏单位，不省环节，不留死角，不走过场。日常工作中，对发现有可能造成泄密的情况，及时通知整改，全面提高机关、单位互联网门户网站等保密管理水平。完善涉密人员确定及管理工作，5月全面开展全县涉密岗位确定、登记，涉密人员审查、备案等工作，制定滨海县涉密人员管理工作办法，加快推进涉密人员管理的科学化、专业化、规范化。

三、保密制度

完善各项保密制度规定　2016年，逐步健全完善《县计算机通信系统安全运行管理规定》《县党政机关办公室计算机上网制度》《县机关单位门户网站信息公开保密审核制度》以及秘密文件、内部资料传阅登记的相关制度，为全县保密工作有序开展、规范化管理提供重要制度保障。

全覆盖突出责任制落实　年初，县保密委与各镇区、各单位班子成员签订《领导干部履行保密工作责任书》，年底对所有领导干部的责任书落实情况进行考核检查，并将考核结果列入领导干部的年终工作考评中，保密工作和业务工作同布置、同检查，制度化、常态化，有力促进保密工作顺利开展。

第06章 滨海县人民代表大会

综 述

2016年,县人大常委会组成人员32人。先后召开常委会会议6次、主任会议15次,听取和审议专项工作报告28项,通过人事任免52次,组织代表视察35次,督办代表议案和建议43件,满意率超过95%,为推动全县经济社会又好又快发展作出努力。

服务社会发展 紧紧围绕县委的工作中心、政府工作的重点、公正司法的焦点、群众关注的热点,继续加强对国民经济计划、财政预决算、重点产业、重点项目资金等重大事项的审议,突出对全口径预算决算进行审查和监督,依法作出相关决议、决定。配合市人大常委会办好关于推进清洁乡村行动的议案。回应社会关切,组织代表就“四清”工程、教育现代化、休闲旅游、医疗卫生、食品药品、安全生产、精准扶贫等工作进行调研视察,省市县联动,专题询问社会保障资金管理情况,推动民生实事工程的深入开展,努力让人民群众在共建共享中有更多的获得感。完善人事任免办法,落实任命人员向宪法宣誓制度,进一步规范和细化人事任免程序,规范做好人事任免工作。

履行法定职责 常委会听取和审议政府普法工作情况专项报告,突出抓好青少年普法教育工作。推动严格依法办事,以开展执法检查和听取专项工作报告为切入点,重点组织对《中华人民共和国环境保护法》《江苏省水资源管理条例》等法律法规执法检查,讨论“六五”普法情况和“七五”普法规划,监督人民法院审批权运行机制改革、人民检察院民事行政工作,促进“一府两院”依法行政、公正司法,为经济发展和社会进步提供法治保障。继续加强规范性文件备案审查工作,保证政府制定的规范性文件都进行充分的论证、听证和备案,防止和克服部门利益至上等不良倾向。加强人大信访工作,关注社会管理创新工程实施情况,促进社会大局和谐稳定。

发挥代表作用 进一步完善常委会组成人员联系代表和代表联系选民制度,为每名代表印制选民联系卡,要求定期开展代表接访日活动,实现代表与选民的双向交流和有效互动。加强对代表小组建设的指导和督查,确保代表活动正常化、制度化。进一步提升代表履职水平,在全县人大代表中开展“科学发展走在前”“代表向选举单位述职”“人大代表履职绩效提升年”等活动,对代表自身素质形象、代表职务履行、本职岗位工作提出规范化要求。加强代表建议办理规范化建设,协助代表提出高质量的议案建议,由常委会领导牵头督办若干重点建议,加强与承办单位的联系沟通,着力提高建议办成率和代表满意度。做好换届选举工作,加强组织力度,按照法定程序和零误差、零失误的要求,认真做好全民动员、选区划分、选民登记、投票选举、代表培训等各项工作,确保县镇人大换届选举工作依法有序开展。

提升履职水平 进一步强化思想作风建设,以中央和省市关于加强县乡人大工作和建设的实施意见为指导,巩固群众路线教育实践活动和“三严三实”专题教育活动成果,严守政治纪律和党风廉政建设的各项规定,强化理论学习和业务培训,提升常委会组成人员的依法履职水平。进一步加强机关效能建设,不断强化为“三会”服务、为代表服务、为基层服务的意识,使服务保障功能和参谋助手作用得到有效发挥。进一步加快人大组织机构和信息化建设步伐,加大人大宣传工作力度,密切与上级人大的联系,加强对基层人大的指导,不断提升全县人大工作整体水平。

第一节 重要会议

一、人民代表大会

1月6~8日,县第十四届人民代表大会第五次会议在东坎召开。会议听取和审议县人民政府工作报告、县人大常委会工作报告、县人民法院工作报告、县人民检察院工作报告;书面审查滨海县2015年国民经济和社会发展计划执行情况与2015年预算执行情况的报告,批准滨海县2016年国民经济和社会发展计划以及2016年预算草案。会议批准上述工作报告并通过相应的决议。大会选举产生县人民代表大会财政经济委员会、法制委员会组成人员10人;补选县人大常委会委员4人。

二、人大常委会主任会议

2016年,县第十四届人大常委会,共举行15次主任会议,即第二十六次到四十次会议。

1月28日,县第十四届人大常委会第二十六次主任会议召开。会议议程为:审议通过授予倪国强等17人荣誉市民称号的议案，决定提请常委会授予倪国强、梁志刚、李雷、黄晓军、孙昂、赵成德、龚振、嵇晓雯、张华阳、夏雪、李建、胡睿、肖建平、高见、朱元祥、方超、刘薇薇17人为滨海县荣誉市民称号；会议同意滨海港1#物流园基础设施工程项目还贷资金列入财政预算管理，并报人大常委会备案。

2月19日，县第十四届人大常委会第二十七次主任会议召开。会议议程为：将盐城港滨海港区疏港航道工程建设项目贷款列入政府债务并纳入财政预算管理，并报人大常委会备案。

5月13日，县第十四届人大常委会第二十八次主任会议召开。会议议程为：听取县扶贫办关于《全县扶贫开发情况汇报》。县人大农村工作委员会相关负责人作《关于加大"精准扶贫"力度的议案》处理意见的报告。

6月12日，县第十四届人大常委会第二十九次主任会议召开。会议议程为：学习县委书记钱武华在县委常委扩大会上的讲话。

6月28日，县第十四届人大常委会第三十次主任会议召开。会议议程为：听取全县食品安全监管工作情况的汇报。

7月21日，县第十四届人大常委会第三十一次主任会议召开。会议议程为：学习传达十二届党代会精神。

9月2日，县第十四届人大常委会第三十二次主任会议召开。会议议程为：听取滨海港建设运行情况汇报。

9月22日，县第十四届人大常委会第三十三次主任会议召开。会议议程为：原则同意将滨海县城乡教育布局调整(一期)建设项目还贷资金、滨海县兴罾新城棚户区改造一期工程项目政府购买服务资金、县农村饮用水安全巩固提升工程项目政府采购资金纳入财政预算管理，并报人大常委会备案。

10月10日，县第十四届人大常委会第三十四次主任会议召开。传达省、市换届工作会精神。

11月7日，县第十四届人大常委会第三十五次主任会议召开。会议同意政府将县城区"城中村"改造房屋征收项目，政府购买服务资金、月亮湾小镇整体城镇化项目采购资金、棚户区(危旧房)江苏银行改造基金一期项目——滨海县项目购买棚改服务费用列入财政预算等议案，并报人大常委会备案。

11月16日，县第十四届人大常委会第三十六次主任会议召开。会议同意县政府将江苏省滨海现代农业产业园区创建国家级园区项目建设还贷资金、农村公路提档升级工程建设项目政府购买服务资金列入财政预算管理，并报人大常委会备案。

12月1日，县第十四届人大常委会第三十七次主任会议召开。会议议程为：同意将化解全县高中债务还贷资金、滨海县污水处理厂迁建工程项目还贷资金、县农村饮用水安全巩固提升工程项目政府采购资金列入财政预算管理，并报人大常委会备案。

12月9日，县第十四届人大常委会第三十八次主任会议召开。会议议程为：同意县政府调整部分计划指标和调整预算事项。

12月16日，县第十四届人大常委会第三十九次主任会议召开。会议议程为：同意将滨海港区南区液体散货码头项目(码头水工部分)采购资金、农村饮用水安全巩固提升工程项目政府采购资金列入县财政预算管理，并报人大常委会备案。

12月28日，县第十四届人大常委会第四十次主任会议召开。会议议程为：同意将农村公路提档升级工程建设项目政府购买服务资金、滨海经济开发区流体装备产业基地建设项目还贷资金列入县财政预算管理，并报人大常委会备案；讨论十五届人大一次会议的相关事项。

三、人大常委会会议

2016年，滨海县第十四届人大常委会共举行6次人大常委会会议，即第三十九次到四十四次会议。

4月22日，县第十四届人大常委会第三十九次会议召开。会议审议批准《2016年度县直口径预算编制情况的审查报告》，听取审议《江苏省水资源管理条例》执法检查情况的报告。会议听取评议部分市人大代表述职报告。会议决定免去韩鸿县人民政府副县长职务(调出工作)。决定张桐任八滩人民法庭庭长、贾广斌任滨海港人民法庭庭长。

6月2日，县第十四届人大常委会第四十次会议召开。会议决定接受钱武华辞去滨海县人民政府县长职务的请求，任命刘永轩为滨海县人民政府副县长、代理县长。

6月13日，县第十四届人大常委会第四十一次会议召开。会议决定任命沈乃峰为县人民政府副县长，丁煌为县人民法院代理院长，王志道为县人民检察院代理检察长；决定免去李军县人民政府副县长职务；决定接受樊杉辞去县人民检察院检察长职务的请求、詹荣安辞去县人民法院院长职务的请求。会议还决定免去李文斌、姜红、郑钧木县人民法院审判员职务。会议审议通过县人民政府《关于提请将滨海县仁和家园保障性住房工程项目还贷资金列入财政预算的议案》和全县道路交通安全管理情况的报告，听取并评议部分市人大代表履职情况的报告。

8月8日，县第十四届人大常委会第四十二次会议召开。会议审议通过《关于将农村公路提档升级工程建设项目贷款列入政府债务并做财政预算管理的议案》。会议听取审议县人民政府《关于2015年县本级财政决算情况的报告》《关于2015年财政预算执行及其他财政收支情况的审计工作报告》，通过《关于批准2015年县本级财政预算的决议(草案)》。听取审议县人民政府《关于2016年上半年国民经济社会发展计划和财政预算执行情况的报告》。听取评议部分市人大代表的履职情况。

10月12日，县第十四届人大常委会第四十三次会议召开。会议听取并审议县人民政府《关于全县现代服务业发展情况的报告》《关于滨海县教育现代化建设情况的报告》、县人民法院《关于人民法庭审判工作情况的报告》，审议通过滨海县人大常委会《关于滨海县县镇两级人大换届选举问题的决定》(草案)。会议决定任命杨光任县卫生和计划生育委员会主任，李章保任县住房和城乡建设局局长；

免去葛长宇县卫生和计划生育委员会主任职务、赵远新县住房和城乡建设局局长职务。会议还决定王友东、肖海霞、朱茂春、梁娟、张志东、许连、黄亚洲、赵凡淇、蒋晓明、吴堂胜、陈亚男、黄丽君、王艳、李林清、赵宁任滨海县人民法院审判员。

12月9日,县第十四届人大常委会第四十四次会议召开。会议听取并审议县人民政府《关于2015年度县本级预算执行和其他财政收支审计查出问题整改情况的报告》《关于2016年全县经济社会发展相关指标调整方案的报告》《关于2016年滨海县一般公共预算调整方案的报告》《关于2016年滨海县政府性基金预算调整方案的报告》,审议通过《滨海县人大常委会关于批准2016年全县经济社会发展相关指标调整的决议(草案)》《滨海县人大常委会关于批准滨海县2016年政府性基金预算调整方案的决议(草案)》《滨海县人大常委会关于批准滨海县2016年一般公共预算调整方案的决议(草案)》。会议通过对王某某县人大代表暂停职务、采取强制措施的决定。会议决定:任命季东、赵成权、郁光华为滨海县人民法院审判委员会委员;免去庄加祥、陈广春滨海县人民法院审判委员会委员。任命王华、孙海、沈建文、薄治国、刘彪、孟雯雯、徐运为滨海县人民检察院检察员职务;免去龚新海、管亚彬、郭学奎、陈爱东滨海县人民检察院检察员职务。

第二节　重要活动

县镇人大换届选举　2016年第四季度,常委会根据省、市、县委的部署和要求,部署县镇人大进行换届选举工作。至12月中旬,全县共选举产生新一届乡镇人大代表987人,新一届县人大代表334人,县乡代表在年龄结构、学历层次、非党和妇女的比例等方面得到优化,整体素质明显提高。12月10日前,各镇新一届人大换届选举结束。11个镇82名镇人大、镇政府领导成功选出;通过换届选举,不仅进一步健全镇人大班子,加强基层政权建设,还让广大选民普遍受到一次深刻的民主法制教育。

1号议案督办　《关于加大精准扶贫的力度的议案》被县人大代表在十四届人大五次会议确定为1号议案后,3月份常委会会议提出处理意见,4月上旬向县政府发出书面意见。县人民政府将推进1号议案落实和扶贫攻坚、党员干部下访走基层结合起来,认真办理。常委会按照"一户不少,一个不落"要求,组织代表积极参与,多次实地查看扶贫项目实施情况,听取部门工作汇报、抽样调查扶贫成果等办法,有力地推动扶贫攻坚工作的深入有效实施。

执法检查开展　常委会坚持执法检查与普法教育、落实执法责任制、纠正违法行为相结合,有效防止有法不依、执法不严和违法不究现象,坚持与政府执法部门联动,先后对《环境保护法》《江苏省水资源管理条例》等法律法规的实施情况进行执法检查。进一步拓展检查层面,深入掌握实情,共同探讨整改举措。协助市人大常委会对开展《市扬尘污染管理条例》《省促进科技进步法实施条例》调研修改工作。

代表建议、批评和意见办理　继续探索和完善让提建议的代表全程参与办理工作,形成代表建议提出规范严谨、交办认真严肃、办理全程参与"三位一体"的办理模式,把提高建议办结率、问题解决率和代表满意率作为办理目标,代表所提57件建议在规定时间内全部办结,代表满意、基本满意率达98%。

向宪法宣誓制度实施　为贯彻省人大颁布的《江苏省实施宪法宣誓制度办法》,常委会先后决定从2016年1月1日起,决定组织县人大常委会所有任命人员和县人代表大会选举的人员,一律进行宪法宣誓活动。全年已有35人次在常委会上宣誓,14人次在人民代表大会上宣誓。

法制委员会和财政经济委员会选举产生　2016年1月8日,县十四届人民代表大会第五会议选举产生法制委员和财政经济委员会,法制委员会主任委员李运亮、副主任委员戴虎明、委员梁为峰、钟旭、吴广海;财政经济委员会主任委员朱乃亮、副主任委员张良、委员栾茂成、臧必飞、吉兆兵;会组成人员10名;补选戴虎明、徐为山、陈将、韩朝广为县人大常委会委员

开展"走出去"活动　常委会结合开展群众路线教育实践和"两学一做"专题教育活动,派出干部7人参加省、市人大举办的各类专业培训学习;选送优秀干部5人分别到市委、县委党校学习深造,努力提高常委会组成人员、人大机关干部队伍整体素质。同时,请专家学者到滨海县举办2次法制讲座,为常委会组成人员了解相关法律法规,更好地审议相关议题起到积极的作用。选派1人到市人大交流人大新闻写作和理论研究工作。

代表履职考核和宣传工作　2016年,常委会注重对代表接待群众、调查研究、提建议议案等履职情况进行记载和评比,年底对3名先进代表进行采访,在《人民代表报》《江苏人大发布》《盐城人大》等媒体发表《憨代表的楞担当》《让法律之花香飘万家》等有影响的报道。

第07章 滨海县人民政府

综 述

2016年，全县围绕“沿海争先跨越、淮河争当门户、全市争创一流”的发展目标，坚持“项目为上、转型为要、改革为先、民生为本、统筹为重、环境为基”的发展要求，扎实推进项目载体攻坚、沿海开发提速等八大行动，全力扩总量、调结构、促转型、抓改革、惠民生、保稳定，经济社会保持积极向好的发展势头，实现“十三五”完美开局。

经济指标 2016年，主要经济指标保持较高增幅，全年完成地区生产总值391.61亿元，比上年增长8.9%；服务业增加值176.9亿元，增长10.8%；一般公共预算收入34.7亿元；规上工业增加值173.67亿元，增长9.7%；固定资产投资377.87亿元，增长16.3%；注册外资实际到账5263万美元；进出口总额3.8亿美元；社会消费品零售总额110.46亿元，增长11.1%；城镇和农村人均可支配收入分别达26543元、14931元，增长8.6%、9.1%。固定资产投资、城镇居民人均可支配收入两项指标增幅全市第一。

沿海开发 建成专用煤炭码头泊位4个、10万吨级通用泊位2个，5万吨级液体散货码头工程年内建成；建成北疏港航道，出海航道疏浚至5万吨级；滨海港作为江苏唯一新开一类独立开放口岸列入《国家口岸发展“十三五”规划》。储备煤中心一期项目基本建成，协鑫火电一期项目完成投资67亿元。大唐海上风电、国家电投海上风电等项目加快实施。“三纵五横”路网框架全面拉开，沿海百里风光带、灵龙湖生态公园主体工程基本建成，月亮湾温泉度假酒店、海滨浴场等配套工程建设进度加快。

项目载体 2016年，开展“项目攻坚年”活动，工业经济扩量提质。组建县招商局和11个产业招商局、73个专职招商小分队，成立8个滨海驻外商会、9个招商办事处联络处，先后组织赴上海、深圳等地开展产业招商，新开工舒马克等亿元以上重大项目60个，新竣工超威新能源等亿元以上项目45个；20个列入市“三重”“八大类”重点工程项目完成投入113.4亿元，60个重点技改项目建成45个、完成投入50亿元，技改覆盖面全市前三。组织实施“重点企业上台阶、小微企业进规模”三年行动计划，重点围绕218家规上企业实行“一企一策”，9家列入市100户大企业（集团）实现开票销售55亿元，8个市级新增长点开票销售36亿元。大力培植新能源、新医药、新材料、高端海工装备等“三新一高”产业；规模工业企业开票销售增长面、税收增长面分别提高到53.7%、67.6%，规模工业入库税收12.5亿元，新增规模工业企业30家；新能源、新材料和新医药等新兴产业规上企业实现开票销售105亿元。载体功能加快提升。国家火炬高分子材料、新医药特色产业基地通过科技部复审；国家级阀门检测中心启动建设，南山智汇园获批国家级科技企业孵化器和省级创业示范基地；电商产业园获省电子商务示范园称号；全民创业园新建标准厂房31.5万平方米、新增入园企业60家，创建二星级以上平台5个。每月召开金融形势分析会，加强银企对接，发放应急资金177笔、过桥资金12.3亿元，新增贷款增幅全市第一，日明消防、托球农化、清泉化学三家企业在新三板成功挂牌；举办县内招聘会50场，新拓展省外劳务输入基地6家，为企招工5850人次，培养高技能人才1266人，总数列全市第一；争取各类新增建设用地计划328.40公顷，全力破解用地制约。健全完善创业公共服务平台12个，发放创业担保贷款6500万元、扶持创业3306人，分别完成市定年度任务的3.2倍、3.6倍以上。

城镇建设 2016年，注重规划引领提品质，城市能级持续提升。围绕构建“一主、一副、一辅、十镇、多节点”的城镇发展布局体系，修订完善14个镇区总体规划和港城规划、医药产业园等项目规划，排水、海绵城市、管线、管廊等专项规划形成中期成果，县城各片区控规、空间特色专项规划、响坎河景观带方案加快编制。81个城建重点项目加快推进，完成投入80亿元；加大征收动迁力度，完成房屋征收9.3万平方米；锦绣园、昌兴一城等老城区改造项目加快实施，1197户康居工程危房改造任务全面完成；组织实施海港大道、S348、火车站枢纽等10个重点交通工程；加快推进城市道路改造，配套完成雨水管道改造10千米，铺设污水管网15千米；城西压缩式垃圾中转站完成设备安装，八滩镇列入国家特色镇试点，兴晋新城加快建设。组织开展县城环境“三补三治”行动，进一步加大城市广场节点、公园绿地、庭院绿地和小区绿化建设力度，新增、改造绿化83万平方米，建成区绿化覆盖率42.37%，城市化率52%。实施S327、高速入口等环境整治提升，县城市容市貌、环境卫生、交通秩序进一步规范好转，镇区9个污水处理厂和主干管网建设任务基本完成。顺利通过省级文明城市创建年度测评，全年销售商品房71.5万平方米，去化周期全市最短。PPP项目取得突破。成立PPP工作领导小组统筹推进PPP工作，实施两批PPP项目，第一批3大项17个子项目，总投资46.889亿元,其中,医疗卫生项目被列入省级示范PPP项目;第二批4大项11个子项目,总投资26.675亿元。

城乡统筹 加快打造"四区五带八基地",粮食总产超95.6万吨,新扩建通榆万岗、八巨巨峰等规模设施基地37个,全县新增高效设施农业1350.66公顷,整体农业机械化水平达85.2%。新型经营主体加快培育,新增家庭农场172家,省、市级示范家庭农场分别为6家、15家,新发展合作组织32家,农户入社率达94%。新上投资2000万元以上农产品加工项目8个,完成投资3.6亿元,投资5亿元的"中农批"项目开工建设,全县规模农业龙头企业达186家,农产品加工业产值近190亿元。持续开展农村环境综合整治,健全农村环境长效管护机制,改造农村公路270千米、危桥59座。秸秆综合利用和禁烧工作扎实开展,全县秸秆还田面积12033.33公顷,还田率99%,全年零火点。实施农村河道疏浚和村庄河塘整治工程,加快高标准农田、滩涂开发、黄河故道开发、产业化经营项目建设,新增灌溉面积1166.67公顷、排涝面积333.33公顷、节水灌溉面积873.33公顷,扩大良种种植面积30001公顷,优质农产品种植面积30001公顷,田容田貌有力改善。申报实施产业到户项目12500个、载体带动项目36个、集体增收项目23个、片区开发项目46个,发放扶贫小额贷款3亿元,化解村级债务6000万元,15个村实现新"八有",低收入人口实现脱贫3.2万人,脱贫率超30%。扶贫开发工作获国务院表彰。

社会民生 财政用于民生方面的支出达52.6亿元,支出占比75.2%。20项为民办实事重点项目完成年度目标,城乡供水一体化三级管网进村入户进程加快,完成通水20万户、装表20.5万户;县城"两校两园"加快建设,实小人民路校区、一中西湖路校区建成投入使用,城西幼儿园主体封顶,机关幼儿园进入装潢扫尾;县城10千米健身步道建成投入使用;新改扩建卫生室60个,完成陈涛镇、界牌镇卫生院改造;全县镇区文化站房达标占比超过50%。新型农村合作医疗实现市级信息平台县市互联互通;投入961万元用于敬老院基础设施提档升级,建成32个标准化居家养老服务站和18个老年人助餐点,发放民政老年手机7000多部、尊老金1644万元;城乡低保保障标准为每人每月490元、380元,为4404名重残人员发放生活补助1569万元。教育事业全面发展,高考本科达线人数全市第三,一本达线率比上年提高1.8%;医疗卫生服务水平进一步提升,县级公立医院改革深入推进,建成突发公共卫生事件处置中心;文化事业加快发展,《危情七天》等4件作品获市政府文艺奖,"三送"工程全面完成,完成农村应急广播省试点建设;科技工作取得新成绩,瀚鸿生化、海阔医药成功申报省重大科技成果转化项目,万人发明专利数位居全市前列。高度重视生态建设,组织开展绿色会战,全县林木覆盖率达31%,列全市第一,成功创建省级生态县。完成44家50台燃煤锅炉整治,对25家重点企业开展清洁生产审核与技术改造,报废黄标车2170辆,PM2.5平均浓度三年下降25%。全面落实县领导干部接访下访、包案等工作制度,规范部门行政行为和信访工作程序,实现"四个确保"要求,信访总量持续下降。全面落实中央环保督查组反馈意见,组织开展安全生产大检查和环境保护大排查。建设平安法治示范社区88家,治安防控"村村通"工程扎实推进,受理司法援助612件。国防教育、人民武装、优抚安置和征兵工作不断加强,支援阜宁龙卷风灾区,统一战线、民族宗教、外事、侨务和对台工作扎实开展,审计、物价、统计、档案、气象、人防、地方志等工作取得新进步,妇女、儿童、老年人、关心下一代等事业也取得新的成绩。

自身建设 深入开展政府系统"两学一做"学习活动,召开县政府党组会议、县政府常务会议专题学习习近平总书记系列重要讲话精神和党章,政府班子成员每人到挂钩镇区上一堂专题党课。坚定理想信念,增强"四种意识",将习总书记系列重要讲话和党的十八届三中、四中、五中、六中全会精神贯穿政府工作始终,自觉在思想上、政治上、行动上与党中央保持高度一致,坚决落实上级党委、政府和县委的决策部署,将政府各项工作统一到县委的中心工作和决策部署上来;狠抓工作落实,实行工作倒逼,提倡"瞬时办结",提高工作效率;坚持强化组织,增强工作计划性,按照项目化管理要求,做到责任、时限、人员、标准四落实。坚持集体领导、分工负责的原则,相互协调、相互配合、相互支持、相互监督,依法行使党和人民赋予的权力。遵守政府议事规则,及时召开县政府常务会议、县长办公会议、县长会办会集体研究重要事项,严格执行重大行政决策公众参与、专家论证、风险评估、合法性审查、集体讨论决定五个程序,提高政府决策的透明度和群众的参与度。不断完善民主决策制度,畅通社情民意的表达渠道,认真办理群众来信来访,办好"12345"政府公共服务平台,全年接听热线4.4万个,办结率、回访满意率继续保持全市领先。坚持依法行政,大力推行政务公开。自觉接受人大、政协的法律监督和民主监督,虚心接受群众和舆论监督,严格执行县人大及其常委会的决议决定,认真办理人大代表的议案和政协委员的提案。加快建设法治政府,建立行政裁量权基准制度,制定冤假错案防范纠正机制,法治环境不断优化;深入推进行政审批制度改革,进一步压降审批事项23项、挂起114项,精简率超三分之一,企业投资建设项目原承诺时限、申报材料从92个工作日257项,压缩到50个工作日126项;扎实开展规范性文件清理,废止文件50件,修改文件19件。坚持廉洁从政,树好政府自身形象。贯彻执行《关于新形势下党内政治生活的若干准则》和《中国共产党党内监督条例》,落实中央八项规定、省市委十二项规定和县委十项规定;履行"一岗双责",落实党风廉政建设的各项规定,强化责任追究;推动审计监督和行政监察全覆盖,落实重大项目资金审计制度,加大对政府采购、工程建设、土地出让、资源开发等重点领域的监督检查力度,将监督关口前移,从源头上预防和治理腐败,始终保持清廉政府形象。

第一节 重要会议

2016年,县政府共召开8次常务会议。

1月4日,县政府召开第27次常务会议。会议讨论《2016年滨海县人民政府工作报告(征求意见稿)》《关于滨海县2015年国民经济社会发展计划执行情况和2016年国民经济社会发展计划草案的报告(征求意见稿)》《关于滨海县2015年财政预算执行情况和2016年财政预算草案的报告(征求意见稿)》《滨海县国民经济和社会发展第十三个五年规划纲要(草案)》,对春节前后政府重点工作进行部署安排。

4月5日,县政府召开第28次常务会议。会议对2016年县直全口径预算编制、政府性债务、差旅费管理办法、《促进经济稳定增长、加快转型发展的意见》涉企奖励、2016年交通重点工程项目计划、滨海高铁站规划设计、困境儿童分类保障、殡葬服务综合体建设、滨海中学财政预算经费管理、G228"平安走廊"建设等议题进行研究,并对重点工作进行部署安排。

4月20日,县政府召开第29次常务会议。传达学习市委第100次常委会、市政府常务会议、全省推进供给侧结构性改革工作会议和实施精准扶贫、建设全面小康座谈会精神,分析当前经济形势,研究部署重点工作。

5月18日,县政府召开第30次常务会议。会议传达学习市委第101次常委会和省加快苏北发展推进全面建成小康社会工作会议精神,研究讨论全县招商引资和项目推进、扶贫开发、安全生产、环境保护、信访稳定和禁毒工作。

7月29日,县政府召开第31次常务会议。传达贯彻市委关于中央环保督察组迎查准备会议精神,对中央环保督察组重点交办的海高化工等相关问题进行专题研究部署,并就全面加强生态环境建设提出明确要求。

8月25日,县政府召开第32次常务会议。会议听取中央环保督察组在滨海督察情况和安全生产百日攻坚、危化品专项整治行动、安全环保专项执法行动"三大行动"开展情况汇报,研究讨论市政基础设施和社会事业重点项目拟以PPP模式合作建设、2016年度地方政府债券分配、城乡居民保险制度完善、全县镇村管道燃气特许经营、淤黄河水源地保护、追加网络分级保护建设预算费用、给予相关人员行政处分等相关议题。

11月23日,县政府召开第33次常务会议。会议听取中央环保督察组督察反馈问题整改情况、全县PPP项目推进情况,研究讨论调整机关事业单位基本工资标准、增加离休人员离休费和调整退休人员养老金,置换镇区、教育系统高息债务,国有公司有关情况,2017年度新农合筹资,提高全县城乡低保等社会救助标准和公布规范性文件清理结果等议题。

12月8日,县政府召开第34次常务会议。会议研究讨论2016年全县一般公共预算调整和政府性基金预算调整、2016年全县经济社会发展相关指标调整等议题。

第二节　重要活动

全县城乡环境综合整治　2016年,全县重点围绕城市环境"脏、乱、破"和"短、缺、差"问题,扎实开展城市环境"三补三治"行动。制定集中整治工作方案,明确整治重点、时间节点和工作责任,六大类、73项整治任务全面完成。同时,针对交通秩序、农贸市场等薄弱环节,专门研究制定交通秩序整治、农贸市场整治等专项整治方案,集中开展六大专项整治行动,推进城市顽疾问题全面治理,并对整治完成项目落实长效维护机制。

省级生态县创建考核验收　全县在2004年创成国家级生态示范区之后,启动省级生态县创建工作,2016年全县集中力量对生活污水处理设施、垃圾收集转运处置体系、农贸市场管理等重点部位、重点环节进行进一步整改提升,健全完善相关台账资料迎接省级生态县考核验收。

工业园举行项目集中签约仪式　2016年9月26日下午,工业园举行集中签约仪式,签约总投资2000万美元的舒马克电器、总投资1亿元的明达彩印包装、总投资1000万美元的台湾观光工厂、总投资1亿元的北阀阀门、总投资1亿美元的天合光能和总投资1亿元的波隆汽车配件6个项目。

农村公路提档升级工作　2016年,全县改造危桥59座,总投资4100万元;农村公路建设270千米,其中县道滨振线、通合线改造共46千米、村通公路提档升级224千米,总投资2.1亿元。

绿色滨海建设　2016年,全县开展绿色滨海建设会战,组织开展义务植树等活动,新建成片林589.33公顷,林木覆盖率31%,全市第一,全省第六。

健康滨海建设　2016年10月25日,全县召开健康滨海建设大会,出台健康滨海建设设施意见等文件,启动县人民医院、妇保院、三院迁建工程,实施以"每人进行一次免费体检、每个家庭拥有一名合格的家庭医生、每个居民拥有一份动态管理的电子健康档案和一张服务功能完善的居民健康卡"为主要内容的"四个一"工程,全面加强医疗服务承载能力、分级诊疗、人口计生服务、健康环境打造、健康生活习惯养成。

连盐铁路滨海北站站房等工程开工　2016年10月28日,连盐铁路滨海北站正式开工,该工程位于东坎镇人民北路延伸段二坎社区,为客货共线铁路车站,设计旅客日均发送量为2000人次,远景规划为10000人次,属中型铁路客站,建筑面积10600平方米,建筑总高度17.55米。站房包含地上及地下部分,设计使用年限50年。滨海北站是连盐铁路沿线县级站中规模最大、设计标准最高的车站,计划在2017年11月份竣工。

中国供销·滨海农产品综合批发市场正式开工建设　2016年11月18日,在滨海现代农业产业园区举行中国供销·滨海农产品综合批发市场现场开工仪式,该项目占地12.8公顷,总投资5亿元,计划2018年建成投用。

全县镇村组织换届选举　2016年,全县完成第十一届村民委员会暨第六届居民委员会换届选举工作,配齐配强村居领导班子。

第三节 政务公开

2016年,县政府高度重视信息公开工作,成立以县政府常务副县长为组长,县政府办公室牵头、纪检监察部门监督检查、其他部门协调配合的政务公开工作领导小组,强化对信息公开工作的组织领导;坚持把信息公开与经济社会管理工作紧密结合,同研究、同部署、同推进,充分保障人民群众对政府工作的知情权和监督权,在县政府常务会议、县长办公会上多次研究信息公开工作,提出具体工作要求,发挥政府信息对经济社会发展、人民群众生产生活的服务作用,推动全县政务公开工作开展,法治政府建设进程不断加快;贯彻落实《政府信息公开条例》要求,围绕县政府中心工作和群众关切热点,开展重点领域信息公开,拓展信息公开渠道,升级信息公开载体,完善信息公开督导机制,推进信息公开制度化、规范化。县政府信息公开工作虽然取得一定成绩,但离省市的会议精神和文件要求还有一定差距。落实力度有待加强:部分单位对政府信息公开工作认识不清,重视不够,主动公开意识不强;群众参与度不高,公开形式单一,公开内容不够丰富,公众知晓度、参与度不高,利用微博、微信等新媒体不够,便民性有待进一步提高;信息公开制度仍需完善,信息公开制度建设和程序规范还有很大的提升空间,需要统筹协调,形成长效机制。

一、政务公开措施

拓宽公开范围 在做好财政审计、安全生产、项目经费等重点领域信息公开外,进一步拓宽公开范围,细化公开内容。推进县政府行政权力清单、重大项目、环保工作、食药品安全等民众热切关注领域的信息公开工作。

增强公开意识 进一步拓展主动公开内容,同时加大政策解读回应力度,对社会关注度较高或者专业性较强的重要政策法规排实解读方案,多渠道、多板块、周期性进行宣传解读,并在公开平台上设立问答版块,使广大群众及时、详细地了解新政策、新法规。

公开提案办理 2016年,县政府及时公开人大代表建议和政协委员提案办理结果,有效办结人大代表建议33项,办理政协委员提案168项,提案办复满意率95%以上,办理结果及时通过政府网站以及《滨海日报》、广播电视台等新闻媒体依法依规公开到位。

信息公开规范 2016年,推进政府信息公开制度化、规范化。建立健全主动公开、依申请公开、保密审查、责任追究、考核评议、发布协调等方面工作制度,谋求工作制度高效化、长效化。严格执行信息保密审查制度。加强对专用电脑及存储介质的管理,确保"涉密信息不上网,上网信息不涉密",严格执行国家保密审查制度,信息保密审查实行"自审"和"送审"相结合的逐级审查制。提供信息的部门对所提供的信息是否涉密和能否公开进行初步审查,再交由本单位专门审查人员进行审查,分管领导签发确认,其中涉及重要内容的信息呈报主要领导审核。对拟公开的信息本单位不能确定其是否涉密时,报送有关主管部门或同级保密工作部门进行审查和确定。全年上网公开的信息符合保密规定,未发生计算机泄密事件。完善政府信息公开申请受理答复制度。细化依申请公开制度,完善受理、审查、处理、答复及保存备查等各个环节的流程,根据不同情况在规定时限内书面答复申请人,并在办理完毕后按照"一申请一卷"进行归档,提升依申请公开服务能力,依法依规满足人民群众的特殊信息需求。每季度汇总全县依申请公开工作案例,加强对依申请公开案例的学习研究,着重围绕加强依法行政,开展研究分析,加强跟踪调研,提出工作建议,促进依法行政水平不断提升。实行信息公开通报制度。由县政府办定期对各镇区、部门每季度信息公开情况进行监测统计,每季度予以通报,强化信息公开工作常态化管理。

信息公开平台 县级网站:建立健全县级网站工作机制,完善网站平台功能,高目标高定位打造门户网站。建立规范的信息采集、编辑、审核、报送和发布等相应的工作制度,新建组工动态、滨海教育和滨海卫计等5个板块,全年累计发布信息12000余条。部门网站:各镇区、部门按照县统一部署,全面升级改造已有网站,按照"统一标准、限期整改、跟进管理"要求,逐步推动网站发展标准化、规范化、制度化;开展政府网站普查整改工作,解决群众反映强烈的政府网站"僵尸""睡眠"等问题,全县政府网站管理服务整体水平不断提高。其他平台:探索与滨海新闻网、"12345"便民服务热线、黄海在线、新闻发布大厅合作整合,增强信息公开时效性、多样性、灵活性。2016年黄海在线发布网络新闻2400多条,及时有效回应网民信息咨询420多次。继续发挥政务公开栏、信息公告栏、档案馆和行政服务中心公共查阅点信息发布查询功能。

宣传和督查 拓展宣传渠道,积极发挥政府网站在宣传政府信息公开工作中的主阵地作用和报纸、广播、电视等主流媒体的导向作用,定期与不定期开展联合宣传,扩大地方信息公开工作影响力。探索发挥新媒体的双向互动作用,研究微信、微博等新媒体对信息公开的宣传。重视基层宣传,充分调动群众参与政府信息公开工作的主动性、积极性,建好用好行政服务中心、便民服务中心等查询点,在查询点设置宣传栏、印发办事指南,在为服务对象提供服务的同时起到宣传政府信息公开的作用。引导农村地区因地制宜利用广播、村务公开栏等传统有效的方式开展宣传,进一步推动基层政府信息公开工作。完善政府信息公开考评办法,不断健全信息公开考核体系,制定切实可行的考核评价细则,把政府信息公开纳入各镇区、各部门绩效考核的指标体系,深入一线,督促检查,地促进政府信息公开工作的开展,同时根据工作开展动态不定期督查各单位工作开展情况,发现问题及时责令整改。

二、公开政府信息

信息公开数量 全县所有应公开的政府信息,均在10个工作日内予以公开。截至2016年底,滨海政府网站主动公开政府信息12352条,全文电子化率为100%。政府网站访问量高达80万余人次，接到公众留言237条，都及时给予回复。全年县级文件网上主动公开35件。

信息公开类别 滨海政府网站主动公开政府信息12352条，其中，政府组成部门类信息5583条，占45.2%；规划计划类信息2297条，占18.6%；业务类信息2669条，占21.6%；其他类信息1803条，占14.6%。

信息公开形式 主要包括县级政府“中国·滨海”门户网站、各镇各部门网站、政务公开栏、信息公告栏、新闻发布会、新闻媒体、档案馆和行政服务中心公共查阅点等。

信息办理情况 滨海县信息申请公开不收费。2016年，受理1起政府信息依申请公开，申请人书面申请公开土地征收补偿的相关政府信息，信息办公室进行申请资质核查并牵头协调相关单位在规定15个工作日内按程序予以书面答复。全年没有因政府信息公开提起的行政复议与行政诉讼案件。

第四节 机构编制

2016年，县机构编制工作立足本职，服务大局，大力推进简政放权，加快转变政府职能，扎实推进不动产登记、检验检测机构和乡镇卫生计生资源整合，稳步实施事业单位分类改革，创新公立医院编制备案制，严密规范机构编制管理，为建设“强富美高”新滨海提供体制机制保障。县编办在全县目标任务综合考核中获评综合先进奖，3人被表彰为先进个人，在县级编办绩效考核中被市编办评为优秀单位。

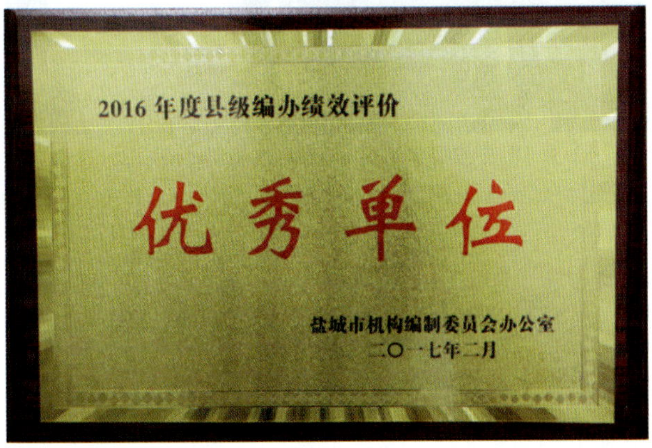

县编办获评盐城市2016年度县级编办绩效评价优秀单位奖。 县编办 提供

一、行政审批制度改革

2016年4月，县政府办印发《滨海县行政许可和行政处罚等信用信息公示工作实施方案》。5月，召开县“双公示”工作推进暨业务培训会，在县政府门户网站建立全县行政许可和行政处罚信息公示窗口。各部门梳理“双公示”清单，形成目录，主动公示。积极稳妥推进行业协会商会与行政机关脱钩工作。5月11日，印发《2016年滨海县行政审批制度改革工作要点》。7月25日，召开组织实施深化“放管服”改革工作市级试点项目部署会，细化分解全年各项审改工作和市级试点项目任务，明确牵头部门、联办部门和完成时限，落实工作责任。按照县第十二次党代会部署，调整县政府推进职能转变协调小组成员，县委、县政府印发《关于进一步优化全县发展环境切实解决审批难、办事难的实施意见》《2016年推进简政放权放管结合优化服务改革工作要点》，形成举全县之力强势推进行政审批制度改革的浓烈氛围。大力推行企业投资建设项目并联高效审批，并取得初步成效。7月，启动建立“双随机”抽查机制试点工作，公布并公开《县级部门随机抽查事项清单》（涉及33个部门300项）和《滨海县县级部门监管责任清单》（涉及33个部门264项）。8月，成立县行业协会商会与行政机关脱钩改革工作领导小组。10月，县政府办印发《滨海县推行“双随机一公开”抽查监管工作机制实施方案》，县市场监管局率先一步，建成“双随机”指挥中心和随机摇号系统。11月县委办、县政府办印发《滨海县行业协会商会与行政机关脱钩实施方案》，确定行业协会商会与行政机关脱钩工作的时间表，启动实施第一批脱钩试点。12月，43个部门（单位）完成行政权力清单标准化和办事指南编制工作任务。

二、行政体制改革

2016年，整合不动产登记机构职责，将不动产登记职责统一到县国土局，成立县不动产登记中心，撤销县房地产管理所，将县房管所除了房产登记和交易外的职能整合并入县房管办，并更名为县住房管理中心。5月25日，启用新的不动产登记系统，统一核发新的不动产权证书。整合检验检测机构，将县综合检验检测所、县产品质量监督检验所、县计量测试所、县农产品质量安全检验检测站进行合并，成立县综合检验检测中心。整合妇幼保健和计划生育技术服务资源，将镇（区）人口和计划生育服务中心承担的计划生育技术服务职责划转至镇（区）卫生院，并增挂“镇（区）妇幼保健计划生育服务站”牌子，12月底，人员、设备等均已整合到位。

三、事业单位改革

2016年，推进承担行政职能事业单位改革，纳入行政职能事业单位改革的事业单位47家。开展落实公立医院编制备案制改革，8月起，下达首批编制备案制管理名额，县人民医院250个，中医院150个，第三人民医院60个。纵深推进事业单位法人治理结构建设试点，县三院于7月28日召开第一届理事会第二次会议，讨论审议医院整体搬迁、绩效工资、人才引进等11个方案和议题，取得预期效果。

四、法人登记管理

2016年1月印发《关于做好全县2015年度报送事业单位法人年度报告工作的通知》，3月31日，完成378家经核准登记的事业单位年度报告报送工作，并分4批次在网站进行公示，且378家全部完成新版事业单位法人证书的换发。5月12号正式开展统一社会信用代码赋码工作，9月底完成对党群机关全部赋码工作。

五、编制监管

实施机构编制事项前置管理和源头控制，执行使用空余编制核准制度。适时维护"机构编制档案"，确保编制数、实有人员数、财政供养数对应。逐步完善机构编制实名制系统内在编人员个人信息，确保在编人员信息真实全面。核查行政事业单位领导干部职数，从源头上杜绝超职数配备领导干部。强化机构编制督查，做好"三责联审"机构编制责任审核工作。完成科级机构和领导职数目录管理动态调整的报批工作和机构编制月报工作，确保财政供养人员"只减不增"。

六、绩效管理

按照省、市统一规定要求，依据县委、县政府《关于2016年度全县目标任务综合考核和表彰奖励的意见》精神，由县编办牵头，相关部门配合，对县直部门、省市属驻滨单位的职能工作、行政审批制度改革、依法行政、服务创新、效能建设、工作满意度等绩效管理工作进行考核，其中职能工作、行政审批制度改革由县编办直接负责考核。坚持"目标管理、过程控制、结果导向、持续改进、公众满意"的原则，科学设定绩效评估指标，严格遵循绩效管理基本程序，全面提升绩效管理水平。

第五节　人才工作

2016年，滨海县以推进市"515引才计划"和县"万名人才三年引进计划"为抓手，大力实施"人才强县"战略，广开进贤之路，广纳各方英才，持续推进人才集聚。县人社局引才着重突出重点院校本科以上精品人才、县内重点产业紧缺人才、适合并愿意到园区企业等基层一线岗位长期工作的人才。组建引才小组，分赴省内外各高校，开展宣传推介活动，邀请高校领导到滨海考察，安排毕业生到滨海实习。举办滨海县校地合作恳谈会暨百名海外博士江苏行活动，与40家高校签订人才引进培养合作协议，建立人才引进培养合作基地10家，累计走访高校30多家，开展招聘活动20余场次，引进毕业生1200多名，专门人才220名，发放人才绿卡290张，兑现各项引才补贴600万元。

人才引进　先后6次专题召开全县人才工作领导小组会、人才工作推进会，明确人才工作领导小组职责任务和工作规划，健全人才发展专项资金使用办法，合理确定投向与支持环节。结合工作实际，修改完善引才具体实施办法，加快人才政策落地步伐。引进美籍华人王结义博士，申报国家"千人计划"项目，完成面试答辩；申报入选省"双创人才"4人、省"双创博士"3人、省"333工程"培养对象9人，高层次人才项目数量达近年新高。推进"校地合作共赢"工程，开展"高校拜访月"活动，洽谈达成政产学研合作15项。高标准组建省第九批科技镇长团，团员层次位居全市前茅。启动实施"十大领域汇智"工程，重点围绕高端装备制造、新能源、新材料、生物医药与生命健康等十大产业领域，先后组织60余家企事业单位赴南京、西安、武汉、合肥等地开展招聘活动13场次，举办临港产业人才对接会、滨海首届在线科技成果对接会等活动，全年引进领军人才32人、专门人才237人，大学生毕业生1217人；评审资助市"515"领军人才26名，资助总额1710万元。

人事考试　2016年，按照省、市事业单位公开招聘人员实施意见规定的程序、要求，做好事业单位公开招聘工作，做到公开、平等、竞争、择优。全年共为事业单位招聘376人，其中教育系统261人、卫生系统67人、其他事业单位48人。

人才服务　开展人才政策、领军人才风采和回乡创新创业人才典型事迹集中宣传，"借力深圳南山共建人才创业孵化新模式"获评2016年全国第二届基层人才工作优秀创新案例，徐红岩入选省"双创计划成功展"江苏双创英才风采集。组织开展"企业人才大调研"和重点企业"家家到"走访，摸清真实人才需求，征集人才政策实施的反馈意见。优化"515"人才服务窗口、服务网站、服务热线，制定完善各项工作制度和服务流程，进一步降低门槛。

2月10日，2016年新春服务企业引才用工招聘洽谈暨返乡创业推介会剪影。　　人社局　提供

第六节　人力资源管理

2016年，强化人力资源管理工作，完善公务员选拔任用、监督制约等机制；完善事业单位人员聘用制度、事业单位岗位管理制度；健全和完善军转安置工作机制。县人社局被省政府表彰为农民工工作先进单位；在2016年度全市人力资源和社会保障工作会议上，获综合优秀奖，在全县2016年度目标任务绩效考核中，获"开放型经济工作奖""扶贫开发工作奖""科技创新和人才工作奖""民营经济发展工作奖""党建工作奖""服务发展创新创优工作奖"等单项奖。

一、人事管理

公务员人事管理　2016年，完成公务员82个职位100人的招录工作。按照省人力资源和社会保障厅、市人力资源和社会保障局文件要求，按照创新型经济、践行"五大发展理念""引领经济发展新常态""公务员能力提升"等培训专题，组织2016年盐城市苏南苏北公务员对口培训。

事业单位人事管理 2016年，累计审核上报各类执业资格考试722人，审核推荐各专业计821人上报参加高、中级职称评定，评定初级98人。全年累计新增专业技术人员3229人。

军转干部人事管理 根据市局的统一部署和安排，于8月份完成接收军转干部档案工作，11月12日完成2016年度军转干部8人的选岗工作并报市。

二、工资福利和退休管理

2016年，根据省、市文件精神，对全县行政单位现职务层次为科员及以下人员，符合职务与职级并行审批条件的办理职务与职级并行审批手续，经过单位申请、公示，共审批312人，并及时兑现县以下机关公务员职务与职级并行制度实施后工资待遇。全面落实全县51个部门481个事业单位绩效工资政策，对乡镇机关事业单位工作人员实行乡镇工作补贴办法。全面落实事业单位绩效工资政策，严格审批事业单位奖励性绩效工资总量；配合各主管部门完善考核制度，合理修订和完善奖励性绩效工资分配方案。5月底前，全县51个部门481个事业单位全部审批结束。全面完成公务员、参照公务员管理单位和事业单位年度考核称职、合格以上工作人员正常工资晋升以及2015年机关年终一次性奖金审批工作。累计审批2万余人次。做好机关事业单位工作人员到龄即退工作，配合退干协会开展好各项敬老、爱老活动，推动退休管理工作上台阶。全年办理机关、事业单位退休人员手续265人次。

第七节 政务服务管理

2016年，县政务服务工作围绕服务中心、服务发展大局，持续深化行政审批改革，主动拓展政务服务领域，服务理念不断创新，服务效能、社会满意度明显提升。全年累计收件207348件，办结201226件；接听12345热线43642个，系统建立工单32083件；完成招标采购项目384个，预算总额15.9442亿元，中标交易额11.6819亿元，节约率26.73%。

8月4日，县行政审批中心服务大厅办证现场。
政务办 提供

一、行政审批服务

权责清单编制 会同县相关部门，对全县所有行政权力事项按照统一名称、统一编码、统一类型、统一依据的要求，配合编制行政权力事项标准化清单，确定包括行政许可、行政确认、行政征收、行政给付、行政奖励、其他事项6类“三级四同”县级政务服务事项931项，为加快推进“一张网”建设打好基础。

服务流程运作 对审核确定的所有行政权力事项逐一编制标准化办事指南，同时以群众需求为导向，组织重点部门编制《滨海县政务服务套餐式办事指南》和《滨海县审批服务常见问题问答》，力求让百姓“明白点菜、高效办事”。

“三集中三到位” 联合县编办、县优化办对“三集中三到位”进行督查整改，通过推进，单设行政许可科的部门从4家增加到10家，行政许可科科长（窗口负责人）进驻从9家增加到15家，并重点针对涉企审批链上缺失的重要环节推进其实质性进驻。

联审机制建立 拟定《滨海县企业投资建设项目实行七评合一、七图联审、推进并联审批的实施意见（试行）》，将原来的项目串联审批整合为前期核准、土地出让、规划设计、工程施工和联合验收五个环节，将企业投资建设项目承诺时限从132个工作日压缩到50个工作日以内，申报材料从257项压缩到126项。

服务创新举措 开展“多证合一”“七评合一”“七图联审”等服务创新，择优引进5家涉企审批中介进驻，对项目可研报告、节能评估、环境影响评价、安全评价、水土保持方案、地质灾害危险性评估、地震安全性评价等推进七评统一收件、统一出件。对华亚宏置业项目完成前两个节点的并联审批、联合评审；对好特富工具等10个项目完成第一节点的联合评审。设立专门的“五图联审”专家驻场室、图审室、扫描出图室等，配合推进市县联动数字化多图联审。

“12345”便民服务 2016年，实行“三包四办”工作制，即：12345热线包总、成员单位包线、具体负责人包办，做到简单问题直接办、一般诉求问题限时办、热点难点问题联合办；紧急问题突击办、努力为企业群众排忧解难。全年建立工单数32082件，其中咨询18202件、求助12247件、建议15件、举报1373件、投诉245件，现场办结数18008件，派发工单数14074件，接待上访群众23次，现场查勘145次。

二、公共资源交易

2016年，加强公共资源交易监管，全面推进招投标电子化，共实施电子化项目142个，其中房建项目41个、市政60个、绿化28个、装饰装修10个、监理3个，配合远程异地评标项目58个。实行电子化招投标全程无纸化，推进政府采购项目报名、购买招标文件等环节的电子化，并将政府采购项目报名、购买招标文件的程序进行合并，进一步优化服务流程。不断加大对违法违纪行为的打击力度，受理投诉6起，查处不良行为3次，涉及8个单位，将其在省网曝光，一定期限内限制其市场准入。

第八节　机关事务管理

一、公车制度改革

2016年，根据中央和省、市车改工作部署，按照县委、县政府关于车改工作的要求，县机关事务管理局组织开展全县公务用车制度改革相关工作，全县党政机关共取消车辆239辆，其中退还68辆，封存171辆。8月底，基本完成封存车辆处置工作，其中报废88辆、调剂11辆、拍卖72辆(成交价256.75万元，溢价25.49%)。安置涉改司勤人员434人。为规范车改后县级机关保留车辆的使用管理，制定《滨海县县级机关公务用车集中管理平台保障监管办法(试行)》，启动全县企事业单位公务用车改革工作。根据中央企事业单位公务用车制度改革通知精神和省、市企事业单位车改工作部署和要求，全面启动全县企事业单位公务用车改革基础信息统计工作。全县纳入统计的部门所属非参公事业单位411家，编内实有人数13289人，主要负责人540人，实有车辆166辆，其中一般公务用车75辆，特种专业技术用车53辆，其他车辆38辆。全县纳入统计的国有企业40个，企业人数1296人，单位负责人总数103人，实有车辆88辆，其中企业负责人用车9辆、经营和业务保障用车77辆、其他车辆2辆。

二、办公用房管理

2016年，根据省、市办公用房改革要求，推进全县党政机关办公用房管理制度改革，制定《滨海县县级党政机关办公用房管理暂行办法》，确保统一权属登记、统一调配使用、统一维修改造管理、统一物业管理标准、统一处置办法“五个统一”制度落地生根，形成党政机关办公用房规范管理长效机制。强化办公用房清查管理，对全县党政机关办公用房和新建楼堂馆所专项清理工作进行“回头看”，严格按照县委《关于开展中央巡视组巡视江苏反馈意见整改落实情况“回头看”工作的实施方案》(滨发〔2016〕5号)要求，加强对办公用房使用情况的监督检查，确保全县党政机关办公用房使用管理符合规定要求。

三、公共机构节能管理

抓好《公共机构节能条例》和《江苏省公共机构节能办法》的落实，按照《盐城市公共机构节能工作考核办法(暂行)》的要求，加强节约型机关建设，提升公共机构节能管理水平。加强公共机构节能技改工作，实施万能断路器升级改造、无负压供水改造、LED灯置换、空调改造、公共部位红外感应改造等10多个节能改造项目，降低能耗使用，县行政办公中心水、电、汽消耗连续五年实现“负增长”。加强能耗统计上报工作，对公共机构名录库进行核对、补充和完善，梳理隶属关系，形成逐级上报、管理有序的报送体系，提高统计工作效率。以创建省级公共机构节能示范单位为契机，广泛宣传节能法律法规、经验做法和先进典型等，增强节能意识。年内全县416家公共机构人均综合能耗、单位建筑能耗、人均用水用电量均呈下降趋势，2014～2016年在全市公共机构节能工作考核中，滨海县连续3年位居全市第一。

四、服务保障创新

2016年，围绕中心抓重点，强化服务创新，转变工作方式，狠抓工作落实，完成机关事务管理服务保障方面的各项工作任务。会议服务严格将中央和省、市关于节俭办会的精神贯穿始终，全年承办和服务各类会议约200多场次。县政府食堂更换米饭加工硬件设备，狠抓食品安全卫生，改善烹饪技术，美化就餐环境，通报浪费行为，倡导健康绿色消费，为干部职工提供价廉物美、营养卫生、快捷可口的餐饮服务。全年食堂中午就餐9万多人次，食品质量、卫生状况和服务质量等方面的满意率持续保持在90%以上，连续14年安全运行零事故。财会服务严格执行财经纪律，认真执行中央和省、市关于勤俭节约反对浪费的规定，严格经费包干、专款专用，坚持财务支出公示制度，规范经费结报程序和财会管理制度，切实加强国有资产管理，合理调度安排资金，控制经费支出。严格政府采购，规范运作，降低机关运行成本，确保机关正常运转，努力建设节约型机关。财会管理水平和服务效率不断提高。全年为40多个报账单位完成9000多万元预算内资金、4000多万元专款的管理核算工作，及时准确地为500多人(户)发放工资、离退休金、生活补助费和提供公积金、医保金代收代缴服务，做到无一差错。安保服务井然有序。召开县行政办公中心机关事务管理工作会议，落实工作责任，消除安全隐患，坚决预防和遏制火灾事故发生，营造安全有序的工作环境。坚持每月一次的安全隐患大排查，组织相关部门对消防、餐饮、公务车辆、水电气和维保修缮施工等方面进行检查，及时将安全工作情况和隐患排查情况进行通报并落实整改，确保办公中心协调有序运转。积极配合相关部门妥善处理好群访、集访和异常性、危害性事件。全年安保部门登记进出人员11000多人次，维护信访秩序170多批、3600人次。设备维保全天服务，水电维保人员加强值班、恪尽职守，不断强化行政办公中心的日常维护保障工作，到12月底，累计受理水电维保单500多次、空调维保300多次。实施万能断路器升级改造、无负压供水改造工程，配合检测单位完成电梯的保养测试和检测，完成行政办公中心东辅楼供水管路改造维修工程，对行政办公中心照明灯具进行补充完善、改造提升。车辆服务安全快捷。坚持公车公用、服务工作的原则，紧紧围绕安全第一，服务至上的原则，严格执行中央和省、市、县公车管理相关规定，完善管理措施，强化监督手段，健全考评机制，严格实行公车集中管理、统一调度，严格实行节假日和非工作期间回单位停放制度，严禁私驾和套牌使用公务用车。截至12月底，全年已安全行车80多万千米。响应县委“绿色滨海”建设新要求，围绕绿色、开放、共享的建设理念，加大县行政办公中心区域绿化升级改造力度，致力打造城市绿色新空间，积极构建亲民、便民、惠民绿色生态环境。年内，县行政办公中心绿化覆盖率达70%，形成常绿为主、色彩丰富、层次分明、自然生态的绿化景观效果。修改完善机关事务管理工作服务承诺制，严格实行首问负责制，确保365天24小时受理求助无盲点。

第 08 章　政协滨海县委员会

综　述

2016 年，县政协内设一办四委，学习文史委（挂港澳台侨委员会），经济科技委员会，提案委员会（挂社会法制和民族宗教委员会），教文卫体委（挂人口资源环境委员会）。设 13 个界别组，共有委员 319 人（女 59 人），其中政协常委组成人员 55 名。年内，依靠和带领全体政协委员，学习贯彻党的十八大和十八届五中全会精神以及习近平总书记系列重要讲话精神，牢牢把握团结和民主两大主题，切实履行政治协商、民主监督、参政议政职能，为全县经济社会平稳健康发展做出新的贡献。

履行职能　组织各类协商议政活动，围绕实施精准扶贫、推进健康滨海建设等议题召开常委会议专题协商，围绕渠南高效农业发展、水利设施建设、食品安全监管、民生工程实施等议题召开主席会议，集中视察，形成 10 份调研成果，为县委、县政府科学民主决策提供参考。其中关于滨海县精准扶贫工作的调研报告，县委、县政府主要领导做了批阅，并在《滨海通讯快报》上转发。编撰出版《滨海地名溯源》一书，介绍滨海地名的概况与来源，展现滨海地名独有的地域文化特色。续编《滨海往事(1949～1966)》，抢救性征集有关史料。

搭建平台　创新活动形式，搭建服务平台，拓展履职渠道，使委员活动经常化、制度化、规范化，为政协工作注入新活力。开展"委员走访月"活动，深入了解委员的工作生活情况，继续深化"三个一"活动，在《滨海日报》、县电视台等新闻媒体上开辟专栏，广泛听取委员意见和建议；加大异地商会组建力度，先后协助县工商联牵头组建盐城滨海商会、苏州滨海商会等一批异地商会组织，设立招商引资服务中心，引导他们积极参与家乡建设。在"6·23"阜宁、射阳龙卷风冰雹特大灾害发生后，各地商会共捐款捐物 280 多万元，以实际行动支援灾区。

团结协作　加强专委会与社会各界联系，完善专委会协调协作机制，促进专委会与党委政府对口部门、与所联系界别的协作，不断凝聚工作力量，增强工作活力。参加盐城滨海商会、苏州滨海商会成立大会，密切与工商界人士的联系。全面贯彻党的民族宗教政策，围绕推进民族村小康建设，对农村宗教事务管理开展调研。配合市政协组织多次主题调研活动，密切与外地政协间的工作交流，全年共接待江阴、山东、安徽、河南等外地政协到滨海考察调研 10 多批次。开展对外宣传，接待人民政协报社记者团到滨海采访活动，介绍滨海县政协开展协商议政方面的经验。

第一节　重要会议

一、县政协第十二届第五次全会

1 月 5～7 日，县政协十二届五次会议在东坎召开。县十二届政协全体委员，县委、县人大、县政府领导人，担任过县政协领导职务的退休老同志，各镇（区）党（工）委书记，县委各部委办、县各委办局和县直各单位主要负责人，县政协文史委员出席会议，驻滨海的省、市政协委员全程列席会议。会议听取并讨论县委书记李逸浩的重要讲话，听取并审议县十二届政协常委会工作报告和提案工作报告，听取县长钱武华所作的政府工作报告，讨论通过会议决议。

二、县政协常委会议

2016 年，县政协第十二届常委会共举行 4 次会议，即十二届二十次到二十三次会议。

1 月 5 日，县政协召开第十二届二十次常委会议，县政协主席许松柏主持，副主席王达军、韩立扩、赵远新、郑成铨，秘书长孙信成出席。县委常委、组织部部长徐亚列席。会议听取徐亚关于增补县政协十二届委员会常务委员会委员的说明，并协商候选人名单。会议审议《政协滨海县第十二届委员会第五次会议选举办法》（草案）、《政协滨海县第十二届委员会第五次会议决议》（草案）。

1 月 6 日，县政协召开第十二届二十一次常委会议。县政协主席许松柏主持，副主席王达军、韩立扩、赵远新、郑成铨，秘书长孙信成出席。会议听取各委组讨论情况综合汇报，确定县政协第十二届委员会增选常务委员正式候选人名单，讨论并确定大会选举工作人员名单。

6 月 16 日，县政协召开第十二届二十二次常委会议。县政协主席许松柏主持，县委常委、常务副县长周岚应邀出席。县政协副主席王达军、韩立扩、赵远新、郑成铨，秘书长孙信成出席。会议专题协商讨论推进健康滨海建设工作，传达学习县委书记钱武华在县委常委（扩大）会议上的讲话。

7 月 28 日，县政协召开第十二届二十三次常委会议。县政协主席许松柏主持，县政协副主席王达军、韩立扩、赵远新、郑成铨，秘书长孙信成出席，副县长余吉生应邀出席。

会议专题协商如何进一步推进精准扶贫工作,会议还传达学习县第十二次党代会精神。

三、县政协主席会议

2016年,县政协第十二届常委会共召开5次主席会议,即十二届十九次到二十三次会议。

2月5日,县政协召开第十二届十九次主席会议。县政协主席许松柏,副主席王达军、韩立扩、赵远新、郑成铨,秘书长孙信成出席,机关各委办主任列席。会议商定2016年重点工作安排。

3月18日,县政协召开第十二届二十次主席会议,县政协主席许松柏,副主席王达军、韩立扩、赵远新、郑成铨出席,机关各委办主任列席。会议确定主席督办重点提案,视察司法为民情况。

6月26日,召开县政协第十二届二十一次主席会议,视察渠南水利设施建设情况。县政协主席许松柏,副主席王达军、韩立扩、赵远新、郑成铨,秘书长孙信成出席,机关各委办主任列席。

8月31日,县政协召开第十二届二十二次主席会议,就渠南片区高效农业发展规划进行专题协商。县政协主席许松柏,副主席王达军、韩立扩、赵远新、郑成铨,秘书长孙信成出席,机关各委办主任列席。

12月25日,县政协召开第十二届二十三次主席会议。县政协主席许松柏,副主席王达军、韩立扩、赵远新、郑成铨,秘书长孙信成出席,机关各委办主任列席。会议讨论商定县政协十三届一次会议相关事宜。

第二节　重要活动

一、协商议政

2016年,县政协十二届五次全会期间,委员们重点就推进滨海县全面深化改革,加快建设经济强、百姓富、环境美、社会文明程度高的新滨海等方面议题,深入协商讨论,积极建言献策,提出各类意见建议218条,共同为滨海县经济社会跨越发展献计出力。全年先后召开4次常委会议、5次主席会议,围绕实施精准扶贫、推进健康滨海建设等议题召开常委会议专题协商,围绕渠南高效农业发展、水利设施建设等议题召开主席会议集中视察,共提出各类建议124条,从不同角度为全县经济社会发展建言献策,推动相关工作的开展。

二、调研视察

2016年,县政协常委会先后组织委员就全县养老体系建设、电商产业园建设、镇(区)村幼儿园建设等开展专题调研,围绕教育均衡发展、食品安全监管、民生工程实施、公立医院改革等工作组织委员进行集中视察,形成一批有一定深度和质量的调研视察成果,为县委、县政府及有关部门科学民主决策提供参考。其中关于滨海县精准扶贫工作的调研报告,县委、县政府主要领导做了批阅,并在《滨海通讯快报》上转发。

三、提案办理

县政协十二届五次会议以来,共收到委员提案116件,经审查立案114件,其中涉及民生提案占总数的90%。遴选5件主席督办重点提案,制定督办工作方案,明确承办单位和承办人,推动提案的办理和落实。

四、文史工作

2016年,编辑出版《滨海地名溯源》一书,全书从无到有的沧桑演变、自然人文的历史溯源、烈士血染的红色名片、地名神话与传说四个部分,自然、人文着眼,介绍滨海地名的概况与来源,展现滨海地名独有的地域文化特色。续编《滨海往事(1949~1966)》,抢救性征集地情史料。

五、对外交流

协助做好省政协关于滨海县沿海开发和沿海工业园环境保护调研活动的接待工作。配合市政协组织好多次调研活动,调研主题涉及精准扶贫、乡村旅游业发展、沿海万亩林场等。密切与外地政协间的工作交流,全年共接待江阴、山东、安徽、河南等外地政协到滨海考察调研10多批次。积极开展对外宣传,接待人民政协报社记者团到滨海采访活动,介绍滨海县政协开展协商议政方面的经验,《人民政协报》《中国政协》《江苏政协》等省级以上媒体多次宣传滨海县政协推进协商民主、服务改革发展等方面的工作做法。

"委员走访月"活动　县政协确定5月份为"委员走访月",主席会议成员按照分工和走访要求,分别率对口委、办,走访联系界别小组委员,深入了解委员的工作生活情况,广泛听取委员意见和建议。活动期间,共征集委员意见215条,搜集招商引资信息10多条。对征集到的意见建议,进行筛选整理,分别报县委、县政府和相关部门,其中,"关于因病致贫、因病返贫,精准扶贫""健康滨海"等方面的意见建议,得到县委县政府领导的肯定,被充分吸收和采纳。

"三个一"活动　继续深入开展"三个一"活动,引导委员参与慈善公益事业,广大政协委员在捐资助学、修桥铺路、扶危济困等方面做了大量实事、好事,全年捐资捐物折合人民币1000多万元。在《滨海日报》、县电视台等新闻媒体上开辟专栏,对自身素质好、履职成果多、社会贡献大的委员进行宣传报道,扩大委员的社会影响,传播正能量。

政协委员企业家联谊会活动　组建政协委员企业家联谊会,定期开展活动,了解会员企业生产情况,列出帮扶清单,帮助会员企业排忧解难,提高企业家投资信心。一大批委员企业成长为行业排头兵和地方经济支柱,为促进全县经济发展提供有力支撑。

异地商会组建工作　2016年,先后协助县工商联牵头组建北京滨海商会、上海滨海商会、盐城滨海商会、苏州滨海商会等一批异地商会组织,引导他们积极参与家乡建设。

第09章　中共滨海县纪律检查委员会

综　　述

2016年,全县共有纪检监察组织51个、139人,其中县纪委机关内设科室10个、工作人员40人,班子成员7人,工作室6个、工作人员22人;镇区监察组织14个、工作人员27人;县直监察组织37个、工作人员51人。荣获五年一度的“全省纪检监察先进集体”称号,获得“全市反腐倡廉和作风建设奖”,1个镇区和1个县直纪检监察组织获得“全市纪检监察先进集体”称号。1人荣获“全省纪检监察系统先进个人”称号,5人获得“全市纪检监察系统先进个人”称号。全县各级纪检监察组织全面履行党章赋予的职责,以推动全面从严治党迈上新台阶为总体目标,以开展“两学一做”学习教育为活动统领,以进位争先、走在前列为工作定位,紧盯目标一干到底,求真务实争创一流,全县党风廉政建设和反腐败工作取得新的明显成效。县纪委在2016年度全市目标任务考核中获评“反腐倡廉和作风建设工作”先进奖。

县纪委在2016年度全市目标任务综合考核中获“反腐倡廉和作风建设工作”先进奖奖匾。　县纪委　提供

第一节　重要会议

1月26日,县纪委召开基层纪(工)委书记述职评议会。县委常委、纪委书记李杰出席并讲话。李杰对2015年全县基层纪(工)委工作取得的成绩予以肯定,要求新的一年要切实履行好监督责任,勇于担当履职,以良好的形象和作风努力做出工作成效,为推进全面从严治党迈上新的台阶做出应有贡献。

2月14日,县纪委、监察局召开“推动工作迈上新台阶目标承诺会”,县委常委、纪委书记李杰出席会议并讲话。各室负责人就2016年工作任务目标作出公开承诺。

2月20日,中国共产党滨海第十一届纪律检查委员会第六次全体会议召开。副市长、县委书记、县人大常委会主任李逸浩出席会议并讲话,要求全县各级党组织和广大党员干部深入学习贯彻中央省、市纪委全会精神,特别是习近平总书记在中央纪委六次全会上的重要讲话精神,求真务实、开拓进取、扎实工作,不断开创党风廉政建设和反腐败工作新局面,推动全面从严治党迈上新台阶,为“加速沿海崛起、推动板块进位、实现小康升级”提供坚强政治保证。第一次会议结束后,县纪委十一届六次全会召开第二次会议,审议通过全会工作报告和决议。

3月1日,县纪委召开“信访工作责任年”活动部署会,县委常委、纪委书记李杰出席会议并讲话。李杰要求全县纪检监察系统上下必须认清形势,统一思想,统一行动,聚焦目标,做好信访工作。

4月1日,县召开“正风肃纪村(居)行”专项整治动员会。副市长、县委书记李逸浩要求,各镇区、县各相关部门要以高度的政治责任感,坚决抓好“正风肃纪村(居)行”专项整治活动,以实际成效取信于民。县委副书记、县长钱武华主持会议并就会议精神贯彻落实提出具体要求。县政协主席许松柏,县领导周岚、张孝荣、沈卫东、李杰、姚兆春、王海荣、施正祥、徐亚、于峰岭、赵远新出席。

7月20日下午,中共滨海县第十二届纪律检查委员会举行第一次全体会议。会议以无记名投票方式,差额选举出由李杰、唐子海、王刘兵、徐亮、孙昌龙、陈开尚、洪涛组成的中共滨海县纪律检查委员会常务委员会。会议以无记名投票方式,选举李杰为中共滨海县纪律检查委员会书记,唐子海、王刘兵为中共滨海县纪律检查委员会副书记。

7月21日下午,县纪委召开机关全体工作人员会议,传达学习县第十二次党代会精神。县委常委、纪委书记李杰主持会议并讲话。

7月29日,县召开“治痼疾、强党性、树新风”作风建设专项行动动员大会。县委书记钱武华指出,全县党员干部要进一步转变作风、树好形象、强化执行、提升效能,以更加高昂的精神状态、更加扎实的工作作风,奋力投身到贯彻落实党代会确定的各项目标任务上来,为全面建成高水平小康社会提供坚强的保障。代县长刘永轩主持会议。县政协主席许松柏,县委副书记张孝荣,县领导周岚、李杰、姚兆春、王海荣、徐亚、李军、许晓云、于峰岭等出席。

8月17日,县召开2016年第一轮巡察工作动员部署会,县委常委、纪委书记李杰出席会议并对第一轮巡察工作进行动员部署。

9月10日,县召开优化发展环境工作会议。县委书记钱武华强调,全县上下要进一步抬高目标定位,抓实工作重点,形成工作合力,持之以恒抓好优化发展环境工作,全力打造全市一流、全省领先的优质发展环境,为实现"三争"目标提供优良的环境保障。代县长刘永轩主持会议。县政协主席许松柏,县委副书记张孝荣,县领导周岚、沈卫东、李杰、姚兆春、王海荣、徐亚、李军、于峰岭等出席。

11月4日,县纪委在县会议中心召开学习贯彻党的十八届六中全会精神暨开展"争做求真务实表率、争创一流工作业绩"主题教育活动动员会议。县委常委、纪委书记李杰出席并对"双争"活动作动员部署,县纪委副书记、监察局局长唐子海主持会议,县纪委副书记、优化办主任王刘兵宣读活动实施方案。县纪委常委徐亮、孙昌龙、洪涛等参加会议。

第二节 重要活动

3月31日,县纪委举办全县纪检监察干部《中国共产党廉洁自律准则》和《中国共产党纪律处分条例》专题培训班,市纪委审理室主任周志峥应邀作专题辅导。

4月26日,省纪委宣传部副部长戴宁华在滨海调研指导全县党风廉政宣传教育工作。

5月4日,县委常委、纪委书记李杰到县委农办检查指导"正风肃纪村(居)行"专项整治活动开展情况。李杰要求县委农办要紧盯重点,对群众重点关心的财务等热点问题进行整顿。要确保任务分解到位、责任明确到人,具体工作明确专人;要继续强化措施,采取明察暗访、随机抽查相结合的方式,对各镇区自查自纠情况进行审查核实,落实镇村制定措施,健全制度,逐项整改到位,确保整治工作落实到位。

6月2日,省纪委党风室主任刘海涛一行在滨海调研督导"正风肃纪村居行"专项整治行动开展情况,听取滨海县"正风肃纪村居行"专项整治行动开展情况以及县相关部门、镇村相关情况汇报。县委书记钱武华,市纪委副书记、监察局局长刘正秀,县领导张孝荣、李杰参加座谈会或陪同检查。

7月7日下午,县委书记钱武华到县纪委调研指导工作,对全县反腐倡廉工作给予充分肯定并提出明确要求。县委副书记张孝荣,县委常委、纪委书记李杰参加。

9月23日,市委常委、纪委书记王小红在滨海调研,县委书记钱武华汇报滨海县情概况、经济社会发展以及党风廉政建设和反腐败工作开展情况。县委副书记、代县长刘永轩,县委常委、纪委书记李杰陪同。

12月8日,省纪委党风政风监督室副主任章健一行到滨海调研"正风肃纪村居行"专项整治行动开展情况。县委副书记张孝荣,县委常委、纪委书记李杰陪同。

12月21日,市纪委副书记孙红亮率队到滨海县调研2016年党风廉政建设情况及2017年工作思路。代县长刘永轩,县委常委、纪委书记李杰陪同。

12月20日,市委常委、组织部长尹卫东率市检查考核组到滨海县检查考核2016年度党风廉政建设责任制落实情况。县委书记钱武华代表县委汇报滨海县党风廉政建设主体责任落实情况。代县长刘永轩,县政协主席许松柏,县委副书记张孝荣,县领导周岚、沈卫东、李杰、姚兆春、王海荣、徐亚、李军、许晓云等参加。

8月15日,县纪委举办正风肃纪图片展览。

县纪委　提供

第三节 责任落实

2016年,县纪委协助县委落实主体责任,组织党风廉政建设责任制层层"签字背书""集中扯袖提醒"、责任分解和检查考核,严格执行两个责任"双报告"、述责述廉、镇区党(工)委书记抓基层党建和履行主体责任述职评议制度,全面压实"两个责任"。强化党内监督,按照省、市、县委部署要求,成立巡察工作领导小组、巡察办,制定《关于开展巡察工作实施意见》,建立常规巡察、专项巡察和民情巡察"三位一体"工作机制,推动巡察工作向基层延伸。对两个镇区、两个部门开展常规巡察,对农村道路提档升级、扶贫开发开展专项巡察,发现并整改问题68个。加大问责追究力度,对2015年度管党治党不力、发生严重违纪违法问题的两家单位实行"一票否决",问责追究党员领导干部21人次。履行纪委监督责任,实行纪检干部巡察、基层纪检组织季度例会、发生问题约谈纪委书记和定期集中交责谈话制度,促进基层纪委履职尽责。做好县委、县人大、县政协和镇党委、镇人大换届以及村(社区)党组织换届党风廉政情况征求意见回复工作,共审查3480人次,提出意见87条,发挥纪检监察机关把关作用。

8月27日,县纪委主要领导做客清风扬帆网。

县纪委 提供

第四节 执纪审查

2016年,全年立案290件,查处科级干部案件17件。正确把握并运用"四种形态",受理群众各类信访举报587件次,处置问题线索541件,运用初核了结、谈话函询等第一种形态占46.4%,给予党政纪轻处分第二种形态占31.4%,给予党政纪重处分第三种形态占18.6%,移送司法和司法移送第四种形态占3.6%,体现纪严于法的特色。滨海县践行"四种形态"、快查快结纪律审查模式被省纪委《党的生活》向全省推介。加大执纪审查基础设施建设力度,谈话点改造基本完成。狠抓执纪审查业务能力提升,开展5轮案例研讨、审理业务跟班培训,参加上级联合办案19人次,受到上级纪委表扬,所立案件全部审结,在全市案件质量评比中获得第二名。做好执纪审查"后半篇"文章,建立处分执行、审理建议、跟踪教育和案件质量双月研习"3+1"机制,市纪委以专刊形式对滨海县跟踪教育工作进行推介。

第五节 正风肃纪

2016年,坚持问题导向,实施分类整治,推动党风政风持续好转。从严查纠"四风"。加大明察暗访、调查处理和通报曝光力度,发现并查处违反中央八项规定精神问题9个,处理14人,通报3期,电视台跟踪播放35期。协助县委开展作风建设专项行动,出台党员干部"九提倡九反对九严禁"和村(居)干部廉洁履职"十个严禁"系列制度,制作播放警示教育片《违纪之鉴》,推动作风建设不断深入。坚持抓小抓细抓具体,扎实开展"三项问题"集中整治,坚决防反弹防松懈。全力优化环境。聚焦审批难、办事难"两难"问题,制定整治意见,召开全县优化环境大会,全力争创"五最"目标。审批时限由平均6个工作日降到3个工作日,实现全市审批项目最少、时间最短、收费最低"三最"目标。开展群众身边"四风"和腐败问题专项整治,迅速查清上级纪委交办的10件侵害群众利益不正之风问题线索,累计处理41人,实施"一案双查"7人。集中交办侵害群众利益不正之风问题线索90件,立案14件、23人,通报4期,召开警示教育会1次。开展正风肃纪村(居)行活动,发现涉农不规范资金400多万元;取消不符合低保条件对象784户,年节约资金285万元;严肃查处基层干部涉恶涉黑案件17起、22人。正风肃纪工作先后被中纪委网站、省市纪委专刊宣传推介。

9月26日,省、市、县领导到县永宁路实验学校调研创建省级廉政文化示范点工作。

陈其龙 摄

第 10 章　工商联　群众团体

综　　述

2016 年，滨海县工商业联合会，按照“团结、服务、引导、教育”的方针，推进各项主题活动，做好政治引导、思想引导和政策引导，鼓励非公经济人士做“爱国、敬业、诚信、守法、贡献”的模范。县总工会组织五大举措策应供给侧结构性改革，受到省总工会领导肯定，《江苏工人报》头版头条作报道；全县工会工作获得全省推动厂务公开民主管理创新实践成果奖、市工会信息工作先进单位、市总工会和县委、县政府综合奖等称号。团县委做好团队组织建设、服务创新、公益助学等工作，团结青年为建设滨海作贡献，教育青少年爱滨海、爱学习，健康成长。县妇联被省政府妇儿工委表彰为全省妇女儿童工作先进集体，被省妇联表彰为宣传工作先进单位；12 月，全县 296 个村(社区)开展妇联改建工作，完成妇女儿童之家的制度调整工作。县科学技术协会开展科技帮扶活动，扶持困难户养殖种养，培植省级科普示范社区 1 个、市级科普示范镇 1 个、市级科普教育基地 4 个。县文联以实施文化预约惠民工程为抓手，常态化开展书画展、笔会、文艺演出等文化惠民活动。县红十字会备灾救灾、救助救护、献血献髓等工作，获全市红会系统综合考核一等奖。

第一节　滨海县工商业联合会

2016 年，县工商联有各类会员 1995 个，其中企业会员 707 个、团体会员 20 个、个人会员 1268 个，会员发展增长 8.2%，企业会员占全县私营企业的 19.8%，规模企业会员占全县规模企业的 98%。全县各镇区均成立商会组织。成立园区商会 3 个，分别是经济开发区工业园基层商会、沿海工业园基层商会、现代农业产业园区基层商会。行业组织覆盖全县主导产业，共建立各类行业商会 3 个，分别为化工行业协会、纺织行业协会、泵阀产业协会。异地商会 4 个，分别是滨海浙江商会、上海滨海商会、北京滨海商会、盐城滨海商会。是年，按照“团结、服务、引导、教育”的方针，扎实推进各项主题活动，着力做好政治引导、思想引导和政策引导，鼓励非公经济人士做“爱国、敬业、诚信、守法、贡献”的模范，促进滨海县非公有制经济健康发展和非公经济人士健康成长。

一、服务经济建设

异地商会　收集滨海在外创业有成人士信息，重点建立滨海籍在南京、苏州、无锡、镇江、常州、昆山、张家港、江阴、常熟、杭州、宁波、青岛、深圳、天津、徐州、盐城等城市创业有成人士台账。通过联络对接，对在当地创业有影响、在老乡中有威信、热衷于公益事业的成功人士进行重点走访，成立盐城滨海商会，着力凝聚在外滨商乡情，增强抱团发展力量，搭建以商引商平台。

交流合作　多次赴上海、北京、南京等地考察交流，保持与外地滨海商会和在外创业有成人士联系，全力做好跟踪服务和招商宣传工作。

调研活动　3 月 10 ~ 25 日，对长海化工、苏普尔化学、普信药业、吉华化工 4 家上规模民营企业以电子表格形式进行调研，了解全县民营企业发展规模和水平。为加强对非公经济人士年轻一代的教育引导培养，促进其健康成长和所在企业健康发展，根据市工商联通知要求，县工商联合会 3 月 20 日 ~ 4 月 15 日对全县非公经济人士年轻一代有关情况进行调查摸底，并及时上报《盐城市非公经济人士年轻一代信息采集表》。

招商引资　发挥商会在政府与企业之间的桥梁和纽带作用，依托会员企业家的信息渠道、商务渠道和人脉资源，多次赴昆山、广东、深圳等地拜访通铭金属有限公司等企业，实施以情招商、以商引商和精准招商。9 月 23 日，召开商会组织建设暨招商引资工作座谈会，邀请 30 多名异地滨海商会会长、秘书长和成功创业人士参加，大力宣传滨海、推介项目，开展驻点招商、以商引商。

二、服务非公企业

发展会员　积极稳妥发展会员队伍，在吸收大型骨干企业入会的同时，大力吸纳面广量大的小微企业入会，私营企业会员占全县私营企业比重达到 15% 以上，注重吸收成长性好、发展速度快的新技术、新产业、新业态企业入会，全年新发展企业会员 58 家。

走访企业　多次走访万恒铸业、吉华化工、普信药业等副会长企业及工业园、沿海工业园，及时了解企业的服务需求和建议，帮助会员企业解决一些实际困难和问题。

三、活动组织

“百企帮百村” 根据省工商联、省扶贫办、省光彩会共同组织实施的“百企帮百村”精准扶贫活动要求，及时与东坎镇沙浦村、响坎村、吕滩村，滨海港镇木楼村、条堆村，蔡桥镇木港村，滨海港经济区大尧村7个村对接，建立工作台账，填报信息采集表。组织签约的7个村代表参加8月25～26日常州市工商联在滨海县召开的“常州——盐城‘百企帮百村’推进会”，走访考察东坎镇沙浦村、滨海港镇木楼村。

捐助活动 阜宁、射阳6·23龙卷风灾害发生后，立即发出倡议，号召异地滨海商会和各会员企业开展紧急捐助活动。据不完全统计，全县有近20家非公企业捐款约200万元，其中苏盐阀门100万元、亚邦药业24.3万元、华宝集团33.48万元；异地滨海商会捐款140多万元，其中上海滨海商会捐款10.7万元，北京滨海商会捐款130万元（其中：商会会员捐款30万元，江苏天之依服饰有限公司捐赠价值100万元生产自救物资）。此外，还有食品、药品、服装、棉被、卫生纸、手电筒、雨衣等大量物资。

创建活动 瞄准“一个设立、五个有”建设任务，按照“五好”工作要求，向建湖等“五好”县级工商联学习取经，研究商会发展和商会组织建设管理新思路、新举措，并先后于9月份召开商会组织建设工作会议、11月份召开在外有成人士信息采集工作会议，对“五好”县级工商联创建工作进行全面部署，认真完善台账资料，顺利通过省“五好”县（市、区）工商联评估，已获批江苏省“五好”工商联。

换届工作 按照《中国工商业联合会章程》规定，提前做好相关基础材料草拟工作。及时召开各镇区分管领导会议，部署填报参会人员和常执委推荐人选，对工商联换届工作的人事安排、工作要求进行全面筹划。稳步做好换届选举工作。

第二节 滨海县总工会

2016年，滨海县总工会内设组织部、办公室、民管部、女工部、生产法工部、生活保障部、财务部。2016年，全县新建工会62家，覆盖法人单位68家，其中非公企业工会49家，物业工会2家，服务业工会8家，村（居）工会3家。共吸收新会员4500人。全县工会工作分别获得全省推动厂务公开民主管理创新实践成果奖、市工会信息工作先进单位、市总工会和县委、县政府综合奖等荣誉称号。

一、劳动竞赛

2016年，组织滨海港发电厂工程、滨海港疏港航道船闸工程以及滨海港煤炭储运码头一期工程等3项重点工程劳动竞赛，参赛职工近4000人。举办滨海县首届“十大金牌工匠”评选活动，评出“十大金牌工匠”，“十大金牌工匠”提名奖20人，滨海县技术能手96人，召开“十大金牌工匠”表彰大会，市总工会及县四套班子相关领导出席会议并讲话。全年举办纺织，动物防疫、检疫，银行金融服务，气象服务之星4项技能大赛。向省总工会推荐3项创新成果，向市总推荐7项合理化建议，1项先进操作法。年内新建吉华陈小勇、瓯华陈淑磊、苏盐韩正海等5个劳模创新工作室。

相关链接·滨海县首届“十大金牌工匠”名单

张铁成　江苏苏盐阀门机械有限公司车工
陈进先　江苏华澳橡胶机械制造有限公司钳工
王其菊　江苏华宝纺织有限公司细纱工
杨　平　滨海县三明纺织有限公司粗纱工
潘其勋　江苏荣威建设工程有限公司砌筑工
张芝俊　江苏荣威建设工程有限公司钢筋工
沈汉桥　滨海县供电公司电工
李俊华　江苏万恒铸业有限公司维修电工
朱　海　滨海县头罾环境检测服务有限公司化学分析工
王长锦　江苏清泉化工有限公司化学检验工

二、安全督查

2016年，动员组织全县1200多家企业开展“安康杯”竞赛活动，落实43项安全生产措施，督促55家企业整改不安全隐患。全县各基层工会开展夏季安康“三送”活动，覆盖一线职工8万多人。全县建立16个工会劳动法律监督片区工作站，29个安康驿站，为清洁工人创造休息、避雨、防暑场所。安全生产宣传月设立19个咨询点，编制130块宣传展板，发放宣传材料2500多份。全年县投入50万元，新建安康“爱心驿站”16家、服务职工3.8万多人。

三、宣传活动

2016年，开展“中国梦·劳动美，幸福路”主题宣教活动，宣传劳模先进事迹和滨海县首届“十大金牌工匠”先进事迹。在《滨海报》、滨海电视台开辟劳动者风采专栏，先后宣传报道邵海霞、厉祥凯等20多名劳模、金牌工匠先进事迹。其中全国劳模厉祥凯“打拼20年还清千万‘良心债’”事迹刊登在5月7日《工人日报》上，被评为阿里公益天天正能量一等奖，获得1万元奖金。加强职工书屋创建工作，全年创建省级职工书屋1家，市级职工书屋10家，县级合格职工书屋428家，新建文化长廊6500米，举办首次全县职工文学创作培训班，邀请《雨花》杂志主编等专家到滨海讲学。全年向市级以上报送信息被采用187篇，其中《工人日报》（工会信息）用稿16篇，《江苏工会网》（工会信息）栏目用稿11篇，在全省名列第一，在《工人日报》用稿4篇，市委、市政府两办用稿2篇，在全市名列第一。

四、民主管理

2016年，县总工会对厂务公开民主管理工作着重围绕抓“三保”，力求促进劳动关系和谐稳定。保岗位：力争不景气企业少减员或不减员。据统计，受供给侧结构性改革的影响，全县职工下岗人数1300人左右。保收入：年内虽然面临供给侧结构性改革的巨大压力，但职工的收入没有明显减少。保发展：与企业同舟共济渡难关，开展“五小”

活动,提合理化建议328条,被采纳90%。开展集体协商助“双业”活动。突出清算补偿与赔偿,优先兑付赔偿和补偿2700多万元。突出增量企业优势,接纳安置下岗职工650人。突出引领自主创业,新发展个体经营户540户,缓解就业压力。创建市民主管理示范基地5家,经市总及专家组评审,确定农商行、超威公司为市级民主管理示范基地。创建星级职代会,达到市级星级职代会5家。创建星级集体协商企业194家,其中二星级企业89家、三星级企业65家。全县围绕集体协商星级评创工作,共进行自查自评活动193场次,二星级企业自查自评活动18场次,三星级企业自查自评活动5场次。

五、扶贫帮困

2016年,建档困难职工2195户,新增123户,在原建档案基础上,按照全总要求,进行建档立卡2000户,网报130户。在困难职工帮扶上实行“三个转变”。由输血式向造血式转变:原县化肥厂困难职工林德银,通过培训,学会养鱼技术,到村里承包1公顷水面养鱼,年内获纯收入2.5万多元。由被动式向责任式转变:针对少数工会干部对困难职工帮扶不够重视,把帮扶当分外事的思想实际,实行困难职工帮扶问责制,和每个工会及工会干部签订困难职工帮扶责任状,按半年、年终进行考核奖惩,使困难职工帮扶由被动式转变为责任式。由救济式向开发式转变:全年通过多种渠道,筹集资金350多万元,为187名困难职工解决二次创业的启动资金。县“困难职工季季访”的做法在市总培训班上作经验介绍。

六、平台搭建

2016年,与县人社局联合承办3次企业用工洽谈会,提供就业岗位700多个,达成就业意向500余人,实际就业653人。组织实施“农民工援助行动”,培训农民工600多人次,为70多名农民工免费提供法律援助,帮助清欠农民工工资820多万元。大力实施“家政服务工程”,对120名家政服务员进行培训,提升家政服务人员工作能力。

七、权益维护

2016年,加强职工维权,开展劳动关系状况季季清活动,全县建立劳动法律监督组织125家,配备劳动法律监督检查员475人,进行专项监督检查46次,发放监督意见书37份,监督建议书46份,参与调解劳动争议49起,结案率100%。做好女职工“五件实事”和关爱行动,签订女职工保护专项合同320份,涉及女职工22142人。投入资金20万元,为女职工免费体检2000多人。爱心助学35人,举办育婴师培训班3期,超额完成送市培训任务。新建滨海农村商业银行、中国银行滨海支行、江苏美灯纸业、江苏玉醍醇酒业、大润发超市等“爱心母婴室”9家。

八、工会组织建设

基层工会建设 扎实开展“双争”和“联手兴家”活动,重点抓好“两新”组织建会、农民工入会、创建模范职工之家等工作。全年新建工会76家,农民工新增入会3960人,全县农民工入会率达90%。“两新”组织建会42家,占建会总数70%。发挥模范职工之家作用,带动小微企业和“两新”组织创建职工之家,其做法在市总大丰会议上作经验介绍。出台《社会化工会工作者管理办法》,择优选拔21名社会化工会工作者充实到镇(区)、园区,较好地解决基层工会人员不足问题。不断拓展工会组织延伸,探索组建项目工会、经合工会、快递工会、域外工会、楼宇工会、大棚工会,努力提升工会组织覆盖面。

创新创优 县级工会工作改革与创新获中国管理科学研究院《中国管理优秀成果奖》,是全省县级工会唯一一家获奖单位。劳动竞赛成果实行四种形式共享,被全国总工会推广。企业协商民主实行职工评价制,被省厂务公开协调小组在全省推广。县委出台的滨委发〔2016〕16号文件将工会工作列入全县基层党建工作考核,被省总组织部认为是全省首创。村级工会规范化建设被市总以文件形式转发全市。全县农民工维权案例,被评为2016年度全省农民工维权十大优秀案例,是全市唯一一家。“六突出六协商”助力“双业”工作受到市总领导重视,相关分管领导到滨海县调研成功做法,并在市总会议上作经验介绍。县总工会组织五大举措策应供给侧结构性改革,受到省总工会领导肯定,《江苏工人报》头版头条作报道。集体协商实行等级管理制,服务职工实行“预约配送”,建立工会劳动法律监督指导站等新举措,被《工人日报》《江苏工会网》《江苏工运》等媒体专题报道,并在全国、全省推广。

第三节 共青团滨海县委员会

一、教育宣传

典型选树活动 开展“滨海好少年”“文明校园礼仪形象大使”“十佳(优秀)少先队员”“十大爱心志愿者(组织)”等评选表彰活动,通过选树身边的青春榜样,凝聚更多青少年主动践行核心价值观。

5月4日,团县委举办滨海县“十佳青年创新创业先锋”表彰大会。 团县委 提供

理想信念教育　2016年，团县委在少先队开展"我与滨海共成长、红领巾相约中国梦"主题教育活动；在初中开展"告别金色童年，畅想青春梦想"为主题的十四岁青春仪式；在高中开展"青春、成长、责任"为主题的十八岁成人礼；在中专举办"奋斗的青春最美丽"主题演讲活动；举办以"大美滨海，放飞梦想"为主题的风筝节活动，通过手绘风筝的方式弘扬核心价值观。

微信公众号　微信公众号既是展示共青团工作和形象的窗口，也是引导广大青年的舆论载体。团县委按照"确保数量、提升质量"的要求，逐步提升公众号影响力，在返乡创业、三月学雷锋、五四青年节、"12355"、中高考、南京大屠杀国家公祭日等关键节点，积极宣传创业富民、志愿服务、法律维权、心理自护、成长成才等践行核心价值观文章，弘扬社会正能量。

网宣员队伍建设　抓好网络文明志愿者队伍建设，培养"青V"网络评论员，有效管理网络宣传员队伍，组织动员本地团员青年在志愿者打卡器、共青团APP等平台积极响应发声。

互动社交平台建设　滨海"青年之声"平台问答数、点赞数、专家数等多项指标均在全市前列。团县委深入打造"青少年之家＋青年之声"立体式服务体系，线上与线下融会贯通，团内团外全面融合，组建团外专家队伍，在线上充分发挥共青团"互联网＋"扶持青年创业的优势，对广大青年提出的创业政策、贷款政策、培训机会、经营技巧等各方面的问题进行答疑解惑，在线下打造实体阵地"青春会客厅""创业咖啡聚"，不定期邀请创业大咖为广大青年网民提供创业讲座，开展创业培训，贴近青年创业者的需求。开展"一转两联三报到"活动、"日周月年服务网民"活动和"1＋100"团干部直接联系青年活动。建立常态化联系青年工作机制，每周到联系点报到，联系服务基层青年，关注青年网民舆论动向，引导青年网民，与青年网民交流互动，探索重构新型团青关系。

二、社会服务

服务创新创业　在春节期间开展返乡创业"归航行动"，开展"四个一"活动(发放一封信、一张问候卡、举办一次座谈会、一次分享会)；开展县"十佳青年创新创业先锋"评选活动，召开表彰大会，拍摄"双创先锋"典型事迹宣传片，在县电视台播放，造浓创新创业氛围；组织参加市"双创英才"评选活动，1人获市"十佳双创英才"荣誉称号；扶持创业青年152人，联合县人社局、华夏银行发放青年创业小额担保贷款260万元；联合滨海南山智汇园打造"青立方"青创空间，开设青创咖啡聚、创业青课堂、青创大咖秀等版块，为创业青年提供办公、商务、培训、融资等一站式服务，帮助青年度过创业之初的困难期；联合组织部人才科、人社局就业处、智汇园共同开展大学生创业训练营活动。联合天场镇电商小镇打造青少年综合服务平台，开展大学生电商创业培训；参与县"中秋情·创业梦"主题活动，制作宣传展板，印发《滨海青年创业101问》等政策汇编材料，现场进行咨询服务。参与"庆国庆，创业伴我行"活动，邀请镇区创业青年参与活动，开展创业政策宣讲、创业知识讲座、创业聚会等活动；组织参与市创业活动，组织滨海淘宝特色馆等项目参与市创新创业项目展示和市青年网络创业大赛，进行创业经验分享交流。组织大璞之星主动式医疗专用3D图像处理技术项目，参加第三届"创青春"中国青年创新创业大赛江苏地区获二等奖。推荐优秀企业家参加盐城市新生代企业家创新创业论坛，组织农村青年创业致富带头人参加市"青苗"计划培训班；宣传515人才计划，推动青年创业人才安家落户滨海，推荐滨海"985""211"优秀学子加入盐城优秀青年学子联谊会，组织滨海农行、国税、公安交巡警、市场监督局等窗口服务单位争创市级青年文明号，为广大创业者提供更好更优质的服务；开展"共青团与人大代表、政协委员面对面"活动，以"推动城乡青年电商创业公共服务平台建设"为主题，开展专题调研。

9月14日，团县委参与县"中秋情创业梦"活动，开展青年创业政策宣传。　　团县委　提供

助力脱贫攻坚　按照"精准扶贫"的要求，团县委结合自身职能定位，着力在"青春扶贫""智力扶贫"上下功夫。推出以"希望书包"为主题的关爱农村留守儿童公益项目，为留守儿童提供课外阅读、心理辅导、自护教育和游戏互动等内容，让留守儿童快乐阅读、快乐学习、健康成长，该项目获首届江苏志愿服务展示交流会盐城展区铜奖；加大银团合作力度，围绕金融服务"三农"发展、服务青年创业、服务扶贫开发等内容助力脱贫致富工作。

助力"书香滨海"建设　举办以"致青春我的滨海梦"为主题的青年演讲比赛，联合县文明办、文广局等单位举行"大众读书节"启动仪式，在广大青少年中营造"好读书读好书"的良好氛围。

投身文明城市创建　按照创省级文明城市要求，开展"青春助力　绿色滨海"活动，植绿护绿，提高青年环保意识。

公益助学活动　争取申彤希望助学金80万元帮助滨海绿杨希望小学改善教学条件；向省宏大青少年人才发展基金会争取2016年度助学金名额80个，共计发放助学金24万元；帮助蔡桥镇平安希望小学28名学生争取"平安奖

4月9日，团县委举办第六届大众读书节——“致青春　我的滨海梦”青年演讲比赛。　　团县委　提供

3月18日，团市委副书记许刚一行赴滨海调研青少年维权岗建设情况。　　团县委　提供

学金”1.65万元；协助省委驻滨帮扶工作队开展“情倾帮扶、心系学子”活动。

三、权益维护

2016年，推进重点青少年群体“青春护航工程”，预青办进驻社会管理服务中心实体化办公，定期召开预青领导小组联席会议，合力构建“五大保障体系”，实施“六大行动”，坚持“五一工作法”。在综治委成员单位和相关行业中开展青少年维权岗争创活动，联合县检察院完善“未成年人犯罪预防和权益保护中心”，妥善办理重点青少年犯罪案件，开展“重点青少年结对引航”活动，结对帮扶矫正重点青少年不良行为；整合青少年权益工作专业力量，广泛宣传社工工作理念，推广“社工＋志愿者”联动机制，积极引导志愿者骨干加入到社工队伍，学习社会工作专业知识和方法技能，参加全国社会工作职业水平考试；开展青少年事务进小区工作，在景湖小区打造青少年事务工作站，设立青春加油站和心理咨询室，定期开展法制宣传、安全自护、心理辅导、就业帮扶等活动；组织学校参与市中小学生自护情景剧大赛，获“组织奖”。联合县消防大队开展“消防自护教育村小行”活动，联合七彩阳光心理服务中心继续开展“金色阳光走村小”活动，发挥专业心理健康咨询志愿者队伍力量，开通心理咨询免费服务热线，常态化对重点青少年群体开展心理辅导、跟踪帮教等服务；关心关爱残障、留守儿童，组织基层团委书记与特殊教育学校残障儿童结对，赠送励志书籍文具，开展游戏互动、情感交流。

四、团队建设

干部能力建设　召开滨海共青团十五届三次全会，开展“三项问题”整治，坚持机关“周六学习会”制度，扎实开展“两学一做”学习教育，抓好专题党课，建设学习型党组，参与省青少年工作研究课题申报、共青团新媒体和文化产品引领青年创新案例申报，组织机关干部学习习近平主席七一重要讲话精神、长征胜利80周年讲话精神，盐城市第七次党代会报告；举办“学讲话　话改革　谋发展”机关专题开放日活动，邀请基层青年到团县委机关做客，近距离感受共青团的温度。

团员发展和教育管理　合理制定团员发展计划，严格执行团员发展“十步骤三公示六必须”要求和“三册滚动”制度；严格团内组织生活，开展“青春五月”主题团月活动；组织参与省市县“六个一”团建示范校创建活动；组织滨海中学于帅参与省市微团课比赛。

少先队固本强基工作　推荐88名优秀学生评选“江苏好少年”，推荐天场镇中心小学戴秉义中队、永宁路实验学校顾正红中队参评省少先队英雄中队，发动学生参与荷兰花海杯“我为美丽盐城＋1℃”盐城中小学生阅读与写作大赛，组织参与少先队总辅导员到中小学蹲点工作，组织参与市少先队骨干辅导员培训班，参与市优秀少先队辅导员、少先队员、少先队集体评选，联合省教育电视台、县教育局开展“未来之星”少儿才艺大赛滨海地区选拔。

第四节　滨海县妇女联合会

2016年，县妇联获评中国妇女发展基金会、中国邮政集团2015～2016年度“母亲邮包”项目优秀实施奖；被省政府妇儿工委表彰为全省妇女儿童工作先进集体；被省妇联表彰为宣传工作先进单位、妇女小额贷款发放工作先进县；获全市2016年度妇女目标考核综合先进奖。12月，全县296个村（社区）全面开展妇联改建工作，并同步完成妇女儿童之家的制度调整工作。

一、关爱妇女儿童

维护妇女合法权益　妇女维权工作最根本的落脚点，是要提高妇女自身的法律素质和依法维权的能力。县妇联把11月25日～12月25日定为滨海县妇联系统法制宣传月，举办“反家暴促和谐”为主题的反家庭暴力日宣传活动，制作并发放《关爱女性　拒绝家暴倡议书》千余份，接受现场咨询20余次；举办基层妇女反对家庭暴力培训班，200多名妇女参加培训；组织开展“12·4”法制宣传日活动，围绕《反家暴法》，依托“平安家庭”创建活动等品牌载体，发出反家暴倡议书、《有安全才有未来》儿童安全守护手册等资料2000册。

10月31日，县妇联联合滨海县实验小学举办“爱心储蓄罐，传承好家风”发放仪式。

县妇联　提供

改建妇联工作现场会　10月19日，盐城市村（社区）改建妇联工作现场推进会在滨海宾馆召开，上午，全市各县、市（区）分管主席、组联部长观摩界牌镇条河村和东坎镇坎东社区妇代会改建妇联现场。下午，召开盐城市村（社区）妇代会改建妇联推进会。县妇联介绍滨海县村（社区）妇代会改建妇联工作试点情况，从深入基层调查摸底、召开妇女代表座谈会，发放村（社区）改建妇联工作征求意见稿等方面着手，通过PPT向与会人员展示、讲解改建工作的各个环节。

召开“三八”纪念大会　3月4日下午，在县会议中心召开滨海县纪念“三八”国际妇女节106周年暨“十大最美女性”表彰大会，在评选表彰县“三八”红旗手的基础上，通过层层评选推荐，推出滨海县“十大最美女性”，并将她们的先进事迹制作成专题片在滨海电视台巡回播放，组织广大妇女干部和妇女群众集中收看。“三八”期间，县妇联还在《滨海新闻》上设立“三八”专题，重点宣传全县涌现出来的各业创业女典型，为广大妇女树立创业榜样，指引妇女创业方向。

相关链接·滨海县“十大最美女性”

1. 徐其香　盐城鸿源农牧业有限公司董事长
2. 徐　瑶　七彩阳光巾帼志愿服务队队长
3. 同建波　滨海县人民医院妇产科医生
4. 李余凤　滨海县长兴村村民
5. 陈建银　滨海县永宁路实验学校校长
6. 汪海华　滨海县环卫所职工
7. 蔡玉婷　滨海县职工医疗保险基金管理中心财务科科长
8. 王　玉　滨海县人民检察院未成年人检察办公室主任
9. 周万云　滨海县八滩镇烈士陵园园长
10. 胡海玲　东坎镇东三村主任

实施母亲邮包公益项目　为充分发挥妇联组织在社会扶贫中的积极作用，开辟为弱势妇女群众办实事的新渠道，广泛动员社会力量向困难群众送温暖送服务，进一步弘扬“人人可公益”的现代公益理念，县妇联开展以关爱贫困母亲为主题的“母亲邮包”公益项目，通过这一载体，广泛发动，传播慈善，传递爱心、传递知识，帮助贫困母亲提高生活质量，提高基本安全健康意识，感受社会的温暖。县妇联先后两次发动社会各界爱心人士捐助“母亲邮包”资金17000元，通过“一对一”捐助模式，资助170人需要帮助的贫困母亲。获中国妇女发展基金会、中国邮政集团2015～2016年度实施“母亲邮包”项目优秀实施奖。

组织家庭教育讲座　针对全县特困儿童和留守儿童家教缺失现象，县妇联联合县第二实验小学、昂立教育滨海分校共同举办“卓越父母培养卓越孩子”公益家教讲座，邀请江苏民资校长联盟主席曹红等著名家教专家为留守儿童监护人、隔代家长及实际监护人举办公益家教讲座2场次，受益家长和老师900多人次。启动“安全同行　悦享暑假”好家风、好家训、好家教“三进”公益巡讲滨海站，举办知识讲座12场次。在县实验小学举办“爱心储蓄罐　传承好家风”发放仪式，开展传统美德教育，动员家境好的学生每天节省1元钱，一年帮助一个困难学生，通过开展“一帮一”活动，组织认领爱心储蓄罐261个，全年爱心储蓄资金10万元全部用于资助贫困生。

妇联农村妇女实用技术培训班。　　县妇联　提供

关爱留守儿童成长　12月2日，在天场镇马套村举行“阳光少年　健康成长”——关爱留守儿童项目启动仪式。现场嘉宾为50名农村贫困留守儿童发放围巾、手套等防寒用品。县书法家为马套村留守儿童现场指导书法，爱心志愿者通过做游戏、绘本讲课等形式为留守儿童进行心理辅导。“六一”儿童节，与省委驻滨海扶贫工作队一起，筹集资金近10万元，资助农业园区同心村80多名2000年以后出生的贫困留守儿童。县妇联争取省儿基会资金13万元，

创办音乐种子等"春蕾班"4个,实施绿叶思科资助项目1个。2016年,新增留守儿童信息1360份,爱心妈妈千余人,成长伙伴500余人,结成980对帮扶对子,"爱心妈妈"定期进行"一对一"辅导。

省市重点项目申报 扎实推进妇女儿童实事项目,组织人员参加省市妇联"提升项目化、社会化服务妇女儿童能力专题培训班"。东坎镇"悦童年"农村留守儿童健康成长服务项目被列为2016年度江苏省实施妇女儿童规划示范地区重点扶持项目,获得省财政妇女儿童规划示范引导资金3万元。界牌镇、陈涛镇、天场镇、八巨镇等5个妇女儿童项目向上申报,"我们一家人"——关爱留守儿童健康成长项目、"阳光少年 健康成长"——关爱留守儿童项目被列为2016年度省级妇女儿童公益社工项目,分别获得省财政3万元、5万元的扶持资金。

援助6·23灾区妇女儿童 6月23日下午,盐城阜宁县、射阳县部分乡镇突发龙卷风冰雹严重灾害,造成严重的生命和财产损失。县妇联得知后,迅速行动、精心组织,通过向全县女企业家、女党员、女干部发出"大爱无疆 巾帼同行"——援助灾区妇女儿童倡议书,在全县上下掀起为灾区妇女儿童献爱心活动,并发动社会各界支援阜宁灾区妇女儿童,筹措救助物资,组建救灾小分队、医疗队和巾帼志愿服务队深入灾区,为灾区妇女儿童送去妇联组织的温暖。县女知识分子、女企业家向阜宁县红十字会捐款36100元,各级基层妇联组织和社会各界捐赠给灾区妇女儿童的价值10万元助学金和救灾物资。

举办首届千人风筝大赛 联合团县委、县体育局以"大美滨海·放飞梦想"为主题,共同举办滨海县首届千人风筝大赛,比赛现场免费发放风筝半成品和各式颜料及彩绘工具,让参加者以"我心中的家乡"为主题,充分发挥想象,创作属于自己的风筝。共有1200名小朋友和家长参加现场制作,放飞风筝,300名小朋友参加现场演奏、跳舞、太极拳展示等文艺演出。

二、巾帼创业工作

举办推介会、洽谈会 农历正月初三至初四,县妇联参与县委、县政府举办的2016年新春服务企业引才用工暨返乡创业推介会,现场设立展牌、咨询服务台、发放手册、礼包等,向广大妇女推介近100个适合妇女创业的项目。3月7日上午,县妇联联合县人社局等单位在县人力资源市场联合举办2016年春风行动——庆"三八"专场招聘洽谈会。盐城金昉公司、华宝有限公司、"好苏嫂"家政服务连锁店等15家企业到场设点招聘,提供求职岗位2500多个。招聘会上,县妇联设立妇女权益保障、就业再就业扶持政策、小额贷款发放等支持创业的政策解答服务台,现场发放就业再就业扶持政策小册子800多份,创业妇女小额担保贴息贷款登记表200多份,解答疑难问题13个,有180名妇女与企业达成用工意向,85人当场签订用工协议。9月14日上午,参与在体育馆门前举办的"中秋情·创业梦"——滨海县创业政策和项目集中推介活动,全县各镇区500多名正在创业和有创业愿望的城乡妇女参加此次活动。县委书记钱武华、县长刘永轩亲临妇联展区现场指导巾帼创业工作。

开展妇女技能培训 1月22日和3月25日,县妇联组织农村妇女、女经纪人、女创业者在县委党校举办巾帼创业培训班和农村妇女实用技术培训班。培训内容为农产品市场营销、物联网与智能农业发展、农业小企业经营策略以及农业项目实施管理等方面的知识。全县450名妇女通过培训开阔眼界,拓宽思路,提升增收致富的能力。

培植巾帼创业典型 县妇联在巾帼示范基地、"女大户"、女能人中挖掘创新驱动力大、市场竞争力强、带动就业渠道明显的创新项目,给予一定资金支持,帮助她们做大做强项目规模,建立"女能人+项目+贫困妇女"发展模式,实现精准脱贫。当年帮助校语家庭农场、贺君柳编专业合作社成功申报省级示范基地,获奖励资金3万元。通过在全县开展巾帼创业项目评比活动,组织优秀项目负责人参加市妇联举办的巾帼创业大赛,其中有6名选手进入决赛,县"陌上花开"电子商务项目获第二名,该项目负责人代表妇联系统参加市创业之星大赛,通过40多个项目的角逐,被市全民创业领导小组办公室表彰为"2016年盐城市全民创业之星"。

10月18日,盐城市村社区妇代会改建妇联工作现场观摩推进会。 县妇联 提供

发放妇女创业贷款 联合县财政局、县人社局等单位与农商银行、华夏银行、邮储银行签订合作协议,通过加大创业资金扶持力度,帮助创业妇女做大做强创业项目。针对部分创业女性有较大资金需求的情况,通过积极争取,将小额贷款的发放比例再次进行调整,女性密集型小企业最高可贷200万元,个人申请额度最高可达15万元,并在控制风险的前提下,扩大优惠政策的受益范围,将农村妇女的申请贷款年龄由45周岁提高到55周岁。2016年向100多名创业妇女发放创业贷款1800万元以上,直接带动1000多名城乡妇女创业就业。7月,省妇联授予滨海县小贷工作先进县称号。

批准成立女企事业家协会 为搭建女性交流与合作的公益性平台,服务更多女性,促进妇女创新创业。7月,县妇联在县直机关、社会团体、企事业单位开展女知识分子、女企事业家会员推荐工作，经过个人申请、组织考察等程序，确定县女知识分子、女企事业家协会初步人选。9月，在县住建局会议室，召开滨海县女知识分子、女企事业家协会会员代表大会，选举产生新一届领导机构组成人员，徐其香当选为第四届女知识分子、女企事业家协会会长；刘剑划、张亚芹当选为协会副会长；栾友华、姜娴然当选为协会秘书长；刘春婷当选为协会财务总监，协会共有会员代表55人。

第五节　滨海县科学技术协会

一、科普宣传

科普周活动　5月16～24日，县举办第二十八届科普宣传周活动，活动以“创新创业，科技惠民”为主题，组织县直36个部门参与，4个镇区配合。活动坚持以科学发展观为统领，紧扣活动主题，突出“惠及民生，提高全民科学素质”的活动内容，突出“科技与文化融合，科技与生活”的特色，以多种形式开展主题活动。同时结合不同社会群众的需求，加强食品安全、生态环境、应急避险、低碳节能、健康生活等与百姓生活密切相关的热点问题和知识的宣传，普及相关知识技能。科普周期间，展出科普画版1500块，举办各类科普讲座71场次，接受健康知识咨询和义诊5300人次，放映科普影视片45场次，发放科普资料3.4万份，赠送科普图书1.5万册，接受科普教育和服务25万人次。

科普进社区、进学校活动　组织科技人员走进社区、学校，举办日常科学知识讲座；开展专业技能培训，对2100名城镇劳动人口进行专业技能培训，使他们掌握一技之长，顺利走上工作岗位；举办科普画展，全年在社区和学校共举办科普画展43场次，受众达10万人次；开展卫生保健科普活动，定期或不定期地组织卫技人员走上街头、走进社区，开展健康知识咨询和义诊活动30余次，义诊5300人次；组织中小学生参加科技创新大赛、科普知识竞赛、科普文艺表演等活动，近万名中小学生参加活动，近百名学生在各类赛事中获奖。

二、科普服务

扎实做好科技扶贫工作　2016年内，根据省、市科协的要求，协助农协开展科技帮扶活动，扶持困难户养殖种养，为帮扶村开办科普阅览室、文化广场等，全年投入5万元支持建设文化广场和公共设施建设。经省市扶贫开发小组实地调研考核，此项工作为优秀。

科普示范点创建　2016年，培植省级“社区益民计划”先进社区1个，省级科普示范社区1个、市级科普示范镇1个、市级科普教育基地4个。培植县级科普示范基地20个，县级科技示范户300户。

三、学会工作

注重学会工作触角的延伸，学会组织遍布全县各部门、各行业、各学科。3月下旬，县科协专门召开全县学会工作交流会，邀请重点学会负责人交流学会工作开展情况。全年学会组织各类学术交流活动27次，参加科技人员1421人次，在国家、省、市刊物及有关会议发表论文265篇，各涉农部门和卫生系统学会组织“三下乡”活动60余次。共引进推广新品种、新技术30项，促进农业增效、农民增收。

第六节　滨海县文学艺术界联合会

一、群文文化

2016年，以深入实施文化预约惠民工程为抓手，依托南湖戏院、新安村等文化预约惠民服务点，常态化开展书画展、笔会、文艺演出等文化惠民活动100多场。10月25日，省委常委、宣传部部长王燕文在全省基层综合性文化服务中心建设推进会上，对滨海县文化预约惠民服务给予肯定，县文联获评江苏省文联先进工作单位。全年接受城乡居民文化预约服务5.2万多人次，组织送戏下乡60多场，送电影3850场（含爱国教育影片），各类业余辅导80余次，直接受益群众达30余万人。首届微友书画邀请展、第二届微友暨名家书画邀请展、左克成书画展等立足于滨海书法之乡，取得较大影响，放大滨海书画名片效应。履行县文联职能，举办梨园书画等10余场书画笔会、书画进兵营、进企业、进社区、送春联到环卫、到镇区、送戏、送书、送电影“三送”、免费书画培训等活动，获得群众好评。与此同时，还与县文广新局共同打造“月月戏相逢”“里下河淮剧票友电视邀请赛”和“百姓大讲堂”等特色品牌活动，并成功举办第十二届广场文化艺术周等大型群文活动。“文化四进、传承文脉”主题实践活动被评为“市文艺工作十大创新品牌”，“阳光艺术团”获评省群众文化“百千万”工程优秀群众文艺团队，滨海籍歌手刘孟哲被授予“盐城市首届中青年德艺双馨文艺工作者”称号，记三等功一次。

二、协会工作

2016年，县文联下属各协会工作呈现出生动活泼、健康发展的良好局面，人才队伍不断壮大，文艺活动丰富多彩，文艺佳作层出不穷。县文联立足职能，发挥广泛联系文艺工作者的优势，组织各协会开展书画展、文艺研讨、文艺演出、采风等文化交流活动，加强业务培训和学习，提升创作基本功，增强文艺发展动力。开设名家讲座，加强对艺术创作题材规划的研讨，邀请顾伟玺、刘春、曹干、吉洪俊等教授和专家到滨海开展文学、书法以及摄影专题讲座，上千名文学和摄影爱好者参与。牵头滨海县摄影俱乐部、滨海县作家协会、滨海县书画家协会、滨海县诗词楹联协会等下属协会，开展“翰墨绘梦滨海行”采风活动，覆盖14个镇区引导文艺爱好者创作体现滨海文化特色的优秀作品。搭建书画展、摄影展、摄影比赛、文艺演出活动等平台,打造滨海文化宣传窗口,展示各协会创作成果。同时推动优秀文艺成果到外交流,获得省五星工程奖银奖的小戏《鸟归巢》参加精彩江苏基层巡演、市优秀非遗节目展演活动、第四届盐城市广场舞展演、市特色文化镇村巡展等活动。为了提升群众的文化鉴赏品位,还邀请"中国文华奖"获奖作品《小镇》到滨海巡演。

三、精品创作

2016 年,滨海县多个文艺成果作品获得奖项,摄影家协会副主席王兆运的摄影作品《中国美,人民美》入选并参展第 16 届中国平遥国际摄影大展,作品《水墨石潭》《捕鱼》入选《中国摄影年鉴》;小戏《等车》获得市第四届小戏小品调演二等奖;张小芹《吊金龟》、顾从友《贵妃醉酒》等四部京剧获得市首届京剧票友展演优秀展演奖;独唱《幸福是什么》获得盐城市首届音乐舞蹈展演三等奖。现代大戏《停之美丽》与《杨大节的幸福生活》以及小戏《奇缘》参加 2016 年度盐城市新剧本评比;20 余部小戏小品参加市金菊杯征文评比。1 月,获得盐城市文华优秀剧目大奖,文华导演、编剧、表演、新人等四个单项奖。淮剧大戏《危情七天》,在 12 月江苏省淮剧展演月中又荣获二等奖;微电影《娘愿》角逐江苏省第四届网络短片大赛。同时创作《梦圆大港》《行吟滨海(组诗)》《情侣树、将军树》等一批优秀摄影、书画、诗联、散文作品。编撰《李敦甫研究》《东坎史考》《莹雪寒香》等书籍。

第七节　滨海县红十字会

2016 年,县红十字会围绕关注民生、构建和谐社会这一中心,坚持"四统筹、四结合、四打造"的总体工作思路,履行《中华人民共和国红十字会法》赋予的职责,积极投身全县五大会战,全面做好"牵手致富""十送"以及备灾救灾、救助救护、献血献髓等工作,获全市红会系统综合考核一等奖。

一、基层红十字会建设

继续强化镇区及机关红十字会建设。现代农业产业园区红十字会通过市验收,达省标准化红十字会建设标准。滨海县中医院被省红十字会、省卫生厅冠名为红十字医院,东坎镇实验小学被命名为江苏省红十字示范学校。徐彩虹被省红十字会表彰为红十字会基层组织建设先进个人。

二、募捐救助

2016 年,开展"博爱送温暖"活动,发放款物 65.04 万元,其中上级下拨物资折款 2.74 万元,县红十字会自筹 62.3 万元,受益覆盖全县 14 个镇区 1258 户,1685 人。

博爱助老　按照"四位一体"模式(敬老助老、康复护理、红十字精神传播、志愿服务),进一步加大对红十字养老康复中心建设力度,全年累计收住 110 名老人。县红十字养老康复中心助老养老模式在全省享有美誉,多地多人到滨海县考察学习。

2016 年金秋助学仪式。　　县红十字会　提供

博爱助学　先后对县境内特殊教育学校 25 名残障学生进行人道救助,发放助困、助学金 2.5 万元。在"人道万人捐"倡议中,把博爱助学作为筹资的重要载体,继续组织实施"博爱学子阳光工程",从高考录入本科的学生中,资助急需救助才能继续学业的莘莘学子 20 人,发放助学金 6 万元。救助特困中小学生 260 人,救助金 7.8 万元。

博爱助医　建立重症患者档案,持续关注、关爱白血病人、少儿先天性心脏病患者、癌症病人。全年共向 150 名重症患者发放救助金 56.8 万元。

三、救护培训

根据省、市红会部署,滨海县继续实施公益性应急救护万人培训项目,并提请县政府以滨政办发〔2016〕22 号文件下发实施方案,明确各相关单位任务和责任,保证培训工作落到实处。截至 10 月底,县红十字会超额完成万人培训月报任务,培训初级救护员 1148 人,普及性培训 10015 人。在 9 月份全市应急救护技能大赛中,滨海代表队荣获优秀

12 月 10 日,县红十字会参加应救护技能比赛。
县红十字会　提供

组织奖和团体二等奖，救护培训师陈迓平、赵伟分别被市红十字会、市总工会、市人社局、市级机关工委联合表彰为盐城市应急救护技能竞赛“五一创新能手”和“红十字应急救护能手”。

四、备灾救灾

继续加强应急救援队伍建设，修订完善《滨海县红十字会应急救援队管理办法》，并建立日常管理制度，配备基本救护器材。“6·23”阜宁、射阳等地龙卷风灾害发生后，在县委、县政府的统一领导下，积极组织开展赈灾募捐，支援灾区抗灾救灾。县红十字会收到社会各界捐款5.35万元，捐物折款29.1万元。

五、志愿服务工作

2016年，红十字志愿服务工作被列为县文明委志愿服务工作的重要内容。滨海在完善城镇社区红十字服务站常态服务机制的同时，进一步强化红十字志愿者队伍建设。县人民医院建立一支由30余名医务工作者组成的志愿者服务队，县中医院医疗救护志愿服务队由21人扩增至51人。在应急救援、无偿献血、新闻宣传、医疗急救等志愿服务活动中，不同的志愿者队伍发挥不同的作用，展现各自的风采。“3·5”志愿者日，会同县有关部门举办志愿服务进社区集中行动，向新建社区百余名群众讲授应急救护知识。第69个“5·8”世界红十字日期间，组织10名医疗骨干红十字志愿者在城中广场开展义诊活动，接诊315人次。县红会以县红十字医院为载体，按照“四位一体”构想，在建设博爱助老基地的同时，建设滨海县红十字志愿者服务基地，把志愿服务工作进一步推向规范。

六、红十字宣传工作

突出“3·5”志愿者日、“5·8”红十字日、“6·14”世界献血者日等重大节日以及红十字博爱月等重要活动，进一步加大红会宣传工作的力度。同新闻单位继续保持良好的沟通与联系。县红十字网站及时发布红会相关信息，县电视台、《滨海报》《盐阜大众报》等新闻媒体对县红十字会组织开展的“博爱送万家”“红十字牵手致富”“5·8”世界红十字日活动、博爱助医、助学、慰问重症患者等都进行报道，提高红十字会的知名度和社会形象。在第69个“5·8”世界红十字日期间，在县城及镇(区)主要街道悬挂大力弘扬“人道、博爱、奉献”的红十字精神的宣传横幅，张贴标语，累计1000余条，县红十字会和教育、卫生红会组织志愿者走上街头，宣讲红十字知识。向广大群众发放宣传材料，接待群众义诊。5月4日，在《滨海报》整版宣传红十字运动知识及红十字法规，宣传县红会工作，激发社会各界爱心奉献情怀。

县红十字会宣传现场。　　　　县红十字会　提供

七、“三献”工作

2016年，先后收到市红会批示要求做好18名初步配型成功者的再动员工作，除1人因移居外地外，其他志愿者均同意捐献。8月9日，县实验小学老师陆婷婷成功捐献造血干细胞，用于挽救1名6岁白血病患者生命，成为全县第四例捐献者，也是盐城市第43例捐献者中最年轻的一位。广泛招募造血干细胞志愿捐献者，截至4月底，滨海县即在全市率先超额完成130人份的造血干细胞血样采集入库任务。在第13个“6·14”世界献血者日到来之际，县红十字会联合县卫计委、滨海血站在滨海公园门前举行以“血液连接你我”为主题的宣传活动。活动现场，6名红十字志愿者向群众发放无偿献血等宣传资料5000余份，100名无偿献血者献血总量达29700毫升。

第11章　法治滨海

综　　述

2016年，中共滨海县委政法委员会共有编制12名，在编在岗11人，空编1个，内设办公室、综治指导室、国安科、执法督查室、法治科。全县政法工作贯彻落实省、市、县关于法治建设的部署要求以及县第十二次党代会精神，侧重法治政府建设、公正廉洁司法、全民知法守法、基层民主法治等重点工作，扎实有序推进法治滨海建设。围绕建设"强富美高"新滨海这一中心，按照社会治理创新"六项行动"部署要求，深入推进平安滨海、法治滨海、过硬队伍"三项建设"，平安质态显著提升、法治环境不断优化、社会大局持续稳定，政法信访维稳工作登上新台阶。扎实开展"两学一做"教育活动。组织学习全国、全省政法队伍建设会议精神，切实增强广大干警政治意识、大局意识、核心意识、看齐意识。组织政法各部门中层以上干部参加全市基层政法干部培训班和每月一次的政法干部"大讲堂"。组织政法信访维稳条线党员干部深入学习《中国共产党廉洁自律准则》和《中国共产党纪律处分条例》。召开警示教育大会，常态化开展纪律作风正反典型警示教育，集中组织观看作风建设专题片，强化秉公用权、廉洁从警意识，筑牢拒腐防变的思想防线。召开县法学会第二次会员大会，选举产生新一届法学会领导班子，完成换届任务。组织开展全县先进基层政法单位、优秀政法干警评比表彰活动、开展向"全国模范检察官"刘文胜学习活动。全年涉及政法干警信访投诉、负面舆情同上年比分别下降16.7%、10%。县检察院常态化实行案件质量评审"体检"制度，定期召开案件质量评查剖析会。先后被最高检表彰为"全国先进基层检察院"，被中共中央表彰为"全国先进基层党组织"，同时作为基层党组织唯一代表在最高检会议上作党建工作事迹报告。综合业绩连续三年位居全市第一，连续8年蝉联"全市先进检察院"称号，被省检察院记集体二等功，获评全省检察文化建设示范院。刘文胜被中共中央、国务院授予"全国先进工作者"称号，被最高检授予"守望正义——群众最喜爱的检察官"，成功当选"中国好人"，入选全省政法系统先进事迹报告团，赴全省作巡回报告。县公安局始终保持严打犯罪高压态势，重点打击整治赌恶合流、债恶合流等违法犯罪，有序推进缉枪治爆、禁毒百日整治"雷霆行动""盗抢骗"和"双打会战"等专项行动，打处绩效持续位居全市前列。县司法局规范社区矫正执法过程，推进刑罚执行一体化建设，建立四查制度规范执法行为，优化部门联动配合机制，畅通县镇村三级信息网络。县公安局被市局评为2015年全市绩效考评优秀单位，荣立集体三等功，强化情报信息收集报送、涉稳问题滚动排查、落实各项稳控措施、优化应急处突机制，为滨海县连续5年实现全国"两会"期间去京非访"零登记"作出重大贡献。县法院完善执行指挥中心"信息化"功能，在全市率先实现与农商银行、房管所等部门的"点对点"查控，获取有效财产线索75条，提高执行效率，被省高院记"集体一等功"。县司法局规范社区矫正执法过程，推进刑罚执行一体化建设，建立四查制度规范执法行为，优化部门联动配合机制，畅通县镇村三级信息网络。县检察院探索建立"互联网+检察工作"管理模式，开通"掌上滨检"官方微信，围绕宪法、法律和党内规章开设"微党课"，开发"我的检察e家"网络软件，设置党建窗口、网上书屋、新法速递、法律论坛等多个版块。县法院积极争创全国优秀青少年维权岗，在未成年人权益保护、回访帮教、社区矫正、帮教基地建设、青少年法制教育、审前调查、犯罪记录封存等方面完善制度，打造青少年维权品牌。县公安局积极部署"乡情·家"警务，推广微信公众号、自主研发微信企业号，广垛警务室的民族情和洪林警务室的平安体验中心已初具雏形，蔡桥派出所"微信+警务"特色工作经验做法被省厅、市局推介。县司法局积极推进安置帮教阳光基地项目，建成阳光就业扶助基地18个，其中镇区级16个，县级2个，探索在村一级建立安帮阳光就业基地。全县政法信访维稳条线共有29个先进集体、115名先进个人受到上级的记功嘉奖表彰。

第一节　政法督查

一、综合治理

稳定工作　2016年，县政法工作深入推进"四项排查"，扎实开展"金桥行动"，组织重点信访积案攻坚，全年共排出各类社会矛盾1409件，及时化解1169件，化解率83%，安全隐患15329条，整改安全隐患15116条，整改率98.6%。上级交办、督办信访积案31件，办结25件，办结率达 80.6%。进一步强化虚拟社会管理，对危害国家安全、色情、暴力等网络不良信息严厉打击，实现全国、省、市两会、党的十八大六中全会、杭州 G20 峰会、省市县党代会以及全县重大活动等敏感节点“四个确保”目标，维稳绩效继续保持全市领先。

平安建设 2016 年，有序推进缉枪治爆、打击“盗抢骗”和“双打会战”等专项行动。全年共完成公诉总数 693 人，其中侵财犯罪公诉 201 人、涉毒犯罪公诉 54 人、经济犯罪公诉 49 人、食药品制售假犯罪公诉 22 人、黄娼赌犯罪公诉 33 人，抓获历年逃犯 18 人、破获侵财刑事案件 597 起，查处吸毒违法人员 349 人，所有打击处理核心指标均已提前完成全年任务，打处绩效继续名列全市前列。县委办下发《关于开展系列平安创建的实施意见》《关于深入开展平安法治示范社区创建活动实施意见》等文件，通过业务骨干培训、培植推广典型经验、对落后单位、村居重点帮扶，扎实抓好平安法治系列创建活动，夯实平安法治根基。县委办下发《关于加强肇事肇祸等严重精神障碍患者救治救助工作实施意见》，进一步加强对肇事肇祸等严重精神障碍患者以及刑满释放和社区服刑人员的管控，对全县 135 名严重精神障碍患者，按照一名医生、一名民警、一名村居干部、一名监护人“四帮一”要求，全部落实到位。刑满释放和社区服刑人员重新犯罪率控制在 1‰以下。

技防工程 2016 年，进一步巩固城防城建设成果，扎实推进农村地区技防“村村通”建设，政府投入 3900 万技防“村村通”一期工程开始实施，5 月底前全部建设到位。所有镇政法维稳指挥中心、远程视频接访、社会面视频监控、视频会议全部达到“四频合一”标准。

禁毒行动 2016 年，以禁毒百日整治“雷霆行动”为载体，在全县范围内大张旗鼓开展禁毒宣传，设立 100 万元禁毒奖励资金，深入开展涉毒人员排查，破获涉毒刑事案件 36 起，抓获涉毒刑事作案成员 55 名、吸毒人员 351 名，缴获冰毒等各类毒品 150 克，禁毒工作绩效名列全市前三名。

4 月 10 日，县委常委、政法委书记姚兆春率政法各部门领导在 4·15 首个全民国家安全教育日集中宣传活动现场。 政法委 提供

国安工作 狠抓国安办实体化运作，加强国家安全人民防线基础建设，利用“4.15”首个“全民国家安全教育日”，组织全县范围内集中宣传活动，增强全民国家安全意识。构建国家安全信息员网络，及时研判相关信息，开展专题调研，掌握工作主动权，国安工作绩效位居全市前列。

4 月 12 日，海洋渔政船悬挂国家安全宣传横幅。 县政法委 提供

二、法治政府建设

法治责任落实 2016 年，全县加大法治政府建设力度，重大决策依法、民主、科学，行政权力运行公开透明，行政执法行为规范廉洁，司法更加公正高效，顺利完成司法体制改革相关任务，有效维护人民群众的合法权益。2 月，县政法委下发《关于切实做好法治信息化建设工作的通知》，召开业务培训会议，详细解读《江苏省法治县（市、区）考核标准》，为各单位法治信息联络员配置专用 U 盘，做到专人、专盘、专用，要求各单位严格对照相关要求，收集资料，做实数据采集，规范填写，按期送审上报。4 月底，累计录入 195 条 2610 个信息附件，全面完成 2015 年法治建设信息录入工作。3 月 26 日，县委召开全县政法工作会议，对法治社会建设作出全面工作部署，县委书记、政法委书记分别就法治滨海建设提出明确要求，会上下发《滨海县法治社会建设评价指标》《2016 年全县法治工作要点》等文件，县与各镇区、下属部门单位签订综治法治工作责任状。围绕市委《关于全面推进依法治市深化法治社会建设的实施意见》和政法工作会议精神，县法治办先后 3 次召集法治条线人员召开专题工作会议，总结汇报前阶段工作，讨论研究部署下阶段法治建设工作任务，对法治政府建设、公正廉洁司法、法治宣传教育、社会治理法治化、法治队伍建设等五项重点工作，逐一明确牵头单位、落实工作责任。各牵头部门细化分解工作任务，将具体工作逐一分解落实到各镇（区）、各单位。4 月，下发《关于上报 2016 年度法治社会建设项目管理的通知》（滨法治办〔2016〕3 号），积极做好 2016 年度法治建设项目化管理工作，16 个镇区上报法治项目 15 个，27 个政法部门及行政执法单位上报法治项目 32 个，列入 2016 年度县级法治社会建设项目库管理。经筛选，择优向市推荐申报《强化环境保护 支持公益诉讼》《打造流动法治宣传平台》《村务公开“清白工程”提档升级》《法治阳光润校园》《创建“无讼镇区”服务工作站》等 10 个优秀项目。

全民普法宣传 2016年，春节期间，滨海县利用农民工大规模集中返乡回城的契机，开展以“崇德尚法，圆梦人生”为主题的系列活动，通过开展农民工法律咨询、组织“送法上门”服务、完善农民工法治宣传教育阵地、加强新媒体农民工学法活动等举措，促进全县农民工法治宣传教育工作，切实增强农民工法治信仰和道德观念，充分尊重和保障广大农民工的合法权益。3月1日，滨海县在滨海公园门口组织开展《盐城市绿化条例》专项宣传活动。向群众现场发放《盐城市绿化条例》《滨海县“十三五”林业发展规划》《绿色滨海建设情况介绍》《全民义务植树活动简介》和《义务植树尽责形式》等宣传资料4000余份，并向群众详细解答《盐城市绿化条例》相关咨询。4月8日，县组织开展“12348法润江苏千万家·志愿者行动”大型公益法律宣传活动。在县公园门前，以悬挂标语、发放宣传材料、赠送宣传品、提供法律援助等形式，集中宣传《宪法》《治安管理处罚法》《妇女权益保障法》等法律法规。在活动现场向过往群众发放宣传袋200余个，发放农民工维权宣传读本和宣传画1000余份，现场解答咨询10余人次。4月15日，在滨海公园门前，布置5块国家安全宣传橱窗，制作15块“维护国家安全　反间防谍”宣传展板，发放2000多份《反间谍法》《国家安全法》和《反恐怖主义法》3部法律宣传册，以及维护国家安全和反间防谍知识宣传单，向群众宣传国家安全方面的知识和反间防谍方面的常识。深入镇区街道发放宣传单、悬挂横幅、张贴海报。完善县、镇、村三级法治宣传网络体系建设，建立296个村级法治宣传领导小组，成立14支镇级法治宣传志愿者队伍，在县直各单位建立普法联络员制度，形成以县政法委法宣办组织、指导、协调，各镇区、各单位计400余人的普法骨干共同参与的大普法格局，提高普法效率，推动法治宣传教育工作的深入开展。重建新时代法治小广场以及法治长廊，翻新法治文化园主牌，刷新所有硬件设施的油漆并加固边角包框，安排专人随时清除园内的小广告。全年累计更换89块宣传画面，宣传设施持续保持整洁、出新的效果，发挥滨海公园大门右侧县法治文化园的宣传功能指导陈涛、滨海港等镇新建法治文化长廊、宣传栏等，投入资金近4万元，宣传内容涉及政务公开、土地征用、计生政策、婚姻法等各类法律法规。开展“双百”活动，推动全民普法。邀请市王红梅、陈玉祥、熊伟、董海龙等多名法学专家到滨海开展宣讲活动5场，有效安排《坚持以人为主，促进医患和谐》《培养敬畏法律意识，规范日常行为习惯》《远离违法犯罪　快乐健康成长》《学法知法　法在心中　做守法公民》《学习文明礼仪，规范行为习惯》等宣讲主题，接受教育的学生5000余人次，医务人员近300人。县镇村三级法治建设年度重点目标任务基本完成，各级干部法治意识进一步增强，运用法治思维、法治方法推进工作、化解矛盾的能力进一步提升，法治宣传更加深入人心，“六五普法”工作，受到市委、市政府表彰。法治工作绩效全市领先，连续三轮蝉联省法治县创建工作先进单位，被市委、市政府表彰为法治盐城建设先进县。

权力规范运行 2016年，对事关经济社会发展战略的重大问题、重大改革方案，与人民群众利益密切相关的重要民生问题，在决策前均广泛听取社会各界意见，进行风险评估。对滨海县“十三五”规划、滨海港建设规划等重点工作，组织县各相关方面反复研究讨论，聘请国内、省内知名专家、学者进行论证。依托县政府门户网站向社会公开政府文件，公布政务信息。坚持行政权力网上公开透明运行，在全省、全市率先向社会公布县级行政审批目录等5张清单。对审批许可事项、审批权力进行清理，应减尽减。落实“先照后证”的运行模式和“容缺预审”制度。经常性开展基层行政执法事项整治行动。全面推行说理式执法和开门审案工作，充分保障行政相对人的知情权、申辩权和监督权。切实加强行政复议工作，严格执行行政首长出庭应诉制度，行政负责人出庭率达95%以上。县、镇人民政府聘请组建法律顾问团，参与政府的重大决策和规范性文件制定，审查合同协议，协助做好行政复议和行政应诉等工作。

基层民主法治 2016年，全县持续开展以“让群众明白、促干部清白”为主题的村务公开“清白工程”。累计创建省级民主法治示范村109个，占36.8%，市级民主法治示范村255个，占86.1%。全县296个村（居）全部建立标准的村级公示栏，建成公示墙2160个，245个村配置电子触摸屏，32个村装备电子显示屏。村级“四务”在村组公开栏公示的同时，全部在网上进行公示，202个村已完成网上公开录入。试行以“两栏、两台、两网、两会”为主的“四个明白”新形式。编制出台《全县村务公开“清白工程”指导目录》，提出晒权力清单、晒财务账单、晒事务菜单“晒三单”的工作要求。公开时限由定时公开向随时公开延伸。通过公示，全县累计核销村组不合理开支80多万元，纠正粮食直补违规发放资金20多万元，清理不符合条件的农村低保户447人，重新履行村组资源、资产发包120多宗，4000多万元的扶贫项目经公示后顺利实施。全县296个村（居）共推选产生村务公开监督小组成员2368人，产生民主理财小组成员1480人，实现群众民主监督体制全覆盖，各村务公开监督小组扎实开展民主监督、谏言献策工作，全年共参与村级事务党务、决策决议执行和民主理财等村务监督3500多次，提出合理化建议10000余条，设置工作记录簿296个。村级财务事项发生时，经手人必须取得有效的原始凭证，注明用途并签字盖章，交民主理财小组集体审核。审核同意后，由民主理财小组组长签字盖章，报经村党组织、村委会负责人审批同意并签字盖章，由会计人员审核记账。经民主理财小组审核确定为不合理财务开支的事项，有关支出由责任人承担。财务流程完成后，要按照财务公开程序进行公开，接受群众监督。民主评议通过村民会议、村民代表会议或与村民代表座谈等形式进行，把群众满意与否作为衡量村干部是否合格的标准，评议结果与村干部的使用和补贴（工资）标准直接挂钩。

法治系列创建 推荐法治先进典型及案例。组织开展2015年度法治建设先进镇（区）、单位及个人表彰活动，推荐县司法局、天场镇等2家先进集体和县公安局高晓宇、东坎镇司法所许歧晔等2名先进个人名单报市表彰；推荐申报《滨海县人民法院建立失实举报投诉“正名制”》《滨海县公安局创新行政执法与刑事司法》《滨海县城管局“说理式”执法》等3个优秀案例，参加江苏省第二批法治实践优秀案例征评活动；推荐申报滨海县阜东律师事务所汪红星，参加第一届“盐城市法学人才”暨“盐城市法学优秀成果奖”评选活动。东坎镇新安村正在争创“国家级民主法治示范村”。法治事件及人物评选。2016年，全县政法各部门、各有关行政执法单位、有关镇区涌现出来多名典型人物、典型事件，经严格筛选，推荐报市4件法治事件和5名法治人物。其中，县公安局法医吉文娟、县司法局滨海港经济区司法所法律工作者金正海等2人，县法治办、法宣办以及教育局联合开展的“中小学生带法回家活动”、县公安局“乡情家警务创新活动”等2件法治事件，制作成专题宣传片，参加“市第二届法治人物暨法治事件”现场评审，受到11位评审专家及现场观众的一致好评。年内，滨海县人民检察院副检察长、反贪污贿赂局局长刘文胜参加省第三届法治人物评选活动。

法学组织建设 2016年，滨海县法学会新发展个人会员129人，共有171名法学会员，是全市县级个人会员数最多的一家。6月24日，在县会议中心召开县法学会第二次会员大会，滨海籍法学会员128人参会。大会听取筹备工作报告，审议通过《第一届工作报告》和《关于加强自身建设推进法治社会建设进程的决议（草案）》等，选举产生72名理事、29名常务理事，县委常委、政法委书记姚兆春当选会长，圆满完成换届任务。围绕论坛主题“地方科学民主立法与法治江苏建设”和“民法典编纂：理论、制度与实践”“环境污染防治法律问题研究”“互联网治理与法治发展”“幸福盐城的法治保障”及相关要求，在全县范围内广泛征集各类主题法治论文，鼓励政法各部门及有关行政执法单位和广大法学、法律工作者，积极参与论文征集活动。推荐报市《从宽严相济刑事政策视角谈取保候审的改革与立法完善》《新民诉法实施下调解协议确认案件的审查研究》《论我国民事诉讼专家辅助人制度的完善》《当前农村环境污染问题的法律探索》《“互联网+”背景下检察工作发展路径探析》《互联网时代的法律教育与法治宣传》《地方政府应对网络舆情事件中的监控与引导研究》《网络衍生留守未成年人犯罪现象分析》《食品生产质量风险防控的调研》《党政机关建立法律顾问制度研究》等19篇论文。

第二节 公 安

2016年，县公安局党委班子成员11人，有民警545人，下设一级机构18个、二级机构65个、派出机构21个。县公安局抓实维护稳定、治安防控、打击破案、执法服务等主要工作，初步打造立体化、现代化社会治安防控体系升级版，获评全县目标任务综合绩效考评先进奖，被评为2012～2016年度全省优秀公安局，为服务和保障全县经济平衡健康发展营造安全稳定的社会环境。

一、维护稳定

2016年，人力情报织网行动成效明显，提高情报获取能力。上级交办的涉法信访件全部化解，依法打击处理违法信访人员16人、造谣传谣人员8人。升级改造指挥大厅，优化情报指挥处置一体化工作机制，完成各级“两会”、G20峰会等重大安保任务，妥善处理“医闹”“阻工”等群体性事件57起。

二、案件侦查

2016年，搭建合成作战中心、侦防控一体化平台，采用“神眼”视频大数据系统打击犯罪，开展“护卫平安”、打击“盗抢骗”“黄海行动”“雷霆行动”等系列专项行动。全年破获刑事案件1146件，八类案件破案率96.5%，攻克“1·30”陈涛杀人焚尸等5件命案，代破外省命案1起，实现连续9年命案全破，破获中央环保督察组交办案件1件、公安部督办案件5件，完成公诉744人，其中侵财犯罪公诉212人，比上年分别上升1.4%、6.9%，打击绩效继续保持全市前列。

10月17日，全市打击“盗抢骗”犯罪专项行动推进会在滨海召开。 县公安局 提供

三、公共安全

2016年，升级立体化治安防控体系，提升维护社会安全能力。争取政府将防控体系建设纳入为民办实事工程，投入4000多万元用于“村村通”技防等建设，新建高清视频监控803套、探头2000个。创新心防体验车宣传，建成平安体验中心，开辟治安防范新渠道，刑事发案比上年下降9.1%，其中“八类”案件、“两抢”案件比上年分别下降16.2%、54.2%。全县公共安全形势平稳可控，查处交通违法行为36万多起，挂牌整治、按期销号3个重大火灾隐患部位，全年未发生重大交通、火灾、危化品等安全事故。

四、出入境管理

2016年，签发外国人签证居留许可证件25件，签发换发五年期台胞证2本。全县登记临时入境境外人员263人次，其中宾馆前台登记222人次，派出所登记41人次。年底有常住境外人员31人（其中外国人19人、台湾人12

人)。外国人其中越南人 10 人、韩国人 2 人、缅甸人 2 人、罗马尼亚 1 人、加拿大 1 人、新加坡 1 人,日本 1 人、乌克兰 1 人。发生各类涉外案事件 11 起共 21 人,其中协助破获公安部督办涉外打拐案件 1 件、越南妇女非法入境案件 7 件、缅甸人非法居留 1 件、菲律宾人非法就业 1 件、违反住宿登记规定案件 1 件。拘留审查 6 人、限制活动范围 2 人、治安拘留 1 人、罚款 6 人、就地安置越南妇女 6 人。年内共遣送"三非"人员 6 人。

公安局出入境办证窗口。　　县公安局　提供

全年共受理中国公民因私出入境申请 17223 人,其中出国类申请 9590 人(含首次申请 9322 人,遗失补发 187 人,护照换发 68 人,护照损毁补发 13 人),赴港澳申请 6625 人(含双程证首次申请 5268 人,补发 170 人,换发 86 人,双程证单独签注 275 人,电子港澳证单独签注 826 人),赴台湾申请 1008 人(含首次申请 934 人,补发 10 人,换发 23 人,单独签注 41 人)。全年共办理各类加急证件 5 人次。共接受咨询 60 余人次,为居住证持有人办理出国境证件 13 件。完善出入境分受理点的建设。全面落实省公安厅分理点建设标准,优化功能区域,配齐服务设施,落实警辅力量。头罾、蔡桥、八滩分理点已经正式运行。

五、警务创新

2016 年,9 个局级创新项目建成达效,"微警通"平台等 3 个创新项目参加全省公安改革创新大赛,全市打击"盗抢骗"犯罪和治安基础工作两个现场会在滨海县召开,规范执法经验在市局会议上介绍,有 56 篇工作研究、警务创新、经验交流文章被《公安研究》杂志和公安部、省厅、市局采用,"乡情·家"警务创新活动入选全市第二届法治事件,吸引广州、苏州等 10 多批省内外同行前来考察交流。

六、公安队伍建设

开展"两学一做"、部门负责人春训等活动,建成实战射击场所。提拔正股职干部 32 人,交流中层干部 25 人。健全民警记分管理、违纪违规民警"一案双查"等制度,建成两个廉政教育示范点,有效信访投诉、查实涉警负面舆情

8 月 28 日,县公安干警举行反恐应急演练。

县公安局　提供

比上年分别下降 12.4%、7.5%。规范执法流程,建成案件管理中心,连续 7 年被省厅表彰为执法质量考评优秀单位。优化服务措施,开展"三亮三比"活动,获得全县优化经济发展环境测评第二名,蝉联"江苏省文明单位"。3 家单位立集体三等功,2 名民警被记个人二等功,17 人次被市局和县政府记个人三等功,民警张珍巧获评"江苏最美警察"提名奖。

相关链接·滨海县保安服务公司

一、组织机构

县保安服务公司经省政法委、省公安厅批准,于 2002 年 7 月成立。2016 年 2 月,根据上级公安机关要求,完成脱钩改制,挂靠县国资办。经营范围从驻点守护的单一化向驻点守护、保安巡防、校园安保、押运护卫的多元化方向发展。内设武装押运中队、驻点保安中队、夜间巡防中队、枪库值守中队、校园安保督查中队。

二、驻点派驻

县保安服务公司是具有独立法人资格,专业经营保安服务的经济实体,拥有一支政治合格、业务技能过硬的专业保安队伍,截至 2016 年 12 月 31 日,公司派驻到党政机关、企事业等各单位的保安队员有 516 人,驻点保安单位 121 家。

三、武装押运

金融武装押运自 2007 年 4 月投入运营,一直处于良性发展态势。2016 年,武装押运人员有到 93 人(其中金融守库 20 人)。有制式押钞车 18 辆。为全县 12 家金融单位的 98 个金融网点、47 个 ATM 机自助取款机提供接送款、加钞、清机和上门收款等服务。

四、队员培训

2016 年,队员业务能力培训工作实行常态化的管理模式。全体队员每人每星期不得少于一次集中培训,包括持枪、站位、警戒等业务技能培训。每月召开一次全体队员会议,通报本月工作情况,布署下月工作计划。定期不定期地组织车长、驾驶员进行业务学习,让全体队员时刻绷紧安全这根弦。

五、维护治安

县保安服务公司自成立后，15年来无一保安员违法违纪违规，公司多次受到江苏省保安协会、盐城市保安协会、县公安局的表彰。有50余名保安员先后被江苏省保安协会、县委县政府、县公安局评为优秀保安员和先进工作者。在协助公安机关治安防范、打击犯罪斗争中发挥积极的作用，成为维护社会治安稳定和一方平安不可缺少的重要力量。保安队员在万分危及时刻现场成功施救落水人员2起，并获见义勇为称号。2015年，县保安服务公司获省保安协会颁发“优秀保安服务公司”奖牌。2016年，县保安服务公司队员获省保安协会颁发的优秀保安队员证书。截至2016年年底，保安队员现场抓获各类违法犯罪嫌疑人823人，协破各类案件762件，参加县公安局组织的各类大型安全保卫和处置群体性事件2380人次，为群众提供救助和做好事1100余件。

第三节 检 察

2016年，滨海县人民检察院内设科室16个，在编干警87人。年内，县检察院立案查处贪污贿赂案件10件12人，渎职侵权1件1人，通过办案为国家挽回经济损失300余万元；依法审查批捕各类刑事犯罪嫌疑人238件309人，提起公诉528件713人，提起刑事抗诉案件2件2人，监督立案1件1人；提请民事抗诉2件，发出再审检察建议3件，督促履职检察建议2件，审判纠违检察建议6件；对6名社区矫正脱管、漏管人员建议收监执行到位，开展羁押必要性审查案件15件15人。县检察院被最高人民检察院表彰为全国先进基层检察院，被省文明委表彰为江苏省文明单位，院党总支先后被表彰为全省、全国先进基层党组织。党组副书记、副检察长、反贪局长刘文胜被评为全省“十佳反贪(反渎)局长”，江苏省第三届“十大法治人物”。

一、刑事检察

严厉打击各类刑事犯罪，全年审查批捕各类刑事犯罪嫌疑人238件309人，提起公诉528件713人。贯彻落实宽严相济刑事司法政策，依法不捕86人，不诉14人。参与全市禁毒百日整治“雷霆行动”，依法从快审查毒品犯罪案件29件34人。坚持重大案件提前介入、引导取证制度，依法办理公安部督办的“11·15”刘某某、刘某某等11人重大买卖制毒物品案及蒋某某、仇某某等8人购买出售运输28万元假币案等13件疑难复杂案件，有力震慑犯罪分子。强化生态环境司法保护，审查办理非法倾倒、处置固体废物污染环境案件2件9人，对其中3名犯罪嫌疑人依法批准逮捕。

二、职务犯罪侦查

坚持有腐必惩，有贪必肃，严厉查处港口建设、扶贫惠农等领域职务犯罪，全年立案查处贪贿类犯罪10件12人，渎职类犯罪1件1人，均为大案，其中科级干部1人，通过办案挽回经济损失300万元。加快职务犯罪侦查信息化和装备现代化建设，投入45万余元购置购买电子取证设备、话单分析软件等技术设备，提升侦查信息化水平。

县检察院赴现代农业产业园开展村干部典型案例剖析会。 县检察院 提供

三、职务犯罪预防

结合办案开展预防个案分析11件，向发案单位发出检察建议7件，组织开展警示教育、法制宣讲42场次，受教育人数3100余人；与县电视台合作录制《检察官说法》节目2期，取得较好反响；报送的一份年度惩防综合报告获评全省“十佳”报告和全国“百优”报告；组织“助企公益服务队”赴5个民营创业园举办法治宣讲讲座，发放涉企宣传资料800余份。

四、依法监督

2016年，全年提起刑事抗诉案件2件2人，监督立案1件1人，监督撤案1件1人，纠正漏捕1人、漏诉2人，纠正侦查、审判活动违法16件。提请民事抗诉2件，发出再审检察建议3件、督促履职检察建议2件、审判纠违检察建议6件。开展集中清理判处实刑罪犯未执行刑罚专项检察活动，对清理出的符合情形的2名罪犯依法收监执行。扎实做好财产刑执行专项检察工作，开展财产刑监督23件，督促法院追缴罚金12.86万元。对6名社区矫正脱管、漏管人员建议收监执行到位，开展羁押必要性审查案件15件15人。

五、检务公开

健全完善外部监督机制，着力打造实体、掌上、网上“三位一体”检务公开模式，全年公开案件程序性信息2062件，终结性法律文书309份，重要案件信息8条，主动向人大报告案件管理、刑事执行等工作情况，自觉接受社会各界监督，检察司法公信力有力提升。

6月29日,最高人民检察院党组书记、检察长曹建明(右一)亲切接见县检察院检察长王志道。

县检察院　提供

六、检察改革创新

2016年,实现首批30名检察官顺利入额,科学建立办案组织、划分职责权限,确保新的检察权机制有效运行。创新推动失管未成年人关爱救助工作做法被最高检简报转发;开展特色党建、职务犯罪追逃等7项工作,被《检察日报》《江苏法制报》等载体大幅报道;有12项工作被省市院信息简报转发,检察工作品牌效应持续放大。

七、检察队伍建设

2016年,做好党支部换届改选工作,开展"九思九问"主题教育、"党员活动日"、勤政廉政谈心谈话等活动,党组织战斗堡垒作用和党员干警先锋模范作用明显增强。通过建立青年干警和导师"一对一"培养机制、与兄弟院开展结对共建等形式,提升干警专业素能,2名干警在省院技能竞赛中分别获评"全省职务犯罪预防业务能手"和"全省民行检察优秀办案人"。做好"家庭访""邻里访""社区访"三访和检务督察督办等工作,全面筑牢干警8小时内外监管防线,全年开展日常督查72次,行政管理督查38次。

第四节　法　　院

2016年,县法院以执法办案、深化改革和自身建设为重点,依法全面履行职责。全年受理案件10032件,审执结10077件,比上年分别上升13.7%和22.6%。审结刑事案件551件,判处罪犯597人;新收民商事案件6346件,审结买卖合同、金融借款、保险合同等案件971件,涉案标的6.1亿元;受理行政诉讼案件26件,依法受理非诉讼行政执行案件16件,全年受理各类执行案件3170件,执行到位标的5.62亿元。坚持司法公开,全面深化司法改革,全年组织庭审直播869次,上网生效裁判文书6528篇,到村镇开展巡回审判40余次。全年完成各类公文30余篇,被采用信息19篇,发表调研文章38篇,刊登平面宣传文字172篇。县人民法院被最高人民法院政治部、人民法院新闻传媒总社联合表彰为"2016年度在司法理论宣传工作中做出突出成绩的人民法院",被省高院评为全省法院"党建工作先进集体""信息工作先进集体""档案工作先进集体",被市中级人民法院表彰为"全市先进法院",被县委、县政府授予"综合先进奖"。

一、刑事审判

2016年,县人民法院审结刑事案件551件,判处罪犯597人,其中判处10年以上有期徒刑8人。以高压态势打击黑恶、涉毒、暴力型犯罪,增进人民群众安全感,审结相关案件6件8人。针对近年来"黄赌毒"等社会丑恶现象有所抬头的趋势,应时利势将其列为打击重点,依法判处非法买卖制毒物品罪犯刘某等10人6年至10年有期徒刑。关注经济领域犯罪热点、难点,严厉惩治非法集资、电信诈骗犯罪,维护市场公平竞争。全年审理非法吸收公众存款案件9件21人,涉案金额达1亿余元。依法审结涉及1000多户群众存款的被告人李某等人非法吸收公众存款案,有效缓解政府信访压力和社会矛盾。加大惩治腐败力度,推进反腐倡廉工作,审结贪污、受贿、渎职等职务犯罪案件13件18人。依法稳妥处理新旧法律衔接工作,对未结贪污贿赂案件逐案梳理,对照新的量刑标准,重新评估案件风险。

二、民事审判

全年新收民商事案件6346件,审结6487件。维护民生权益,妥善审理劳动争议纠纷181件,人身损害、交通事故赔偿等案件647件,为劳动者追索劳动报酬390万元、为受害人追索赔偿款8041万元。维护婚姻家庭关系稳定性,妥善处理家事矛盾,审结婚姻家庭案件1841件,调撤率达54.47%。规范民间融资秩序,审结民间借贷纠纷案件1367件。精心研判处置涉房地产案件,妥善化解涉华芳国际、锦宏置业、鑫鼎国际等房地产企业纠纷150余件。服务"滨海新区"开发建设,及时处理滨海县二洪盐场诉秦某、曹某等8人排除妨害纠纷系列案件,确保113.33公顷港口建设用地及时施工。依法维护金融行业秩序,为县内各商业银行及其他金融企业确认债权2.28亿元。协调涉县骨干企业纠纷,妥善化解玉纶纺织、金昉、欧堡利亚等企业所

县法院向13名申请执行人发放执行款。

县法院　提供

涉纠纷21件，为全县骨干企业发展解除后顾之忧。审理破产清算案件，依法驳回杨保东、陈金通对江苏广通建设工程有限公司破产清算申请，保障广通公司200余名职工的生活稳定。从全县大局出发，依法受理盐城市宏润职业有限公司、盐城市通亚专用汽车配件有限公司破产清算案件。依法保障全县环境综合整治，对通榆河沿岸砂石经营户限期迁出案件搭建班子专司审理，做到快立、快审、快结、快执。

三、行政审判

2016年，在全市行政案件统一管辖前，完成相关工作平稳过渡，受理各类行政案件26件。大力支持行政机关依法行政，在依法保护相对人合法权益的同时，加大协调化解纠纷力度，73.33%的行政案件经协调后原告主动撤诉。持续推进行政机关负责人出庭应诉工作，行政机关负责人出庭应诉率达100%。强化非诉行政执行力度，依法受理非诉讼行政执行案件16件，为人社、住建、地税等行政机关执行标的近340万元。服务县委中心工作，参与县委组织的县城房屋拆迁工作，全程指派专人为拆迁工作提供法律政策咨询服务工作。妥善处理历史遗留问题引发的纠纷，依法审理骆方分申请重审无罪赔偿一案，对其不合理的申请依法坚决予以驳回。

四、审判管理

以推进办案进度、质量、效率为目标，强化对审判态势的专题研析，加大对长期未结案件催结督办力度。发挥发改案件评查，申诉、投诉和信访案件评查的监督、纠错和引导功能，将三项评查结果纳入绩效考评，提升审判质量。合理整合审判资源，挖掘综合部门审判潜能，将综合部门明确由审判职称人员全部挂庭办案。强化院、庭长审判职责，构建院长、庭长办案工作长效机制，倡导院、庭长积极办理复杂、疑难案件。全体院领导累计受案707件，审结674件，庭局长受案6084件，审结5654件，起到良好表率作用。探索审判权运行机制改革，上半年在各民商事业务部门全面推开改革试点工作。稳妥有序完成法官员额制改革，择优遴选出39名员额法官，并完成员额法官单独职务序列评定工作和首批员额法官调资工作。全面严格落实司法责任制，开展千案巡查活动和审判管理基础工作检查，对网上办案、卷宗同步数字化进行专项抽查，公开通报问题34个。持续全面深化司法公开，以信息化建设为载体，及时向当事人及诉讼代理人短信公开审判流程信息，全年组织庭审直播869次，上网生效裁判文书6528篇，到村镇开展巡回审判40余次。

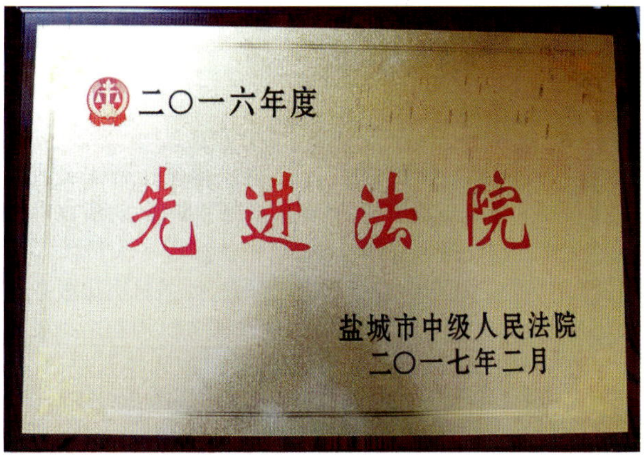

县法院被评为全市优秀法院。　　县法院　提供

五、案件执行

全年受理各类执行案件3170件，比上年上升16.3%，执结案件3011件，结案率为76.17%，执行到位标的5.62亿元。针对矛盾尖锐的重大案件，建立常态化联合执行机制，联合公安、国土、五汛镇政府等单位成功执结滨海玖月房产公司申请排除妨害建设用地使用权纠纷案。以信息化手段提升执行能力，探索集约执行模式，建立高标准执行指挥中心。"点对点"查控系统、执行工作微信群常态化使用。所有财产一律网上拍卖、变卖，确保规范、透明。全年累计网上拍卖359次，成交44件拍品，成交价近亿元，溢价率21.96%。依法妥善使用各类强制措施，有效利用搜查、拘留、罚款等强制措施，加大对拒不履行生效法律文书行为的打击力度。全年累计实施搜查30余次，对135名被执行人及妨碍执行人员实施司法拘留，罚款80余万元。建立失信被执行人多平台曝光制度，对符合最高人民法院规定失信情节的一律录入失信被执行人平台，全年累计录入2223人，同时通过网络、电视、报纸、闹市区显示屏等方式进行曝光。

六、便民诉讼

深入贯彻立案登记制度，严格保证立案渠道畅通，新收案件10032件，比上年上升13.7%，同时对不符合立案条件的7件案件依法裁定不予受理。构建立体化诉讼服务体系，对立案当事人提供12368声讯电话查询密码，引导当事人网上立案、自助立案、跨越立案，形成网上加网下、人工加自助的系统化立案新格局。建设并投入使用高标准的诉讼服务中心。抓好诉讼服务窗口建设，全年累计接待群众法律咨询7254人次、引导分流纠纷546人次、判后答疑717人次，联系法官938人次、收转诉讼材料1442份、查询案件2442人次，受到群众肯定。

七、法院队伍建设

注重思想政治建设和理想信念教育。开展青年干警军训活动，通过在冬季早间开展为期一个月的军事训练，磨炼青年干警意志，全面提高青年干警执行力。建立工作日志制度，要求全院青年干警及各部门养成记工作日志的习惯，每月择优予以评比，通过记日志，培养青年干警的文字能力。切实履行"两个责任"，坚持贯彻落实中央八项规定精神，深入推进反腐倡廉建设，严防关系案、人情案、金钱案。专题学习《中国共产党廉洁自律准则》和《中国共产党纪律处分条例》，要求干警自重、自律。加强教育培训工作，完善"新老结对"制度，坚持推行青年法官轮岗锻炼，组织参

县法院新建成的一站式诉讼服务中心。

县法院　提供

加审判业务培训30余次,努力提升队伍的司法综合素质和水平。举办审判业务培训班,分批将近100名干警送至苏州大法学院进行业务培训,着力提高干警知识储备。注重书记员专业水平提升,强化书记员速录及业务技能训练,为审判工作优质、高效提供保障。

第五节　司法行政

2016年,县司法行政工作推进法治滨海建设,开展“四个全覆盖”和社会组织培育等工作;构建覆盖城乡的公共法律服务体系;完善县、镇、村三级法治宣传网络体系建设,建立村级法治宣传领导小组,成立镇级法治宣传志愿者队伍;加强网络建设,完善“半小时法律援助圈”;创新宣传方式,提高法律援助知晓率。为推动全县经济社会健康和谐发展创造良好的法治环境。

一、人民调解

2016年,按照“属地管理”和“谁主管、谁负责”的原则,简易纠纷由村(社区)当场化解,重大疑难纠纷实行镇(区)党政领导包案负责。全年各级人民调解组织受理矛盾纠纷案件3642件,调解成功3623件,调成率为99.5%,无一件民转刑案件。按照人民调解员的专业化、职业化的要求,定期举办司法所长和人民调解员业务培训班,并及时开展调解工作“大回访”活动,提升人民调解员的大局意识和责任意识。鼓励社会组织建设、引导社会组织作为,成立滨海县司法行政社会组织发展中心、镇(区)法律服务中心、社区矫正和安置帮教协会、调解员协会、法律服务工作者协会等88家社会组织。

二、法律援助

降低门槛,为民办实事　2016年,全县共受理各类援助案件634件,其中承办的民事援助案件435件,刑事援助案件199件,为经济困难群众挽回经济损失120.25万元。将全县最低工资标准作为法律援助经济困难标准,让更多困难群众获得法律援助;着力做好农民工、老年人、残疾人、妇女儿童等群体法律援助工作,建立低保、优抚对象、残疾人等困难群体信息库,简化办案审批手续;对农民工申请支付劳动报酬和工伤赔偿法律援助的,简化程序,不审查经济困难情况,有效维护农民工权益。

创新方式,提高法律知晓率　开展各种类型的主题宣传,与电视台、报纸、网站等媒体积极合作,以“邻里守望,志愿服务进社区”便民服务活动、“12348”法润江苏千万家·志愿者行动大型公益法律宣传活动、“美丽城市·法律相伴·你我共创”专题活动等为契机,在繁华地带现场宣传《法律援助条例》《中华人民共和国妇女权益保障法》《中华人民共和国劳动合同法》等维权相关法律知识,增强广大市民的法律维权意识。

网络建设,完善“半小时法律援助圈”　2016年,全县共建立16个基层法律援助工作站,9个部门法律援助工作站,296个法律援助联络点,形成工作站接受申请、工作点联系申请、法律服务机构转交申请的多元申请机制,半小时法律援助服务圈日益成熟。进一步组织各镇(区)法律援助工作站抓好村(居)法律援助联络员队伍组建、发展、培训工作,建立收集信息常态机制,做到“法律咨询不出村(居),法律援助不出镇(区)”。

三、法律服务

2016年,构建覆盖城乡的公共法律服务体系,打通法律服务群众“最后一千米”,使群众切实感到“法律服务就在身边”,全县律师办理各类案件700余件,基层法律服务工作者办理各类法律事务1000余件,全县律师和基层法律服务工作者共担任县政府等行政、企事业单位法律顾问近200家,律师服务重点倾向于政府和企事业单位,基层法律服务工作者则侧重于村(社区),同时双方还建立资源共享机制,共同为基层做好法律顾问工作。律师和基层法律服务工作者在做好顾问单位法律服务的同时,为顾问单位献计献策,为顾问单位依法决策、经济快速增长提供保障。全县律师和基层法律服务工作者参与涉法信访接待20余次,解答群众相关法律问题20余个,参与代理涉法涉诉案件6件,为企业处理法律事务100余起,解决矛盾纠纷250余件。按照省司法厅部署,司法局开展“法律援助便民服务”活动,组织骨干律师、法律工作者走进县公安边防大队、县公安消防大队、县武警中队开展法律援助进军营活动。

四、执业监管

2016年,抓好律师党建工作,组织律师开展依法治国教育活动。结合年检注册,整顿法律服务队伍,对所有申报年检注册的材料逐一认真审查,严把法律服务人员的入口关,定期对全县法律服务机构进行督查,加强对法律服务人员办案质量、遵守纪律等监督,对法律服务机构和法律服务人员在专项活动开展、执业办案、职业道德和执业纪律、内部管理和党建工作等情况进行全面考核,规范法律服务人员执业行动。

五、社区矫正

2016年，加强社区矫正规范化、社会化、信息化、专业化、实战化建设，有效降低两类人员重新犯罪率。在册社区服刑人员共有525人。矫正期间重新犯罪率始终控制在较底水平，未发现一例有重大影响的重新犯罪。社区矫正风险控制能力进一步加强。制定印发《滨海县社区矫正工作责任制》《关于加强社区矫正工作协作的实施意见》《关于进一步规范社区服刑人员请假外出手续的通知》等风险控制类文件，有效控减脱管、漏管和重新违法犯罪现象。社区服刑人员监管能力进一步提高。印发"社区矫正工作日志"，要求将社区矫正工作过程作记录，在规范工作的同时，也固化证据保护工作人员。司法所在日常监管过程中实施动态管理，形成日见其迹、周见其声、月见其人的监管局面。推行技防手段，通过推广手机定位、执法记录仪、人脸识别系统、矫务通APP使用等技防措施，进一步规范矫正执法环节。社区矫正执法过程质量进一步规范。建立健全社区矫正"四查"制度，即日常巡查、专项检查、重点督查、联合检查的工作制度，确保重点人员始终在管理视线之内。增强警告、治安拘留、收监和送监执行的协作配合力度，强化社区矫正执法权威，始终保持对社区服刑人员的警示教育。基本做到对社区服刑人员违法犯罪零容忍、违规查处零时差。

六、安置帮教

2016年，在册刑释解戒人员4996人，衔接管理率99.5%，帮教率100%，全年未发生重新犯罪现像。刑罚执行一体化建设进一步推进。服刑人员信息的核实率和核实成功率进一步提高，服刑人员基本信息动态核实率达到100%，累计核实1783人次。预释放人员衔接回执发送率达到100%，预释放解教人员名单下载率达到95%以上，其中重点人员达到100%。重点帮教对象100%接送，一般帮教对象接送率达70%以上。

七、法治宣传

2016年，完善县、镇、村三级法治宣传网络体系建设，建立296个村级法治宣传领导小组，成立14支镇级法治宣传志愿者队伍。基层民主法治工作得到由省委宣传部、省委政法委组成的联合考核组的肯定。开展"送法律进村入户"活动，通过"法律六进""法制赶大集""社区矫正零距离""百案说法村村行"等多种形式，将律师、公证、法援、法宣、社区矫正工作带到农村去。组织开展内容丰富、形式多样的专项宣传活动，如"农民工学法活动周"《盐城市绿化条例》专项宣传、江苏省第二届"司法日"主题宣传、"美好城市　法律相伴　你我共创"倡议书推广、"12·4"国家宪法日暨全国法制宣传日等，发放各类宣传资料近3万份，宣传品6000余份，现场接受群众法律咨询200余件。年内县司法局与县广播电台联合开办一栏法制类节目《司法在线》，该节目主要由司法动态、以案释法、律师在线等板块组成，对相关法律政策进行深度解读，及时报道司法行政工作动态，解答群众关心的热点难点问题。

八、公证事务

2016年，公证处从规范办证程序着手，严格按申请受理审查出证归档的程序操作，不管公证事项多么简单，都不得随意简化程序，重大复杂的公证事项一般是由两名公证员共同办理。为加强公证的诚信建设，完善公证人员诚信档案，对每名公证人员的基本情况、办案情况进行全面登记备档。推行"公证行业诚信服务监督卡"制度，要求在当事人办理公证的同时，向当事人发放诚信服务监督卡，由当事人填写，赢得当事人的信任和好评，取得良好的社会影响。注重公证工作下移，以开展"法律服务和法律援助工作为构建社会主义和谐社会服务"主题实践活动为契机，将公证工作深入基层，开展各类便民利民活动。组织举办公证义务法律咨询活动，广泛宣讲公证法律制度意义和作用，向群众提供义务法律咨询，受到群众的欢迎。为困难群众开辟绿色通道，同时开通公证服务热线电话，方便群众公证法律咨询。公证处开展为老、弱、病、残等弱势群体登门办理公证服务活动，全年办理上门公证80余起。在开展公证服务中，针对某些经济困难的群众，予以减免公证费用，使群众切实感受到法律的阳光温暖。全年公证处办结各类公证事项1348件，其中经济公证183件、民事公证680件、涉外、港、澳、台485件，担任公证常年法律顾问7家，业务收费80万余元。

第12章 军 事

综 述

2016年,县人民武装部落实党管武装制度,组织驻滨部队、民兵预备役人员参加城市创建、扶贫帮困等双拥共建活动,巩固军政军民团结的良好局面坚持落实党管武装各项规定,并向国防动员委员会成员单位和基层延伸,努力营造全社会关心支持国防建设的氛围。县委、县政府专题研究解决武装工作建设中的矛盾问题,帮助人武部解决兵器室建设、征兵一站式服务中心、战备“四化”建设等经费问题。武警滨海县中队坚持把思想政治建设摆在首位,严格管理,严格训练,科学建队,圆满完成以执勤和处置突发事件为中心的各项任务。为确保全县社会治安稳定和人民生活安居乐业做出应有的贡献。中队连续第6年被总队评为“基层建设先进中队”。2人次荣立三等功,12人次受嘉奖,10人次被评为优秀士兵。县公安边防大队按照执法标准化、执法流程化、执法要素化、执法精细化的总体要求,通过完善硬件、建强队伍、健全机制,全面推动执法规范化建设深入协调发展。年内有2人被部局评为“执法示范标兵”、1人被命名为“全省公安机关执法示范岗位”、1人被评为“盐城市最美警察”。县消防大队全年接警895起,扑救火灾270起,抢险救援217起,社会救助59起,出动消防车1361辆次,消防官兵7756人次,抢救被困人员70人,疏散人员178人,抢救财产价值560.3万元。县人防办编制完成《滨海县人防办行政权力清单》和《滨海县人防办行政权力事项办事指南》,并将清单和办事指南录入江苏省政务服务管理系统。竣工人防工程项目2个,发放新版《民防知识》宣传读本5000余册,多媒体教材100多套。

第一节 人民武装

一、思想政治建设

理论武装 县人武部深入学习贯彻习近平总书记系列重要讲话精神,坚决贯彻政治建军要求,狠抓思想政治建设,确保对党绝对忠诚、绝对纯洁、绝对可靠。扎实抓好学习党的创新理论,学习习近平总书记国防和军队建设重要论述,突出学习实践强军目标,广泛开展党史军史教育,干部职工强军兴军信念得到进一步增强。在《滨海日报》每月刊出《滨海国防》专版,进行国防和军队建设理论宣讲。

专题教育 2016年,县人武部机关集中一周组织开展改革强军主题教育讨论,引导干部职工充分认清全面实施改革强军战略的重大意义和丰富内涵。深入开展“新体制、新职能、新使命”大讨论,紧紧围绕建设“四铁”机关要求,查找差距不足,明确努力方向,着力消除与改革强军不相适应的思想观念,进一步强化投身改革强军的政治自觉和行动自觉。做好经常性思想工作。针对国防和军队调整改革带来的部分干部职工过多考虑个人进退走留、改革动向,导致工作精力不够集中等问题,广泛开展谈心交心活动,深入细致地做好一人一事思想工作,引导大家支持参与改革,自觉做到叫走就走、叫留就留,始终保持思想稳定。

典型示范 2016年,进一步学习宣传后勤科长孙永军的先进事迹,深入持久地开展当代革命军人核心价值观培育活动,引导干部职工进一步提高履职尽责的内生动力。

二、国防后备力量建设

民兵整组 2016年,贯彻军民融合发展的重大战略决策,狠抓民兵调整改革,着力推进基层规范化建设,抓好征兵准备工作。推动国防动员建设。5月,结合“苏动-2016”演练,组织县国动委交战办、卫计委、交通运输局等进行保交护路演练。10月,组织国防动员潜力数据核查并参加军分区会审。围绕“支援打仗、参与反恐维稳、参加抢险救灾”三大职能,深化民兵组织建设调整改革,完成民兵整组任务,优化民兵组织结构,扩大行业系统、高新技术产业编兵比例,全员编足军兵种民兵分队,按编落实通信、医疗救护、交通运输等分队,民兵专业技术分队的专业对口率达到88%以上。退伍军人编配率达80%,人员在位率达90%以上,党团员比例达85%以上。4月,顺利通过军分区组织的民兵整组点验。

兵员征集 贯彻落实国防部《征兵工作“五率”量化考评实施办法》,抓好全县适龄青年兵役登记工作。与县政府联合制定下发征兵奖惩规定,落实义务兵优待金、大学生奖励金和一次性安置补助金。抓好《江苏省征兵工作条例》贯彻落实,常态开展适龄青年兵役登记工作,定期通报网上报名进度,妥善处理各类矛盾,完成直招士官和年度新兵征集任务,征兵“五率”评比名列全市首位。

三、干部队伍建设

能力建设 2016年,围绕政治坚定、团结统一、矢志打赢、务实清廉、奋发有为的建设目标,突出能力建设、先进性和纯洁性建设这条主线,狠抓党委班子和干部队伍建设。扎实开展"两学一做"学习教育活动,购买相关书籍,汇编学习资料,坚持学用结合,切实提高干部的能力素质。深化党委班子岗位练兵,班子成员采取个人述学、群众评学、组织考学、深入基层民兵营连调研等方式,学理论、学科技、学管理,向群众学习,努力掌握和运用一切科学的新思想、新知识、新经验,提高能力素质。认真组织班子成员学习民主集中制的基本内容,熟悉其基本要求,充分认识贯彻执行民主集中制的重要意义,提高科学决策、民主决策和依法决策的能力。全年先后3次专题落实党委议训制度,分析民兵训练形势,研究解决影响民兵训练落实的重大问题,发挥党委领导核心作用。

文化陶怡 坚持利用每天早交班时机,组织干部职工学习《党史上的今天》《军史上的今天》,收听《人民日报》微信平台《新闻早班车》和《老子道德经》,每天分享一篇国学生活好文章,净化干部职工心灵,纯洁思想情操,使大家精神面貌焕然一新。

四、双拥共建

2016年,严格落实党管武装制度,组织驻滨海部队、民兵预备役人员积极参加城市创建、扶贫帮困等双拥共建活动,进一步巩固军政军民团结的良好局面坚持落实党管武装各项规定,并向国动委成员单位和基层延伸,全社会关心支持国防建设的氛围进一步浓厚。县委、县政府专题研究解决武装工作建设中的矛盾问题,帮助人武部解决兵器室建设、征兵一站式服务中心、战备"四化"建设等经费问题。县人民武装部牵头驻军单位组织开展争创"全国双拥模范城"活动,帮助干部职工子女解决入学、随军家属就业问题,提高军人军属的荣誉感。与县司法局建立军人军属法律援助工作站,最大限度满足军人军属法律援助需求。人武部机关开展慰问"一老一少一基层"活动,累计对全县21名现役基层营连主官和特殊困难家族官兵逐户登记进行走访慰问。推进"双百双建"活动,协调相关部门帮助挂钩村修建2千米村级道路;参与"清洁乡村"活动,支持2万元用于挂钩村环境综合整治;落实与挂钩村的贫困户结对帮扶机制,部机关干部职工向挂钩村25个贫困户和20名老党员献爱心2.45万元,主动向县慈善协会捐款,帮助因病致贫人员,进一步加强军政军民团结。

第二节 武警部队

2016年,武警滨海县中队坚持把思想政治建设摆在首位,严格管理,严格训练,科学建队,完成以执勤和处置突发事件为中心的各项任务。为确保全县社会治安稳定和人民生活安居乐业做出应有的贡献。中队连续第6年被总队评为"基层建设先进中队"。2人次荣立三等功,12人次受嘉奖,10人次被评为优秀士兵。

一、军事训练

2016年,科学组训,按纲施训,干部跟训,同时做好训练场上的安全工作。全体官兵通过苦练军事本领,精炼执勤技能,达到军事过硬的要求。应急班参加支队年终军事考核,取得第一名的优异成绩,8人在参加支队体育运动比武竞赛中获前列名次。

武警战士训练现场。　　武警中队　提供

二、执勤工作

2016年,2月总队司令员吴启庆到滨海调研,对中队执勤工作给予肯定及赞扬。中队严格落实《执勤通用规定》《执勤设施建设标准》和《中华人民共和国人民武装警察法》,坚持以从严治勤为切入点,狠抓执勤制度的落实,确保中心任务的圆满完成。其中看守人犯3900余人次,出动兵力55人次担负临时性公审、公判勤务12起,派出100余人次协助公安机关和看守所,执行武装巡逻和武装押解,押解人犯1000余人,行程5500多千米。6月出动18名兵力参与"6·23"阜宁特大龙卷风抢险救援行动,成功营救伤员10余人,挽回经济损失20余万元。部队持续实现搬迁新监区后连续16年安全无事故,受到总队和目标单位的表彰。

5月31日,武警战士爱心助学活动现场。
武警中队　提供

三、拥政爱民

2016年，武警中队开展学雷锋活动，定期组织官兵看望孤寡老人，与县三里小学结成扶贫助学定点单位，帮助周边群众解决实际困难，义务组织地方军训，进行国防教育，体验警营一日生活，举办联欢晚会等活动，加强警地交流，和谐军民关系。中队协助地方政府搞好城市建设和精神文明建设，多次参加执行武装巡逻、抗洪抢险、抗震救灾等急难险重等任务，圆满完成社会暴恐敏感期期间县城的安全巡逻保卫任务。

第三节　公安边防

2016年，县公安边防大队以“八一”建军节、红军长征胜利80周年为契机，开展各项教育活动。大队党委组织官兵开展主题党日教育活动。通过开展“增强党性意识、争做合格党员”大讨论，强化党员党性修养；通过“体验劳动，发扬优良传统”主题党日活动，增强为人民服务的党性意识；组织官兵参观滨海廉政教育基地，增强官兵遵纪守法、廉洁自律的意识和防腐拒变的能力；邀请滨海县知名书画家走进警营开展“书香进警营”警地共庆“八一”活动，拓宽文化育警渠道，为警营文化建设营造浓厚氛围。

专项行动　2016年，开展“固边1号”“固边2号”、缉枪治爆、严打整治等各类专项行动。以加强情报收集研判为指引，通过辖区矛盾隐患大排查、社会面巡逻管控、重点人员管控、企业消防安全检查等工作的开展，确保辖区不发生一起重大安全事故，圆满完成“两会”“7·5”、G20峰会、党的十八届六中全会等多项重大安保任务。全年接处警1685件，破获刑事案件12件，查处治安案件143件，调解纠纷906件，打击处理违法犯罪嫌疑人155人。

3月10日，边防战士执勤巡逻现场。

边防大队　提供

爱民固边　2016年，大队狠抓源头基础信息采集、情报信息收集、重点人员管控等重点工作，社区警务工作质效得到进一步提升。头罾所致力于探索“互联网+社区警务”新模式，先后建立“平安园区微信公共服务平台”“平安头罾企业管理群”等微信群，定期发布警务公开信息，对辖区群众进行法制和安全防范宣传，在滨海县公安局社区警务“一网考”考核中，头罾所3次位居前三名，9人次排进个人前五名。同时，以支队集中查港查船、渔船民基础信息采集会战等活动为契机，主动联合驻地海事、渔政等涉海部门组成联合执法队伍，严厉打击涉海违法行为，有效净化海上治安环境。全年联合海事、渔政部门行动10次，出动警力400余人次，清查各类船舶300余艘次、渔船民800余人次，查处边防行政案件46件。

执法规范化　2016年，大队按照执法标准化、执法流程化、执法要素化、执法精细化的总体要求，通过完善硬件、建强队伍、健全机制，全面推动执法规范化建设深入协调发展。在头罾所大力试点案管室建设，强化执法源头管理和过程监督，实现执勤执法全流程监督管理，助推执法规范化提档升级。大队先后有2人被部局评为“执法示范标兵”、1人被命名为“全省公安机关执法示范岗位”、1人被评为“盐城市最美警察”。头罾所被部局评为“执法示范单位”、被省厅评为“执法规范化建设成绩突出集体”。

6月20日，边防战士走进校园宣传防溺水知识。

边防大队　提供

第四节　消防救援

一、灭火抢险

2016年，全县共接警895起，扑救火灾270起，抢险救援217起，社会救助59起，出动消防车1361辆次、消防官兵7756人次，抢救被困人员70人，疏散人员178人，抢救财产价值560.3万元，直接财产损失248.2万元。比上年接警数下降4.3%，出动车辆数下降10.1%，出动消防官兵数下降2.11%，抢救被困人员数下降17.1%，直接财产损失上升21.8%。出警数量在全市各区县当中位居前列。火灾形势与去年同期相比有所下降，共发生5起人员伤亡火灾，其中纵火案件3起。

二、人员装备

县消防力量主要由现役消防中队、滨海沿海工业园专职消防队、八滩镇政府专职队等队伍构成。滨海中队有消防官兵 24 人，车辆 6 辆（2016 年下半年退役 2 辆水罐车）。其中水罐车 4 辆，32 米登高车 1 辆，抢险救援车 1 辆。水罐车分别为五十铃水罐消防车，载水 3 吨；斯太尔水罐泡沫车，载水 4.5 吨；25 米奔驰高喷车，载水 8 吨，泡沫 2 吨；库存泡沫 15 吨，DTE（水成膜泡沫）2 吨。沿海工业园专职队有合同制消防员 26 人，车辆 7 辆。斯太尔王水罐车 1 辆，载水 6 吨，泡沫 3 吨；20 米豪沃高喷车 1 辆，载水 9 吨，泡沫 2 吨；五十铃水罐车 1 辆，载水 3 吨；五十铃水罐车 1 辆，载水 8 吨；12 吨五十铃泡沫水罐车 1 辆，载水 9 吨，泡沫 3 吨；25 米豪沃高喷车 1 辆，载水 10 吨，泡沫 3 吨；五十铃消防机器人 1 台。库存泡沫 4 吨。八滩镇政府专职队有合同制消防员 5 人，水罐消防车 1 辆。保安消防队除滨海港经济区以外，其余各镇区各配有消防巡防车 1 辆，专职消防队员 4 人，滨海消防整体实力进一步增强，为完成各类火灾扑救和抢险救援任务处置提供坚实保障。年内辖境消防队伍共计配备各类装备器材 152 种，其中防护类装备 16 种、灭火类器材 31 种、堵漏器材 6 种、破拆类器材 17 种、警戒器材 6 种、侦检类器材 4 种、救生器材 15 种、专勤类器材 14 种、洗消器材 2 种、特种防护器材 5 种及其他类型器材若干，结合城市消防站建设标准，消防队伍配备器材种类总体齐全，但距城镇消防站建设要求存在明显差距。全县应有消火栓 589 个，实有消火栓 302 个，缺少消火栓 287 个，年内修复损坏埋压的市政消火栓 52 个，建成天然水源专用的消防取水码头 2 处，分别位于滨海书画院北侧、亚邦药业西侧。年底，全县新建市政消火栓仅 16 个，与全年工作目标 134 个有较大差距。实有泡沫量为现役中队 7.5 吨、专职队 2 吨、企业单位 1 吨。

三、消防队伍建设

执勤队伍管理 定期召开全体军人大会，对安全工作、训练秩序、营门岗哨、警容风纪、礼节礼貌等存在问题进行深入剖析，通过中队干部、班长骨干、普通战士三个层次进行发言交流，提出具体工作措施。以执勤队长、执勤班长、班长三个层次明确岗位履职标准。中队定期召开队伍管理座谈会，分析部队管理教育中存在的问题，集思广益，采取整改措施，进一步加强部队的管理、提升队伍的士气。加大正规化建设投入力度。结合《基层大中队正规化管理达标验收标准》，规范大（中）队内务设置、物品放置、一日生活制度、值班、点名、查铺查哨、请销假、留营住宿等制度落实，加强对士兵使用手机、笔记本电脑的管理，有效控制和预防网络安全。强化体能训练。中队落实月度训练计划以及周工作安排，严格按照计划科目实施。与地方体育运动场馆签订共建协议，聘请专业教练来队指导训练，发挥健身房作用，利用健身器材有针对性开展体能训练。

强化技战术训练 大队围绕近几年辖区灾害事故日趋复杂的特点，结合滨海化工大县的现状，开展人员密集、大跨度厂房、危化品槽罐车、化工园区等合成训练、想定训练和实战演练，着力推进由处置常规火灾训练向扑救现代化工火灾和应急救援训练转变，由偏重技能训练向技术、战术、保障合成训练转变，不断提高部队在复杂条件下“能打胜仗、打赢胜仗”综合能力。针对化工危险品事故的处置，进一步加强大中队应急救援能力建设，与县应急办对接建立应急联动单位的联络制度，收集并掌握辖区内交通、医疗、公安等可调动应急力量信息，建立储备仓库以实现灭火药剂和灭火救援辅助力量的及时补给、供应。

夯实灭火救援基础 大力开展重点单位“六熟悉”，强化灭火演练工作，针对辖区新建建筑及重点单位，进一步修订完善各级灾害事故预案及重点单位灭火救援预案，使预案更具实战性。在“G20”安保期间，重点加强重大火灾隐患单位的六熟悉和灭火演练，确保安保期间灭火救援力量能快速行动。截止 12 月底，大队共完善预案 146 余份，消防演练和“六熟悉”213 余次。参与处置“6·23”阜宁特大龙卷风灾害事故和“9·21”飞翔化工厂房火灾事故，得到地方党委政府和社会各界充分肯定。

四、公共消防设施建设

2016 年，大力发展多种形式地方消防力量，根据滨海城市消防规划和《城市消防站建设标准》，大队积极与地方政府协调沟通，在滨海港经济开发区、蔡桥、正红建设政府专职消防队。其中滨海港消防站一期投资 3000 余万元，建设消防码头两个，各项工作基本完成年初目标。

大队协调行业主管部门、乡镇和社会单位，立足当前、着眼长远，全面推动微型消防站、区域联防和简易消防设施建设。大队在化工集中区召开区域联防建设现场会，建立健全组织，落实人员，明确职责，建立区域联防微信群及时发布灭火救援、消防监督检查、火情提醒等相关信息。推进消防水源建设。2016 年，全县完成城区 46 个消火栓修复和 89 个消火栓增建工作，并新建两处消防码头。

五、火灾防控

2016 年，县消防是队以提升全社会防控火灾能力，无亡人火灾、无较大火灾为目标，深入开展“劳动密集型企业专项治理”“夏季消防安全检查”“易燃易爆危险品场所专项治理”“冬春火灾防控”等专项治理。结合区域特点开展火灾形势分析研判，向县政府专题报送《滨海县 2016 年消防安全形势分析评估报告》。通过定期分析研判和综合评估，查找消防安全薄弱环节和部位。两家政府挂牌重大火灾隐患单位战旗网吧、华丰纺织先后全部摘牌销案。全年中队共检查单位 1545 家，发现火灾隐患或违法行为 1942 处，督促整改火灾隐患或违法行为 1921 处，下发责令改正通知书 1037 份，下发处罚决定书 173 份，下发临时查封决定书 29 份，责令“三停”单位 37 家，罚款 184.25 万元。在监督执法过程中，大队无被撤销、变更具体行政行为的行政复议案件，无行政败诉案件。全年消防监督人员无消防执法违纪问题。

六、消防宣传培训

贯彻落实《全民消防安全宣传教育纲要》要求，将消防法律法规和消防知识纳入党政领导干部及公务员培训、科普和普法教育内容，不定期组织行业部门和社会单位开展消防安全教育培训。联合学校、企业开展“消防进企业、进学校”宣传活动，将消防宣传纳入学校军训课时安排。设立全媒宣传阵地，依托县广播电视台、消防宣传车等宣传载体不间断播放“消防公益广告宣传片”“消防常识二十条”等宣传公益广告；依托微信、手机短信、火灾案例展板、消防站开放等平台，全力提升群众消防安全意识和自防自救能力。

第五节　人民防空

一、依法行政

2016年，结合行政审批制度改革，县人防办根据部门行政权力清单和办事指南标准化编制要求，编制完成《滨海县人防办行政权力清单》和《滨海县人防办行政权力事项办事指南》，并将清单和办事指南录入江苏省政务服务管理系统。为加强事中事后监管，提高服务水平，通过编制“双公示”目录、规范“双公示”方式，建立行政许可和行政处罚“双公示”制度。组织参加省民防局开展的行政审批案卷评查，通过自查互查规范审批流程，提升案卷质量，在省第二次案卷评查中获得满分。

4月26日，县举行专业队点验现场。

县人防办　提供

二、人防工程

2016年，新立项人防工程1个，新开工项目2个，竣工项目2个。县人防办严格按照《江苏省人防工程质量监督管理办法》要求，对在建人防工程加强巡查和重点部位的核查，发现问题及时要求整改，针对施工和监理过程中容易出现的问题，组织编制《防空地下室工程施工与监理要点》和《人防工程常见管道预埋表》，方便企业施工，减少返工损失。根据省民防局年度工作安排，滨海县人防办组织专人负责人防工程普查工作，及时购置工程普查所需的专业设备，完成所有竣工项目的数据普查和录入工作。

三、宣传教育

9月，县人防办在县城小学发放新版《民防知识》读本5000余册，多媒体教材100多套。10月，组织部分初中参加“江苏省民防知识竞赛”专题培训，3期，计1500名师生参加。12月，组织全县房地产开发企业负责人召开关于人防工程建设使用维护管理专题会议，向他们宣传人防法律法规和有关新政策，并与他们就人防工程质量监管、租赁使用等问题进行交流，不断提高他们的人防意识和国防观念。

四、信息化建设

7月，县人防地面指挥中心顺利建成并与省、市人防部门实现互联互通。在盐城市民防局的支持下，于11月开始启动建设滨海县人防1611工程。通过前期调研、外出考察和专家咨询，充分论证项目建设的可行性和选址的可靠性。12月，该项目顺利获得省民防局的立项批复。1611工程将为县人防指挥机构战时稳定、不间断地利用信息化手段组织指挥人民防空袭斗争提供强有力的保障。警报设备厂家对县所有警报器控制系统进行升级，推动警报控制信息化水平提升。

8月10日，卫星联调现场。　　县人防办　提供

五、组织指挥

2016年，根据盐城市民防局《关于组织2016年度人防专业队伍和志愿者队伍整组点验的通知》精神，县人防办会同县人武部及相关单位，组建一支200人的人防专业队伍和50人的人防志愿者队伍。4月下旬，盐城市民防局机动指挥所、盐都区机动指挥所、滨海县机动指挥所开展跨区域协同训练，重点训练利用卫星进行互联互通、单兵装备使用和夜间机动指挥所开设与撤收等科目。6月底，市局机动指挥所带领滨海县机动指挥所开赴镇江，联合镇江市机动指挥所开展联调联试。7月，组织参加全省“长城－2016”演习视频观摩活动。8月初，县机动指挥所联合大丰区、建湖县机动指挥所在盐都区人口疏散基地与市局机动指挥所开展集中卫星联通调试。根据县有关机构领导人员变动情况，县人防办对战时人防指挥所编成进行及时调整，落实实名制和联络员制度，确保战时人防指挥机构成员实名率100%。

第三篇

经济建设

第13章　沿海开发
第14章　对外开放
第15章　园区建设
第16章　工业经济
第17章　农业和农村工作
第18章　建筑业　房地产业
第19章　商贸流通
第20章　现代服务业
第21章　金　融　业
第22章　经济事务管理

第 13 章　沿海开发

综　　述

2016 年,滨海港一类独立开放口岸列入《国家“十三五”口岸发展规划》;国家“十三五”规划提出推进淮河生态经济带建设;《江苏省贯彻落实长江三角洲城市群发展规划行动方案》明确提出“规划建设淮河生态经济带,打造滨海港淮河生态经济带出海门户”。总投资 36.4 亿元的 7 个 5 万吨~10 万吨级码头泊位建成 6 个、液体散货码头完成主体工程,累计完成投资 26 亿元;北疏港航道滨海船闸、运盐河船闸基本建成,30 万吨级码头航道和南疏港航道开展前期工作。总投资 315 亿元的 5 个临港重大产业项目,完成投资 214.5 亿元。国家电投协鑫火电一期 2016 年实际投入突破 40 亿元,二期项目可研已通过电规总院专家评审,正申报国家示范项目;国家电投储配煤一期球形仓、陆上堆场等基础工程基本完成;大唐海上风电、国家电投海上风电等项目加快推进;中海油 LNG 项目核准支持性文件 33 项已完成 31 项。总投资 35 亿元的 60 个港城项目,完成投资 12 亿元,灵龙湖生态公园、海滨浴场、月堤海景公园、月亮湾温泉度假酒店等重点工程基本完成;“三纵五横”主干道路网络基本建成,港城框架全面拉开。

第一节　滨海港建设

2016 年,滨海港经济开发区抢抓江苏沿海开发和“一带一路”国家级战略机遇,围绕省市沿海开发战略的总体部署,按照市第七次党代会提出的“产业强市、生态立市、富民兴市”的发展导向和“打造江苏滨海新区”的决策部署,树立“沿海争先跨域、淮河争当门户、全市争创一流”的目标追求,坚持三港联动,以港口建设为龙头,以产业集聚为核心,以港城建设为支撑,抢抓发展机遇,坚持规划引领,加快项目建设,提升承载能力,聚合要素资源,推动开放合作。

一、港区建设

2016 年,港区总投资 57.6 亿元,完成投资 40.2 亿元。规划建设的 10 万吨级码头泊位共 7 个,建成 6 个(2 个干散货码头、4 个煤码头),1 个液体散货码头 2017 年一季度建成,北区干散货 3 号码头、南区液体散货 2 号码头建设工作启动。10 万吨级通用码头 1 号码头实现运营,吞吐量达 50 万吨。总长近 7 千米的南北防波挡沙堤建成使用,航道疏浚达 5 万吨级标准,航标布设全部完成,1 号锚地基本建成,海堤移线土方工程完成,辅建区即将投入使用,港区物流园正在进行倒滤层和挡浪墙的施工,北疏港航道滨海船闸、运盐河船闸等重点工程基本建成,30 万吨级码头航道和南疏港航道的前期研究工作加快推进。

8 月 22 日,滨海港港口场景。　　陈其龙　摄

二、临港产业

2016 年,落地临港产业重大项目共 6 个。在建项目 5 个,项目总投资 315 亿元,2016 年完成投资 110.5 亿元。一期总投资 80 亿元的国家电投协鑫滨海 2×100 万千瓦超临界火电项目于 2015 年 9 月开工建设,2016 年二季度并网发电,火电二期项目已纳入盐城市“十三五”火电发展规划,项目可行性报告已经通过电规总院组织的专家审查,国家电投正在积极向国家能源局申报国家示范项目;总投资 100 亿元的国家电投储配煤一期项目的球形仓、陆上堆场等基础工程基本完成,2016 年底前实施运行,2017 年 4 月正式通航投产;总投资 57 亿元的大唐海上风电、总投资 80 亿元的国家电投海上风电、总投 18 亿元的华电陆上风电项目正在加快推进。一期总投资 120 亿元的中海油 LNG 综合利用项目核准所需的 27 项行政支持性文件(不包括集团层面、银行及海能发冷能利用提供的 6 项),预计 2017 年 4 月底前完成全部行政支持性文件,2017 年 5 月份通过中海油总公司投委会审查并上报国家发改委核准,项目预计 2017 年三季度全面开工建设。

总投资10亿元海滨集团石化仓储物流项目，于11月30日签订正式协议，中天科技集团海底电缆项目、新加坡新浦化学集团石化项目、上海崇滨进出口公司木材仓储物流园项目正在积极跟踪洽谈。

三、港城建设

滨海港城东濒黄海，西至国道228，南临古黄河，北至港区、临港产业区，总面积35平方千米。港城总体布局为“一带、两区、三节点”。“一带”：沿海百里风光带，海岸线44.6千米，是盐城沿海地区最长的海滨景观走廊和唯一的亲海临海的海岸景观带。南起淮河入海口，北至滨海县县域交界的海堤公路。采用节点的形式，依托滨海县东侧海堤路，打造集休闲骑游、文化展示、生态环境、产业融合四大功能于一体的百里风光休闲长廊。围绕“魅力古黄河”“风情月亮湾”“滨海渔火情”三大旅游主题，沿途串联其他景观节点，共同形成滨海县乃至盐城市的风景长廊、生态长廊和休闲长廊，打造滨海沿海黄金旅游带，构建城市文化展示窗口和休闲地标。“两区”：综合服务功能区。东侧与特色风情小镇毗邻，西至G228，北至S327，南至黄河故道，面积20平方千米，主要建设行政服务、商业金融、居住生活设施、服务港口、临港产业，提升旅游功能；月亮湾海滨风情小镇。面积15平方千米，依托流淌700余年的古黄河及盐城沿海唯一的海滨天然沙滩浴场两大独特资源，建设海滨浴场、古黄河森林公园等10大系列，近50个旅游景点，集旅游观光、休闲度假、健身娱乐、美食宜居等于一体。2016年，风情小镇起步面积5平方千米，建成后日接待游客可达1万人以上。“三节点”：打造“古黄河入海口、黄海领海基准点和亚热带与温带临海分界线点”三个标志性节点。到2020年，港城建设用地面积达10平方千米，人口达到10万人，打造国家AAAA级景区。到2030年，港城建设用地面积达20平方千米，人口达到20万人；全面完善经济区综合服务功能，健全配套设施，打造品质之城、人文之城和生态之城；充分发挥生态文化优势和能源资源优势，大力发展特色休闲旅游项目，打造AAAAA级景区和国家级旅游度假区。

7月16日，灵龙湖公园俯瞰。　　陈其龙　摄

港城建设按照“一带两区三节点”规划要求，重点建设50个项目，开工项目16个，项目总投资35亿元，2016年完成投资7亿元。灵龙湖生态公园施工结束，海滨浴场正在进行铺装及栏杆工程施工，月堤海景公园正在进行滨海之门及堤顶道路施工，其他部分进入工程扫尾阶段。月亮湾温泉度假酒店即将进行内部装饰装潢，以观海大道、古黄河路、渔港路、六合大道、宋公大道等为主体的港城“三纵五横”道路网络基本形成，安置小区一期、六合庄街面路面改造等一批基础性、功能性项目基本竣工。完成各类绿化提升计36万平方米。

第二节　综合开发

一、农业综合开发

2016年，农业综合开发各类项目开发总面积4666.66公顷，总投入资金9459万元，财政资金投入9450万元。开发成果惠及全县11个镇区，产业化贷款贴息项目扶持2个农业龙头企业。全县增加灌溉面积1366.66公顷，改善灌溉2433.33公顷；新增排涝面积233.33公顷，改善排涝面积1066.66公顷。新增节水灌溉面积1033.33公顷，年节水量340万立方米；灌溉保证率达到80%，渠系水利用系数达到0.65。改造后的中低产田，已成为旱能灌、涝能排、田成方、树成行、渠相通、路相连的稳产高产农田，土地产出率明显提高。据统计，项目区新增粮食产量5170吨，油料125吨。农民年纯收入新增1321万元，人均增收330元。农业综合开发项目的实施，极大地改善农业基本生产条件，增强抗御自然灾害的能力。

国家农业综合开发高标准农田项目　2016年，建设高标准农田项3000公顷，总投入资金6759万元，其中财政投资6750万元。第一批项目开发面积1666.66公顷，总投资3755万元，其中财政投资3750万元。分别在五汛、通榆、八滩、陈涛4个镇实施；第二批项目开发面积1333.33公顷，总投资3004万元，其中财政投资3000万元，在滨海港经济区、天场、正红3个镇区实施。共建设电站61座、线路12.79千米、变压器50台、防渗渠39.77千米、机耕桥102座、人行桥226座、涵闸1243座、渡槽14座，水泥路94.39千米，疏浚沟渠54.76千米、土方23.5万立方米，建农田林网60公顷（折实面积）1.5万株，开展农民培训2800人次。

国家农业综合开发产业化发展项目　2016年，产业化发展项目申报3个贷款贴息项目，共申请财政资金补助136万元，其中盐城雪尔纺织有限公司申报的“盐城市滨海县3000吨皮棉加工流动资金贷款贴息项目”补助81万元，江苏惠丰纺织有限公司申报的“盐城市滨海县1800吨特种色纺纱加工原料收购流动资金贷款贴息项目”补助26万元，滨海华丰纺织原料有限公司申报的“盐城市滨海县800吨新型高档纤维纱棉花收购流动资金贷款贴息项目”补助29万元。

二、滩涂开发

“十二五”期间，全县在滩涂区域实施的农业综合开发滩涂项目3333.33公顷，其中：建设高效种植基地666.66公顷，高效水产养殖基地2666.66公顷；总投入6420.5万元，其中财政资金3970万元，自筹2450.5万元。“十三五”规划中，规划滩涂垦区配套项目开发面积2000公顷。2016年开发333.33公顷，2017年开发666.66公顷，2018年、2019年、2020年各开发333.33公顷。计划分配套在：新滩盐场666.66公顷，滨淮镇333.33公顷，滨海港区333.33公顷，滨海港666.66公顷。2016年，省级农业综合开发滩涂垦区配套项目，在滨海港镇建设高效水产养殖基地333.33公顷，财政投资500万元，共建设电站1座、塘口泵站7座，线路3.08千米、变压器6台、仓库168平方米、晒场1860平方米、机耕桥7座、涵闸45座、倒虹吸2座、水泥路7.1千米。

三、黄河故道开发

2016年，省级农业综合开发黄河故道开发项目，开发面积是1333.33公顷，财政总投资2200万元。分别在滨海港经济区、滨淮镇、界牌镇和滨海现代农业产业园区等黄河故道沿线4个镇区实施，在天场镇海峰村建设133.33公顷四青蔬菜基地。共建设电站19座、线路3.15千米、变压器18台、防渗渠13.55千米、机耕桥16座、人行桥39座、涵闸233座、渡槽5座，水泥路29.7千米。疏浚沟渠3.16千米、土方2万立方米，埋设低压管道33.61千米、建钢架大棚4.33公顷、粗加工中心357平方米，建设农田林网0.92万株，开展农民培训1000人次。

天场镇海峰村四青蔬菜基地　天场镇2016年度黄河故道海天青生态高值农业示范园，位于天场镇海峰村的村南部，开发面积133.33公顷，财政投资400万元。共建设新建电站3座，建设线路0.35千米，埋设管道5.9千米，新建涵洞20座，浇筑水泥路3.45千米，新建仓库357平方米，蔬菜大棚4.33公顷，植树0.25万株。

第三节　海洋管理

一、海域管理

2016年，年审养殖用海海域使用权证书7本，征收海域使用金7万余元。完成县级海域动态监管能力建设项目，开始正常化运行。继续开展2016年度典型岸段空间资源监视监测，进行海岸线侵蚀专题调查。

二、海监执法

2016年，中国海监滨海大队为副科级事业单位，有职工3人。开展“碧海”“海盾”专项执法行动17次，严格执行“三不、三直”制度，全面巡查县辖海域。对“江苏省滨海港置业有限公司未取得海域使用权占用海域用海一案”召开案件会审会。对每个海洋工程建立专门台账，进行全过程、精细化监管。中国海监滨海大队被省总队评为2016年度先进单位。

三、沿海开发服务

8月25日，国家海洋局复函江苏省人民政府同意《江苏省海洋功能区划(滨海海域)修改方案》。滨海县取得1#、2#物流园基础设施工程海域使用权证书，3#、4#物流园基础设施工程海洋环境影响报告书的核准意见。取得省海洋与渔业局给国家海洋局海域综合管理司关于中海油LNG项目用海意见的复函和省环保厅关于LNG项目海洋环境影响报告书的批复。

第 14 章　对外开放

综　　述

2016 年,全县开放型经济条线紧扣"沿海争跨越、淮河争当门户、全市争创一流"发展目标,牢固树立创新、协调、绿色、开放、共享理念,积极开展"项目攻坚年"活动,突出项目招引,加快转型升级,取得较好成效,获全市 2016 年度开放型经济工作奖。实现外资到账 5263 万美元,完成序时、增幅分别居全市第三、第六位。全县共新批外资项目 12 个,协议外资 7713 万美元,其中 3000 万美元以上项目 3 个,项目数、协议外资增幅分别居全市第二、第三位。年内有在手洽谈项目 24 个,其中拟报批项目 8 个,项目信息 16 个,3000 万美元以上项目 4 个。在建项目 16 个,其中 3000 万美元以上项目 4 个,项目数居全市前列,年内新增进出口实绩企业 20 家,其中沿海工业园新增 6 家,工业园新增 6 家。全县一般贸易进出口 3.35 亿美元,占全县进出口比重的 83.8%,是加工贸易进出口 6500 万美元的 5.2 倍。

第一节　招商引资

2016 年,全县招商引资工作以"项目攻坚年"活动为抓手,围绕"扩总量,稳增长,提质效,促转型,建载体"五大要点,主攻产业项目,突出重大项目,加大招商引资力度,强势推进项目建设,取得一定成绩。2016 年市下达滨海县亿元以上新开工、新竣工项目任务数为 55 个、40 个,全县实际完成亿元以上新开工、新竣工项目 60 个、46 个,完成任务率为 109%、115%,完成亿元以上新开工、新竣工项目投资额 91.1 亿元、56.6 亿元。

一、工作机制

8 月份在县项目办基础上挂牌成立县招商局,挂靠县商务局,项目办原有 4 个科室合并成 3 个科室,人员从 16 人缩减到 11 人,抽用人员和原单位脱钩,实行单独考核,明确工作职能。全县成立 71 个专职招商小分队,共有专职招商人员 214 人,其中科级以上 72 人,科级以下 142 人。全县 11 个产业招商局已全部成立,服务业产业(央企)招商局于 9 月已明确 2 名工作人员。4 家境内招商驻点已经全部成立。4 家境外招商驻点全面推进,其中台湾招商驻点在 7 月 14 日挂牌运行,韩国招商驻点正在筹建,德国招商驻点委托德国柏林商会毛怡红会长、美国招商驻点委托美国波士顿商会徐卫初会长开展招商。成立上海、北京和盐城 3 家异地滨海商会,其余 5 家目前正在筹建中。

二、招商活动

2016 年,共参加市、县相关招商推介活动 32 次,全年全县共对接客商到滨考察 240 批次,实地走访企业约 1650 家,在手项目信息 107 个,协议总投资 595.285 亿元,其中 5000 万元以上项目 92 个,亿元以上项目 45 个,外资项目 10 个;新签约项目 99 个,协议总投资 84.065 亿元,其中 5000 万元以上项目 65 个,亿元以上项目 26 个,外资项目 8 个。2 月举行专职招商人员集中出征活动,组织春季项目推进"百日竞赛"活动。7 月,开展项目攻坚年活动。8 月,召开昆山招商会,签约 15 个项目,协议总投资 12.3 亿元。9 月,举办重点利用外资项目集中签约仪式,签约 3 个项目。5 月和 9 月,分别举办两期招商引资培训班,共培训招商人员 420 人次。11 月初,县领导赴美国开展招商活动,签约项目 2 个;11 月上旬组织参加盐城(深圳)产业创新投资说明会,并在深圳举办南山产业园共建暨新兴产业项目签约活动;11 月中旬,参加在北京举办的盐城跨国公司投资合作说明会。12 月,召开盐城(上海)产业园区合作恳谈会。

2 月 15 日,县举行专职招商人员集中出征仪式。
陈其龙　摄

三、制度创新

建立会议推进制　每月召开一次项目推进工作例会,

邀请县分管领导参加，听取各单位汇报项目推进工作进展情况，分析研究不足，会办解决项目推进工作中的难题，明确下一步工作重点和努力方向。

建立会审服务制 县服务项目会审协调领导小组，每半个月为拟落户全县的工业项目以及其他需要会审的项目，由项目引资单位或投资者提出申请，招商局牵头组织相关单位和专家对项目进行会审，并将初审结论报县分管领导审定，经分管领导审定后向引资单位或投资者进行反馈 审定意见。全年共会审项目13批次，30个项目通过会审。

建立活动推进制 扎实开展项目推进工作系列活动，每半月组织项目会审、督查专职招商人员，每月召开县领导和条线招商情况汇报会、招商引资项目过堂会，双月举办重点项目开竣工活动，季度举办全县项目集中开竣工和重点项目"家家到"观摩活动，年终对全县招商引资和项目推进工作进行考核奖励，真正做到压力层层传递，任务人人承担。

建立领导拜访制 实行邀请县主要领导拜访重大项目制，滨海经济开发区工业园、沿海工业园每季度邀请县主要领导拜访客商不少于3次，重点镇不少于2次，其他镇区不少于1次。

四、项目建设服务

2016年，临港产业园总投资80亿元的国家电投协鑫2×100万千瓦火电项目，完成投资70亿元，将于2017年并网发电，项目建成投产后，年可实现税收10亿元以上；总投资45亿元的国家电投5000万吨储配煤中心项目一期工程于12月完工；总投资120亿元的中海油LNG项目陆域工程也将开工建设。工业园不断完善污水处理厂、研发机构等功能配套，创建国家级泵阀检测中心，其中南山产业园加快基础设施建设，年内完成一期范围内的道路绿化、杆线等配套工程，开工建设经一路、程庄路西延等5条道路，世纪大道西延和明达北路绿化工程等基础设施建成；确保10千伏双回路电力杆线架设到位；年内在深圳南山区举办两次专题推介会，全年新签约、新开工亿元项目各4个。服务好落户的脉动医疗器械项目，加快厂房建设步伐；加强跟踪对接博德维项目，确保气膜厂房尽快开工建设。沿海工业园建设固废填埋场，实施危险废物综合利用、给排水系统改造，加快推进生态基础工程和启动建设兴署小镇二期建设。医药产业园招商服务中心已经建成，新安大道西延工程等基础设施项目全部竣工，高科技企业加速器目前1号厂房基本竣工。投资1亿元的昂利康药业抗生素及药用辅料项目、中科院上海有机所滨海绿色医药产业研究院、大连化物所国家技术转移滨海分中心等重点创新平台正在抓紧筹建。现代农业经济区启动加工园二期工程，年内新开工2个5000万元以上项目，创建国家现代农业园示范区。

五、舆论宣传

建立滨海县招商局网站，编发15期《项目攻坚年工作简报》，对44家镇区和部门的主要负责人进行电视访谈。组织开展全县"十佳项目""招商功臣（能手）"和"优秀园区"评选。编印新版《中国·滨海招商指南》、项目招引宣传手册，制作形象生动的PPT推介资料，每月在《滨海日报》、广播电视台、政府网站、招商网站、黄海在线等县内媒体开辟专栏宣传重大项目17个和典型企业26家，创造滨海县项目推进工作氛围。

第二节 利用外资及港澳台资

2016年，全县共新签约外资项目6个；新批外资项目12个，协议利用外资7713万美元，其中3000万美元以上项目3个；在建项目16个，其中3000万美元以上项目4个，项目数居全市前列；实现外资到账6000万美元，完成序时、增幅分别居全市第三位、第六位。

招商活动 组织参加3次台湾招商活动、1次韩国招商活动、1次美国招商活动，以及"5·18"盐城经贸洽谈会、厦门洽谈会、北京跨国公司投资合作说明会，举办昆山招商会、重点利用外资项目集中签约仪式。通过系列招商活动，全县共洽谈外资项目20个，签约外资项目6个，其中港口物流园、台湾美丽徕、蕈旺食用菌、美国舒马克电器等项目投资均在1000万美元以上；新批外资项目12个，协议利用外资7713万美元，其中3000万美元以上项目3个，项目数、协议外资增幅分别居全市第二、第三位。同时，以小分队形式，多次赴深圳、北京、内蒙、上海、浙江、苏州、昆山、无锡等地开展招商活动，共收集有价值信息30条，跟踪洽谈项目12个。接待美国、韩国外商及台湾、昆山、浙江、北京等地客商30多批次到滨海考察。

重大项目建设 对列入市"八大类"和重点利用外资项目考核的侨宏置业、泰悦木业、馨瑞香料等6个项目全部开工建设，其中侨宏置业完成全年预期目标，泰悦木业、立塑包装、诺迪科金属等项目已投产运营。

服务外商投资 县商务局建立健全外商投资运营项目、在建项目、签约项目、到账项目、洽谈项目台账，实施全过程、全方位、全身心服务，全力加快外资项目报批、到账和建设进程。对办理报批手续的口福食品、酵素等8个项目和手续办结的美丽徕化妆品、富安置业等4个项目，建立专门班子，明确专人跟踪，力争早办理、多到账、快开工；对在建的侨宏置业、泰悦木业等16个项目，实施全程服务。

第三节 对外及港澳台贸易

2016年，全县进出口实绩企业86家，共实现进出口3.77亿美元，完成市目标任务4.3亿美元的87.7%，比上年下降1.6%，增幅位于全市第7位，其中出口3.08亿美元，比上年增幅1.2%，居全市第六；进口0.7亿美元，比上年下降12.5%，居全市第七。工业园泵阀机械产业获批"盐城市科技兴贸创新基地(流体装备)"。

落实扶持政策 用足用好国家和省稳定外贸增长的各项扶持资金，研究制定外贸奖励政策方案、稳增长考核资金方案和切块资金方案，组织企业参加小微企业出口信用保险，共帮助外贸企业争取省中小企业开拓资金和出口信用保险补助80万元，助推企业加快发展。

组织企业参展参保 组织金马、居尚、美逸等企业参加"119届春季广交会"，现场签订3份订单，成交20多万美元。组织万恒铸业、日明消防、华澳机械等20家外贸企业参加"昆山进出口商品交易会"，争取多笔订单。组织八巨药业、雄越机械、奇大悉阀门等12家外贸企业参加市小微企业出口信用保险，不断提升国际市场竞争力。

服务外贸企业"家家到"活动 2016年，商务局开展服务外贸企业"家家到"活动，帮助常丰农化、德纳化工等企业解决出口退税不及时等问题，帮助中正生化、苏普尔化学等公司解决融资难问题，帮助汉曦、永福利等企业及时办理进出口贸易手续。

培植外贸实绩企业 全县进出口和出口有实绩企业分别达86家、77家，分别较上年增加16家和19家。在新增的实绩企业中，进出口超1000万美元的有1家，为滨海永福利进出口贸易有限公司；超500万美元的有2家，分别为江苏富比亚化学品有限公司和盐城蓝古进出口贸易有限公司；超100万美元的有1家，为江苏建农植物保护有限公司。机电企业新增5家，分别为诺迪科金属、捷硕电子、好特富工具、治润电子、德泰电梯以及华澳橡胶。

第四节 对外及港澳台经济技术合作

服务外包 2016年，新批2家服务外包企业，分别为滨海县天盛互联网信息服务有限公司、滨海县淘三方网络科技有限公司，营业额均超100万元。

境外投资 2016年，新批1家境外投资企业，为江苏中凯化工设备有限公司，在印度投资6万美元，主要生产经营化工机械设备。

江苏县级最大的高铁站滨海火车站效果图。

第15章 园区建设

综 述

本章记述的是江苏滨海经济开发区工业园、江苏滨海经济开发区沿海工业园、江苏省滨海现代农业产业园区、盐城滨海港经济区2园2区2016年经济社会发展情况。2006年4月,省政府批准成立江苏滨海经济开发区为省级开发区,辖江苏滨海经济开发区工业园、江苏滨海经济开发区沿海工业园2个工业园。2011年6月,经江苏省人民政府批准将原大套乡更名的盐城市滨海现代农业产业园区,更名为江苏省滨海现代农业产业园区。是年,经盐城市人民政府批准成立,由原滨海港镇(临淮乡、淤尖乡合并而成)整建制转入,更名为盐城滨海港经济区。

第一节 江苏滨海经济开发区工业园

江苏滨海经济开发区工业园创建于2001年月,由城南区、城中区、城北区组成。南区位于县城西南部,东到妇女河,西至204国道,北到丁字港,南至淮河入海水道5.52平方千米;城中区面积1.6平方千米;北区位于县城东北部,东依北八滩渠,南接环城路,西至清坎河,北至沿海高速向北1500米。2016年,辖区面积37.29平方千米,人口3.97万(含企业务工人员1万人),下辖村(社区)6个,分别为新区社区、环城社区、沙庄社区、二坎社区、益礼村、西坎村。有入园企业160多家,已形成流体装备、纺织服装两大主导产业。流体装备产业园先后被授予"江苏滨海流体装备产业园""江苏省中小企业产业集聚示范区"。

一、经济发展

财政税收 2016年,完成公共财政预算收入2.35亿元,超额完成2.18亿元的目标任务。规模工业开票销售完成规模工业开票42亿元,比上年增长31.3%。规模入库税收完成1.58亿元,比上年增长79.9%,超额完成全年的目标任务。外资实际到账完成2008万美元。完成进出口总额6243.9万美元,比上年增长64.68%。规模工业开票、规模工业入库税收和外贸进出口增幅均在30%以上,苏盐、超威、强源、天之依等企业的开票销售都有较大幅度的增长,增幅都超过50%;超威、万恒、日明、晨风等企业的税收都有大幅增长,增幅超过60%。

招商引资 2016年,在苏州、上海、台湾和韩国成立4个驻点办事处,组织4人到上海招商代理公司应聘,选派2名年轻人赴苏州工业园挂职挖掘项目信息。9月26日,举办近年来最大规模的集中签约活动,新签约项目6个。先后2次在台湾举办专题推介活动,特别是11月19日,园区在台湾嘉义邀请台南、云林、台中及台北的客商100多人,举办2016江苏滨海经济开发区(台湾)经贸交流会。签约项目在数量质量上明显提升,全年共新签约长兴新能源隔板、舒马克电器等项目10个,其中亿元以上项目4个,外资项目4个,掌握42亿元的雷丁电动汽车、30亿元的德瑞博新能源汽车等重大项目信息10多条。

转型升级 2016年,调整结构,转型升级在加大投入中初显成效。加大要素资源倾斜力度,引导正丰阀门积极做好上市准备;实施小微企业进规模行动,新培植规模企业8家。培植苏盐、超威等龙头企业,年销售10亿元。科技创新成效明显。鼓励企业加大研发投入,强化企业自主创新。帮助苏盐申报省级弯道管装品牌,上报待批;帮助海宏机械、恒丰粮机等2家企业申报高新技术企业;全年共申请各项专利500多个,授权专利50多个;支持雪尔纺织建立省市级技术中心。实施"招才引智"工程,加大人才优化力度,培养和引进一批创新创业领军人才,产业紧缺技术人才。年内新引进盐城市"515"领军人才6人,苏北人才计划1人。

项目推进 2016年,把项目建设放在园区突出重要位置,做到逢会必讲项目,会办必议项目,在园区营造共同抓项目的浓厚氛围。全区上下顶住经济下行压力,狠抓外部

10月12日,江苏万恒铸业有限公司产品车间一角。
陈其龙 摄

有效投入,强化"跑步式、保姆式、精准式"服务,强化全过程跟踪调度,全天候要素协调保障,全力促进竣工投产、达产达效。全年共新开工舒马克电器、脉动医疗器械等项目8个,新竣工超威二期、耐斯德阀门等项目5个,完成南泰羊毛等5家企业的置换工作,盘活存量土地20公顷。

二、基础建设

载体建设 全年共实施重大基础设施工程4项,总投资额1.06亿元。其中13万平方米的世纪大道与明达北路景观绿化提升工程的苗木栽植已经完成近70%工作量;世纪大道节点工程初步出新形象;4.3万平方米的西坎安置小区近期可进场施工;2.1千米的世纪大道"白改黑"工程已全面竣工。实施省两化融合示范基地和省级新型工业化示范基地的品牌申报工作;省级生态工业园正在根据申报条件的要求积极排查整改,确保2017年顺利通过现场验收。双创平台:1栋1万多平方米的标准厂房交付使用,正进行内部装潢施工;启动阀门检测中心创建国家级检测中心的相关工作,与苏盐合作的方案已经形成,正在抓紧实施;南山智汇园获批省级创业孵化基地,被国家科技部认定为"创客空间"。人力资源平台有效运转,全年共帮助超威、雪尔等企业招聘用工1000人以上,有力地保障园区发展的需要。

难题破解 2016年,上下协同攻坚破难,园区企业大事难事大多有效破解。资金压力有效化解。在加强与银行合作项目的同时,启动了园区发债的前期研究工作。截至12月底,园区共完成新、续贷6亿元,为园区发展新筹集资金2.25亿元,有力保障园区征地拆迁、基础配套以及项目建设等各项工作的稳定开展。征地拆迁亮点突出。始终坚持和谐拆迁、阳光拆迁,全年共实施11个项目拆迁,共征收房屋220多户,协议拆除房屋5万多平方米,完成安置房屋300余套,实现房屋征收协议率、拆除率"双百"目标,没有引发新的问题和矛盾;共完成城建项目、园区建设涉及到的11个项目征地交地工作,累计征地交地53.33公顷;累计拆除违建46户,制止违建行为100余起。安全环保全力保障。全年共下发安全生产通知300余份,组织安全生产大检查6次,下发安全整改通知书100多份,帮助区内17家铸造企业办理铸造手续;配合环保分局下发环保通知240余份,下发整改通知50多份,处罚企业1家,园区没发生一起重特大安全环保事故。

工业园区北区概貌。

三、社会民生

民生实事 调查处理信访反映事项32件,解决信访疑难问题5个,发放群众权益保障卡6份。群众生活质量明显提升。全年辖区人均纯收入预计可超1.1万元,新型农村养老、合作医疗保险参保率分别达100%和98%,新农合筹资322.55万元,绩效名列全县前列。全年帮助175户512人口脱贫。新申报低保33户,申报优抚对象16人,落实困难儿童救助22人,在建幸福院、标准化养老服务中心4座。农村人居环境不断改善。积极开展"美丽乡村"活动,全年共投入资金69万元,人力近7000多人次,机械500多台次,清理清运生活垃圾近5000吨,积存垃圾279吨,整治河道23条22.7千米,渠道沟塘83处9.93公顷,平迁坟124座;新建村庄主干道5.17千米,完成农路提档升级8.3千米,新建桥梁1座,维修农桥15座;在夏、秋两季秸秆双禁工作中,园区范围内实现"零火点"的目标,三麦、水稻秸秆基本实现全量还田。

表4　　2016年工业园区各村居基本情况一览表

村　别	村支书	村主任	村会计	村民小组(个)	人口(人)	承包地面积(公顷)	人均纯收入(元)	经济总收入(万元)
新区社区	程建干	杨士康	张华付	8	4600	148.7	12000	8100
二坎社区	王加信	王　春	顾雄才	7	4483	116.7	12000	10500
沙庄社区	杜成英	张国华	—	5	3291	126.7	12000	9250
益礼村	李立新	周步前	—	8	4300	296.7	11100	9480
西坎村	李明明	—	李正高	6	4887	286.7	12800	9370
环城社区	梁为峰	梁为峰	—	7	9068	120	13100	12300

第二节　江苏滨海经济开发区沿海工业园

一、转型升级

2016年，加快落后产能淘汰，督促指导368台三足式离心机全部淘汰到位。推动重组整合，重组企业14家，减少企业5家。引导和督促企业推进自动化、智能化、循环化改造，馨瑞技改车间获得省示范智能车间称号，实现全县省级示范智能车间零的突破。深化科技创新，新增国家高新技术企业8家，总数达37家。新增省级工程技术研究中心1家、省级企业技术中心2家、省级研究生工作站2家。获得授权专利95件，其中发明专利25件；注重品牌引领，成功申报省级高新技术产品15个。盐城国家特种高分子材料高新技术产业化基地已通过科技部高新司现场验收。

5月3日，沿海工业园区一角。　　陈其龙　摄

二、经济发展

2016年，全年实现规模以上工业开票销售155.4亿元，比上年下降7%；规上工业入库税收9.86亿元，比上年持平；销售超亿元企业50家，比上年持平；税收超千万元企业26家，比上年新增6家；公共财政预算收入5.3亿元，完成年度任务；进出口总额3.0亿美元，比上年增长3.8%；注册外资实际到账3000万美元，比上年增长131.1%。累计签约项目5个，协议总投资32亿元，开工项目9个，竣工项目7个，完成固定资产投入17.72亿元，其中设备投入12.36亿元，占固定资产总投入的69.8%。在市级表彰中，有12家企业被评为全市三星以上工业企业，其中，吉华公司为五星工业企业，森达热电公司、清泉公司为四星工业企业，八巨药业等9家公司为三星工业企业。

三、载体建设

医药产业园成功签约并全力推进永诚医药成品药项目，道路、绿化等公共基础设施正在加快配套；兴overlay新城一期已竣工验收，二期正在主体施工，三期完成勘察设计招标，相关配套正在加快实施；完成黄海路改造、中山一路改造、园区封闭管理卡口（陈李路）、垃圾中转站等工程；智慧园区等工程正在按计划推进。

5月17日，沿海工业园化工企业远景。
陈其龙　摄

四、安全稳定

2016年，中央环保督察组来园现场检查总体评价较好，后期整改有力有效；通过省沿海化工园区环保整治现场验收；全面开展109个环保违法违规建设项目“三个一批”清理整治；开展“三废”专项整治，企业行为得到规范。实施标准化建设，共有70家企业通过二级安全生产标准化评审；检查整改隐患8000多个；组织各类安全培训8400人次，本质安全度进一步提升。统筹推进头罾地区B、C、F等区域拆迁，累计签约633户，签约率达98%以上；加强社会治安综合治理，主动化解各类矛盾纠纷，园区大局总体保持平稳可控。

第三节　江苏省滨海现代农业产业园区

江苏省滨海现代农业产业园区位于滨海县城西南部，地处滨海、阜宁、响水、涟水四县交界，G204、S327贯穿境内，通榆大运河、中山河、引江济黄河贯穿腹地。总面积63.17平方千米，耕地3448.13公顷。共有行政村13个，村民小组110个，10836户，人口47274人，劳动力20448个。2016年，完成地区生产总值9.92亿元，比上年增长9.4%；一般公共财政预算收入完成8119万元，比上年下降23.97%；财政收入8298万元，比上年上年增长4.7%；规上工业开票销售3.57亿元，比上年上年增长37.4%；全社会固定资产投资达12.5亿元，比上年上年增长16.8%；其中工业投资达9.72亿元，比上年上年增长15.6%；农民人均纯收入13771元，比上年上年增长9.5%，其他各项指标也大幅度提升。

一、经济发展

工业经济　2016年，共招引落户5亿元项目1个，5000万元以上项目3个，3000万元以上项目3个，1000万元以上项目6个，超额完成年初制定的招引任务。其中在建项目2个，分别是投资8000万元的薰衣草庄园和投资5000万元的众恒屠宰项目；新开工项目4个，分别是总投资5亿元的中农产品批准项目、总投资5000万元的棉毛织造项目、总投资5000万元的动车电子配件项目、总投资3000万元的千亩设施园艺基地项目。辖区内有工业企业25家，其中规模以上工业企业7家。全年新增私营企业128家。

农业经济 2016年，以海大食品、九洲饲料、盛海设施蔬菜基地、随耕生态园、伴亩田生态农庄等企业为龙头，坚持"企业＋合作社＋基地＋农户"的发展模式。通过开展浦岗高效设施农业示范基地、洪林蔬菜专业合作社四青蔬菜种植基地等项目实施帮扶，以参股分红等方式，带动低收入农户脱贫致富。园区坚持以"堆上果园、堆下菜园"为总体发展战略。年内加大土地流转力度，新流转土地达400公顷，发展桃园、梨园、蛋白桑等项目，使园区设施农业面积达到400公顷，高效农业面积达1200公顷，果园面积达400公顷。

8月29日，省委常委、副省长杨岳（右二）等领导在农业园区指导工作。 陈其龙 摄

第三产业 以"薰衣草花海"为主题的北欧休闲式庄园项目，由江苏普堃旅游开发有限公司投资兴办，总投资8000万元，占地21.86公顷。规划设计花海景观区、草坪婚礼区、农耕文化区等12个功能区。2016年底已完成一期入口广场、花海种植、景观绿化等项目建设。由安徽中合高盛市场投资有限公司投资兴办，该项目位于园区农副产品加工园，省道327和西湖路交叉处西北地块，占地12.66公顷，总投资5亿元，计划总建筑面积15万平方米，建设集农副产品批发联运、电子商务、冷链物流配送、检验检测为一体的多功能、现代化、综合性农产品批发市场，正在进行地块基础打桩工程。随耕生态园四星级创建已通过省级验收。

滨海县农业园区首届乡村旅游节 2016年4月10～15日，以"梨花雨·故道情"为主题的县首届乡村旅游节于在县农业园区举行。旅游节由省委驻滨扶贫工作队、滨海县现代农业产业园、滨海县旅游局、滨海县广播电视台等多家单位联合举办，挖掘乡村旅游资源，丰富旅游节庆活动内容，打造乡村旅游品牌，让更多的人了解滨海、走进滨海。活动主要围绕"梨花雨生态休闲园、随耕生态园、伴亩田生态园"三个园区开展，每一个园区都有着各自的特色，三点一线形成一条生态旅游休闲观光走廊，让游客流连忘返。

10月1日，2016年秋季滨海县乡村旅游节暨随耕生态园开园仪式活动现场。 陈其龙 摄

梨花雨生态休闲园 位于现代农业产业园区夹堆村境内，占地面积66.66公顷，核心区域33.33公顷，规划建设滨水景观区、宿营野炊区、休闲娱乐区、生态采摘区等，将被打造成"春赏梨花、夏走荫爽、秋品甜果、冬阅沧桑"的高效生态休闲园。在梨花雨生态园举办现场文艺演出；县文联牵头组织县书画家协会和县摄影协会部分书画、摄影作者开展文艺采风活动，现场创作并在向游客赠送书画作品；省委驻滨帮扶工作队帮助联系中航工业宏光空降装备有限公司，在活动现场布置一个热气球，游客免费乘坐在热气球上空中看梨花，同时游客可以以个人或家庭为单位与果农签订认购协议，当梨树挂果后按照认购数量前来购买。

随耕生态园 位于园区套稍村境内，总占地面积66.66公顷，投资建设一个大型生态园，涵盖"黄河故道"生态大门、亲子乐园、拓展训练、农业科普教育、花卉园艺、特种珍稀养殖场、生态餐饮、木屋休闲度假、悠然垂钓、网球场、室内外游泳馆及配套休闲设施等。

8月27日，随耕生态园概貌。 陈其龙 摄

伴亩田生态农庄 位于园区洪林村境内，占地面积20公顷，建设垂钓中心、农家乐阳光餐厅、民俗园、农业采摘体验园、旅游商品展示展销、黄河故道景观设施等。游客可在随

耕生态园和伴亩田生态园进行欢乐采摘,品尝农村美味,感受踏青之乐,尽享自然美景。

二、社会事业

2016年,完成8个村卫生室的新建并投入使用,2个村卫生室的改建工作。有6个村卫生室顺利通过市督查组考核验收。占地0.66公顷、投入600万元、铺设管道3.1千米的集镇污水处理厂进入试运行阶段,日处理污水500吨左右。新建的3000平方米洪林小学基建项目已经竣工,即将投入使用。园区23座小水厂,已全部处置完毕,铺设的56.6千米三级管网,已全部竣工,13个村非常外户进户安装工程已完成并基本吃上安全饮用水。申报入库农路提档升级道路40.3千米;完成3.5米宽的一事一议水泥道路12千米;开展农村公路提档升级工程,建成9千米的水泥路面;维修农路破损路面11000平方米。清理镇级河道17条,总长39.7千米;村级河道92条,总长74千米。共建化粪池2165立方米、堆粪池2155平方米,整治关闭不合格屠宰点1个。修建大关、辛荡、育才、永华、浦岗村农桥8座,电站3座,涵洞40座。筹资700余万元用于绿化工程,完成成片拓果工程53.33公顷;在丰收大道、紫薇大道、套坎路、套场路等地段,新建绿色通道10千米,栽植绿化苗木5000余株,新建6500平方米绿地;在集镇地段栽植各类苗木800余株。新型农村合作医疗参合率达100%,新型农民养老保险参保率达99%以上。2016年投入100多万元,建成敬老院附属用房603平方米并完成装修,完善消防设施。2016年度建档立卡低收入农户共1718户,脱贫552户,1315人。全年配合县淮剧团组织送戏下乡活动4场,送电影到村150多场。举办以"梨花雨·故道情"为主题的县首届乡村旅游节和2016年秋季乡村旅游节。组织由园区机关全体干部、村组干部、民兵、党员和公安干警共同参与的义务"大巡防"活动,有效地防范和打击各类犯罪活动90余起。建立一支覆盖全园区知民情、解民忧的"五老"志愿者队伍,规范人民调解活动,及时解决民间纠纷,维护园区社会和谐稳定。

表5　2016年江苏省滨海现代农业产业园区各村基本情况一览表

村别	村支书	村主任	村会计	村民小组(个)	人口(人)	承包地面积(公顷)	人均纯收入(元)	经济总收入(万元)
关南	孟昭华	何　标	郭敬成	8	4285	232.13	12997	5495.1
大关	孟昭海	孟怀根	孟　勇	9	4023	286.07	12930	5667.78
陈李	孟昭云	杨应文	肖金飞	7	2540	159.87	12254	3640.15
浦岗	王信道	王加新	王德新	10	4323	340.07	12781	6096.98
同心	张铜俊	李玉中	李玉东	11	4356	237.87	12243	4595.97
岭山	于　旭	—	于广培	8	2539	92.27	12235	3641.39
夹堆	宋　明	于爱东	李　叶	7	2610	127.6	12260	3464.01
大套	于　新	于爱民	于利友	10	5164	211.67	12851	3836.96
套稍	王兆龙	陆立江	王　亚	9	2810	203.47	12243	3369
永华	王成云	于　洪	徐美军	7	2889	148.87	12263	3593.71
洪林	陈海波	陈其川	陈　军	7	3630	204.4	13210	4899.63
辛荡	李志海	李士成	徐　亚	9	4509	183.2	13514	6436.78
育才	孟怀武	孟国庆	侍卫军	8	3596	157.13	13995	4127.73

第四节　盐城滨海港经济区

盐城滨海港经济区是爱国民主绅士杨芷江的家乡,于2011年经盐城市人民政府批准成立,由原滨海港镇(临淮乡、淤尖乡合并而成)整建制转入,位于滨海县东北部,东濒黄海,是"港口兴县"战略的前沿阵地,"三港联动"发展的核心区域。北与滨淮农场、新滩开发区相连,西与滨淮镇、滨海港镇接壤,南与滨海港镇、淮海农场相邻,国道228线纵贯南北,省道327线、县道301线、5008公路横穿东西,构成"三横一纵"主干道路网框架,北八滩渠、古黄河、南干渠、翻身河由南向北依次贯穿东西,形成可供农业生产使用的主水系。2016年,全域面积195.06平方千米,境内海岸线长12千米,古黄河道湿地1333.33公顷,下辖21个行政村,总人口91875人。完成公共财政预算收入13698万元,完成规模工业增加值98700万元,完成固定资产投资93700万元。

一、经济发展

主要指标　2016 年，完成地区生产总值 20.99 亿元，同上年比增 8.6%；完成公共财政预算收入 1.37 亿元，比上年增 10%；完成全社会固定资产投资 9.4 亿元，比上年增 15%；实现农民人均纯收入 14100 元，同上年比增 12%。

工业经济　2016 年规模以上企业实现开票销售 10592 万元；规模以上企业完成入库税收 180 万元；规模以上工业增加值 95620 万元，同上年比增长 10.7%。

“三港”服务　完成宋公大道、观海大道东延、古黄河路、六合大道南延、听海路等项目的征地拆迁任务，保证项目的顺利推进。加快观海大道东延项目拆迁扫尾工作，适时完成消防站建设的征地任务，保证项目的建设需求；做好六合庄至陶湾整体搬迁区 1109 户的房屋评估工作，为拆迁奠定基础；初步完成六合庄自建区二期和三洪安置区土地征用任务。全年累计完成征地 83.87 公顷，拆迁 176 户；同时完成风电三期拆迁工作，及时调处国电投火电线路、220 千瓦风电线路架设矛盾，保证项目的顺利实施。

“三农”服务　省、部级优质水稻高产基地成功创建，渔业高效设施项目实施到位，秸秆综合利用和“双禁”工作基础进一步筑牢；扶贫开发工作实现 1310 户低收入农户、3317 人脱贫，脱贫率达 30%，“康居工程”全面实施，新建房屋 83 户，退耕还田 23 户；区域一体化供水工程，12 月底入户率达 90% 以上；333.33 公顷黄河故道开发项目全面竣工，34.66 公顷土地整治项目按时完成。

10 月 8 日，滨海港经济区东扬村村民翻晒玉米。　王晶晶　摄

二、社会事业

2016 年，完成 5008 公路东段改造工程，新增黑色路面 11.3 千米，八港路集镇段降层改造工程实现通车；新农保保费按时收缴，基础养老金领取新增 487 人，新农合惠及百姓，全年有 7000 人次享受住院补助 2931 万元，17.8 万人次享受门诊补偿 551 万元，下年度新农合筹资按时完成；托底救助全面落实，基本实现“应保尽保、应救尽救”，敬老院安全、消防设施安装到位，基础设施建设基本完成，老人生活、居住环境更安全更舒适；淤尖中学“九年一贯制”校区建成投入使用，全区均衡发展水平进一步提升；社会保障职能有效发挥，实施再就业援助 11 人，援助资金 2.7 万元，为下岗职工发放创业贷款 200 万元。

组织干群学习法律法规知识，增强法制观念，认真执行《盐城市各级干部依法办事行为规范》，完善政府法律顾问机制，坚持依法决策、依法行政、依法履职、依法治区，运用法制思维和法制方式化解矛盾，维护稳定。通过日常接访，面上化解农村邻里纠纷 416 次；通过联席机制，重点解决了久拖不绝的信访矛盾 5 件；通过责任包保，基本稳控历史遗留信访对象 7 人，全区注重网络舆情的适时监控和协调处置，主动发声，阐明真相，及时疏缓社会不良情绪，未发生有影响的网络媒体炒作事件；通过社会治安综合整治，违法犯罪明显减少，社区矫正发挥作用，安置帮教落到实处，夯实社会稳定的核心基础；安全生产责任制依法有效落实到位，食品、药品安全综合监督体系逐步完善，未发生重特大安全生产事故。

8 月 22 日，滨海港月亮湾新外滩。　陈其龙　摄

表 6　2016 年盐城滨海港经济区各村基本情况一览表

村　别	村书记	村主任	村会计	村民小组（个）	人口（人）	承包地面积（公顷）	人均纯收入（元）	经济总收入（万元）
裕　众	王兆山	苏荣华	黄章华	8	4006	459	13528	10725
双　裕	张月兵	陈　雄	苏如祥	10	4624	478	12729	12864
淮　民	李胜俊	戴进胜	刘正大	11	5040	440	12773	14859
黄　海	王兆娓	殷作成	王兆斌	12	4941	420	12927	13475

续表 6

村 别	村书记	村主任	村会计	村民小组（个）	人口（人）	承包地面积（公顷）	人均纯收入（元）	经济总收入（万元）
联 合	陆 军	王兆兵	陆恒冲	10	2604	227	14665	8037
东杨庄	李胜俊	韩庭春	周学洪	7	2694	200	13402	8645
后 堆	杨国龙	—	吴 飞	12	4255	213	13511	8357
友 谊	刘海荣	孟 健	贾明先	12	5132	372	12728	15618
三 洪	徐国海	郑兆红	徐爱春	12	3127	339	15065	9330
六合庄	李 白	—	张锦法	9	4646	294	16474	12004
翻身河	王作华	朱进海	杨亚明	8	4715	367	15367	10908
陶 湾	吴泳伸	杨加新	李善湖	6	5208	281	15490	8698
大淤尖	赵茂宝	黄立春	刘辅尊	5	4432	362	13995	9694
首 乌	贾诗开	刘洪辉	陈荣青	10	5243	434	11218	9938
沿 渠	史学高	王步楼	邵珍余	9	4332	440	12814	9194
三 港	秦为进	王兆林	喻长福	6	3282	261	12932	6947
双 堆	叶正和	—	王海洋	6	3832	300	14360	8817
大 尧	王远举	季克卫	徐道从	4	2913	265	11597	5858
小 街	李云虎	吴定成	张正贵	10	9141	430	13870	13170
双 港	王秋生	管广旭	王兆明	7	3108	277	12673	8716
友 爱	何达明	张建文	孙以石	4	2822	220	12828	6153

3 月 13 日，滨海港港口建设现场及新建成的滨海港通用码头。　　陈其龙　摄

第16章 工业经济

综 述

2016年,全县工业条线围绕"稳中求进"的总要求,按照"沿海争先跨越、淮河争当门户、全市争创一流"的总目标,创新工作思路,落实有效措施,全力推进工业经济转型发展。全年完成全口径开票销售308.3亿元,规模工业开票销售241.7亿元,比上年增长6.1%;规模工业入库税收12.5亿元,比上年增长18.1%;工业用电量17.2亿千瓦时,比上年增长1%;规模工业企业开票销售增长面53.7%,税收增长面67.6%,新增规模工业企业31家。全年完成规上工业投资232.87亿元,比上年增长19.5%。有9个项目列入全市"三百工程"重大工业项目计划,完成投资90.1亿元;10个项目列入全市"三百工程"重点技改项目计划,完成投资7.1亿元。实施千万元以上重点技术改造项目60个,完成技改投入50亿元,项目全部开工建设,45个项目竣工。全县镇村工业完成全口径工业开票销售67.6亿元;各镇区共招引项目87个,其中1000万元~5000万元以上项目23个,5000万元~1亿元项目21个,亿元以上项目11个;实施315技改项目25个,完成投资2.7亿元。各镇区全民创业园共新建标准厂房34.2万平方米,新入园企业75家,实施500万元以上技改项目25个,园区基础设施投入3.1亿元,新创建二星级以上平台5个。

第一节 工业管理

一、节能执法

围绕市下达的全年万元地区生产总值能耗下降3.6%的节能目标,完成对江苏森达沿海热电有限公司、江苏省华宝纺织有限公司、江苏长海化工有限公司等16家工业企业及1家非工单位开展节能执法工作,基本淘汰落后生产设备;对盐城雪尔纺织有限公司、盐城东南人造板制造有限公司、江苏八巨药业有限公司3家企业实施节能技术改造;对江苏吉华化工有限公司、江苏悦新药业有限公司2家企业实施绿色制造,江苏吉华化工有限公司、盐城东南人造板制造有限公司、盐城雪尔纺织有限公司、滨海艾思伊环保有限公司4家公司通过自愿性清洁生产审核。

二、两化融合

正式启动智慧城市应用项目建设,吉华化工成功申报省级两化融合贯标试点企业。汇利、清泉、诺森、苏盐、正丰等8家企业被省列为"企企通"试点企业。沿海工业园被列为"企企通"试点园区。江苏建农植物保护有限公司、江苏康乐新材料有限公司、盐城雪尔纺织有限公司、江苏托球农化有限公司等21家企业通过省、市级企业信息化示范试点认定,江苏馨瑞香料有限公司、江苏富比亚化学有限公司、江苏清泉化学有限公司等4家企业被确认参与全省大中型企业互联网提升计划项目。智慧园区建设上,沿海工业园一期已投入4000万元。江苏馨瑞香料有限公司技改车间获江苏省示范智能车间称号,实现县省级示范智能车间零的突破。举办农村电商培训班,为农村电商充"电"。

三、创新创牌

2016年,全县有21家企业通过省、市级企业信息化示范试点认定,14家企业申报国家级高新技术企业,国家高新技术企业累计达52家。万人发明专利拥有量2.66件,位于全市前列。脉动医疗器械和康乐新材料获得第五届中国创新创业大赛优秀奖,全市共有7个项目获奖,滨海县占2人。江苏玉醍醇酒业有限公司、江苏菲特滤料有限公司等7件省著名商标成功通过审批,完成"滨海大米"地理标志申报认定工作,新增惠丰纺织、苏盐阀门机械等省级名牌产品4个、省级名牌产品保有量17个。

四、政策激励

先后出台《2016年工业经济工作意见》《关于降低实体经济企业成本的实施意见》《关于供给侧结构性改革去产能的实施意见》《滨海县开展"优化投资环境提升年"活动的实施方案》等文件,强化组织规划引导。按照出台的工业经济意见和稳增长"40条"奖励政策,从降低企业成本、激励企业做大做强等方面兑现奖励资金1483万元,涉及79家企业,充分发挥财政专项资金的杠杆作用,激发企业活力。

五、为企服务

强化挂钩服务。完善县领导及部门负责同志挂钩服务重点企业制度,扩大挂钩服务范围,定期召开会议、邀请企业家座谈、深入企业调研,会办重大矛盾和难题,对企业反映的重点问题实行“建档”登记、“销号”解决制度,对挂钩成效建立评分机制,全面了解挂钩服务工作的成效和不足。规范服务机制。坚持为企服务会办制度,规范完善为企服务收集、会办、交办、销号工作机制,设计为企服务宣传卡片。对企业困难每周会办解决,每月督查通报,每季梳理销号,实行滚动管理,力争企业全面覆盖。注重要素协调。资金上,办好金融超市,拓展企业融资渠道。组织召开多次银企对接活动,累计授信金额超80亿元,帮助企业争取信贷支持;重点做好过桥资金和担保工作,降低企业融资成本,全年共为141家企业新增担保业务158笔,担保额7.8亿元,累计发放应急资金148笔,过桥规模达10.2亿元;用工上,常态化做好周五“集市”招聘工作,组织、召开“三八”“五一”、国庆等专场招聘会,重点帮助解决新田时装等劳动密集性企业普工招聘问题和坤展香料等沿海工业园企业高精尖人才引进工作,全年累计解决企业用工超3000人;用地上,开展全县工业用地调查,加大对“僵尸企业”“围墙项目”等闲置资产清理力度,盘活闲置土地、工业厂房、企业库房和物流设施等资源,全力提高土地利用率,保障项目用地。2016年共盘活土地77.4公顷,厂房19.9万平方米。

六、信用体系建设

组织江苏丰华化学工业有限公司等13家企业参加申报省信用管理贯标企业,共有66家企业通过培训获得省级信用管理贯标证书,6家企业成为市信用管理示范企业,普信制药公司成为省级信用管理示范企业。开展滨海县行政许可、行政处罚以及目录清单“双公示”工作,在“中国·滨海”网上运行。制定《滨海县诚信“红黑榜”发布制度》,严厉打击严重失信和规避执行行为,切实维护权益人合法利益。

第二节 支柱产业

一、纺织工业

2016年,全县纺织服装行业以棉纺和服装加工为主,受市场低迷和重点企业融资难等问题困扰,行业发展形势比较严峻。全年纺织服装行业共有规模企业26个,占全县规模企业数10.7%。全年实现开票销售15.6亿元,入库税收5410万元,入库税收超百万的企业有15家。

江苏省华宝纺织有限公司 成立于1998年10月,占地面积86.66公顷,职工人数1680人,其中各类高、中级人才250人,总纱锭达8万枚。主产品宝福牌棉纱荣获“江苏名牌产品、江苏省著名商标、中国棉纺行业十大品牌、国家免检产品、全国纺织行业最具影响力品牌、全国质量信得过产品”等荣誉;企业先后获得“中国优秀企业、中国诚信单位、国家重合同守信用企业、江苏省优秀民营企业、江苏省文明单位、江苏省AAA级资信单位、江苏省农业产业化重点龙头企业、江苏信贷诚信企业、江苏省和谐企业”荣誉,跻身中国民营企业500强、国家纺织工业50强、盐城工业企业前50强行列。2016年实现销售5.9亿元、上缴税收862万元。

2月16日,华宝集团员工在精心挡车生产。
陈其龙 摄

表7 2016年滨海县纺织服装行业税收超百万元企业一览表

序号	企业名称	开票销售(万元)	增幅(%)	入库税收(万元)	增幅(%)
1	滨海伟新时装有限公司	13313.3	-8.1	1179.9	48.2
2	江苏省华宝纺织有限公司	33980.6	-14.8	661.1	149.0
3	江苏新田时装有限公司	4198.7	-14.5	623.6	87.0
4	盐城美逸家纺有限公司	4476.8	-30.7	488.0	195.4
5	江苏金旺纺织有限公司	16084.4	46.4	319.4	1109.9
6	江苏华圣纺织有限公司	13852.6	24.6	251.2	-3.6
7	滨海乐瑞服装有限公司	1298.9	—	242.6	—
8	江苏鑫鹤针织服饰有限公司	1168.7	0.8	157.0	4.4
9	江苏菲特滤料有限公司	1976.3	0.7	147.3	958.2

续表 7

序号	企业名称	开票销售(万元)	增幅(%)	入库税收(万元)	增幅(%)
10	滨海天之依服装有限公司	5855.9	76.5	146.2	25.2
11	盐城市一龙工艺服饰有限公司	928.0	-9.6	143.5	45.7
12	江苏华松实业集团三明纺织有限公司	9072.6	-22.6	129.6	-85.6
13	滨海县卓成家纺有限公司	5742.3	57.9	128.5	3562.2
14	盐城雪尔纺织有限公司	9401.0	-6.4	126.8	307.3
15	江苏舜羽服饰有限公司	3439.1	-1.0	104.9	1.0

二、化工工业

2016 年,化工行业以生产医药中间体、染料中间体、农药中间体为主,共有规模企业 114 家,占全县规模企业数 46.7%,全年实现开票销售 150.7 亿元,销售占全县规模销售的 62.4%,是全县工业经济支柱产业。吉华化工、超威电源、八巨药业、普信药物、长海化工等骨干企业全年销售超 5 亿元,其中吉华化工开票销售超 10 亿元,税收超亿元。全年税收超千万的化工企业有 24 家。

江苏吉华化工有限公司 由浙江吉华集团于 2006 年 7 月 24 日投资兴建,先后在园区设立五个分厂,占地面积 80 公顷,有职工 1200 人,总投资超 23 亿元,建成年产 33 万吨硫酸、配套余热发电和 4 万吨 H 酸等项目,其中 H 酸项目引进德国拜尔公司国际先进"加氢"全自动生产装置,是全球最领先的技术。是国家高新技术企业、科技型中小企业、创新型企业,已建成市级研发机构 2 个,省级研发机构 4 个,拥有省高新技术产品 8 个,省名牌产品 1 个,市名牌产品 3 个(系列),拥有发明专利 3 项,主持制定国家和行业标准 6 个。2016 年吉华实现开票销售 10.65 亿元,入库税收 1.17 亿元,被盐城市政府评为五星企业。

江苏超威电源有限公司 江苏超威电源有限公司是香港上市公司中国·超威集团投资的全资子公司。公司于 2006 年在滨海县工业园区投资新办,注册资金 1 亿元,2015 年总投资 10 亿元的 1500 万只电动助力车密闭型铅酸蓄电池项目建成并投入生产,项目占地 16.8 公顷,建筑面积 12 万平方米,员工 1500 余人。公司主要产品为电动助力车用密封铅酸蓄电池、小型阀控密封式铅酸蓄电池、电动道路车辆用铅酸蓄电池、固定型铅酸蓄电池等新能源动力和储能电池。公司产品获得"盐城市名牌产品"和"江苏省高新技术产品"称号。2016 年实现销售 11 亿,入库税收近 4000 万元,被盐城市政府评为三星企业。公司本着高起点规划建设的原则,设备选型与布局均按国内外最先进标准设计实施,是行业内首家采用无镉、内化成、胶体工艺技术生产铅酸电池的企业。公司先后通过质量管理、环境管理、职业健康安全管理体系认证,获评江苏省民营科技企业、3A 级标准化良好行为企业、省级高新技术企业等荣誉,是江苏省职业健康促进示范试点企业、环保排放和清洁生产达标企业。

表 8　2016 年滨海县化工行业税收超千万元企业一览表

序号	企业名称	开票销售(万元)	增幅(%)	入库税收(万元)	增幅(%)
1	江苏吉华化工有限公司	106470.2	-40.1	11709.9	-55.8
2	江苏清泉化学股份有限公司	46918.3	7.2	6228.4	93.9
3	江苏八巨药业有限公司	52492.9	10.9	4758.9	51.1
4	江苏宇翔化工有限公司	27744.7	-25.4	3750.3	371.9
5	盐城市瓯华化学工业有限公司	29230.9	-6.5	3489.6	29.5
6	江苏普信药物发展有限公司	72643.8	-27.7	2873.9	-6.1
7	盐城帝盛化工有限公司	17268.3	-19.1	2708.9	21.6
8	滨海恒联化工有限公司	17247.0	-12.7	2542.4	10.1
9	江苏大华化学工业有限公司	22727.4	15.9	2439.0	105.3
10	德纳化工滨海有限公司	29009.7	28.0	2275.0	829.9
11	盐城辉煌化工有限公司	34845.5	31.5	2252.3	105.2
12	滨海永太医化有限公司	36802.1	17.1	2179.8	114.0
13	盐城东吴化工有限公司	15655.5	-21.5	2131.0	-42.4

续表 8

序号	企业名称	开票销售(万元)	增幅(%)	入库税收(万元)	增幅(%)
14	江苏长海化工有限公司	71122.8	-16.1	2088.3	443.6
15	江苏省盐海化工有限公司	34561.8	5.2	2068.1	29.6
16	江苏丰华化学工业有限公司	19750.0	20.8	1461.7	34.4
17	滨海三甬药业化学有限公司	21664.7	6.4	1379.2	36.1
18	江苏康乐新材料科技有限公司	12471.3	14.9	1302.9	32.8
19	江苏新化化工有限公司	27463.8	-13.1	1180.1	85.1
20	滨海博大化工有限公司	10160.0	-5.7	1133.6	37.9
21	江苏尚莱特医药化工材料有限公司	11326.7	10.0	1028.2	-9.2
22	滨海吉尔多肽有限公司	8381.1	53.6	1020.5	38.0
23	江苏建农植物保护有限公司	15084.1	1.5	1014.5	194.9
24	盐城市瑞康医药化工有限公司	12924.7	32.8	1014.4	101.8

三、机械工业

2016 年,全县机械行业以泵阀制造为主,共有规模企业 55 家,占全县规模企业数的 22.5%。机械行业全年实现开票销售 39.9 亿元,增长 45.7%,销售占全县规模销售的 16.5%,行业总体保持增长态势。全年税收超百万元机械企业有 20 家。

江苏万恒铸业有限公司　始建于 1986 年,厂区占地面积 35 万平方米,总资产 4.6 亿元,注册资本金 5000 万元,投资主体为个人独资,员工 1204 人,公司下设四个生产基地,9 条生产线。是国内最大的专业从事泵阀类铸件生产经营的制造商,国家高新技术企业,拥有江苏省企业技术中心、江苏省阀门铸钢件工程技术研究中心、江苏省重点研发机构。公司主要生产泵阀类钢铸件和中高压阀门,产品销往北美、欧洲、亚洲等 15 个国家、28 家国际知名公司。2016 年,实现销售 3.7 亿元,入库税收 4987 万元,出口创汇 1630 万美元,获市"2016 年度四星企业"称号。公司先后取得中国铸造行业综合百强企业、江苏省精密铸造十强企业、江苏省优秀民营企业、江苏省技术改造示范企业、江苏省信息化示范企业、江苏省"两化融合"试点企业等称号。

2 月 13 日,华奥橡胶机械有限公司生产车间一角。　　陈其龙　摄

表 9　2016 年滨海县机械行业税收超百万元企业一览表

序号	企业名称	开票销售(万元)	增幅(%)	入库税收(万元)	增幅(%)
1	江苏万恒铸业有限公司	33232.4	-21.0	5271.4	106.5
2	江苏超威电源有限公司	111731.2	176.9	3919.4	1017.2
3	江苏苏盐阀门机械有限公司	52110.7	77.8	1132.8	5.2
4	江苏腾龙石化机械有限公司	9496.1	24.4	563.0	52.6
5	江苏华荣橡胶机械有限公司	1770.4	-44.3	450.7	6.7
6	江苏盐电铸业有限公司	5635.9	-19.6	360.1	-23.3
7	江苏雄越石油机械设备制造有限公司	5652.4	-3.2	272.6	215.0

续表 9

序号	企业名称	开票销售(万元)	增幅(%)	入库税收(万元)	增幅(%)
8	贵宇金属制品滨海有限公司	6015.0	30.4	258.8	84.3
9	江苏荣元铸业有限公司	3219.8	-43.0	247.4	-51.9
10	江苏苏盐阀门驱动装置有限公司	30566.8	397.7	245.2	327.9
11	滨海治润电子有限公司	10861.3	20.1	223.6	32.0
12	江苏苏盐通联水处理设备制造有限公司	31574.2	371.7	168.2	115.3
13	江苏日明消防设备有限公司	4482.7	13.8	166.0	123.6
14	正丰阀门集团有限公司	5301.8	45.4	149.9	40.7
15	江苏庆海石油机械有限公司	5122.9	13.5	149.7	-52.3
16	江苏赛福迪阀业有限公司	8151.2	63.8	138.9	16.6
17	江苏博威铸业集团有限公司	7461.8	49.5	126.8	144.5
18	江苏中凯化工装备有限公司	2895.9	109.3	124.7	124.1
19	江苏诺森重工有限公司	3054.0	3.6	109.0	-1.2
20	江苏奥祺晨特种金属材料有限公司	3041.7	-29.0	108.1	-37.0

四、农副产品加工业

2016年,全县农副产品加工企业以农副产品、食品加工为主,共有规模企业26家,占全县规模企业数10.7%,全年实现开票销售17.1亿元,农副产品加工销售占全县规模销售的7.1%。全年税收超50万元的农产品加工企业有10家。

江苏海大食品有限公司 2010年投产运营,由江苏中宝食品有限公司投资兴办。系集农产品速冻冷藏、深加工、贮运于一体的大型农产品冷冻加工物流企业。先后被列入盐城市和江苏省农业产业化龙头企业行列。主要经营速冻食品、果蔬制品生产,预包装食品零售,粮食收购,鲜活水产品、冷鲜肉、蔬菜批发,自营和代理各类商品和技术的进出口业务。该公司是省农业产业化重点龙头企业。公司按照“龙头企业+基地+农户”的模式,在滨海县及周边建成3333.33公顷绿色无公害蔬菜种植基地,加工销售青刀豆、毛豆、黄秋葵、青花菜、大阪豆等几十种蔬菜,年产“四青”速冻蔬菜10万吨,形成集采购、销售、物流、服务一体化的营销网络,产品60%销往日本、美国等国际市场,40%销往京、沪、杭等国内20多个大中城市,2016年,实现销售额6亿元,带动全县蔬菜种植产业的发展。以公司为龙头成立滨海县海大蔬菜专业合作社联合社,对全县60个专业村合作社提供技术、种苗、生产资料等服务,发展“公司+合作社+农户”的产业化经营模式,打造“蔬峰”品牌,扩大“蔬峰”品牌市场影响力。

表10　2016年农副产品加工行业税收超50万元企业一览表

序号	企业名称	开票销售(万元)	增幅(%)	入库税收(万元)	增幅(%)
1	盐城东南人造板制造有限公司	17971.9	4.8	633.4	442.1
2	江苏震洲五醍浆酒业有限公司	1186.0	-20.6	318.1	-19.3
3	滨海新创皮业有限公司	4637.1	-2.5	171.9	-14.0
4	滨海荣旺木业有限公司	4460.1	-35.1	122.9	
5	滨海大鹏木业有限公司	2650.0	28.9	92.1	34.4
6	滨海县振东首乌制品厂	2354.3	-53.4	90.7	19.0
7	滨海汇利肉类加工有限公司	10618.6	-46.6	88.1	-32.9
8	江苏美灯纸业有限公司	2119.3	8.2	64.4	-26.9
9	滨海炜霖木业有限公司	1941.9	9.1	62.8	10.4
10	滨海滨鹏木业有限公司	1824.5	-2.3	62.4	0.8

第 17 章　农业和农村工作

综　　述

2016 年，农业结构调整稳步推进，农业机械化快速发展，农技推广服务彰显实效，农产品质量稳步提高，开放型农业全面起步。全县粮食生产保持稳定，粮食总产达到 96.52 万吨。畜禽养殖势头旺盛，重大动物免疫密度达 100%，免疫抗体合格率达 85% 以上。农产品质量安全监管工作全面通过省、市专项考核，获得省级考核二等、市级考核 B 级的好名次。新型职业农民培育工作在全国作经验介绍，并受到省市领导的充分肯定，畜牧兽医工作、耕保工作、环能工作在全省领先。拓展农业电子商务，被中国电子商务协会农业发展委员会表彰为“2016 年度全国涉农电子商务创业人才培训工作先进集体”。农业信息化工作稳步推进，成为农业部信息进村入户省级试点县。推进滨海农产品由内销向外销转变，在上海、南京、苏州、无锡等大中城市农产品新建直销窗口 32 个，组织县陈氏食品公司、海大食品公司参加 2016 年上海中国国际食品饮料展。打造“滨海大米”区域公共品牌，在国家商标总局注册公示。引进投入 5000 万元以上的项目 5 个。存在问题有农业生产方面：农村空心化、劳力老龄化、农业副业化日显严峻，“谁来种地”“如何种地”问题未能得到有效解决。农业投入相对不足，农业基础设施老化，现代农业扶持力度较周边有差距。农业附加值不高，农业龙头企业不强，规模经营比重低，农产品大路货较多，优质品牌少，市场竞争力弱。农产品质量方面：“三品”产量占比落后全市平均水平。监管体系建设落后兄弟县市。经费保障上存在不足。

第一节　农业管理

一、惠农补贴

2016 年，制定《滨海县 2016 年农业支持保护补贴（耕地地力保护）管理工作实施方案》，全年累计发放 12961.11 万元。积极配合县“正风肃纪村（居）行”活动，县农委牵头组织相关机关单位业务骨干人员对全县惠农政策落实情况进行督查考核，对全县 15 个镇区补贴资金发放情况进行全面调查，对代扣补贴资金等违规问题进行通报整改。年内及时处理群众反应的“三补”项目中的各种问题，确保补贴工作的稳定有序开展。同时积极与相关部门配合，严格按照事故鉴定程序，妥善处理水稻、小麦药害等农业生产事故。2016 年共处理事件、事故 20 起，有效地化解矛盾，防止和减少群访事件的发生，依法保护农民合法利益和维护农村大局稳定。

二、农机推广

2016 年，帮助 1227 个购机农户争取财政补贴 2642.18 万元，全县新增大中型拖拉机 370 台、收割机 429 台、插秧机 170 标准台，实现水稻机插面积 4 万公顷，机插率达 75%，小麦、水稻、玉米三大主要农作物机械化水平达 85%。县政府出台奖补办法，扶持粮食烘干机推广，全年新增粮食烘干机 50 台，折合 78.5 标准台。积极推广农机深松整地技术，年内推广深松机具及智能监测装备 35 台套，完成农机深松整地面积 1600 公顷。

三、农机监理

2016 年，全县检验拖拉机 1188 台，联合收割机 1080 台，注册登记拖拉机 358 台，联合收割机 484 台，核发驾驶证 471 本，接报农机事故 20 起，综合保险参保率 95%，免费实地检验无挂车手扶拖拉机 3970 台，检查各类农业机械 1036 台，排除农机安全隐患 69 起。

县农机监理所在 2016 年送检下乡中，开展农机检验、安全学习、违法记分查询、保险、优先加油卡办理、平安农机通加入、体检、照相等“八同时”服务，切实解决机手进城往返的困难。3～4 月，送检下乡共检验拖拉机 930 台、联合收割机 920 台，大部分机手在家门口享受到“一站式”服务。针对纯农大拖、联合收割机驾驶人无证驾驶情况，滨海县农机监理所借助购机补贴、秸秆还田补助的惠农政策，推进驾驶人考核发证工作，全年累计办班 6 期，考核发证近 500 人，提高驾驶人员持证率，消除农机安全隐患。农机安全监管“三点”工作法落到实处。在建西合作社实施“三点”工作法市县共建点，在丰乐、永安等 16 个合作社实行蹲点服务，帮助上述合作社完善规章制度，指导农机安全生产工作，丰乐、永安农机合作社被市评为“平安农机”合作社。2016 年，参与全市农机检验、检测技能竞赛成绩优异。在市农委组织的农机检验、检测技能竞赛中，滨海县农机监理所的徐朝旭、龚正峰、大套农业园区农业中心刘德猛，取得三等奖。全县共安全检验 3970 台，完成无挂车手扶拖拉机免费实地检验工作。

四、农业科技

2016年，组织实施高产增效创建、农业科技入户工程，推广联耕联种新模式，推进高产技术普及化，突出提高施肥用药的精准化水平、突出提高病虫综合防控和统防统治的组织化水平、突出提高防灾减灾的科学化水平。在水稻成熟期遭遇长期低温阴雨天气后，狠抓抢收抢种，多次下发抢收抢种传真电报，指导农户做好秋收秋种工作，最大程度降低恶劣气候条件对农业生产的负面影响。争取到17个粮食绿色高产创建项目，项目资金累计490万元。集中落实在滨淮镇、界牌镇、五汛镇、滨海港经济区、正红镇、滨海港镇、八巨镇。全县13个水稻、玉米高产增效创建万亩示范片全部实现预期产量目标。实施好优质稻米产业基地建设项目。2016年，优质稻米产业基地建设项目总投资500万元，申请省以上财政资金500万元。实施地点在滨海港镇板桥村、奋二村、合心村，规划面积720公顷，辐射面积达3333.33公顷。重点推广秸秆还田、测土配方施肥、机插秧、机条播、统防统治等核心新技术。全年累计完成各式农业农情报表300余份，为各级领导及时提供决策依据。县农干校超额完成新型职业农民培育度指标，全年培训15847人，位于省市考核前列。"田间学堂"建设开花结果。"新型职业农民培育随耕分校"正式运行，办学模式在全国会议作典型发言。1月5日，滨海被省农委以文件形式推荐为农业部"全国新型职业农民培育示范基地"。在全省农民培训优秀教学资源评比中荣获一等奖一个，二等奖三个。

相关链接·滨海县农业干部学校简介

滨海县农业干部学校(江苏省农业广播电视学校滨海分校)，隶属于滨海县农业委员会，成立于1980年，2001年原农机校职能整体划入，2012年"滨海县农业信息中心"挂牌成立，实行"三块牌子、一套班子"的管理体制。学校位于滨海县阜东南路，与县新华书店相视而立，占地面积0.73公顷，教室总面积500多平方米，宿舍总面积1160平方米，办公用面积450平方米，拥有各类农机教练车11台套，教练场地1500平方米。教职员工21人，其中中高级以上职称15人，拥有农民培训讲师团成员105人，涉及种植业、养殖业、水产业、农机业、合作流通业等11个领域，是全县农业"三新"技术推广的主力军和主阵地。

2016年，学校具备全县基层农村干部农业知识培训、新型农民教育培训、农业"三新"技术推广、农业信息服务全覆盖、农机驾驶培训、涉农类中专学历教育等六大类基本职能；系国家"农民科技星火学校"、部级农村劳动力转移培训阳光工程基地、省级新型农民教育培训基地、部级科技入户工程、部级农业信息进村入户、省级科技入户工程、省农民教育培训工程、省村级综合信息服务站建设工程的主体实施单位。"十二五"以来，累计举办各类专题讲座3500多期，培训学员36万多人次;2012年以来先后被省农委表彰为"全省农民培训先进集体"，被省农机局授予"全省农机驾驶培训示范化学校""全省农机行业职业技能鉴定工作先进单位"。

五、抗灾指导

2016年，面对年内出现的高温干旱、持续低温阴雨、暴风雨等不利天气，主动出击，按照因地制宜，能保则保，及时补救，把灾害造成的损失降到最低限度的要求，根据不同作物类型和不同灾害程度，制定补救措施，想方设法减轻高温干旱等自然灾害给农业生产造成的损失。同时认真组织相关工作人员，深入灾区村组农户和田块，认真核实登记，做好农业保险赔偿工作，减轻农民损失。经过全县广大干群的共同努力，全县粮食生产喜获丰收。

六、农业执法

市场监管 2016年，在辖区内全面推进高毒农药定点经营，选择15家农药经营门店作为高毒农药定点经营示范门店创建。建立农药电子信息可追溯制度。加强农药安全使用宣传、指导和监管，严格防控剧毒、高毒、禁限用农药在水稻、麦子、蔬菜、瓜果、食用菌、特经作物、中草药材等作物上违规使用。检查农产品生产企业、农民专业合作经济组织及承包户16个，完善农业投入品生产、使用记录16个。在小麦"两病"防治用药突击检查中，重点检查农药经营主体、农药品种、农药质量、农药标签、台账资料，对部分农药经营户销售不合格"两病"防治用药进行通报，并严格处理。在水稻田除草剂产品专项检查中，检查农资经营单位124家，检查除草剂产品36个，其中标签不规范的2个，"1+1"捆绑销售1个，助剂含农药成分的1个，送有关部门质量检测12个。肥料市场整治。结合农时、季节，进一步强化肥料市场监督管理，持续加大整治力度，确保农民用上安全放心的肥料。共检查肥料经营单位16家，抽取肥料样品20个。

案件查处 2016年，出动执法人员1000多人次，检查经营户700多户次、养殖场4959场次，检疫生猪45.05万头，共查处农资违法案件29起，其中大要案件1起，立案处理19起，结案19起，协助公安机关调查处理案件1起，移交公安机关1起，查获不规范种子33吨，货值14.5万元，不规范农药4.95万吨，货值13.2万元，不规范肥料5吨，货值1.2余万元，为农民挽回经济损失500万余元。依法严厉打击各种非法生产经营假劣农业投入品的行为，重点查处生产销售假冒伪劣产品、无证生产或擅自受托生产等违法行为，始终保持严管重打的高压态势。做好案件线索排查梳理，通过摸清前沿后道、上下连接等方式查找疑点，抓住重点事项进行突破，提升检查效率。5月25日，执法人员对县禾田公司惠民综合服务站进行现场检查时发现该门市存放的50箱48%仲丁灵农药与原厂生产的48%仲丁灵不一样，经厂家确认该产品属假冒产品，县农业执法大队立即对该产品进行调查。经执法人员跟踪调查蹲点守候，终于在县境某物流中心将该批550箱涉假农药查获。6月7日，经盐城市产品质量监督检验所检测，结果未检出仲丁灵成分，所含成分为17.2%二甲戊灵成分，根据《农药管理条例》有关规定该农药为假农药，因涉案农药600箱，货值10.67万元，属货值金额较大，已触犯《刑法》第140条规定，根据行政执法机关移送涉嫌犯罪案件的规定，于7月1

日移交公安机关调查处理。完善部门联动协作机制,与市场监管、公安等部门密切配合,形成联合执法的强大合力。做好上级督办交办案件的查处工作,及时报告重要信息、重大案件和突发事件情况。共查处省级交办案件2起,市级交办案件4起。

宣传活动 2016年,组织人员深入生产企业、经营门店、乡村农户,通过各种手段,利用各类媒介,采取多种形式,组织学习宣传普及《中华人民共和国种子法》活动,推动宣传延伸覆盖,增强传播力和影响力。组织单位干部职工学习新法,主要学习立法精神和具体法律条文,提高种子管理执法人员的知法、用法意识和执法水平。对种子企业、经营户、种植户等开展宣传培训,努力提高知晓率和覆盖面,引导规范生产销售和用种行为。快推种子法律进村入户,普及用种知识和维权常识,增强用种者风险防范意识和自我保护能力。宣传月期间,累计在镇村张贴标语120幅,在镇区、街道种子经营单位、批发零售门市以及农村集市悬挂横幅53条,在县电视台新农村栏目以访谈形式宣传6期,在《滨海日报》刊登通讯报道1篇,发放《种子法》单印本1500多份,系统培训560余经营户。"3·15"宣传活动。结合执法监管新特点,组织人员参与县消费者协会举办的3.15国际消费者权益保护日活动。通过挂图,直接向农民传授假劣种子、农药、肥料的识别方法;现场分发《假劣种子的识别方法》《如何识别真假农药》《假劣化肥简易识别方法》《农民购买农资的五要素》等宣传资料和科普知识手册,同时向农民讲解依法维权的基本知识和方法。3月25~31日,在全县开展以"放心农资进乡村,监管服务到基层"为主题的2016年"放心农资下乡进村宣传周"活动。通过组织启动仪式、现场咨询,大力普及农资识假辨假常识,把法律法规宣传到户,把优质放心农资和检测技术服务送到乡村,帮助农民树立正确观念,指导农民科学合理使用农资,提高农民群众质量意识和维权能力。据统计,活动现场共展销优质良种25吨、农药200余箱、肥料15吨,发放宣传资料1.2万份,张贴标语横幅45份,现场咨询8000多人次。邀请县电视台、广播电台、滨海日报社等媒体参与,借助滨海农经网、黄海在线、滨海新闻网等网络媒体,加大对宣传周活动、农资监管服务的宣传频次。

培训活动 11月22~25日,举办四期农业法律法规及农业生产技术培训班,受训650人次。重点讲解《中华人民共和国种子法》《农作物种子生产经营许可管理办法》《农作物种子标签和使用说明书管理办法》《农药管理条例》《肥料登记管理办法》等法律法规。组织资深农业专家专题辅导农业生产技术,专家深入浅出、形象生动的辅导,引起农资经营人员的广泛兴趣,现场气氛热烈。参加培训的人员纷纷表示,通过学习培训,不仅对农资经营方面的法律法规有了更加全面的认识,而且在农业技术农药使用等方面的知识也有了明显的提高。

七、农产品质量安全监管

宣传和培训 2016年,开展各类培训8次,其中农产品质量安全专项培训2次,农业执法培训1次,参加县外专业技术培训5批次,接受各种培训人数达566人次(不含职业农民业务知识培训中农产品质量安全宣传培训)。宣传上利用推行"三点工作法"活动、送科技下乡活动、食品安全宣传周等活动,挂横幅标语、办宣传板匾、本地宣传媒体以及印发宣传材料等大势宣传农产品质量安全知识,使广大群众对农产品质量安全有了广泛了解和认识,对提高群众知晓率起到积极的作用。

生产制度落实 根据技术部门编写的农作物生产技术规程,由技术人员挂点基地,指导生产主体,按标准化进行生产,严格按照相关标准和规定合理使用农药、兽药等投入品,严格遵守安全间隔期、休药期等农业投入品使用制度和规范,杜绝超范围、超剂量使用农业投入品行为,全年完善17个基地生产记录台账。

示范基地建设 围绕省农产品质量安全可追溯示范基地建设的任务和市政府2016年为民办实事工程,发展产业规模大、组织化程度高的重点产业和产品,进行质量安全可追溯示范创建活动,完成7家省级和10家市级质量安全可追溯示范基地建设。

品牌创建 全年申报无公害企业70家,新申报"三品"132个(全市第一)、新增无公害农产品产地1.36万公顷,新增无公害农产品产量19.20万吨,"三品"产量占比已达36.1%,全市增幅第一。完成11家企业的复查换证。在强化品牌创建的同时,加大对获证企业的监管,维护市场秩序和品牌形象。

专项整治 种植业产品专项整治,重点宣传如何科学使用生物农药和低毒低残留农药,杜绝高毒高残留农药在蔬菜、瓜果等作物上使用。指导农户如何安全使用农药,严格执行农药休药期,安全间隔期等规定。在农药市场管理上,清理不合格经营户和经营档案管理以及高毒农药定点实名制销售。共检查235家农药经营单位(户),经检查需要限期整改的农药生产企业2家,农药经营单位6个,清理无照经营农药15户,对36个不规范、不合格的农药经营户责令限期整改,先后吊销4份农资经营户的营业执照。畜禽养殖业产品专项整治以兽药、饲料经营和养殖环节为工作重点,实行突击检查和日常巡查相结合。对所有经营户进行拉网式检查,查货物来源、质量,是否存在假劣违禁品等违法行为,组织日常巡查,规范其经营行为,督促经营户建立经营台账。在检查中发现部分养殖场将人用药品作为兽用,均予以责令改正。同时指导养殖户建立养殖档案,达到质量可追溯。针对春节、端午、中秋等节日期间食品安全专项整治工作,成立节日期间农产品质量安全专项整治工作领导小组,下发文件,层层任务分解,落实到人,确保全县人民过一个欢乐祥和的节日。

监管机制 建立协调合作机制。加强与相关监管部门的协作配合,形成信息通报、联合执法等方面的制度和平台;建立完善农业部门内部农产品质量安全联席会议制度、信息通报制度和协调配合制度。建立检打联动机制。坚持例行监测与监督抽查相结合,日常监管与专项检测相结合,明确检打联动工作程序和工作职责,完善检打联动工作机制,对监督抽检不合格的产品或企业进行依法查处。建立应急处置机制。修订完善农产品质量安全应急预案，强化农产品质量安全事件应急处置能力。

体系建设 检测体系建设。除县农产品质量安全检验检测站检测机构整合外。全县各镇区检测室均基本建成，已经开展检测工作；有10个农产品生产基地新建田头速测室。网格化监管。全面实现县、镇、村三级网格化监管，村设农产品质量安全协管员，镇区农业中心增挂农产品质量安全监管站的牌子，全员参与农产品质量安全监管工作，按照“三点工作法”要求，落实相关技术单位和部门，各自分工联系一个镇区和生产基地，使农产品质量安全监管工作形成一个上下联动的监管网络。对各镇区监管工作纳入年终绩效考核，镇区还对村级协管员进行绩效考核。产地准出。根据相关法律和条例以及省市业务部门的要求，对农产品实行市场准出管理，凡本地生产的外销农产品，必须先检测后销售，为此，出台《滨海县农产品质量安全产地准出工作指导意见》，逐步推广农产品准出制度。诚信建设。诚信体系建设作为加强和提升农产品质量安全保障能力建设的一项重要内容，纳入全县农产品质量安全工作重要议事日程。按照“分工合作、分类指导、分步实施”的原则，出台《滨海县农产品质量安全诚信评价意见》，2016年，联合县文明办、县信用办，评出富川生物科技（江苏）有限公司、盐城金昉首乌科技发展有限公司等10家企业为全县第二批农产品质量安全诚信企业，今后力争全县80%以上的三品生产企业（基地）纳入诚信体系建设范围。不断提高全县农产品生产单位的整体诚信水平。追溯体系建设。全面完成7家省级和10家市级质量安全可追溯示范基地创建活动，滨海李杨农产品专业合作社联合社、江苏农垦米业集团滨淮有限公司等企业登上省《放心吃网》平台，申报滨海天农蔬菜专业合作社和滨海伴亩田生态农庄有限公司等10家企业为盐城市农产品质量可追溯示范基地。全面完善网上录入信息，实现质量可追溯、信息可查询。

八、农业信息化

2016年，重点突破物联网应用。整合资金先后在温氏龙潭港猪场、随耕生态农业有限公司、伴亩田生态农业有限公司、汉林葡萄种植家庭农场新建6个农业物联网应用示范点。升级改版《滨海农业信息网》。年发布农业法律法规、农业三新技术、农业惠农政策、农产品市场信息、农产品质量知识等各类农业信息2000多条，网站每周信息更新量达20余条（个），日均点击率达到50余人次。开展农业电子服务。先后安装12316“三农”热线电话40多部，县级平台和专家终端累计接听电话达1.2万人次，“12316”惠农短信平台用户总用户已达1.8万户，累计发送农事信息、农产品信息、创业理念等内容的信息82万余条，建成农委微信公众号、家庭农场主交流群、蔬菜种植联合社群等信息服务平台，先后组织农产品经纪人、种粮大户、村淘合伙人开展农产品电子商务培训8期计1250人，信息化覆盖率达89%。

第二节 种 植 业

一、粮食作物

2016年，全县夏粮面积53206.67公顷，比上年52333.33公顷增873.34公顷；总产29.68万吨，比上年31.01万吨减1.32万吨，减幅4.27%。全县秋粮面积81726.67公顷，其中水稻55666.67公顷、玉米21333.33公顷、其他秋粮4306.67公顷。全县秋粮单产579.03公斤/亩；水稻单产达632公斤/亩，较上年增产1.7%；玉米单产509.82公斤/亩。完成933.33公顷标准粮田建设，建成18个粮食绿色高产创建示范片，建成1个耕地质量综合示范区建设，整建制推进测土配方施肥应用，技术覆盖率达95%以上。全县粮食总产达到95.6万吨。

二、蔬菜园艺

2016年，全县加大力度缩油扩经。广泛开展高效种植模式调研，适度调减低效粮油面积，用于发展蔬菜等经济作物，完成在建规模设施蔬菜基地16个，全县新增设施蔬菜面积1333.33公顷，新发展蔬菜等特经作物播种9066.67公顷。省级农业园区被市政府纳入18个重点建设的园区，按照三年建成国家级园区的总目标，完成省级园区升级规划及组织机构建设，并在核心区建设启动田间学堂+智慧农业田间体验中心建设，同时加快天场陈老村县级园区升级改造。完成伴亩田、随耕两个休闲农业园建设。滨淮玉缘山庄、通榆校语农庄、正红黄浦生态农庄、界牌阅田农庄等6个休闲农业示范点在建设之中。

三、配方施肥

2016年，重抓秸秆还田及综合利用。采取行政推动，技术引导，政策扶持等多项措施，全面推广秸秆机械化还田技术，全县秸秆还田面积12.03万公顷次，还田率达到99%。强化畜禽污染防控。建成沼气工程25处。推进化肥农药减量化。共推广使用11个农药品种，其中高效低毒低残留农药占93%，主要农作物测土配方施肥覆盖率达95%。

四、病虫害防治

2016年，组织技术人员深入田间地头，加强服务指导，集中力量开展小麦赤霉病防治、水稻中后期病虫害防治，防治面积达到10666.67公顷次。

第三节 畜 牧 业

一、生产概况

2016年，在生猪价格上扬、饲料价格下跌的双重利好条件下，县畜牧业以推进规模养殖、生态养殖、健康养殖、设施养殖“四位一体”为主抓手,大力推进畜牧业提档升级,全县畜禽养殖业保持强劲势头。完成供精25.2万瓶,输精母猪12.6万头次,受胎率达92.7%,普及率达87.5%,提高生猪品种改良速度,增加生猪养殖户的有效收入。依托温氏等龙头,带动全县新增规模畜禽养殖户200多户,全县生猪饲养量200万头,家禽饲养量4500万羽,比上年分别增长8.7%、5.2%。

二、动物疫病防控

2016年,组织开展重大动物疫病防控春、夏、秋等三大行动,切实加强技术指导服务工作,全面完成工作任务,重大动物免疫密度达100%,免疫抗体合格率85%以上。全市动物疫病防控工作现场会在滨海召开,滨海县在全市动物防疫技能竞赛中获得全市集体第一名。组织执法行动50多次,重点检查36家蔬菜生产基地、165个规模养殖场、28个生猪屠宰点,其中5月份查获自江西省新干县生猪调运到滨海汇利肉类加工有限公司,出现口蹄疫典型症状的生猪160头,采取全部扑杀并进行无害化处理,并对滨海汇利肉类加工有限公司进行隔离消毒,暂停屠宰生猪的处理。全县养殖环节病死猪无害化处理10.6万头,启动病死畜禽无害化处理厂建设。

三、畜产品质量安全

2016年,畜禽养殖业产品专项整治以兽药、饲料经营和养殖环节为工作重点,实行突击检查和日常巡查相结合。对所有经营户进行拉网式检查,查货物来源、质量,是否存在假劣违禁品等违法行为,组织日常巡查,规范其经营行为,督促经营户建立经营台账。在检查中发现部分养殖场存在人用药品作为兽用的现象,均被责令改正。同时指导养殖户建立养殖档案,达到质量可追溯,年内共检测样品7757个,合格率100%。

第四节 林 业

绿化造林 2016年,全县开展绿色滨海会战,实施万亩林场三期、海港大道等100项重点工程。全县林木覆盖率达31%,列全市第一。县海洋林业渔业局被市政府评为2016年度绿色盐城建设优秀单位。全年完成成片造林589.33公顷,四旁植树102万株,新建和完善农田林网4400公顷,新建和完善公路绿化134千米。新建高效林果、苗木花卉面积173.33公顷。完成12个绿化示范村建设,22条新疏浚骨干河道达到河成、堤成、绿化成。

林业防害 2016年,全县林业有害生物发生面积共7713.33公顷,其中美国白蛾7466.66公顷。发生区域主要位于苏北灌溉总渠以北各镇(区),南部镇部分林地零星发生。累计剪除网幕2.5万个,飞机施药防治4000公顷,虫株率在2%以下。

林业执法 全县有专职林业执法人员22人,坚持抓好源头管理,严格按行政许可要求发放林木采伐许可证,全年发放林木采伐许可证(187份),批准伐木(6万株)。加强对野生动物保护。全年查处无证砍伐、野生动物等案件6起。

第五节 渔 业

渔业结构调整 2016年,全县实现渔业经济总产值33亿元,比上年增长8.2%。实现渔民人均增收1550元。全县海淡水养殖面积8733.33公顷,其中内陆放养面积7400公顷、海水放养面积1333.33公顷。推广池塘套养黄颡和甲鱼、梭鱼生态养殖、微孔增氧等技术。名特优品种养殖占80%以上。

良种体系建设 县水产养殖场繁育四大家鱼苗8000万尾,南美白对虾苗3亿尾;春华特水苗种场繁育梭鱼苗5000万尾;五汛镇正兵苗种繁育场生产黄颡苗种2000万尾,鳜鱼苗5000万尾;云海水产养殖专业合作社培育幼蟹250万只。

高效渔业建设 新增设施渔业面积233.33公顷,其中滨海港经济区首乌村标准化池塘养殖133.33公顷、县水产养殖场标准化池塘养殖66.67公顷、滨海港镇插杆式紫菜养殖33.33公顷。

水产品加工流通 全县拥有海苑、海翔、宏伟等水产品加工龙头企业,年加工量3.5万吨,产值3.8亿元。新发展家庭渔场4家。

渔业科技入户 2016年,科技入户工程在全县11个镇(区)实施,共400个养殖示范户,面积1806.66公顷,辐射带动2000户,辐射面积达2100公顷。

海洋渔业安全生产 2016年,投入资金50万元,对滨海海洋渔业应急救援体系进行升级。新建振东、二罾渔港2个渔用航标。成功创建省级平安渔业示范县。

第六节 新农村建设

一、城乡统筹

新型农村示范社区建设 围绕特色镇村发展,强化产业支撑,塑造地域特色,制定新型农村社区建设三年行动方案。组织14个镇区申报24个试点社区,明确年度实施项目和建设内容,出台系列扶持考核办法,年底前所有项目施工完毕。

一事一议财政奖补项目 落实各镇区进一步规范“一事一议”筹资筹劳的议事范围、议事程序、上限标准、分摊办法及审批程序,确保所筹资金全部用于村内公益事业建设项目。2016年,全县共投入“一事一议”财政奖补项目资金3637.22万元,其中省补2817.17万元、“一事一议”自筹及其他资金820.25万元,共为15个镇区120个村实施126个项目。

二、农业农村改革

农村土地承包经营权确权登记颁证 围绕年内全县80%以上的行政村完成登记颁证,50%以上的行政村符合上级验收的要求,将农村土地确权登记颁证工作列为县十项重点工程之一,纳入县年终综合考核,层层分解,落实责任。成立专门的工作督查组,一天一报告,一周一会办,对各镇村土地确权登记颁证工作进行专项督查指导,建立土地确权登记颁证工作例会制度,定期会办协调存在问题,及时通报和上报各地工作进展情况,对各地务实创新的好做法及时总结推广,对工作不力、进展迟缓的镇区进行通报批评或约谈其主要负责人,确保确权工作取得实效。

农村产权交易中心建设 开展全县农村集体产权交易专题调研,成立"滨海县农村产权交易中心",完成场地选址,机构明确,房屋装修。

新型农业经营主体培育 2016年,把农民增收作为"三农"工作的核心,坚持从"农业产业化、发展村集体经济、培育家庭农场、创建合作社示范社"等方面开辟农民增收渠道。全县共招引规模农产品加工企业8个,总投资8.84亿元,列统的农产品加工产值达198亿元,规模农产品加工产值占农业总产值比重为1.7:1,带动农户25.6万户。新增家庭农场172个,市级示范家庭农场15家,省级示范家庭农场6家。新增市级以上农民专业合作社30家。

三、农村经营管理

村级经济 截至2016年底,村级集体总积累5.82亿元,村平积累201.4万元,其中积累在1000万元以上的村2个(滨淮镇东晋村、八滩镇八滩村);村集体经营性总收入6995.6万元,比上年同期增长14.6%,新增集体经营性收入18万元以上村52个。出台《关于实施村级债务化解三年行动计划的意见》,严格遵循五个程序,突出工作重点、严把时间节点,准确锁定各村债务数。同时健全管理制度,夯实化债举措,重点化解省定20个经济薄弱村和40个县级重点帮扶村和蔡桥镇9个村的村级债务,化债总额达6010万元。

农业保险 遵循政府扶持、市场运作、投保自愿、积极稳妥的原则,开办三麦、水稻和能繁母猪、玉米、油菜、棉花及高效设施农业的保险和理赔工作,通过宣传发动、组织推进、督查指导,全年实现农业保险总保费4205.74万元,主要种植业保险覆盖率达82%,其中高效农业保险保费收入1580.89万元,占总保费收入的37.59%。

村务公开 继续全面推行以"两栏、两台、两网、两会"为主的"四个明白"新形式,实现全方位、立体式村务公开。在村委会换届选举结束后,重新选举新一届村务公开监督小组,全县共成立296个村(居)村务公开监督小组,推选产生2686名村务公开监督小组成员,共建村级公开栏296个,组级明白墙2376个。

四、扶贫开发

低收入人口脱贫 2016年,全县扶贫开发工作紧紧围绕"一个不少、一户不落"的奋斗目标和"打造精准扶贫先行县、精准脱贫示范县"的总体追求,明确"四个六"的扶贫思路,扶贫开发各项工作有力有序推进,产业增收项目顺利实施,取得阶段性成效。10月份滨海县被人力资源和社会保障部、国务院扶贫办联合表彰为"全国扶贫系统先进集体"。

按照"农户申请、村居初审、民主评议、镇区审核、县级复审"建档立卡工作流程,确定新一轮建档立卡低收入农户4.1万户、10.7万人。按照市、县"三位一体"帮扶工作要求,县扶贫办联合县委组织部排出102家县直单位,重点帮扶60个村、一般联系236个村。继续组织实施"牵手致富"工程,将全县机关、事业单位在职人员全部结对帮扶低收入农户,实现结对帮扶对象全覆盖。2016年,全县资助总额达856.6万元,兴办入学、就医、务工等实事5365件。滨海县坚持把项目增收作为实施精准扶贫的重要抓手。针对一般贫困户,组织实施"四青"蔬菜种植、畜禽水产养殖等产业到户项目1.2万个,每户奖补3000元,带动1万户增收脱贫。实施载体建设项目36个,通过合作组织、家庭农场、龙头企业带动5000户增收脱贫。金融资产收益匹配分红惠及支出性贫困的低收入农户2231户,资金额达376.8万元;针对支出性贫困户,一方面,实施扶贫保险项目、新农合保障项目,扶贫保险覆盖45~65周岁38738个低收入人口,投入精准帮扶资金116.214万元。新农合保障项目由县财政出资800万元统一为建档立卡低收入农户所有人口交纳保费,建立与大病保险、医疗救助、商业健康保险等制度的衔接机制,确保低收入农户当年住院费用实际报销比例达90%以上、住院自付费用不超过5000元。另一方面,实施教育脱贫工程,把教育扶贫作为"断穷根"的重要支撑,按照义务教育零负担、高中及中职教育零学费、大学教育零失学的"三零"目标,拓展自助范围,对考取全日制大专、本科的低收入农户子女分别按3000元/人、5000元/人实行一次性资助,为256名低收入农户子女发放助学资金104万元。全县因学致贫的1236户4661人的生活条件、就学状况得到较好改善。整合部门资源,推行定向、订单、定岗培训,通过培训增加就业2210人。

经济薄弱村达"新八有" 充分挖掘村级资产资源,增强内在动力。对2016年拟达新"八有"目标的5个经济薄弱村、10个县级重点帮扶村,着力推进"一村一案"。筛选全县140家定报企业挂钩60个经济薄弱村,每个企业投入不少于5万元,到位帮扶资金460多万元。实施46个村级资产增收项目,全面启动扶贫资金清查及帮扶资产产权明晰、资产登记工作,按集体收益不低于50%的比例匹配给建档立卡低收入农户,实现经济薄弱村发展和低收入农户增收良性互助。

片区开发 按照加快建设特色园区的决策部署,推动实施已纳入省渠北片区2016年发展规划的基础设施等46个项目,总投入13.5亿元,省以上补助4.1亿元。推动实施省批复的片区5700万元的关键性工程,细化火箭路实施方案,争取项目早实施、早完成、早收益。

相关链接(一)·聚焦富民吹响扶贫聚集号

11月,盐城滨海县从首届全国脱贫攻坚奖表彰大会上,捧回全省唯一的“全国扶贫系统先进集体”奖牌。这是国家扶贫办先后6次实地调研后,对滨海精准扶贫、精准脱贫工作的肯定。

2015年年底,该县17万建档立卡低收入人口全部实现人均年收入4000元以上脱贫目标;60个经济薄弱村全部实现新“八有”;省确定的整体帮扶重点片区之一——渠北片区7个乡镇主要指标接近或超过全县平均水平,全县如期完成“十二五”扶贫开发任务,很多精准帮扶案例走向全国。

站在“十三五”扶贫开发新起点上,滨海县聚焦富民,扶贫开发再创新、责任目标再细化、靶向施策再集成。县委书记钱武华说:“要强化民生导向,将扶贫开发与高水平全面建成小康社会结合起来,不断提高困难群众生产生活质量,确保脱贫对象精准到‘一个不少、一户不落’,确保脱贫成效精准到‘经得起实践、人民、历史检验’。”

2016年以来,该县立足实际,加快推进扶贫方式“两个转变”:一是由分散救急式扶贫,向以产业带动为核心的连片开发、整体推进、长期受益转变;二是由解决温饱为主,向解决相对贫困问题、稳定脱贫转变。一句话,将全县扶贫开发调整到攻坚克难模式。

突出产业项目扶贫,夯实脱贫基础。针对有劳动能力低收入户,县里排出种菜、种果、养猪、养鱼等1万多个奖补项目,由农户自愿认领,技术服务、市场销售均由帮扶方“承包”。只要个人肯出劳力,增收无忧。

“培养劳动习惯比给钱更重要。”该县现代农业产业园区党工委书记鲍晓峰深有感触地说。当地位于黄河故道,宜栽果树,开展“千户万株”脱贫工程,给每个低收入户免费发放200元果树苗,家前屋后自种;包地种果的,每亩奖补500元到600元;果苗成活,每株每年再奖20元到40元,连奖3年。如今这里已建成连片333.33公顷扶贫果园,以梨树为例,今年每株果品收入至少300元,增强农户自我脱贫信心。

把扶贫开发与农业结构调整、发展镇村经济结合起来,提高脱贫受益面。县扶贫办主任栾茂成告诉记者,通过“公司+农户”“合作社+农户”“基地+农户”等形式,将低收入农户“绑”到农业产业链上,形成利益共同体,带动两万人整体脱贫。对有创业能力的农户则加大金融扶贫,将小额贷款额度由户均1万元提高到2万元,鼓励自主创业脱贫。

资产扶贫,是滨海的又一创新。今年,该县整合省委帮扶工作队帮扶资金、省村级发展引导资金1500万元,实施1.5兆瓦集中式光伏项目,带动周边5个村集体经济收入“脱薄”达标。他们还将土地、林地、门面房、闲置校舍等可提供长期稳定收益的村集体资产,量化折股、确权到村、受益到户,确保收益的一半用于村内公益事业,另一半用于低收入农户脱贫,解决失能弱能农户的脱贫难题。

加强脱贫攻坚保障体系建设,让百姓过上更好生活。通过提升基本公共服务能力和水平,该县帮助低收入农户就近解决文化、卫生、教育等服务需求,把行业精准扶贫、精准脱贫落到实处。

面对因病致贫占到贫困人口68.4%的严峻现实,该县加大医疗救助力度,建立疾病应急救助基金,对低收入户实行“先治疗后付费”、住院医疗政府兜底,即个人当年住院费用报销比例超过90%、个人自付总额不超过5000元。患特大疾病的,再由民政救助,兜底保障。同时加强疾病源头防控,建立全县10.7万贫困人口健康档案,每年免费体检一次,定期组织专家下乡巡诊,疾病早发现、早治疗。

把教育扶贫作为“断穷根”的重要支撑,实施教育强民、技能富民举措,做到“一全三零”,即低收入农户子女就学资助全覆盖和低保户子女教育零负担、高中和中职教育零学费、大学教育零失学。2016年,通过贫困家庭劳动力职业技能培训,使1000人因拥有一技之长而顺利就业,八成人从临工获得长期岗位。

该县正率先构建县乡村三级脱贫动态监测网络,探索扶贫精准管理长效机制,继续为全国扶贫开发提供鲜活的“滨海样本”。

(《新华日报》2016年12月7日头版　李军　胡亚萍)

相关链接(二)·滨海:不让一村一户在致富路上掉队

这是一串备受瞩目的成绩:2012~2015年,滨海县到户产业项目惠及近3万农户,互助合作带动项目93个,资助1148名学子,兴建党群服务中心56个,建设农机合作社32家,修缮敬老院、卫生室62个,铺设水泥路236千米,新建电灌站218座、防渗渠516千米……

这是一份令人满意的答卷:2012~2015年,滨海县扶贫办连续获省、市扶贫办授予“扶贫系统先进集体”荣誉称号,2016年10月被人力资源和社会保障部、国务院扶贫开发领导小组办公室联合授予“全国扶贫系统先进集体”。

推进精准扶贫,加大帮扶力度,是缓解贫困、实现共同富裕的内在要求,也是实现全面小康和现代化建设的一场攻坚战。近年来,滨海县在省委驻滨海帮扶工作队谋划帮助下,按照产业+就业,项目带动富民;实施资本+资产,资源配置强村;实施基层+基础,民生建设保“八有”扶贫思路,走出一条符合县情、富有特色的扶贫开发新路。

锁定低收入农户增收目标,实施“产业+就业,项目带动富民”。近年来,滨海县以打造现代农业为主导,围绕生态白鹅、优质生猪、“四青”蔬菜三大特色产业的发展目标,加快发展高效农业,培育龙头企业和市场主体,完善和延伸农业产业链条,让低收入农户从带动创业、土地流转、务工就业等环节直接获益。该县会同省委驻滨海帮扶工作队于2010年实行“一村一案、一户一策、一事一议、一家一卡”的帮扶模式,根据每个村的资源特点、土壤特征,依托技术专家的现场勘察、项目定位,通过整合省财政高效农业支农资金、片区经济薄弱村发展引导资金,在经济薄弱村基本建成了特色产业基地，据悉，该模式被国务院扶贫办列为精准扶贫典型案例。目前，八巨镇前案村苗木花卉规模达 67.47 公顷，为 164 户低收入农户每户配股 4000 元；滨海港镇板桥村"四青"蔬菜种植面积超过 53.33 公顷；界牌镇条河村小花生基地达 41 公顷。本着"帮扶不包办、奖补不包揽"的基本原则，依据市场行情和生产成本，订立年度奖补标准。以种植 1 亩"四青"蔬菜为例，2015 年奖补上限为 400 元；饲养 1 只山羊，奖补上限 600 元。据了解，各项种养品种都有清晰化"菜单"，供村民自主化择定。

锁定村集体经济发展目标，实施"资本 + 资产，资源配置强村"。为提高集体经营性收入，该县采取配置农村小贷公司股权、标准厂房产权、门面房产权的形式增加村级集体收入，并采取开展经济薄弱村互助资金试点、资源整理发包利用、劳务中介服务等扶贫形式。该县以国有控股的滨海县港城资产经营有限公司为载体，县财政、省委驻滨帮扶工作队均按 1∶1投入，设立滨海县利群农村小额贷款有限公司、江苏立信中小企业担保有限公司两个金融平台，分别为村集体配置股权，通过固定收益、保底分红的方式，凿开了经济薄弱村集体经营性收入的通衢。该县还通过兴办农机合作社、建设分布式光伏扶贫项目等路径，加速集体经营性收入的稳定增长。

此外，自 2013 年起，该县还通过设立卫生保洁、小区物管等公益岗位，年吸纳低收入劳力 1200 人。对考取重点高中及职中、大专、二本以上院校专业的低收入农户子女按规定给予一次性补助。

从授人以鱼到授人以渔，短短几年，滨海的扶贫开发之路实现从"输血式"到"造血式"转变。如今，他们正大力实施"基层 + 基础"的扶贫思路，向着"有群众拥护的'双强'班子、有科学合理的发展规划、有高产高效的农业设施、有特色鲜明的主导产业、有持续稳定的集体收入、有先进实用的信息网络、有健康向上的文明新风、有村容整洁的居住环境"的新"八有"目标努力前行，步履稳健，渐行渐近。

（《滨海日报》 徐冠英）

3 月 22 日，志愿者爱心妈妈关心农村留守儿童活动合影留念。 陈其龙 摄

第18章 建筑业 房地产业

综 述

2016年,全县计划开发商品房60万平方米,实际开工商品房67.1万平方米。55幢高层、小高层,实现销售71.5万平方米,比上年增长2.8%,其中住宅61.5万平方米,比上年增长8.8%。商品房总库存62.2万平方米,其中住宅库存33万平方米,去化周期7个月,为全市最低。截至2016年年底,全县开发小区69个,其中建成37个,在建27个,待建3个,总规划建筑面积853万平方米,开发建设642万平方米,占规划建设面积的75%。完成新开工棚户区改造1500套(户)。全县城镇住房保障体系健全率为89.15%,住房保障覆盖率为22.16%,全部达到省、市政府提出的总体要求,联同相关部门研究制定《滨海县关于供给侧结构性改革去库存的实施意见》《滨海县棚户区改造货币化安置实施方案》,进一步推动住户保障工作的深入开展。被省住建厅表彰为住房保障工作先进集体,获得县年终考核综合先进奖。

第一节 建筑业

2016年,全县建筑业从业人员6.8万人,外出施工5.1万人。全年共完成建筑业总产值131亿元,增幅9%,其中县外总产值64.1亿元,1000万元以上的外施基地38个,支柱和朝阳产业作用初步显现。

一、资质结构

2016年,全县有一级总承包施工企业4家,二级45家,经营规模较大,项目较多,总体经营状况良好的骨干企业有十多家,如江苏宏远建设集团有限公司当年已完成产值16亿余元,年内在建项目37个,主要分布在福建宁德和省内南通、苏州等地;江苏华实市政建设集团有限公司当年已完成13亿余元的产值,目前在建项目16个,主要分布在安徽蚌埠及省内苏州、徐州、淮安、连云港等地;江苏吴威建设工程有限公司当年已完成产值4.2亿元,目前在建项目14个,主要分布在连云港、淮安、苏州等地。2016年建筑市场的一些混乱现象让企业经营者更加谨慎,经营方式也以过去的挂靠转为现在的自主经营,虽总产值有小幅下降,但是企业抗风险能力大大加强,企业盈利也较以前有所提高。

二、建筑市场

2016年,全县共完成建筑业总产值135亿元,实现建筑业增加值40亿元;完成出市施工总产值82亿元,实现出市施工增加值23亿元,完成入库税收2.1亿元,比上年增长12%,培植5亿元以上规模市场4个;新增二级总承包企业1家、新增或升级专业施工企业10家,培植产值10亿元以上总包企业2家;新增高级职称技术人员12人、中级职称人员50人,培养一级建造师17人、二级建造师59人;县城范围内限额以上工程项目质量安全受监率、施工施可证发放率、工程质量合格率均为100%,主要指标均达到或超过市政府年初下达的目标任务的时序进度。

第二节 房地产业

2016年,新开工建设商品房67.1万平方米,高层、小高层55幢,主体竣工58万平方米,48幢高层、小高层,实现销售7041套、71.5万平方米,其中住宅61.5万平方米,较去年新增8.8%。10月后房管所登记职能转入国土局,成立不动产权登记中心,10月之前受理新建商品房、存量房初始、转移、抵押登记1.1万余件,370余万平方米,发放所有权证书6977本。完成房屋测绘面积达140多万平方米。白蚁防治75万平方米。

一、房产市场监管

对照开发企业资质要求,严格把关审批房地产企业设立。加强销预售管理,对各开发楼盘实行销售全过程监管规范市场行为。建立预售商品房资金监管制度,对商品房预售资金使用情况实行全面监管,现监管账户已归集监管资金2.1亿元,确保款项用于工程建设。同时,严格查处捂盘惜售、违反价格规定哄抬房价、虚假宣传人为制造房源紧张等欺诈消费者行为,全年协同物价部门查处昌兴壹城、欧堡利亚悦府等企业4起,责令退还定金168万元。

二、房产企业资质

2016年,全县共有房地产开发企业48家,其中二级资质3家,三级资质3家、暂定二级资质15家、暂定三级资质

27 家。县住建部门共办理企业申请延期手续 26 项，办理初次申请资质 21 项，核定等级 4 项。在售项目的房地产开发资质超期，也不存在无资质、超资质等级开发情况。

三、房产交易市场

2016 年，县住建部门积极加强房地产户籍管理和房屋租赁管理，对买卖合同撤销和变更进行有效遏制，进一步规范房地产市场秩序。采取新闻媒体、摆摊设点等形式对住房租赁居民应依法享受国家有关金融、税收等优惠政策，进行广泛宣传，普及住房租赁政策法规。结合县普法教育宣传，发放相关宣传材料 200 余份，鼓励房地产开发企业开展住房租赁业务。支持房地产开发企业拓展业务范围，利用已建成住房或新建住房开展租赁业务；鼓励房地产开发企业出租库存商品住房，引导房地产开发企业与住房租赁企业合作，发展租赁地产。

四、物业管理

滨海县县城区域共有 69 个住宅小区，有物业服务的小区 45 个，自管小区 8 个，业主自治小区 3 个，无物业服务的小区 13 个。在滨登记注册并取得资质的物业服务企业共 32 家，其中，二级 3 家、三级 22 家、暂定三级 7 家，外地到滨海备案的物服企业 9 家，从业 2000 多人。成立业委会的小区有 8 家，获得省优住宅小区的 2 个，市优住宅小区的 7 个。2016 年，县住建部门积极强化小区物业监管，新增“欧保利亚·悦府”“昌兴壹城”“锦绣园”三家优质物业；与县市场监督管理局联合举办 189 名电梯操作人员培训；配合县市场监督局完成对县城住宅小区 673 台备案的电梯的隐患排查和整治工作；两次邀请市物业管理专家对全县在岗在职的 200 多名物服人员进行物业管理实务案例培训学习；与市房管局联合开展全县住宅小区 48 名项目经理培训、考试与发证工作；组织全县 136 名物业从业人员赴扬州、无锡、安徽、泰州考察学习优秀小区；带 8 名物业技术骨干参加市局举办的物业技能竞赛。

五、保障性住房

2016 年，完成省市对滨海县保障房审计工作。完成锦绣园安置房 1500 套安置房建设，完成锦绣园 631 套安置房交付。丰园苑和仁和家园·安园办证工作依次有序推进，全年办理 1400 套。对各老旧小区实施配套改造，各老旧小区道路得到硬化，监控安装到位，环境得到改善。

8 月 24 日，县城新建南路改造项目施工现场。 王晶晶 摄

第19章　商贸流通

综　　述

2016年,全县商贸流通工作突出政策贯彻执行、电子商务示范引领、流通现代化建设、消费热点培植、市场秩序维护,以及特殊行业管理,促进商贸流通业加快发展。全年实现社会消费品零售总额110.46亿元,占市目标的100.4%,比上年增长11.1%,增幅居全市第四位。蔡桥基层社被全国总社评为标杆社,县社被省总社表彰为全省二十强县级供销合作社。县粮食系统年内收购托市粮6.65万吨,其中小麦4.43万吨、粳稻2.22万吨,共轮换县级储备粮1.29万吨,全年收购商品粮20.62万吨。全年共查处九类涉烟案件207起,捣毁非法经营窝点22个,查处违法卷烟6445案,总案值184.5万元;累计销售24084.7箱。县盐业系统全年购进各类盐产品7068吨,销售各类盐产品7608吨,其中小包装食盐2709吨,完成计划2700吨的100.33%,销售渠道分销商品112.28万元。

第一节　商贸服务

发展电子商务　2016年,全县80多家农村淘宝站点累计下单31万多笔,成交4946万元。电商产业园入驻电商企业42家,实现网上销售15亿元,并被评为省级电子商务示范基地。同时,天场镇被评定为省级农村电子商务示范镇,正红镇贺君村被评定为省级农村电子商务示范村,欧智商贸有限公司被评为省级电子商务示范企业,欧智、欧邦、思涵3家企业被评为市级电子商务示范企业,秉义、陈老、马套、孟杨4个村被评为市级电商示范村。

特色中国滨海馆　新建特色中国滨海馆,建筑面积达400平方米,线上平台于9月底正式运营,展示全县农特产品200余种。通过淘宝、京东的特色中国馆向全国重点推介滨海白首乌、五醍浆、海产品、草柳编等农特产品,年线上销售额5000万元以上。

举办电商知识培训　采取专题培训、巡回培训、网络培训等"小课堂、多场次"形式,先后分期、分批、分类举办5次各层次电商人才培训班,培训2000人次,全面提高电商从业人员综合素质。同时,定期举办座谈会、创业沙龙、创业论坛,开展研讨与辩论,丰富创业知识,交流创业经验。

组织参加"第三届盐城市名特优产品展销会"　组织五醍浆、玉醍醇、果老首乌、海苑海蜇等10家企业参加"第三届盐城市名特优产品展销会",3天接待顾客2万多人次,达成销售合作协议7份,参展企业数量和产品种类居全市各县(市、区)前列。

开展消费促进活动　开展"2016年消费促进月"宣传活动,五星电器、凯美电器、苏宁易购等商场超市分别在景湖路商业广场、陈涛路口淘宝商城等处的大型电子广告屏幕上滚动播放消费促进月宣传内容,在元旦、春节、五一、中秋、国庆等重大节日期间,举办灵活多样的消费促进活动,活跃市场氛围。

第二节　行业监管

加油站点整治　县政府成立专门班子,召开专题会议,制定活动方案,印发张贴通告,全力组织推进成品油市场专项整治工作。各镇区和相关部门相互配合,多次摸排辖区内加油站点情况,并发放告知书、提醒函、交办单,强化整治效果。通过专项整治,全县取缔无证照加油站点38家,整改超范围经营加油点40家,查处26起违法案件。

酒类流通管理　累计办理酒类经营者备案登记2028户,全年使用酒类流通随附单4020份。开展严厉打击制售假冒伪劣酒类商品等不法行为,共出动100多人次,查处违法案件12起,移交公安机关1起。

商业单用途预付卡管理　全年开展10次单用途商业预付卡专项检查行动,对4家企业负责人进行约谈,进一步明确要求、落实责任,严格规范发卡行为。

第三节　供销合作

2016年,县供销合作工作坚持为农服务宗旨,深化系统综合改革,提升为农服务水平,在全市供销合作社系统综合考核中,获先进单位第二名,改革创新工作、项目建设工作被评为先进单位,蔡桥基层社被全国总社评为标杆社;县社被省总社表彰为全省二十强县级供销合作社,农民专业合作社建设先进单位，滨淮基层社被省总社表彰为“千个乡镇基层社推进为农服务工作先进单位”。

一、引进项目

成功引进中农批安徽分公司投资5亿元农产品批发市场项目，并于11月18日开工建设。盐城客商投资的汽车检测与维修项目当年开工并实现当年竣工。对江阴客商投资的工程塑料制品、常州客商投资的压力容器等项目分别进行跟踪洽谈。全年外出招商达120人次。

二、“三社”建设

2016年，根据省社创建“三体两强”基层社、改造无经营业务基层社目标要求，滨淮基层社通过“三体两强”标准验收。天场基层社通过与滨海县宝居置业有限公司合作，新建的农贸市场项目正在有序推进并通过市社验收。蔡桥基层社被全国总社授予“标杆社”称号，滨淮、蔡桥两家基层社于11月被纳入全国总社“千县千社”振兴发展计划示范社。完成10家农民专业合作社建设，其中陈涛镇辛庄村参股组建的辛旺农机专业合作社获得市社专项发展资金10万元。蔡桥的十四顷、富港，滨淮的河西、沈滩等8家农机专业合作社都开展联耕联种服务。河东、滔港、上旧、艮礼等秸秆专业合作社年利用秸秆7万吨。对照市社下达滨海县新建改造12家综合服务社建设目标任务，对通榆镇滔港村、蔡桥镇木港村、八滩镇东进村、滨海港镇木楼村等4家省定薄弱村农村综合服务社按照省社“两超一院一家三站”的标准进行改造，全部通过验收，并获建设补助资金24万元。新建陈涛六联村、后三层村、蔡桥永裕村、农业园辛荡村、滨淮沈滩村5家农村综合服务社。提升滨淮河西村、蔡桥十四顷村以及滨海港经济区大淤尖村3家农村综合服务社。

全市首家农民综合服务专业合作社联合社——滨淮“农综社”成立大会。 县供销合作总社 提供

滨海县蔡桥供销合作有限公司 由县社资产管理公司与蔡桥镇农资大户夏朝标共同出资，于2013年5月组建成立，注册资本50万元，县社资产管理公司占股51%，夏朝标占股49%。该公司以农业生产资料为经营主体，兼营其他为农服务项目。经过两年多发展，该基层社利用原蔡桥社4000多平方米存量土地，投入近千万资金，新建5000多平方米营业用房和仓储用房，提升基层社的形象，完善服务“三农”功能。公司与县社资产管理公司、十四顷村两委联合组建滨海县十四顷农机专业合作社，首批入社成员56个，总投资50万元。合作社现拥有120马力拖拉机2台，旋耕、施肥、播种一体机2台（套）以及相配套的收割机等设备，建成机库1500平方米。合作社以十四顷村4000平方米联耕土地为定向服务紧密层，协作服务覆盖蔡桥全镇。与十四顷村两委以及村经营大户施之奎共同投资20多万元成立十四顷为农服务社，并严格按照省级为农服务社样板社标准建设。服务社总面积达1200平方米，具有三大平台功能，生产生活资料供应平台提供生产、生活资料供应和农产品收购服务，中介服务具有代收水电费、代办邮政、电信、移动、保险等代理服务，公共服务平台开展医疗卫生、文化娱乐、综合治理等各项工作，既便利广大农民的生活生活需求，也为农民提供多样化的社区综合服务。

滨海县滨淮供销合作有限公司（基层社） 成立于2010年10月，是由县社资产管理公司和李克标共同出资组建，注册资本100万元，县社资产管理公司占股51%，李克标占股49%。该公司是滨海县社恢复重建的第一家基层社，近年来，经营项目和经营规模不断扩大，特别是2013年下半年，通过对经营资源整合，将原有400平方米家电卖场扩至4200平方米综合型超市，大大提高超市的商品质量、管理水平和服务层次，年实现销售3500万元左右。公司还扩展手机大卖场，与京东网络公司合作开设线上电子商城。在抓好经营的同时，公司还致力于发展农民专业合作社，开展农超对接，年销售农副产品600万元，并在合作社内部开展资金互助业务，年业务量近千万元；大力发展为农服务社。2014年，滨淮基层社被评为全国总社标杆社。2016年，按省级示范社标准在河西村创办河西为农服务社，把物流（日用品、农资、农产品购销）、资金流（资金互助、保险业务）、信息流（电子商务、线上服务）、服务流（代收水电费等综合性服务）全面融入为农服务社，努力为广大农民提供更为便捷、安全、实惠的服务。

三、网络建设

规范提升日用品直营店3个，加盟店11个。苏永公司在淘宝网开展网上配送，实行“实体＋网络”销售，全年实现连锁销售1.5亿元，比去年同期增长9.8%。烟花爆竹公司通过承包经营，进一步规范网点经营模式，全年实现销售6900万元。通榆基层社、滨淮基层社、陈涛基层社等5家日用品超市全年共实现销售1.48亿元，均比上年有所增长。同时，积极开展食品安全法宣传，确保食品安全。规范提升农资直营店5个，加盟店13个。其中，禾田农资在现有农资配供的同时，在苏农网开展网上销售，全年实现网上销售达1960万元。瑞丰农药实现连锁销售6100万元。蔡桥、正红两家基层社农资配送销售达1.8亿元以上。积极配合县有关部门开展农资商品春季打假及农资放心消费活动,没有发生一起农资质量事故。实现农产品购进48亿元。投资5亿元、占地12.8公顷的安徽中农批项目已开工建设。参股合作的果老首乌公司加大新产品开发力度,通港粮食贸易公司、海翔紫菜专业合作社、凡集农贸市场、城北农贸市场经营业绩均超上年同期。在南京设立滨海农产品直销店2家、加盟店1家,推销滨海农产品。

盐城果老首乌科技有限公司 盐城果老首乌科技有限公司是滨海县供销合作总社参股企业,成立于2000年8月,主要从事白首乌系列产品的加工、销售、产业化开发项目,兼营脱水蔬菜、养生套餐、粗粮套餐和海洋产品的加工销售。2008年,公司在滨海东坎民营创业园征地0.65公顷,新建标准厂房4500平方米,通过技改扩能,新上生产加工项目. 从白首乌原料的订单种植、标准化开发、品牌创建、市场营销,实行"果老"首乌系列产品的产业化开发。2013年,公司先后在首乌生产地滨海港区双堆等村流转土地66.67公顷,作为公司的首乌标准化生产基地,联合农户成立双堆首乌专业合作社和双堆为农服务社,并在阿里巴巴电子商务平台上开设农产品滨海馆,开通网上推销公司产品业务。2016年11月,与省供销社南京先农电子商务公司合作成功注册滨海海岸线电子商务有限公司。实现首乌种植、生产、加工、销售一条龙服务体系,使公司发展步入快车道。预计年实现销售1600万元。近年来,公司先后获得盐城市高新技术企业、江苏省科技型农业产业化龙头企业认定,2013年获评盐城首批"老字号"称号。

滨海县海翔紫菜专业合作社 成立于2008年11月,注册资本300万元,县供销社于2010年10月参股110万元,占37%。该企业是一家集海产品养殖、研发、加工、销售于一体的农业产业化企业。合作社拥有海域使用面积233.33公顷,全年养殖紫菜433.33公顷,年加工紫菜5亿张,有成员328户,带动周边农户640户。合作社通过"合作社+公司+农户"的经营模式,对入社社员无偿提供养殖紫菜所需的生产资料,及时引进新品种、新技术,开展与紫菜养殖有关的技术培训、技术交流和信息咨询,建立稳定的产销关系。产品远销国内各大城市及日、韩等国。合作社对社员实行订单保护价收购,加工形成的利润实行二次分红,近几年二次分红达80万元。2010年被市政府命名为"2010~2011年度农业产业化市级重点龙头企业";2010年被盐城市科委列入首届"科技型合作社"、2011年被省社评为"百佳农民专业合作社"。2012年被市农委确认盐城市百家农业产业化龙头企业提升工程实施单位、2013年被市供销合作总社评为十强"五好"示范社、2014年被评为国家级农民专业合作社示范社。

四、综合改革

实体经营向合作服务延伸,流通领域向生产领域延伸 创建"时堰模式"示范镇3家,组建农机专业合作社6家,开展联耕联种土地面积2333.33公顷。组建蔡桥十四顷、富港;陈涛辛旺、陆三;滨淮沈滩、河西6家农机专业合作社。在滨淮、陈涛、蔡桥三个镇成立中淮、中涛、中桥3家"农综社",联合当地农技、农经等部门,联结农机、植保、粮食、蔬菜等农民专业合作社,最大限度地发挥服务"三农"功能。陈涛基层社领办的党生粮食专业合作社在粮食收购、加工、销售的基础上,2016年联结辛旺等农机专业合作社,有大型拖拉机5台(套),收割机20多台(套),向农业生产全过程延伸,流转66.67公顷土地建立粮食示范种植基地,为农民提供耕种、植保、收购、烘干、加工一条龙服务。

线下经营向线上经营服务延伸,供销服务向信用合作服务延伸 在全县12家村级综合服务社开设农村淘宝电子商务网点建设,滨淮河西村综合服务社自投入运作以来,月均实现网上购物8万余元。在参股企业开设电子商务建设。县社同果老公司合作成立海岸线电子商务公司,在省社《地平线网》开设农产品滨海馆。果老公司在天猫网开设2家电子商务旗舰店,并在阿里巴巴网开设农产品滨海馆,年实现销售1960万元。蔡桥基层社农资配供中心在阿里网成功开展网上销售。依托投资5亿元在建的中国供销滨海农产品批发市场为平台,与江苏中合兴业农产品管理有限公司合作,成立农产品电子商务公司,新建运营中心、展示中心、培训中心和物流中心,全力推动地方农产品网上销售。东坎基层社领办的融益农资合作社、滨淮基层社领办的惠农农产品专业合作积极开展农民资金互助服务,今年来,两家专业合作社已为社员提供互助资金1300余万元。惠农农产品专业合作社与全国总社下属的中合联公司合作,既规范业务运营,又防范金融风险。

单线运行向双线运行延伸,管企业向管资本延伸 规范县社资产管理公司管理模式,发挥其投资管理和经营服务综合平台作用,实现由管企业管资产向管资本延伸。在《公司法》总体框架下,通过采取委派法人代表管理的办法,实行承包经营,强化参股企业内部管理,实行保底分红。县社资产管理公司新增投资参股创建蔡桥富港、陈涛辛旺等农机专业合作社。坚持对参股单位实行半年审计制度。对所属基层社及参股企业年度经营财务进行审计并建立参股企业退出机制。对房屋、土地资产租赁资金做到应收尽收。完成条港供销站、凡集和大套收花站土地利用工作,依法维护侵占破产企业土地。

滨海县蔡桥富港农机专业合作社 成立于2015年2月,注册资金60万元,其中县供销社新合作资产管理有限公司出资10万元,蔡桥供销社出资3万元,县扶贫办帮扶35万元,入社成员8人,出资12万元。合作社位于蔡桥镇大汛港村,有90大型拖拉机4台,旋耕机4台,收割机1台,固定资产总值(含库房)60万元。重点服务于本村范围,开展联耕联种农业规模化服务。合作社原有机械实行承包责任制,年收益7.8万元,县扶贫办帮扶资金形成的收益50%用于低收入农户的帮扶,50%用于村公益事业;供销合作社及成员投入形成的收益,每年提取10%的折旧费,其余部分可考虑分红及项目扩建。2016 年年底，增加投资后的合作社固定资产达 80 万元，可扩大 200 公顷土地联耕联种，更好地服务全体成员及全村村民。

滨海县陈涛辛旺农机专业合作社 成立于 2016 年 5 月 20 日，注册资金 50 万元，其中县供销社新合作资产管理有限公司出资 10 万元，占注册资金 20%，入社成员 10 人，合作社位于陈涛镇辛庄村，主要开展农业机械规模化作业，跨区作业，组织采购、供应成员所需的农业机械及其配件，为合作社成员及其他同类经营者提供农业机械租赁服务，开展与农业机械有关的技术交流等。合作社有收割机、旋耕机、农药化肥喷洒车、高速插秧机、手推插秧机等 25 台（套），固定资产总值 76 万元。先期在陈涛镇辛庄、长吉、七层等村开展“农业规模化服务”，最终服务陈涛全镇，2016 年 7 月服务入社种植大户 45 户，服务面积 2801 公顷，服务带动的一般种植户 150 户，面积 38.67 公顷，2016 年秋季面积达 666.67 公顷。

第四节　粮食经济

一、粮食收购

2016 年，在托市收购中做到“三个到位”，即宣传政策到位、收购资金到位、采取措施到位。当年收购托市粮 6.65 万吨，其中小麦 4.43 万吨、粳稻 2.22 万吨。做好县级储备轮换工作。是年粮食市场疲软，呈现“稻麦强米面弱”现象，县粮食局克服困难，多方精诚合作，共轮换县级储备粮 1.29 万吨，有力地保障县储粮安全。创新方式，坚持双轮齐驱。认真研判粮食市场形势，发挥粮食购销主渠道作用，正确处理政策性收购与市场化收购、效益与风险、数量与质量等关系，积极开展代销代储、即购即销、厂库联营等形式的市场化收购工作，与昆山、靖江等客商签订代销代购合同近 3.50 万吨，政策性收购与市场化收购双管齐下，做到应收尽收、随到随收，让群众售满意粮，全年收购商品粮 20.62 万吨，其中小麦 7.81 万吨、稻谷 9.10 万吨、大麦 3.71 万吨。

二、粮食销售

2016 年，国有粮食企业销售 20.88 万吨，其中小麦 8.02 万吨、稻谷 9.15 万吨、大麦 3.71 万吨，其他社会收购主体销售 21.34 万吨，其中小麦 7.41 万吨、稻谷 11.94 万吨、大麦 1.99 万吨。

三、新建仓容

2016 年，县粮食工作抢抓国家新建粮食仓储设施契机，着力新建仓容。滨海县通榆河粮食仓储物流中心 3 万吨、北坍粮库 2.5 万吨、临淮粮库 2.5 万吨仓容获得批准立项建设。对三个项目组建专门班子，通过招投标，强化建设工程管理，加快工程建设进度，保证这些建设项目按时完工，准时投入夏秋粮收购运营，使滨海有效仓容达 20 万吨，实现三年仓容总量翻一番。

11 月 8 日，华春米业有限公司粮食烘干现场。
陈其龙　摄

四、招引项目

2016 年，招引项目三个，分别是浙江客商投资 2000 万元大米加工项目在北坍竣工，该项目已投产成功；浙江客商投资 1000 万元的粮食加工项目在通榆河粮食物流中心开工建设、1000 万元饲料加工项目进入安装设备阶段；总投资 1.5 亿元的粮食产业园项目洽谈中。

第五节　烟草专卖

2016 年，共查获各类涉烟案件 207 起，捣毁非法经营窝点 22 个，查扣违法卷烟 6445 条，总案值 184.5 万余元；被刑拘、批捕、判刑的不法烟贩分别为 3 人、1 人、2 人，获得市局通令嘉奖 1 次，市场净化率达 98% 以上。2016 年，累计完成销售 24084.7 箱，完成计划任务 28226 箱的 85.33%，全年完成销售 28230 箱，完成任务 100.01%。销售平均单价 114.54 元，比上年 110.51 元，上升 3.65%。全年平均销售单价 111.3 元/条，比上年上升 4.2%。组织全体员工全面、系统地学习新版《盐城烟草应知应会（2016 版）》相关内容，副股级以下人员参加 11 月 13 日全系统组织的应知应会考试，及格率达 100%；积极参加烟草学会、政研会等活动，全年共上报各类论文 31 篇。树立和打造“上级服务下级、机关服务基层、全员服务客户”服务意识，强服务、提效率、树形象，坚持为下级着想、为基层排忧、为客户解难，深入市场调研，走基层、访客户，为基层解决问题 15 个，化解客户倾向意见 54 件。全年共投入 7 万余元参与到捐资助学、扶贫帮困和慰问老党员等活动。“六一”儿童节前夕前往界牌镇五巨小学开展“呵护成长、关爱留守儿童”助学活动；“七一”前夕前往滨海港镇木楼村慰问困难老党员；“八一”建军节来临之际，组织军转干部拜访慰问退伍军人零售客户；组织干部职工无偿献血 4500 毫升。在“6·23”灾难发生后，组织“情系灾区”捐款活动，共募捐善款 6900 余元。

第六节　盐业专营

2016年，县盐业系统全年购进各类盐产品7068吨，销售各类盐产品7608吨，其中小包装食盐2709吨，完成计划2700吨的100.33%。销售渠道分销商品112.28万元，大宗贸易销售589.18万元；非盐产品销售实现毛利31.04万元；全年实现利润66万元，完成计划60万元的110%；累计查处盐业违法案件116起，完成市局案件指标90起的128.89%，其中刑事案件8起，判刑2人，查获违法盐产品20.35吨，没收盐计20.35吨，罚款116530元。县盐业公司被盐城市盐务管理局评为2016年度盐政管理暨食盐安全先进单位。

一、市场化改革

2016年，县盐业公司推行“三三四”市场化改革。先后组织盐业公司中层人员会议、分条块的座谈会等，向大家宣传市场化改革的必要性，使大家认识到滨海公司人员多、底子薄，现有经营模式和经济效益已无法维持公司生存和发展，必须通过市场化改革，才能保证公司的成功转型和发展。在充分听取大家意见和建议的基础上，结合实际出台“三三四”市场化改革方案，得到盐城公司领导的大力支持。为保证市场化改革程序公开、公平、公正，增加透明度，出台《滨海县盐业有限公司市场化改革方案实施细则》，从公司内部设置、部门定编、竞聘条件，到审核选聘等事无巨细，使大家一目了然。由于宣传到位、程序透明、措施扎实，市场化改革工作取得预期效果。年底，政策性安置28人，政策性分流20人，在编在岗人员工作热情较高，认真履行各自职责，公司各项工作扎实有序运行。

二、创新监管

2016年，以习近平总书记食品安全“四个最严”要求为指导，高举“保障食盐安全”“消除碘缺乏危害”和“科学用盐促进健康”三面旗帜，坚持“打、防、管、控”相结合，创新监管方式，强化日常市场巡查，强化盐政宣传，加大涉盐案件刑事打击力度，保障全县盐业市场秩序的安全稳定。强化日常宣传，提高食盐安全意识。深化食盐安全访万家活动，对辖区内食盐小包量销售下降地区，认真研究分析，查找原因，有重点、有目的地开展“访终端、清灶台、摸线索、搞宣讲”访万家活动。开展“3·15”“5·15”宣传日活动，在县城闹市区设立咨询台，开展专题宣传，普及盐业法规、碘缺乏病和食盐安全知识，曝光涉盐犯罪典型案例，提高广大群众和消费者对食盐安全的关注度。“5·15”活动期间，在蔡桥中心小学开展碘缺乏病防治知识讲座、学生问卷调查和现场有奖答题活动。创新治理方式，强化市场监管。建立健全用盐企业台账，坚持定期、不定期检查与专项行动相结合，严格管好行业用盐市场，严格执行大包装盐“三把锁”管理制度，对酒店、饭店、排挡用盐情况的检查，开展鱼虾塘消毒用盐管理，杜绝大包盐流入食用盐市场。根据季节特点，开展专项行动。根据市局统一部署，先后开展“元旦、春节期间净化食盐市场”专项行动、“春雷行动”食盐安全专项整治行动、五一、端午两节期间保障食盐市场安全专项执法行动和“制贩假盐专项治理联合执法行动”、保障中秋国庆期间食盐安全联合执法行动。在行动中能结合滨海盐业市场实际，做到思路清晰，目标明确，统筹兼顾，重点突出。在“制贩假盐专项治理联合执法行动”中，积极与县公安部门联合执法，通过在“访万家”宣传中发现的案件线索，及时提请县公安局治安大队、通榆、八滩、陈涛派出所等提前介入，固定相关证据，挖出一个有进货渠道、有销售网络的不法销盐窝点。结合宣传访万店，引导健康用盐理念。积极开展“淮盐”品牌宣传季活动，加大淮盐品牌宣传力度，扩大淮盐品牌的知名度、美誉度和忠诚度，结合宣传开展食盐安全访万店活动，普及科学用盐知识，倡导健康生活理念，规范食盐零售终端经营行为。

三、主营经济

年初，根据市公司下达的主营任务指标，结合近年来主营销售业绩，与三名配送站长签订《2016年经营目标责任书》，明确工作重点，落实具体任务，为保证全年主营任务的顺利完成打下坚实基础。全面落实预约配送、订单配送、定期配送和循环配送的直配直送工作，保证小包装常态化销售，不断地改进配送服务工作，提升客户满意度。为保障春节期间市场供应，对一、二月份销售实行捆绑考核，销售人员起早待晚，放弃星期天休息时间忙供应，增加零售终端合理库存，确保群众随时随地都能买到盐。面对小包装市场用量趋于平稳，坚持效益优先，注重结构调整，结合“千年淮盐、家乡好盐”宣传季及“访万家”活动，推广低钠盐、海藻盐新品，使防病、健康的科学用盐理念深入人心，引导消费，提升市场占有率。为加大320克、350克碘盐的销售力度，增加社会库存，开展“千年淮盐，家乡好盐”感恩大回馈活动，制订促销方案，领导班子成员各负责一片，带领客户经理进行有重点的走访促销，同时按照市公司小包装食盐结构调整要求，结合全县盐业市场实际，要求三个配送站320g清真海藻碘食用盐销售占比不得低于55%；低钠盐销售占比不得低于25%、普通盐等合计不得高于20%，并与工资考核挂钩。做好工业盐销售工作。面对工业盐销售量价齐跌的严峻形势，积极与供货单位沟通协调，争取供货单位降低供货价格，提高市场竞争力，同时，坚持以市场为导向，主动适应市场形势变化，分管领导坚持每周深入用盐企业了解用盐情况，专门安排3名同志在头罾驻点服务，对用盐大户坚持一厂一策，一厂一价，做到保重点、保大户，巩固园区既得市场。

四、非盐经济

2016年，虽然在渠道商品销售上受地域经济、群众生活习惯影响，在大宗贸易上受资金瓶颈等因素的影响，但是，公司知难而进，迎难而上，想方设法拓展非盐经济，推动公司转型发展。细化任务，强化考核。年初，契合实际修订出台《2016年非盐考核办法》，以细化分解任务为主线，以突出食盐终端网络销售为重点，结合岗位目标，做到指标到人，职责明确，严格考核奖惩制度，逐渐形成“工作有动力，任务有压力，激励有活力”的良好态势。把握时机，重点推介。利用春节及节日期间抢抓各单位置办年货及家庭聚会等有利契机，大力推进西凤系列、天赐缘系列白酒的销售，针对节日期间餐饮业比较火爆，大力推进菱花味精的销售。深入园区，开辟新市场。滨海县境内的化工园区，一直是公司化工原料销售的主阵地，年内经常深入园区一线，加强与用户沟通，提升服务质量，维护好既得市场，采取价格竞争优势、产品质量优势及商品多样化优势，实施战略扩张，不断开辟新市场，提高知名度，做大化工规模。规避风险，加大货款回笼。在正常业务人员催收货款的基础上，对货款回笼慢，金额大的单位，公司主要领导和分管领导亲自登门拜访，催要货款，力求避免坏账损失，降低经营风险。

第七节　石油经营

2016年，县石油行业深化改革创新，狠抓工作落实，努力提质增效，较好地完成年度各项目标任务，实现“十三五”开门红。全年共实现成品油经营量4.57万吨，实现天然气销售2244吨；实现非油品销售收入1478万元。

一、经营管理

市场保供　2016年，拥有在营加油(气)站13座，资源保供体系日趋完善。积极协调物流配送，强化资源保供责任，节假日期间，确保“节日消费”效应有效发挥，深化“一站一策”，零售市场稳步提升。

开拓非油业务　通过“油非、气卡非”互促，开展“加高标号送商品”等系列促销活动，实现油非双增长。开设自助洗车业务，借助“互联网+”，推行微营销，鼓励员工当“创客”。全年，公司实现非油品销售收入1478万元。

加油(气)网络建设　2016年，石油销售网络建设工作有了新的发展。坚持守土有责、创新思路、科学的原则，网络控制力稳中有升，为经营上量提供保障。

商标打假维权　年内，对辖区内18家社会成品油经营加油站进行拉网式摸底排查，经过多次登门取证，多次与社会单位负责人沟通交涉，成功清理社会站点的商标侵权行为。

二、基础管理

安全管理日　推进“三标”建设，开展“我为安全作诊断”活动，全面排查身边风险，落实责任和防范措施；细化各岗位HSE职责；深化“安全日”检查，着重强化现场管理，每月通报，同时针对问题及时进行点评。

数质量管理　零售账表管理系统、设备管理系统EM模块、合同管理系统、制度管理系统、客户经理管理系统顺利上线运行，进一步提高科学管理能力，为控制经营管理风险提供支撑。践行“每一滴油都是承诺”的社会责任，全年共安排对成品油数量、质量抽查18次，盘点、校机48站次，抽样送检8份。

企业改革　开展改善经营管理建议献策活动，实施有效建议3条。2016年，完成机关改革后，滨海公司机关工作人员减少至9人。

1月27日，县领导在世纪年华超市检查春节市场供应情况。　陈其龙　摄

第 20 章　现代服务业

综　述

2016 年，滨海县现代服务业发展较快，旅游信息服务、休闲娱乐、汽车销售等新型服务项目改变人们的生活方式，提高人们的生活品位。全县旅游工作按照“三争”要求，抢抓发展机遇，突出规划引领，强化项目推进，大力发展海滨旅游、生态旅游，呈现强劲发展态势，获得全市目标绩效考核旅游工作先进奖。全年完成接待游客 150 万人次以上，实现旅游业收入 15 亿元，两项指标占比均超过“十二五”总和的 50%。年内，全县邮政业务总量 6804 万元，电信业务收入 4.58 亿元，固定电话数 9.5 万户，移动电话数 69.64 万户，互联网宽带接入户 15.75 万户。

第一节　旅　游

一、旅游规划

2016 年，修改完善《全县“十三五”旅游业发展规划》。邀请京、浙等地 11 名旅游专家到滨海考察，县委书记钱武华主持召开旅游规划座谈会。重点协助滨海港经济开发区做好月亮湾度假区建设详规设计、创建 AAAAA 级景区提升规划、《水浒》创作重要背景地沙浦寨建设规划，以及现代农业产业园的旅游发展规划。进一步完善薰衣草农庄、元昊生态园、黄河湾等乡村旅游区规划，形成可行性建设方案。

二、项目建设

2016 年，月亮湾旅游度假区完成投资 12 亿元，其中海滨浴场完成围海工程、灵龙湖科教基地完成绿化工程、温泉度假酒店启动幕墙装饰，初步具备游客接待能力。随耕生态园项目建设加快，并成功创成省四星级乡村旅游区，填补滨海县高星级乡村旅游区空白。及时跟踪督促全县在建旅游项目进度，积极争取旅游专项资金，成功申报两个项目并获得 100 万元省级旅游专项资金。

三、旅游宣传

2016 年，举办全县首届“梨花雨故道情”乡村旅游节和秋季乡村旅游节。在全省乡村旅游美食大赛上，滨海县选送的“运河一锅鲜”夺得金牌菜第一名。编制完成《文化旅游招商手册》，在央视和江苏卫视投放《中国·滨海港》电视宣传片，组织参加全市春季乡村旅游季、全省旅游商品展等宣传推介活动。

四、行业监管

层层落实安全责任，突出狠抓汛期旅游安全，全年未发生一起安全事故。重点开展元旦、五一等假日市场专项检查，确保旅游市场规范有序。做好星级饭店复核工作，天海元、瑞荣国际大酒店先后投入 230 多万元进行改造升级，顺利通过省市复核。

第二节　餐饮旅馆　休闲娱乐

2016 年，县城快捷酒店、便民旅社数百家。星级旅游饭店有 5 家，其中五星级 1 家、四星级 1 家、三星级 3 家。规格较高酒店有滨海宾馆、欧堡利亚宴会中心、凯帝王朝大酒店等以及格林豪泰、汉庭等连锁经营的宾馆。特色小吃、早餐店百余家。海鲜餐馆、牛肉餐馆、韩国烧烤、日本料理、沙县小吃、拉面馆、削面馆、苏州羊肉馆等主题餐馆以及肯德基、麦当劳、欧德隆等特色饮品店入住县城。吉达广场烧烤摊、纬中路夜宵烧烤摊、公园南大门烧烤摊晚上生意红火。旅行社 16 家；县城有集体电影院 1 座，民营电影院 2 座，儿童游乐场 3 家，有网吧 30 多家，歌厅 10 多家，舞厅 4 家，县城茶吧有哈心悦、开心小站、林源茶庄、周末阳光、金菠萝、有意思、自由空间等 10 多家，酒吧、咖啡馆有 5 家，大小足疗、按摩店有 50 多家，健身房 3 家，游泳馆 4 家，浴室 30 多家，理发店 100 余家。年内对 694 户餐饮服务单位进行量化分级评定，其中 A 级 187 户，公示相关信息，接受社会监督。推进“明厨亮灶”工程，引导学校食堂、大中型以上餐馆、连锁餐饮企业等参与“明厨亮灶”建设，有 10 家餐饮单位实施“明厨亮灶”，实现阳光操作、透明化管理。

表 11　　2016 年度城区餐饮服务量化分级评定部分 A 级单位一览表

序号	经营者名称	许可证编号	地　址	负责人	等级评定
1	滨海县人民政府招待所	苏餐证字 2014320922000125	滨海县东坎新建中路 88 号	祁中祥	A
2	江苏欧堡利亚大酒店有限公司	苏餐证字 2015320922000093	滨海县城富康路 88 号	姚枝剑	A
3	滨海欧瑞商业广场经营管理有限公司宴会中心	苏餐证字 2015320922000092	滨海县城港城路 99 号欧堡利亚商业广场商业 B 幢 202 室	胡也华	A
4	盐城天海元国际大酒店有限公司	苏餐证字 2015320922000045	滨海县迎宾大道 8 号	李文彬	A
5	滨海丽锦国际酒店有限公司	JY23209220002705	滨海县县城向阳支路南侧港城路东侧	沈　鑫	A
6	滨海县东坎镇开心物语时尚休闲餐厅	2013320922000080	江苏省盐城市滨海县东坎镇人民南路东侧 108 号	王为成	A
7	滨海县金濠坊大酒店	2013320922000090	滨海县龙西路南侧南湖 2 号商住楼 101～103 室、201～208 室	韩雯文	A
8	滨海县汇亨酒店	2013320922000140	滨海县东坎镇新时代乐园 35 幢二楼	王学梅	A
9	滨海县香溢酒店	2013320922000268	滨海县东坎镇新时代乐园 6 号楼 102～105 室	张　娟	A
10	滨海祝氏餐饮管理有限公司	2013320922000457	滨海县阜东中路 2 号	祝　军	A
11	滨海县香溢餐饮管理有限公司	2013320922000459	滨海县人民南路西侧新时代乐园 6 幢 104 室	张　娟	A
12	盐城汇亨餐饮管理有限公司	2013320922000460	滨海县人民南路西侧新时代乐园 30～117、205、206、207 室	王学梅	A
13	滨海县王冠酒店	2013320922000487	滨海县景湖路 79 号宁科商业广场 1 号楼 202 室、302 室	陈善斌	A
14	滨海县东坎镇春海酸菜鱼馆	2013320922000605	滨海县金厦广场 36 号楼第二、三、四层	王鹤春	A
15	滨海县新华商务大酒店有限公司	2014320000000000	滨海县城阜东南路 61 号	李德标	A
16	滨海县陆川风味菜馆人民南路店	2014320922000103	滨海县人民南路 383 号	陆　松	A
17	滨海县香小鱼美食馆店	2014320922000167	滨海县人民南路与迎宾路交汇处天由大厦 109～112、主楼第三层	朱海燕	A
18	滨海县美厨汇港丽餐厅	2014320922000464	滨海县金正广场第 3 层 3001 号	王鹤春	A
19	盐城市春海餐饮有限公司	2014320922000465	滨海县人民南路西侧新时代乐园 37 号楼 108 室	王鹤春	A
20	盐城市春海餐饮有限公司城南分公司	2014320922000466	滨海县东坎镇阜东南路 119 号	王鹤春	A
21	滨海县渔人码头时尚餐厅	2014320922000713	滨海县人民南路西侧新时代乐园 6 幢 104、105、201 室	杭云江	A
22	滨海县正红镇聚丰大酒店	JY23209220008263	滨海县正红镇复兴社区中街路	刘海英	A
23	滨海县东坎镇苏渝重庆老火锅店	JY23209220008206	滨海县城景湖理想城 C3 幢 106、107、108、109 号	张兴峰	A

续表 11

序号	经营者名称	许可证编号	地址	负责人	等级评定
24	滨海县东坎镇柔时吧火锅店	JY23209220006933	滨海县港城路99号欧堡利亚城市广场B栋一105、106-1、120、121单元	程风琴	A
25	滨海县东坎镇汇满隆大酒店	JY23209220006691	滨海县港城路99号欧堡利亚城市广场商业B幢108室、117室、118室	许云霞	A
26	滨海县陆川风味菜馆白云店	JY23209220005834	滨海县东坎镇阜东南路118号(滨海县棉麻公司)	陆 松	A
27	滨海县东坎镇蒜蒜香连美食店	JY23209220004770	江苏省盐城市滨海县东坎镇向阳大道BC-17号楼	梁海鸥	A
28	滨海县东坎镇金洋大酒店	JY23209220004753	滨海县东坎镇博士苑3号楼108号	刘 洋	A
29	滨海县财苑宾馆	JY23209220001809	滨海县城人民南路129号	李玉海	A
30	滨海县东坎镇锦优餐厅昌伟店	JY23209220004114	东坎镇昌伟城市花园6幢111、207	程 广	A
31	滨海县东坎镇吴家小院饭店	JY23209220004091	江苏省盐城市滨海县东坎镇联社巷47号	吴锦菊	A
32	滨海县东坎镇尚金宫韩式烧烤店	JY23209220004075	滨海县东坎镇景湖路购物中心1号楼2001室	周德超	A
33	滨海县东坎镇娘家人餐厅	JY23209220004067	盐城市滨海县东坎镇新政巷18号	周雪娣	A
34	滨海县东坎镇众群壹号大排档	JY23209220002764	滨海县幸福路99号凯帝大酒店宾馆主楼301室、401室	王玉斌	A
35	滨海县小乔湘湖南菜馆	JY23209220001913	滨海县东坎镇永康路3号商业街C-101室、102室、103室	刘建东	A
36	滨海县世博酒店	苏餐证字2015320922000059	滨海县阜东中路136号北起第一间及二至五楼	钱丽娟	A
37	滨海县东坎镇优美咖西餐饮店	JY23209220010713	滨海县龙西路南侧南湖花园1号商住楼103~106室	戴翠萍	A
38	滨海县东坎镇牛来牛往火锅店	JY23209220011040	滨海县东坎镇景湖路购物中心一幢1033、1060室	徐宗南	A
39	滨海县东坎镇刘四水饺店	JY23209220011015	滨海县东坎镇景湖路购物中心1幢1038、1065室	刘修明	A
40	滨海县东坎镇阿坤小厨家常菜馆	JY23209220010924	滨海县海滨大道北侧景湖理想城C9幢商业108室	徐寿坤	A
41	滨海县东坎镇烹燚火锅店	JY23209220010797	滨海县纬西路北侧碧水绿都商业6幢110室、210室	韩 敏	A
42	滨海县东坎镇林金酒楼	JY23209220010789	滨海县人民南路西侧新时代乐园27号楼112室	刘梅君	A
43	滨海县东坎镇阿伟饭店	JY23209220010772	滨海县纬中路南1号楼107室	刘 伟	A
44	滨海县东坎镇85度西点店	JY23209220010748	滨海县东坎镇富康路与西苑路交汇处101号正门向东五间门面	凡 繁	A
45	滨海县东坎镇九福宫餐饮店	JY23209220010730	滨海县纬西路景湖理想城B16幢商铺101~103室	胡庆宝	A

续表 11

序号	经营者名称	许可证编号	地　址	负责人	等级评定
46	滨海县东坎镇华德土菜馆	JY23209220010300	滨海县富康路西侧华德名人苑 D9/12 幢 101 室、201 室	罗巧菊	A
47	滨海县东坎镇学明土菜馆	JY23209220010287	滨海县富康路西侧华德名人苑 H04 幢 111 室	许学明	A
48	滨海县东坎镇不二私房火锅店	JY23209220010262	滨海县纬西路北侧碧水绿都 10/11 栋 127、127－1、227 室	黄泽华	A
49	滨海县东坎镇汝桥酒店	JY23209220010238	滨海县东坎镇新时代乐园 5 幢 11－12 室	嵇汝桥	A
50	滨海县东坎镇牛当家餐饮店	JY23209220010203	滨海县景湖路 111 号景玉兰庭 1 号楼 109 室	缪从洋	A
51	滨海县东坎镇小陈沙县小吃店	JY23209220010174	滨海县东坎镇中市中路大发综合楼 103 室	陈　伟	A
52	滨海县东坎镇家福小吃店	JY23209220010158	滨海县东坎镇景湖路购物中心 1 幢 1017 室	肖文勇	A
53	滨海县东坎镇得一鲜面馆阜东中路店	JY23209220009820	滨海县东坎镇阜东中路 88 号桓裕花园 118、119 室	孙　州	A
54	滨海县东坎镇阿东菜馆	JY23209220009740	滨海县东坎镇迎宾大道 501 号	刘胜东	A
55	滨海县玉龙烘焙坊	JY23209220009731	滨海县东坎镇迎宾路迎宾花园 113 室	陈晓东	A
56	滨海县都市经典茶餐厅	JY23209220009723	滨海县东坎镇人民南路与迎宾西路交汇处西北角（天由大厦 107－108 号）	孙爱红	A
57	滨海县东坎镇草原人家饭店	JY23209220009715	滨海县城永康路 1 幢 102 室	周艳红	A
58	滨海县东坎镇文生汉堡店	JY23209220009178	滨海县东坎镇育才中路 123 号	羊才金	A
59	滨海县东坎镇面对面餐厅景湖店	JY23209220008896	滨海县海滨大道北侧景湖理想城 C12 幢商铺 107、108 室	程　银	A
60	滨海县东坎镇泰榴芒甜品店	JY23209220008853	滨海县城纬西路北侧通贸商住楼 107 室	于广洋	A
61	滨海县东坎镇小小涮火锅店	JY23209220008222	滨海县海滨大道北侧景湖理想城 C16 幢商铺 106 室	卞红梅	A
62	滨海县东坎镇文馨私房美食店	JY23209220007768	滨海县东坎镇阜东中路金属材料公司办公楼东首门面	王　芳	A
63	滨海县东坎镇 3 米 3 粥店	JY23209220007643	滨海县人民南路西侧新时代乐园 28－104 室	周　杨	A
64	滨海县东坎镇小文私房菜馆	JY23209220007522	滨海县东坎镇世福花园 6 号楼 114 室	郭玫宣	A
65	滨海县东坎镇卜菲力牛排杯餐饮店	JY23209220007506	滨海县东坎镇新建中路综合楼 106 号	王秀荣	A
66	滨海县东坎镇香记水饺店	JY23209220007418	滨海县城新时代乐园 29 幢 20 号	程　香	A
67	滨海县东坎镇幺不倒重庆小面馆	JY23209220007387	滨海县东坎镇银厦广场 36 号楼门面 103 室	刘梅秀	A

续表 11

序号	经营者名称	许可证编号	地　址	负责人	等级评定
68	滨海县东坎镇缪大排档	JY23209220007346	滨海县东坎镇玉龙路西 13 幢 103 ~104 号	缪国树	A
69	滨海县东坎镇优美滋奶茶店	JY23209220007338	滨海县西湖路东侧丰园苑 A1 －2 幢 134 号	张　宇	A
70	滨海县东坎镇雪绒花蛋糕西点厅二店	JY23209220007320	滨海县景湖理想城 C16 幢 1003 室(富康路 84 号)	喻问前	A
71	滨海县东坎镇魔姐寿司店	JY23209220007299	滨海县东坎镇新建中路 95 号	薛成霞	A
72	滨海县东坎镇港龙黑椒猪排店	JY23209220007188	滨海县东坎镇新建南路和中市路交界处门面(滨中初中部对面)	周　雨	A
73	滨海县东坎镇鱼粉世家餐饮店	JY23209220006976	滨海县东坎镇人民中路 52 号	顾亚琴	A
74	滨海县东坎镇人和排档	JY23209220006950	滨海县东坎镇人民北路 XZ －2 号楼 107 号	林　源	A
75	滨海县东坎镇刘张羊肉汤店	JY23209220006925	滨海县东坎镇纬中路北侧 4 号楼南 105 室	刘训祥	A
76	滨海县东坎镇味来美餐饮店	JY23209220006618	滨海县东坎镇金厦广场 7 号楼 103 室	钱　静	A
77	上海斗石餐饮管理滨海加盟店	JY23209220006554	滨海县东坎镇中市中路 55 号	牛军晓	A
78	滨海县东坎镇若初见甜品店	JY23209220006546	滨海县东坎镇新建南路 100 号汉盛广场商铺 136 号	钱若枫	A
79	滨海县东坎镇李爱苹奶茶店	JY23209220006458	滨海县东坎镇阜东中路 205 号	李爱苹	A
80	滨海县东坎镇萌悦烘焙坊	JY23209220006423	滨海县东坎镇花园西巷 28 －2 号	王　雯	A
81	滨海县东坎镇东林嘉州百味鸡店	JY23209220006097	滨海县东坎镇向阳大道 BC －14 号西段 108 室	刘古林	A
82	滨海县东坎镇雨新快餐店	JY23209220006056	滨海县东坎镇中市中路 165 号 108 号	漆晋之	A
83	滨海县东坎镇江南小面面馆	JY23209220005875	滨海县东坎镇中市北路东侧幸福小区北楼 114 室	李成亮	A
84	滨海县东坎镇恩多寿司店	JY23209220005842	滨海县东坎镇育才中路 205 号	吉根虎	A
85	滨海县东坎镇顾飞黄焖鸡米饭店	JY23209220005800	滨海县东坎镇花园西巷 102 号	顾　飞	A
86	滨海县农园小吃店	JY23209220005762	滨海县海滨大道北侧景湖理想城 D18 栋商铺 108 室	程永常	A
87	滨海县东坎镇何芬东吴面馆	JY23209220005666	滨海县东坎镇中市中路 150 号	何　芬	A
88	滨海县东坎镇松枝记小吃店	JY23209220005640	滨海县东坎镇农业局综合楼 4 幢 104 号	李迎春	A
89	滨海县东坎镇味之家面馆	JY23209220005570	滨海县东坎镇新建南路 224 号 A －106 室	巩海燕	A
90	滨海县东坎镇焙多西点坊	JY23209220005449	滨海县东坎镇人民北路仁和段东 9 号楼 108 室	祖金保	A

续表 11

序号	经营者名称	许可证编号	地　　址	负责人	等级评定
91	滨海县东坎镇川王自助火锅店	JY23209220005301	滨海县东坎镇纬中路南侧 2 号楼北 104 室	李永贵	A
92	滨海县东坎镇王红玉家常菜馆	JY23209220005060	滨海县东坎镇越河路 18－1 号	王红玉	A
93	滨海县东坎镇四季羊肉餐饮店	JY23209220005035	滨海县人民南路西侧新时代乐园 4 幢 115 室	李学红	A
94	滨海县东坎镇伟菊鱼汤面馆	JY23209220005027	滨海县城正鑫城市经典第 26/32/36 幢第一层商铺 109 号	姚海燕	A
95	滨海县东坎镇大洋农家菜馆	JY23209220005019	滨海县东坎镇玉龙路西侧 11 号楼 106 室	李克平	A
96	滨海县东坎镇小吕土菜馆	JY23209220005002	滨海县东坎镇坎南商业街 28 号	吕建军	A
97	滨海县东坎镇面时光餐饮店	JY23209220004979	滨海县城纬西路北侧碧水绿都 76 号楼 142 室	范春华	A
98	滨海县东坎镇蜜乐私房烘焙坊	JY23209220004962	滨海县纬西路北侧碧水绿都 10/11 幢 25 室	陈　璐	A
99	滨海县东坎镇华林排档	JY23209220004911	滨海县东坎镇迎宾中路北侧京华 3 号楼 114 室	孙华林	A
100	滨海县东坎镇来一碗金陵鸭血粉丝店	JY23209220004823	滨海县东坎镇金厦广场 D 区 46 号楼 126 室	黄南辉	A
101	滨海县东坎镇樱缘家精致寿司店	JY23209220004665	滨海县东坎镇人民北路仁和桥仁和公寓 2 幢－1 号	沈旭芳	A
102	滨海县东坎镇王氏黄焖鸡米饭店	JY23209220004624	滨海县东坎镇人民北路仁和段西－9 综合楼 110 室	王银燕	A
103	滨海县东坎镇蕴味烘培坊	JY23209220004456	滨海县东坎镇新建南路 1 号从东往西 1 至 4 间门面房 104 室	刘蕴泽	A
104	滨海县东坎镇妞小宝的炸鸡铺	JY23209220004251	滨海县东坎镇银厦广场西路农业局宿舍楼三号 101 室	张文文	A
105	滨海县东坎镇睿远餐饮店	JY23209220004147	滨海县东坎镇银厦广场农业局宿舍 101 室	薛　峰	A
106	滨海县东坎镇胖哥龙虾馆	JY23209220004106	滨海县东坎镇阜东中路 297 号	严海兵	A
107	滨海县东坎镇巴莱鸡排店	JY23209220003816	滨海县东坎镇阜东南路东侧阜东停车场综合楼 107 室	薄琬琰	A
108	滨海县东坎镇卷来卷去休闲餐饮店	JY23209220003728	滨海县东坎镇金厦广场 2/3 号楼 14 号	羊金兵	A
109	滨海县东坎镇卡洛琳奶茶店	JY23209220003710	滨海县东坎镇金厦广场 8 号楼 105 室	段玉凤	A
110	滨海县欧乐快餐店	2013320922000009（已停业）	滨海县东坎镇景湖路购物中心 1 幢 1008 室	李向荣	A
111	上海永奇餐饮管理滨海快餐加盟店	2013320922000050	滨海县人民南路西侧新时代乐园 37 号楼 120 室	王正龙	A
112	青岛豪仕来餐饮滨海加盟店	JY23209220011380	滨海县纬西路北侧碧水绿都 70/75 号楼 149～151 室	翟学元	A
113	苏州肯德基有限公司滨海阜东路餐厅	JY23209220015741	滨海县城阜东路 39 号	陈　勤	A

续表 11

序号	经营者名称	许可证编号	地　　址	负责人	等级评定
114	滨海县菲斯特咖啡店	JY23209220015491	滨海富康路华德名人苑 H08 幢 102～1036、201～203 室	曹建华	A
115	苏州肯德基有限公司滨海庆年店	2014320922000251	滨海县阜东中路东侧	陈　勤	A
116	上海凡仔餐饮管理滨海东坎加盟店	2014320922000403	滨海县景湖路购物中心 1 幢 1100 室	徐海艳	A
117	苏州肯德基有限公司滨海润发餐厅	2014320922000865	滨海县东坎镇人民中路 99 号	胡殿冰	A

第三节　信息服务业

一、邮政服务

2016 年，滨海邮政工作围绕“资源整合年、素质提升年、作风深化年、项目推进年、形象提升年”五大主题年建设活动，进一步理清发展思路、转变发展观念、找准市场定位、创新发展模式、提高发展质量，狠抓督促落实。全年累计实现业务收入 7193 万元，完成计划 100.06%，比上年增长 8.27%，其中有效收入占比达 84.37%，列全市第二。

6 月 17 日，邮政公司召开换届选举会议。
仇　雪　摄

邮政宣传　与龙泰房产公司等企业实施合作，整合利用网点资源，尝试开展户外广告业务，共制作户外广告牌 4 块。与金融等专业进行联动，组织多场路演工作，宣传邮政函件业务与其他邮政业务。开展书信比赛招商，与五醍浆酒业公司合作，制作 6 万封书信比赛信封。集邮业务，全面完成市公司下达的生肖贺岁、形象年册、新邮预订等多项营销任务，以创建省级五星级集邮爱好者之家活动为契机，丰富协会活动，宣传集邮文化，促进集邮发展。

邮政快递　围绕市邮政公司下达的目标计划，结合县邮政公司实际，明确市场开发重点，在加强存量客户维护的同时，对全县电商客户进行走访调查，实施一对一营销。加强团队业务知识培训和营销技能培训。加强电商产业园项目的推进，持续跟进电商产业园仓储中心项目，有效推动快包业务量的稳步提升，与天场电商产业园签订战略合作协议。紧盯顺丰等竞争对手客户，明确标快业务发展目标，加强窗口标快督促力度。通过增配人员、车辆、处理设备等措施，全力以赴抓好“双十一”“双十二”营销活动。

报刊发行　围绕报刊跨年度竞赛及校园报刊“百千工程”、一次性报刊大收订开展各项工作。开展公益讲堂进校园活动，借助县委、县政府开展全县第六届“大众读书节”活动的契机，引进图书棚展。利用节日时点，在人流量集中的公共场所摆摊设点，宣传报刊发行业务，并开展“阅读越智慧，邮政书报刊社区行”有奖征订宣传活动。继续组织开展光明图书节活动。深入推进报刊征订转型工作，遵循“三个转变”要求，通过下调员工征订指标、增强专业营销能力、修订投递薪酬绩效办法，积极推进 2017 年度报刊大收订工作，连续第九年在全市率先提前完成市公司下达的报刊大征订目标。

平台建设　推进农村电商平台建设运营工作，组建专门的渠道经理队伍，扎实抓好农村电商服务平台建设，截至 12 月底，全县共建成电商服务站 325 个，县级电商服务中心通过验收并投入运营，全年累计开展网购活动 14 次，同时借助平台助推金融、车险业务的拓展，加盟店的运营质态基本稳定。车险业务，继续开展网点一点一周一单及员工专项营销活动，加强督导通报。分销业务，以加盟店产品的叠加为手段，以渠道建设为抓手，进一步做实、做强酒类市场，不断扩占市场份额。先后组织实施“福至新春”“夏季啤酒”和“中秋项目”、春秋季农资专项营销活动，通过开展团购、产品订货会等形式，推进酒类及农资的规模拓展。

财务管理　切实加强对各经营单位营业款及用户欠费的收缴管控力度，重新修订欠费管理办法，进一步明确欠费管理相关部门的职责，每月通报相关单位欠费回收情况，针对欠费额度较大的专业和个人实行约谈并明确管控时间节点，着力推进专业局、支局层面损益核算和实体化运作工作。下达支局成本管控目标，出台营销费用使用管理办法；严格执行费用审报制度，严格执行各项代办费支出标准、招待费管理使用办法、招投标管理制度,对低值易耗品、办公用品等物资实行集中采购。

人才管理 将员工"素质提升年"主题年活动贯穿全年。注重员工整体素质的提高,针对从业人员学历低、持证率低等问题,出台激励政策,组织从业人员参加金融三项资格考试、初级人才选拔考试和邮政通信相关工种技能鉴定。组织员工参加2016年度全国邮政系统初级人才选拔,有11人取得初级人才资格,列全区第一。组织高素质、高技能人员择优选拔,6名劳务人员转聘在岗聘用工。注重"531"人才选拔培养,通过召开座谈会、师徒见面会,开展课题研究等方式,鼓励优秀人才发展并提供锻炼岗位,培养骨干力量。对新入局员工全部推行基层网点锻炼。2016年,沈明君被省公司党委评为"敬业奉献好青年",朱海燕、张益梅、戴丽、丁春雨等四人分别荣获省邮政系统"四个百优"称号。强化岗位考核和绩效管理工作。制订完善绩效考核办法,不断完善企业薪酬分配制度。对大堂经理、投递等部分岗位试行劳务承揽,新增劳务承揽大堂经理9人。

运行管理 加强邮政视察和"两岗"履职情况的监督检查,扎实开展窗口服务质量专项整治、投递服务质量管理专项整治月活动。建立健全邮政服务质量监督检查体系,按要求做好网运管理和设备的维护,对邮件时限处理规格质量按月通报,确保邮政金融计算机系统安全运行竞赛技术KPI指标达标。强化安全生产管理,开展安全生产月、安全生产大检查等系列活动;加强车辆、设备安全管理。全年累计开展安全检查241个次,发现安全隐患373个,及时整改277个,限期整改96个,考核56人次,处罚金额0.98万元。全年实现安全生产事故零发生。认真抓好用户投诉处理,提升客户满意度。

4月29日,邮政公司进行点钞业务培训。

仇 雪 摄

设施建设 扎实抓好网点改造工作,全年共投入300余万元对5个金融网点、县级电商服务中心及网点"五小"工程、部分投递室实施改造,保证工程质量和按期投入运营。对所有金融网点新增了两录设备,并移植到现金区外,提高理财业务处理速度;对15个网点增设VIP台席,提高高端客户的体验度。新增CRS自助机具5台,实现自助机具金融网点的全覆盖。组开快递包裹二班邮路,保证下午进口的快包及时投递。为全区农村投递道段配备智能手机,提高农村信息化处理效率。对所有邮运车辆进行更新,并新增电动三轮车3辆,更新电动自行车19辆,满足邮件投递需要。

成功举办纪念中国工农红军长征胜利八十周年系列邮品活动 8月25日,滨海县集邮协会与滨海县退干协会在滨海县老干部活动中心,共同举办纪念中国工农红军长征胜利八十周年研讨会。与会人员从广昌之败与长征、毛泽东指挥四度赤水出奇兵、遵义会议、"二万五千里"是怎样算出来的、"长征"邮票上的故事多个角度,对红军长征历程开展精彩回顾,让大家重温那段激情燃烧的岁月。通过对"长征"系列邮票的鉴赏,方寸之间看到红军顽强斗争的场面,瞻仰那些为了民族、为了国家而历经艰险的领袖、元帅、将军、战士的容貌,淋漓尽致展现中国共产党人领导革命胜利的卓越能力和红军将士为民族独立和人民解放勇于牺牲、敢于胜利的大无畏气概。10月22日,由滨海邮政公司、滨海县集邮协会共同举办的《中国工农红军长征胜利八十周年》纪念邮票首发式在滨海县阜东支局举行,吸引一大批集邮爱好者前来踊跃购买邮品。活动现场,滨海公司特别邀请"以一辆自行车重走长征路"的王锡康讲述沿途的所见所闻。县集邮协会祁进副会长和县邮政公司邱子荣副总经理为《中国工农红军胜利八十周年》纪念邮票揭幕。

二、电信服务

2016年,县电信公司有5个职能部门(办公室、销售部、维护安装部、政企客户部),12个下属中心、4个城市分局、18个农村支局、1个行客支局、4个商客支局,在职人员304人,其余合同制员工169人。在全县范围内建成各类合作门店90余家,方便广大客户业务咨询和办理。年内,获评江苏省文明单位,江苏省先进基层工会、江苏省消费者协会的"诚信单位"、盐城电信分公司服务管理先进单位等荣誉称号。在安全生产、工会工作、扶贫结对、精神文明建设等方面多次受到各级政府的表彰。

综合业务经营 2016年,滨海电信工作在宽带提速、4G无线高速上网等双百兆网络建设和"智慧家庭"建设上加大力度,网络能力持续提升;在权力阳光建设、高考保障、综治E通、村村通、教育城域网、公车定位等以及教育、卫生、司法等各类互联网+行业信息化应用上,体现出优势,尤其在"云"业务建设和推广方面,已得到教育、医疗等行业的高度评价。公司坚持信息化创新驱动,发挥大数据、物联网、云计算机等优势,全力推进"智慧滨海"建设进程。针对中高端客户要求,公司重点推出双百兆等融合套餐,针对返乡务工人员和农村市场,推出了实惠的4G版C(移动电话)+V(电视)业务,以充分顺应时代潮流和体现行业信息化建设的要求。

品牌服务建设 滨海电信公司坚持"用户至上,用心服务"理念,不断完善以客户为中心的服务管理体系,努力营造诚信经营、放心消费的和谐服务环境。从全过程、全员

7月8日,电信公司召开党员代表大会。 陈海琴 摄

工、全业务的角度打造品牌服务意识和能力,并以此为企业生存和发展的基石,在客户服务渠道建设上,形成包括10000号客服中心、实体营业厅(大卖场)、网上营业厅、掌上营业厅的客户服务渠道体系,并制定精细的运营管理规范,认真执行电信服务承诺。为更好地服务客户,滨海电信在各个村镇相继建设社区服务店,实行装维、缴费、业务办理一体化;针对政企客户形成以政企客户经理为主,后端支撑团队配合的政企客户服务体系。客户投诉应对方面,加强制度建设,完善"一点投诉、全网互动、流程跟踪、快速响应"的投诉一体化处理服务模式。公司内设内训师,定期组织一线人员进行文明礼仪、规范服务等专项服务培训和业务技能操作能力提升培训,提高他们业务受理、装维能力和正确解答客户咨询各类业务的能力,切实为用户办理实惠的电信产品业务和提供优质的装维服务,有效提升一线服务人员的优质服务能力。

持续转型创新 在创新工作中,坚持业务创新,努力调整产品结构,为全县广大人民群众提供优质的、适用的电信服务;坚持管理服务创新,以提升客户满意度为目标,重点做好装维服务管理创新,提升客户感知度;大力加强渠道建设能力,对自有渠道、社会渠道如天翼手机大卖场、电信合作厅、代理代办点、电子缴费点等服务渠道进行软硬件设施建设,推进营业厅标准化改造,通过持续创新较好地强化了服务能力。

基础网络建设 2016年,滨海电信现有各类通信机房273个,其中端局2个(422局、410局)、模块局19个、接入网130个;电信C网基站122个、4G基站427个;出口带宽160G,宽带设备容量近25万门,交换设备容量缩减到15万门,正在逐渐向全光网络发展。持续加强通信网络建设,重点保障移动无线网、宽带数据网建设工作,开展各项劳动竞赛,网络质量和业务提供能力得到较大提升,网络安全性能得到较大改善。网络安全方面重点开展"网络与信息安全"工作,对各专业进行全面深入的隐患排查和整治工作。通过积极开展前瞻性建设和主动性维护工作,坚持高标准、严要求全面完成各项运维指标,为全县通信基础网络的安全运行和支撑地方信息化建设提供有力的保障。

三、移动服务

运营状况 中国移动通信集团江苏有限公司滨海分公司(简称"中国移动滨海分公司")是中国移动在滨海的分支机构。年内在网用户47万户,有自办营业厅2家、合作营业厅133家,4G客户24.7万户,各级服务网点遍及城、乡、镇、村和社区,覆盖率近100%。提供4G手机上网、WLAN、宽带上网、飞信、彩信、短信息、手机阅读、手机游戏、呼叫等待、呼叫转移、话费清单自助打印等各种移动数据和服务业务,加大电子渠道硬件设备投入,开展便捷服务业务推广。重点从提升窗口服务质量、NPS满意度、网络质量、手机上网质量、流程优化等方面着手提高客户服务工作。服务质量和满意度方面,积极开展NPS满意度调查,通过窗口服务质量、主动服务规范、服务技能提升等方式全方位提升一线人员服务能力,要求一线人员全年100%推荐10分满意评价,持续提升一线人员业务技能。网络服务方面,加强网络类广义投诉挖掘、场景测试等过程监督工作,加强网络优势传播,开展语音网络、流量感知的分类调查,因需开展上门维护工作。流程优化方面,开展一线服务授权工作18项,涉及集团客户绿色通道、乡镇终端接机、升级投诉、4G用户需求等。公司内部开展投诉溯源检查12次,集中在不明扣费、全业务、手机上网用户等焦点、难点问题。

中国移动滨海分公司办公楼。 王雯玥 摄

网络建设 年内,全面推进4G无线网络和有线网络覆盖。在无线网络上,滨海移动完成182个4G基站的建设和开通;实现对滨海S327省道、港口、黄海经济开发区、月亮湾风景度假区以及对滨海100户以上自然村4G网络全覆盖,同时滨海移动高清语音视频通话VOLTE全面实现商用。在数据网络建维上,新增小区宽带覆盖6万多户,对滨海乡镇、农村进行全面的补盲延伸。覆盖实现滨海农村宽带光网络全覆盖。同时滨海移动全力建设村村通监控项目,助力滨海农村监控全覆盖,全面提升滨海的社会治安和维稳。各项网络指标全面达到优秀标准,全力助力滨海互联网+发展。

智慧医疗 整合中国移动4G网络平台优势,各村卫生室使用移动4G无线医疗平板,采用移动4G行业应用卡，利用4G流量及时传输数据，为广大医患提供最实用、最权威的信息服务，方便乡镇卫生院的日常办公、群众百姓的卫生服务信息查询，为规范滨海卫生事业、提高人们生活水平、加快社会主义卫生行业建设发挥应有的作用。

移动监控 为维护国家安全和社会稳定提供有力支撑。结合公安系统发展要求，利用自身优势资源，滨海移动与县公安局签订新一期"村村通"监控工程，共458个点位，同时合作实施移动监控——警务执法项目，实现定点实时监控，应对突发事件，维护社会稳定。继续深化合作、承担公安监控项目建设，提高公安机关和民警的警务工作效率和实战能力，助力"科技强警"。

"教育云"建设 2016年，在与滨海县高中、初中、小学和幼儿园合作建设智慧校园基础上，开展"教育云"项目建设。通过对云计算的充分应用，将教育资源虚拟化，向教师和学生提供一个良好的平台实现，同时将办公电脑统一云化管理，防控数据安全风险。建设新型"创客教室"，通过多学科的整合，培养孩子的创造能力和动手能力。

港口信息化 2016年，与中电投协鑫火电、华世置业、新滩盐场等大型集团单位达成全面信息化业务合作。为港区通信保障、人员进出港安全、车辆调度、船只定位提供便利，保障港口生产安全。为港区提供大数据分析，为港区旅游资源建设开发提供数据参考，通过城市名片扩大港区影响，促进经济发展，全力打造平安港口、信息港口。

四、联通服务

滨海联通是中国联通直属的县级分支机构，公司位于滨海县景湖路绿都佳苑16幢三楼和四楼。有办公区、宿舍区、活动区、职工之家、党群活动室等。2016年，滨海联通以"竞争、创新、激情、诚信"为企业文化，以"致力成为国际领先的宽带通信和信息服务提供商"为使命，以"引领创新，卓越服务，最佳体验，用户首选"为愿景，以宽带移动互联网为重点，满足不断变化的多元化市场需求。企业核心竞争力和综合实力不断增强，年度考核排名位于区县前列。

联通公司办公大楼。 陆春颖 摄

市场拓展 2016年，滨海联通本着服务一方百姓、助力一方经济的业务拓展目标。以4G为契机、充分结合区域特点，大力组织开展品牌宣传、产品营销活动，前移销售服务窗口，提高业务受理便捷性；充分挖掘人民群众的基础通讯需求，适时推出沃行56卡、沃企60卡、沃惠16卡、日租卡、冰淇淋套餐卡、包年宽带优惠送IPTV、智慧沃家等"惠农""惠民""惠商"的产品，全国漫游接听免费，流量无限用，电视免费看，满足广大群众不断增长的物质文化需求；充分整合社会资源，携手终端厂商、产品代理商，深入社区、农村、厂区开展主题营销活动，切实助力推进滨海农村信息化建设。2016年合计开展常态化宣传活动数百场，遍及社区、村落，做到源于群众、回馈社会。联合滨海劳动力市场、一些大的连锁代理商等平台，双方通过"双赢"原则进行合作，通过送卡、送礼、送话费等形式促进企业招聘、工人就业和用户发展。年内，滨海联通把核心商圈终端型卖场的建设作为重要的工作落实，经过努力，新卓越卖场实现开业，同时新建开业阜东中路的尚品手机卖场，达到基本的渠道和终端出货占比要求，高价值用户发展占比得到有效提升。对于长期无渠道自然乡镇和区域进行重点补盲。

网络建设 2016年，滨海联通把"满意在联通"服务活动和行风评议紧密结合起来，紧紧围绕为客户提供优质高效服务的理念，加快实体客户服务网络的发展，促进企业形象的改观，推动行风的转变和服务水平的改善。在自有营业厅建设上，把自建营业厅作为滨海联通对外服务的文明示范窗口，各营业厅本着"心系用户、服务创优"的服务宗旨，紧紧围绕"管理一流、人才一流、服务一流、业绩一流"的团队建设目标，深入开展好服务100+10、流动营业厅、服务零障碍、各级"青年文明号"创建等活动。通过服务零障碍活动的深入开展，拓宽客户业务办理渠道，有效提升客户感知，将"满意服务"向"感动服务"提升，得到广大用户的一致好评；在渠道网点建设上，滨海联通以科学发展观为指导，始终坚持客服满意为导向，以优质网络时时享，高效服务村村通为建设目标，通过农村专项市场拓展加大乡镇渠道建设，逐步清除网点覆盖盲区，不断扩大客户服务的广度覆盖。同时，通过渠道分级管理、业务培训、服务礼仪培训，不断提升渠道网点的综合服务水平，做好深度服务拓展。目前所有代理、便民服务网点均可实现便利、快捷的充值、缴费、查询、卡销售等基础服务，不断推进滨海农村信息化建设。2016年，宽带资源覆盖县城123个小区和街道，覆盖部分乡镇（八滩、陆集、滨淮农场、正红、五汛等），共计覆盖5万户左右。移网建设2G基站150个，3G基站120个，4G基站320个左右，实现4G的无缝覆盖。参与地方信息化项目建设，中标滨海农商银行支行互联网项目，中标公安局G228监控项目，与大唐风电华东分公司签订战略合作协议。数字城管业务基本完成，具备试运行条件。落实市公司布置的专项活动，宾馆酒店业务入网规模位于区县前列，获得三季度专项活动第三名。移网名单制发展也有所突破。

第四节　其他服务业

截至2016年年底，滨海县服务行业兴旺，服务项目增多，如图文广告、典当行业、法律事务所、房屋中介、家政服务、摄影及婚庆公司、品牌专卖店、健身美容体验馆、服装干洗店、水果批发等。全县汽车销售公司有30多家，围绕汽车服务的洗车、维修、配件等一条龙服务项目较多。县城街道门店商业主要集中在阜东路、人民路、玉龙街、坎南商业街、向阳大道、育才路、中市路等街道。2016年，随着住宅小区入住人口的增加、学校的建设，师苑西路、富康路、永宁路、港城路、景湖路、向阳支路等新兴街道的门面房相继开始营业。

表12　　2016年滨海县汽车销售4S店一览表

店　名	地　址
4S店—润众上汽大众	滨海县迎宾大道与204国道交界
4S店—滨海悦达起亚	滨海医药产业园对面
4S店—森风滨海别克	滨海县城明达北路106号
4S店—森风滨海现代	滨海县城明达北路
4S店—滨海五菱宝骏	东坎镇东明现代商业广场

4月10日，农业园区举办“梨花雨.故道情”滨海县首届乡村旅游节活动现场。
陈其龙　摄

第21章 金融业

综 述

2016年，县金融部门在经济增长趋缓的新常态下，保持金融政策的连续性、稳定性，并不断创新宏观调控方式方法，及时把握信贷政策变化，坚持“总量稳定、结构优化”的取向，合理安排信贷资金，有效控制投放节奏，适度增加信贷投入，各项金融指标稳步增长。年末全县各项存款总额310亿元，比年初增加76亿元，增幅为32.4%，存款增幅列全市七个县(市)第一。各项贷款总额250亿元，比年初增加64亿元，增幅为34.5%，贷款增量、增幅均列全市7个县(市)第一。推动“两管理、两综合”工作，维护金融稳定，中国人民银行滨海县支行印发《关于印发〈滨海县银行业金融机构执行人民银行政策情况评价办法(试行)〉的通知》，以加强对金融机构执行人民银行金融政策法规、使用金融服务资源的监督和指导。将平安金融创建工作纳入各单位考核、奖惩体系中，进一步细化考核标准，促进创建考核工作制度化、规范化、长效化，全力推动创建工作的深入开展。严格执行重大事项报告制度，及时了解辖内金融机构发生的各类重大事项，不断提升金融风险监测、评估、预警和处置水平，维护金融稳定。

3月11日，全县金融形势分析会暨银企签约仪式。

县人行　提供

第一节 银　行

一、中国人民银行滨海县支行

政策传导　通过召开金融形势分析会、行长联席会和信贷投放工作例会等形式，及时传达上级行的声音，宣传解读政策措施，通报经济金融运行情况，提出政策实施建议要求，确保政策传导执行到位。主动向县四套班子做专题汇报，宣传宏观调控政策，传递金融宏观调控意图，并有针对性地提出支持经济发展的意见和建议。协调解决金融支持经济发展中的实际问题，引导金融机构优化信贷结构。

银企合作　针对经济下行压力加大、金融风险有所上升，有效信贷需求不足的不利形势，支行通过召开金融形势分析会、组织政银企洽谈会、园区泵阀企业对接会和金融超市镇村行等活动切实引导金融机构加大信贷投放力度，优化信贷结构，全力支持实体经济发展。3月，全县11家银行机构与68家企业在银企对接会上，签订意向贷款83笔37.5亿元。同时，立信担保公司与相关银行签订合作担保协议。9月份，支行与县经信委联合举办全市金融超市镇村行暨中小微企业服务联盟园区行活动。活动现场11家金融机构与61家企业签订协议贷款79笔33亿元。截至年末，两次签约贷款履约率达100%。

精准扶贫　成立金融扶贫工作领导小组，制定《2016年金融扶贫工作计划和十三五期间金融扶贫工作规划》，明确金融扶贫工作任务、目标和措施，深入持久地开展金融扶贫工作。为充分发挥小额贷款的扶贫作用，向上级行申请2亿元扶贫再贷款，其中1亿元扶贫再贷款已投放到位。加强部门合作，推进民生金融发展。引导金融资源向创业就业、“三农”、城镇改造、保障安居等领域倾斜。突出做好对城镇就业困难人员、高校毕业生、大学生“村官”、农村转移劳动力、青年、妇女等特殊群体的创业金融支持，努力扩大民生金融促进创业的政策覆盖面。年内全县共发放小额扶贫贷款11630笔，1.46亿元，发放下岗失业人员小额担保贷款61笔，755万元。发放家庭农场等新型农村经济主体贷款28笔，1200万元。

平台应用　支行将平台推广应用工作职责明确到部门和个人，按月汇报推广进度，分析存在问题，细化推进措施。主动向地方政府宣传平台建设意义，推动政府制定平台使用的激励措施，将平台注册与应用和金融机构考核挂钩。加大督查力度，强化平台应用效果。支行不断加大督查力度，每月通报平台推广应用情况，将平台应用工作与“两管理、两综合”考核挂钩，并纳入人民银行信贷政策导向评估范围和征信管理重点监控范围。全县共完成6家金融机构、98户企业的平台注册工作，实现平台交易1.26亿元。

“两非”打击　支行从5月初开始在全县开展打击非法集资、存款保险制度集中宣传月活动，督促各银行在网点LED显示屏24小时滚动宣传标语，在营业厅醒目位置张贴警示标识、提供公共宣传资料和存保宣传折页，在各乡镇助农取款点、农村综合金融服务站张贴打击非法集资海报、摆放存款保险宣传资料。截至5月末，辖内40多个金融网点全部参与宣传活动，参与员工500余人次，发放宣传资料8000多份。7月份，支行作为牵头单位组织开展全县互联网金融及第三方支付机构“两非”专项整治工作。成立工作组对全县53家涉嫌开展互联网金融业务的机构和8家第三方支付机构进行拉网式排查，对有关机构负责人进行谈话提醒，督促其依法合规稳健运营。

投资宣传　3月15日，支行组织辖内银行业金融机构开展大型户外宣传，解答群众关注的金融投资领域热点问题，发放宣传资料，普及金融知识。6月9日，支行联合红十字会开展主题为“安全与幸福携手，爱心与文明同行”的生命财产安全教育活动，宣传反假币和防范非法集资的知识。6月14日，支行组织开展“反假知识进公交　金融宣传青年行”主题教育活动，向乘客发放人民币真假鉴别等金融宣传材料。6月30日，组织开展反假币知识进校园活动，现场指导学生识别真假人民币。9月14日，支行抓住中秋佳节在外人员集中返乡契机，携手金融机构助力创业政策及项目集中推介活动。10～11月，支行联合县金融办、县新闻宣传中心在《滨海日报》设立《金融超市》专刊，每半月出一期，专刊包括全县金融动态、金融投资者教育、金融观察、金融业务、投资理财等专栏，提高全民对金融基础知识和金融产品的了解，提高投资者的金融素质和理财能力。

5月13日，县人行开展反假币宣传活动。

县人行　提供

硬币自循环　8月份，支行组织召开辖内金融机构硬币自循环工作推进会，分别从成立硬币自循环工作领导小组、建立硬币清分鉴定中心、辖内硬币清分机具购置、开展系列惠民服务措施等四个方面，总结前期工作，并要求各银行要切实履行社会责任，满足群众兑换需求，提供贴心优质的服务。建立监督检查制度。明确各行现金运营部门负责人为直接责任人，确保不折不扣按照要求全面落实，有序推进，确保辖内按时、足额完成硬币自循环任务指标。

投放回笼　进一步强化发行库管理的制度化、规范化建设。维护良好人民币流通秩序，做好投放与回笼工作。支行认真做好元旦、春节等重大节日期间现金投放与回笼工作，落实“需求早预测，措施早安排，安全管理常抓不懈”的工作措施。2016年春节前后，累计投放现金62.09亿元，回笼70.16亿元，所有业务安全无差错。

业务比赛　2016年6月2日，支行会同滨海县总工会、滨海县金融办在滨海县农村商业银行成功举办滨海县2016年现金服务安全知识与技能比赛。此次比赛分现金服务安全知识与点钞识假技能两个单项进行，共有11家银行业机构的20名选手参加比赛，经过近3个小时的紧张对决，共决出现金服务安全知识、点钞识假技能及全能前6名。此次比赛进一步营造全县人民币流通满意工程的氛围，提高银行业机构对反假人民币工作的重视度和社会公众对反假人民币的关注度，为净化全县人民币流通环境奠定基础。

功能拓展　拓展电子商业汇票业务，通过定期召开金融联席会议等方式，加强该项工作的组织、协调和督查工作。辖内部分银行机构的商业汇票已通过电子商业汇票系统处理；积极引导发卡行激活和使用社保卡。全县已发放社保卡49.50万张，激活35.29万张，激活率72.28%。在全市7个县（市、区）名列前茅；推动电子商务样板村发展，建成陈涛新滩村淘服务站样板村一个；支持涉农银行机构和非银支付机构在行政村布放自助设备，其中，农商行布放POS机199台，农行布放40台，邮储银行布放10台，农商行布放离行式自助设备7台，邮储银行布放离行式自助设备2台。

信用体系　协助县政府组织县内13家企业参加申报省信用管理贯标企业。县内有66家企业通过培训，获得省级信用管理贯标证书，其中6家企业成为市级信用管理示范企业，1家成为省级信用管理示范企业；在“3.15金融消费者权益日”和“信用关爱日”，开展大型广场宣传活动；加强企业、个人信用信息基础数据库系统运行管理的日常工作和机构信用代码信息更新工作。

二、中国工商银行股份有限公司滨海支行

2016年，全年实现利润6152万元，实现中间业务收入1283万元，各项存款余额达15.8亿元，较年初增加2.97亿元，其中储蓄存款7.73亿元，对公存款余额7.975亿元。各项贷款余额25.34亿元，较上年增加3.24亿元，公司不良贷款、个贷、信用卡不良均控制在市行核定规模之内。被滨海县人民政府表彰为金融工作先进单位。

对公项目　组织重点市场商户拜访活动，及时收集重点工程、重大项目信息，跟踪重大招商引资项目，推进招

户工程。以结算创新产品运用为竞争手段，通过法人理财、现金管理、银企互联等高端产品，强化大额资金营销竞争。加强有货户存货比管理，按照不低于融资份额的下限标准，逐户设有货户存货比目标，逐月统计，严格控制。

信贷结构 在信贷规模紧张投放形势下，寻求产品业务创新，组织开展资产替代专项竞赛活动，千方百计拓展各类客户、各项业务，缓解信贷规模紧张难题，提升资产业务市场竞争力。加快中型客户拓展。建立一把手亲自挂帅、公司业务分管行长牵头主抓的中型客户营销工作机制，对存量及新增的客户进行梳理。由行领导带队，组织营销团队，对重点营销目标开展走访调查，以融资业务为着力点，采取差别化产品营销，激活业务，提升贡献，加大贷款投放力度，提升市场竞争力。

工行滨海支行开展晨训活动。　　　　工行　提供

中间业务 围绕地方经济发展状态，面对复杂的经济金融形势，坚持经营规模和竞争力并重，完善中间业务组织推动机制，着力加快贵金属、资产管理、国际结算和资产交易、代理保险信用卡分期贷款、信用卡收单等重点产品结算，促进各项业务收入增长，公司业务、机构业务、投资银行、国际业务、住房贷款、贵金属等专业中间业务收入比上年均大幅提升。全面推进基金、保险、灵通快线、账户贵金属等多种投资理财业务发展，把握春节、中秋等重大节日有利时机，组织贵金属产品突击营销，拓展个人客户投资渠道，满足客户多元化投资需求。抓好服务质量改进。大力开展“标杆网点”“服务明星”争创活动，通过硬件和软件的创造性的改良，集中力量解决服务中的突出问题。从网点管理基础抓起，强化推进标准化服务定型和服务转型。开展网点员工业务知识及操作技能培训，加大服务规范执行考核的奖惩力度，努力打造品牌形象。

风险防控 抓紧抓实“内控管理服务年”活动各项措施，开展“百日内控教育培训”活动，增强各级管理人员的内控意识和员工防范操作风险的自觉性，推进以严谨规范为主题的内控文化和内控体系建设。重点关注房地产贷款、小企业贷款、个人经营贷款、信用卡分期付款等风险，及时采取防范与化解措施，确保信贷资产安全。持续开展“无违规、无差错”活动，加强各类案件风险点的监控排查，强化内控基础建设，提升制度执行力。

三、中国农业银行股份有限公司滨海县支行

2016年，树立五大发展理念，坚持“六新”要求、弘扬“三干”精神，聚焦全面从严治党、从严治行，抓实“两个责任”，聚焦降本增效、提质控险，抓好“两个宣战”；聚焦比学赶超、转型发展，抓强“两个战场”，全力以赴稳增长，不遗余力控风险，千方百计增效益，持之以恒抓党建，各项工作取得积极成效。

重点投放 主动策应“一带一路”、沿海开发等重大战略机遇，抢抓港口码头加快建设、港口项目加速集聚的契机，围绕大项目和央企的多元化需求，谋求共赢。至年末，获批国电投公司等沿海建设项目3个，授信总额达42亿元，已实现投放9.2亿元。支持基础建设和实体企业发展。主动与政府对接，加大对棚改、农村公路提档升级等农村基础设施建设的支持力度，至年末获批项目2个，授信总额达12.7亿元，已实现投放1.05亿元。积极配合全县推进转型升级需求，加大对新兴产业的投入，至年末获批项目2个，授信金额1.93亿元，已实现投放0.93亿元。支持新型农业主体发展。按照“扶持一个企业、支持一个项目、带动一个产业、辐射一片农户”的思路，积极试行“农行＋龙头企业（专业合作社）＋农户”运作模式。向省级农业龙头企业等发放新型农业主体贷款1530万元，“公司＋基地＋农户”的经营模式带动周边千余户农户脱贫致富。融入财政风险补偿资金的“增信”机制。优选71户小企业纳入盐城市“苏微贷”入库名录，组织青年员工成立突击队，至县各大工业园区上门开展“跑企业、访客户”，成功营销多户优质小微企业，至年末实现用信4300万元。加大个人贷款投放力度。个人贷款比年初增加1.45亿元，比上年多增0.64亿元，总量、增量继续保持全县“四行”之首。至年末各项贷款较年初净增9.54亿元，增幅达31.83%，比全省农行贷款平均增速高了22.99个百分点，贷款增量和增幅均位居全市农行系统第一，贷存比达85.65%。

结构优化 坚持以深化降本增效为核心，系统性推进结构调整。调优客户、业务、收入结构，去无效户、低效户和

5月12日，中国农业银行滨海县支行青年志愿者们至县特殊教育学校配合老师开展自闭症儿童康复训练。
杨　磊　摄

短板项目。12月末，个人贵宾客户净增、贵宾客户年日均金融资产净增、新开人民币对公账户任务完成率，均列全市前列；日均存贷款的大幅提升，带动营业收入在去年以来连续六次降息的情况下，仍然保持比上年上升。提升各类账户、产品、机具的有效率、业务量和贡献度。发卡营销系统进件量、年金托管规模、企业网银新增有效客户、个人消息服务、快e付签约客户等指标均超额完成目标。深化网点转型。2016年继续加大网点硬转型的力度，先后有五汛支行、向阳支行装修开业。除公园支行外，全行9个网点均实现全部重新装潢营业；同时对所有营业网点实施6S管理，提升全行网点的整体形象。

风险防控 全行上下坚持“五个依靠”，年初对列入国家宏观调控政策范围、整体行业风险、生产经营不景气、现金流量不足、安全生产隐患较大及担保手续不合规的事实风险客户及潜在风险客户列出名录，抓住时机，主动实施退出机制，全年共退出金额5320万元。至年末全行不良贷款余额700万元，不良率0.18%。明确各单位负责人为“双基”管理第一责任人，实行目标量化、措施细化、时限清楚、责任到人，一级抓一级。推广实施双基管理“五个一”，加强培训、督导，推动网点管理人员切实履行本岗“双基”管理职责，夯实基础管理。全年共实施营业网点日常监管检查138频次、突击检查16频次。在省分行开展的安全保卫“三化三达标”创建中，有6个营业网点和支行中心金库进入省级优秀行列，4个营业网点和支行监控分中心列市分行级优秀行列。组织实施“打击治理通讯网络诈骗雷霆行动”，严格落实“三问二看一核对”的识别防范流程，提高网点的防欺诈能力，全年堵截7起诈骗，涉及金额34.9万元。

四、中国建设银行股份有限公司滨海支行

2016年，中国建设银行滨海支行以服务地方经济，支持企业发展为己任，坚持“以客户为中心”的经营理念，从严治行，创新发展，转变工作作风，积极应对经营形势变化及同业竞争挑战，大力拓展市场，扎实开展各项营销活动，实现规模、质量、效益的同步提升，实现连续21年安全运营无事故。年净利润8226万元，比上年增长1110万元，增长率15.51%，人均创利112万元，盈利能力居当地同业前列。

筹资工作 2016年年末，滨海建行一般性存款时点余额26.41亿元，较年初新增5.47亿元，余额位次和新增位次均居同业第二位，同业份额占比提升0.9%。其中对公存款余额13.54亿元，新增4.31亿元。余额和新增均居同业第一位；个人存款余额12.87亿元，新增0.93亿元，余额居同业第二位，新增居第三位。

信贷投放 2016年年末，滨海建行各类贷款余额24.76亿元，较年初新增2.7亿元。其中公司贷款12.76亿元，较年初新增0.95亿元；个人贷款12亿元，比年初新增1.75亿元，余额位次居同业第二位，新增位次居同业第一位；当年发放人贷款3.83亿元，居同业第一位。以与滨海县滨海港投资开发有限公司的合作为支点，重点项目重点保障，信贷支持力度不断增强。至12月底，全年审批项目贷款4个，新增授信6.3亿元，完成投放1.5亿元。申报项目贷款2个，拟申请授信32.5亿元，对滨海交通实业实现投放2.8亿元；根据房地产市场需求，扩大个人贷款业务。通过举办商品房再交易座谈会，新增新华苑、华芳国际、昌兴壹城等优质楼盘的按揭，支持地方经济建设。

营销拓展 2016年，抢抓个人金融生态圈建设，滨海中学校园一卡通及碧水绿都社区龙管家服务取得进展，规模效应不断扩大；加强与教育、卫生客户合作，加大对银医银校等业务延伸类项目拓展，拓展收单商户，以建立“一千米商户业务辐射圈”为目标，做好网点周边衣、食、住、行、娱等民生类商户发展；拓展专业市场、社区、重点乡镇业务。拓展本地超市、连锁药店；以交通龙卡推进为契机，拓展汽车经销商、维修厂、洗车点和汽车美容店等客户。加强和政府部门对接，推进银企签约和金融超市“镇村行”活动。年初与11家企业签署信贷合作协议，签约金额2.61亿元，实现投放3.5亿元，履约完成134%；在金融超市“镇村行”活动中，滨海建行与6家企业签署信贷合作协议，签约金额2.1亿元，实施投放2.42亿元，履约完成率116%。全力推进“交通龙卡”、社保卡激活应用、安居分期拓展、信用卡签约还款等重点项目。推进发展建行的特色业务，拓宽获客渠道。

财务效益 2016年，滨海建行实现中间业务收入2999万元，比上年增收394万元，增幅达15.13%。同业份额占比28.09%，居第二位。中间业务收入能够聚焦客户需求，突出重点业务和产品，成效明显。全年实现账面利润8226万元，比上年增长1110万元，增长率15.51%，人均创利112万元，盈利能力居当地同业前列。

5月31日，中国建设银行滨海支行走进社区宣传金融知识。 刘 曙 摄

内部管理 2016年，突出管理的精细化、规范化、常态化。制定完善案件防控考核方案，对网点违规处罚实行积分制，改变以往只罚不奖的惯例，对案件防控工作突出的网点和个人给予正面激励。加强风险管理，不良、逾期贷款实现双降。年内强化事前监测和预警，严控不良新增，提高对风险客户的预判能力，全年退出高风险客户贷款283万元，收回不良贷款110万元，不良贷款率较年初减少0.18%。强化合规经营，开展“员工行为和业务风险点”排查活动，对参与民间借贷行为零容忍，强化风险防范意识和合规经营意识教育，有效规范员工行为和业务行为。实现连续21

年安全运营无事故。

五、中国银行股份有限公司滨海支行

2016 年，中国银行滨海始终秉承“担当社会责任，做最好的银行”战略，立足“系统有担当，同业有口碑”的目标定位，致力于服务当地经济，努力提升金融服务水平，为各类企业和广大客户提供高质量的金融服务。2016 年，本外币各项贷款新增额列当地四大行第一，本外币存款列四大行第二，营业净收入增幅 18.02%；拨备前利润增幅 29.06%。实现净利润增幅 236.75%。2016 年度，支行被评为盐城中行内控管理先进单位，被滨海县委、县政府评为 2016 年度综合考核综合先进奖。

优质服务 2016 年，滨海中行始终坚持“服务创造价值”的服务理念，把“让客户满意”的服务延伸到服务中的每一个环节，强调员工在服务过程中举手招迎、服务语言、手势提示、笑脸迎送等肢体动作的协调表达。努力与客户进行心与心的沟通、情与情的交融。支行将 20 世纪 30 年代中国银行员工的座右铭“高、洁、坚”作为时刻鞭策员工的信条，在工作时把“精细地做好每一件事”内化于心，每一位员工能够更标准、更超值的满足客户的需求，努力践行“让员工满意、让客户满意、让社会满意”的宗旨。

技能训练 2016 年，滨海中行将提升员工服务技能作为提高训练的重中之重，以服务技能赢取客户口碑，维护品牌声誉。支行大力倡导员工练兵，在全行形成良好的技能训练风气，支行设立专业技能教室，员工白天正常上班，晚间加班加点进行训练。训练中互帮互助，结对共进。在 2016 年 6～9 月，中行总行年度测评中，滨海行共有 26 人、75 人次参加测评，实现蓝图项目、计算器、中文、点钞项目参测率、综合能手率、必测能手率三个 100%，多名员工取得二至三项能手，支行员工吕翼取得四项能手并获总行同意连续三年免测。在 2016 年盐城中行第 21 届青年岗位能手暨 2016 年“巾帼杯”技能运动会中，滨海支行获团体第二名，两名女员工分获手工点券揺主奖和人民币散把单指单张（识假）第二名和第三名，其中王蕾先获评盐城市总工会表彰“五一创新能手”和盐城市“五一巾帼标兵”。

4 月 28 日，中国银行滨海支行点钞训练现场。

中行 提供

责任担当 滨海中行通过“服务社会、奉献社会、回报社会”，树立中国银行良好的社会形象和品牌效应。2016 年，滨海中行在每个网点都设立“爱心服务站”。配备爱心专座、便民服务箱、饮水机、小药品、书报、雨伞等，2016 年，支行结合县委、县政府组织开展的“结对帮扶”活动，与滨海港经济区双港村结对，为困难户扶志气、理思路，把中行员工的一片关爱送到困难农户家中，使困难农户感受到中国银行“担当社会责任，做最好的银行”的一片真心实意。积极参加总行倡导的“公益中行”活动，与陕西咸阳“北四县”农户结对子，实施精准扶贫。通过开展公益活动，员工的思想境界得到升华，用实际行动履行社会责任，奉献爱心。

内控管理 2016 年，为了全面推进合规文化建设，支行专门成立内控合规小组，强化决策与指导。通过各种形式、多种渠道，学习和落实“双十禁”和各项案防工作指导文件内容。开展内控知识竞赛引导员工掌握员工违规行为处理办法。将正面引导和反面警示相结合，引导员工树立正确的人生观、世界观和价值观，使全行员工思想上“合心”，工作上“合力”，行动上“合拍”，为各项经营活动开展奠定坚实的思想基础，支行落实各项安全措施和内控案防制度规定，不断强化灌输合规安全意识，杜绝违规违纪事件及经济案件，实现持续多年无事故、无案件的安全运营，实现以内控保发展、促发展的目标，被评为 2016 年度盐城中行内控管理先进单位。

人才选拔 滨海中行坚持每天早晨营业前由每位员工轮流组织晨会，以此来培养员工参与管理、勇于实践、敢于担当、持续创新的敬业精神。支行倡导“读书的目的在于明理，教育的目地在于做人”，把培训当作最好的福利送给员工，支行新设阅览室、视听室和技能训练室，通过现场培训、视频培训、交流培训等方式，定期不定期开展专业理论知识和业务技能培训，鼓励员工参加各类资格认证考试。鼓励员工积极参与上级行“166”人才选拔。2016 年市行“166”人才库动态调整滨海中行共补充优秀新行员 4 人，优秀柜员 1 人，优秀公司客户（产品）经理 1 人，经营管理梯队（B）1 人，全行共在库 15 人，其中女员工 8 人，占比超过 50%。支行持续推动开展的“创建学习型组织”活动，有力提升员工的综合素质和核心竞争力。

六、中国农业发展银行滨海县支行

经营效益 截至 2016 年 12 月，累计发放各类贷款 3.16 亿元。其中农村基础设施贷款 24000 万元、县级粮食储备贷款 1905 万元、产业化龙头企业短期贷款 5680 万元。贷款余额 1.12 亿元，较年初增加 2.23 亿元；剔除政策性粮食财务挂账贷款 4217 万元、政策性棉花财务挂账贷款 3132.68 万元、盐城市玉纶纺织有限公司不良贷款 2562 万元，有效贷款余额为 1.02 亿元。实现账面利润 1513.74 万元，完成率 93.1%。日均企事业单位存款为 3.59 亿元，完成率 239.57%。中间业务收入 66.2 万元，完成率 94.57%；保险代理手续费收入 9.35 万元，完成率 103.89%。国际业务结算量 59.02 万美元，完成率 34.72%。全年坚持将投放中长期项目贷款作为加快业务发展、化解存量风险的主要抓手。组织信贷人员积极准备申报材料,累计上报3个项目,共计36.05亿元。2个项目已获批,获得信贷规模5亿元,在12月投放到位,实现信贷规模的倍增。1个项目正在后台审查,为处置不良贷款创造条件。

购销储业务 2016年,保证夏秋两季收购资金供应,全部为托市收购。托市收购开始后,督促企业加快结报进度,及时从市直属库取得收购贷款,确保铺底资金保持足量;在托市粮收购贷款进入农发行账户之后,及时请调资金,保证足额满足企业收购需求。完成地储粮轮换和贷款展期工作。夏收期间,农发行对政府批复轮出计划的地储粮小麦申报轮换贷款,保证及时轮换到位;地储稻谷因无轮出计划,库存未变化,根据管理要求及时申报展期。

七、江苏滨海农村商业银行股份有限公司

2016年,江苏滨海农商银行保持支农支小定力,推进“增量扩面、提质增效、价值提升、人才建设、创新创优”五大工程,公司获评“江苏省文明单位”称号,省联社“优服务、助转型、控风险、促发展”劳动竞赛苏北地区三等奖;省联社“电子银行业务专项营销竞赛”二等奖;营业部获评“全国工人先锋号”称号。总行领导班子被评为“滨海县优秀学习型领导班子”。

经营业绩 年末,全行实现各项收入7.71亿元,净增0.55亿元,增幅7.68%;实现利润总额2.11亿元,净增0.67亿元,增幅46.53%;金融增加值3.84亿元,净增0.14亿元,非息收入占比达58.6%;各项存款111.59亿元,净增23.97亿元,增幅27.4%,位居全省第一;对公存款净增13.64亿元,增幅达51.86%,存款付息率1.51%,比年初降低0.54个百分点;各项贷款69.84亿元,净增9.37亿元,增幅15.50%,位列全市第二、全省第八;企业类、个人类和票据类贷款比例由2015年的31.3%、41.9%、26.8%转变为24.6%、44.8%、30.60%;“三个不低于”指标全部达成,被省联社向银监部门推荐申报“小微企业金融服务工作先进单位”。

网络金融 截至年末,新增手机银行2.25万户,增幅达71.5%,总数达5.43万户;电子银行客户增幅99.72%,总数达19.50万户,电子银行覆盖率27.5%;累计发放贷记卡1079张;电子离柜率75.8%;存折换卡完成2万张,累计达16万张,月均活跃卡52.48万张,位列全省第一;社保卡发行56.93万张,激活金融功能卡数量36.04万张,位居全省第七位;在县城增设离行自助区6家,全辖自助设备投放达105台;新增社保卡代发养老金客户6.09万户,社保卡存款余额2.01亿元,确立社保卡作为发放养老金的唯一渠道。

商务转型 制定《商务转型规划》,在获得省联社批准后积极组织实施,国际业务获批,上海信息服务中心运转。银行业监管评级申报CC标准,省联社等级行管理达AAAA标准;全年创新产品9项,主要包括“金信通”、信用卡分期、按揭再生宝、手机用信、间联POS、社保卡功能加载、票据置换、同业理财业务;积极对接“营改增”顺利实施;新开发资金营运、资产保全、权证管理系统、贷后管理、操作风险预警等系统;在管理、业务、产品、系统创新支撑下,全年新增存款客户13.1万户,其中40周岁以下存款客户新增5.06万户,新增贷款客户748户;CRM系统维护18万户客户信息;通过手机银行办理贷款1560笔;共发售“鑫海港”理财产品46期计5.09亿元,新增代发工资客户5.66万户。

风险管控 全年共出台40项制度流程。按季召开全行风险例会;根据省联社“两加强、两遏制”回头看要求,认真组织自查整改;落实监管部门“员工不良行为整治年”和“查隐患、明禁令、防案件”专项排查治理活动,连续性做好员工行为排查;坚持“面广、额小、分散”原则,制定出台《信贷投向指导意见》,全年完成诉讼清收525笔,清收处置金额4550万元;严防民间融资风险渗透与传染;做好各类数据泄露风险防控;强化流动性风险日常监测和预警;严防信息科技风险;加强负面舆情监测;按照“制度先行、明确流程”要求开办新业务;明确人员,落实安全保卫责任制,常态化开展排查检查和预案演练。保证安保资金投入,全面实施“135”工程规划要求,筑牢金融安全“防火墙”。

人才培养 按照全年培训计划,上线在线学习系统,全年共组织培训148期3600多人次;通过“机关周六学习日”制度,及时传达省联社和监管部门最新工作要求;积极组织人员参加省联社、监管部门组织的各类培训,举办中层管理人员、客户经理和运营主管培训班;通过竞聘选拔10名支行、部室中层负责人;选拔各类后备76名;全年引进国际、资金业务人才各2人,审计人才1人。在省联社举行的第三届业务技能比赛中,1人获得单个项目第一名。行长杨顺龙被评为全国2015~2016年金融系统企业文化建设先进工作者。监事长胥刚被评为江苏省联社优秀党务工作者;副行长被顾作为评为盐城市2016年度单位内部安全保卫工作先进个人。副行长陈红艳被评为盐城市2016年度银行业文明规范服务先进个人。

11月26日,滨海农商行捐资助学现场。

农商银行 提供

品牌建设 全年相继组织全行第四届业务技能大赛、职工体育运动会、四周年行庆活动和“两学一做”暨案防实务知识一战到底擂台赛”;组织员工赴孔子学院接受国学教育;向结对帮扶村和结对帮扶贫困户捐赠6.12万元;

向6·23重大龙卷风冰雹灾害地区捐款15.8万元；捐资27万元资助滨海中学贫困学子。蔡桥支行被评为省联社"先进基层党组织"，城北支行、临淮支行获评省级文明规范服务五星级示范单位、五汛支行获评省级"三星级示范单位"；临淮支行荣获盐城市"模范职工小家"，东坎支行荣获盐城市"五一巾帼标兵岗"；工会被市总工会表彰为盐城市民主管理示范单位、联手兴家示范单位，被县总工会表彰为"综合先进单位""全民阅读示范单位"；营业部、临淮、城北、五汛、滨淮营业所等5家单位获评滨海县文明单位。

八、中国邮政储蓄银行滨海县支行

业务运营 2016年，个人储蓄存款余额34.32亿元(含代理网点)，净增5.14亿元(含代理网点)；代发养老金4.02亿元，代收税款3.36亿元，驻点帮扶贫困户50户，发放涉农贷款7629万元；公司存款余额5.33亿元，年度净增1.06亿元，个人贷款余额8.35亿元，年净增2.81亿元，小企业贷款余额8770万元，项目贷款2.7亿元，全年信贷投放完成政府目标112.4%。

创新工作 2016年，以网点转型导入为契机，开展转型的全面学习与实践，配套制定相关办法，细化日常管理，在绩效中充分体现过程。定期组织网点人员学习与服务培训，全面提升网点服务管理水平和质量，指导网点进一步做好规范服务工作。为突破小企业业务瓶颈，更好地发展小企业信贷业务，推进信贷业务整体迈上新台阶，积极寻找出路，通过与地方财政局合作进行产品创新，从而推出邮政银行特色产品"助保贷"。为进一步深入挖掘，抢占信贷市场，年中以"岗位双选"的形式，在团队之间形成你追我赶、争先创优的竞争氛围。在驻点的基础上实行分片名单制精准营销，提高信贷经理营销走访效率，以信贷产品推介会形式加快信用村的建设，使驻点团队更深入农村，扫除空白村。

风险管控 2016年，贯彻落实"三个规定"文件精神，认真做好日常行为排查、岗位轮换、亲属关系回避等工作，将人员行为管理工作常态化。多次组织员工对《员工手册》"十项禁令""三个办法"等相关管理制度的学习，同时通过开展员工家属座谈会和员工谈心，了解员工生活中的疑点、热点和难点。年初层层签订案防和安全责任书，明确安全目标任务和管理职责，有效规避风险发生。在年初成立资产保全中心，对人员进行合理调配，通过自主清收、司法保全、外包清收三个方面结合，积极有序地组织开展资产质量管理工作。全年共收回不良贷款211.5万元。

九、昆山农商银行滨海支行

业务发展 昆山农商银行滨海支行成立于2010年，是昆山农商银行实施跨地区发展设立的分支网点。员工总人数为18人。其中行长室4人(行长1人，副行长2人，行长助理1人)，综合部2人(综合部经理1人，驾驶员1人)，营业部6人(营业部经理1人，综合柜员5人)，业务发展部6人(业务部经理1人，客户经理4人，信贷内勤1人)。2016年，以发展意识、全员营销意识和风险意识为指导，以存款业务为中心，坚持以"一大三小微无限"客户发展目标为抓手，全力整合各类现有资源，围绕内抓管理促规范、外拓市场上总量的总体要求，加大市场营销力度，积极组织开展各类宣传、营销活动，推进支行各项业务朝着既定方向又好又快发展。当年存款余额4.15亿元，比上年增长1.02亿元，增长率33%；贷款余额3.18亿元，比上年增长0.62亿元，增长率24%；支行存贷比达77%。各项贷款按四级分类：正常28701万元，"一逾二呆"3111万元，不良率9.78%；按五级分类：正常类26381万元，关注类2320万元，次级类1390万元，可疑类1721万元，无损失类，不良贷款合计3111万元，较年初增加1121万元，不良率9.78%，较年初上升2个百分点。截至2016年年末，累计发放贷款资金超23亿元，为助力滨海地区经济快速发展作出贡献。

转型发展 2016年，支行按照总行的发展规划和市场定位，支行在确立全年经营指导思想、目标任务、经营理念之后，为了保证全行员工能够尽快进入营角色，及时出台相关的考核激励机制。为了推进业务尽快转型，在支行人手紧缺的情况下，通过压缩其他部门人员、实施岗位兼职等方法，单独成立业务发展一部，主要负责全行的个人业务发展，主攻个人业务市场营销。取消营业部的综合员岗位，增设大堂经理岗位，实施走出去战略，贴近客户，实现与客户面对面无障碍的交流和服务，既便于员工向客户介绍特色产品，又提升店堂服务水平。对现有人员进行重新整合分工，成立4个营销团队，分别为营业部、综合管理部、业务发展一部、业务发展二部，实现支行对个人业务全方位的服务，实现进门客户金融需求一站式服务到位，为支行业务向个人业务方向转型走出可喜的一步。实现营业部后台业务合并，将单一柜员变成综合柜员，提升员工岗位适应能力，迫使所有员工学习更多的业务知识，随时能接任营业部任何岗位。在总行的统一要求下，积极导入6S(整理、整顿、清扫、清洁、素养、安全)规范化工作标准，通过培训、学习、突击、晨会等措施，使支行在工作环境、规范服务、文明礼仪、对外形象等方面大幅改观，有效提升滨海市民的认知度。

昆山农商银行滨海支行营业大厅。 刘华成 摄

第二节 保 险

截至2016年12月,滨海县境营业的保险公司有中国人民财产保险股份有限公司滨海支公司、中国人寿保险股份有限公司滨海支公司、太平洋保险、中国人民保险、紫金保险、泰康保险、阳光保险等10多家保险公司。其保险的品种有车险、非车险、重大疾病保险、种植业保险等数十个品种。

一、中国人民财产保险股份有限公司滨海支公司

2016年,有营销人员65人,直销人员53人,中介代理机构15家,农村三农服务站7个,两个农村营销服务部。农村专业代理人员25人。全年实现保费收入8895万元。其中车险保费收入5882万元、非车险保费收入1385万元、农险实收保费收入1080万元,大病保险保费收入548万元。为滨海地方经济发展提供很大的保险保障,支付各类赔款5145万元。承保全县电梯责任保险,养老机构责任保险为地方发展提供有力的保障。公司还拓展新的产品,开设新的险种如诉讼财产保全保险及小微企业出口信用险。在承保工作中,公司提前60天通知客户,通过全国直拨4001234567投保电话车险,真正实现客户足不出户就能拿到保单。在理赔服务上,打造"多快好省"的理赔服务。为出险客户省心、省时、省力。公司率先在全国开通365天24小时服务专线95518,随时随地为客户提供报案、咨询、投诉、车辆救援、预约投保和客户回访等多功能、个性化服务。在分管区域承办水稻、玉米、三麦、油菜等种植业保险,承保面积达到2.44万公顷,传统农业签单保费806.28万元。高效农业签单保费1038万元。全年农业保险签单保费1844万元,完成高效农业占比56%。全年支付赔款1049.5万元,共承担风险保障4.45亿元。

中国人民财产保险股份有限公司滨海支公司富康路营业部。　　人保公司　提供

二、中国人寿保险股份有限公司滨海支公司

2016年,实现长险首年标准保费1418万元、首年期交2916万元、10年及以上期交2075万元、短险保费1191万元、首年新单保费8827万元,完成全年各项目标。选择以个险10年及以上期交和大短险业务的率先突破作为核心,全面提升公司的经营能力和创费水平,当年实现10年期交保费过2000万元、大短险目标保费超1000万元的目标。个险渠道通过卡折式业务销售习惯的培养、"个销团"工作的推广落实、短险销售精英文化的塑造,在全市个险渠道率先取得突破。团险渠道在巩固原有业务的同时,拓展法人业务,全力争抢政保业务,老人险、小额保险、计生保险取得突破性进展。大病医疗保险竞标成功,全年实现保费3090万元。公司实现全渠道总持证人力805人。其中个险队伍持证人力644人,新增246人,年内新晋升处经理2人、净增组经理级16人,在队伍规模攀升的同时,队伍质态也有了明显改善;银保队伍年内新增36人(净增18人),队伍规模150人,育成准主管小组3个;团险队伍年内新增8人,队伍目标完成率110%。公司通过内部资源融合、健全强化规章制度,管理和服务能力得到提升。管理服务团队更显活力。通过人力资源再配置和考核方案的引导,激发员工创富创业热情。管理制度更加健全、执行有力。通过对公司现有制度的梳理、完善,强调制度的执行能力,保证公司有序运行。

第三节 金融管理

金融存贷业务　2016年,全县各项存款余额310亿元,增幅达32%,增幅列全市第二,增量列全市第四;存款首次突破300亿元大关;各项贷款余额250亿元,增加64亿元,增速35%,增量和增速均位居全市7个县(市、区)第一,贷款总量列全市第五,超额完成年度信贷投放任务。

服务发展水平　2016年,先后组织2次银企授信和"金融超市镇村行"等活动,累计签约授信70亿元,履约率超过100%。中小企业应急基金累计为253家企业提供过桥资金20亿元,撬动银行贷款25亿元;立信担保公司为136家企业提供担保10.4亿元,担保企业比上年增加3倍,担保金额增加5倍;出台供给侧结构改革去杠杆实施意见,优化发展环境。

金融机构引进　2016年,引进南京银行、华夏银行在滨海设立分支机构并顺利开张营业。两家机构虽然开业时间不长,但各项业务进展迅猛。华夏银行新增贷款8.5亿元,南京银行新增贷款9.7亿元。兴福村镇银行在八滩设立支行,增强金融服务"三农"的能力。

金融生态创建　2016年,持续开展打击"两非"专项行动,集中组织金融消费者权益保护集中宣传、打击非法集资集中宣传月、互联网金融风险排查整顿等活动,在《滨海日报》设立《金融超市》专刊,增强全民对金融知识和金融产品的了解,提高群众防范风险能力。新增托球农化、清泉化学2家新三板挂牌企业,其中托球农化融资2000万元。

第22章　经济事务管理

综　　述

2016年，县财政工作在全市财政系统中获得“县级财政管理绩效综合考核综合优胜奖”，“精准筛选PPP项目，推动公共事业发展新突破”工作被评为全市财政系统“十佳特色工作”，县财政局国库集中支付中心被评为“十佳先进集体”。在全县年度综合考核中被评为“沿海开发工作奖”“基础设施建设工作奖”“开放型经济工作奖”“社会事业工作奖”“扶贫开发工作奖”。10人被表彰为县财税工作先进个人、农业农村工作先进个人、信访工作先进个人。全年完成国税收入17.22亿元，比上年增长25%，完成公共财政预算收入6.3亿元，比上年增长57%。落实省、市《深化国税、地税征管体制改革综合试点实施方案》，在国地税服务合作上，开辟4个国地税业务通办窗口，专门负责办理税务登记、“三证合一”新办户的信息采补等通办业务。地税局以服务全县“三争、六为”大局为中心，围绕“四个地税”建设目标，扎实开展“三讲三比”等系列活动，各项工作稳步推进，在全县绩效管理考评中荣获优秀单位，在全市地税系统综合绩效考核中列第二名。完成审计和审计调查计划项目16个，查出各类违规金额363万元，管理不规范金额4.09亿元，提出审计建议57条。市场管理在全市率先启动推行“五证合一”，推进加载统一社会信用代码的营业执照发放工作。县统计局做好增量列统工作。逐月排摸新增“四上”企业和在建投资项目情况，及时组织达标企业申报入库，确保新增长点及时得到反映；切实提高统计组织化程度。县国土局全面强化耕地保护责任，全县各级建立基本农田保护领导小组，健全保护网络，层层签订保护责任状。县安监局强化安全责任落实，完善安全基础建设，开展安全隐患排查治理工作，深化安全生产各项工作措施，确保全县安全生产形势持续稳定。年内财政收支矛盾加剧。因“营改增”造成结构性减收，加之各类刚性支出增多，资金缺口进一步加大；综合治税的合力还未形成。营业税取消后，一般公共预算收入的税种结构发生变化，综合治税方式还不适应新形势税收征管工作；财政重点工作仍需加强。预决算公开质量还不高，统筹整合项目资金、集中财力支持发展的机制还没有理顺，多元化投入机制还不够健全。

第一节　财　　政

一、财政收支

2016年，全县一般公共预算收入完成34.07亿元，占调整预算的108.3%，与上年同口径相比增长6.1%，税比73.6%；上划中央收入完成12.34亿元。完成政府性基金预算收入21亿元、国有资本经营预算收入803万元、社会保险基金预算收入9.85亿元。全县一般公共预算支出713644万元，增长2.8%。一般公共预算支出主要科目为：一般公共服务支出4.88亿元，下降1.1%；公共安全支出2.6亿元，增长21.9%；教育支出12.94亿元，增长13.6%（考虑养老保险政策影响作同口径比较）；科学技术支出1.9亿元，增长21.9%；文化体育与传媒支出7630万元，增长10.3%；社会保障与就业支出9.3亿元，增长35.1%；医疗卫生和计划生育支出8.56亿元，增长13.8%；节能环保支出1.59亿元，增长4.3%；城乡社区支出8.1亿元，增长1.2%；农林水支出11.13亿元，增长6.9%；交通运输支出1.41亿元，增长7.9%；资源勘探信息等支出4.62亿元，下降41.7%；商业服务业等支出3281万元，增长5.8%；金融支出333万元，下降6.5%；国土海洋气象等支出1683万元，下降84.8%；住房保障支出17506万元，增长338.4%；粮油物资储备支出3928万元，增长88.9%；其他支出2386万元，下降71.2%；债务付息支出7003万元，增长295.2%；债务发行费用支出102万元，下降33.3%。另外，地方政府债券还本支出4500万元。按收入实绩和现行财政体制计算，2016年全县一般公共预算财力76.96亿元，其中当年一般公共预算收入34.07亿元，收入返还1.23亿元，一般性转移支付补助14.89亿元，上级专项转移支付9.91亿元，中央对地方增值税“五五分享”税收返还9276万元，上年结转3.73亿元，新增债券18000万元，调入资金10.41亿元。调出资金285万元，安排预算稳定调节基金5181万元，结转下年45982万元，全县财政当年收支平衡。

二、财政管理

收入组织　2016年5月1日，全面推开的“营改增”，给全县收入组织带来巨大挑战和困难。县财政局紧盯税源结构新变化，加强政策研究、形势分析和收入预判，牵头做好建筑业、房地产业、金融业、生活服务业的“营改增”工作,研究收入组织新思路、新举措,制定应对预案,较好地完成全年县财政收入任务。

为企服务 设立县中小企业科技贷款资金池,推荐企业与省、市相关担保公司合作,为企业争取各类专项资金7214万元。取消、停征、整合、免征23项涉企收费。江苏立信担保公司为企业提供10.2亿元融资担保,滨海财信公司为企业过桥13.6亿元,缓解企业资金压力,为全县稳定增长做出贡献。

债务管控 2016年,落实新《预算法》,规范开展预算编制、预算执行、预决算公开等工作,镇区集中支付制度改革深入推进。国有资产、资源管理水平持续提升,调度优质资产服务融资工作成效明显。截至2016年底,全县政府性债务余额44亿元,其中政府债务36.8亿元,或有债务7.2亿元,负债率19.8%,远低于60%的风险警戒线。“借、用、还”相统一的政府债务管理机制进一步健全,债务管理不断加强,政府债务风险可控。置换镇区、教育部门高息债务3.6亿元,镇区、教育部门年均节约利息支出4250万元。配合做好全县差旅费报销、公务用车改革等工作,扎实做好财政监督检查、政府采购、政府投资项目评审等工作。

民生保障 2016年,财政用于民生方面的支出达58.3亿元,占一般公共预算支出的81.7%。教育、卫生等社会事业方面投入24.2亿元,社会保障方面投入9.3亿元,“三农”方面投入11.1亿元,其他民生方面投入13.7亿元。

投融资工作 2016年,推动县投融资体制机制改革,县直平台公司实体化、市场化运作全面实施。区域供水、农村饮用水安全、农村道路提档升级和城区道路改造、教育布局调整等公益性民生项目贷款授信42.3亿元,到账28.1亿元,疏港航道、码头、物流园等经营性项目贷款授信76.44亿元,到账30.39亿元。医疗卫生机构搬迁、教育与体育、城市基础设施与公共服务设施等总投资73.6亿元的两批PPP项目有序推进,第一批项目全部完成社会投资人资格预审,第二批项目顺利进入省PPP项目库。同周边县相比,滨海2016年项目贷款和PPP项目在一个融资周期内节约利息支出9.5亿元左右。启动县水务公司债券发行工作。

第二节 税 务

一、国家税务

国税征收 2016年,县国家税务局内设8个科室、1个直属稽查局、7个行业管理局。全年完成国税收入17.22亿元,比上年增长25%,完成公共财政预算收入6.3亿元,比上年增长57%。按照县委、县政府要求,主动加压,全力以赴,11、12月份完成公共财政预算收入1.48亿元,其中由国税部门组织入库1.27亿元,超额完成县政府下达给国税部门后两个月的组织收入任务。加强税收分析调研。善于从税收视野把脉县域经济发展,围绕营改增扩围这一热点问题,加强与财政、地税、住建等部门沟通,加强对“四大行业”税源的调查摸底,掌握实际税源情况,提高组织收入工作的前瞻性,牢牢地掌握组织收入工作的主动权。年内先后向县委县政府报送《从税收视角看滨海精细化工发展》《石油机械行业上半年经济运行情况分析》等有价值、导向性强的税收分析和专题调研报告。狠抓税收政策落实。本着便利纳税人的原则,进一步优化退税流程,提高退税办理效率,按规定办理出口退税8537万元,办理先征后退和减免退税3866万元。明确专岗专人,通过数据分析,对未享受优惠的小微企业及时采取跟踪服务,减免面、减免额均实现100%。通过落实税收优惠政策,增强经济发展后劲。

服务地方 在招商引资上,以开展“项目攻坚年”活动为契机,出台《滨海县国税局招商引资工作考核办法》,明确一把手负责、分管领导牵头、职能部门参与的招商引资工作格局,成立3个兼职招商小分队赴重点企业座谈,挖掘项目潜在信息;加强与园区、镇区沟通交流,发挥各自优势,联合开展招商,年内累计实现招商引资8000万元;对于重点招商引资项目,开展上门税收政策服务。在扶贫开发上,充分发挥工、青、妇等群团组织作用,积极参加“牵手致富”活动。县局机关党支部书记作为陈涛镇七顷村“第一书记”定期到村入户,积极开拓全村发展致富道路;组织县局青年志愿者赴界牌镇新巨村慰问孤寡老人、留守儿童和困难群众家庭。“七一”前夕,走访慰问结对帮扶村老党员,为他们送上节日慰问金。全系统133名干部与陈涛镇七顷村结成帮扶对象,累计为结对帮扶村送去帮扶资金5万元,为特困户送上慰问金7万元。在文明创建上,积极参与“三补三治”专项整治行动,对教师新村、红星小区(国税部分)等责任区墙体出新、卫生清理,累计投入资金22万元;按照县文明办部署要求,主动与检查组成员对接,汇报创建进展,扩大创建成果;动员全体干部参与新建南路道路环境整治,参与交通志愿者系列活动,为县文明办提供应急用车,为县文明城市复检顺利开展做出积极贡献。在服务手段上注重创新。确定每月20号为“行业服务日”,分行业为全县企业解决发展中遇到的涉税问题,全年共举办6期行业服务专题培训,培训纳税人2854人次。县局、分局领导班子作为税收政策顾问定期走访地方党政,将各类税收政策和纳税

国税局开展爱国主义教育。 国税局 提供

服务上门推送给政府。完善"滨海国税纳税服务平台"功能,探索建立网上纳税人学堂,实现培训课件统一制作、报名课程在线预约、学习成果集中展示、培训效果及时反馈。加大税邮合作力度,探索办税服务厅代征事项、增值税发票代开的可行方案,有效减轻前台工作量,减轻纳税人舟车劳顿。联合县地税局组织开展第25个税法宣传月启动仪式、"燃烧青春,奉献岗位,服务营改增""税收带来滨海美·翰墨税宣"书法联谊会等系列活动,其中"翰墨税宣"书法活动被《中国税务报》《江苏经济报》等多家省级以上媒体报道,取得良好的社会反响。

依法治税 2016年,完成应对任务263户,应对入库税款2900万元,应对总成效7028.9万元。严格执行2016版纳税评估模板和法律指引,推广应用《纳税评估数据应用指引》,全面规范风险应对流程。严密防范和严厉打击各类涉税违法行为,移送公安机关涉嫌虚开增值税专用发票违法案件32起,立案18起,摧毁虚开犯罪团伙2个,抓捕犯罪嫌疑人21人。开展车辆购置税专项检查、税收执法疑点数据核查、税收执法督察自查等工作,共检查19个项目、372条疑点数据,涉及税款155.17万元。8月,县国税局作为盐城市唯一一家单位被命名为"全省国税系统法治税务示范基地",并于10月同时接受司法部、国家税务总局现场调研考核,得到与会领导充分肯定和赞扬。

合作征税 2016年,贯彻落实省、市《深化国税、地税征管体制改革综合试点实施方案》,全力打通国地税合作"最后一千米",国税局深改报告《互惠互利谋合作,优势互补促提升》被省国税局推介。在服务合作上,开辟4个国地税业务通办窗口,专门负责办理税务登记、"三证合一"新办户的信息采补等通办业务,使纳税人"进一个厅、到一个窗、办两家事",全年累计办理税务登记1581户。营改增和金税工程三期上线期间,国地税开展15次联训,培训3380人次。在执法合作上,建立非正常户定期传递机制,及时交换非正常户认定信息,有效解决非正常户信息差异问题;建立定额信息及发票使用信息共享机制,协同开展定额核定和调整工作,累计完成双定户联核1590户;联合开展欠税清缴工作,向地税传递26户欠税信息,追征所欠税款及滞纳金310万元。在信息合作上,深化涉税情报采集合作,重点加强第三方涉税情报信息采集方面的合作,2016年,国地税联合采集导入情报数据平台信息6万多条。通过综合治税平台,开展"小规模纳税人纳税定额排查核定行动"和"集镇开发(小产权房)税收专项清查治理行动",共对468户纳税人进行排查清理。在政务合作上,积极落实干部挂职交流机制,通过互派纳服部门副分局长,重点围绕落实征管体制改革、营改增试点改革、"金税三期"等重大工作事项加强合作。联合开展"问需求、优服务、促改革"问卷调查活动,累计发放调查问卷550份,收集纳税人意见和建议45条。

二、地方税务

组织收入 县地税工作坚持依法组织收入,完善"五方共担"收入责任机制。2016年,累计完成各项收入31.99亿元,其中入库县公共预算收入20.04亿元,征收社保费8.64亿元。较好地完成县委、县政府下达的各项收入任务,为全县经济社会发展提供财力保障。

服务大局 主动投身地方发展,积极参与县委、县政府组织的各项政策宣传活动,成功承办"税收服务盐城化工企业发展"税企恳谈会,认真落实好小微企业税收优惠、固定资产加速折旧、研发费用加计扣除等优惠政策,促进全县产业转型升级。全年累计减免各项税收3.22亿元。优化税收分析工作,积极为地方经济发展出谋划策,为地方党委政府决策提供有益参考。

征管改革 重点开展"营改增"专项清理行动,共清理入库税款1.18亿元,保证"营改增"平稳过渡。全力组织"金税三期"上线,确保新旧系统切换顺利。认真落实中央《深化国税、地税征管体制改革方案》,在深化合作机制、共建办税服务厅、联合宣传辅导、干部互派挂职交流等方面与县国税部门达成合作意向,积极打造全市"国地税合作示范点"。与县国税局在县政务中心开设通办窗口,进一步提升国地税办税质效,纳税人的获得感明显增强。

依法治税 始终将依法行政作为税收工作的生命线,坚持依法征税、应收尽收、坚决不收过头税、坚决防止和制止越权减免税行为。开展对中高等风险应对、税收优惠政策落实、积案查结等情况的专项督察复审工作,强化自查问题的整改落实。加强涉税案件查处力度,依法对江南房地产等四户企业实施强制执行措施,查封资产3000多万元。依法强制扣缴税款720多万元。2016年,县地税局获评省级"法治税务示范基地"称号。

基础管理 夯实税收基础管理,企业所得税汇算清缴率达到100%,年所得12万元以上纳税人自行申报共1195人次,比上年增长22%,超额完成上级下达的目标任务。加强申报、入库等行为类管理,准期申报率达到99%以上。完善征管状况监控分析体系建设,坚持各项指标过程监控和指标日常分析。加大欠税管理力度,共清欠税额2600多万元,新欠增长幅度得到有效控制。做好土地增值税预征和房土两税管理,开展土地流转税清理专项行动,杜绝漏征漏管。开展第三方数据采集,完成对全

钱武华书记到地税局指导地方税收工作。

地税局 提供

县36个部门13万余条数据的整理，全县社会综合治税网络体系正在探索构建。完善“5+1”风险联动机制，共识别推送585户，实现应对绩效9700多万元，中等风险应对绩效较去年同期有较大幅度上升。开展“三证合一、一照一码”工作，全年累计为2485户企业纳税人办理“一照一码”。加强申报、入库等行为类管理，准期申报率达到99%以上。完善征管状况监控分析体系建设，做到税户准、税源清，坚持各项指标过程监控和指标日常分析。加大欠税管理力度，共清欠税额2539万元，新欠增长幅度得到有效控制。

第三节　资源管理

2016年，县发改委科学编制年度滨海国民经济和社会发展计划，及时动态地对全县经济运行情况进行监测预警分析，为县委、县政府决策提供参考。滨海新区规划建设得到省市充分肯定和支持，国务院批准的《江苏沿海地区发展规划》将滨海港定位为产业港、能源港，一类开放口岸列入国家“十三五”口岸规划。省“十三五”规划明确提出，要加快滨海港LNG等重大项目建设，打造淮河流域出海门户。全县经济总体呈现稳健发展的态势，实现“十三五”良好开局。固定资产投资持续高位增长，增幅居全市之首，服务业增加值占GDP比重45.17%。传统服务业提质增效，限上企业达到159家，规上企业达到108家，销售超亿元企业2家；电子商务快速兴起，电商产业园获省电子商务示范园称号，成功创成5个省、市级电商示范村。

一、宏观管理

计划编制与动态监测　编制年度滨海国民经济和社会发展计划，密切关注国家、省、市经济发展形势，强化动态监测。坚持每月会商、集中调研、专题调度，及时动态地对全县经济运行情况进行监测预警分析，并对存在的问题提出有针对性的对策建议；积极参与省市组织的淮河生态经济带、长三角城市群经济带、省沿海开发、供给侧改革（补短板）、城市管理创新、滨海新区等方面进行专题调研，分别形成有关调研报告，出台《县政府关于供给侧结构性改革补短板实施意见》；同时加强与省、市发改部门的沟通，随时掌握各个层面的第一手资料，有效提高经济运行分析的针对性、时效性和前瞻性，为县委、县政府决策提供参考。2016年，全县经济实现平稳发展，全年实现地区生产总值391.61亿元，比上年增长8.9%，列全市第4名；服务业增加值176.9亿元，比上年增长10.8%，列全市第4名；固定资产投资377.87亿元，比上年增长16.3%，列全市第1名；社会消费品零售总额110.46亿元，增长11.1%，列全市第4名。

项目投资　2016年，全年新审批备案项目257个，总投资443.14亿元，分别增长8.9%、113.1%；完成工业投资231.4亿元，增长16.7%，服务业投资140.9亿元，增长14.1%；新开、竣工亿元以上项目分别为60个、45个。列入市考核的“三重”“八大类”、沿海开发、高等级公路经济带、服务业和战略性新兴产业重点项目，分别完成投资60亿元、108亿元、137亿元、16.3亿元、13亿元、8.5亿元，分别占年度计划的107%、103.8%、100.3%、100%、100%、102.4%。沿海工业园投入7亿元，对安全环保设施进行绿色化、智能化改造；兴晋新城工程加快推进；新医药产业园投入3亿元，推进道路管网等配套建设，完成高科技企业加速器主体工程。工业园完成道路、绿化、地下管网等10项基础设施工程，国家级阀门检测中心启动建设，脉动科技研发中心投入使用，南山智汇园获批国家级“众创空间”。镇区全民创业园完成基础设施投入3.1亿元，新建标准厂房35.9万平方米，新增入园企业75家，新创建二星级以上平台5个。全年争取上级投资补助资金9.0651亿元，其中农水类项目4617万元，社会事业类项目7180万元，资环类项目13910万元，城建类项目64944万元，同时获批银行授信贷款近30亿元。

二、结构调整

“三港”建设服务　2016年，滨海港一类独立开放口岸列入《国家“十三五”口岸发展规划》；国家“十三五”规划提出推进淮河生态经济带建设；《江苏省贯彻落实长江三角洲城市群发展规划行动方案》明确提出“规划建设淮河生态经济带，打造滨海港淮河生态经济带出海门户”。规划建设5万吨~10万吨级码头泊位7个，总投资54亿元，已投资46亿元，已建成6个（其中干散货码头2个，煤码头4个），液体散货码头1个年底建成。10万吨级1号通用码头实现运营；10万吨级煤码头正在进行接卸输送系统安装施工；5万吨级液体散货码头地下结构工程、港区后方堆场项目水下铺排工程、北疏港航道滨海船闸、运盐河船闸等重点工程基本建成。共引进临港重大产业项目6个，总投资455亿元。在建项目5个，总投资335亿元，已完成投资180亿元。预计国家电投协鑫火电项目明年二季度并网发电；国家电投储配煤项目的球形仓、陆上堆场等基础工程基本完成；中海油LNG综合利用项目加快推进，预计明年一季度开工建设；大唐海上风电、国家电投海上风电、华电陆上风电等项目正在加快推进。按照“一带两区三节点”规划要求，重点建设50个项目，总投资28亿元，已开工项目16个，已完成投资12亿元。灵龙湖生态公园、海滨浴场、月堤海景公园主体工程基本建成，月亮湾温泉度假酒店进入内部装饰装潢，观海大道、六合大道等一批主干道路基本竣工，古黄河路、金地路、听海路等干线道路正在加快建设，安置小区一期、六合庄街面改造等一批基础功能项目基本竣工。。

新兴产业发展　2016年，全县新兴产业企业69家，占规上企业31.65%；实现开票销售110.4亿元，占规上工业比重达45.8%。列入市“三百工程”9个重大项目完成投资90.1亿元；列入市“三百工程”10个技改项目完成投资7.1亿元；新开工千万元以上技改项目60个，完成技改投入50亿元；固定资产抵扣税总量和增幅均列全市第一位。海阔、新化、托球、博凯等4家企业获批市级工程中心；远大仙乐、沿海固废、恒盛化工等3家企业完成市级工程中心申报工作;江苏科利完成省级创新平台申报工作;万恒公司完成"江苏省战略性新兴产业创新示范企业百强工程创新示范企业"申报工作;医药产业园完成"江苏省新医药特色产业基地"申报工作。

电子商务扶持 2016年,成立全县服务业工作领导小组,建立健全服务业工作机制,强化服务业招商队伍建设,组建服务业(央企)产业招商局,形成统一引导、各司其职、分工合作、齐抓共管的工作格局。开展服务业"十三五"规划以及文化旅游等专项规划编制工作,基本完成服务业"十三五"规划(初稿)和文化旅游等专项规划(征求意见稿)。新兴业态增速增效,电商企业突破100家,个人网店突破500家,电商平台达到10家,电商直接从业人员近万人,带动5万多人间接就业,预计今年网上年销售达15亿元;引入大型快递企业5家,全县农村淘宝服务站105家。创建省级电商示范村2个,市级电商示范村3个,市级电子商务示范企业3个。电子商务产业园已入驻电商及电商服务企业42家,创成省级众创空间和市级电子商务示范园区。预计获得著名商标4个和省市名牌产品1个(目前均在省工商局和质监局待批)。生产性服务业破题起步,与生产配套或服务生产的泵阀检验检测中心、吉尔多肽研发中心、应急预警中心等相继成立。积极参加市组织的香港生产性服务业招商活动和盐城海洋经济(深圳)专题推介活动,共有6批次香港、广东、深圳等地客商到滨海考察。年内在建服务业项目15个,新竣工服务业项目11个,新签约服务业项目6个,在手洽谈项目14个,全年完成服务业投资140.9亿元,增长14.1%。

三、审批简化

牵头负责的各项改革和列入国家、省、市试点工作有序推进。探索建立企业投资项目线上并联核准制度,加强事中事后监管和加快投资项目在线审批监管平台建设,实现网上受理、办结、监管"一条龙"服务;扎实推进并联审批省试点工作,出台《滨海县企业投资建设项目实行"七评合一""五图联审"推进并联审批的实施意见(试行)》;开展编制县级政府部门行政许可中介服务事项清单试点和行政权力标准化清单编制工作,制定《滨海县政府部门行政许可中介服务事项清单》和投资审批"负面清单"。全面清理中介服务事项,对强制性(法定)中介服务事项实施目录清单管理。启动滨海县行业协会商会与行政机关脱钩市试点工作,形成《滨海县行业协会商会与行政机关脱钩实施方案》;全面开展国家新型城镇化综合试点工作,完善出台《滨海县国家新型城镇化综合试点工作实施方案》,成立新型城镇化综合试点工作领导小组;完成滨海港月亮湾海滨旅游小镇、八滩镇民俗白酒小镇、农业园区农业旅游特色小镇3个特色小镇推介申报工作。沿海工业园开展的环境污染第三方治理国家试点工作取得实质性进展,污水处理厂建设基本完成。积极性探索投融资体制改革,全县3个项目通过PPP投融资模式进入实质性运作。

四、循环经济

2016年,对沿海工业园实施园区循环化改造。按照减量化、再利用、资源化的原则,对企业分批次进行循环化改造,树立一批循环化先进典型,推进企业在面上加强废物减量化、资源化和无害化。发展特色产业,推进产业链接循环化。对沿海工业园初步形成的新材料、医药化工产业特色进行了理性分析。推进新材料向高端高分子发展,推动医药化工向原料药、成品药延伸,应用高技术,带动高投入,产生高效益。先后和中科院、南京大学等国内一流高校院所合作共建新材料、新医药等产业研究平台,推进产业科技成果转化,帮助企业解决技术难题,提升产业发展层次。加快转型升级,推进资源利用集约化,推进节能减排。在资源利用上尽量做到"吃干榨尽",提高废物循环利用效率,实现废物的减量排放。吉华公司作为园区入园最早、规模最大的企业,2005年投产以来,始终致力于发展循环经济,已成为盐城市循环经济试点企业之一。倡导清洁生产。帮助企业牵线搭桥,消化废弃物,促进资源再生利用:瓯华公司的固废,卖给吉华公司作为原料;八巨药业等企业生产过程中产生的含三氯化铝废水交给雅克公司生产聚合氯化铝,聚合氯化铝又用于企业废水治理,不但实现"变废为宝"的资源再利用,也促进环境保护的改善,营造循环发展的良好氛围。

五、节能减排

2016年,按照《江苏省煤电节能减排升级与改造实施方案(2014~2018)》和《江苏省煤电节能减排升级与改造2015年度实施计划》要求,全县在节能减排方面狠抓四项举措:①科学规划,明确责任。加强与节能减排、大气污染防治等工作协调机制的衔接与配合,按照职能分工,将控制目标和任务分解到重点车间和重点岗位。②推动煤炭清洁利用。加快煤炭提质提标,积极推广使用优质煤,规范煤炭进货渠道,争取多方支持,禁止使用高灰分、高硫分的劣质煤炭,限制使用高硫石油焦,提高洗选煤使用比例,优化煤炭质量。③加快新型技术应用。推广节能环保技术,采用除尘、脱硫、脱硝等新型节能环保技术,加快对现役燃煤机组实施综合升级改造。④加大对煤炭清洁高效利用、节能减排与污染控制等重点领域的创新投入。全年完成2台1.5万千瓦煤电机组计划实施节能减排升级与改造,其中节能改造实施2台机组1.5万千瓦煤电机组,环保改造实施2台机组1.5万千瓦煤电机组。截至年底,实际改造完成2台1.5万千瓦煤电机组,其中完成节能改造实施2台机组1.5万千瓦,完成环保改造实施2台机组1.5万千瓦。

第四节　审　　计

2016年,全年共完成审计和审计调查计划项目16个,查出各类违规金额363万元,管理不规范金额4.09亿元,提出审计建议57条。通过省三星级档案室复核验收,被市审计局表彰为“2016 年度全市审计机关综合考核表彰单位”,被县委、县政府表彰为“先进基层党组织”,获得县“2016 年度综合考核进位争先奖”。

一、依法履职

依法执审 主要负责人履行法治建设第一责任人职责,引导审计人员学法知法守法用法,建立法制部门跟踪审理制度,全过程审理通知书的发放、审计实施方案的编制、审计证据的收集、审计记录、审计报告征求意见稿、被审计单位的反馈意见等资料,确保审计目标的有效实现。加快审计信息化步伐,加大数据集中和分析力度,推进财政、地税、社保等部门与审计部门的信息共享进程。编制完善《县审计局行政权力清单》,行政权力事项 47 项,其中:行政处罚 46 项、行政强制 1 项。

重大政策措施落实情况审计 按照上级审计机关统一部署,围绕“降成本”和“放管服”主题进行重大政策措施跟踪审计,着力监督检查重点项目推进、重点资金保障和简政放权深化的部署执行进度和实际效果。开展城镇保障性住房跟踪审计,根据县领导交办对房管所进行清产核资,对城发、交投、水务三个融资平台公司截至 2016 年 6 月底资产负债情况开展审计和审计调查,为领导决策提供参考依据。

财政预算执行审计 重点关注全口径预算编制和执行、财政存量资金规模和结构、征管改革等情况。针对审计发现的问题,提出进一步加强预算执行约束,逐步建立预算绩效管理制度,规范公务卡使用管理,盘活存量资金,深化财政管理改革的建议,提升财政资金的合理配置和高效安全使用。对截至 2015 年底全县政府性债务进行全面审计,分析债务结构、规模、融资方式和管理现状,根据审计建议,县政府出台《关于进一步加强政府性债务管理的通知》,严格控债、化债、监管措施,严肃责任追究,强化债务风险预警管理。

民生资金和项目审计 年内组织实施全县 2015 年度种粮农民直补资金、农业机械购置补贴资金管理和使用绩效情况专项审计调查,确保补贴资金合理合规,发放到位。同时,做好农村改厕资金管理和使用情况审计调查。按照县统一部署,抽出骨干力量,对全县 15 个重点村(居)2015 年度财务收支情况进行审计调查,督促整改问题 25 个,促进村级财务管理制度进一步建立健全。“6·23”龙卷风冰雹特大灾害后,迅速组织跟踪审计,做好滨海区域内救灾款物的筹集、拨付、使用、管理情况追踪,加强对救灾款物的监督管理,提高使用效益和公开透明度。

领导干部经济责任审计 分层分类探索和建立经责审计操作规范,力保审计结果相对公平合理。同时,进一步完善领导干部任期轮审制度,逐步提高任中审计比例,当年共安排 6 个经济责任审计项目。继续深入推进“三责联审”,加大协调联合力度,提高审计监督力度,追究责任更加着眼于风险预警,整改督查更加着眼于建章立制,促进领导干部依法行政、主动作为。

固定资产投资审计 全年共完成各类工程审计项目 300 余个,报送审计总额 22.08 亿元,审计核减 3.26 亿元,提出合理化审计建议 53 条。通过政府购买社会审计服务,实行全程跟踪审计,推进重大投资项目实施过程审计监督全覆盖。重点实施校舍安全工程、区域供水和县城污水处理厂迁建工程、基层医疗卫生机构基础设施标准化建设、广电交通等部门新建的五栋大楼工程造价结算等项目审计,最大限度地节约投资建设成本,提高财政资金的使用效益。

二、审计服务

服务重点工作 始终把围绕中心、服务大局作为审计工作的根本方向,提升审计服务全局、服务群众、服务民生发展工作效能。做好全县招商引资项目现场投资额认定工作,配合县各单位对接城镇保障性住房跟踪审计,做好市审计局对全县 2012 至 2015 年扶贫资金管理使用及效益情况审计配合工作,共涉及财政资金 2.53 亿元。

服务港口建设 按县领导要求,派出专人参与港口建设工作。年内通过与县农行、建行、农发行等多家银行洽谈,累计取得银行固定资产投资贷款授信额度 30.25 亿元。对正在施工的港区北区二期码头、南区液体散货码头、沙滩浴场围堰和 1－3#物流园等工程造价采取月度计量、跟踪审计监督,核减造价 0.32 亿元。

开展挂钩帮扶 立足执审为民,落实机关党员到社区报到、为群众服务机制。领导班子带队分别挂任界牌冯庄村、东坎三里社区、陈涛郭集村“第一书记”。帮助冯庄协调修建农村公路 1.7 千米,解决道路修建资金 5 万元,投入改造村部资金 5 万元、环境整治资金 5 万元。解决资金、雇佣人员帮助东坎三里社区清扫道路、花池,清理街道广告。针对陈涛郭集村部缺乏办公用具的问题,捐赠一批办公设备,并帮助解决环境整治资金 3 万元。全年共走访慰问中华人民共和国成立前老党员和困难群众 40 余人次,发放慰问金 2 万余元。全体在岗在职人员均进行志愿者注册,组织开展志愿服务活动 13 次,在“人道万人捐”“慈善一日捐”“爱心包裹”“6·23”重大灾害中共捐款近 30 万元。

第五节　市场监管

一、商事改革

2016 年,在全市率先启动推行“五证合一”,推进加载统一社会信用代码的营业执照发放工作,全年累计发放营业执照 7004 份,其中“五证合一”营业执照 2196 份,全年累计新增注册资本 63.4 亿元。放宽房屋产权登记,开展网上营业执照申领,通过网上登记的公司制企业有 1455 户,发放电子营业执照 1322 户,开展企业和个体工商户的简易注销登记,累计为 60 户企业办理简易注销登记。

二、全民创业

2016 年,全县新增私营企业 2715 户、个体工商户 12315 户。分别完成市下达任务的 159.7%、145%。引导企业申报三名商标和省市名牌产品,2016 年全市累计新申报成功省著名商标 10 件,滨海申报 4 件(江苏华宝纺织有限公司的“宝福”、江苏玉醍醇酒业有限公司的“玉醍醇”、江苏农垦米业集团滨淮有限公司的“森珠”、江苏建农植物保护有限公司的“建农”)，占全市40%，“滨海大米”成功获批中国地理标志商标，成为滨海第二个全国地理商标。创建江苏省AA级企业1个(江苏吉化化工有限公司)，AAA级企业1个(江苏腾龙石化机械有限公司)，新申报成功省名牌3件(江苏苏盐阀门机械有限公司的“井口装置”、江苏康乐化工有限公司的“2－甲基咪唑”、盐城汇丰纺织有限公司的“色纺纱”)，省级品牌累计达17件，居全市前列。

三、帮扶企业转型升级

2016年，邀请市食药监局局长、处长走访浙江13家药企，洽谈药企到滨海投资；帮助盐城市舜宝化工有限公司、江苏八巨药业有限公司2家医药中间体企业成功转型升级为原料药生产企业，取得药品生产许可证；帮助江苏海阔生物医药有限公司、滨海吉尔多肽有限公司、盐城凯利药业有限公司、江苏远大仙乐药业有限公司4家原料药生产企业取得药品生产质量管理规范证书；帮助江苏亚邦生缘药业有限公司1家药品制剂生产企业转型产品结构，优化产品性能，提升产品市场占有率，帮助企业摆脱生产销售困境。全县商品条码累计办理41户，其中新办11户，到期续展30户。其中，发展任务数完成率达128.6%，在全市排名第三；续展任务数完成率86.1%，超省中心规定的70%标准，在全市排名第一，在全省67个县市区中排名第一。

表13　　2016年滨海县办理商品条码户一览表

序号	业务类型	企业名称	厂商识别代码	行政区划	GDS
1	注册	滨海县雷山米业有限公司	697080717	320922	1529964
2	注册	盐城至高食品有限公司	20161209	320922	1529885
3	注册	江苏立成化学有限公司	20161122	320922	1529711
4	注册	盐城壹洲塑料制品有限公司	20160726	320922	1478655
5	注册	江苏迎宾酒股份有限公司	20160726	320922	1478656
6	注册	滨海县振东首乌制品厂	20160607	320922	1478116
7	注册	滨海喎喎蛋草鸡专业合作社	20160601	320923	1478066
8	注册	滨海县年年福超市	20160315	320922	1490893
9	注册	江苏弘康健康科技有限公司	20160202	320200	1490698
10	注册	滨海香丝柔贸易有限公司	20160106	320922	1490539
11	注册	滨海小甜橙贸易有限公司	20151228	320922	1473488

四、服务地方

推进招商引资　始终把招商引资、服务全县中心工作作为年度工作重点来推进，与盐城旭日化工、盐城金华尔内燃机制造有限公司成功签约，完成招商7500万元。乐购超市投资5000万元项目洽谈中。

农贸市场“三补三治”集中整治　开展县城农贸市场“三补三治”集中整治行动，投入120万元对城中农贸市场进行改造升级，对其他3个农贸市场基本做到划行归市、亮照亮证经营，市场内占道经营、乱搭乱盖现象已有很大改观；指导农贸市场开办者建立入场经营者档案，建立食用农产品检测、准入、退市、销毁等质量安全管理制度，明确食品安全责任和义务，督促指导经营者建立购进查验制度；加大食品市场监督检查力度，拒绝不合格食品进入市场。

结对帮扶，捐助慰问　2016年共有42名党员干部与84名三洼村贫困户结对帮扶，共向贫困户捐款25200元；支持三洼村扶贫村镇道路改建资金50000元；向阜宁龙卷风灾区捐款5000多元；累计走访慰问困难党员12户，慰问金6000元；慰问预备役部队5000元、武警部队3000元。

市场监管部门执法现场。　　　市场管理局　提供

执法为民　围绕食品药品安全、特种设备安全、反不正

当竞争、假劣农资等方面持续用力,先后圆满完成两会、高考、中考等12次重大活动餐饮安全保障任务,未发生一起食品安全事故以及投诉,得到社会的一致好评。开展大米、酒类和饮料等直饮类、打击销售病死猪肉、餐饮服务环节食品安全"扫雷"行动、定制式义齿专项整治、联合县卫计委开展"两非"专项检查、全县安全生产专项整治百日攻坚、危化品专项整治等多项行动,累计办理一般性行政处罚案件167起,有力地维护市场秩序稳定。重点对危险化学品生产企业生产许可证取证情况进行全面检查,并对部分企业整改和处罚。对有条件取证的企业积极帮助取证,基本清除全县危化品无证生产行为。

消费维权 2016年,紧扣省"十三五"规划确定的目标任务,努力营造安全放心的消费环境,进一步推进消费者权益的保护。加速12315、12365、12331、12345"四线合一"平台的建设,充分利用维权资源,推动维权平台一体化运作。通过上下联动,开展流动维权服务、发挥消费维权协作中心平台功能等措施,强化日常消费投诉处理。年内全系统共处理消费者投诉举报646件,法定办结率100%,满意率95.8%,发布消费警示2起,消费提示6起,向两家企业发出整改建议书,为消费者挽回经济损失43万余元。

五、食品药品安全监管

食品监管 2016年,全县完成24家生产企业的换发证现场核查工作,严格食品生产经营许可现场核查,累计核查578家。推进江苏震洲五醍浆酒业有限公司、江苏玉醍醇酒业有限公司2家白酒生产企业食品生产电子追溯系统建设。推进餐饮量化分级管理。对694户餐饮服务单位进行量化分级评定,其中优秀等级187户,公示相关信息,接受社会监督。推进"明厨亮灶"工程,引导学校食堂、大中型以上餐馆、连锁餐饮企业等参与"明厨亮灶"建设,滨海县人民政府招待所(滨海宾馆)、滨海中学食堂、县机关幼儿园食堂、县直幼儿园食堂、盐城市天海元国际大酒店有限公司、滨海县财苑宾馆、江苏欧堡利亚大酒店有限公司、江苏欧堡利亚实业有限公司滨海宴会中心、盐城市春海餐饮有限公司、滨海陆川餐饮有限公司10家餐饮单位实施"明厨亮灶",实现阳光操作、透明化管理。加强农村集体聚餐食品安全管理工作,县政府下发《关于进一步加强农村集体聚餐食品安全管理工作的通知》,规范农村集体聚餐经营者从业行为,保障全县群众饮食安全。

药械监管 从源头把控药品质量,强化药品生产企业的监管。制定药品生产企业专项检查计划,突出重点,有针对性地组织监督检查,做到监督检查一家、督促整改一家、规范提高一家。加强药品、医疗器械流通领域的监管。加强涉药涉械的医疗机构的监督检查。全年共检查二级以上医疗机构3家,一级医疗机构35家,检查村级卫生室200余家次。检查医疗器械生产企业2家,批发企业4家,零售企业90余家。

市场管理局销毁不合格产品现场。

市场管理局　提供

六、特种设备安全监管

2016年,组织特种设备安全监管大会战,在重大节日、重要会议期间,瞄准大众聚集的商场、超市等公共场所的电梯、浴室锅炉、化工企业和气瓶充装等重点领域,对特种设备使用单位实施不间断监管。检查电梯使用单位87家、锅炉使用单位42家、化工企业66家、气体充装单位21家,下发特种设备监察指令书117份,查出各类安全隐患126条。对清泉化工、恒联化工、恒亚气体、鑫旺液化气站、华泰液化气站等多家企业依法进行处罚。

第六节　物价管理

一、依法治价

2016年,梳理行政权力责任标准化清单,按照《权利清单标准化编制》要求,共清理行政权力57项,其中行政处罚14项、行政强制2项、行政奖励3项、行政确认3项及其他项目35项。编写完成办事事项指南68项。梳理事中事后监管责任清单,落实"双随机一公开"机制,严格依法行政制度。明确"首问责任、服务承诺、现实办结"等制度,强化依据意识、程序意识、实现意识,规范价格监督检查案件审理、市场监管、价格举报受理等方面工作,形成按制度管人、依规章行事的良好局面。重要商品价格的调整均按程序召开听证会,严格执行自来水价格成本

5月1日,物价局宣传江苏省价格条例正式发布。

孙澄清　摄

审核、风险评估、公开听证等法定程序。真正做到法定职责必须为，法无授权不可为，使权力在阳光下运作，责任监管到位。

二、价格管控

2016年，降低企业、一般工商及其他用户的生产成本。从1月1日起，一般工商业及其他用户电价下调3.12分。从6月1日起，一般工商业及其他用户电价再次下调0.73分，不满1千伏实际执行价格为每千瓦时0.8366元。9月20日起对非居民用天然气价格由每立方4.20元降到3.95元，全年为企业减轻负担450万元。鼓励用电企业与发电企业直接交易，全年为直接交易用电企业减负达361万元。落实商品房"一价清"和"一房一价"制度。对与商品住房配套建设的供水、供电、供气、供暖、通信、有线电视工程，安全监控系统、进户门、信报箱等相关的费用一律计入商品房的开发成本，不得在房价外重复收取费用。对于无法纳入房价成本的个别代收、代办的项目收费，开发企业在每次交房前一周到县物价局办理备案手续，如代收的公共物业服务费、装修垃圾清运费、二次供水电费、电梯运行维护费以及代办的房屋所有权或他项权利登记费、土地登记费、房屋维修基金、契税、印花税(贴花)等费用。加强对平价店日常管理。贯彻落实省委、省政府关于稳定物价工作的决策部署，切实稳定滨海县"菜篮子"价格工作，鼓励和支持农民专业合作社开设农产品直销区，加强对乐天玛特超市滨海有限公司等8家平价店的日常监管，按时统计上报相关资料。会同县财政局对5家平价店经营情况进行考核，发放平价店考核奖励13.5万元。做好农产品成本调查工作。年内，县物价局多次深入农调户进行业务指导，充分调动农调户的工作积极性，先后完成农户种植意向调查、农户存粮调查、农户售粮调查、农户农资调查、油菜籽收益调查、中等规模生猪成本调查等调查工作，在做好中等规模生猪成本调查的基础上又增加小规模生猪成本调查点。

三、收费管理

2016年，对企业收费进行清理，贯彻落实降低收费的优惠政策。从1月1日起，暂停征收防洪保安资金，对已收部分都已退还企业。同时取消网络计量检测费、粮食储存品质鉴定检验费等行政事业性收费。对符合条件的小微企业按规定免收教育费附加、地方教育附加、水利建设基金、文化产业建设费、残疾人就业保障金等政府性基金。停止向水泥生产企业征收散装水泥专项资金。全年为企业减轻负担近百万元。组织开展清费降本情况督查。重点督查2009年至2016年涉企优惠减免政策落实情况。发放企业调查问卷26份、社区调查问卷5份、收费单位调查问卷5份。从督查情况看，经过几年的涉企收费专项治理规范，出台的取消、降低、免征、停征收费政策执行情况较好，企业缴费负担逐年降低。多数企业、社区了解价格举报热线电话12358及收费公示的相关规定。同时，及时清理滨海县行政事业性收费目录，要求各部门、收费单位在收费窗口醒目位置、部门网站的政务公开栏等向社会详细公示具体项目事项，自觉接受群众监督，增强收费政策的透明度。

四、监督检查

加强市场监督检查，营造诚信价格氛围。抓好节日市场检查巡查。针对元旦、春节、清明、五一、中秋、国庆等节日市场价格波动频繁的特点，围绕居民日常生活必需品和节日消费热点，滨海县物价局加大市场巡查力度，认真开展节日市场监督检查，2016年共检查8家超市、62个门店、9条农共班车线路。切实规范电信市场行为。根据上级物价局统一安排部署，2016年5月初，在全县范围内组织开展电信市场价格专项检查。重点检查电信业务运营商是否存在虚构原价、虚假优惠、隐藏价格附加条件、不履行价格承诺等各种违反价格政策的行为。检查中发现三大电信企业存在违反明码标价规定及电信服务价格公示有关规定，促销宣传用语不清晰、不完整、不规范等问题；对检查发现的价格违法行为已按照省、市统一要求，依据《价格法》《价格违法行为行政处罚规定》严肃查处。加大市场监管检查力度。2016年，开展两次明码标价专项检查活动。"五一"前后，针对医疗服务与药品经营单位、各大超市、县城商业中心和有关服务单位开展专项检查；还针对商品房是否明码标价，是否按规定实行"一套一标"，标示信息是否齐全，已售商品房是否标示实际交易价格；是否存在在标价和公示的收费之外加价销售、另行收取未予以标明的费用的行为；是否存在虚假折扣、虚假优惠，或者利用虚假信息、模糊信息、容易使人误解的标价方式进行价格欺诈等不规范价格行为，对昌兴壹城等4家楼盘开展专项明码标价检查活动，严格落实房屋销售"明码标价"制度。加强价格举报查处力度，及时受理群众投诉举报。以创建"群众满意服务单位"为目标，以"12345"政府服务热线和"12358"价格举报电话为载体，认真倾听群众所思所盼，及时受理和查处价格违法违规问题。2016年，共受理各类价格投诉举报42件、价格咨询59件，做到事事有回音，件件有落实。

3月10日，省物价局到滨海调研　　倪　妮　摄

五、监测预警

2016年,加强市场监测力度,提高预警防范水平。落实价格采集制度。加强粮油、肉蛋、蔬菜等重要农副产品和生活必需品价格的监测分析,密切跟踪市场动态,及时提出应对措施。向上级有关部门报送价格监测材料20多篇。加强监测网点建设。在县农贸市场、超市等经营网点设立15个价格监测网点,充分利用手机客户端e监测等网络平台,实时做好数据上报工作。同时,通过开展监测点的动态管理,建立健全监测点采报价规范,落实监测点责任人和联系人。完善监测预警体系。根据《江苏省价格异动预警和应急监测实施细则》等各项规定,滨海县物价局深入市场开展价格预警预报工作,加强价格预警预报体系建设,建立健全机制完善、执行有力的价格应急处置工作体系,时刻关注外部价格环境。

六、价格认定

2016年,面对价格认定工作新形势,增强政治责任感,把保证工作质量放在首位,严格纪律,严格制度,严格程序,认真开展价格认定工作,拓展价格鉴证认定服务,注重推进调解处理价格争议纠纷工作,认真贯彻落实《中共中央国务院关于推进价格机制改革的若干意见》,强化价格认定人员业务能力提升,全年共出具涉案财物价格认定结论书175份,认定金额225.57万元。

第七节　统　　计

一、国家统计调查

考核评比　2016年,滨海调查队获县委、县政府"综合先进奖",被县委评为"先进基层党组织",连续第四年被授予市级"文明单位",在总队专业评比中取得"六优五良"的好成绩。派驻一名人员到五汛镇任帮扶队员,落实机关干部与16户贫困村农户结对帮扶,全年帮扶资金共计2.5万元。全队人员在省级文明城市创建中,深入住户、商户中进行模拟问卷调查,为推动滨海县省级文明创建工作做出贡献。调查队积极配合县农办开展新一轮低收入农户建档立卡工作,负责指标业务口径的的解释。队委会年初责任制时就明确专人负责县委县政府的各项考核工作,在全年考核中,滨海队多次获得条管组"红旗单位"。

预警分析　2016年,加大月度、季度经济预警分析力度,建立和完善月度经济形势分析例会,深挖细研数据背后的经济现象,配合和参与"市目标考核""县委中心工作""全面建设小康社会"统计监测,为党政领导科学决策提供重要参考依据。

调查研究　围绕县域经济发展中的热点、重点和难点问题,积极开展调查研究活动。选准课题,摸透情况,找出问题,深入分析原因,提出实用对策。全年共编印《滨海调查》4期、《滨海调查资料》30多期和《滨海调查信息》50多期,发布经济信息和经济情况,印发至县四套班子领导和县直有关单位主要领导,服务县领导政策决策,扩大调查队的影响力。在2015年的的基础上,印发《2016年滨海调查队目标责任制》,让每一位同志早知自己全年的工作安排,并对全年各项工作实行"动态项目精细化管理",严格按项目精细化管理规定对项目进行公示、进库、出库和验收考核程序。同时对考核细则进行合理调整,加大总队年度考核的权重,加大对数据质量检查发现差错的扣分分值,以目标责任制统领全年的各项工作。

程序规范　规范调查数据审核评估程序。加强源头数据现场核查。专业人员深入调查对象,有针对性地进行现场数据核查,确保调查流程规范,调查数据真实可靠。加强数据逻辑审核。坚持人工审核和机器审核的有机统一,个体指标数据逻辑关系审核和单位总体数据走势性的逻辑审核。加强数据跨期审核。加强数据跨期的横纵向审核,通过跨期的同环比的审核对比,体现数据变化的特点和规律,客观反映调查对象生产发展的趋势。加强数据科学评估。数据汇总后列出重要指标,充分利用历史数据对比法、极值与众数判断法、匹配判断法等质量评估办法,对各指标数据进行科学评估,努力使调查误差最小化。最后数据上报必须经过业务负责人、分管领导、队长三级通过后方可上报。加大对调查全程进行痕迹化管理。要求各专业在每个环节留存照片与业务台账,一起形成一套完整的台账或档案。2016年度重点增加了《滨海调查队样本核查登记簿》,记录调查业务处理过程中发现问题时,及时通过电话、实地进行核查,如有问题立即调整修正,做到调查全过程痕迹化管理。今年,由队主要领导带队组织相关人员,对10个专业进行集中核查2次,对6个专业提出限改意见13条。

专项调查　住户调查　2016年为创建省级住户调查示范点建设年,进一步修订完善工作制度、辅助调查员工作制度、数据质量控制办法、业务规范化标准、调查数据上报、发布制度等;更新了辅助调查员台账、记账户基本情况表、账页差错反馈表、外出务工人员台账。全年上门回访比例不低于80%,电话回访率约90%。每季度队分管领导跟随访户1次,开展1次集中基础工作自查,2次交叉检查。建立分片联系负责人名片制度,将住户调查6名分片负责的姓名和联系方式制成名片,发到记账户手中,便于记账户联系,及时解决记账中的困难和问题。粮食产量调查:重点开好全年两个会,即业务培训暨现场观摩会和夏秋季粮食生产形势分析联席会。业务培训暨现场观摩会由镇区统计科员和调查点辅调员参加,学习业务,现场观摩;联席会由分管副县长或政府办农业副主任牵头,调查队、气象局、农委、粮食局分管领导和相关业务人员,对全县夏秋两季粮食生产情况进行全面分析和综合评估。畜禽调查:畜禽监测工作实施"一卡二账"监测机制,工作主体实行专业人员负全责,选聘基层畜牧防治员和统计骨干力量作为辅助调查员,从细化辅调员管理、业务培训和数据审核评估入手。县队专业人员和农委畜牧部门联合每月至少走访2个调查小区、5个规模养殖户,核对其存出栏数据与上报数据的一致性,检查调查点台账和上户登记记录存档是否完整。消费价格调查:严格遵守"定人、定点、定时"直接采价的采价制度,深入现场收集第一手价格信息,分管领导每季度都与采价员深入各采价点检查采价情况。每季度召开一次价格形势分析联席会,由调查队牵头,邀请物价、计划、统计部门分管领导和相关业务人员参加,集中讨论价格变动趋势,交流各方面价格变动信息,并对政策性、季节性、市场等多方面影响价格指数的因素进行分析讨论,互联互通,形成价格指数变化趋势性的共识。在劳动力调查方面,按时完成平台的数据上报和审核工作。严格按照方法制度的要求,在各个时间节点上完成相关的工作,数据上报和审核工作同步进行,既做好对平台数据上报情况的监控和验收,也对调查表中重点内容进行审核。特别按小区逐个列出所有没有工作的人员未工作原因,按照失业人口"没工作、能工作、想工作"三个主要口径,对其进行一一甄别,分清非经济活动人口和失业人员,最终对每一个失业人员都做出准确判断,从源头上把好数据的质量关。

企业调查 2016年,在工价、规下工业、规下服务业和小微企业调查方面,主要围绕制度和方案的要求,做好规范化工作。结合统计执法检查,重点选择13家存在问题的企业,上门逐一细致地查看生产报表、台账设计等基础资料,指导调查企业规范化填写联网直报表式和流程。联网直报后,企业不再上报原始报表,滨海调查队加大原始资料的收集、整理和保存工作力度,首先将每月网上的过录表下载排版打印,作为月度台账留队保存,年末再将企业留存的分月原始表、分月台账分专业、分项目精装订成册、归档,备上级检查。

现代化统计建设 发展电子记账户。2016年,新增11户电子记账转为单轨制用户,全县电子记账户已达目标户数的60%。减轻记账负担,推动住户调查信息化建设进程。为记账户提供实用信息服务。按季度反馈家庭详细的主要收支账,使每户都及时了解自己家庭的收支现状,为每位家庭科学理财、合理支出提供参考。建立直报平台。消价调查手持终端采价,采购经理,规模以下、服务业、工业生产者价格调查和生猪生产大户联网直报工作。本着稳步推进、有条件先行的原则,事先做了大量调研工作,维护优化样本,进一步提高直报率,逐一审核,及时在后台查询验收。加大对直报数据的查漏、超限、空白表等情况的审核;发现异常、报表说明无效或解释不清楚的,及时联系调查对象进行核实、修正,加强培训和电话指导,提高调查对象操作水平。对于在直报平台成功上报并验收完毕后,县队人员还打印报表进行留存,并及时汇总相关台账。劳动力调查全部采用PDA直报。

二、地方统计管理

统计服务 2016年,滨海县统计局内设办公室(挂法制科)、综合经济科(挂服务业科)、经济统计科、农村科、国投科,行政编制11人,事业编制7人。年内县统计系统贯彻落实县十二次党代会会议决策部署和县政府工作报告提出的任务目标,顺应经济发展新常态,以"提高统计能力,提高统计数据质量,提高统计公信力"为中心,发挥统计职能作用,优化统计服务,深化统计体制改革,谋求进位争先,为"建设新滨海、发展上台阶"提供统计保障。强化职能作用,推进指标进位争先。及时做好增量列统工作。逐月排摸新增"四上"企业和在建投资项目情况,及时组织达标企业申报入库,确保新增长点及时得到反映;切实提高统计组织化程度。构建精细化统计工作网络,列出"三张清单",即主要经济指标目标清单、部门支撑指标目标清单、企业网报目标清单,及时反馈各部门、各镇区。对照清单,做进一步的细化分解,落实责任,算好增量和缺口,以日保旬,以旬保月,以月保季,以季保年;加强部门协作联动。常态化运行统计工作联席会议制度,部门联络员会议每月一会办,部门负责人会议每季度一推进,县分管领导亲自主抓落实,各成员单位及时反馈情况,分析问题,研究对策,确保评估指标支撑有力,全年主要经济指标顺利实现年初目标。优化统计服务,提升统计服务效率。加强指标监测预警分析,提升指标监测的密度和频度,建立主要经济指标监测周分析周报告制度,每周密切监测网报指标、部门指标进展情况,及时研判,做好分析,形成综合报告,向县领导做出汇报,向责任部门提出预警;及时提供统计资料,提升数据服务的宽度和广度,全面收集整理各条线、各部门数据资料,定期编印统计快报、月报、数典、年鉴等各类产品,积极开发领导"定制"产品,充分发挥好"数据库"和"智囊团"作用;创新统计服务手段,提升数据发布信息化水平,充分利用网络、微信、QQ等新载体,提升信息发布时效性,树立统计优质服务的对外形象窗口。全年累计加工统计年鉴、统计数典、统计月报等各类型产品资料六大类70余册,在省、市统计内网上发表信息582条,分析71篇,分别比去年同期增长55%、28%,在全市统计系统考核中名列前茅。

统计业务 统计监测工作:坚持大局为重,重点重抓,各项统计业务工作取得有效进展。加强监测,客观反映小康建设进程。全面建成小康社会是"十三五"期间各级党委、政府的历史使命和奋斗目标。统计局认真发挥好小康监测的牵头作用,及时收集、测算、分析、预警小康监测数据,及时撰写小康建设进程评估报告,提出措施建议。2016年全县小康综合积分达90分,达到省级验收对综合积分的要求。对照全国达小康"两个翻番"的要求,全县预计2017年即可提前实现经济总量和城乡居民收入比2010年翻一番的目标。规范有序,扎实做好低收入农户监测和1‰人口抽样调查工作。低收入农户监测调查工作是经省扶贫办、省统计局统一部署,反映精准扶贫成果状况的一项重要调查工作,统计局高度重视,抓好队伍建设、样本代表性、业务培训、质量审核四个关键环节,工作开展规范有序,在全省低收入农户监测调查工作会议上,滨海县作为盐城的代表县份做了交流发言。1‰人口抽样调查是国家部署开展的一项重大人口调查。局领导精心组织,按照上级部署和要求,及时成立由县政府分管领导任组长的领导小组,落实机构、人员和经费,制定工作细则、方案制度和时间表,开展全方位宣传、培训和督查,按照时序节点和工作要求圆满完成各项工作任务。农业普查工作:精心谋划,有序推进农业普查工作。国务院决定2016年开展第三次全国农业普查工作，县统计局作为普查牵头单位，精心谋划，扎实推进，圆满完成各阶段工作。在动员部署上，建章立制，明确职责。以县政府名义下发开展农业普查的通知，对农业普查工作进行全面部署，明确各镇区、各有关部门的工作职责，并对普查工作提出具体的工作要求；在组织领导上，狠抓落实，责任到位。及时做好县级普查经费的预算安排，成立县普查工作领导小组及办公室，对镇、村两级普查经费、机构和人员"三落实"工作进行部署和督查；在工作推进上，制定计划，有序有效。根据全面普查方案规定和上级业务部门安排，认真研究制定全县普查工作计划，形成任务表，明确线路图，扎实有效开展。滨海县农普工作得到省、市农普办的高度认可，省农普办主任亲临滨海指导检查，市农普办领导多次推介滨海经验。统计创新：精心组织，认真开展"三新"统计、"五证合一"等新型统计方法制度改革。2016年，围绕地区生产总值核算、投资统计、服务业统计、工业统计、贸易统计等重点指标评估办法，认真组织各条线、各科室加强分析研判，及时落实好上级业务部门的各项报表制度。特别是围绕"三新"统计这项新的改革任务，通过打好一场宣传推进战、开展一次业务培训会、做好一张任务分解表、交出一份出色成绩单等"四个一"扎实推进。同时，按照上级部署，稳步推进"五证合一"商事制度改革，抓好组织推进、部门对接、文件清查、名录库核查等各项工作，代表盐城接受省统计局名录库数据质量检查，获检查组充分肯定。

依法统计 规范统计监审、统计执法检查等执法活动，推进行政权力网上公开，让权力在阳光下透明运行。严格按照权力清单和责任清单规定的权利和责任事项，依法决策、依法行政、依法履职。同时，通过学法、宣法、执法、守法，在全社会大力营造依法统计浓厚氛围，自觉运用法治思维和法治方式深化改革、推动发展、化解矛盾、维护稳定，提高政府统计公信力。

第八节　国有资产管理

一、资产清查核实

2016年，定期核查固定资产采购及处置信息，监督采购单位、处置单位及时进行账务处理，实现对国有资产进行动态管理；严格审核批行政事业单位资产的配置、担保、划转、调拨、报废等，确保行政事业资产的安全完整。做好政府资产报告编制和行政事业单位资产清查工作。做好政府资产报告编制、上报工作，政府资产报告编制涉及县直单位16家、镇区17家，资产总额131.08亿元。组织资产清查。根据省财政厅统一布置，组织学习资产清查相关政策文件，组建领导班子，制定工作方案，有计划有步骤地开展工作。6月14日，召开行政事业单位国有资产清查暨业务培训工作会议，全县303家行政事业单位纳入清查范围。8月15日，按省厅规定的时间要求上报全县资产清查的自查报表及分析报告。为了保证资产清查结果的真实准确，通过公开招标方式，聘请会计师事务所对清查结果进行全面核实。聘请盐城友信会计事务所对各单位的上报数据进行核实。截至2016年底，行政事业单位资产总额（账面数）102.57亿元、负债55.79亿元、净资产46.78亿元。

二、公务用车改革

2016年，根据经市公务用车制度改革领导小组办公室批准的《滨海县公务用车制度改革总体方案》（盐车改〔2016〕10号），国资办结合自身工作职责，配合相关部门按规范程序做好公务用车的调剂、评估、拍卖等。全县取消的170辆公务用车中，已报废77辆，调剂使用13辆，拍卖成交67辆，待处置13辆，年底行政单位公车全部完成处置工作。完成国有企业基本情况及国有企业公务用车登记的相关信息采集，做好及时上报工作。

三、经营预算执行

2016年，全县国有资本经营预算收支803万元，加大征收力度，确保预算收入及时足额征收入库，支出及时安排到位；按政策规定做好2017年国有资本经营预算的编制工作。

四、融资平台建设

结合滨海融资工作实际，制定投融资工作意见、投融资主体管理办法和业绩考核工作方案的草案，拟定公司法人治理结构、资产资源配置方案等管理办法，进一步理顺国有企业管理体制，完善国有企业法人治理结构和激励约束机制，推进融资平台公司向"实体化"全面转型。依法依规注入资产。根据县属融资平台公司业务发展需要，对全县范围内的行政事业单位闲置资产以及林权、海域、河道闸站等水利基础设施、公路、市政设施、绿地广场、风电资源、光伏资源等国有资产资源进行全面清查摸底，提出处置建议。根据各公司经营需要，依法依规注入企业，壮大企业规模，提高平台融资能力。按时完成盐城市国有及国有控（参）股企业国有资产年报任务，全县上报的国有及国有控（参）股企业资产总额97.85亿元，负债总额54.15亿元，所有者权益总额43.7亿元元。年报企业（20家）资产总额114亿元、负债63.57亿元、所有者权益50.43亿元。

第九节　土地资源管理

2016年，县国土资源工作以省国土厅"双提升"行动和市局作风建设"三提升"活动为抓手，围绕县委、县政府"三争"目标，扎实开展"学习型、创新型、服务型""三型"机关创建活动，凝心聚力，大胆开拓，主动适应经济发展新常态，积极展现新作为，各项工作都取得新进展。县国土局先后获评省级文明单位、省厅节约集约模范县创建进步奖、省厅政务信息先进单位、省厅耕地保护激励单位、县绩效考核综合奖。

一、土地规划

2016年，完善规划优化发展空间。开展县城、镇（区）两级土地利用总体规划调整完善工作，初步完成滨海县土地利用总体规划实施评估和资源环境承载力评价。对各类民生及产业项目用地的需求，开展规划原则性修改工作，年度规划修改涉及13个镇区场，修改面积733.33公顷，原则上满足民生工程等产业项目布局的用地需求。落实民生工程项目200公顷，港区民生、文化用地(居民集中区、兴晋新城、古黄河博物馆、文化产业园等)66.67公顷，教育(中小学、幼儿园)66.67公顷，工业产业化项目(民营创业园、医药产业园、工业园区、融资质押地块等)400公顷，已通过省政府批复。

国土局宣传活动现场。　　国土局　提供

二、耕地保护

2016年，全面强化耕地保护责任。全县各级建立基本农田保护领导小组，健全保护网络，层层签订保护责任状。县政府将耕地保护列入对镇(区)政府工作目标考核，落实镇(区)政府的保护责任。开展城市周边永久基本农田划定工作，确定可以划定为永久基本农田地块面积303.13公顷。在全县设立耕地保护资金，重点镇(区)每年150万元，其他镇(区)100万元，激发镇区政府保护耕地的积极性。年内全县9.57万公顷基本农田数量不减少、质量不降低、用途不改变。大力推进高标准基本农田建设。全县实施滨淮、天场、正红、蔡桥土地整治项目4个，建设总规模3355.21公顷，净增耕地75.12公顷，总投资为1.32亿元，已完成全部土方及桥、涵、闸、站等配套工程量，及时交地给地方群众种植。申报占补平衡项目40个，计划净增耕地211.7公顷，截至12月，已实施完成133.33公顷。在充分保障全县建设占用耕地补充平衡的同时，为配合县委县政府实施美丽乡村安居工程，当年调出补充耕地指标89.07公顷，在省国土资源厅调剂平台上出让，为县财政争取3.84亿元资金，保障安居工程的顺利实施。

三、土地利用

深入推进节约集约用地，围绕全县“六为”要求、“八大行动”，与县相关部门联动配合，对城建、港口、两个园区的重点项目实行全程跟踪服务，做好重点项目的用地预审、计划安排工作。共争取下达各类新增建设用地计划459.07公顷。其中国家计划预下达78.67公顷，城乡建设用地增减挂钩下达计划120公顷，工矿废弃地复垦53.33公顷，独立选址207.07公顷，为各类项目的顺利落地打下坚实的基础。上报省厅批准征转用的土地计19个批次，其中国家批次6个，挂钩批次5个，单独选址项目8个，报批总面积402.27公顷，为地方经济稳增长提供保障。

四、土地经营

建立制度稳定市场供应，稳步开展土地收储和征收工作。拟定《滨海县土地储备工作方案》《滨海县关于进一步强化土地出让管理的意见》等2份规范性文件，规范土地储备、征收和土地招拍挂工作。全县挂牌出让各类用地57宗，出让总面积约212.30公顷，累计出让金18.7亿元，其中工业用地27宗，面积58.50公顷，土地出让金7530.43万元；商业及住宅等用地计30宗，总面积153.80公顷，土地出让金17.96亿元(含供县各类融资平台使用的土地共20宗，面积140.41公顷，出让金总额17.14亿元)。完成西片区18号地征地交地工作，完成西片区10号地、西片区25号地征地补偿测算工作，共征地34.74公顷。盘活存量推动企业转型。全县成立工业用地调查及推进低效产业用地再开发工作领导小组，扎实开展工业用地调查及推进低效产业用地再开发工作，对全县范围内的所有工业企业用地情况进行调查摸底，建立工业用地利用现状成果数据库，对低效用地企业，采取“腾笼换凤”“切割瘦身”等多种途径进行盘活利用，促进全县转型发展。

五、土地监察

2016年，以及时预防和制止各类土地违法违规行为为重点，全面建立预防、查处、监管、部门联动的土地联合执法长效机制，推进土地综合执法。建立班子成员月巡查制，每月由一名班子成员牵头负责巡查两次以上，对分局、国土所隐藏不报，或监察科队检查不到位的，一经查实，实行严格的责任追究。规范查处、移送等工作、依托慧眼守土平台实现违法用地快速反应，土地执法成效明显。完善涉土信访矛盾纠纷排查化解机制，规范涉土信访，把信访纳入法治化轨道，推行法定途径信访，保证合理合法信访诉求能够通过相关法律法规规定的“法定途径”和法定程序依法受理、处理。印发《关于印发推进通过法定途径分类处理信访投诉请求工作的实施意见》，并在局网站公布《滨海县国土资源局通过法定途径分类处理的信访投诉请求清单及主要法律法规政策依据》，让群众厘清通过信访与司法途径解决问题，维护自身利益。当年共受理部、厅、市局转办信访29件(重复件11件)，其中国土资源部12件(重复件3件)、省国土厅10件(重复件5件)、市国土局7件(重复件3件)，信访总量比上年明显下降。

六、地籍管理

2016年，全县加强地籍管理规范化、系统化、信息化建设，以全覆盖遥感监测为手段，开展土地利用变更调查，地籍基础明显夯实。2015年度土地变更调查成果顺利通过国家审核验收。积极开展城镇地籍调查，查清城镇内部各类土地分布和利用状况、土地所有权和使用权状况以及土地资源情况,全县城镇地籍调查面积达34.81平方千米,共完成80个村居、23000宗地及城镇地籍调查数据库建设工作,夯实土地管理基础,推进不动产统一登记发证工作,实现与农村村庄调查数据库成果的衔接和数据成果信息化管理与共享。开展不动产登记制度改革,完成不动产登记职能整合工作,整合分散在国土、房管、农工办和农委等多个部门的不动产登记职能和资源,全面归并入县不动产登记交易中心,实现一个窗口申请、一站式办理。5月,县颁发第一本不动产登记证。全年共完成不动产权登记6226宗,计9032.5万平方米,办理登记证明5848份,计17777.7万平方米。全部做到权属清楚、调查清晰、程序合法,无错登、漏登现象发生,产权登记准确率达到100%。

七、矿产管理

开展矿业权清理工作,依法采矿的理念深入人心,采矿权出让环境不断优化。经清理,全县共有矿业权设置30宗,其中:经采矿权年检换证的28宗,申请采矿权待注销的2宗,暂缓采矿权换发的1宗。按照"科学布点、强势推进、通力协作、高质高量"的要求,积极做好地下水监测选点工作,全县符合要求的一个点选在现代农业园区内。不断强化砖瓦企业安全生产工作,按照"谁主管,谁负责""管业务的必须管安全"的原则,配合县安委会做好安全生产专项整治百日攻坚行动、危化品专项整治行动、安全生产执法专项行动,落实企业生产主体责任专项行动,认真排除各类安全隐患8起,全年未发生一起安全责任事故。积极开展地质灾害和非法采矿防范工作。制定《滨海县突发地质灾害应急预案》,广泛开展地质灾害防治宣传普及。把防治地质灾害作为"生命任务"来抓,及时排查并消除海堤一线隐患点3处。严格执行地灾周报制度,对地灾防患点实行动态监控,坚持依法打击违法开采、破坏地质环境、诱发地灾的行为。

第十节　安全生产监督

2016年,滨海县安全生产监督管理局内设办公室、规划科技科、安全监管科、培训科、职业健康科、许可科、法规科7个科室,下设安全生产监督大队、安全生产培训考试考核中心,行政编制22人、参公6人、事业编制3人。强化安全责任落实,完善安全基础建设,开展安全隐患排查治理工作,深化安全生产各项工作措施,确保全县安全生产形势持续稳定,为建设"强富美高"新滨海提供安全发展环境。全年未发生较大以上生产安全事故,各项指标均未突破市控制指标。县安监局被评为全省安全生产执法工作先进集体、全省危险化学品安全监管先进集体、全省冶金等工贸行业安全生产先进集体。

一、安全责任落实

2016年,县委、县政府主要领导逢会讲安全、逢节查安全,多次深入一线检查调研,县处级领导及时到分管行业、挂钩镇区开展安全生产指导、督促检查;全年召开全县安全生产工作大会4次、安委会工作例会6次,向县四套班子领导发送安全生产工作提醒函28份、提醒事项128个;县政府及时下发2016年度安全生产目标责任书,签订各类安全生产责任书2700多份,编制安全生产工作责任清单8210条、事中事后监管制度158项。

5月3日,县领导高温季节检查安全生产。
安监局　提供

二、安全基础建设

县、镇(园区)、村三级安监机构逐步建立健全,企业标准化建设和人员素质得到大幅提升,安全基础建设趋向完善。县政府每年投入100万元常规资金用于安全生产目标考核、宣传教育、应急演练、装备配备;增加县局行政编制,成立安全生产监察大队,全县增配安监人员58人,配装备、统服装、发津贴;30家危化品企业和3家工贸企业通过二级标准化考评,7家企业通过三级标准化考评,15家小微企业通过标准化考评;举办各类安全培训班41期,培训7350人。

三、隐患排查整改

以危化品监管为重点,横向辐射道路交通、烟花爆竹、消防安全和建筑施工等,突出节前综合查、重点专项查、行业普遍查,形成横向到边、纵向到底的隐患排查体系,切实加强全行业无死角安全监管。全年利用节假日和重点时段,组织3次安全督查和两轮次的安全生产综合检查,累计出动各类检查人员7320余人次,发现事故隐患15329处,已整改到位15116处,整改率达98.6%;全年对重点行业的60家企业开展执法检查,出具整改指令60份,查出事故隐患2132条,共处罚金额618.6万元,整改率达100%;对全县上网注册的602家生产经营单位进行普遍排查,发现各类事故隐患17130条,已整改到位16964条,整改率达99.03%。全年共发生一般事故40起,死亡34人。

四、安全防范机制

安全工作三分检查七分预防,切实加强源头治理、增强人员防范意识,把工作想在前、做在前。认真开展高危行业的安全评价，从严发放安全生产许可证和经营许可证，严格安全准入条件，坚决杜绝“先上车、后买票”现象，全年完成危险化学品安全生产许可证换领证21家，危险化学品经营证换证23家，加油站换证11家，加油点办证47家；在高危行业强制实行工伤保险制度，全县企业参保96家，员工参保9570人，保费505万元；加大安全知识宣传力度，利用多种形式提升公众安全生产知晓度和关注度，新《江苏省安全条例》颁布后，3次召开宣贯会议，发放手册15000余册，积极营造全社会关注新条例、学习宣传落实新条例的良好氛围。

相关链接 · 滨海县安全生产目标管理责任书

为了进一步贯彻“安全第一，预防为主，综合治理”的方针，坚持安全发展、科学发展，落实安全生产“党政同责、一岗双责、失职追责”制度，切实做好安全生产工作，建设强富美高新滨海，根据《中华人民共和国安全生产法》等法律法规的要求，特签订此安全生产目标责任书。

一、工作目标

1. 严格执行国家安全生产方针政策和安全生产法律、法规、规章以及上级机关、主管部门有关安全生产的决定、命令、指示，研究提出县安全生产重要措施的建议。依法实施安全生产行政许可，规范审批行为，不向不符合法定安全生产条件的生产经营单位或经营者颁发有关证照或签署预审批意见。

2. 在县政府领导下，制订全县年度安全生产工作方案和安全生产专项治理方案，对专项治理工作进行定期督查，治理工作必须达到省、市的要求并通过上级组织的验收。

3. 做好县安委会的日常工作，牵头组织全县综合性安全生产活动。

4. 每季度以及元旦、春节、五一、国庆节前均组织安全生产大检查，及时开展安全生产专项检查，主要领导应亲自参加和指导工作。

5. 依法行使安全生产综合监督管理职权，监督检查、指导协调镇（区）、县各有关部门和单位的安全生产；检查、监督危化品新、改、扩建项目未取得相关行政许可的，一律不得开工建设、试运行及投产运行。定期分析和预测全县安全生产形势，研究、协调和解决安全生产中的重大问题。按规定及时、准确统计上报全县的安全生产情况。

6. 建立重大危险源和事故隐患普查档案，对重大事故隐患整改情况进行监督检查。

7. 依法监督检查新（改、扩）建工程项目的安全评价及“三同时”情况。

8. 组织、指导全县安全生产宣传教育工作，负责安全生产监督管理人员的安全培训、考核工作，依法组织、指导并监督特种作业人员的考核工作和生产经营单位主要经营管理者、安全管理人员的安全资格考核工作；监督检查生产经营单位安全培训工作。

9. 负责综合监督管理危险化学品和烟花爆竹安全生产工作。

10. 负责生产经营单位作业场所职业卫生的监督检查工作，负责职业卫生安全许可证的管理工作。组织查处职业危害事故和违法违规行为。

11. 依法组织、协调生产安全事故的调查处理工作，并监督事故查处的落实情况；组织、指挥和协调安全生产应急救援工作。

12. 指导、协调安全生产检测检验工作，监督管理安全生产社会中介机构和安全评价工作；会同有关部门组织注册安全工程师执业资格考试并承担注册管理工作。

13. 认真执行安全生产暗访工作制度，每季度组织一次安全生产暗查，根据检查需要邀请相关行业专家或专业人员参加。

14. 不断完善隐患排查治理体系建设工作，指导有关部门和镇区完善隐患排查治理体系建设工作，并进行定期通报；督促监管企业每月28日前全面如实网上申报当月隐患排查情况，并按期整改销号；对企业实施定期抽查，抽查情况及时网上申报并督促企业整改。

15. 设立安全生产专项资金，用于事故隐患整改、宣传教育及表彰奖励等。安全生产形势稳定，各类事故起数、伤亡人数不突破县政府下达的控制目标，力争有所下降。

16. 承担法律法规规定和县人民政府明确的其他安全生产工作职责。

二、奖惩办法

1. 安全生产目标考核达优秀良好格次的，给予表彰和奖励。

2. 安全生产目标考核不合格的，给予通报批评，并实施“一票否决”。

三、其他事项

1. 本责任状自二〇一六年一月一日起生效，有效期一年。县政府安委会负责考核，公布结果，兑现奖惩。

2. 本责任状一式两份，县政府、部门各执一份。

3. 本责任状责任人若有变动由继任者组织实施。

滨海县人民政府　　　　滨海县安监局

签字人：　　　　　　　签字人：

2016年1月1日

图说滨海港 ——直挂云帆济沧海

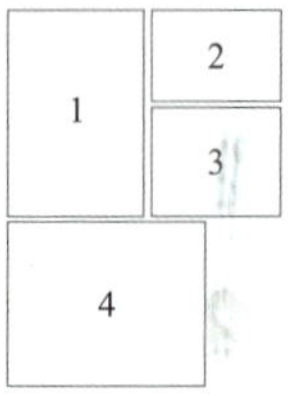

1 滨海港入口处 陈其龙摄

2 3月16日，电视摄像记者拍摄滨海港港口取景现场。 陈其龙摄

3 6月16日，滨海港港口码头场景。 陈其龙摄

4 5月18日，已经建成的国家电投滨海港煤炭码头。 陈其龙摄

第四篇

基础设施

第23章　城镇建设与管理

综　　述

2016年,滨海县城镇建设工作,围绕建设现代化生态宜居城市的要求,实施城建七大类工程93个重点项目建设,累计完成城建投入102亿元,新开发商品房68万平方米,新增城市绿地105万平方米,城市化率、绿化覆盖率分别达到52%、41%。完成13个专项规划、36个重点项目规划编制工作,完成9个镇总规批复,8个镇控规和6个村庄建设规划编制和专家评审工作,规划编制全域覆盖。全年计划实施房屋征收项目12个、816个院落、13.5万平方米,累计签约10.5万平方米。七大类93个重点项目,有26个项目竣工,先后新建道路14条,"白改黑"7条,改造雨水管道10公里,铺设污水管网15千米,安装景观灯、路灯、高杆灯760盏,对全县53个小区开展综合整治。512户省级农村危房改造和262户渔民上岸工程通过省、市验收,完成1197户康居工程建设任务,八滩镇列入国家特色镇试点,城乡面貌进到提升。

第一节　城市规划

2016年,按照"东向拓展、北面延伸、城中改造、城西提升、城南转型"的发展定位和"扩张规模、完善功能、提升品位、创塑特色、片区联动、整体推进"的要求,高起点谋划,高品位编制,高质量设计,秀美县城的规划蓝图进一步得到彰显。全年实施规划30项,结合城市发展,做好各镇区和园区的总规、控规和专项规划编制,并积极做好规划服务。完成燃气规划、城市设计和控规以及火车站组团规划方案论证稿;对排水、海绵城市、管线、管廊等专项规划形成中期成果;县城各片区控规、空间特色专项规划、响坎河景观带方案等形成初步成果。完成《滨海县镇村布局规划》和通榆、滨淮等4个镇总体规划的批复,蔡桥、五汛等7个镇总体规划报县政府审批,对通榆、滨淮等5个镇控规和正红镇陈圩村、滨淮镇公玉村的规划已通过专家评审。

9月20日,南湖城区远景。　　陈其龙　摄

城市性质　江苏沿海现代化工贸城市、苏北生态型水绿宜居城市(滨海县2013~2030年城市规划定位)。

人口规模　近期(2016年),中心城区35万人,其中主城区32.3万人,港城区2.7万人。中期(2020年):中心城区41.5万人,其中主城区38万人,港城区3.5万人。远期(2030年):中心城区55万人,其中主城区45万人,港城区10万人。

用地规模　近期(2016年),中心城区城市建设用地46.0平方千米,人均城市建设用地131平方米。其中主城区30.0平方千米,港城区16.0平方千米。中期(2020年):中心城区城市建设用地52.0平方千米,人均城市建设用地125平方米。其中,主城区35.0平方千米,港城区17.0平方千米。远期(2030年):中心城区城市建设用地63.25平方千米,人均城市建设用地115平方米。其中,主城区43.25平方千米,港城区20.0平方千米。

城市总体布局　主城区发展方向为"东向拓展、北面延伸、城中改造、城西提升、城南转型"。港城区近期向南发展,远期向西拓展。县城规划区控制范围110.4平方千米(总规确定),建成区面积33.54平方千米,县城硬质路面总面积356.75万平方米,绿化覆盖面积2071万平方米。

主城区布局结构　主城区形成"一心六片"团块状布局结构。一心:指主城区中部的综合性商业主中心,人民路—向阳大道—阜东中路—越河路—明达路—北八滩渠—后圩河路—阜东中路—东坎路围合区域,总面积2.9平方千米,其中规划城市建设用地2.6平方千米。主要承担县级商业中心功能,重点发展商业、金融、商务、科技研发等。六片:指城中、城北、城东三个生活片和城南工业片、城北工业片、站前物流仓储商贸片三个产业片。

城中生活片:204国道—港区路—张家河—越河路—阜东中路—向阳大道—人民路—响坎河—北湖路围合区

域，总面积18.9平方千米，其中规划城市建设用地16.5平方千米。城中生活片主要承担行政办公、体育娱乐、居住等功能。

城北生活片：327省道—东坎路—阜东中路—后圩河路—环城路围合区域，总面积5.9平方千米，其中规划城市建设用地5.1平方千米。城北生活片主要承担科教、居住功能。

城东生活片：滨河路—中八滩渠—润港路—北八滩渠—明达路—越河路围合区域，总面积7.2平方千米，其中规划城市建设用地6.3平方千米。城东生活片主要承担特色居住、休闲、体育等功能。

城南工业片：204国道—安泰路—张家河—丁字港围合区域，总面积7.2平方千米，其中规划城市建设用地6.0平方千米。以城区工业园南区为载体，利用丁字港港口优势，形成以机械加工、仓储物流为主导的功能区。

城北工业片：响坎河—327省道—沈海高速公路—新327省道围合区域，总面积16.3平方千米，其中规划城市建设用地14.3平方千米。以城区工业园北区为载体，利用高速公路出入口和已有产业基础，加强生活居住配套和区域环境改善，形成以新材料、电子信息、机械加工以及特色农产品加工、交易为主导的功能区。

站前物流仓储商贸片：沈海高速公路—327省道—站前路—创业四路—站二路—新327省道围合区域，总面积4.4平方千米，其中规划城市建设用地4.2平方千米。以铁路站场、沈海高速公路出入口、327省道等对外交通设施为依托，集中发展仓储、物流、商贸、零售等功能。

港城区布局结构 港城区形成"一城、两轴、三片"的布局结构。

一城：指港城，包括港城西组团（通港路—327省道—湖滨路—银河路围合区域）和港城月亮湾组团（芷江大道—翻身河—宋公大道围合区域），规划城市建设用地5.0平方千米。服务滨海港建设和临港工业发展的行政管理中心、金融商贸中心和生活配套服务基地。

两轴：指远航路产业发展轴和黄河路生活服务联系轴。

三片：指港区、沿海工业园和新滩经济区三个产业片。

港区产业片：东至北疏港公路，南至翻身河，西面和北面至黄海，规划城市建设用地6.0平方千米。江苏沿海综合性产业大港，以服务后方临港工业开发为主，近期主要为能源产业服务，煤炭和大宗散货运输为主，远期逐步发展部分公用货物运输功能。

沿海工业园产业片：中山河—伏堆河—化工东路—北干渠围合区域，规划城市建设用地7.0平方千米。国家级的精细化工产业基地之一，江苏沿海产业带化学工业的主要组成部分；近期重点发展新材料化工及新医药化工，远期重点发展精细化工、煤化工和石油化工。

新滩经济区产业片：北疏港公路—伏堆河—裕华路—远航路围合区域，规划城市建设用地2.0平方千米。打造江苏沿海新型循环经济产业基地、淮河流域对外开放的重要门户和开发先导区，近期重点发展石化新材料、金属加工新材料和装备制造等特色产业。

第二节　城市建设

一、基础设施建设

全年完成基础设施投入6.2亿元，城乡共实施项目26项，完成新建南路、中市南路等重点项目建设，师苑路西延、向阳支路西延、西湖路改造、阜东南路、阜东北路等重点项目加快实施。累计改造雨水管道10千米，铺设污水管网15千米，完成地下管线普查，全面录入系统。

10月5日，欧堡利亚大酒店外景。　住建局　提供

二、商贸项目建设

全年全县实施商贸项目建设14项，投入资金约8.5亿元，其中县城项目6项，投入资金4.3亿元。彩虹城项目主体工程完成，正在实施内外装饰，机动车交易市场对外营业，宝丰商博城二期施工，昌兴壹城一期商业区完成建设，已有40余家商户进驻经营。景湖路商业街全面营业，各镇区建设项目也正在按照计划时序加快实施。

三、住房保障建设

全面推进住房保障工作，完成省、市政府下达的新开工棚改1500套（户），基本建成保障性住房1400套（户）的任务，完成省市对全县保障房审计工作，完成锦绣园1500套安置房建设工程，完成锦绣园631套安置房交付。丰园苑和仁和家园·安园办证工作依次有序推进，全年办理住房证件1400套。进行小区电梯专项抽查2次，对各老旧小区实施配套改造，各老旧小区道路得到硬化，监控安装到位，环境得到改善。

四、房屋征收

全年完成10.6万平方米的房屋征收任务，育才路东延项目完成签约11户；西片区7号地涉及129户，累计交钥匙40户，签约拆除38户；火车站组团项目涉及112户，已签约89户，拆除86户；工艺美术厂项目，涉及64户，已签约39户；五金厂项目，共涉及92户，已签协议79户，完成拆除72户,其余项目均完成调查,正在核对和完善前期手续,31户征收扫尾工作有序推进。

五、城市特色建设

2016年,结合城市特色,坚持把"水"和"绿"作为县城的名片来打造,新增绿化面积106万平方米,完成S327、高速入口等环境整治提升。新开工星锐汽车4S店、大鹏木业、熏衣草庄园、滨海农产品批发市场等项目,泰悦木业项目完成投产,红星家具、乐购超市、欧尚超市等项目正在积极跟踪。全年组织对南京、苏州、浙江、上海集中外出招商5批次,20人次。举办城建服务业招商推介活动,推介项目39个,成功签约2个,达成意向4个。年内共引进重大项目3个,总投入2.3亿元。

9月7日,城市道路改造后的向阳大道。
住建局　提供

相关链接·滨海县城镇建设发展有限公司

滨海县城镇建设发展有限公司　成立于2013年9月4日,经县政府批准公司由法人独资企业变更为国有独资企业,注册资金由3.5亿元追加至15亿元。转换53.33公顷商住用地用于公司发债前期信用评级,将教育、卫生、文化等资产注入公司。同时将住建局下属监理公司、监测中心、测绘队整建制划转到公司名下,规定公司代建政府委托工程可收取7%的委托代建费用。公司内设行政综合部、投融资发展部、财务审计部、工程建设部、项目开发部、资产运营部6个部门。年内,组织公司人员参加PPP模式操作培训,了解PPP最新政策动态与宏观形式,掌握PPP操作模式、项目融资、运营管理等相关知识,全面提升公司人员对PPP模式的理解和操作能力。与国开行、农发行等政策性银行建立深度合作关系,稳固政策性银行的融资主渠道。锦绣园安置房项目3亿元和城中村改造房屋征收项目11.8亿元低利率、长期限贷款部分到账或通过审批。乡镇污水处理厂和河道水系环境综合整治两项目先后争取国家专项建设资金0.56亿元,与水务公司合作在国开行就县城区污水管网项目申贷2.5亿元。以县城发公司为主体,发挥县天润污水处理公司、兴海资产投资公司、城投环境实业公司等各平台功能,承接不同金融机构融资政策和条件,增强整体筹融资能力;利用县天润污水处理公司与兴业银行洽谈河道水系环境综合整治项目,利用县兴海资产投资公司与华夏银行洽谈农村教育布局调整项目,与中行洽谈县城区教育布局调整项目,利用城投环境实业公司与建设银行洽谈城乡垃圾收运体系项目,并创新融资模式,与江苏银行就县城区"城中村"房屋改造项目、与中国银行就坎南社区环境综合整治项目,对其进行结构化融资,与浦发银行拟建立20亿元城镇建设发展基金,同时与华融证券、方正证券等证券公司接触,学习发债相关知识,为下年度公司发债做好前期工作。截至11月底,公司新增获批融资46.45亿元。其中县城发公司新增获批46.25亿元,包括城中村房屋征收项目37.45亿元(农发行11.8亿、农行10.5亿元、江苏银行15.15亿元),工商银行坎南社区环境整治项目3亿元、中行县城教育布局调整3.5亿元、浦发银行10乡镇污水处理项目1.5亿元、另流动贷款0.8亿元,县天润污水处理公司新增污水处理获批0.2亿元。另待正报批项目资金18.9亿元,包括:建行城乡垃圾收集体系项目1.5亿元、华夏银行农村教育布局调整项目3亿元、工行县城区道路改造项目1.9亿元、兴业银行的城区河道水系环境整治项目10亿元、中行坎南社区环境整治项目2.5亿元。全年融资项目8个,授信额达到46.45亿元,年底已到账12.5亿元,待批项目16.4亿元。

第三节　工程建设管理

2016年,实施《滨海县建筑工程管理办法》《2016年建筑施工安全专项整治工作方案》等相关规范性文件,重点整治企业或项目经理挂靠、安全投入不到位、劳务用工不规范、恶意拖欠工程款和农民工工资等突出问题。开展安全生产督查、安全生产隐患排查、建筑安全专项整治及"事故隐患排查治理月""安全生产月"活动,有力地促进全县建筑施工安全生产形势的稳定好转,未发生重大质量安全责任事故。做好城建档案收集工作,全年城建收藏量比去年增加2.3%。

一、建筑市场管理

2016年,强化对全县建筑市场的规范化、制度化建设。按照国家、省、市、县关于进一步整顿与规范建筑市场经济秩序的要求,严格市场准入准出制度。严格执行法定基建程序,未办理施工许可手续一律不得开工建设。加强对从业人员的法定资格审查。督查各施工企业、项目部专职安全管理人员配备情况。督促施工企业办理各工种岗位技能证书,取得法定执业资格后再上岗。截至12月底,各在建工程持证上岗率达98%以上,特种作业人员持证率达100%。严肃查处各类违法违规和扰乱建筑市场的行为。集中开展严厉打击建设领域非法违法生产经营建设行为专项行动,加大对违反法定建设程序行为、不执行强制性标准行为、扰乱市场秩序等行为的查处力度,重点整治部分工程挂靠施工、不执行强制性标准等行为。

二、安全生产管理

2016年，从完善制度入手，明确安全检查、安全例会、安全教育等制度。全年共组织各类安全大检查40次，通过季度大检查、专项大检查、重大节日前的安全大检查、节后复工大检查、每月巡查、安监员的日常巡查等一系列检查制度，切实提高施工现场安全生产管理水平。推行“安全四个定点部位验收制度”“起重机械产权登记、申报、检测、备案、使用登记、注销制度”“文明工地目标管理制度”“安全生产定期检查制度”等一系列制度，继续开展脚手架、安全网、重大机械设备、塔机、高支模、危险性较大分部分项工程、安全台账、食品卫生、消防安全等专项整治活动，将“文明工地”的申报作为促进现场管理，提高施工队伍素质的有效手段。

8月7日，滨海县坚持精品理念，建设秀美县城。图为住宅楼建筑施工场地。 王兆运 摄

三、农民工工资管理

2016年，建立解决拖欠工程款和农民工工资问题的长效机制，制定适合县情发展的相关规定。年内，对全县所有建设工程严格实施农民工工资支付保证金制度、农民工权益告知制度、农民工工资计酬手册制度，综合运用法律、经济和行政等多种手段，全方位治理拖欠农民工工资乱象。

第四节 村镇建设

2016年，实施东坎镇长法村和八滩镇粮东村2个省级美丽乡村建设项目，对2015年东坎镇新安村和八巨镇前冲村进行扫尾，新建商品房20万平方米，大力实施镇区14个重点项目建设，对10个镇区9个污水处理厂和60千米镇区主干管网建设已完成，全面进入试运营，集镇基础设施不断完善。完成512户省级农村危房改造和188户渔民上岸工程的省市验收工作。实施农村康居工程建设，编印《滨海县镇村康居住宅方案选编图集》。配合做好农村环境综合整治，建立长效制度，做到充分宣传、积极沟通、强化监督、深化推进。

5月6日，正红镇镇村一角。 陈其龙 摄

第五节 美丽乡村建设

2016年8月，县组建县美丽乡村建设办公室（县美丽办）。内设综合协调、督查考核、业务指导3个科室，3名班子成员进行工作分工，6名工作人员定岗定责，业务指导科与县住建局村镇办合署办公。

一、组织机构

县美丽办贯彻落实县委、县政府关于美丽乡村建设工作的重大决策和重要部署，负责起草全县美丽乡村建设工作计划、总结、文件及会议材料，参与组织筹备相关会议；做好上下联络，综合调研，当好参谋助手，协调处理美丽乡村建设工作中遇到的矛盾和问题。做好与各镇区以及涉及美丽乡村建设工作的县相关部门的工作衔接，及时掌握全县美丽乡村建设工作动态，坚持常态化督查各镇区美丽乡村建设工作，发现问题第一时间交办整改。编发《全县美丽乡村建设工作简报》和《督查通报》；定期通报进展情况及实施效果。负责美丽乡村建设工作月度和年终考核工作。实行常规考核与动态考核、定量考核与定性考核相结合的方式进行定期与不定期考核。考核积分作为对镇区环卫所工作人员、村居环卫专干、保洁、清运人员工资，镇区奖补资金兑现和美丽乡村建设工作单项奖考核评比的重要依据。牵头县农口条线相关部门做好涉农资金整合工作，搭建美丽乡村建设资金平台。督促检查美丽乡村建设资金整合政策的执行、落实以及资金使用情况，确保专款专用。指导督促各镇区扎实开展农村环境“七整治、三提升”工作（整治集镇环境、村庄环境、河道沟塘、道路环境、农田环境、生活污水、畜禽粪污，提升绿化水平、村庄立面水平、群众文明卫生意识），建立健全农村环境长效保洁管护责任机制。负责并指导各镇区村庄布局规划和重点村、特色村规划以及一般村庄提升规划编制、建设标准制定、工作任务分解、项目资金计划安排等；督促指导各镇区分类推进村庄建设，着力打造一批的“一村一品、一村一景、一村一韵”重点村、特色村，加快实施农村康居工程建设，组织开展有关项目申报和项目实施情况督查。研究制定全县美丽乡村建设宣传方案,组织县新闻媒体做好美丽乡村建设全方位宣传报道工作,多形式、多渠道弘扬先进典型,鞭策后进单位;指导各镇区开展“星级文明户”“美丽家庭户”评创活动,建立适度奖励的激励机制,制定《村规民约》,建好农村乡风文明建设监督队伍。不定期组织召开会办会、推进会、现场会和观摩会,总结交流经验,寻找差距不足,研究解决问题,培树先进典型,发挥示范效应,整体推进美丽乡村建设工作。

按照政府主导、部门配合、村级负责、群众参与的工作思路和“市场化招聘、网格化运作、标准化监管、责任化考核”的要求,分级组建队伍,做到有人办事。各镇区均成立美丽乡村建设工作领导小组,明确牵头领导和分管领导,多数镇区成立督查考核组。各镇区均组建独立履职的环卫所,配备工作人员,并落实分片包村责任。各镇区均配齐村居环卫专干,主要由村居部门干部兼任,少数村由村主任直接兼任,有部分村是专人专职,负责所辖范围日常保洁的巡查与考核工作。年底,全县各镇区配备环卫所工作人员78人,村居环卫专干296人,村居保洁员1866人,清运工306人。

二、综合管理

标准体系建立 制定出台集镇、村庄、河道、道路、农田等整治标准和考核细则,明确各项工作的牵头部门、整治内容、工作标准、考核机制。县住建局牵头把制定的平房、两层、三层农房的建筑样式发放到各镇区,要求新建的农房必须按照县住建部门提供的样式施工。计划结合现代农业经济区建设,省美丽乡村项目建设,在东坎的长法、吕滩,农业园区的永华、夹堆等村进行试点,对建筑立面进行出新,全面开展拆危拆旧工作,拆除破旧厕所、畜禽圈舍、废弃危旧房屋,对乱堆乱放、乱贴乱画进行全面清理,出新形象。县住建局牵头制定完成生活污水治理规划,按照“政府主导、企业运营、因村制宜、逐步推进”的总体思路,因镇制宜、因村制宜推进生活污水治理工作。按照“先集镇、后集中居住区,再分散居住农户”的顺序,加大集镇及周边村居污水主支管网建设,镇区污水处理厂建成并正常运行,配套推广使用一体化的成品窨井、化粪池、隔油池等设施,集镇新开发的房屋必须强制配套建设污水处理设施,周边农户逐步接入集镇污水管网。对“特色村”“重点村”引进污水微处理设施,每个村规划建设1个小型的污水处理厂,采取分户和联户建设化粪池的模式,分级处理。对“一般村庄”按照卫生改厕全覆盖要求进行污水处理,新建农房必须配套建设化粪池。由县林渔局牵头,制定村庄绿化建设规划,见缝插绿,栽植果树等绿化苗木,对道路绿化进行提升,出新形象。由县文明办牵头,制定星级文明卫生户评比细则,建立适度奖励的激励机制,激发群众主动投身美丽乡村建设热情。

保障体系建立 对全县农村环境综合整治及长效保洁经费进行测算,列出经费支出来源台账。2016年经费测算情况:需投入村庄保洁经费2022.72万元;保洁车和服装费216.7万元;垃圾车购置费268.8万元;垃圾清运费728.78万元;垃圾池建设及维护费299.49万元;河道维护保洁经费637.57万元;农村环境整治奖补资金:按考评结果进行奖补,镇平均80万元,合计1200万元,重点用于镇区、环卫所、村环卫专干工作经费。总计5374.06万元。保洁人员工资由县财政统一打卡发放,其他经费由镇区包干统筹使用。2016年农村环境整治可整合使用资金:农村公益事业维护资金2304万元;环保局覆盖拉网式农村环境综合整治资金可整合使用2100万元;其他可整合用于农村环境整治资金约1000万元;农村一事一议筹资约1000万元。总计6404万元。

项目库建立 围绕农村环境“七整治、三提升”10个方面内容组织各镇区、县相关部门上报年度项目实施计划,建立项目库。其中15个镇区计划实施项目365个,总投资约7.54亿元;县农办、农委、水利局、环保局、开发局、交通局等6个部门,对涉及农村道路“一事一议”奖补、镇村道路提档升级、高标准农田建设、黄河故道开发、覆盖拉网式农村环境综合整治提升、粪污处理设施建设、河道疏浚整治等12个项目,总投入约2.74亿元。绝大部分项目年内实施到位,跨年度项目正在按序时推进。

11月1日,改造后的东坎老东街。 陈其龙 摄

集镇一条街整治 参照城市“三补三治”标准,先行启动集镇一条街综合整治提升建设,着力补短、补缺、补差,彻底治脏、全面治乱、扎实治破。对13个镇区集镇一条街整治提升规划进行过堂,列出项目清单,明确时间节点、建立责任体系、按照任务项目化、项目节点化、节点责任化要求,画好线路图,确保在12月底全面完成整治任务,由美丽办牵头考核验收。

D级危房改造 根据市农村草危房改造提升计划安排,会同住建局认真研究制定全县农村康居工程建设三年行动实施方案,围绕目标任务,紧扣时间节点、细化推进措施、严格督查考核,全力组织推进。年底,完成1197户D级危房拆除工作。

常态督查 围绕全年重点工作和阶段性工作任务,开展经常性督查、细化督查方案、创新督查方式、确保督查效果。通过组建全县美丽乡村建设工作微信群、专项督查、电话随访、分片会办、深入村居农户暗访等多种形式,发现问题第一时间通报曝光,并交办整改。

第六节 城市管理

2016年,县城管局下设办公室、法制宣传科、市容管理科、环境管理科、工程管理科、行政许可科6个科室,城管执法大队(规划执法大队)、环境卫生管理所、城市园林绿化管理所(景观管理所)、路灯亮化管理所、数字化城市管理服务中心、市政设施养护管理所、建筑渣土管理办公室、畅捷公共自行车服务有限公司8个单位,职工总数900余人。

一、环境整治

2016年,开展"三补三治"集中整治,扎实推进"931"接续行动,街面市容秩序明显改观。强化生活垃圾清运力度,实现生活垃圾日产日清。对后街背巷道路进行改造,群众出行条件不断改善。城西垃圾压缩中转站全面建成,县城垃圾压缩处理能力进一步提高。结合全县"三补三治"整治行动,完成对道路修补和路牌整治工作,并抽调专人,组织18个小组,对全县53个小区开展综合整治,共清理小广告3200多条,修剪绿化草坪约20多万平方米,清理垃圾杂物2000余吨。同时,围绕全县"绿化会战",进一步加大对城市广场节点,公园绿地、庭院绿地和小区绿化建设的力度,新增绿化83万平方米,完成327省道、高速入口等环境整治提升工作。

12月7日,西城区压缩站。　　城管局　提供

维修出新公厕34座,出新垃圾房(池)56座,维修18座地坑式转运站。新建环卫工人安康驿站6处。垃圾焚烧

县城道路节日景象。　　陈其龙　摄

发电项目完成厂房土建建设和锅炉设备安装。公共自行车租赁系统一期工程80个站点建成投入使用。实施公园、广场、节点绿化补植工程,新建、改造绿地面积3万平方米,栽植乔灌木0.4万株、地被小苗8万株。

2016年,结合全县"三补三治"整治行动,完成对道路修补和路牌整治工作,并抽调专人,组织18个小组,对全县53个小区开展综合整治,共清理小广告3200多条,修剪绿化草坪约20多万平方米,清理垃圾杂物2000余吨。同时,围绕全县"绿化会战",进一步加大对城市广场节点,公园绿地、庭院绿地和小区绿化建设的力度,新增绿化83万平方米,完成327省道、高速入口等环境整治提升工作。

省级城市管理示范路创建工作扎实有效,港城路创建工作在全市名列前茅,得到省住建厅考核验收组的好评。

表14　2016年滨海县公共自行车站点分布一览表

序号	站点名称	路　段	具体位置	取电点	锁车样式	锁车位数	自行车数
1	县政府	府前路	县政府办公楼北侧充电桩东侧	充电桩	横　杆	18	15
2	县政府东	府前路	滨海县政府东侧	路灯	双立柱	18	15
3	县政府西	府前路	滨海县政府西侧	路灯	双立柱	18	15
4	武装部	双拥路	武装部门前东侧	单位电	双立柱	18	15
5	预备役部队	永宁路	预备役部队西门北侧	单位电	双立柱	18	15

续表 14

序号	站点名称	路　段	具体位置	取电点	锁车样式	锁车位数	自行车数
6	欧堡利亚北	永康路	众源发超市入口	景观灯	双立柱	18	15
7	新时代	永康路	永康路新时代美食城	路灯	双立柱	18	15
8	滨海农商行	人民路	人民中路与迎宾大道转盘	路灯	双立柱	18	15
9	坎南幼儿园	迎宾中路	坎南幼儿园围墙外	路灯	双立柱	18	15
10	玉龙路南	迎宾路	迎宾大道与玉龙路口	路灯	双立柱	18	15
11	陈涛路口	迎宾路	阜东南路与迎宾大道交叉口	路灯	双立柱	18	15
12	三中北	迎宾路	三中北校区围墙外	学校门卫	双立柱	18	15
13	党校	迎宾路	党校大门东侧	路灯	双立柱	18	15
14	景园小区	人民南路	景园小区西门南侧	路灯	双立柱	18	15
15	国家电网坎南营业厅	人民南路	国家电网坎南营业厅门前	路灯	双立柱	18	15
16	凤鸣半岛	迎宾路	凤鸣半岛门前	配电箱	双立柱	18	15
17	阜东医院	阜东南路	阜东医院北侧	路灯	双立柱	18	15
18	正鑫小区南	永康路	正鑫城市经典南门西侧	路灯	双立柱	18	15
19	江南新城华苑	永宁路	江南新城华苑东门	路灯	双立柱	18	15
20	西湖公园东	西湖路	西湖公园东门	路灯	双立柱	18	15
21	西湖公园北	海滨大道	西湖公园北门公交站台后	路灯	横　杆	18	15
22	永宁路学校	永宁路	永宁路与海滨大道交叉口	路灯	双立柱	18	15
23	碧水绿都南	海滨大道	碧水绿都西南侧	路灯	双立柱	18	15
24	华德小区东	富康路	华德小区东门	路灯	横　杆	18	15
25	景湖理想城南	海滨大道	景湖理想城南门	路灯	双立柱	18	15
26	滨海公园	海滨大道	滨海公园南门西侧	监控	横　杆	18	15
27	广电大厦	海滨大道	原广电大厦南围墙外	路灯	双立柱	18	15
28	糖厂巷	玉龙路	玉龙路东侧	路灯	双立柱	18	15
29	供电公司	向阳大道	供电局东侧	路灯	双立柱	18	15
30	城中菜场	向阳大道	向阳大道城中菜场	路灯	双立柱	18	15
31	玉龙路北	玉龙路	向阳大道与玉龙路路口	报停	双立柱	18	15
32	麦凯乐购物广场	阜东中路	麦凯乐购物广场入口	路灯	双立柱	18	15
33	实验小学	新建南路	新建南路实验小学	路灯	双立柱	18	15
34	县人民医院	阜东中路	人民医院西侧	路灯	横　杆	18	15
35	农行大楼	中市南路	农行大楼西侧	路灯	双立柱	18	15
36	大润发广场	人民南路	大润发广场北侧	路灯	双立柱	18	15
37	景湖理想城东	景湖路	景湖理想城东门	路灯	双立柱	18	15
38	景湖理想城西	富康路	景湖理想城西门	路灯	双立柱	18	15
39	丰园苑	永宁路	丰园苑综合市场东侧	路灯	双立柱	18	15
40	碧水绿都北	师苑路	碧水绿都北门	路灯	双立柱	18	15
41	县中医院	向阳大道	中医院南入口	路灯	横　杆	18	15

续表 14

序号	站点名称	路　段	具体位置	取电点	锁车样式	锁车位数	自行车数
42	地税局	人民路	地税局围墙外	路灯	双立柱	18	15
43	自来水服务大厅	中市中路	自来水服务大厅门前	路灯	双立柱	18	15
44	滨海宾馆	新建中路	滨海宾馆南门对面	路灯	双立柱	18	15
45	轮船巷	阜东中路	育才路头	路灯	双立柱	18	15
46	开发大厦	育才中路	育才中路与中市中路交叉口	路灯	双立柱	18	15
47	东坎实小	育才路	东坎实小南门	路灯	双立柱	18	15
48	县一中	人民北路	县一中大门南侧	路灯	双立柱	18	15
49	正红巷	向阳大道	向阳牙科北侧	路灯	双立柱	18	15
50	清华苑	育才西路	清华苑南门入口	路灯	双立柱	18	15
51	南京银行	景湖路	南京银行前	路灯	双立柱	18	15
52	名尚购物广场	景湖路	名尚国际购物广场东入口	路灯	双立柱	18	15
53	景玉兰庭	景湖路	景玉兰庭东门	路灯	双立柱	18	15
54	中央花园西	富康路	中央花园西门	路灯	双立柱	18	15
55	会议中心南	富康路	滨海会议中心南门西侧	路灯	横　杆	18	15
56	会议中心西	富康路	会议中心西门	单位电	双立柱	18	15
57	华芳国际	向阳西路	华芳国际花园南门对面	路灯	双立柱	18	15
58	体育馆	港城路	体育馆西门	路灯	横　杆	18	15
59	国土局	育才西路	国土局南门东侧	路灯	双立柱	18	15
60	政务中心	港城路	政务中心门卫北侧	路灯	横　杆	18	15
61	交警大队	港城路	交警大队入口南侧	路灯	双立柱	18	15
62	东坎医院	阜东北路	东坎医院东门	路灯	双立柱	18	15
63	东升桥菜市场	阜东北路	东昇桥菜市场入口	路灯	双立柱	18	15
64	客管所	阜东北路	客管所门前	路灯	双立柱	18	15
65	县中等专业学校	中市北路	滨海县中等专业学校门口北边	学校门卫	双立柱	18	15
66	仁和社区	人民北路	仁和幼儿园围墙外	路灯	横　杆	18	15
67	明达中学	明达路	明达中学入口西侧	学校门卫	横　杆	18	15
68	锦秀园	景湖路	锦秀园小区西北侧	路灯	双立柱	18	15
69	宝丰商博城	S327	宝丰商博城 S327 入口	路灯	双立柱	18	15
70	滨河湾	人民北路	友创·滨河湾西门	路灯	双立柱	18	15
71	凯帝大酒店	幸福路	清水湖公园西北侧	路灯	双立柱	18	15
72	清水湖公园东	中市北路	清水湖公园(幸福花园对面)	路灯	双立柱	18	15
73	东坎镇政府	幸福路	东坎镇政府大门西侧	门卫电	双立柱	18	15
74	滨海中学南	学前路	滨海中学南门	学校门卫	双立柱	18	15
75	坎北小学	阜东北路	坎北小学西侧	路灯	双立柱	18	15
76	学府一号南	环城路	学府一号南门	路灯	双立柱	18	15

续表 14

序号	站点名称	路 段	具体位置	取电点	锁车样式	锁车位数	自行车数
77	滨海中学西	中市北路	滨海中学西门	学校门卫	双立柱	18	15
78	滨海汽车站	人民北路	滨海汽车站东南角	路灯	横 杆	18	15
79	洲盛国际	幸福路	洲盛与幸福路交界处	路灯	双立柱	18	15
80	中央花园北	向阳西路	中央花园北门东侧	门卫电	横 杆	18	15
合 计						1440	1200

二、违建查处

实行“分片包干、责任到人”的工作模式,坚持24小时巡防,立足早发现、早制止、早处理,新增违建数量、体量进一步减小,县城建设秩序基本保持平稳有序。全年查处各类违法建设177起,面积9530平方米,责令停工52起。

三、市容管理

扎实做好学校、医院、菜场周边日常管理工作,开展相关专项整治73次,查处占道经营行为2700余起。强化对户外广告和店招标牌的管理,严厉查处各类非法户外广告,查处非法广告70起,发布公益广告画面98处,规范、出新店招店牌400余块。

四、环卫管理

将社区、城郊结合部纳入垃圾日常清运服务范围,清理积存垃圾、无主垃圾1万余吨。查处建筑渣土运输车辆“抛洒滴漏”和违规拖运渣土67起。落实在建工地配备车辆冲洗设施6套。加强生活垃圾无害化填埋场管理,建立填埋、渗滤液处理等岗位制度,定期进行工作人员培训,全年达标处理生活垃圾5.7万余吨,处理渗滤液2.43万余吨。

9月8日,为环卫工人新建的安康驿站。
城管局 提供

县城人民路北延跨沈海高速大桥是连接县汽车站与火车站的重要工程。该项目于2016年8月开工建设,建设工期12个月。8月15日,工人们在工地调试施工设备。 陈其龙 摄

第24章　水利建设

综　　述

2016年，县水利局，内设办公室、财务审计科、农村水利科等7个科室，下辖14个镇区水管站，1个参公事业单位，13个工管单位，3个规费收取单位，5个企业化管理事业单位，1个自收自支事业单位，1个企业单位。全系统现有干部职工1470人，其中在职614人，有专业技术人员324人，其中副高职称12人。县水利工作践行全面深化改革工作的总体要求，坚持可持续发展的治水思路，大力发展民生水利、安全水利、生态水利事业，确保防洪安全、饮水安全、生态安全；发挥水资源对经济社会可持续发展的支撑和保障作用，深化水利事业改革与发展；完成年度工作目标任务。在全县综合考核中蝉联综合奖，取得5个单项奖，在攻坚中实现突破，水利工作稳步推进。

第一节　农水建设

2016年，全县重点实施中央财政小型农田水利重点县工程，在陈涛镇、八滩镇、界牌镇等3个镇区，新建、拆建泵站68座，新建防渗渠50.5千米，新建生产路4千米，新建渠系配套建筑物942座。实施对农村河道疏浚和村庄河塘整治工程，共疏浚农村河道580条，长545.76千米，完成总土方量329.29万立方米。增加有效排涝面积38.5平方千米，新增灌溉面积800公顷，增加河网蓄水329万立方米，新增旱涝保收农田面积1066.66公顷。

第二节　水利基础建设

2016年，加强水利基础建设，提升防灾减灾能力。重点实施滨海县翻身河北圆头海堤水毁修复工程，浇筑3700立方米混凝土扭王块，完成北圆头端头损坏部位修复，抛石13000立方米抛填等建设工程，有效阻止翻身河北圆头及北侧主海堤堤前滩面在东北处受海浪的淘蚀，进一步保证滨海主海堤安全。实施滨海县2016年省级维修项目，对翻身河上游左堤护坡接长维修，通榆河人民路至丁字港桥（18+650~21+050）右堤砼护坡修复，振东闸上游护坡防护，南八滩闸启闭机房拆建及附属设备维修，丁字港套闸机电设备及闸墙等维修，翻身河闸启闭机房外墙涂料及机电设备等维修。实施2016年度中央及省级防汛经费项目，对防汛排涝设备进行更新及应急修复，对海堤南八滩闸南侧进行防护应急处理。继续实施盐城市滨海县黄河故道干河治理工程，自废黄河地涵下起拓浚河道25.5千米，拆建河道沿线危险建筑物8座。

1月5日，挖掘机在进行清理淤泥，整治河道。

王晶晶　摄

第三节　水资源管理

2016年，全县深化水资源管理体制改革，推进水生态文明建设。强化“三条红线”控制管理，向各镇（区）、农盐场各用水户下达2016年用水控制指标。落实建设项目节水“三同时”制度，工业用水重复利用率达80%以上。加强饮用水源地保护，开展入河排污口例行监测工作，与滨海水文站配合定期进行双月测。完成通榆河道健康评估工作。完成《淤黄河、总渠饮用水源地达标建设方案》，于10月通过初步评审。加强地下水保护，组织人员对全县进行地下水使用情况检查，全县水资源“四个一”管理率达95%，计量设施完好率达90%以上。全年封填封存深井32眼，完成每月两次的静水位监测工作，静水位埋深今年已经缓慢上升，现状平均静水位埋深29.39米。推进“三区一校”建设，对獐沟中学进行水平衡测试。申报省级节水型小区1家，省级节水型学校1所，市级节水型学校2所。鼓励企业节水减排，推行节水设施“三同时”制度，加强行业用水定额管理。城乡供水一体化基本实现,继续实施三级管网及进村入户工程。年底,已装表22.61万户、通水22.27万户。

第四节　水利工程管理

2016年,丁字港船闸管理所通过省二级水管单位复核验收,翻身河闸管理所通过省三级水管单位复核验收。根据省、市文件的通知要求,1月和11月份,开展两次水管体制改革情况调查,围绕两项经费落实,内部改革及管养分离等重点改革内容,进一步梳理改革深化取得的实质性进展,分析当前存在的主要问题,提出下一步工作思路和建议。认真填写《水管体制改革情况调查统计表》,配合市局做好数据的汇总和复核工作。8月下旬,开展水利系统工程管理单位发展现状调研,对水管单位基本情况、管辖范围内工程概况、水管体制改革实施成效、精神文明建设、规范化管理情况、水土资源及其开发利用情况等方面进行充分调查研究,全面掌握了解水利系统工程管理单位改革发展现状,研究新形势下水利工管单位实现良性发展、跨越发展的思路和举措。年内加强河道长效管护,推进"河长制"工作,切实强化河道管理与保护,改善生态人居环境。制定滨海县河道"河长制"管理考核办法和滨海县河道巡查管理办法,并与各河道管理单位签订省骨干河道长效管理和保护责任书,明确管护责任,落实每条河、每一河段、左右岸的管护责任人,建立巡查、回报、督查和归档制度。督促相关部门依法查处各类侵害河道的违法行为。对已经疏浚的县镇村河道,一手抓建设、一手抓管理,加强后续管理,建立长效机制,把县镇村河道疏浚和创建新农村活动结合起来,发挥河道疏浚的综合效益。加强流域性河道涉河项目管理,组织有关工管单位对废黄河、入海水道、总渠、通榆河等流域性河道开展排查摸底,掌握在建涉河建设的进度情况和存在的问题,督促落实防洪措施,做好防洪影响处理,与在建项目实施单位建立联系机制,加强沟通协调,落实相关现场监督管理单位,明确专人负责施工期间的现场督查及监管工作。做好省管、市管河道建设项目审批配合工作,严格项目后续监管工作,杜绝新的违章建设项目的发生。启动滨海县河道和水利工程管理范围划定工作,成立县河道和水利工程管理范围划定工作领导小组及水利局水利工程管理范围划界确权领导小组,委托滨海县水利勘测设计院编制《滨海县河道和水利工程管理范围划定实施方案》。4月通过市水利局符合性审查,6月实施方案取得县政府批复,12月第一批管理范围划定实施工作经过公开招投标,确定中标单位为江苏星月测绘科技股份有限公司,对通榆河、灌溉总渠、海堤以及沿海四座挡潮闸进行划定工作。

10月20日,清理整治后的清水河道。　王晶晶　摄

第五节　行政审批

2016年,制定随机抽查事项清单、简政放权事中事后监管责任清单,建立随机抽查对象库、执法人员名录库。制定水利局"双随机一公开"抽查监管工作实施细则,经审改办核准后开展实施。对现有行政许可前置环节的技术审查等有偿中介服务事项进行全面清理。建立行政许可中介服务事项清单制度,对水土保持方案、水资源论证、防洪评价报告等中介服务事项,申请人可按要求自行编制,也可委托有关机构编制,审批机关不得指定中介机构提供服务。制定《县水利局关于进一步优化水利发展环境实施细则》,通过清理和简化行政审批事项、砍掉各类无谓证明和繁琐手续,实行一站式服务、审批手续限时办结制、规范涉企行政执法行为等简便方式,改进工作作风,提高行政效能,切实解决审批难、办事难问题。

第六节　水政执法

2016年,查办56件水事违法案件,其中立案1起,现场处理55起。查处未经批准修建水工程1起,处理12345热线交办案件1件。开展淤黄河饮用水源地专项执法活动,对八滩水厂取水口上游沿线养殖户进行专项整治。全年汛期共计出动执法人员53人次,车艇12辆次,清除渔网、渔簖146处,拦河网14道,有力地保障行洪畅通。

第七节　城乡供水

一、工程管理

区域供水工程建设　截至2016年12月,区域供水工程三座水厂、七座增压站及一、二级管网工程已基本完成,仅振东、滨海港经济区两座增压站正在抓紧扫尾;会同审计部门完成区域供水工程2015年度结算工程量的核定工作;完成县城片区净水厂及一二级管网、沿海片区净水厂和渠南片区一二级管网的竣工验收工作,其他子项的验收工作正在加紧推进。

三级管网及进村入户工程建设　2016年,全县已完成入户安装22.49万户,通水22.15万户,通水率94%。小水厂处置已完成265座，还有10座小水厂计划年内全部处置完毕。

二、水务公司体制转换

2016年8月，县委县政府决定水务公司由隶属水利局转变为隶属县政府管辖的正科级建制单位，为适应管理体制的转变，水务公司迅速开展工作，建立和规范日常工作秩序和管理制度，截至年底，完成水务公司法人变更相关手续，对水务公司章程进行修订，公司日常管理、绩效考核、财务管理、投融资等重要管理制度初步拟定。另外，为更好地加强党的领导和党的组织建设、作风建设，充分发挥党组织的战斗堡垒作用，公司向组织部门申请成立水务公司党组织。

三、资金筹集

融资工作 本年度共计取得银行贷款14.9亿元，分别为：浦发银行盐城分行区域供水县城片项目贷款2.5亿元；国开行江苏分行区域供水沿海片项目贷款3.7亿元；国开行江苏分行污水处理厂迁建及配套管网项目贷款3.2亿元；华夏银行盐城分行黄河故道干河治理工程项目贷款1亿元；中行滨海支行饮水安全巩固提升工程项目贷款4.5亿元；另外，建行滨海支行污水处理厂迁建工程项目、浦发银行盐城分行污水处理厂迁建工程项目和浙商银行盐城分行饮水安全巩固提升工程项目贷款正在办理相关手续。

发债准备 为加强对发债工作的领导，统筹协调发债工作，县政府专门成立了水务公司发行公司债券领导小组。2016年9月至年底，会同县财政局（国资办）组织光大证券股份有限公司，以及上海市联合律师事务所、江苏苏亚金诚会计师事务所及中诚信证券评估有限公司，就水务公司发债前期准备工作进行多次磋商，组织专门工作组针对发行公司债券的各项要素进行梳理，理清工作思路，发债总体工作方案已经县政府常务会议研究通过，各项前期工作正在抓紧推进。

四、供水管理

完成预定目标 2016年，全县城乡供水一体化，已形成“一个头、一张网、三个片”的管理格局，水务公司作为主管单位，既要负责全县城乡供水一体化工程建设和经营管理，又要负责日常运行管理。县城水司完成售水量1132万吨，沿海水司完成售水量290万吨，渠南水司完成售水量240万吨，供水完全能够满足已通水居民的生活需求，县城污水处理厂处理污水量1120万吨，污水处理率91.5%，均高于去年水平，完成年初预定的目标任务。

7月27日，县自来水水源处理厂。　　王晶晶　摄

完善水质检测体系 根据年内深度处理工艺，科学设置新的浊度、余氯等内控标准，完善三级检验体系，规范检测过程，提高检测质量，确保原水、沉淀池水、砂滤池水和炭池水及管网末梢均在可控范围，实现水质全程监控，并定期在政府网站和报纸等媒体上公示水质情况，自觉接受社会监督。

统一镇区供水管理 建立和完善镇区供水服务大厅职能，配齐13个镇区供水分公司的收费、维修、抄表等人员，强化供水管网的巡查和维护，使镇区供水工作和低压区改造工作平稳有序推进。

推进水价调整工作 根据上级文件要求，水价调整工作从年初开始提上政府日程，在县政府的关心下，在物价部门的配合下，经过前期的调研认证，提高居民水价和实行阶梯水价方案确定并通过听证，报政府审批。

第25章　能　　源

综　　述

2016年，全县完成供电量25.40亿千瓦时，售电量24.27亿千瓦时，比上年分别增长6.70%、6.62%；最高负荷46.8万千瓦，比上年上升6.36%；电费回收完成100%；城网供电可靠率99.978%，电压合格率99.996%；农网供电可靠率99.904%，电压合格率99.933%。全县拥有44.6千米的海岸线和大片滩涂，日照时间长，风能和光能资源丰富，拥有发展风电、光伏产业得天独厚的条件。2016年，全县依托资源优势，抢抓江苏沿海开发战略和国家大力度推广新能源的政策机遇，加快培植壮大风电和光伏产业等新能源产业，对加快能源基地建设，促进产业结构优化升级。新能源产业主要集中在海上风电，陆上风电和光伏发电等。新能源产业发展和新能源项目的建设，将对滨海县经济社会发展和节能减排、环境保护起到很大推动作用。公司相继获得"江苏省文明单位""江苏省安康杯竞赛优胜单位""江苏省电力公司'六五'普法先进单位""盐城市'六五'普法先进集体""江苏省电力公司同业对标分组综合标杆""江苏省电力公司管理进步单位第二名""江苏省电力公司综合进步单位第三名""盐城供电公司专业竞赛五项第一、两项第二、六项第三"等称号。深度分析全县发展战略对公司工作的新要求，积极履行社会责任，争当服务滨海经济社会发展的排头兵。

第一节　电　　力

一、服务发展

开展"服务发展全县行""企业服务重点访"活动，现场解决问题5条、回复事项23项。实行重特大项目班子成员分工负责制，主动提前介入，全程跟踪服务，以最优的供电服务举措推进项目建设。加强月度电力电量分析，定期向县委县政府报送简报，为县委县政府决策提供参考。促请县政府以县长办公会议纪要形式，明确"新建商品房在未取得供电配套工程验收报告等相关手续前，不得进行房屋验收和交付"的前置审批流程，有效规避居配工程供电服务矛盾风险。年内完成6824户"三表合一"采集建设工作，建成城市快充站1座、高速服务区充电站2座、岸电项目7个，推广电锅炉31台，淘汰高耗能变压器15台，完成电能替代5180万千瓦时，替代比例71%。公司行风测评位列条管单位第一，连续8年荣获县综合先进奖。

6月16日，供电公司全力推进协鑫火电送出工程建设。　　陈其龙　摄

二、安全生产

以落实安全生产主体责任为主线，加强设备安全管理，强化现场安全管控，夯实安全基础。开展"全员专题安全学习日"、"领导干部秋（冬）季安全大检查督查"等各项安全生产活动，督查各类现场475处，整改消缺隐患168条。全年低电压用户比上年下降77%，报修工单总量比上年下降61%，迎峰度夏期间公变频繁停运台次比上年下降87%，中压线路跳闸率比上年下降14.9%，强停率比上年下降31.5%。召开全县电力设施保护会议，深化全员护线意识，圆满完成为期一个月的盐连铁路施工保电及防外破工作。开展线路通道隐患专项治理，清理障碍树木68493棵，及时发现并处置35千伏及以上线路缺陷21起。截至2016年12月31日，公司安全生产无事故记录达6007天。

三、电网建设

主动策应全县经济发展战略，密切关注热点区域负荷需求，科学编制完成全县"十三五"电网发展规划并得到政府批复。"十三五"期间滨海电网计划建设总投资40.78亿元，较"十二五"总投资增加70%。年内高效完成220千伏大唐滨海海上风电送出工程、220千伏中电投头罾风电厂升压站送出工程、110千伏新安输变电工程、110千伏头罾变和红卫变主变增容以及35千伏陈涛变和陆集变技改等工程，大幅提升滨海电网整体供电能力和可靠性。如期开工建设500千伏滨响输变电工程和500千伏协鑫滨海电厂送出，220千伏通运变主变扩建和110千伏玉华、陶湾输变电等工程。高效推进配农网工程项目建设，新建改造10千伏线路442.65千米，配电变压器764台，改造低压线路1253.9千米，接户线65440户，城乡配网毛细血管进一步畅通，有力提升供电能力，为全县经济发展和项目推进提供坚强有力的电力保障。

6月16日，供电公司为连盐铁路早日通车，抢时间架设线路。　　陈其龙　摄

四、电力供应

产业用电　2016年，全县完成全社会用电量26.2563亿千瓦时，比上年增长6.49%，其中第一产业完成用电量9780亿千瓦时，比上年增长26.41%；第二产业完成用电量175573亿千瓦时，比上年增长1.11%；第三产业完成用电量21963亿千瓦时，比上年增长13.74%；城乡居民生活用电55247亿千瓦时，比上年增长20.43%。工业用电中以现代装备制造为主的先进制造业保持平稳发展，其中交通运输、电气、电子设备制造业增速104.13%，木材加工及制品和家具制品业增速13.3%，均远快于高耗能行业增速。第三产业用电发展继续快于第二产业，三产用电增速13.74%，比二产快了12.63个百分点，其中交通运输仓储和邮政业、计算机服务和软件业、商业住宿和餐饮业分别增长22.28%、14.95%、11.88%。

行业用电　2016年，全县电力供应平稳有序，从全年用电发展形势看，全县用电量保持适度增长，缓中趋稳、稳中渐升、结构优化、转型升级成为贯穿全年用电的主要特点。用电增长主要集中在新兴工业和服务业。全县新增申请报装容量42.1591万千瓦，比上年增长21.29%，其中传统产业及高耗能行业下降明显，钢铁业下降64.29%，化工业下降68.62%；新兴产业和服务业较快增长，工艺品及其他制造业增长350%，住宿与餐饮业增长291.11%，信息传输服务和软件业增长247.46%，农副产品加工业增长207.04%，医药制造业增长42.27%。

6月16日，供电公司组织技术人员上门为新建的盐城运盐河船闸装表接电。　　供电公司　提供

居民用电　城乡居民生活用电5.5247亿千瓦时，比上年增长20.43%。

收费创新　全面推广电E宝、掌上电力等新型电子化缴费渠道应用，持续推进“互联网+营销服务”。其“掌上电力”手机APP，包括低压版和企业版两款APP应用。低压版APP服务于低压用电客户，提供支付购电、电费余额、电量电费、停电公告、95958客户服务（投诉、举报、咨询、建议等）、业扩新装、故障报修等服务项目。其中支付购电、电费余额、电量电费、停电公告、95958客户服务（投诉、举报、咨询、建议等）在全网实现对外服务。企业版APP服务于高压（10千伏及以上）企业用电客户，提供电量电费、用电分析、账务信息、停电公告、业扩新装等服务项目。电e宝：服务于低压电力客户，提供电费代收、电费小红包、交费盈充值、扫码支付、供电窗等服务。常态化开展营销稽查工作，建立健全常态电费稽核考核机制。开展电价执行和营业秩序专项检查，大力整治超容、高价低接等违约用电行为，组织对定比定量用户再核查，有力维护电力市场秩序。

第二节　新能源

一、风电产业

海上风电　海上风电发展规划的项目规模为110万千瓦，总投资约需200亿元，国家电投集团80万千瓦、大唐集团30万千瓦。核准开工的项目2个，分别是30万千瓦大唐海上风电场、10万千瓦中电投滨海北区H1#海上风电，2个项目总投资达75亿元。110万千瓦海上风电将于2018年全部并网发电。

陆上风电　全县陆上风电资源90万千瓦，国家电投集团70万千瓦和华电集团20万千瓦，总投资约为75亿元。核准开工的项目4个，分别是20万千瓦华电陆上风电场、共70万千瓦中电投一期、二期、三期项目。90万千瓦陆上风电将与2018年全部并网发电。

二、光伏产业

2016年，总投资为3.1亿元的20兆瓦振发渔光互补光伏电站、东坎镇新安村光伏发电项目项目建成并网。总投资1亿元的10兆瓦正红镇光伏发电项目开始建设。

相关链接·

全国最大海上风电场落户滨海 盐城阔步迈向海上风电第一市

高高的塔筒顶着3个白色的巨大叶片，稳稳地"站"在波涛汹涌的海浪之上，阵阵海风吹过，叶片随之欢快地转动。昨天上午，记者在位于滨海县海域的国家电投海上风电场看到这样的场景。这里共建成10台机组，其中4台已并网发电，吹响盐城御风而行迈向海上风电第一市的冲锋号。

"嘭！嘭！嘭！"在乘船离开滨海港码头，航行约1个小时后，海风把连续有力的打击声吹到耳边，一抬头发现已到了滨海海上风电场。"这是我们公司建设的第一个海上风电场，位于滨海中山河口至滨海港之间的近海海域，一期工程总投资16亿元，总装机规模为100兆瓦，布置25台4兆瓦风力发电机组。"国家电投江苏海上风力发电有限公司总经理张翼说，滨海风电场项目是国家电投公司海上风电示范项目，一期工程于去年10月4日开工，计划今年6月竣工并网发电。

发出声音的是双体打桩船。"这是我们打的第17根桩基。它采用脉冲式打桩，每打一次桩基就下行10厘米，除去10米左右水深，桩基要打到海底下60米左右，像'定海神针'牢牢插进大海。"张翼介绍，滨海海上风电场首次全部采用单桩大管径无过渡段基础桩基，垂直度误差控制在2‰以内，最好的桩基垂直度误差达到1‰。

在已打好的桩基旁，一艘像钻井平台一样的海上"巨无霸"在吊装巨大的塔筒和叶片。塔筒最粗的地方直径6.5米，叶片长62.5米，风机在海平面以上90米，可抗12级台风。

不远处，已经并网发电的4台风机正有条不紊地运转。一期工程建成后，满负荷每小时可发电10万度，每年可节约标煤约8.13万吨，减排二氧化硫1977.95吨、氮氧化物1700吨、二氧化碳19.47万吨。二期项目前期工作正全力推进，下半年开工，再增装机容量400兆瓦。届时，国家电投滨海海上风电场将成为全国单个规模最大的海上风电场。同时，滨海三期300兆瓦项目开始前期工作。

据了解，"完善风能、太阳能、生物质能等发展扶持政策，提高清洁能源比重"已写入2016年政府工作报告。在国家能源局公布的《全国海上风电开发建设方案（2014～2016）》中，盐城市有10个项目入选，占全国项目数的22.7%，占江苏的55.56%。海上风电建设规模为201.25万千瓦，占全国总规模的19.1%，占江苏的57.67%，项目数与规模总量均列全国地级市第一。

（宋金淦　韩宝贵）

第三节　天　然　气

一、管道燃气

2016年，工商业用户用气价格为4.2元/立方米，实行阶梯价，用气量越大，价格越优惠，出租车、公交车加气4.2元/立方米，年用气为1441万立方米；居民用户价格为3.5元/立方米，用气人口为7.2万人，年用气为292万立方米。是年，全县消费天然气计1733万立方米。全县有滨海天达燃气有限公司、滨海汇通燃气有限公司2家，为天然气管道燃气企业。天达公司在县城，特许经营区域为县城规划区。2016年，全县安装居民用户3.5万户，通气2.3万户，商业用户87户，工业用户19户，建成并通气的中压管道70千米，低压管道60千米。汇通燃气公司在沿海工业园化工园区，特许经营区域为：沿海工业园化工园区、八滩镇、滨淮镇、滨海港经济区；工业用户达15户，居民用户头罾拆迁安置小区全部用上管道燃气。建成并通气的中压管道20千米。县城有CNG加气站2座，分别为天达燃气有限公司加气站、中石化盐城分公司滨海交通加气站，可为出租车300辆、公交车60辆及其他社会车辆500辆提供CNG加气服务。天达公司拥有LNG储配站1座，建有LNG立式储罐2台，储气高压管束，具备22万立方米储气能力。汇通公司拥有LNG储配站1座，建有立式LNG储罐4台，具备36万立方米储气能力。

二、瓶装燃气

2016年，全县液化石油气供应总量为6024吨，其中使用液化石油气的人口为15.55万人，用气量为5170万立方米。截至年底，全县共有11座液化石油气储配站在正常运营，总储存能力达2250平方米。另外还有2座在建，其中是滨海港镇1座，滨海港经济区1座。

相关链接·2016年瓶装煤气事故处理案例

2016年7月3日上午8:30左右，县住建局接到碧水绿都小区物业举报，称其小区西门一商铺因液化气泄漏发生爆炸。县住建局立即组织专人现场进行处理。由于爆炸现场较为混乱，围观群众较多，因消防大队施救，现场难以察看，3个液化气钢瓶放在门前的绿化带边上。经检查，其中2个分别有少量液化气，并为合格钢瓶。其中1个还有黄色护套，另1个为螺丝口瓶，为超检钢瓶，并且已达报废年限，都没有条形码，钢瓶上没有可以确认的标识。县住建部门对现场钢瓶和店面进行拍照留存。

经了解，该商铺位于碧水绿都西门向南数第二间，店主姓韩，为小吃经营业主。当晚，韩打完麻将回店铺，还与门卫对麻将输赢进行沟通，但出西门1分多钟，便发生爆炸。经询问和调查，为店主打麻将较晚，人劳累，对液化气泄漏没注意，正常开灯，导致爆炸。

因燃气主管部门没有实行110联动机制，居民用户和工商业用户发生燃气安全事故时，燃气管理部门未接到通知，不能和消防部门一样第一时间赶到现场，而且消防部门主要是施救，细节上往往顾及不到，因而给调查工作带来不便。

7月6日上午，在摸清碧水绿都西门店铺液化气爆炸事故的送气人家后，县燃气办工作人员立即联系城北派出所，到东坎镇大头庄路76号进行检查。该户户主叫陈克休，非法经营液化气。县燃气办当即证据保存钢瓶143只，并按照《城镇燃气管理》《江苏省燃气管理条例》、江苏省人民政府办公厅《省政府办公厅关于进一步加强城镇燃气安全管理工作的通知》（苏政办发〔2013〕51号）相关文件，进行了处理。

7月7日下午，县住建局召开燃气安全生产专题会议，县各燃气经营企业负责人到会。会上，对6月份安全生产月工作情况进行总结，并通报7月3日碧水绿都西门商铺液化气泄漏爆炸事故，对7月份工作尤其是严禁充装非法制造、报废、改装的气瓶和超期未检验或者检验不合格的气瓶，并加贴“安全用气，警示八不准”，对所有充气出站气瓶角阀加封塑料，同时按照县市场监管局要求，气瓶须有条形码或二维码。

（住建局　提供）

新建并投入使用的光大固废填埋场。　　陈其龙　摄

第 26 章　交通运输

综　述

2016 年，全县共实施交通单项工程建设 51 项，投入资金 15.13 亿元。境内公路客运量 429.6 万人次，旅客周转量 59.8 亿人千米；货运量 695 万吨，货物周转量 2.8 亿吨千米。水路货运输量 680 万吨，货运周转量 1.98 亿吨千米；港口货物吞吐量 372.3 万吨。全年培训驾驶员 18277 人。全县拥有运输业户 3069 户，运输车辆 5187 辆，运输舶舶 740 艘。截至 12 月底，全县公路总里程达 2312.338 千米，公路密度达 1.168 千米/平方千米。其中，高速公路 25.8 千米，一级公路 172 千米，二级公路 193.538 千米，三级公路 307.202 千米，四级公路 1330.298 千米，等外公路 284.5 千米。公路客运站场 1 个。航道总里程 467.93 千米。其中，三级航道 75 千米，四级航道 40.01 千米，五级航道 4.45 千米，七级航道 233.18 千米，等外级航道 115.2 千米。通航船闸 4 座，港口 26 个，码头泊位 34 个，码头总线长 3294 米。县公管理路站、县航道管理站连续获评省级文明单位，县运输管理处、县地方海事处等单位获评市文明单位，系统各单位全部跻身县文明单位。

第一节　设施建设

一、铁路建设

连盐铁路滨海段工程途径界牌、东坎、通榆、蔡桥、正红、工业园等 5 镇 1 区 21 个村，其中高架桥占 70%，其余为路基。2016 年，主体工程轨道铺设基本完成。滨海火车站集疏运中心部分项目开工建设，包括人民路北延、公园南路、公园西路、站前路、海港大道下穿连盐铁路段，总长 2.8 千米，总投资 1.62 亿元。完成征地拆迁，取土坑落实、路基土方的 40%，完成投资 1.24 亿元。

施工建设的连盐铁路滨海路段。　　陈其龙　摄

二、公路建设

海港大道一期工程（G228 至连盐铁路段）主体工程、绿化工程、安保工程全部完工。对 S348 滨海段新建工程完成征地拆迁、取土坑落实工作，11 月 8 日正式开工，完成便道、路基处理、桥涵等实体工程量的 10%，完成投资 2.5 亿元。S328 滨海段改扩建工程进行施工图设计、征地拆迁及招投标准备工作，完成投资 1.3 亿元。S226 西移工程完成项目工可研究。农村公路共实施 270 千米，危桥改造 59 座，完成投资 3.3 亿元。乡村道路破损修复总面积 30 万平方米全部完成。G15 滨海出口连接线拓宽改造工程主体、绿化、安保工程 9 月份全面完工，完成投资 950 万元。完成 G228、沿海高速、S327、北疏港公路绿化提档升级和海港大道 32 千米绿化新建工程，完成投资 8800 万元。上跨沈海高速大桥全长 1070 米，其中桥梁长 600 米，两侧桥头接线长 470 米，总投资 1.1 亿元，完成征地拆迁、取土坑落实、湿喷桩、桥梁下部结构等有关项目；路基土方完成 70%，箱梁预制完成 40%，完成投资 8200 万元。

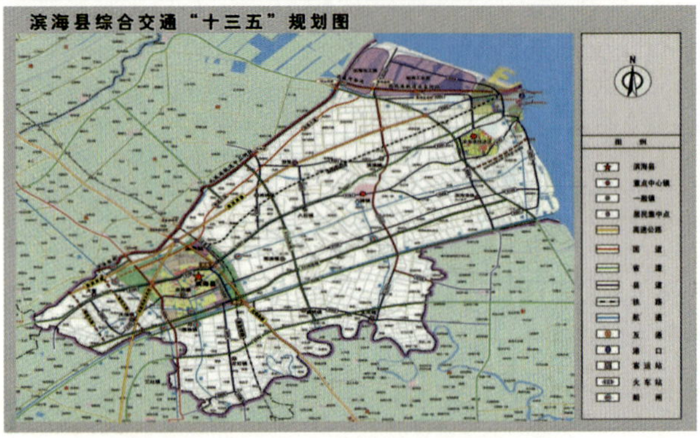

滨海县综合交通"十三五"规划图。　交通局　提供

三、航道建设

滨海港疏港航道工程起点为通榆河废黄河地涵，终点为滨海港内河港池，全长 62.481 千米，按三级航道规划、

四级航道标准建设，新建船闸2座，改建、新建桥梁7座，概算投资11.9亿元。运盐河航道工程进入扫尾阶段，大有公路桥、新滩盐场场部大桥、黄海路桥工程和G204公路桥建成通车，全年航道工程完成投入3亿元。总里程468.3千米。其中等级航道299.92千米，等外级航道168.38千米。

表15　　2016年滨海县主要航道一览表

序号	航道名称	起　点	讫　点	航道等级	最低通航水位（米）	最高通航水位（米）	里程（千米）	备　注
1	通榆河	长法滨响界	西河滨阜界	3	0.5	闸南2.0米闸北4.3米	21.9	
2	苏北灌溉总渠	天沟	六垛闸	7	0.5	3.0	52..05	暂不通航
3	淮河入海水道	天沟	新沟	暂定3级	—	—	53.1	暂未通航
4	丁字港	红旗	三里	暂定5级	—	—	4.45	
		红旗	船闸	—	0.5	2.0	—	
		船闸	张家河	—	0.5	3.0	—	
5	响坎河	东坎	果林	7	—	—	9.21	
		东坎	西坎闸	—	0.5	3.0	—	
		西坎闸	果林	—	0.5	5.6	—	
6	张家河	东坎	花坎射阳河	7	—	—	23.93	入海处切断不通航
		东坎	入海道	—	0.5	3.0	—	
		阜坎闸	花坎	—	0.5	2.0	—	
7	中山河	果林	头罾	暂划为四级	0.5	5.6	40.01	
8	北八滩渠	东坎	振东闸	7	—	—	48.93	
		东坎	刘庄闸	—	0.5	3.0	—	
		刘庄闸	振东闸	—	0.3	2.5	—	
9	中八滩渠	东坎	二罾	7	—	—	46.34	陈涛节制闸不通航
		东坎	陈涛节制闸	—	0.5	3.0	—	
		陈涛	二罾	—	0.3	1.8	—	
10	南八滩渠	丁墩	二罾	等外	0.5	1.6	28.78	
11	丁字河	姚湾	岭山翻水站	等外	0.5	3.0	8.55	马套处不通航
12	陶圩河	新安	界牌	等外	0.5	1.0	6.76	
13	陆集河	后双垛	陆集	等外	0.3	2.5	8.34	
14	八巨河	徐兴庄	八巨	等外	0.3	2.5	3.46	
15	淤西河	孙圩	大尧	等外	0.3	1.8	3.02	
16	篆河	新河口	徐大尖	等外	0.5	1.8	22.17	
17	獐沟河	四叉口	獐沟	等外	0.5	1.8	7.01	
18	朝阳河	单庄	獐沟河	等外	0.5	1.8	8.92	
19	王圩河	大汛	蔡桥	等外	0.5	1.8	4.84	
20	民便河	五汛	北坍	等外	0.5	1.8	13.49	

续表 15

序号	航道名称	起　点	讫　点	航道等级	最低通航水位（米）	最高通航水位（米）	里程（千米）	备　注
21	新八河	八滩	入海水道	等外	—	—	12.9	
		八滩	北八滩渠	—	0.8	2.5	—	
		北八滩渠	新港套闸	—	0.5	1.6	—	
		新港套闸	入海水道	—	0.6	2.2	—	
22	坎岗河	红旗	吉岗	等外	0.6	2.2	12.58	
23	梁桥河	大滩	陈岳	等外	0.5	2.0	4.59	
24	陈涛河	大滩	陈涛	等外	0.5	2.0	4.01	暂不通航
25	大众河	顺港	火龙庄	等外	0.7	1.5	9.33	
26	五汛中心河	四汛	渠南	等外	0.7	1.5	7.33	
27	套坎河	岭山翻水站	大套街	等外	0.6	2.2	2.3	暂不通航

第二节　运输保障

一、公路管护

2016年，推行公路小修保养招投标制和合同管理制，规范全县公路养护工作，全县干线公路平均优良路率达96.5%，超额完成市下达的指标，技术状况指数(MQI)为95.8，提升境内主干线公路的通行条件。出台《滨海县干线公路养护管理办法》，通过实施公路协同巡查管理系统，开展对主干线公路环境整治活动与对主要县道的"五项整治"活动，对S327线8.5千米实施大修对路面病害维修24247平方米，路面贴缝94720米，乳化沥青维修18333平方米，灌缝处治22332米，搭接道口119立方米，补植绿化4000株，种植路肩草坪136094平方米，路况质量得到进一步的优化，未发生一起因养护不到位而引起的责任阻车与断车事故，确保境内公路的安全畅通。

二、海事管理

2016年，辖区水域未发生因管理不善而造成的8小时以上的航道堵塞事件，未发生危化品运输船舶污染水体责任事故，水上安全形势保持持续稳定。完成辖区内14道渡口视频监控安装工作，开展船舶配员专项整治活动，推进"四类重点船舶"专项治理和平安船舶创建活动，检查各类船舶25700余艘次，现场查纠违章船舶10425艘次，疏理通航秩序49起，实施水上救助23起，检验船舶198艘，征收船检规费47.8万元。推动海事"三化"建设，实施行政处罚案例6557起，其中一般程序235起，未发生一例行政投诉案件。

三、运输管理

2016年，落实道路客运班线经营权使用合同管理制度，开展道路危险化学品运输市场专项整治活动，规范维修企业经营行为，对全县28家二类以上维修企业的经营资质、经营范围进行逐一核查，组织全县维修企业从业人员培训，维修企业从业人员持证率达85%以上。做好运力结构调整工作，当年更新县内班车3辆、省市际班车5辆。培训驾驶员18期计16454人，完成道路运输驾驶员诚信考核共计8700人，培训道路客货运输驾驶员(从业资格)1853人。审验道路货运业户2960户，水路货运业户8户，货运车辆5229辆，货运船舶931艘。积极优化违章处罚执行方式，当年依法查处各类违法案件161件，注销607辆营运黄标车手续，维修企业行政许可和持证上岗人数由原来的28%和33.3%上升到100%和95%。无一例因错罚而引起的行政复议撤销变更和行政诉讼败诉案件。春运期间调配客运车辆14250台次，发送旅客45.1万余人次。

四、航道管理

开展航道巡查工作，当年上航350人次，航政艇上航150天，巡航16760千米，没有发生一起人为因素致使24小时以上航道堵塞事故。收取航道赔(补)偿费20.71万元，处罚案件3件，许可1件。做好航标巡查维护工作，4座航标的正常率均符合省局要求。组织实施通榆河长法桥段航道疏浚工程，疏浚土方32147.4方，使用经费近44万元。成立干线航道绿化和环境整治专项行动领导小组，对省干线航道连申线(通榆河)进行实地调查摸底统计，拆除未经批准违建小码头1座，清理航道边坡违规堆土2处、航标及标志标牌周围树木3处，开展消防安全演练活动，对全员安全教育24次、安全检查19次。与八巨镇八巨村开展结对

交警在行动中设卡检查过往车辆。　　张　威　摄

帮扶活动,举办"安康杯"竞赛活动,推进"送温暖"等关爱行动。

五、镇区交通运输综合管理

对农村公路超限超载运输等违法行为进行查处,组织开展对乡镇区域内道路运输市场整治。做好重大节假日期间的监督检查,重点加强危货作业码头安全监管,全年组织安全检查15次,开展2次危货码头安全专项检查,配合市内港处邀请第三方开展1次危货码头安全专项检查,加强江苏省港口安全监管与应急管理系统日常运行管理,比对企业网上申报作业和码头出货单情况,实现危货作业网上申报率100%。做好海港大道工程、疏港航道滨海船闸、夏秋秸秆禁烧督查等配合工作,完成省级文明城市创建复查县城环境卫生整治任务。

六、城市客管

2016年,城市公交出行分担率由去年19.6%上升为22.75%。城市公交行业管理情况良好。做好公交线路、公交车辆、公交企业的营运管理工作,坚持公交优先发展,全力打造公交优质服务品牌。为所有的公交营运车辆配置规范醒目的运价标牌,行车线路图、停靠站点标示牌、老弱病残孕专座和公交乘运须知。优化调整公交线路1条,安装公交IC卡刷卡机64部。创新城市公交营运机制。会同县城公交营运公司与各营运业主进行沟通,对各营运线路、各类营运车辆及不同的营运收益进行公正评估。研究规划新开公交线路和新增12部新能源公交车,以方便广大市民。

"平安交通"创建　把安全工作列入日常工作的主要议事日程,主要领导是安全工作的第一责任人,与系统各单位分别签订安全责任状,督促危货企业加强对从业人员的培训教育工作,所有驾驶员、押运员要持有效证件上岗,所有危险品车辆承运人责任险正常投保,GPS监控设备正常使用。当年组织安全大检查31次,检查车船300多辆艘,发放整改通知17份,制作安全宣传板25块,散发宣传资料3000余份。加强渡运检查,有效防范和遏制各类渡运事故的发生,完善水上交通安全长效管理机制。工程质量安全监督覆盖率达到100%,全县交通建设工程未发生质量安全事故。

第三节　物流　快递

一、物　　流

2016年,以"两证"年审核查和质量信誉考核为契机,引导货运企业和个体运输户,尽量发展厢式货车、集装箱车和多轴重型车及大吨位标准化船舶,大力发展快速货运和多式联运模式,引导企业做大做强,提高市场竞争力,向现代化物流业方向发展。当年重点培育的现代物流企业主要有江苏金陵交运集团驰骋物流有限公司和盐城市神龙运输有限公司滨海物流园;农村物流业重点培育对象为滨海县天翔运输有限公司。快货品牌线路建设主要为滨海县山海运输有限公司所属4辆车专线。是年起,邮递物流安全监管划入交通运输部门管理。

二、快　　递

2016年,县快递行业通过品牌、价格、服务等优势加强宣传推广,全覆盖全天候做好快递服务工作,为全县客户提供快捷便利的快递物流服务。不断完善终端网络、中转运输网络和信息网络三网一体的立体运行体系,立足传统快递业务,全面进入电子商务物流领域,以专业的服务和严格的质量管理来推动全县物流和快递行业的发展,成为为滨海经济和人们生活服务的新型服务业。截至2016年底,快递服务覆盖全县,实现派送无盲区。入驻滨海经营快递服务的公司不仅有邮政快递、顺丰快递、圆通快递、中通快递、韵达快运、申通快递、汇通快递、天天快递等10多家公司,还有美团外卖、饿了么、百度外卖等网购送餐公司入驻滨海。

第四节　交通安全管理

一、车辆管理

2016年,县车辆管理实施各项便民利民措施,推进执法规范化建设,加强对机动车驾驶人的源头管理,全面提高车管工作的整体水平。

车管业务管理　共办理机动车业务70642笔。其中办理机动车新车上牌11849辆、摩托车上牌694辆,检验摩托车辆2805辆、汽车13989辆。初领增驾人员670人、补证换证22476人、审验驾驶人员17198人次、满分学习160人次、注销登记501人、恢复驾证300人。

驾驶员和车辆管理　2016年严格大中型客货车驾驶人审验工作,重点审验交通违法和事故处理情况、身体条件情况、违法记分及记满12分后参加学习和考试情况,对有记分记录的驾驶人组织开展安全警示教育,播放交通安全宣传片、组织学员交流心得、开展文明安全驾驶知识测试,形成安全教育学习工作台账,确保审验教育工作落到实处。推进货运、客运企业"大培训、大排查、大整改"活动,深入企业排查,全面掌握企业车辆和驾驶员信息,对企业法定代表人、安全管理人员开展“面对面”宣传教育,强化企业负责人守法意识,要求他们加强对驾驶员的日常管理,建立、健全安全制度。推行便民服务,经过业务重新规划、窗口重新整合,实现业务办理流水线,让群众进入大厅少问询,群众只要提交符合规定的证件、凭证,按照业务种类限时办结,提高工作效率,受到群众好评。

1月16日,县交警大队女交警在新滩盐场宣传交通知识。 张威 摄

二、道路安全

2016年,全县公安交警部门以“防事故、保安全、保畅通”为主业,紧抓党委政府关心、人民群众关注的热点难点问题,坚持依法治理、源头治理、综合治理,全面加强和改进道路交通安全管理工作,保持全县道路交通安全形势持续平稳,为全县经济社会快速发展提供良好的道路安全保障。

交通安全宣传 将“滨海车管微信”服务号升级为“滨海交警”微警务公众号,开辟交警“微查询、微服务、微互动、微警示、微课堂”等栏目,微信影响力逐步扩大,关注量显著提升;应用手机短信等方式开展“两公布一提示”服务,更好保障出行安全畅通。认真开展“七进”安全宣传系列活动,成立女警交通安全宣传队、摩托骑警宣传队,活化交通安全宣传形式,直观简明地曝光一批不文明交通行为。在《滨海日报》等县级以上媒体用稿76篇,网络用稿95篇,宣传文明交通,展示“交警跪地救助事故受伤人”等正能量。

交通秩序整治 全年以县政府部署的安全环保执法行动、事故隐患整治行动等为载体,开展交通秩序整治工作。开展对县城电动三、四轮车集中整治。3月份以来,大队根据县政府统一指挥开展电动三、四轮车集中整治行动,通过疏堵结合、强化宣传和学生家长签订不乘坐电动三四轮车承诺书等方式,依法依规进行常态化整治,每日组织民警在县城主要路段对非法载人的电动三、四轮车进行查扣,累计查扣电动三轮车272辆,四轮车21辆,县城的电动三、四轮车违反交规现象明显下降,基本完成县政府的交办任务。开展县城交通秩序“三补三治”行动。根据县委统一部署,从7月份开始,利用一百天时间组织开展县城交通秩序三补三治行动,制定整治工作方案,细化分解任务,联合交运、城管部门对城南菜场、向阳大道水果批发市场和204国道东明市场入口进行清理整顿,组织警力重点整治县城道路车辆乱停乱放、机非混行等不文明交通违法行为。完成改造的新建南路、中市南路的交通标志标线施划3万平方米任务,对育才路、港城路、向阳大道、阜东路等主要道路标线重新施划。建成坎北高速口新建红绿灯6座。按计划对道路施划更新,施划停车位,基本完成县政府下达的“三补三治”任务。路面巡查管控。以每日有特色、每周有整治、每月有专项开展秩序整治行动,采取领导包路、民警定岗、非一线民警值班晚高峰等形式,提高路面见警率、管事率。确定“严管路”,严厉整治机动车乱停、非机动车乱行、违法经营乱占道、非机动车乱载客等“四乱”违法行为,并设置30处违停抓拍系统,净化道路交通环境。采用红灯临时管制,设置6个护学岗,每天对上放学高峰时段进行交通疏导管控,学校周边交通秩序明显好转。全年共处罚各类交通违法事故36万起,比上年上升20.2%。其中现场处罚2.7万起,上升2.3%,非现场处罚33万起,上升21.2%,查获涉牌涉证违法67起,酒后驾驶104起(含醉驾36起)。

交通源头监管 依托江苏省道路交通安全监管服务平台,为584辆重点车辆、739名重点客货运人员建立电子档案,实行户籍化管理,遇有违章、审验等违法情况提前告知,每月清零。吸取泰州危化品爆炸事故、“5·15”大客车翻车事故教训,组织民警深入重点企业,突出对公路客运、旅游客运、危化品运输、校车、“营转非”大客车、重中型货车等六类重点车辆安全大检查力度,按照工作留痕的要求,建立规范台账资料,及时清除重点车辆安全技术隐患90余处。会同交通运输部门,对事故总量较多的G228等路段进行调查论证,分析事故原因,强化道路隐患排查,增设标志标线、警示信号灯、高清监控等设施,降低事故发生率。

便民服务 推出事故处理APP采集终端,对事故信息现场采集录入、认定,使事故现场勘查更加快捷规范。建立重大交通肇事逃逸案件挂牌侦破机制,积极整合资源,有效提升案件侦破率。全年共侦破“7·2肇事将车开到灌溉总渠”等肇事逃逸案件11起。在车管窗口开展“提能力、抓规范、转作风、赢满意”教育活动,提高窗口群众满意度。推行异地缴纳交通违法罚款、网上自助缴纳罚款,在4S店设立新车上牌服务点,为驾驶人提供便利。

交通治安管控 以“神眼”大数据系统为统领,整合全县卡口信息、数据资源,依托“3·20”工程、社会面监控系统、机动车管理系统,加大对逃犯车辆、涉牌涉证、套牌车的精确查缉力度,坚持快速反应,快侦快破各类涉车涉路违法犯罪案件。全年交警部门共抓获逃犯3人,起诉123人,有效提升道路治安管控能力。完成春节、国庆等节假日道路疏堵保畅工作,严密做好上级领导到滨海视察、重要客商来访、中高考等道路安保任务50余次,认真组织做好各级党代会、人代会、G20峰会等重大政治活动的安保工作,组织警力实行战时勤务,完成安保工作。

第五篇

生态环境

第27章 生态建设

综 述

2016年,滨海县在绿色开发上求突破,构建集群集约发展格局。强化组织领导,推进生态文明建设,以增加绿化质量,提高森林覆盖率,改善生态环境,打造绿色滨海为目标,加快环保基础设施建设,开展城乡环境综合整治,大力组织大气污染和水污染的防治工作。加强绿化景观通道和主要出入口节点建设,提升滨海绿色发展层次。加快建设以"一楼、一湖、一滩、一寺、一寨、一街"为重点的景观项目,打造沿海百里风光带,确保海滨浴场上半年投入使用,月亮湾温泉度假酒店年内运营。建设古黄河入海口、黄海临海基准点等3个标志性节点景观,扩大"美好滨海、海滨好美"知名度。组织开展渔港、道路及老集镇环境整治和景观绿化提升。

第一节 生态县建设

一、任务落实

2016年,按照滨政发〔2015〕6号《关于印发2015年度生态文明建设"六大工程"项目任务表的通知》要求,将生态文明建设工程目标细化分解到各镇(区)、各个相关单位。县委、县政府、人大、政协等部门多次围绕生态创建、秸秆焚烧、饮用水源地保护、环保设施建设等重点工作作专题督查调研,推动生态文明创建工作进展。8月18日、19日,省环保厅组织专家对滨海县省级生态县进行技术评估。滨海县在顺利通过技术评估后,组织对改正工作报告、技术报告进行回头看,根据年份变化作了新的调整;多次组织现场核查,对污水处理设施建设情况进行跟进,及时将情况反馈县政府。请省环保厅对滨海县的现场考核验收的申请已报送。各项现场考核验收的准备工作有序开展,等待省厅安排时间验收。

二、工程实施

环保基础设施建设 2016年,完成覆盖拉网式农村环境综合整治方案编制上报工作,并将此项工作交由县美丽乡村建设办公室统一实施。根据省、市相关文件精神要求,滨海县委托盐城工学院环境科学研究院完成《滨海县生态文明建设规划》(送审稿)。由于生态文明建设指标的变动,送请编制单位进行积极修编,正准备申请省环保厅组织评审。11月5日,接受由省环保厅、财政厅组织的生态红线区域的现场核查。日处理垃圾能力300吨的全县标准化生活垃圾填埋厂已建成并投入试运行;滨海县生活垃圾焚烧发电项目目前已完成项目环评、可研、规划、国土预审、接入系统、安评等前期的各项准备工作按程序进行;乡镇的垃圾中转站已实现全覆盖,全年共开工新建垃圾中转站8座,其中已完成移动式垃圾中转站4座,另外3座移动式中转站也已基本完成施工,等待验收。

全县14个镇区污水处理厂全部建成,配套建设管网111.8千米。建成16座垃圾中转站,19730座垃圾收集池,配备584辆垃圾运输车,初步建立起"组保洁、村收集、镇转运、县处理"的生活垃圾收集转运处理体系。生态红线区域科学划定。执行省、市生态红线区域保护政策和推进措施,确保受保护的面积达国土比例的20.52%。大力培育生态细胞。截至年底,全县12个镇中东坎、八滩、滨淮等7个镇创成国家级生态镇,天场、通榆、滨海港等3个镇获得省级生态镇命名,为创成省级生态县创造条件。

绿树成荫的清水湖公园。 陈其龙 摄

镇级医院均配置有医疗废物(污水)专(兼职)人员,镇级医院医疗废水处理设施已全部建成,医疗危险废弃物处置率100%。县内所有的镇级以上医疗机构均建立合格的医疗废物专用暂存地,严格做到分类收集、集中存放、运转处理及时、记录齐全,医疗废物统一送有资质的盐城宇星公司回收处理。

城乡环境整治行动 2016年，结合文明县城创建，开展城市环境综合整治。围绕棚户区改造、老旧小区改造、施工工地整治和道路改造四个方面大力开展城市环境综合整治。棚户区改造，全年基本完成老城区扫尾，滨海源（西区水源）项目已经开始动工建设，沿河风光带改造已经完成施工图设计和第一期工程。老旧小区整治。以文明城市创建为抓手，对全县21家施工工地进行整治，清除建筑垃圾300余吨，花费60余万元。对城市道路进行改造。投资1.5亿元对县城主要干道进行整治，完成对盲道、绿化在内的提升工作，完成主次干道8000余平方米破损路面修补。

环卫工人清扫阜东北路人行道。 陈其龙 摄

以创建生态县为目标，开展农村环境综合整治。实施村庄环境综合整治，全力组织开展以康居乡村“六整治、六提升”和环境整洁村“三整治、一保障”为主要内容的农村环境综合整治工作，全县15个镇区、261个行政村、1947个村民小组，全面完成各项整治任务，共创建三星级康居乡村2个，二星级康居乡村1个，一星级康居乡村227个，环境整洁村1502个。9月份，全县农村环境综合整治工作在全市率先一次性通过省级全域性验收，全面提升农村人居环境。2016年投入3000万元，实施农村河道疏浚和村庄河塘整治工程共完成各类土方459.33万立方米，疏浚大、中、小河道共557千米。

大气污染防治 2016年，认真落实省大气污染防治行动计划实施方案要求，印发《滨海县重点行业大气污染限期治理实施方案》，制定《滨海县2016年大气污染防治工作计划》，确定58个重点大气污染防治项目，其中小锅炉整治32个，挥发性有机污染物治理项目26个。完成26家32台燃煤锅炉拆除或改为清洁能源的整治项目；完成26家化工企业的挥发性有机污染物的治理任务。

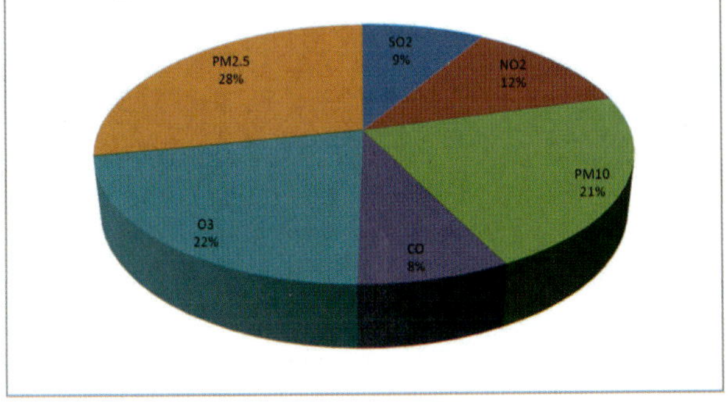

2016年，滨海县空气质量各项污染物比例。

环保局 提供

水污染防治 实施城乡供水一体化工程。自来水实现14个镇区全覆盖。实施饮用水源地污染防治工程。重点加大饮用水源监察、监测频次，强化集中式饮用水源保护区两岸1千米范围内隐患排查力度，在中山河、通榆河饮用水源地的沿线镇（区）聘请饮用水源保护工作的巡查员，进行日常巡查。加强对通榆河沿线新上项目的建设管理，否决一批与水源保护无关的项目。实行饮用水源日监测、日报告制度。中山河、通榆河两座饮用水源水质自动监测站正常运行，切实保障集中式饮用水源安全。

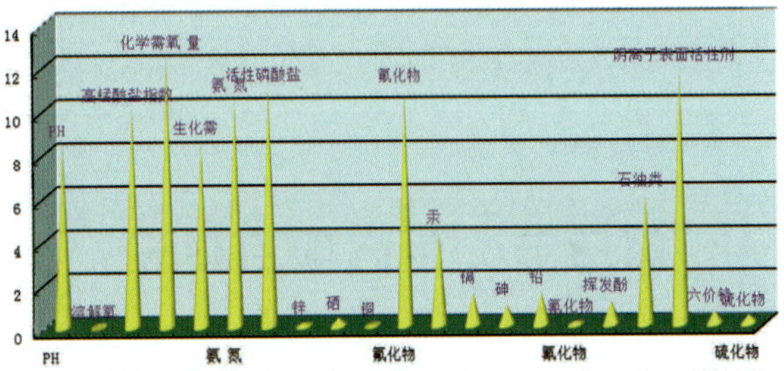

2016年滨海县污染分担率。 环保局 提供

绿化建设 加强景观通道建设，对沿海高速、临海高等级、S327、G204等主干道路，按两侧不少于50米、四季常青，四季有景要求，逐段排查缺株断垄现象，达不到规格和效果的苗木，立即进行补植。对临海高等级与S327交界处、沿海高速滨海出口、主干道与临县交界处、主干道镇区入口等节点进行打造提升。村庄绿化，按照省市的要求，重点培植林果专业村、生态示范村和绿化示范村，把农村绿化与农村环境综合整治相结合，点线面统筹推进。点上重点打造八巨镇前案村、农业园区关南村等园林式村庄。农业园区实施万亩果园重建项目，2016年新建朝春果园、广海果园、祝山果园、昌道果园，新增面积133.33公顷，总面积达333.33公顷。线上重点完善镇村绿色通道，在两侧栽植常绿苗木，实现四季常青目标。面上每个镇新上1个3.33公顷以上绿化苗圃基地，为绿色滨海建设提供苗木保障。

第二节　生态防护林

2016年，沿海万亩林场全面完成二期工程建设任务，总规模已达333.33公顷。全面加快沿海生态防护林建设，新造生态防护林433.33公顷，超额完成市下达的目标任务。积极鼓励以果树设施栽培为主的高效林果，现代农业园区大套村已栽植以黄金梨为主的多品种新果园66.66公顷，各镇、区涉及的采伐迹地全部按要求更新到位。年内全县共完成新造成片林1000公顷，建设绿化示范村14个，完善农田林网4400公顷，新建和完善公路绿化152千米，其中新建绿色通道72千米,四旁植树146万株,林木覆盖率达31%,城市绿化覆盖率达41.3%。

3月11日,县委副书记、县长钱武华等四套班子领导到东坎镇新安村与镇村干部一起参加植树。

陈其龙 摄

第三节 生态项目建设

2016年,为了使生态建设由书面规划变成实际行动,滨海县坚持用项目支撑生态建设,从而使生态建设能够真正见到实效。通过发展生态旅游业抓实生态建设。按照该县制订的旅游业发展总体规划,准备实施的项目有海滨生态观光园、清水湖生态观光园、古黄河湿地公园及湿地博物馆等。通过绿色滨海建设抓实生态建设,以增加绿化总量、提高森林覆盖率、改善生态环境、打造绿色滨海为目标,共组织实施100多项绿化重点工程,全年组织实施80项重点工程,使全县绿化不断提档升级,绿量不断增加;通过生态绿色创建抓实生态建设。截至12月底,全县先后创建国家级生态镇7个,省级生态镇10个,市级生态镇12个,省、市级绿色学校33所,绿色社区9个。在生态绿色创建过程中,先后实施生活污水处理、生活垃圾压缩式中转站等项目26个,打下较好的生态建设基础。

相关链接·滨海港经济区打造生态家园

2016年,滨海港经济区围绕县政府关于绿色滨海建设的工作要求,以“加快建设美丽港区、全力打造生态家园”为主基调,纵深推进美丽乡村行动。该区倾力快推万亩林场工程。主动做好对接工作,启动林地流转工作,协调资源要素,按时完成林基整理工作。围绕观海大道、六合大道和灵龙湖等道路、景观绿化工程,全力协调矛盾,确保港城绿化工程顺利推进。接轨港城建设,重点实施六合庄村闸北路段6千米村庄绿化工程,打造道路绿化新亮点。同时实施21个村主干道沿线绿化提档升级工程,全部栽植常绿树木,提高绿量,提升档次。

优化工作体制,落实主体责任。成立工作领导小组,制定实施方案,明确主体责任,形成主要领导亲自抓,分管领导重点抓,业务部门具体抓的工作机制;统筹谋划绿化布局,围绕增绿、增景、增效目标,通过绿化工作责任状,将目标任务细化到村、到具体地段,力求目标明确,责任明确;重点落实好林地产权和维护机制,签订到户责任状,确保成活率。同时选调精通业务、责任心强的专业人员开展到村巡查指导工作,做到按规划施工、按要求管护、按标准验收。

放大媒体优势,造浓宣传氛围。精心组织开展“绿色宣传月”活动,充分发挥有线电视、广播等媒体优势,加大绿色港区宣传力度,不断增强全民造林绿化意识和生态文明意识,大力营造“加快建设美丽港区、全力打造生态家园”的浓烈氛围。在苗木基地建设上,充分利用市场化手段,推行合作共赢,逐步拓展空间。在以万亩林场为核心的成片林建设上,从流转资金方面予以政策扶持,让群众分享到港城建设带来的实惠。在绿色通道建设上结合村情实际,精心谋划,巧妙运作,让绿色发展成为真正的利民惠民工程。

第四节 湿地保护

2016年,滨海县在实施生态建设工程的同时,推进湿地保护工作。着眼绿色建设的战略目标,将湿地保护建设作为推进生态滨海建设的重点事项,坚持将湿地保护与古黄河文化研究、黄河故道生态旅游建设、农业综合开发、水利设施工程等统筹规划、综合实施。废黄河湿地基地粮食基地面积16666.66公顷,产量77500吨,产值9300万元;林业606.66公顷,桑园1626.66公顷,果园1800公顷,林园产值3500万元;水产1093.33公顷养殖水面,产量4200吨,产值2600万元;粮食基地占黄河故道总面积55.5%。

第 28 章 环境治理

综 述

2016 年,围绕县委"沿海崛起、板块进位、小康升级"的总定位,以推进绿色发展、建设生态文明为主线,坚持以改善环境质量为核心,把监管执法摆在更加突出的位置,强势推进生态创建,切实加强污染防治,不断改善环境质量,全县环境保护工作取得初步进展。地表水好于Ⅲ类水质的比例 71.4%,城镇污水达标处理率 91.8%,村庄环境整治达标率 100%,空气质量达到二级标准的天数比例 74.7%,区域环境噪声 53.4 分贝,交通干线噪声 65.2 分贝。

第一节 防污减排

一、大气污染防治

2016 年,整治燃煤锅炉 210 台以上,完成挥发性有机物治理企业 35 家,秸秆禁烧工作继续保持"零火点"。全县 PM2.5 平均浓度为 44.6 微克/立方米,比 2013 年同期下降 31.2%,空气质量达标天数 243 天,达标率与 2015 年同期相比上升 1.6%,无重污染天气。

二、水污染防治

加大巡查监管力度,对位于淤黄河上游的 5 家养猪场实施了搬迁,对位于八滩镇水厂取水口上游的两家规模化养殖场实施了整治,同时聘请沿线志愿者,全力保证水质安全,饮用水水质始终保持在三类水以上标准。

三、污染减排工程

2016 年,50 个减排项目均已完成,基本完成省市下达的年度减排任务。完成年初市下达的 87 个大气污染防治计划工程项目。紧密结合滨海县排污减排实际,建立排污权有偿交易机制,组织开展排污权交易活动。

三座水质自动站内部设备全景图。

第二节 环境监管

一、依法查处

2016 年,环境执法力度持续加大。全年不间断地开展"利剑斩污"、环境保护大练兵等系列活动,始终保持执法监管的高压态势。已立案查处各类环境违法案件 209 起,实施查封扣押 5 件,行政拘留 5 人,依法追究刑事责任 6 人,经济处罚 743 万元。做好中央环保督察整改。中央环保督察组督察江苏期间,县环保局上下高度重视,特别对交办的 23 件环境信访件 38 个问题,即查即办,立行立改,办结率达 100%。其中立案处罚 14 件,罚款 12.6 万元,行政拘留 2 人、约谈 10 人、问责 6 人。全面完成违法违规建设项目清理整治工作。对排查出的 281 个环境违法违规项目,按照"三个一批"的要求,已完善登记 175 个,整改到位 62 个,关闭 39 个。化工园区整治取得新成效。建立并实施对沿海工业园 24 小时环境巡查制度,重抓企业"三废"整治,较好地完成化工园区省级环保整治现场验收工作。

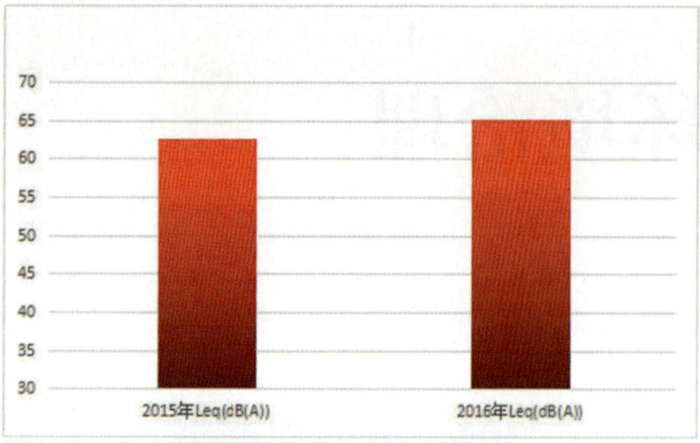

2015～2016 年昼间交通噪声平均等效声级。

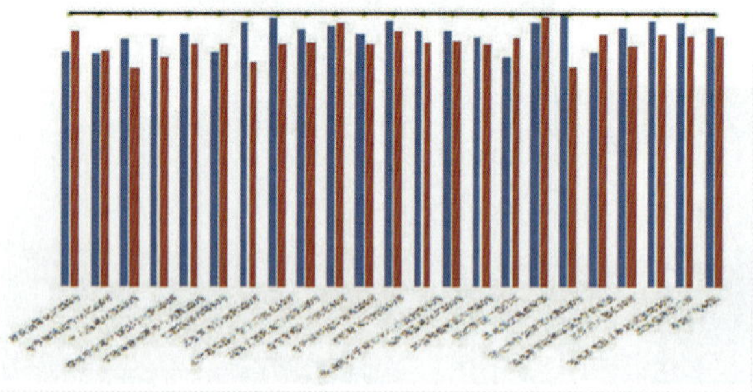

2016 年交通噪声各路段声级值与 2015 年对比情况。

二、专案受理

坚持领导包案、带案下访、亲自处理、挂牌督办等制度，明确每周二为局领导信访接待日，建立领导轮流坐班接访制度，坚持每月领导包案下访，4～5 月开展环保局长大接访活动，深入群众了解信访诉求。2016 年，共受理各类环境信访投诉 227 件，信访处理率 100%，办结率为 94%，群众满意率为 92%，环保专案信访总量得到有效控制。

第三节　环境宣传

2016 年，新闻宣传力度加大。在江苏环保网投稿 90 篇，采用 38 篇，《中国环境报》《新华日报》各采用 1 篇，《江苏环境》采用 7 篇，《盐阜大众报》采用 20 篇。宣教活动有声有色。在“4·22”“5·22”“6·5”等重大环境活动日期间，在《滨海日报》发表县委、县政府主要领导的署名文章，在滨海电视台由县政府分管领导发表电视讲话。以环保“四进”活动为载体，广泛深入开展环保社会宣传活动。绿色创建成效明显。当年 1 家省级绿色社区已命名，申报的 1 家省级、2 家市级绿色学校待验收。

第四节　能力建设

2016 年，沿海工业园污水总处理能力已经达到日处理 6 万吨的水平，其中 2016 年日处理能力新增 2 万吨；固废、危废总处理能力达到 3.35 万吨。其中 2016 年建成年处置 2 万吨危废回转窑工程 1 个，危废填埋年处置能力达 3 万吨；同时完成明渠驳岸、雨水管网改造、节制闸等工程建设。环境监察装备执法终端、环境监测、监察等应急设备。

发动群众积极参与环境治理。　　王晶晶　摄

第六篇

文化建设

第29章 科学技术

综 述

2016年,滨海县发挥科技工作对经济发展的拉动作用,推进科技与经济紧密结合,重抓对财政投入、资金申报、科技金融的管理,深入实施创新驱动发展战略,扎实推进科技创新工程,着力提升科技服务能力。加强科技服务载体建设,坚持优化项目服务、人才引进、专利保护三大科技发展环境,充分展示科技发展的吸引力,推动全县经济结构转型升级和供给侧结构性改革,为全县经济社会又好又快发展提供科技支撑。

第一节 科技活动

科技项目服务 2016年,县科技局优化科技项目申报服务,组织专门科技服务人员深入企业排查重点项目,开展项目申报培训,现场指导项目材料编写,项目申报的数量和质量不断提高。深入实施高新技术企业培育计划和高新技术企业、科技型中小企业“双倍增”计划,切实开展“精准帮扶企业促发展”专项行动,为市场主体科技创新做好服务。优化创新创业服务,认真落实国家、省、市“双创”扶持政策,专门出台发展众创空间实施意见,建设有利于促进大众创新创业的低成本、便利化、全要素、开放式众创空间。

科技人才引进 组织开展“引才高校行”“博士看园区”等活动,集聚港口产业、生物医药、高分子新材料、纺织、机械等行业一批高端人才。以省“双创”团队、“双创”人才、企业博士集聚项目为载体,将成果引进和人才引进相结合,实现人才引进与成果转化同频共振、互促并进。强化科技专利保护。

科技经费投入 2016年,县政府设立科技成果转化风险补偿专项基金500万元、专利资助专项资金100万元。出台《关于促进经济稳定增长、加快转型发展的意见》,对45家企业科技创新工作进行奖励。落实企业研发费用加计扣除、高企所得税等优惠政策,先后帮助八巨药业、清泉化工等30多家企业63项研发项目办理研发费用加计扣除备案手续,为43家高新技术企业办理税收减免登记手续。开展“科技创新券”试点,支持中小微企业购买高校院所、第三方独立科技中介机构的科技咨询、分析测试、科技信息服务、知识产权服务等。重抓科技资金申报,积极组织省级科技项目立项,向上争取科技配套资金;组织30家科技型中小企业申报95项市政府“科技六条”奖励项目。为企业落实科技政策减免税1.45亿元。开展“科技创新券”试点,安排专项资金,支持中小微企业购买高校院所、第三方独立科技中介机构的科技服务,为29家企业发放科技创新券100万元。

科技金融合作 完善科技成果转化风险投资机制,建立政府银行企业联席会议制度,定期讨论决策科技金融工作,解决企业科技成果转化融资难等问题。以“苏科贷”为突破口,推动政、银、企三方合作,为科技型中小微企业的发展提供资金支持。宣传“苏科贷”政策,会同合作银行举办“苏科贷”专场宣讲会,将“苏科贷”业务知识编入《科技服务手册》,不断扩大“苏科贷”项目覆盖面和知晓度。

科技创新政策宣传 梳理从国家到地方的科技创新政策,免费为企业发放政策汇编1000余册。依托科技政策辅导员、科技政策助理员等队伍,强化对科技型企业开展落实科技政策的“一对一”服务。组织举办各类科技政策落实培训班4期、科技政策宣讲13次,培训企业人员超250人(次),直接辅导服务企业约320家次。

科技交流与合作 2016年,利用各级科技资源,搭建政产学研载体,以科技项目为牵引,有重点、有针对性地组织县内企业参加各级各类科技成果交易会、洽谈会、展示会,引进和转化科技项目和科技成果。紧盯中科院和985、211等重点高校院所,发挥“科技镇长团”成员作用,采取分板块、按专业、小型化的原则,开展“企业家高校行”“院士专家滨海行”等政、产、学、研对接活动,加速创新成果向滨海集聚。年内多家企业参加北京、南京、大连、西安、深圳等地政、产、学、研专场对接活动8次,新签订产、学、研合作协议近100个,解决企业技术难题33项,引进科技成果46项。全县建成中科院大连化物所、中科院上海有机所、大连理工大学、北京化工大学、南京大学等多个产、学、研平台。10月,有关企业参加盐城北京产、学、研合作洽谈会,有6个项目签约。11月组织参加盐城市人才峰会产、学、研合作专场对接活动,有9个项目签约。12月中旬,部分科技型企业参加在南京召开的盐城南京产、学、研专场洽谈会。

市科技局督查科技创新 7月26日,市科技局督查组在滨海督查科技创新工作,副县长余吉生陪同。督查组在座谈和听取汇报后,充分肯定滨海科技工作所取得的成果,并就下一步工作提出建议。要求滨海进一步研究国家、省、市科技政策,找准推动科技工作着力点,培育科技示范点。紧扣各类科技项目指南抓项目,以项目促发展。继续增强科技创新意识,注重创新环境营造。加强领导,落实责任,优化科技布局,整合科技资源,加大科技投入,为科技创新创造条件、提供支撑。强化龙头牵引带动作用,突出抓好对创新型产业集群、协同性研发网络、叠加型政策体系的打造,营造良好的科技发展环境,形成促进科技改革创新的强大合力。继续深化科技体制改革,有效破除体制机制障碍,强化企业科技创新主体地位,依托传统优势产业,加快实施科技型中小企业培育计划进程,积极引导企业吸收先进技术。着力构建多层次科技创新体系,真正发挥好科技在产业增效上的作用。

省科技镇长团欢迎欢送会 8月,县政府召开省科技镇长团欢迎欢送会,欢迎第九批科技镇长团专家到滨海挂职,并欢送第八批科技镇长团。县委常委、组织部长徐亚,副县长余吉生出席。徐亚希望科技镇长团成员发挥好科技好参谋、桥梁纽带、专业服务和引才育才四个作用。要从积极建言献策、增进交流合作、强化专业服务、促进人才集聚4个方面为滨海加快转型升级、加快跨越发展注入强大动力。有关镇区和部门在思想上要高度重视,工作上要全力支持,生活上要切实关心,把做好科技镇长团工作作为集聚创新资源、促进产业转型的重要切入口,全力以赴吸引高校、科研院所的资源优势在滨海释放。

第二节 知识产权

产权保护宣传 “4·26”世界知识产权日期间,县科技局在八巨药业有限公司举办一期“企业知识产权保护”专题知识讲座。这次讲座主要是通过分析当前知识产权形势,让企业认识到知识产权的重要性。7月,县科技局负责知识产权一条线的同志深入企业宣传,围绕“推动转型升级,致力科学发展”主线,向企业领导者和决策者宣传党和国家关于知识产权工作的决策部署,宣传知识产权激励政策。8月,开展企业高层知识产权对话活动,县科技局在网上发布专利申请流程、专利申请相关文件制作方法、专利法、审查指南等相关内容,方便广大群众了解和学习专利相关知识。深入开展保护知识产权宣传教育活动,营造自主创新良好环境。县政府设立知识产权专项资金,奖励资助专利申请人。与深圳市联创知识产权服务中心共建的滨海知识产权交易中心入驻滨海南山智汇园,并主动开展为企服务。

专利工作 2016年,滨海县深入推进知识产权战略,大力开展原创性研究开发,实施高新技术企业和建有研发机构大中型企业发明专利全覆盖,全县企业自主知识产权数量和质量显著提升。全年完成专利申请1861件,占目标数100.6%;发明专利申请309件,占目标数103.7%;发明专利授权数42件,占目标数113.5%;万人发明专利拥有量达到2.66件,位于全市前列。年初,县级财政预算安排100万元专项资金,用于专利申请资助、授权专利奖励、专利工作体系建设以及重大发明专利产业化项目资助等。培植知识产权优势企业6家、达标企业11家,消除零专利企业36家。开元医药、丰华化工等6家企业申报盐城市专利奖。参加盐城市人民政府专利奖评选活动。江苏清泉化学股份有限公司“一种合成3,3′-二甲基-4,4′-二氨基二环己基甲烷的方法”专利获市政府专利金奖,江苏苏滨生物农化有限公司“一种解淀粉芽孢杆菌的培养基及应用”专利获市政府专利银奖。组织召开全县知识产权交易会,成功交易授权发明专利29件,交易额52万元。

第三节 成果转化

科技项目申报 2016年,全县高新技术产业继续保持全市领先态势。实施科技企业“小升高”计划,采取专题培训、建立后备企业库、开展“一对一”辅导服务等措施,促进高新技术企业存量做优、增量做大。汉阔生物、长丰农化等14家企业申报国家级高新技术企业,组织清泉化工、吉华化工等8家企业重新申报国家高企。截至12月底,全县国家高新技术企业累计达52家。全年申报江苏省高新技术产品46个。全县科技计划项目申报116项,获国家、省市资金近4000万元。省重大科技成果转化项目取得新突破,瀚鸿生化的“双基因工程菌酶法生产非天然氨基酸产品的研发和产业化”项目和海阔医药的“高纯盐酸万古霉素绿色生产技术研发和产业化研究”项目被省科技厅立项,获得专项资金2000万元。组织江苏新化化工申报国际合作项目,实现此项目的零突破。康乐新材料有限公司获前瞻性项目研究立项,菲特滤料有限公司获得省级重点研发专项资金40万元。“双创”项目又获突破,全县共有4个项目立项。康乐、科利等26家企业申报盐城市培育型中小企业奖励项目,获得奖励金额624万元。

科技与金融结合 2016年,滨海县科技工作主动适应新常态,以产业链部署创新链,以创新链强化资金链,以“苏科贷”为抓手,推动政、金、企三方紧密合作,为科技型中小微企业的发展提供动力支点。广泛向企业宣传“苏科贷”政策;联合合作银行举办针对中小微科技型企业的“苏科贷”专场宣讲会;将“苏科贷”业务知识编入《科技服务手册》向企业发放,进一步扩大“苏科贷”项目覆盖面和知晓度。围绕全县特色产业,积极引导企业加大科研投入,引进科技人才和先进的设备、技术,开展科研攻关和新产品开发,增强企业创新能力。康乐新材料、安迪化学等35家科技型企业获得省“苏科贷”立项支持,贷款金额9000万元,有效缓解科技型中小微企业首贷难、融资难、融资贵等问题。

第四节 科技平台

企业科技平台建设 推进规模以上企业建立研发机构行动计划,大中型企业研发机构建设全覆盖,规模以上企业研发机构建设率达80%以上。康乐新材料获批省级工程技术研究中心，科利、托球2家企业获批省研究生工作站，明鸿、远大仙乐等3家企业获批市级工程技术研究中心。

科技创新载体建设 2016年，全县科技工作始终把科技品牌打造放在重要位置，先后有一批国家、省、市品牌获批，其中南山智汇园获批国家级众创空间，新医药特色产业基地通过复审，国家高分子新材料高新技术产业化基地获批。充分利用高校专业特色与地方经济关联度大、服务地方经济建设热情高等优势，联合盐城工学院科技处、盐城师范学院科技处与工业园、沿海工业园共建技术转移分中心，发布科技成果信息300多条，直接服务企业60多家。组织康乐新材料、脉动医疗机械等20家科技型企业、大璞之星等5个团队参加第三届盐城科技创业大赛，大璞之星、脉动医疗器械、凯利药业、康乐新材料4家企业、团队获得优秀奖。康乐新材料和脉动医疗器械代表滨海参加江苏省科创大赛，脉动医疗器械获得省三等奖，康乐新材料获得优秀奖。在第五届中国创新创业大赛生物医药组和新材料组的比赛中，脉动医疗器械和康乐新材料均获得优秀奖，全市共有7个项目获奖，滨海占2个。依托江苏省科技咨询中心提供技术支持，举办"滨海首届在线科技成果对接会——化工专场"，征集高校、科研院所项目成果332项、本地企业技术需求66项，11所高校、科研院所的31位专家参与在线对接，网上技术对接92次，产生意向56项，达成协议21项。

第五节 农业科技

农业项目申报 富川生物科技的"金针菇工厂化高效生产技术集成与示范应用"、望嘉元生态农业的"高品质设施采摘番茄新品种及高效栽培技术示范"等7个富民强县项目被省科技厅立项。江苏博益生物科技有限公司、滨海随耕生态农业有限公司、江苏奕帆农业科技股份有限公司、富川生物科技公司认定为农业科技型企业。江苏海大食品公司被认定为蔬菜科技示范园。

农业科技特派员选派 2016年，县科技局选派180名农业科技特派员，其中具有高级、中级职称的农业科技特派员80名，帮扶企业和贫困村。农业科技特派员派驻期一般为1年，驻点时间不少于60个工作日，主要围绕发展畜禽、水产品养殖和蔬菜、优质水稻种植等，指导、帮助实施一批短平快科技富民项目，推广一批先进实用、增产增收增效明显的新品种、新技术、新机具，转化一批农业产业化精深加工和综合利用的科技成果。每名农业科技特派员在服务对象所在地确定15个示范户，积极开展技术指导与服务工作，确保示范户先进实用技术使用率达96%以上，示范户年纯收入提高12%以上。

相关链接·滨海县以科技创新助推经济腾飞

秋日的滨海大地，处处涌动着实干兴业的热潮，以科技为引领，以创新为驱动，一场科技创新的生动实践正在盐城市滨海县这片广袤的土地上酝酿、生发、绵延……2016年1~10月份，滨海县引进"515"三类人才3017人、企业引进博士32人；完成专利申请1850件，其中发明专利申请312件，发明专利授权37件；实现高新技术产业产值325.2亿元，比上年增长21.1%。

项目带动 造强成果利用"气场"

作为全国科技进步先进县、江苏省创新型试点县，滨海县不断改善科技成果转化环境，全力打通科技成果落地通道，涌现出一批重大科技成果和产业化项目。近年来，每年申报省级以上项目80个以上，2014~2016年争取项目资金近亿元。其中，全县累计获批省重大科技成果转化项目达10项。项目申报数和立项数都处于全市前列。

积极引进外地科技成果到滨海海转化，提升科技成果转化层次，从2015年起，每年举办滨海科技创新大赛，两年参赛项目近百个，评选优秀项目30多个，6家企业参加全国科技创新创业大赛，获优秀奖3个。组织企业科研项目积极申报省、市科学技术奖，科利新材料、建农植保分别获市科学技术一等奖，康杰化学获市科学技术二等奖，清泉化学、康乐新材料、普信制药分别获市科学技术三等奖。鼓励企业研发自主知识产权产品，海源机械获市政府专利金奖，大华化学、万恒铸业分别获市政府专利银奖。

为解决科技成果转化融资难等问题，该县大力推动政金企三方合作。2016年以来，多家科技型企业获省"苏科贷"立项支持，贷款金额近亿元。该县还积极组织中小微科技企业参与省"鑫智力杯"创新创业200强评选活动，9家企业入选200强、1家企业入选60强。

构筑平台 从帮"资"到帮"智"

科技创新是企业发展的根本推动力。为此，滨海县把推动政、产、学、研紧密结合作为实施科技创新工程的主要途径来抓，大力强化政、产、学、研合作。该县紧盯中科院和985、211等重点高校院所，先后开展"企业家高校行""院士专家滨海行""引才高校行""博士看园区"等政产、学、研对接活动，加速人才及创新成果向该县集聚。通过构建政、产、学、研合作联盟、共建技术创新研发平台、以项目为纽带开展技术合作、专家服务等，不断丰富政、产、学、研合作有效形式，今年在北京、上海、大连等地组织6次产学研专场对接活动。依托江苏省科技咨询中心提供技术支持，举办"滨海首届在线科技成果对接会——化工专场"，征集高校、科研院所项目成果332项、本地企业技术需求66项，11所高校、科研院所的31位专家参与在线对接，网上技术对接92次，产生意向56次，达成协议21次。

目前，全县27家大中型企业研发机构建设实现全覆盖，规上企业研发机构建有率达80%以上。拥有省级以上工程技术研究中心、企业技术中心16家。拥有国家级孵化器1家、省级孵化器3家，获批国家级众创空间1个、省级众创空间2个，与深圳南山区共建滨海南山智汇园。相继建成国家环境保护有机化工废水处理与资源化工程技术中心、南大滨海低碳产业研究院、中科院大连化物所国家技术转移分中心、江苏省阀门产品质量监督检验中心、合肥通用机械研究院滨海阀门研究所等一批科技创新平台。万恒、清泉等6家企业获批省重点企业研发机构。

灿烂的科技之花正结出丰硕的科技之果。如今，滨海县已拥有3个国家级火炬计划特色产业基地和1家国家高新技术产业化基地，涉及高分子新材料、生物医药、泵阀机械等特色产业。

精准服务　当好企业“店小二”

为企业服务，不是给个笑脸、献个殷勤，而是要拿出实实在在的服务技能。近年来，滨海县紧紧围绕企业需求，先后提供了一系列精准化、具体化服务，帮助企业创业创新。

为了深入实施高新技术企业培育计划，滨海县组织专门科技服务人员为企业找项目、找技术、找资金……开展“精准帮扶企业促发展”专项行动；为了将优惠政策用好、用足，科技服务人员深入企业排查重点项目，开展项目申报培训，现场指导项目材料编写；为了认真落实国家、省市“双创”扶持政策，专门出台科技创新创业实施意见，建设了多个利于促进大众创新创业的低成本、便利化、全要素、开放式众创空间，并对入驻的创客团队免收房租费，适当补贴水电、宽带费用。

专利作为一种无形资产，具有巨大的商业价值，是提升企业竞争力的重要手段。滨海县清醒地认识到知识产权保护的重要性，在专利申请、知识产权交易等方面为企业提供全方位服务。为提高企业申报专利积极性，该县设立知识产权专项资金100万元，奖励资助专利申请人。积极开展保护知识产权宣传教育活动，大力开展原创性研究开发，全县企业自主知识产权数量和质量显著提升，目前全县万人发明专利拥有量达2.66件。

以服务转型发展为主题，以增强企业自主创新能力为核心，以创新载体建设为抓手，滨海县正在探索一条符合自身实际的创新驱动之路，以科技的力量助推经济腾飞。

（《滨海日报》记者徐冠英）

2月17日，剑牌科技工业园内的监控室现场。　　陈其龙　摄

第30章　教育事业

综　　述

2016年,滨海县教育系统以教育现代化创建为中心,坚持质量主线,创办人民满意教育。在全县2016年目标任务综合考核中,教育局获得综合先进奖和社会事业、新型城镇和城市建设管理、服务发展创新创优等单项奖。获得江苏省关心下一代工作先进集体、普法工作先进集体,盐城市"十二五"学前教育先进集体、促进义务教育均衡发展先进集体等10多项省市级荣誉;30多所学校获批或通过教育部足球特色学校、江苏省绿色学校、盐城市依法治校示范校、省标教育技术装备先进校、书香校园示范校、教育技术装备先进校等验收。《新华日报》《江苏教育报》《盐阜大众报》等主流媒体先后报道滨海教育的工作成果与成功经验,社会各界和人民群众对滨海教育的满意度、好评度不断上升。

第一节　学前教育

2016年,全县有规模幼儿园70所,下辖60个分园(办班点),在园幼儿39569人,学前三年入园率达98.6%;全年创建省优质幼儿园5所,省优质幼儿园达31所。创建市优质幼儿园2所,3所省优质园通过复审,3所村办园通过农村合格园验收。在2016年度全市教育事业发展综合考评中,县教育局获评"学前教育工作先进奖"。

一、保教管理

完善体制　县委、县政府高度重视学前教育工作,完善"县级统筹、县镇(区)共建"的学前教育管理体制,积极发展学前教育。将县城配套小区幼儿园、幼儿园建设及幼儿园创建工程列入2016年全县"三重一实"项目,成立县分管领导任组长,相关部门负责人为成员的学前教育第二期五年行动计划攻坚年活动推进工作领导小组。建立联席会议制度,健全教育部门主管、各部门分工负责的管理体制和工作机制,加强对学前教育工作的统筹协调与组织实施。县领导多次召集学前教育联席会议成员单位负责人进行专题会办,深入一线实地调研学前教育工作,研究解决幼儿园工程建设、省优质园创建等问题。

改善条件　2016年,滨海县把学前教育纳入城镇发展与新农村建设整体规划,立足长远,全县统筹,根据城乡一体化发展需求以及幼儿来源、交通、环境等因素,科学规划学前教育布局,加强县城小区配套幼儿园、镇区中心园及农村集中居住点幼儿园建设。明确规定镇(区)新建幼儿园一律不低于省优质园标准、小区新建幼儿园一律不低于市优质园标准、村(居、社区)新建幼儿园一律不低于省合格园标准。新建镇区中心园占地面积不低于1万平方米,建筑面积不低于4000平方米,各类配套设施齐全。全年新建幼儿园6所,改建扩建幼儿园4所,有效改善幼儿园办园条件。

严格教师准入制度,幼儿教师实行聘任制,所有幼儿教师持证上岗,逐年加大招录比例,全年招录公办在编幼儿教师50名。实施《滨海县幼儿园园长、教师五年培训计划》,采取开展专题引领培训、分层培训考核、搭建展示舞台等形式,加速提升全县幼儿教师的专业技能。建立县域范围内教师定期交流机制,选派16名镇区中心幼儿园青年教师到县城幼儿园顶岗学习。实行镇区幼教经费统一管理、独立建账、专款专用。规定所有幼儿园自聘保教人员工资不低于全县最低工资标准,并将教师的资历、学历、工作表现和工作业绩与工资、奖金直接挂钩,并按规定为教师缴纳养老保险。

特色建设　以县幼儿园、机关园、实验园为中心分别建立3个幼教发展联盟,制定年度活动计划,定期开展活动,提升新建园、薄弱园办园水平和质量。联盟体内各幼儿园学习先进的办园经验,逐步形成草柳编织、民间游戏、童歌童谣、手工制作、拼图贴画、快乐童球、音乐游戏等,具有各自特点的办园特色。开展教研活动,举办园长沙龙、教师基本功大赛、优秀教育活动展评、幼儿园开放日等活动,提升幼儿园园长及教师的专业水平。深入贯彻落实《3~6岁儿童学习与发展指南》,建立行政推动、专家指导、科研引领、典型示范的管理和工作机制,推动各级各类幼儿园课程游戏化建设研究,自由、自主、创造、愉悦的游戏精神始终渗透于幼儿的一日活动之中。

二、全新幼儿园选介

滨海县实验幼儿园龙泰分园　于2013年6月正式创办,占地面积2680平方米,建筑面积1800平方米,有大、中、小班共12个教学活动室。幼儿园遵循"生态美观,天真烂漫"的设计理念,将环保、美化、安全与童真气息有机融合。园内绿化、户外活动场所等面积均达省优标准。艺术畅想室、图书阅览室、多功能室、科学发现室、幼儿美工室、保健室等功能室各富特色。玩沙区、戏水池、种植园、饲养角一应俱全。所有班级配套设施设备齐全,配备多功能一体机、钢琴、空调、监控等现代化设备。

县幼儿园龙泰分园。　　　　教育局　提供

滨海县幼儿园江南新城分园　位于江南新城住宅小区内,建于2013年8月,占地面积2785平方米,共设8个教学班,园舍功能配套、保教设备精良、师资力量一流、园所文化浓郁。在全园"大美育"特色的引领下,潜心"美体"为特色的园本研究,积极开展体育游戏活动,促进幼儿身心健康发展,先后通过市级、省级优质园的评估验收;荣获市安全文明校园、县教科研先进集体等称号;多次承办全县开放日、学习观摩等活动。

县幼儿园江南分园。　　　　教育局　提供

五汛镇中心幼儿园　创建于1978年。2014年8月,整体搬迁至五汛镇汛西村幸福大道北侧,是江苏省优质幼儿园。占地面积1万平方米,建筑面积4317平方米,绿化面积3800平方米,户外活动面积5100平方米,塑胶软质地面1100平方米,草坪2600平方米。幼儿园环境优美,设备实施齐全,是一个融美化、绿化、儿童化、教育化于一体的孩子成长的乐园。现开设6轨18个班,设有多功能室、幼儿图书室、美术室、科学发现室等专用教室。幼儿园现有教职工62名,专任教师36人,全部为大专以上学历。

五汛镇中心幼儿园。　　　　教育局　提供

第二节　中小学教育

2016年,全县共有中小学校96所,其中普通高中3所、完全中学2所、职业高中1所、初中25所、九年一贯制学校2所、定点小学63所。在校生人数12.22万人。中小学在编教职工7698人,专任教师7419人。小学适龄儿童入学率、巩固率、毕业率均为100%,初中阶段入学率、巩固率、毕业率分别达100%、99%、99%,高中阶段毛入学率达99%。全年高校录取人数3265人,其中本科以上1359人,占录取总人数的41.6%,比上年提高5个百分点。

一、规范管理

县教育局把规范中小学办学行为、深入推进素质教育工作作为深入践行"两学一做"学习教育活动的重要举措来抓,以落实《江苏省中小学管理规范》为切入点,通过各种学习宣传、排查整改、督导检查评估活动,将"管理规范"实施工作不断引向深入。县政府教育督导室建立有效督查、有效监控、有效查处督导机制,强化专项督导和随机督查工作,实行进校必查"五严"的工作原则,使得学校规范办学的层次和水平不断提升。先后组织开展全县中小学有偿补课治理、暑期招生、学校安全工作"三项督查"家家到活动、全县中小学(幼儿园)规范管理与内涵建设家家到现场观摩活动,突出内涵建设成果,注重展示学校的特色亮点。全县中小学校加强校园规范化管理,深入推进素质教育,不断提高办学质量。在首届全国青少年学生法治知识网络大赛中,县教育局获得优秀组织奖(江苏赛区共7个县区获奖,盐城市仅滨海县获奖),全县29所学校参加竞赛,21个单位获得奖项(全市获奖单位共有28个),复赛中,全县有15所学校获得"优秀组织奖"。2016年3月,滨海县教育局获得"2011~2015年全省普法工作先进集体"称号。

二、教学工作

2016年,以"关注常态课堂,聚集有效教学"活动为中心,以"让学引思"课堂教学改革行动为突破口,狠抓校本研修,深化课程改革,努力打造"学本课堂",坚守质量建设的主阵地。坚持执行常态化调研制度,通过定期视导和随机走访，对教学管理和教学过程实施监控和推进。继续以协作区为单位，实行校际之间优势互补，先进管理经验和优质教学资源共享，带动薄弱学校发展；通过蹲点支教、送教下乡、师徒结对、“百名骨干教师送知识”等活动的开展，充分发挥县城学校教师资源优势和示范辐射作用。通过组织开展教学研究，深入学习教育教学理论，引导教师准确掌握课程标准，吃透教材，改进教法，积极推行“周单元”工作制，抓实质量管理的重要环节，推动教师队伍整体素质的提升；通过举办优质课评比及教学基本功竞赛活动，为中青年教师成长搭建很好的展示平台，培养造就一批骨干教师和学科带头人。实施“小学特色文化建设工程”“初中教育发展五年行动计划”，推进普通高中质量提升三年行动计划，全县基础教育质量进一步提高。小学全市学业水平测试各学科合格率、优秀率均居全市前列；中考主要指标不断缩小与市均差距，巩固盐城市北三县区域领先的位置。在全市237所初中范围内，县一中总分名列第13名，条港初中名列第35名，永宁路实验学校名列第48名。高中教育寻求在错位发展、特色发展等方面做文章，高考成绩稳中有升，本科达线1365人，达线率较上年提高5%。

三、德育工作

坚持立德树人，持续深化社会主义核心价值观和“中国梦”主题教育，增强广大学生的爱国情怀与社会责任感。推进中小学生文明礼仪养成教育、行为习惯养成教育、生态文明教育、劳动教育、青少年法治教育和中小学心理健康教育，把德育工作贯穿和融合到各学段、各学科，创建出一批德育品牌学校。组织开展“缤纷的冬日”寒假社会实践活动、“七彩夏日”暑期社会实践活动、“生态祭奠，告别陋习”清明节祭扫活动、“学雷锋，做一个有道德的人”网上签名活动。组织参加“感动江苏教育人物”评比，永宁路实验学校徐晶晶同学荣获“美德少年称号”和省首届“美德少年”评比提名奖，全市唯一。

四、师生竞赛

2016年，全县中小学生参加市级以上竞赛，有500余人获奖。县一中范致诚、张祖源两位同学获得全国电脑制作竞赛创客项目一等奖。滨海中学有10名学生获得省高中生数学竞赛一等奖，7名学生获得物理奥林匹克竞赛省一等奖，4名学生获得中学生生物学联赛省一等奖。滨海中学汪琪舒、县一中陆知叶、永宁路实验学校王苏等获得江苏省第十四届“中学生与社会”作文大赛省级现场决赛一等奖。县一中沈子钦在江苏省第十一届“时代杯”英语竞赛现场决赛中荣获特等奖。县一中围棋代表队在江苏省第十一届中小学生棋类锦标赛中荣获一等奖。永宁路实验学校老师王敏获得省首届“童声里的中国·成长的歌谣”创作大赛“优秀辅导老师”奖。滨海县第一初级中学郭汉月的《爸妈小时候》获得“童心里的诗篇”第二届中国·江苏全国少儿诗会创作大赛优秀奖。中等专业学校、县一中、大套中学、正红初中和县教育局获得“盐城市禁毒工作先进集体”。县二实小在“书香盐城”诗文朗诵大赛全市总决赛中获得优秀组织奖。县实小的“缤纷小手”德育系列活动获得盐城市首届德育“十佳德育工作创新成果”，县一中的“初中生环境道德教育”系列活动、五汛中学“着力文化立校，营造求知乐园”班级文化建设、永宁路实验学校的“文明伴我一路成长，品质成就幸福人生”获得盐城市“十佳德育特色项目”，县实验小学的“炫优点——我是最亮星”获得盐城市“十佳德育特色活动”。积极组织参加市“十三五”德育课题研究，48个“十三五”德育课题全部立项；组织参加全市班主任基本功大赛，江苏省滨海中学的孙海昌老师获得一等奖，滨海县第一初级中学的刘行和杨旭光获得二等奖。

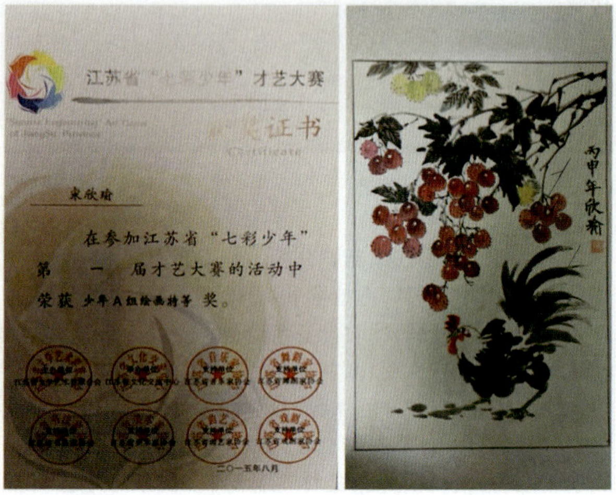

县实验小学宋欣瑜获奖证书、绘画作品。

五、办学特色

2016年，全县中小学围绕“优质、均衡”两大重点，坚持育人为本，实施内涵建设，立足品牌创塑，持续推进“生态校园”“书香校园”“人文校园”等文化建设，学校教育质量不断提升，办学特色不断显现。4月21日，承办盐城市第四届小学内涵建设现场推进会，与会代表观摩县永宁路实验学校、五汛实验小学和蔡桥镇中心小学3个内涵建设现场，观看反映滨海小学内涵建设成果的专题片——《追梦远航》，对滨海县小学内涵建设取得的成果给予高度评价和赞扬。县永宁路实验学校、通榆镇中心小学、县一中、陈涛中学和正红中学5所学校获批教育部足球特色学校。滨海县八滩中学、五汛镇中心小学被命名为“2017～2018年度盐城市科普教育基地”。八滩镇中心小学成功创建成江苏省绿色学校；县第一初级中学创建成“盐城市生态环保型学校”；五汛中学、獐沟中学创建盐城市心理健康教育特色学校。

六、体卫艺工作

2016年，全县实施中小学“体艺2+1”项目，推进校园阳光体育活动开展。举行中小学校园足球教学、教练培训系列会议，采取走出去请进来等方式，提升各校足球教练员的能力和水平。5月18日～6月12日，举行2016年全县中小学校园足球邀请赛。县永宁路实验学校、通榆镇中心小学、县一中、陈涛中学和正红中学等5所学校获批教育部足球特色学校。制定实施融体育课、大课间和课外活动为一体的阳光体育方案,保证中小学生每天一小时的校园体育活动。举办2016年滨海县中小学田径运动会、小学生乒乓球比赛、中学生篮球赛;承办盐城市首届中小学生运动会暨冬季长跑启动仪式,盐城市青少年校园篮球联赛小学组总决赛,有力推动学校体育运动工作。参加江苏省青少年柔道冠军赛,14人参赛,11人获奖。参加盐城市青少年校园篮球联赛小学组总决赛,获得男甲亚军、女甲季军;参加盐城市中小学生羽毛球比赛,获得团体第二名;参加盐城市青少年校园篮球联赛初中组总决赛,获得第二名;参加盐城市中小学生田径比赛暨盐城市体育传统项目学校田径比赛,获得7枚金牌。高度重视学校卫生工作,召开全县学校卫生工作会议,建立健全学校传染病疫情报告、学生晨检制度和室内外定期消毒制度。3月24日,结合第21个防治结核病日,联合县疾控中心到学校开展防治宣教,发放宣传材料10万余份。强化食堂管理,开展全县学校食堂"家家到"活动,指导学校创建"透明食堂",确保师生饮食健康安全,年内创建市"透明食堂"2所。贯彻教育部加强学校艺术教育精神,各学校严格执行《学校艺术教育工作规程》,组织2次抽查,抓实艺术课程计划的实施。各学校开展校园艺术活动,先后举办书法家进校园、三月雷锋月艺术创作站、滨海县小学生手抄报大赛、"六一缤纷"中小学歌咏比赛等活动。

七、全新中小学选介

蔡桥镇中心小学 始建于1917年。学校现占地面积5.33万平方米,建筑面积1.63万平方米。建有墨池、兰亭、书法墙等特色景点,拥有图书室、电脑房、音乐室、舞蹈房、书法室、美术室、实验室、科学探究室等功能室。现有教学班40个,学生2600余人。教职工110人,其中高级教师30人,市县学科带头人、教学能手、教坛新秀19人。学校秉持"常规立校,质量兴校,科研强校,特色名校"的内涵发展思路,倾力打造以写字为特色的墨香校园。学校先后获得江苏省中小学书法特色学校、和谐实验学校、盐城市"校本课程建设特色学校""写字育人特色学校"、滨海县"写字教学"示范校、模范学校等称号。

蔡桥中心小学。 教育局 提供

八滩第二中学 始建于1980年。2015年异地新建。新校园占地4.84万平方米,建筑面积达2.97万平方米,包含一幢面积4050平方米的综合楼,两幢面积6850平方米的教学楼,两幢面积6422平方米的学生宿舍楼,一幢面积为3860平方米体育馆等硬件设施。有16个教学班级,970名学生。教职工85名,其中高级教师23人,市县学科带头人、教学能手、教坛新秀等23人。2014~2015学年,学校被县教育局授予"课程改革推进奖"。2015年,在创建"全国义务教育发展基本均衡县"工作中,被滨海县人民政府授予"先进单位"。2015年度,获初中"教学工作进位奖",被盐城市总工会授予"模范职工之家",被盐城市环境保护局、盐城市教育局授予"盐城市绿色学校"。2016年,被表彰为江苏省健康促进铜牌学校、县"让学引思"课堂教学改革试点校,成功申报省初中"英语阅读"课程基地。

八滩二中教学区。 教育局 提供

滨海县第一初级中学西湖路校区 于2016年8月建成使用,学校地处人口密集的县城西片区,周边已形成具有一定规模并配有商业、文化、绿化、休闲等的居民生活区。校区占地总面积7.85万平方米,校舍建筑总面积1.92万平方米,现有24个班级,在校学生1628人。有教职员工97人,其中专任教师96人,大学本科以上学历96人,市、县学科带头人、教学能手32人。学校以全面推进义务教育优质均衡发展为职责,秉持"让每一个学生健康、阳光、快乐成长"的办学理念,大力弘扬"敬业·奉

县一中西湖路分校。 教育局 提供

献·进取”的一中精神,努力打造“敬·进”文化,全面提高教师的职业神圣感和使命感,努力实施课程改革,大力提升办学品位,把西湖路校区建成质量高、信誉好、有特色的现代化实验学校。

第三节　特殊教育

2016年,县特殊教育学校有14个教学班,其中聋部6个(含1个学前班),培智部8个,在校学生150人,教职工50人;学校现代化建设不断推进,每间教室和宿舍均安装有空调,班班有多媒体设备,生机比3:1,师机比1:1;学校先后获评“滨海县特殊教育工作先进集体”“盐城市透明食堂”等称号。

坚持“以研促教、以研兴校”的原则,以课题组、教研组为龙头,定期开展研讨活动,促进教师的专业成长。学校有市学科带头人5人,市教学能手4人,市教坛新秀、县学科带头人、教学能手10人,高级教师职称11人。潘文娟、杨惠在全国第四届特殊教育学校教师信息技术应用能力大赛中(现场比赛)获得一等奖;杨蓝、梁丙珍、王龙生、张素梅分别获江苏省第三届智障教育微课项目一等奖;惠开永、于明峰分获江苏省首届特殊教育师生艺术作品大赛教师组一、二等奖,顾效宇获得学生组二等奖。

一、教学活动　学校坚持“文化与技能并重”的办学特色,开设刺绣、油漆、花草苗木、烹饪等职教项目,六年级以上学生每人至少掌握1种~2种职业技能。2016年,县特殊教育学校获2015~2016学年教学工作优秀奖和教科研工作先进集体称号。毕业生有4人升入扬州聋人高中,2人升入盐城市特教中专。组织学生走出校门,开展社会实践活动,去医院学习就医,到银行学习开户、使用自动存取款机,去公园进行环保活动,去农田帮助农家收获农作物,提升学生融入社会的能力。学校“玄月”艺术团不断发展壮大,演员队伍增加青年教师和智障学生,节目类型丰富多彩,有舞蹈、小品、独唱、歌伴舞、书法绘画展示等。舞蹈《感恩的心》参加滨海县2017少儿春晚演出。2016年,成功举办校第六届“体育文化艺术周”活动。

保障服务　2016年,学校生均公用经费继续享受普通学生的8倍,所有学生享受贫困家庭学生生活补助,实现残疾儿童全免费入学。发挥特教中心示范辐射作用,做好随班就读指导工作。学校组织力量对12名重度残疾学生进行“送教上门”服务。

第四节　职业教育　社会教育

2016年,滨海县有中等职业学校1所——江苏省滨海中等专业学校,是江苏省四星级中等职业学校,省高水平示范性中等职业学校。学校占地10.17万平方米,建筑面积8万多平方米,设备总值1500多万元。有在校生2341名,教师227人。全县有社区学院1所、开放大学1所,镇区社区教育中心校14所,分别被验收评比为省级社区示范乡镇、省级社区教育中心、省级农科教结合示范基地、市级社区教育中心、市级农科教结合示范基地。县教育局被市教育局评为“社区教育工作先进单位”。

一、职业教育

办学方式　2016年,滨海中等专业学校,根据社会需求构建学历教育和非学历教育协调发展、职前职后教育有机衔接的办学方式,形成大专、中专、职高、短期培训等多层次办学模式,职业教育办学方式、专业结构更加适应劳动力市场的需求。职校毕业生的技能考核合格率、就业率均达98%,中级工达98%以上,初级工达100%。

专业设置　滨海中等专业学校根据滨海经济发展对人才的需求,紧贴市场经济设置专业。开设模具设计与制造、汽车制造与维修、财会、计算机、化工工艺、电子技术应用、数控专业、服装设计与工艺、烹饪、空乘等10多个专业。

招生工作　以第二届职业教育活动周为契机,加大职业教育宣传力度,扩大职教品牌的影响力。按照盐城市教育局的招生政策,统一实行集中网上录取,按照招生计划、录取批次和考生志愿择优录取。2016年,全县招收职校生1000人,县外对滨海招生近1000人。

教育质量　2016年,在本科招生计划削减1000人的情况下,滨海中专378人参加对口单招高考,本科达线42人,达线人数位居盐城市第三。公办专科达线334人,本专科达线率99.47%,在省市信息化教学、创新能力、创业能力、文明风采等大赛中,均取得良好成绩。

7月24日,滨海中等专业学校开展课外实践活动。
教育局　提供

二、社会教育

社区教育　2016年,积极组织开展标准化社区教育中心创建工作,正红镇、通榆镇、八巨镇社区教育中心被认定为省级标准化社区教育中心,界牌镇、滨淮镇被认定为市级社区教育中心,140所居民学校被认定为省级居民学校。各镇区社区教育中心立足于当地居民的实际生活、工作需求,开展多层次、多角度、多样化的培训,各镇(区)社区教育中心当年培训6万人次,其中农村实用技术培训5万人次、劳动力转移培训1万人次。滨海中专培训部对500名特种作业人员进行培训。

民办教育　2016年，新审批并公布滨海县西苑幼儿园1所。依法加强对民办教育机构的监督管理。3月份，对全县审批的11所民办幼儿园、14所民办非学历教育培训机构办学情况检查、评估。检查评估结果为：优秀的民办教育机构是滨海县红星文化艺术培训中心、滨海县昂立国际教育培训中心、滨海县天宇教育培训中心、滨海县新世纪教育培训中心、亿婴天使早教机构滨海中心、滨海东方爱婴早期教育中心、艾迪儿国际亲子早教滨海部、滨海县士福教育培训中心8所。合格的民办教育机构是滨海县正行文化艺术培训中心、滨海县百分源文化艺术培训中心、新爱婴滨海早教中心、滨海县智慧树培训中心、滨海县舞之韵文化艺术培训中心、滨海县东坎实验小学附属幼儿园、滨海县五汛镇阳光宝贝幼儿园、滨海县新滩盐场幼儿园、滨海县陈铸幼儿园、滨海县小红花幼儿园、滨海县八巨镇育苗幼儿园、滨海县希望幼儿园12所。注销的民办教育机构是滨海县励志教育培训中心1所。

第五节　高等教育

2016年，全县成人高校报考563人，其中报考各类专升本306人，报考高中起点升专科257人。自考报名总数为282人，上半年自考报名人数为149人，报考门次为357门，下半年自考报名人数为133人，报考门次为328门，共有9名本科考生、2名专科考生毕业。

第六节　硬件建设

2016年，组织实施中小学校舍安全、均衡教育创建、义务教育改薄、塑胶化和教育技术装备等重大教育工程，大力推进教育现代化，全县学校办学条件全面提升，较好回应群众对滨海教育优质、均衡发展的需求。全面实施教育布局调整方案，建成或规划新建一批现代化学校。县第一初级中学西湖路校区、县实验小学人民路校区投入使用，县机关幼儿园人民路校区建设快速推进。投入12亿元，在县城实施PPP项目，启动城西小学、城南初中、城东小学、城东初中、城东高中等5所学校新校区建设工程。通过市场运作，规划投入7.5亿元，建设县职教园，占地33.33万平方米。镇区八滩实验小学分校、界牌镇中心小学、滨海港镇中心小学等9所学校建设快速推进，年内5所学校交付使用。实施学校标准化建设，完成塑胶化运动场地建设10片，建筑面积6.9万平方米。投入近1500万元，为县一中西湖路校区、县实验小学人民路校区、机关幼儿园人民路校区配备理化生实验室、小学科学实验室以及实验仪器设备、音体美器材，学生电脑、学生课桌凳、安全监控系统、广播系统等。投1000万元，为五汛中学三星学校复审，配备3个云桌面教室、2个探究实验室，增加3个理化实验室，为全县中小学增加2个录播教室、25所学校校园监控系统、广播系统升级改造工程工程，增加学生课桌凳6800套。10所学校网络全覆盖，五汛中学、秉义中学、县实验小学、县二实小、永宁路实验学校、蔡桥镇中心小学、正红镇中心小学、通榆镇中心小学等8所学校通过市“省标教育技术装备先进校”评估验收；新创建县二实小、东坎实小、蔡桥镇中心小学、八滩镇中心小学4所市级“书香校园装备示范学校”，县中等专业学校、八滩中学、五汛中学、滨淮初中、县二实小、县永宁路实验学校、东坎实小、八滩镇中心小学8所“智慧校园”。

第七节　教师队伍

2016年，全县教育系统强化师德建设，组织有偿补课专项整治活动，落实严禁中小学校和在职中小学教师有偿补课的规定。组织开展“争做‘四有’好老师”主题教育活动，进一步加强教师队伍建设，提高群众对教育的满意度，促进全县教育事业健康协调发展。全县教育系统全年共有202人被省市县表彰。滨海中学、县一中、县实验小学、五汛镇中心小学、县幼儿园5所学校被省教育厅表彰为省教育工作先进集体，坎北初中、条港初中、县二实小、县永宁路实验学校、东坎镇中心小学、正红镇第二中心小学、县机关园7所学校被表彰为市教育工作先进集体。张明佐、汪志华、王彤获评江苏省第十四批特级教师。全县30名教师成为市名师工作室指导名师和骨干教师。推荐评选出初等教育和中等职业教育市学科带头人24名，市教学能手51名，市教坛新秀69名，县学科带头人58名，县教学能手119名。制定并组织实施滨海县2016年中小学(幼儿园)教师招聘方案，先后通过提前招聘研究生和“211工程”院校毕业生、参加全市统一招聘、县组织补招等，共招聘普通高校毕业生261名，其中硕士以上研究生20名、本科生206名、专科生35名，担任中学教师49名、小学教师163名、幼儿园教师49名(含男幼师2名)。

表16　2016年滨海县获评市名师工作室指导名师、骨干教师名录

序号	姓　名	单　　位	学科	职称	荣誉称号	领衔名师
1	李用军	滨海教育局教研室	初中数学	中学高级	滨海县学科带头人	陈红光 15人
2	陈兴海	滨海县条港初级中学	初中数学	中学高级	盐城市学科带头人	
3	陈　艳	盐城市亭湖区景山中学	初中数学	中学高级	盐城市学科带头人	

续表 16

序号	姓　名	单　位	学科	职称	荣誉称号	领衔名师
4	韩　松	滨海县八滩二学	初中数学	中学高级	滨海县学科带头人	陈红光 15 人
5	陈月玲	滨海县第二初级中学	初中数学	中学高级	盐城市教学能手	
6	唐于忠	阜宁县明达初级中学	初中数学	中学高级	阜宁县学科带头人	
7	顾祥芳	滨海县通榆中学	初中数学	中学一级	盐城市教学能手	
8	王海兵	滨海县通榆中学	初中数学	中学一级	滨海县学科带头人	
9	成艳舞	滨海县通榆中学	初中数学	中学一级	滨海县教学能手	
10	刘丽萍	滨海县通榆中学	初中数学	中学一级	盐城市教坛新秀	
11	顾伟军	滨海县坎北初级中学	初中数学	中学一级	滨海县学科带头人	
12	施秀娟	滨海县坎北初级中学	初中数学	中学一级	滨海县学科带头人	
13	殷曼曼	滨海县第一初级中学	初中数学	中学一级	盐城市教学能手	
14	徐东良	滨海县第一初级中学	初中数学	中学一级	盐城市教坛新秀	
15	缪德山	滨海县滨淮初级中学	初中数学	中学一级	滨海县教学能手	
1	季东升	江苏省滨海中学	数学	中学高级	盐城市学科带头人	陆　建 13 人
2	樊启成	江苏省滨海中学	数学	中学高级	盐城市教学能手	
3	范国栋	江苏省滨海中学	数学	中学一级	盐城市教学能手	
4	徐　义	江苏省滨海中学	数学	中学一级	盐城市教学能手	
5	赵　慧	江苏省滨海中学	数学	中学一级	盐城市教学能手	
6	周仁华	江苏省滨海中学	数学	中学一级	盐城市教学能手	
7	栾建军	盐城市明达中学	数学	中学一级	盐城市教学能手	
8	陈海祥	江苏省滨海中学	数学	中学一级	滨海县学科带头人	
9	周华俊	江苏省滨海中学	数学	中学高级	滨海县学科带头人	
10	王海军	江苏省滨海中学	数学	中学一级	滨海县学科带头人	
11	杨　光	江苏省滨海中学	数学	中学一级	滨海县学科带头人	
12	孙　亚	江苏省滨海中学	数学	中学一级	滨海县学科带头人	
13	陈国春	江苏省滨海中学	数学	中学一级	滨海县学科带头人	

表 17　　2016 年滨海县获评市学科带头人名录

序号	工作单位	姓　名	性别	出生年月	职称	任教学科	类　别
1	滨海县实验小学	陈伟伟	女	1982. 01	一级教师	语文	市带头人
2	滨海县实验小学	顾　娟	女	1979. 03	一级教师	语文	市带头人
3	滨海县实验小学	廖聪颖	女	1978. 07	一级教师	语文	市带头人
4	滨海县实验小学	陈　永	男	1972. 04	一级教师	数学	市带头人
5	滨海县实验小学	成　根	男	1979. 12	一级教师	数学	市带头人
6	县第二实验小学	林　莉	女	1982. 06	一级教师	英语	市带头人
7	县第二实验小学	张素红	女	1976. 12	一级教师	数学	市带头人
8	县第二实验小学	刘　权	男	1982. 02	一级教师	语文	市带头人
9	县永宁路实验学校	陈建银	女	1969. 11	高级教师	语文	市带头人

续表 17

序号	工作单位	姓　名	性别	出生年月	职称	任教学科	类　别
10	县永宁路实验学校	李菊红	女	1977.08	高级教师	语文	市带头人
11	县永宁路实验学校	李　玲	女	1979.09	一级教师	英语	市带头人
12	五汛实验小学	单金丽	女	1982.12	一级教师	语文	市带头人
13	正红镇第二中心小学	刘立功	男	1972.10	高级教师	数学	市带头人
14	通榆镇中心小学	高阿玲	女	1979.12	高级教师	语文	市带头人
15	八滩镇第二中心小学	朱鹏飞	男	1973.05	高级教师	语文	市带头人
16	滨海县韬奋希望小学	葛永浩	男	1973.11	高级教师	语文	市带头人
17	东坎镇坎南小学	黄荣荣	女	1977.03	高级教师	语文	市带头人
18	东坎实验小学	陈　丽	女	1971.12	一级教师	数学	市带头人
19	东坎镇东坎小学	刘剑划	女	1974.11	高级教师	语文	市带头人
20	滨海中等专业学校	刘从兵	男	1979.09	高级讲师	语文	市带头人
21	滨海中等专业学校	徐乃罗	男	1976.09	一级教师	语文	市带头人
22	滨海县幼儿园	许　玲	女	1971.07	一级教师	学前教育	市带头人
23	滨海县幼儿园	蔺淑敏	女	1977.10	一级教师	学前教育	市带头人
24	县教师发展中心	栾凤清	女	1964.11	高级教师	英语	市带头人

表 18　　2016 年滨海县获评市教学能手名录

序号	工作单位	姓　名	性别	出生年月	职称	任教学科	类　别
25	滨海县实验小学	陈海洋	男	1980.01	一级教师	语文	市教学能手
26	滨海县实验小学	祝海霞	女	1977.08	一级教师	语文	市教学能手
27	滨海县实验小学	张文娟	女	1982.04	一级教师	语文	市教学能手
28	滨海县实验小学	李　珍	女	1979.12	一级教师	数学	市教学能手
29	滨海县实验小学	郁怀庆	男	1982.12	一级教师	数学	市教学能手
30	滨海县实验小学	钱龙玉	男	1981.10	一级教师	美术	市教学能手
31	滨海县实验小学	刘德勇	男	1978.09	一级教师	科学	市教学能手
32	滨海县实验小学	杨文艳	女	1980.01	高级教师	语文	市教学能手
33	县第二实验小学	吴巍巍	男	1981.10	一级教师	数学	市教学能手
34	县第二实验小学	郁　蓉	女	1981.01	一级教师	语文	市教学能手
35	县第二实验小学	陈宣红	女	1982.02	一级教师	语文	市教学能手
36	县第二实验小学	江风云	女	1981.02	一级教师	英语	市教学能手
37	县第二实验小学	李　雪	女	1984.02	一级教师	品德	市教学能手
38	县永宁路实验学校	王建华	男	1978.06	一级教师	语文	市教学能手
39	县永宁路实验学校	李艳艳	女	1976.10	一级教师	英语	市教学能手
40	县永宁路实验学校	姜国章	男	1980.10	一级教师	数学	市教学能手
41	县永宁路实验学校	王　林	男	1979.11	一级教师	语文	市教学能手
42	县永宁路实验学校	杨　偲	女	1982.10	二级教师	音乐	市教学能手
43	县特殊教育学校	陈　艳	女	1981.06	二级教师	数学	市教学能手

续表 18

序号	工作单位	姓 名	性别	出生年月	职称	任教学科	类 别
44	五汛实验小学	姜爱珍	女	1978.04	一级教师	数学	市教学能手
45	五汛实验小学	刘必雄	男	1981.02	一级教师	数学	市教学能手
46	蔡桥镇大洼小学	王丽丽	女	1986.11	一级教师	英语	市教学能手
47	正红镇中心小学	蒯 柏	男	1976.06	一级教师	数学	市教学能手
48	正红镇第三中心小学	陈傲燕	女	1976.01	高级教师	语文	市教学能手
49	通榆镇中心小学	李艾霞	女	1981.07	一级教师	数学	市教学能手
50	天场镇中心小学	徐 慧	女	1982.02	一级教师	英语	市教学能手
51	大套中心小学	杨 杨	女	1982.05	一级教师	英语	市教学能手
52	界牌镇中心小学	顾彩平	男	1979.11	高级教师	语文	市教学能手
53	陈涛镇中心小学	沈耀平	女	1979.10	一级教师	语文	市教学能手
54	八巨镇中心小学	苏 娟	女	1986.08	一级教师	英语	市教学能手
55	八滩镇中心小学	徐 旭	男	1980.03	一级教师	语文	市教学能手
56	八滩镇中心小学	傅燕平	女	1981.11	一级教师	品德	市教学能手
57	滨海港镇中心小学	王 远	男	1988.06	二级教师	英语	市教学能手
58	滨淮镇中心小学	王海霞	女	1981.02	一级教师	数学	市教学能手
59	滨海县韬奋希望小学	李如坤	男	1982.03	一级教师	语文	市教学能手
60	东坎镇坎南小学	朱冬芹	女	1984.04	一级教师	英语	市教学能手
61	滨海县东坎实小	杨 兰	女	1979.09	一级教师	信息	市教学能手
62	滨海县东坎实小	叶丽丽	女	1979.09	一级教师	语文	市教学能手
63	滨海县东坎实小	刘 娟	女	1978.05	高级教师	数学	市教学能手
64	东坎镇坎北小学	侍彩琴	女	1984.09	一级教师	英语	市教学能手
65	滨淮农场学校	吴海波	男	1977.02	一级教师	数学	市教学能手
66	淤尖实验学校	卞 兰	女	1978.03	高级教师	语文	市教学能手
67	滨海中等专业学校	史倩如	女	1983.01	讲师	英语	市教学能手
68	滨海中等专业学校	刘以富	男	1980.07	一级教师	数学	市教学能手
69	滨海中等专业学校	臧明明	男	1989.08	助理讲师	机械	市教学能手
70	滨海县幼儿园	王 琳	女	1979.01	一级教师	学前教育	市教学能手
71	滨海县幼儿园	孙亚萍	女	1976.01	一级教师	学前教育	市教学能手
72	滨海县幼儿园	刘银玲	女	1984.01	一级教师	学前教育	市教学能手
73	县机关幼儿园	丁娜娜	女	1987.05	二级教师	学前教育	市教学能手
74	县机关幼儿园	陆国玉	女	1987.12	二级教师	学前教育	市教学能手
75	滨海县实验幼儿园	单 磊	女	1988.01	二级教师	学前教育	市教学能手

表 19 2016 年滨海县获评市教坛新秀名录

序号	工作单位	姓 名	性别	出生年月	职称	任教学科	类 别
76	滨海县实验小学	孙兰霞	女	1984.06	二级教师	英语	市教坛新秀
77	滨海县实验小学	王明丽	女	1986.09	二级教师	数学	市教坛新秀

续表 19

序号	工作单位	姓 名	性别	出生年月	职称	任教学科	类 别
78	滨海县实验小学	李鹏程	男	1990.09	二级教师	体育	市教坛新秀
79	县永宁路实验学校	郭丽娟	女	1991.04	二级教师	英语	市教坛新秀
80	县永宁路实验学校	李 丽	女	1983.07	一级教师	语文	市教坛新秀
81	县第二实验小学	左元金	男	1982.01	一级教师	语文	市教坛新秀
82	县第二实验小学	王明亚	男	1985.11	二级教师	信息	市教坛新秀
83	县特殊教育学校	陈允忠	男	1985.08	二级教师	数学	市教坛新秀
84	五汛实验小学	陈 建	男	1982.12	一级教师	数学	市教坛新秀
85	五汛实验小学	孙珊珊	女	1990.10	二级教师	语文	市教坛新秀
86	五汛实验小学	李仁梅	女	1988.11	二级教师	语文	市教坛新秀
87	五汛实验小学	高云虹	女	1987.11	二级教师	音乐	市教坛新秀
88	蔡桥镇中心小学	陆楚舒	女	1985.11	一级教师	英语	市教坛新秀
89	蔡桥镇东墩小学	毛金玲	女	1982.04	二级教师	音乐	市教坛新秀
90	蔡桥镇中心小学	孙 健	男	1987.12	二级教师	语文	市教坛新秀
91	蔡桥镇中心小学	高 维	男	1991.03	二级教师	数学	市教坛新秀
92	正红镇第二中心小学	陈红叶	女	1984.01	二级教师	语文	市教坛新秀
93	正红镇第三中心小学	季 祥	男	1982.04	一级教师	数学	市教坛新秀
94	正红镇中心小学	杭梅芳	女	1982.06	一级教师	数学	市教坛新秀
95	正红镇中心小学	王潇潇	女	1984.11	二级教师	数学	市教坛新秀
96	通榆镇中心小学	杨 蕾	女	1987.04	二级教师	英语	市教坛新秀
97	通榆镇中心小学	顾婷婷	女	1985.09	二级教师	英语	市教坛新秀
98	天场镇秉义小学	刘 霞	女	1991.02	二级教师	英语	市教坛新秀
99	天场镇中心小学	张迎春	女	1981.08	一级教师	语文	市教坛新秀
100	县农业产业园育才小学	陈 会	女	1982.07	一级教师	语文	市教坛新秀
101	县农业产业园中心小学	管为明	男	1982.05	一级教师	数学	市教坛新秀
102	界牌镇第二中心小学	辛丽华	女	1983.09	二级教师	数学	市教坛新秀
103	界牌镇中心小学	刘海月	女	1988.10	二级教师	语文	市教坛新秀
104	界牌镇中心小学	洪 叶	女	1987.10	二级教师	英语	市教坛新秀
105	陈涛镇中心小学	王安琪	女	1989.02	二级教师	英语	市教坛新秀
106	陈涛镇中心小学	侯春丽	女	1989.07	二级教师	英语	市教坛新秀
107	八巨镇中心小学	朱 诚	男	1987.03	二级教师	体育	市教坛新秀
108	八巨镇中心小学	仇海生	男	1990.03	二级教师	数学	市教坛新秀
109	八滩镇第二中心小学	陈 光	男	1983.07	一级教师	语文	市教坛新秀
110	八滩镇中心小学	赵艮艮	女	1986.03	二级教师	美术	市教坛新秀
111	八滩镇中心小学	王 玲	女	1984.07	一级教师	英语	市教坛新秀
112	滨海港镇陈港小学	蔺兆萍	女	1987.08	二级教师	语文	市教坛新秀
113	滨海港镇中心小学	宋婷婷	女	1989.07	二级教师	数学	市教坛新秀
114	滨海港镇中心小学	贾海静	女	1989.10	二级教师	语文	市教坛新秀

续表 19

序号	工作单位	姓　名	性别	出生年月	职称	任教学科	类　别
115	滨海港镇中心小学	刘建成	男	1990.03	二级教师	数学	市教坛新秀
116	滨淮镇中心小学	李玲娣	女	1987.06	二级教师	英语	市教坛新秀
117	滨淮镇中心小学	陈招娣	女	1982.05	一级教师	英语	市教坛新秀
118	滨淮镇中心小学	沈丽娟	女	1985.12	一级教师	英语	市教坛新秀
119	滨淮镇第二中心小学	尤庆山	男	1982.11	一级教师	数学	市教坛新秀
120	滨海县韬奋希望小学	沈兆秀	女	1981.02	一级教师	语文	市教坛新秀
121	滨海县韬奋希望小学	王　悦	女	1989.08	二级教师	语文	市教坛新秀
122	滨海县韬奋希望小学	周　舟	女	1988.01	二级教师	英语	市教坛新秀
123	滨海县韬奋希望小学	洪春亚	女	1982.02	一级教师	语文	市教坛新秀
124	东坎实验小学	陈兆兰	女	1986.02	二级教师	数学	市教坛新秀
125	东坎实验小学	闵珏英	女	1981.10	一级教师	语文	市教坛新秀
126	东坎实验小学	洪　玲	女	1989.06	二级教师	英语	市教坛新秀
127	东坎实验小学	李巍巍	男	1983.04	一级教师	体育	市教坛新秀
128	东坎镇坎北小学	陈苏宁	女	1985.06	二级教师	数学	市教坛新秀
129	滨淮农场学校	程　杰	女	1988.02	二级教师	英语	市教坛新秀
130	淤尖实验学校	于　豪	男	1989.11	二级教师	数学	市教坛新秀
131	滨海县幼儿园	孙　红	女	1988.11	二级教师	学前教育	市教坛新秀
132	滨海县幼儿园	王芝颖	女	1991.12	二级教师	学前教育	市教坛新秀
133	滨海县幼儿园	孟慧子	女	1990.10	二级教师	学前教育	市教坛新秀
134	滨海县幼儿园	王　爽	女	1987.07	二级教师	学前教育	市教坛新秀
135	县机关幼儿园	孙黎黎	女	1987.08	二级教师	学前教育	市教坛新秀
136	县机关幼儿园	陈冰洁	女	1990.10	二级教师	学前教育	市教坛新秀
137	滨海县实验幼儿园	贾　佳	女	1992.03	二级教师	学前教育	市教坛新秀
138	獐沟中心幼儿园	朱双双	女	1991.06	二级教师	学前教育	市教坛新秀
139	八滩镇中心幼儿园	梁佳佳	女	1987.09	二级教师	学前教育	市教坛新秀
140	滨淮镇中心幼儿园	李　婵	女	1991.09	二级教师	学前教育	市教坛新秀
141	东坎镇中心幼儿园	单　娟	女	1981.12	二级教师	学前教育	市教坛新秀
142	滨海中等专业学校	冯金龙	男	1984.11	助理讲师	数学	市教坛新秀
143	滨海中等专业学校	崔　姝	女	1989.03	助理讲师	英语	市教坛新秀
144	滨海中等专业学校	刘必红	女	1986.07	二级教师	烹饪	市教坛新秀

表 20　　2016 年滨海县获评县学科带头人名录

序号	工作单位	姓　名	性别	出生年月	职称	任教学科	类　别
145	滨海县实验小学	郑海军	男	1977.01	一级教师	语文	县学科带头人
146	滨海县实验小学	邢月月	女	1986.11	二级教师	语文	县学科带头人
147	滨海县实验小学	汪莹莹	女	1988.06	二级教师	数学	县学科带头人
148	滨海县实验小学	顾晓艳	女	1974.08	一级教师	美术	县学科带头人

续表 20

序号	工作单位	姓　名	性别	出生年月	职称	任教学科	类　别
149	滨海县实验小学	顾海峰	女	1982.01	一级教师	数学	县学科带头人
150	滨海县实验小学	聂尧春	男	1982.02	一级教师	体育	县学科带头人
151	滨海县实验小学	杨　瑾	女	1982.10	二级教师	英语	县学科带头人
152	县第二实验小学	严海华	男	1978.01	一级教师	数学	县学科带头人
153	县第二实验小学	陆海玲	女	1981.02	一级教师	数学	县学科带头人
154	县第二实验小学	张丽丽	女	1981.10	一级教师	劳技	县学科带头人
155	县第二实验小学	于　艳	女	1983.01	二级教师	科学	县学科带头人
156	县永宁路实验学校	王　云	女	1982.05	一级教师	英语	县学科带头人
157	县永宁路实验学校	徐黎明	男	1980.02	一级教师	数学	县学科带头人
158	县永宁路实验学校	王　丽	女	1982.07	二级教师	语文	县学科带头人
159	县永宁路实验学校	徐　辉	男	1976.12	一级教师	数学	县学科带头人
160	县特殊教育学校	尹为为	女	1979.12	一级教师	语文	县学科带头人
161	五汛实验小学	赵海荣	女	1976.09	一级教师	数学	县学科带头人
162	五汛第二中心小学	叶亮亮	男	1979.09	一级教师	数学	县学科带头人
163	五汛第二中心小学	周　姝	女	1988.11	二级教师	数学	县学科带头人
164	蔡桥镇东墩小学	顾小兰	女	1985.03	一级教师	英语	县学科带头人
165	正红镇中心小学	张　华	男	1975.08	一级教师	数学	县学科带头人
166	正红镇第二中心小学	周　姝	女	1982.09	一级教师	语文	县学科带头人
167	正红镇第三中心小学	杨红亮	男	1974.04	一级教师	语文	县学科带头人
168	通榆镇中心小学	韩　胜	男	1978.04	一级教师	语文	县学科带头人
169	天场镇中心小学	张成青	女	1979.06	一级教师	数学	县学科带头人
170	天场镇中心小学	刘月芹	女	1983.10	一级教师	语文	县学科带头人
171	县农业园区大关小学	王月玲	女	1982.01	一级教师	语文	县学科带头人
172	县农业园区中心小学	徐　梅	女	1972.01	高级教师	语文	县学科带头人
173	界牌镇第二中心小学	王加兰	女	1981.10	一级教师	数学	县学科带头人
174	界牌镇中心小学	张　泉	男	1982.10	一级教师	语文	县学科带头人
175	陈涛镇中心小学	王海兰	女	1982.01	一级教师	语文	县学科带头人
176	陈涛镇中心小学	高成亮	男	1981.12	一级教师	语文	县学科带头人
177	八巨镇中心小学	李德干	男	1980.12	一级教师	语文	县学科带头人
178	八巨镇中心小学	李　莉	女	1984.09	一级教师	英语	县学科带头人
179	八滩镇第二中心小学	武盈盈	女	1985.06	一级教师	英语	县学科带头人
180	八滩镇中心小学	刘　霞	女	1990.01	二级教师	语文	县学科带头人
181	八滩镇中心小学	梁建兵	男	1979.06	一级教师	语文	县学科带头人
182	滨海港镇中心小学	左文彪	男	1972.09	一级教师	语文	县学科带头人
183	滨海港镇板桥小学	刘　静	女	1982.10	一级教师	英语	县学科带头人
184	滨淮镇中心小学	潘玉霞	女	1979.01	一级教师	语文	县学科带头人
185	滨淮镇中心小学	孙菊清	女	1986.04	一级教师	信息	县学科带头人

续表 20

序号	工作单位	姓　名	性别	出生年月	职称	任教学科	类　别
186	滨淮镇第二中心小学	付鹏程	男	1979.12	一级教师	数学	县学科带头人
187	滨海县韬奋希望小学	王兆伟	男	1980.12	一级教师	数学	县学科带头人
188	滨海县韬奋希望小学	余爱华	女	1986.04	一级教师	英语	县学科带头人
189	滨海港经济区农兴小学	仰玉卓	男	1980.02	一级教师	语文	县学科带头人
190	东坎实验小学	周晓蔚	女	1979.09	一级教师	语文	县学科带头人
191	东坎实验小学	刘　畅	女	1979.01	一级教师	语文	县学科带头人
192	东坎实验小学	易媛媛	女	1978.03	一级教师	信息	县学科带头人
193	东坎实验小学	陈　娟	女	1983.01	一级教师	数学	县学科带头人
194	东坎镇坎北小学	姜丽娟	女	1983.06	一级教师	英语	县学科带头人
195	东坎镇坎北小学	张彩红	女	1982.08	一级教师	数学	县学科带头人
196	滨淮农场学校	施金彤	女	1989.12	二级教师	英语	县学科带头人
197	淤尖实验学校	辛　辉	男	1979.11	一级教师	语文	县学科带头人
198	滨海中等专业学校	侍丽娟	女	1982.11	讲师	电子	县学科带头人
199	滨海中等专业学校	石恒花	女	1975.01	一级教师	英语	县学科带头人
200	滨海中等专业学校	王小梅	女	1978.08	一级教师	数学	县学科带头人
201	滨海县幼儿园	梁明娟	女	1977.11	一级教师	学前教育	县学科带头人
202	滨海县幼儿园	刘晓明	女	1988.09	二级教师	学前教育	县学科带头人

第八节　教育行政管理

一、教育体制改革

2016 年，在全县建立 55 个中小学教师资格首次注册确认点，组织开展全县中小学幼儿园在编在岗教师首次注册工作，全县教育系统符合注册条件的有 7383 人参加注册，其中注册合格 7347 人、暂缓注册 13 人、注册不合格 23 人。组织 8 个考核组对全县 59 所学校领导班子及成员进行考核；配合县委组织部对 6 所高中领导班子及成员进行考核，对 31 名学校领导班子成员进行调整任免。按程序公开选拔局直属部分事业单位股级干部 10 名；公开选调县教师发展中心中学研究室副主任和学前教育研究室副主任各 1 名；选任县学前办主任 1 名。组织指导各学校公开选聘中层干部 108 名。组织实施开展全省乡村教师定向培养工作，编制并实施全县 2016 年乡村教师定向培养计划，全县有 89 名高中毕业生被录取为乡村教师定向师范生，签订定向就业协议书。继续做好全县中小学幼儿园教师流动工作，年内全县共有 708 名教师校长参与交流工作。成立滨海县委教育工作委员会并举行揭牌仪式。成立教师发展中心、体育中心党支部。成立县农村骨干教师（小学语文）培育站。

二、教育科研

2016 年，开展“让学引思”课堂改革行动，引导教师转变教学行为，变革教学方法，提升课堂教学设计和实施水平。完善“周单元”工作制，落实“短平快、小步骤、快反馈”的教学管理要求，实现“事事达成周周清”的目标。发挥名师工作室、学科教研中心的研究功能和市县骨干教师的示范作用，开展以课例研究为载体的校本教研活动。组成县实验小学、县第二实验小学、永宁路实验学校、东坎实验小学为龙头的 4 个教学研究联盟，整体提升全县小学教学质量。制定各学科课堂教学达标评价指标体系和考评办法，开展课堂教学达标活动。建立健全全县小学、初中、高中教学质量跟踪监测分析报告制度，加强对薄弱学科“会诊”和“改薄”攻坚。积极研究应对新的高考方案，统筹安排高中三年的教学计划、课程设置、教学管理和考试安排，形成高中教育新常态。注重信息化融合运用，推动“智慧课堂”建设。全县共有 155 所学校（含村小）4005 名教师在国家“一师一优课”平台报名注册，3611 名教师“晒课”3780 节，其中部级优课 39 节，省级优课 52 节，市级优课 195 节，在全市名列前茅。

表 21　　2016 年滨海县"一师一优课"获评部级优课名录

序号	课题名称	获奖者	学科	获奖者单位	获奖级别
1	第 2 章　圆锥曲线与方程——2.3 双曲线——2.3.1 双曲线的标准方程	周仁华	高中数学	江苏省滨海中学	部级
2	一 两位数乘两位数——1. 两位数乘两位数的口算、估算	董安梅	小学数学	正红实验学校	部级
3	六、可能性——1、可能性及可能性的大小	姜国章	小学数学	县永宁路实验学校	部级
4	第四单元　乡音多喜乐——唱:抓妈荷　采莲谣	陈舒静	小学音乐	东坎实验小学	部级
5	Unit 3 Teenage problems—Integrated skills	沈跃弟	初中英语	坎北初级中学	部级
6	第三单元区域资源、环境与可持续发展——第一节　区域水土流失及其治理——以黄土高原为例	范贵龙	高中地理	江苏省滨海中学	部级
7	第十四单元　文人情致——第二十四节:高山流水志家国	张　琦	高中音乐		部级
8	第 2 章　轴对称图形——2.5 等腰三角形的轴对称性	李晓玲	初中数学	八巨初级中学	部级
9	第十七章　电磁波与现代通信——三、现代通信——走进信息时代	徐李亮	初中物理	县第一初级中学	部级
10	专题三　近代中国的民主革命——二、辛亥革命	沈慧慧	高中历史	江苏省滨海中学	部级
11	第六章　万有引力与航天——5. 宇宙航行	陆雪莲	高中物理	江苏省滨海中学	部级
12	Unit 1 Advertising—Reading(2):Advertisements	刘丽亚	高中英语	八滩中学	部级
13	六　长方形和正方形的面积——6. 面积单位的进率	王治佩	小学数学	县实验小学	部级
14	第三单元　梨园英秀——唱:梨园英秀　谁说女子不如男	刘亚男	小学音乐	县第二实验小学	部级
15	第四章　文本和表格信息加工——4.2　表格信息加工——4.2.1　表格数据的处理	李　静	高中信息技术	江苏省滨海中学	部级
16	第 4 章　实数——4.3　实数	韩　松	初中数学	八滩第二中学	部级
17	一　两位数乘两位数——5. 乘数末尾有 0 的乘法	徐　敏	小学数学	滨海港经济区中心小学	部级
18	第五单元　人生体验——二十一　错过	张海苹	初中语文	八滩第二中学	部级
19	珍爱生命——生命之歌——鸟啼	张海洲	高中语文	江苏省滨海中学	部级
20	第七课　形的组合	祝　林	小学美术	县实验小学	部级
21	第二章　素质与锻炼——灵敏练习	孙　远	初中体育与健康	县第一初级中学	部级
22	第五章　细胞增殖、分化、衰老和凋亡——第一节　细胞增殖——细胞周期与有丝分裂	许　芹	高中生物	江苏省滨海中学	部级
23	难以忘怀的故事——看社戏	刘春山	高中语文	江苏省滨海中学	部级
24	第 3 章　数据的集中趋势和离散程度——3.1　平均数	孙婷婷	初中数学	县永宁路实验学校	部级
25	专题 2　从海水中获得的化学物质——第一单元　氯、溴、碘及其化合物	钱　荣	高中化学	江苏省滨海中学	部级
26	专题六　古代希腊、罗马的政治文明——三　罗马人的法律	王　卉	高中历史	江苏省滨海中学	部级
27	1.2　圆的进一步认识——1.2.2　圆的切线	孙　亚	高中数学	江苏省滨海中学	部级

续表 21

序号	课题名称	获奖者	学科	获奖者单位	获奖级别
28	第二单元　生产、劳动与经营——单元复习与测试	于善华	高中思想政治	江苏省滨海中学	部级
29	第二章　匀变速直线运动的研究——6　伽利略对自由落体运动的研究	黄　永	高中物理	八滩中学	部级
30	Unit 1 Laughter is good for you——Task(1):Writing to a foreign friend:Skills building 1 and 2	薛海洲	高中英语	獐沟中学	部级
31	三　因数和倍数——7. 公因数和最大公因数	姚龙成	小学数学	滨淮镇第二中心小学	部级
32	Unit 2 How do you come to school——Sound time, Song time & Cartoon time	朱　亚	小学英语	县永宁路实验学校	部级
33	第一单元　自尊自强——第 4 课　人格不可辱——维护人格尊严	王红专	初中思想品德	县蔡桥初级中学	部级
34	Unit 3 Online tours——Integrated skills	吴　琳	初中英语	临淮初级中学	部级
35	第二单元　学会读书学会读书(二)感悟·品·味·欣赏——整理复习	姜春梅	初中语文	县第一初级中学	部级
36	第六单元　奇思妙想——二十五　天上的街市	王诏如	初中语文	秉义初级中学	部级
37	第十章　热力学定律——6　能源和可持续发展	钱钦松	高中物理	獐沟中学	部级
38	课文——2　美丽的南沙群岛	李成蕾	小学语文	县实验小学	部级
39	课文——3　燕子	张　艳	小学语文	农业产业园区中心小学	部级

表 22　　2016 年滨海县“一师一优课”获评省级优课名录

序号	课题名称	获奖者	学科	获奖者单位	获奖级别
1	基本身体活动——1. 走与游戏——6. 模仿走与游戏	顾敬妹	小学体育与健康	县第二实验小学	省级
2	主题实践活动——主题实践活动(通用)	施海涛	小学综合实践	八滩镇中心小学	省级
3	第七单元　垄断资本主义时代的世界——第 20 课　人类迈进“电气时代”	陈品娟	初中历史	县永宁路实验学校	省级
4	技术初步——1. 学生锯	张丽丽	小学劳动技术	县第二实验小学	省级
5	第一单元　我们在一起——3　为你高兴,与你分担	李　雪	小学品德与社会	县第二实验小学	省级
6	师恩难忘	姜小雷	小学语文	五汛镇中心小学	省级
7	Q1 珍视自我——N1 发现和提出问题的能力——F3 实验法	孙荣俊	小学综合实践	八滩镇中心小学	省级
8	第 4 单元　生物圈中的人——第十一章　人体内的废物排入环境——第一节　人体泌尿系统的组成	吴　晗	初中生物	县永宁路实验学校	省级
9	第十七单元　新中国的歌——第三十三节:流行风	李蔷薇	高中音乐	八滩中学	省级
10	第十一单元　盐　化肥——单元复习	孙永月	初中化学	淤尖实验学校	省级
11	第三单元　建设有中国特色的社会主义——第 9 课　改革开放	陈建荣	初中历史	县永宁路实验学校	省级
12	第十一单元　盐　化肥——课题　1　生活中常见的盐	许可德	初中化学	滨淮实验学校	省级

续表 22

序号	课题名称	获奖者	学科	获奖者单位	获奖级别
13	第九单元　溶液——课题 1　溶液的形成	高晓红	初中化学	陈涛中学	省级
14	第二单元　我们周围的空气——课题 3　制取氧气	李　蕾	初中化学	临淮初级中学	省级
15	Unit 4 Then and now——Checkout time & Ticking time	郜　洁	小学英语	八滩镇中心小学	省级
16	Unit 4 Finding your way——Grammar: Using a, an and the & Prepositions of place	吴　军	初中英语	新港初级中学	省级
17	第 28 课　机灵的小老鼠	张海波	小学信息技术	县第二实验小学	省级
18	Unit 2 School life——Reading	朱姝仪	初中英语	滨淮实验学校	省级
19	3　比例——比例的意义和基本性质	叶亮亮	小学数学	五汛镇第二中心小学	省级
20	第五章　交变电流——5　电能的输送	黄长泉	高中物理	明达中学	省级
21	第二单元　凡尔赛－华盛顿体系下的世界——第 3 课　凡尔赛－华盛顿体系	金倩如	初中历史	县第一初级中学	省级
22	第五单元　学会读书(五)借助注释学文言——十六　陈涉世家	刘　泉	初中语文	坎北初级中学	省级
23	6　解决问题的策略——6　解决问题的策略(通用)	孟瑶瑶	小学数学	五汛镇中心小学	省级
24	第 6 课　时间的"表情"	施玉闯	初中美术	五汛中学	省级
25	活动方法导航——第二单元　访谈——第二单元访谈(通用)	吴源苏	小学综合实践	正红镇中心小学	省级
26	第 2 课　快乐动漫	陶　红	小学美术	东坎实验小学	省级
27	Unit 1 Getting along with others——Grammar and usage(1):To infinitive;Bare infinitive	雷银银	高中英语	江苏省滨海中学	省级
28	Unit 1 Getting along with others——Task(1):Writing a letter to a friend;Skills building 1 and 2	朱春荣	高中英语	江苏省滨海中学	省级
29	第 3 章　主题网站设计——第 2 节　网站的制作——2　创建网站,制作首页	姚文娣	初中信息技术	五汛中学	省级
30	第一单元　乐鸣江河——表现与实践——演唱——长江之歌	程　巍	初中音乐	八滩第二中学	省级
31	2. 运动技能——体操类活动——器械与技巧	顾忠宗	小学体育与健康	县实验小学	省级
32	专题六　罗斯福新政与当代资本主义——三　当代美国资本主义的新变化	张瑞梅	高中历史	滨海中学	省级
33	第四单元　家乡哺育了我——13　我们共同的家	陈丽华	小学品德与社会	滨淮镇第二中心小学	省级
34	第六章　万有引力与航天——6. 经典力学的局限性	许飞飞	高中物理	江苏省滨海中学	省级
35	第一单元　自立自强——第 1 课　好习惯受用一生——习惯对人的影响	陈　燕	初中思想品德	滨海县临淮初级中学	省级
36	Unit 3 Welcome to Sunshine Town——Welcome to the unit	刘立旺	初中英语	滨海县五汛中学	省级
37	第 2 章　平面解析几何初步——2. 2　圆与方程——2. 2. 1　圆的方程	彭卫东	高中数学	滨海县八滩中学	省级

续表 22

序号	课题名称	获奖者	学科	获奖者单位	获奖级别
38	第四章　遗传的分子基础——第一节　探索遗传物质的过程——DNA 是主要的遗传物质	刘光校	高中生物	江苏省滨海中学	省级
39	第 1 章　动画制作——第 2 节　体验动画制作——1　体验手工制作逐帧动画	林文书	初中信息技术	陈涛中学	省级
40	第一章　运动的描述——1　质点　参考系和坐标系	葛建国	高中物理	八滩中学	省级
41	第二单元　丝竹流韵——唱:姑苏风光水乡外婆桥	胡士平	小学音乐	县永宁路实验学校	省级
42	第三章　相互作用——5　力的分解	严井其	高中物理	八滩中学	省级
43	体育运动技能体操类活动——五、韵律活动和舞蹈——1. 韵律　活动组合——1. 组合一	周文甫	小学体育与健康	县第二实验小学	省级
44	Unit 4 Finding your way——Task:An invitation letter	刘倩倩	初中英语	县第一初级中学	省级
45	第四单元　小说之林——十七　范进中举	杨家付	初中语文	界牌初级中学	省级
46	第十二单元　化学与生活——课题 1　人类重要的营养物质	吕　洁	初中化学	县第一初级中学	省级
47	第二单元　成长不烦恼——5　我要攀登	沈海云	小学品德与社会	滨淮镇中心小学	省级
48	第一章　静电场——7　静电现象的应用	崔立群	高中物理	明达中学	省级
49	专题八　当今世界经济的全球化趋势——三　经济全球化的世界	张孝祥	高中历史	明达中学	省级
50	第四单元　走出深重的灾难(下)——第 11 课　李奶奶身上的伤痕	王素云	小学品德与社会	东坎镇坎北小学	省级
51	第三章　二次根式——3.1　二次根式	顾伟军	初中数学	坎北初级中学	省级
52	专题——从图表中获取信息	李海艳	初中语文	县第一初级中学	省级

三、招生考试

2016 年,县教育局规范招生秩序,严格执行招生计划和招生纪律,将四星级热点普通高中 70% 的统招生计划定向分配到全县各初中,实行定向录取。初中招生严格实行按施教区免试就近入学;严格控制初中招生班额,努力推进初中小班化教育,从生源配置上保证普通中学教育的优质均衡发展。全县共有 7301 人参加高中阶段教育招生统考,设置 4 个考点、239 个考场,其中滨中考点 99 场、滨海中专考点 32 场、明达中学考点 51 场、一中考点 57 场,普教和职教不分类编排考点都设在县城。共有 3901 名应往届高中毕业生参加普通高校招生统考,其中报考普通类 3193 人,报考体育类 196 人(其中兼报 180 人),报考艺术类的 512 人(其中兼报 199 人),被各级各类院校录取 3265 人。

6 月 7 日,参加高考的考生有序通过安检,进入考点考场。　王晶晶　摄

四、督导与评估

2016 年,成立滨海县人民政府教育督导室督学办公室,在健全督学责任区工作网络、完善督学责任区制度的基础上,全面实行挂牌督导,促进全县中小学进一步规范办学行为,提高教学质量。依据《滨海县镇区教育工作考核办法》,对 2016 年镇区政府教育工作进行考核评估,东坎镇人民政府等 5 个先进集体获得县政府表彰。完成 2015 年度全县中小学(幼儿园)各类教育年度考核组织工作和 2016 年度考核方案修订工作。做好全县教育现代化建设监测工

作，在省教育现代化监测评估中，2015 年得分为 76.99 分，比 2014 年有了较大幅度提升。

五、教育经费

2016 年，滨海县教育经费投入稳步增长，全县 2016 年教育经费总投入达 12.41 亿元，其中，公共财政预算教育经费投入 12.30 亿元，政府性基金预算安排的教育经费 0.04 亿元。政府还通过融资投入 6.5 亿元教育建设资金，为改善义务教育阶段薄弱学校办学条件、加快推进教育现代化建设提供经费保障。提高义务教育生均经费标准和生均财政拨款标准，确保义务教育学校预算内生均公用经费拨款达到省定基准定额标准。落实教师绩效工资制度，实施教师工资制度改革，提高教师工资标准，依法保证教师平均工资不低于当地公务员平均工资水平。建立教育债务化解和控制机制，对全县高中阶段债务进行了专门审计，通过银行贷款置换高中阶段社会个人高息债务，积极筹措资金化解教育债务，上级补助的化解资金全部用于债务化解。全面落实各类学生资助政策，实现学前教育到中职教育资助全覆盖。19181 名中小学、幼儿园家庭困难学生得到资助，资助金额达 2406.42 万元。为 911 名贫困家庭大学生发放生源地助学贷款 710 万元。为 106 名到滨海农村工作的大学毕业生办理学费补偿手续，补偿学费 195.14 万元。在全面落实国家资助政策的同时，对 275 名新考取大学的贫困学生进行资助，资助金额达 92 万元。

六、培训与服务

完成县教师发展中心组建工作，并正式揭牌，干部调整配备到位，同时公开选聘助理研训员 43 名。制定出台《2016 年滨海县中小学教师（校长、园长）培训计划》，完成 6 个国家级、33 个省级、26 个市级、82 个县级培训项目任务，有 11140 人次参加培训。成立滨海县小学语文乡村教师培育站。组织完成 2016 年省“引智培训”工作。选拔推荐 15 名同志参加出国培训交流。会同县人社和财政部门完成全县教育系统 8160 名教职工和中小学校长奖励性绩效工资的核定和发放工作。完成 2016 年 155 人到龄人员退休手续的办理。完成 2015 年新参加工作 245 名新毕业生试用期满考核及转正定级工作。完成 5914 名离退休人员调整退休费审批工作，为 324 名农村原民办教师提高了生活补助标准。为 5718 名乡镇教师办理乡镇教师补贴手续，365 人办理乡镇工作补贴进档手续，7639 人办理薪级工资正常晋升审批手续，318 人办理中高级职称工资兑现手续，791 人办理岗位津贴进档手续，649 人办理教龄津贴进档手续，261 人新录用人员工资审定手续，8189 人办理在职人员提高基本工资审批手续，168 人办理抚恤金丧葬费审批和遗属生活困难补助费审批手续。

第九节　教育关心下一代工作

2016 年，县教育局关工委组织各学校制定学习计划和践行措施，通过“先进关工委”“模范关工委”评比，推动关工工作常态化建设，提高关心下一代工作成效。在全县各学校组织开展“党在我心中”“勤俭是我们的传家宝”主题教育活动，养成厉行节约的好习惯。规范家长学校管理体制，提高家长学校办学水平，组织教师参加省市《家长必读》优秀教案评比，3 名老师获省一等奖，3 名老师获省二等奖。推进校外教育辅导站建设，2 个县校外教育辅导总站、14 个镇区校外教育辅导中心站、167 个村（社区）校外教育辅导站、138 个“五老”创办的家庭辅导站正常开展工作，参加校外教育辅导站活动的青少年达 9000 多人。6 月，被盐城市关工委、文明办、教育局联合表彰为“校外教育辅导站工作先进集体”。逐步建好“万年青志愿者工作站”，吸纳“五老”志愿者 1999 名、在职教师志愿者 939 人、社会志愿者 176 名，5 所学校、20 名个人被市教育系统关工委表彰。深入开展“一帮四关爱”活动，2016 年，教育系统关工委结对帮扶受助人数达 1.29 万人。部分基层关工委还成立“助学解困关爱资金会”，为特困生筹集资助金逾 80 万元。留守儿童等弱势群体在学校关工委组织的寄宿学校、家长学校、校外辅导站、幸福度周六、心理辅导站、视频电话等关爱平台的阳光沐浴下快乐成长。县教育关工委被江苏省关心下一代工作委员会、江苏省精神文明建设指导委员会办公室表彰为“关心下一代工作先进集体”。

第31章 文化事业

综 述

2016年，县文广系统围绕中心、服务大局、务实创新，实现“十三五”良好开局。针对县情实际，把基本建成省级公共文化服务示范区、争创全国文化先进县，作为“五年任务、三年实施”的主攻目标。县城新建文化场馆全部列入省PPP项目库。蔡桥镇、八滩镇被评为省级公共文化服务体系(镇级)示范区。农家书屋数字化试点启动。重抓依法规范，文化市场管理跃入全市先进行列。县文广新局被评为全省“扫黄打非”先进单位，文化综合执法大队被省文化厅表彰为全省执法办案有功集体。坚持问题导向，扎实开展“治痼疾、强党性、树新风”专项行动，从小事细节入手，持之以恒推进作风效能建设。

第一节 文化设施

一、文化阵地建设

2016年，新设南湖戏院、新安村文化预约惠民服务点等免费开放阵地。南湖戏院自2015初免费开放以来，平均每周3场淮剧演出，观众日均达到200人左右，群众反响良好。包括文化馆、大剧院、淮剧团在内，规划总面积达6.17万平方米的文化艺术中心，纳入全省PPP项目库，完成项目选址、土地预审、建筑设计招投标等前期工作。通过盘活存量、调整置换等多种方式，基本完成界牌、蔡桥等4个镇区文化站房和61个村级综合文化服务中心达标建设任务，全县镇区文化站房达标占比达到50%以上。同时，加快推进有线电视户户通、无线数字电视全覆盖工程，完成农村应急广播省试点建设任务，较好地保障农村群众基本文化权益。

2月13日，观众在南湖戏院观看淮剧演出。
陈其龙 摄

二、农家书屋建设

2016年，全县农家书屋达13家。其中新建农家书屋3家、四星级农家书屋2家、三星级农家书屋8家。积极开展星级农家书屋评创活动，对农家书屋信息进行重新核查，实施试点数字农家书屋设备安装工作，已完成13家农家书屋数字化改造，解决部分农民群众“借书难、看书难”的现实困境，对农村精神文明建设和物质文明建设起到积极作用。

三、新华书店

滨海新华书店有限责任公司，系江苏凤凰出版传媒股份有限公司全资子公司，有员工65人，2016年实现销售6140万元，利润370万元。

教材发行 2016年，做好中小学教材、教辅的征订发行工作，实现发行主阵地整体稳定增长。全年共发行中小学免费教材码洋1569.21万元、作业本码洋275.69万元、助学读物码洋3268.75万元，连续38年圆满完成“课前到书，人手一册”的服务承诺。

图书市场 2016年，书城销售各类图书码洋485万元。做好习总书记系列重要讲话读本发行工作，共发行《习总书记系列重要讲话读本》5500册，发行《胡锦涛文选》1300套。加大校园读书节活动力度，协助县实验小学、东坎实验小学举办读书节活动，邀请儿童作家曹文芳到滨海讲学签售，销售各类少儿读物码洋11.48万元。积极参加南京馆藏图书订货会，销售馆藏图书71.52万元，销售大折扣优惠馆藏图书10.33万元。把创名店、创星级门店作为服务读者、服务社会的有效载体。开展业务技能比赛、优质服务竞赛、优秀员工评比等活动，对照星级门店评比条件标准，逐条逐项抓落实。引入行风监督员和顾客暗访等机制，对图书销售服务进行有效监督。

社会服务 注重职工思想政治工作和职业道德教育，连续多年被市文明委授予“文明单位”称号。积极做好公益事业，开展送书下乡，科技扶贫工作，赠送有关乡镇各种科技、养殖类图书码洋2万元。资助正红镇虹桥村扶贫资金1万元，以实际行动推动科技兴农、智力支农，塑造良好的企业形象。

第二节　社会文化

一、书香滨海建设

2016年8月13日，成立全县全民阅读促进会，举办第六届大众读书节，开展丰富多彩的全民阅读活动。县文广系统全年组织赠送各类图书1.2万册到各镇区，价值29万元。组织开展“红色记忆进校园”活动，精心挑选30块展板，在永宁路小学等地集中展出，深受学生欢迎。

6月29日，县图书馆举办经典连环画展。　陈其龙　摄

二、文化预约惠民工程

文化预约惠民工程继2015年获得盐城市公共文化服务成果一等奖后，2016年又入选《谋在新处，干在实处——全省基层宣传思想文化工作创新案例选编》。持续开展“打开心扉·唱响滨海”文化下乡活动，全年完成送戏65场、送电影3132场，举办百年敦甫书画展张秉荣、徐立成、蒋峰三人书画展、山外有山——于跃波画展、左克成书法展、庄国鸿　李文海书画展等活动40多场次。推出“月月戏相逢”网络文化惠民等特色活动，举办里下河地区淮剧票友电视邀请赛、第十二届广场文化艺术周等大型群文活动。

相关链接·“美丽滨海·无限精彩”2016滨海县迎新春文艺晚会

2月4日晚，由滨海县委、县政府主办，县委宣传部、县文广新局承办的“美丽滨海·无限精彩”2016滨海县迎新春文艺晚会在县会议中心大礼堂隆重举行，来自滨海县文广新局等单位的200多名演员参加此次演出。县四套班子领导、镇区及县直机关单位科级干部、受表彰群体、东坎镇社区群众代表1000余人观看演出。盐城市副市长、中共滨海县委书记李逸浩，县委副书记、县长钱武华，县政协主席许松柏，县委副书记刘永轩等领导分别为2015年度滨海县涌现出的“中国好人”、省“百佳孝星”“盐城好人”“滨海好人”代表颁奖。整台晚会围绕“美丽滨海·无限精彩”的主题，以文艺演出的形式，深刻反映了2015年滨海县经济社会事业取得的喜人成就，充分展现了滨海县百万干群满怀信心和豪情投身“十三五”、建设厚德滨海美丽滨海的精神面貌。

2月4日，2016滨海春晚开场序曲《金猴闹春》剧照。　陈其龙　摄

第三节　文艺创作

2016年，县文广新局组织创作各类文艺作品50多件，推出现代大戏《停之美丽》等一批重点剧目，参加全市新剧本评比。歌曲《红色天赐场》等4件作品获市政府文艺奖，小戏《等车》获得市第四届小戏小品调演二等奖。与省淮剧团合作、精心打磨的曾获得市文华优秀剧目大奖的淮剧大戏《危情七天》，入选省第七届淮剧艺术展演，获得二等奖。

第四节　文化市场管理

2016年，滨海县依法加强非法卫星电视接收设施管理工作，蝉联全省“无小耳朵社区”创建工作先进县称号。持续开展“净网”“清源”“秋风”“护苗”专项行动，县文广新局被评为全省“扫黄打非”先进单位。全年查处40家次，累计报送现场检查执法数据1000多条、卷宗42份，超额完成省市任务，案件办结率100%，文化综合执法大队被省文化厅表彰为全省执法办案有功集体。县文广新局办理的“某歌厅曲目含有禁止内容案”，被评为全省优秀案卷二等奖。出版物经营许可审批获省新闻出版广电局行政许可优秀案卷奖三等奖。

第32章　新闻出版

综　述

2016年，滨海县广播、电视、报刊、网站等宣传媒体，利用自身载体优势，丰富群众文化生活，弘扬干群求实精神，为全县经济建设、社会发展做好宣传报道工作。年内有120余篇通讯报道在市及市以上主流媒体发表；个人出书热情高涨，顾炳清、徐进成、韩立坚等自费出版滨海地情文化研究书籍。县新闻宣传中心在办好《滨海日报》系列新闻专栏的同时，对全县“项目载体攻坚行动”“沿海开发提速行动”等八大行动进行重点宣传和跟踪报道，推出民生专栏，开展教育、就业创业、健康、消费等民生工作宣传报道。县电视台升级新闻非编系统、配音系统，提高电视新闻质量。全年共编播《滨海新闻》365档，采编各类广播电视新闻稿件3800多条，采制各类电视专题30多部。《滨海史话》《东方诗赋》《滨海诗联》《黄海诗词》内部发行杂志，坚持保证质量按期出刊。滨海县政府网成为政府政务信息发布工作平台，联系人民群众的情感纽带。黄海在线、滨海网等网站利用互联网技术支撑，实现PC端与移动端的数据共通，每天把滨海发生的先进人物、先进事迹、新鲜事编发到公众号，将滨海的正能量进行广泛传播，有效地宣传和推介滨海。

第一节　新闻宣传

2016年，县新闻宣传中心按照县第十二次党代会提出的“推进思想解放、提升全民素质、凝聚发展合力、树立滨海形象”的工作要求，以“两学一做”学习教育为统揽，以持续推进“走转改”活动为抓手，围绕中心、服务大局，锐意进取、开拓创新，积极打好新闻宣传主动仗，唱响滨海发展主旋律，在办报质量、舆论引导力、报纸影响力等方面取得新成绩，形成服务中心、经营管理、队伍建设齐头并进的良好势头，被省（县）市新闻中心工委表彰为先进单位，获县委、县政府“宣传文化和精神文明建设工作奖”。

一、舆论宣传

2016年，在重点做好省市领导到滨海调研指导和中共十八届六中全会、省第十三次党代会、市第七次党代会、县第十二次党代会等重要会议的宣传报道的基础上，县新闻中心围绕县委、县政府中心工作，先后开设“新征程、新理念、新举措”“八大行动力推滨海新跨越”“巩固创建成果，共建文明城市”“合力打赢城乡环境综合整治攻坚战”“深入推进两学一做学习教育”等一系列新闻专栏，对全县“项目载体攻坚行动”“沿海开发提速行动”等八大行动进行重点宣传和跟踪报道。以关注民生、服务百姓为宗旨，推出民生专栏，开展教育、就业创业、健康、消费等民生工作宣传报道。利用“读者来信”“社会新闻”等专栏，加强献爱心、社会救助、扶贫帮困方面的报道。开设“厚德滨海”“美丽滨海人”“身边的共产党员”等专栏，把镜头和笔触对准基层普通老百姓，弘扬爱岗敬业、孝老敬亲、乐于助人、无私奉献的模范典型，先后组织开展“中国好人”孙志秀，省市劳动模范陶会玲、谭燕、张蕾以及县“十佳”最美志愿者、县“十大”金牌工匠等60多名身边的典型和先进模范人物的宣传报道。

县新闻宣传中心举行“三比三争”演讲比赛。
陈其龙　摄

二、采编管理

2016年，县新闻宣传中心出台《采访工作规范》《编辑工作规范》，加强对县四套班子领导特别是县委、县政府主要领导公务活动采访宣传的流程化管理，进一步提高公务活动采访宣传的时效性。建立新闻策划制度，围绕县委、县政府中心工作和阶段性重点工作，每周一编委会对本周宣传重点进行提前策划，入列选题实行项目化管理，列出责任清单，落实到具体采编人员，做到人人有选题、个个有任务，提高了办报质量和可读性。开设“记者走基层”专栏，组织采编人员深入镇区、园区、港口和企业一线，结合自身承担的策划选题，把笔触和镜头对准一线，挖掘鲜活素材，采写了一批真正贴近生活、贴近实际、贴近群众的新闻作品。组织开展“新春走基层”“好新闻百日竞赛”“强富美高新滨海摄影比赛”等一系列活动，在一线记者中掀起“比学赶超”的热潮。

三、报网融合

加快推进传统纸媒与新媒体融合发展，实现集《滨海日报》、滨海新闻网、《滨海日报》、微信、滨海日报户外传媒为一体的全方位、立体式、融合化发展的传播格局。每天定期对《滨海日报》特色亮点新闻进行编辑推送，进一步放大报网融合发展的覆盖面和影响力，策划的“我叫滨海”“校园文明形象大使评选”等微信作品点击率均超2万多人次。

县新闻宣传中心组织采编人员深入滨海港区采访。

陈其龙　摄

四、工作创新

在2015年度全省县市报好新闻评选活动中，有14篇(幅)新闻作品获奖，获奖数量和质量连续多年位居盐城市县市报前列。参加省县(市)报工委大丰会议、丹阳会议等；组织采编骨干到盐阜大众报社、阜宁日报社、射阳日报社、建湖日报社、大丰日报社学习办报经验，拓宽办报视野，扩大对外交流。加强与镇区、县直部门联合办报的力度，每月定期对各镇区、县直部门在报纸用稿情况进行公布，激发镇区、部门通讯员投稿的积极性。加强与县内部门、单位的合作，重抓联合办报。与县纪委、优化办合办“政风行风热线”，与县人社局合办“就业创业”、与县公安局合办“警视天地”、与县内有关学校合办专栏、与县金融办合办“金融超市”等专刊特刊。

第二节　广播电视

一、电视新闻

内　宣　开辟“贯彻党代会精神，奋力开启新征程”“实施八大行动，推进跨越发展”“党旗飘扬”“弘扬主旋律、传播正能量”等20多个专题专栏，组织开展“项目攻坚镇区行”新闻行动、造林绿化好新闻竞赛活动等。升级新闻非编系统、配音系统，提高电视新闻质量。全年共编播《滨海新闻》365档，采编各类广播电视新闻稿件3800多条，采制各类电视专题30多部。

外　宣　找准对外宣传薄弱环节，层层明确责任，强化对接和题材挖掘，四季度电视外宣工作比前三季度全市排名提高1个位次。

二、节目质量

频道定位　针对原有频道界定不清，播出内容杂乱的实际，通过组织到盐城、靖江、建湖等地考察调研和多次研讨交流，重新定位新闻、生活、快乐、影视4个地方主流频道，对4个频道节目进行扩容、增量、提质，确保每个频道播出内容个性化、特色化、专业化。

精品栏目　组织实施精品节目生产工程，以“内容地方化、栏目个性化、节目精品化、制作专业化”为要求，构想、策划《直通民生》《天南地北滨海人》《就业创业之窗》等5个自办节目。

平台搭建　投资360万元对广电大楼演播大厅进行升级改造，提供全县一流的政府性、公益性文艺演出场所，提高广电活动品牌质量，项目已进入前期招标阶段。

三、事业发展

应急广播系统　2016年，投入100多万元，顺利完成农村应急广播平台建设工作，为县委、政府声音和县广播电台节目通过镇、村广播系统进入千家万户搭建平台。

无线数字电视　围绕中央、省关于地面数字电视覆盖工程项目建设要求，打通公共文化服务“最后一千米”，组织实施地面数字电视无线覆盖工程，完成机房改造、天馈系统和发射设备安装调试，具备25套(包含中央12套、省台8套、市台4套、滨海1套)地面数字电视传输播出条件。

广电技术装备　更新数字摄录编播设备和硬盘播出系统提高技术装备能力和安全保障水平，着力强化了播出节目和信息网络安全的审核把关。对采、编、播系统进行了严密的安全测试，对非编网、媒资网进行改造提升，有力地提高广播电视技术防范水平，实现广播电视节目全年安全优质播出。

全媒体建设　2016年，有广播、电视和《黄海在线》三个主流媒体，积极寻求合作伙伴，加快广播、网络转型创新，实现广播、电视、新闻网站、官方微博、微信等相互依存、共通共享。

四、产业经营

调整广告时段、广告内容，坚持以净化荧屏声频为核心，杜绝虚假广告和违规广告；以制作精品广告为要求，删减繁冗内容，吸引受众眼球；以举办活动为载体，放大广电效应，吸纳广告商投放广告，有效止住了经营收入持续“滑坡”态势，提高创收能力。成立经营创收管理协调领导组，对广告创收运行的项目范围、成本控制、动用资源以及活动申报、宣传营销、录播制作等进行综合协调,以实现全台创收经营在更高层面上的有机融合。

五、江苏有线网络发展有限责任公司滨海分公司

安全保障 成立安全工作委员会和优化服务专项小组。投入200万元用于增设安全播出平台相关设施,提升承载能力,完善22个镇区机房的空调、动环监控等保障设备。全年巡查主干线路2240千米,巡检28次,干线施工盯防盯守6次,干线备用纤测试4次,全年干线整治一次,机房搬迁割接6次,光缆改迁5处;在重大节日、重要活动等重要时段,领导班子成员在岗带班,保障指挥快捷有力,确保广播电视节目分发、光缆干线等环节不发生政治事件和重大安全播出事故。

服务效能 举办"全员技能提升训练营"和"提升服务能力,树好企业形象"等培训会议,全年累计进行培训1200余人次。开展"看高清互动,送免费电视""庆中秋、迎国庆,百万充值卡免费送"等大型优惠活动,发放各类活动宣传、使用手册等材料共计5.6万份。严格执行"安装、报修等工单两小时内联系""到期用户提前两个月上门服务""预约上门体验新业务"等制度,改变"一刀切"的服务方式,做到主动积极、热情周到的服务标准。全年预约上门服务19938次,受理业务咨询13723次。

智能建设 领导班子带领公司主要技术力量前往北京、苏州、金湖、洪泽和省公司进行考察学习,组建智慧管理项目办公室,制定智慧管理专项学习计划,邀请国家级智慧城市建设专家对相关人员进行系统培训,不断提升智慧管理项目的理论水平。公司承建"江苏省滨海沿海工业园智慧园区一期项目",该项目总投入约4000万元,建设内容主要分为智慧安监、智慧环保、智慧危化品、智慧GIS、智慧视频、智慧消防、智慧应急指挥、智慧园区管控、智慧企业服务等九大板块。年底前,完成智慧园区指挥中心的软件与硬件商务采购,进入设备进场安装和软件开发调试阶段,期间多次邀请省市公司专家及国家智慧城市建设知名专家对智慧园区软件系统进行会办提升。实现沿海工业园数据信息的共享管理,建立"平战合一"的智能化管理系统;打造"一中心、一平台、一片云、一张网、一表制、一屏展"的"六个一"的智慧化管理平台,受到市、县等各级领导的好评。

网络改造 年初公司研究制定2016年度网络改造规划和方案,迅速完成各镇区的集镇区域和22个重点村的设计文本,实现全县网络的合理布局。由专业部门组织接入网实践操作、光纤熔接实践等网改技能培训工作,共计全年参训760人次。按照省、市公司工程管理规定,出台《江苏有线滨海分公司工程管理制度》,将建设标准和要求落实在施工实施阶段,明确事前、事中、事后的工程管理要求,提高施工的合理性、准确性,避免施工误差,努力实现"三个一"的双向化网络改造目标,即"网络改一处,用户转一处,老旧线路拆一处"。3月,县政府出台《关于加快推进全县广电网络升级改造的通知》(滨政办发〔2016〕14号)文件;7月,县第十二次党代会明确将"加快广电网络双向化升级改造和推进农村数字广播电视由'村村通'向'户户通'升级"列入重点工作任务的"民生幸福升级行动",优化全县广电网络发展的政策环境,形成广电网络双向化升级改造的推进合力。全年共敷设光纤760千米,新增网络升级改造设备15000余个,覆盖用户约12万户,按期完成各镇区集镇、22个重点村的广电网络升级改造工程,完成IP城域网的建设并投入使用。

第三节 报 刊

《滨海日报》 创办于1947年,中共滨海县委、滨海县人民政府主办,滨海县新闻宣传中心承办。2016年,开设系列新闻专栏,对全县"项目载体攻坚行动""沿海开发提速行动"等八大行动,采用通讯、现场特写、综合消息、图片新闻、评论等多种形式,进行重点宣传和跟踪报道,刊登各类稿件2067篇(幅)。推出民生专栏,开展教育、就业创业、健康、消费等民生工作宣传报道。利用"读者来信""社会新闻"等专栏,加强献爱心、社会救助、扶贫帮困方面的报道。开设"厚德滨海""美丽滨海人""身边的共产党员"等专栏,弘扬爱岗敬业、孝老敬亲、乐于助人、无私奉献的模范典型,刊登相关稿件215篇。年内,实现集《滨海日报》、滨海新闻网、滨海日报微信平台、阅报栏为一体的全方位、立体式、融合化发展的传播格局。

《滨海通讯》 中共滨海县委、滨海县人民政府主办的内部资料,免费赠阅各位县领导、县各行政、事业单位、各镇村。2001年创刊,每月一期。设置的主要栏目有:领导要论、谋事之道、专题报道、调查研究、基层工作笔谈、党建视窗、政法广角、教育时空、人物风采、黄海涛声、黄海拾贝、翰墨铸情、摄影天地等。截至2016年年底,《滨海通讯》共出版173期,及时、准确地传达县委县政府主要领导讲话精神,为各镇区、各部门、各单位工作交流提供平台,为全县经济社会发展做出积极贡献。

《滨海史话》 中共滨海县委党史办公室主办,双月刊,内部赠阅。2016年共出刊6期,设计9个栏目,其中《史学要论》出刊7篇,《人物走廊》刊出历史人物及其事迹15篇,《往事追忆》《轶闻杂说》《风俗礼仪》《沧海桑田》《文化遗珍》5个栏目共计112篇,还编辑出刊《经验交流》《史工动态》等文章21篇。为纪念长征胜利80周年,特发"长征路上的不屈英雄——张绩之"和"长征邮票:遵义会议会址"的专题报道。

《东方诗赋》 2015年10月,由徐金祥发起成立滨海县东方诗赋文化研究院,单亚、辛立毛、李春风等人响应,一致公推徐金祥为筹委会主任。由滨海县文化广电新闻出版局和滨海县民政局批文、发证并授牌,徐金祥为滨海县东方诗赋文化研究院的法人代表,首任院长,院刊为《东方诗赋》季刊。2016年2月,编辑出版《东方诗赋》创刊号,恪守"二为方向"和"双百方针"不动摇,坚持以人为本的宗旨不偏向,围绕弘扬诗赋文化和彰显滨海精神不离题。栏目设置丰富多彩,以首推"华夏强音"为主旨,"家乡放歌"为主

题,“春日寻芳”“雅集听秋”为主干,以“诗韵城关”为主导,以“赠答唱酬”“纪念缅怀”“咏物寄情”“山川形胜”“四时杂咏”“诗词纵论”“诗坛纪实”为主线,以“辞赋纵横”“东方诗家”“焦聚大千”“书画人生”为主器,以“新诗拾贝”古新兼容为主流。为进一步开拓诗赋文化对外交流渠道,东方诗赋文化研究院与中国诗歌网、阜宁县诗协、响水县诗协、建湖县诗协都建立良好的互动关系。

《滨海诗联》 创办于 2001 年 9 月,(曾用名《黄海诗潮》《淮东联苑》、《吟潮》)会刊由县文学艺术界联合会主管,县诗词楹联协会主办,解放军上将方祖岐和中国书法院院长管峻分别题写刊名。办刊宗旨为“面向群众,贴近时代,开拓创新,讲究质量。为传承中华诗词楹联文化而围绕县委、县政府中心工作开展采风创作活动。作品歌颂真善美,鞭魅假丑恶。”设计“时代风采、情系河山、滨海放歌、田园新曲、纪念缅怀、咏物寄情、激浊扬清、赠答唱酬、四时杂咏、小荷初露、校园诗选、童心诗联、夕照生辉、楹联天地、新体诗歌、诗联纵论、创作辅导、经验交流、书画摄影、文化信息”等 20 余个专栏。截至 2016 年,连续出刊 60 期。会刊正 16 开版,内页 4.5 印张,封面彩色,装祯精美,每季度末印发 2200 册 ~ 3000 册。县内由《盐阜大众报》滨海发行站发行至县直单位各部门,各镇区、村(居委会)、中小学校、大中型企业和协会会员。县外由县诗联协会邮发交流至海内外作者和国家、各省、市、县(区)诗联组织。会刊在海内外享有较高声誉,值 2016 年会刊 15 周年之际,蒋有泉、丁芒、欧阳鹤、蔡厚示、言恭达、秦志法等诗联名家和朱文泉上将、凌启鸿副省长等领导题词祝贺。

第四节　网　　站

滨海县政府网 网址 www. binhaigov. cn,滨海县人民政府门户网站,是滨海县政府信息发布的第一平台。设置《新闻中心》《政府信息公开》和《滨海港建设》等 7 个主栏目,开辟《政声传递》《滨海教育》和《政风行风热线》等 38 个板块栏目和交流平台。2016 年,滨海政府网站全年累计在网上发布滨海文字新闻 1.2 万余条、视频新闻 3120 余条。网站互动平台接收咨询、投诉和建议等共 237 条,办结率达 100%。点击量年 60 万人次。

滨海网 网址 www. bhvvang. cn,创办于 2013 年 9 月,旗下设有论坛、房产、人才、汽车、家居、二手买卖、征婚交友等栏目,网站日均发帖 5000 条,涵盖各类民生信息,是滨海人上网的首选。网站注册会员超 20 万人,网站年点击量过亿人次。2014 年,滨海网手机客户端“滨海论坛”APP 正式上线,实现 PC 端与移动端的数据共通,迈出本土移动互联网的第一步,开启大数据运用、服务于滨海市民生活消费的新模式。2016 年,滨海网已经发展成为滨海论坛网站平台 + 两大微信公众平台 + 微博平台 + APP 平台的互联网多渠道整合营销机构。在房产、家居、汽车、婚嫁、美食等领域,滨海网开启新的商业运行模式和用户服务模式,注重数据搜集和运用,结合线下转化,实现大宗商品交易的 O2O 闭环。年内,滨海网成功举办首届风筝文化创意创作节、滨海县第四届中小学生网络作文大赛、“寻找春天的秘密”户外踏青活动、文明车主网络评选活动、第三届儿童跳蚤市场、“中秋欢乐颂·志愿我先行”关爱农村留守群体活动、第四届万圣节网友狂欢活动、网友年会以及多次走进敬老院关爱老人等活动。

黄海在线 网址 www. zghhzx. net(即滨海县网络电视台),是滨海综合类地方门户网站,为县广播电视台直属事业单位,于 2012 年 11 月正式开通上线。网站开设新闻、文化、生活、房产和论坛五类频道版块,论坛开设六大类、十九个互动话题。按照县委要求开发建设的新闻发言人公共服务平台已成为广大网民发布诉求和意见的主要渠道,是县委县政府联系沟通民意、倾听民情的重要平台。2016 年,日在线人数 2000 人左右,日均访问量 3000 人次。作为广播电视栏目的延伸,每晚《滨海新闻》及其他专题栏目会在第二天上午在黄海在线网站和“无线滨海”手机客户端播出。“无线滨海”手机客户端,是权威新闻资讯发布平台,新版于 2015 年 6 月上线。在原有视、评、听、问的基础上,又新增了帮、图等板块,设置更加合理,内容更加丰富,用户体验更加顺畅。用户自主下载量已经超过 6 万。《黄海在线》微信公众号是网络电视台又一宣传载体,每天编辑人员把滨海县先进人物、先进事迹、新鲜事编发到公众号,将滨海的正能量通过这种新型的传播媒介进行广泛传播,有效地宣传和推介滨海。关注人数达 7 万人。

大滨海网 网址 www. binxx. com,创办于 2013 年 7 月 17 日,是盐城市清文网络科技有限公司创办的综合生活社区。2016 年,点击量约为 30 万人次。它从现代人真正的网络需求出发,为大众提供最为关心的全方位资讯,鼓励和支持滨海人各种兴趣爱好,展示滨海人新鲜个性生活等,并提供个人及商业用户主动营销等服务。于 2014 年 3 月 3 日开设微信公众号。并开始推送群发消息,以独特的原创软文为基础,而后发展成为以娱乐视频主的大众化贴近民生的公众号。

滨海城市网 网址 www. bh9735. com,创办于 2016 年 7 月,是一个以 BBS 论坛作为主导,手机微信为辅的地方门户网站,网站主体为滨海九七三五文化传媒有限公司。网站以弘扬滨海正能量为首要目标,着力报道滨海好人好事、城市建设、便民服务等。采取实名认证,后台人工审核,避免任何辱骂和造谣的内容在网站上面发生。通过《今日头条》《网易新闻》《一点咨询》《天天快报》等全国性媒体平台,进行滨海正能量信息的宣传报道。及时抓住闪亮点,选送的一篇文章被江苏电视台和国内各大主流媒体的转载。截至 12 月底,滨海城市网在各大平台累计点击量超过 2 个亿,特别是宣传滨海的城市建设和好人好事的视频单篇点击量最高达 40 万人次。

新滨海网 网址 www. xbh100. com,创办于 2015 年 12 月。网站论坛设立的栏目版块有百姓声音、教育在线、拼车驿站、征婚交友、商业服务、跳蚤市场、中介房产、个人房产、宠物之家、论坛公告、投诉建议等。网站设立多人管理,实时监控网站动态,专业技术维护,采用实名制式发帖;服务于滨海本地市民,信息功能一体化;另开发新滨海论坛移动客户端。2016年6·23阜宁遭受龙卷风袭击,新滨海网第一时间组织志愿者前往灾区,给受灾群众派送物资、捐赠现金;携手舞林大会滨海校区举办《一元城市生存挑战》活动;联合滨海本地多个商家举办第一届、第二届滨海单身男女大型相亲会等。

滨海生活网 网址 www365bh. cc,创办于2007年6月,初创栏目仅有招聘、房产、二手市场、交友、培训等信息发布品台,后期增加论坛、商城、微站等功能模块。网站通过中国电信管理局审核,在盐城市公安局成功备案,获得中国电信增值业务许可证。2016年,注册用户量超过10万人,年访问量约5000万人次。网站采用分级管理,严格落实审核机制。滨海生活网及旗下论坛,微信公众号,APP应用的服务宗旨为:服务地方经济,方便百姓生活。2016年组织开展的活动有:元月1日,与北京每日传媒合作在滨海拍摄电影《偷窥者》。6月30日,组织志愿者到阜宁灾区看望受灾群众。八一建军节组织志愿者到东部战区某部慰问子弟兵。六一儿童节到农业园小学看望留守儿童。春节前夕到东坎镇新安村看望孤寡老人。

第五节　出版书目选介

《进城留痕》 作者徐进城,1955年出生,正红镇人。正红塑料仪器厂厂长,南京市作家协会会员。2015年,出版纪实体散文集《父亲要我多读书》。《进城留痕》是他于2016年11月,由吉林文史出版社出版的第二本书。全书设《亲情永恒》《乡愁趣事》《学海泛舟》《风雨彩虹》《进城追梦》《行旅印记》6个专辑与附录,计22万余字,收录60篇纪实散文、故事。每篇文章都有时代印痕,有精气神,充满正能量。中国作家协会会员、中国散文诗协会副会长丁芒评价该书:亲情、感恩、创业、回忆类文章充满乡土气息,发散泥土芳香,接地气,原生态。每一篇都有闪光点,都像一碗煨好的“心灵鸡汤”。

《乡愁别裁史·云梯关外寻踪》 作者顾炳清,1946年出生,东坎镇人。原县委党史办公室副主任。在部队从事新闻宣传工作期间,撰写多篇散文、新闻报道在《解放军报》发表;在党史办工作期间,参与编写多本党史方志书籍;退休后笔耕不缀,出版散文集《陋室谭》上下册。2012年开始思考编著乡土文化地情志书,年底完成脚本,开始东奔西跑,四面八方收集、考证资料。历经3年多时间,终于编著成书。2015年12月,《云梯关外寻踪》由中国文史出版社出版,全书设8章,计132万余字。以丰富详实的历史资料,为人们解答:滨海大地是怎么形成的?历史上滨海大地发生哪些自然、社会的事件?在滨海境域地名的考证与出现的第一人第一事等历史问题,是一本记住滨海美丽乡愁,传承滨海传统文化的宝贵的地情文化书籍。

《射水弯弯》 作者韩立坚,1945年出生,正红镇人。多年从事党政事务、财政经济等工作实践,坚持调查研究。经过6年多的写作修改,《射水弯弯》由南京大学出版社出版,设29章,计60万字。全书实话实说,实事求是地记述自己“饥饿、重病”的生活经历与修身体悟。既是生活回忆录,又是做人体悟录,更是育人警示录。文中用自己经历记述抗日战争、农村合作化、整风反右、公社化、大跃进、社教运动、文化大革命、扶贫、区划调整、滨海港开发等历史事件的真实轨迹,折射出作者绝地求生的拼搏精神,谈薄名利的奉献精神,自强不息的顽强意志,终身学习与写作的超人毅力。

表23　2016年滨海县部分出版书目一览表

书　　名	编著者	出版单位	出版年月	字数(万字)
《乡愁别裁史·云梯关外寻踪》	顾炳清	中国文史出版社	2015.12	132.5
《滨海年鉴(2016)》	滨海县地方志办公室	中国文史出版社	2016.10	115.5
《进城留痕》	徐进成	吉林文史出版社	2016.11	22.9
《射水弯弯》	蒋华 韩立坚	南京大学出版社	2017.04	60
《滨海地名溯源》	政协滨海县委员会	内部交流	2016	40
《知滨海》	政协滨海县委员会	内部交流	2015	40
《滨海往事》	政协滨海县委员会	内部交流	2015	40
《伯荣三春秋》系列读本 《伯荣诗稿》第一册	管道华	书林出版社	2015.12	5
《盐阜地名一席谈》	薛维松	南京大学出版社	2016.5	20
《聚焦卫生日》	徐寿春	东南大学出版社	2016.1	32
《中国日》	徐寿春	东南大学出版社	2016.12	45
《正红乡土志》	正红乡地志编委会	中国文史出版社	2017.5	124.1

第六节 媒体聚焦

表 24　　2016 年市及市以上主流媒体报道滨海标题选录

报道日期	媒体名称	新闻标题	作 者
2016.01.08	《盐阜大众报》	“文化滨海”建设亮点纷呈	沈 平 魏 为
2016.01.15	《盐阜大众报》	滨海紧扣年度目标精准发力	顾继业 杨 磊
2016.01.30	《新华日报》	创新管理 整合优化 均衡发展——全力打造一流师资队伍	左其安
2016.02.02	《人民日报》	江苏滨海“三单”扶贫富民强村	姚雪青 杨 光 王 语
2016.02.02	《盐阜大众报》	盐城滨海整合资源全面推进教育均衡发展	滨教宣
2016.02.04	《盐阜大众报》	滨海数千机关人员参加城乡环境整治	胡亚萍 沈 平 魏 为
2016.02.04	人民网	江苏滨海签约 10 个文化旅游项目 总投资 8.7 亿元	胡亚萍 沈 平 魏 为
2016.02.04	《江苏经济报》	顺应新常态 江苏滨海“弯道超车”促跨越发展	张孝荣 胡亚萍 沈 平 耿文博
2016.02.04	人民网	江苏滨海精准扶贫经:以金融带动 以产业增收	陈永忠 姚 媛
2016.02.18	《盐阜大众报》	滨海百名专职招商人员出征	胡亚萍 沈 平 魏 为
2016.02.19	人民网	盐城滨海县天场镇突出“四新”助力全民创业	吴 超
2016.02.24	《盐阜大众报》	平安创建四个到位	吴 超
2016.02.24	《盐阜大众报》	“微”服务融入冬训	梁震萍
2016.03.04	人民网	盐城滨海老人义务护林 36 载 小岛成万鸟天堂	黄竹岩 张 鑫
2017.03.11	《江苏教育报》	滨海举行小学教师写字(书法)现场比赛	于建宏
2016.03.25	人民网	盐城滨海 12 岁小诗人荣膺江苏“诗歌之星”	张勇峰 盛伟为
2016.03.25	《盐阜大众报》	滨海构建顺畅舒适交通环境“十三五”投入 80 亿元建设“五纵四横”高等级骨干公路网	赵 琼
2016.04.13	《盐阜大众报》	滨海首届乡村旅游节开幕	王 娟
2016.04.13	《盐阜大众报》	用项目支撑生态建设	王子平
2016.04.26	《盐阜大众报》	滨海“四帮”助力返乡人员创业	任庆华 沈 平 孙德松
2016.04.27	《盐阜大众报》	滨海开展网络文化系列活动	沈 平 孙德松
2016.05.14	《盐阜大众报》	滨海建成百余家农村淘宝村级服务站	盛伟为 沈 平 孙德松
2016.05.31	《盐阜大众报》	滨海港区疏港航道船闸启闭机安装项目施工	赵 文
2016.05.31	《盐阜大众报》	滨海供电公司首家“油改电”项目落户	李成廉 周建东
2016.06.12	《盐阜大众报》	盐城滨海港区运盐河船闸进入安装调试阶段	戴万林
2016.06.20	《盐阜大众报》	滨海以项目建设冲刺“双过半”	胡亚萍 孙德松
2016.06.30	人民网	志愿者捐资 16200 元 帮助江苏滨海特困学生修房	施 忆 张 鑫
2016.07.07	《盐阜大众报》	滨海港:产业大港雏形初现	孙德松
2016.07.13	《盐阜大众报》	滨海县人民法院创新机制破解执行难	周俊宇
2016.08.10	人民网	盐城 90 后女孩捐献干细胞 自购营养品增强体质	
2016.08.10	《盐阜大众报》	滨海国土局开展不动产登记服务	唐春霞 李章海
2016.08.23	《盐阜大众报》	滨海基层党组织活动日架起党群连心桥	吕盐滨

续表 24

报道日期	媒体名称	新闻标题	作　者
2016. 08. 24	《盐阜大众报》	央视报道滨海抬车救人暖心事	徐德超　吕纯军　韩宝贵
2016. 08. 24	《盐阜大众报》	滨海县人民法院学习民事裁判文书新样式	周俊宇
2016. 08. 27	《盐阜大众报》	滨海加大扶持力度推进全民创业	胡亚萍　吕盐滨
2016. 09. 05	《盐阜大众报》	滨海公益助学活动圆贫困学子大学梦	韩宝贵
2016. 09. 13	《盐阜大众报》	滨海创新模式精准培训新型农民	孙德松
2016. 09. 22	《盐阜大众报》	滨海县“三大均衡”推进教育公平	滨教宣
2016. 09. 23	《盐阜大众报》	滨海县天场镇打造电商特色小镇	吴　超
2016. 09. 30	《盐阜大众报》	滨海县人民法院建立青年干警工作日记制度	周俊宇
2016. 10. 04	《新华日报》	滨海县“好人接力”成风尚	胡亚萍　吕盐滨
2016. 10. 18	《盐阜大众报》	滨海评选“六好”文明户	孙德松
2016. 10. 24	《盐阜大众报》	滨海县环保局加强畜禽养殖污染治理	王子平
2016. 11. 06	《盐阜大众报》	滨海主攻招商引资加快转型升级	吕盐滨
2016. 11. 07	《盐阜大众报》	滨海电商产业异军突起	吕盐滨
2016. 11. 09	《盐阜大众报》	滨海瞄准“三大靶向”精准扶贫	胡亚萍　吕盐滨
2016. 11. 15	人民网	江苏省省道 348 滨海段开工建设　全长 33. 8 千米	崔治国
2016. 11. 18	人民网	江苏滨海人管峻当选“大国非遗工匠文化大使”	徐馨儿
2016. 11. 20	《盐阜大众报》	滨海电商产业异军突起	徐建国　吕盐滨
2016. 11. 22	《新华日报》	民风建设,输入滨海“文明密码”	胡亚萍　孙德松
2016. 11. 23	《盐阜大众报》	滨海船闸退堤工程通过专项验收	杨激雷
2016. 11. 24	《盐阜大众报》	滨海县环保局全力抓好秸秆“双禁”	王子平
2016. 11. 25	《盐阜大众报》	滨海县滨淮镇生态农业促农民增收	程　琳　孙为顶　李明曜
2016. 12. 03	《盐阜大众报》	滨海开展民生升级行动	吕盐滨
2016. 12. 07	《新华日报》	滨海:精准扶贫促进精准脱贫	李　军　胡亚萍
2016. 12. 07	《盐阜大众报》	滨海现代农业产业园区强化措施　优化服务	陈　洋　梁建山
2016. 12. 14	《盐阜大众报》	滨海建成村级“平安体验中心”	孙德松
2016. 12. 19	《盐阜大众报》	滨海沿海工业园打造智慧园区	韩宝贵　魏军之
2016. 12. 22	《盐阜大众报》	掘金科技创新“聚宝盆”	吕盐滨
2016. 12. 23	《盐阜大众报》	滨海县加强城乡垃圾清理整治	王子平
2016. 12. 25	《盐阜大众报》	按下快进键　昂首奔向新征程	胡亚萍　吕盐滨
2016. 12. 29	《盐阜大众报》	滨海县创建妇幼服务示范工程	周子超

第33章　档案　史志

综　述

2016年，滨海县档案、史志工作围绕县委、县政府工作中心，做好服务工作。档案工作创先争优，认真履行职能，加强档案资源建设，夯实档案业务基础，推进档案全文扫描，加强业务指导，努力发挥档案馆“五位一体”功能，在本职岗位上争创一流的工作业绩。县档案局被市人社局、市档案局联合表彰为全市档案工作先进集体，1名同志被省档案局表彰为全省档案系统先进工作者；提拔正股职干部2名、科员1名。党史方志工作树立供给侧意识，开拓创新，在地方志书编纂、综合年鉴编修、《中共滨海县地方史（第三卷）》编纂、古黄河文化研究等方面取得新的成绩，完成年初的各项工作目标任务。县委主要领导亲笔批示，高度评价党史地方志工作。

第一节　档案管理

一、档案收集

2016年，县档案局贯彻落实国家档案局9号令工作推进会精神，结合滨海档案工作实际，编制完成《滨海县档案馆档案收集范围实施细则》，为全县档案收集工作提供切实可行的规范性依据。全年共接收文书档案1490件、业务档案2869卷15005件，其中接收2015年县政府办文书档案1168件，县委办2014～2015年文书档案322件，并由专人整理、排列上架；接收全县2015年婚姻登记和补办登记结婚档案15005件，完成目录输入工作；接收县纪委案件档案204卷。积极开展档案代保管业务，为县医保中心代管会计档案2665卷。征集史志与谱类档案资料6卷3册，其中《徐氏宗谱》6卷、《周崇华书法集》1册，《滨海往事》2册。

二、档案收藏

库房管理　做好库房日常卫生、安全、保密和管理工作，坚持每周库房卫生打扫并做好检查记录，落实档案“八防”措施，特别是加强汛期档案安全工作，确保各方面安全。对馆库楼内电源、设施设备等进行安全检查，消除安全隐患；及时更换防虫、防霉药物，做好汛期档案的防潮、防霉、防虫工作；加强对档案库房温湿度的监控和管理，及时开窗通风，利用温湿度控制设备调节库房温湿度，确保档案安全。

档案整理　对馆藏档案进行安全检查，破损档案进行裱糊和重新装订，发现锈钉及时去除；对2418卷革命历史档案进行重新排列编号，完成县民政局档案265卷案卷目录号的变更工作，使档号的编制更加科学、规范，便于档案保管和利用。

三、档案信息化

档案目录输入　加快馆藏档案目录数据库建设进度，实行全员参与，并从事业费中划拨专门资金，聘用2名外来专业人员进行目录输入。全年新增电子目录约13万条。12月底，馆藏文书档案文件级目录输入完成90%，进一步提高档案利用效率。

档案全文数字化　2016年，县财政投入40万元进行档案全文数字化工作。严格遵守政府采购规定，组织实施档案数字化扫描外包招投标工作；在馆区内提供档案扫描场所，严格监督管理，确保档案安全；对已扫描的档案及时进行质量检查，确保扫描质量。全年共完成150万页档案的全文扫描工作，查阅涉及劳动用工、知青下放、工资调整等利用频繁档案时，基本摆脱人工查档局面。

中心机房改造　省档案局拨款30万元对机房进行改造，添置服务器、磁盘阵列、不间断电源、自动灭火系统及温度控制设备等必备的硬件设施，为档案信息化建设提供必要的物质基础。

四、档案利用

做好查档接待工作，开通24小时服务热线，采取多种形式，进一步简化查档手续、程序，主动为社会提供档案资料利用服务。全年接待查档2471人次，提供档案资料2106卷197件，复印档案资料10152页，为领导决策、工作查考、编史修志、户口迁移、职工办理退休手续等提供有力依据。

五、监督指导

基层业务指导　2016年，县档案局、县委办、政府办、水利局、安监局、开发局、医保处等单位档案管理工作进行跟踪指导和服务。抽调2名技术骨干、外调2名业务人员，驻点县水利局帮助档案整理工作，完成约3000卷人事档案全部整理上架工作。

档案室等级评定 下发《关于对档案工作等级证书满期进行等级复查的通知》,对等级证书到期单位档案工作进行复查,对县法院、电信公司、审计局、六垛闸、滨淮农场、基督教堂等单位进行档案工作检查、测评,全年共有19家单位完成等级评定、档案复查工作,县法院档案工作达省五星级标准。12月底,全县基层单位档案工作达省五星级标准4个、四星级标准3个、三星级标准30个、二星级标准20个。

农村土地确权档案工作 全县土地承包确权档案工作量大,涉及24万农户。县档案局根据上级要求,结合实际情况制定了相关业务指导工作细则,加强培训和指导。5月上旬,县档案局、农办、国土局联合举办全县土地承包经营权确权登记颁证档案验收培训班。针对村档案工作存在专业技术人员缺乏的问题,建立健全县、镇、村三级承包土地确权档案指导服务体系,业务指导人员多次到乡镇、村现场检查,指导和帮助解决问题,利用微信、QQ等档案工作群,直接向上级专家请教业务问题。在滨淮、蔡桥两个试点乡镇,选择一些条件好的村作为重点进行培养,加强现场培训和指导,全面规范承包土地确权档案的收集、分类、编号、编目、装订等具体工作,树立一定数量的村级建档典型单位,形成样板,以点带面,推动面上工作开展。

第二节 党史 方志

一、地方党史

2016年3月,下发《关于组织开展改革开放新时期党史专题资料征集编修工作的通知》,在全市率先启动《中共滨海县地方史》第三卷编修工作。先后赴浙江省宁波市、南京市溧水区、连云港市灌云县等地参观学习各地编修经验,联系实际讨论拟定编修计划,确定118个资料征集专题。举办专题编修人员业务培训班,下发《党史专题编写范例》,指导专题编修业务。7月22日,县举行《中国共产党滨海历史》(第二卷首发式暨第三卷编修工作会议。县委书记钱武华作重要批示,市委党史办主任茆贵鸣、县委副书记张孝荣出席并作重要讲话。

二、地方志书

2016年,将全国重点镇——八滩镇,全国创建文明村镇工作先进村——东罾村作为省名镇名村志书编修工作的试点镇、村,2月,上报省地方志办公室备案,3月帮助建立编纂班子,4月启动编纂工作。9月,《滨淮农场志(1956~2016)》出版印刷,全书60万字,全面完整地记载60年的建场历史和发展变化。10月,《滨海农商行志》完成总纂文稿并报送出版社审批书号、审核稿件。《正红乡土志》报送中国文史出版社审核,完成排版校对。

三、综合年鉴

《滨海年鉴(2016)》在全省县级年鉴中,率先采用章节体形式架构篇目。全鉴由卷首、卷末和主体内容三大版块构成,共10篇58章232节,总字数约1155千字(含500多幅图片)。卷首设回眸滨海“十二五”、年度荣誉、图说滨海、特载,卷末设附录、索引,主体内容设滨海概况、沿海战略、基础设施、生态环境、经济发展、政治建设、文化强县、社会民生、区域发展、人物风采10篇,全面记载滨海县2015年自然、政治、经济、社会、文化发展情况。为各级各部门领导决策提供参考依据,为滨海经济发展服务,也为社会各界和海内外人士了解和研究滨海提供可靠信息。全县两会期间,向代表委员免费赠阅《滨海年鉴(2016)》680册。

四、地情文化研究

《滨海史考》出版 全书共10章,近30万字。上溯远古,下及当代,重点研讨自南宋初年黄河夺淮到1937年之前这一历史时段内的滨海地域的形成扩大,人口的迁移繁衍,经济社会的发展变化、人文历史的传承创新等方面情况。引用的历史资料十分丰富,是一本较有学术价值的研究滨海地方史的专著。

古黄河文化研究 2016年,启动以“海洋蓝色文化、古黄河农耕文化、淮河绿色文化、水浒盐民文化、历史红色文化”为主要内容的“五彩滨海,美丽家乡”研究工作。调研丝网浜古址、天场镇古海岸遗址、八滩大王庙等70处古遗存地及海洋、农耕等文化遗存。查阅全县多家族谱和有关史料,形成丰富的古黄河文化研究基础材料。

五、史志研究、宣传

党史研究 2016年7月,参加省委宣传部、省委党校等多家单位联合举行的纪念中国共产党成立95周年征文活动,完成《中国革命和建设的重要基石》《唤得蛟龙锁咸潮 每闻涛声思党恩》《红色文化是社会主义核心价值的精髓》3篇论文。向市、县纪委提供廉政教育材料,回顾、编写新四军《把规矩挺在“爱驹”的前头》《治军严兵更严己》等爱民爱兵律己故事6则。

举办纪念建党95周年知识竞赛活动 2016年6月,与县委组织部、县委宣传部等单位一起组织“中国农行杯”纪念建党95周年知识竞赛活动,各级党支部积极参与。此次活动共收到答题卡1000余份,评选出获奖个人80名,4个单位被评为优秀组织奖,取得了较好的社会效果。

举办“黄河湾杯”全县中小学作文大赛 2016年11月,和省委驻滨帮扶工作队、滨海县教育局等单位联合举办了的“黄河湾杯”全县中小学作文大赛,丰富了全县中小学生感知滨海的淮河文化、黄河文化、农耕文化、海洋文化、盐业文化、红色文化、地情文化等的乡土文化知识,大力弘扬滨海人“吃苦耐劳、勇于担当、善良正真、坚韧不拔、诚实守信、自强不息”的人文精神。共评出一等奖9名,二等奖17名,三等奖24名,优秀指导老师奖24名,优秀组织奖6名。

第七篇

社会民生

第34章 人民生活

综 述

2016年,滨海县城镇居民人均可支配收入增幅居全市第一,社会消费品零售总额、农村居民人均可支配收入等指标增幅位居全市前列。年内全社会消费品零售总额110.46亿元,全县城镇、农村居民的幸福指数稳步提升。县政府通过城建惠民、培植特色产业、发展农村电商等多种形式,加快城镇、农村居民的致富步伐。

第一节 城镇居民生活

一、城镇居民收入

2016年,全县城镇居民人均可支配收入26543元,比上年增长8.6%,绝对值位于全市第6名,增幅位于全市第2名。其中,工资性收入为13583.7元,比上年增长8.7%;经营净收入为6502.7元,比上年增长9.3%;财产净收入为2006.5元,比上年增长5.5%;转移净收入为4450.5元,比上年增长8.4%。

二、城镇居民消费

2016年,城镇居民生活消费总支出为15922.3元,比上年增长7.4%。其中,食品烟酒支出为5159.8元,比上年增长7.8%;衣着支出达到1263.7元,比上年增长7.4%;居住方面支出达到2027.7元,比上年增长1.3%;生活用品及服务类消费为1046.1元,比上年增长3.5%;交通通信支出1959.6元,比上年增长8.1%;教育文化娱乐类消费支出为2983.7元,比上年增长10.0%;医疗保健消费支出1126.6元,比上年增长12.7%;其他用品及服务支出为355.2元,比上年增长8.1%。

第二节 农村居民生活

一、农村居民收入

2016年,农村居民家庭人均可支配收入达到14931元,比上年增长9.1%。绝对值位于全市第8名,增幅位于全市第4名。其中工资性收入为5614.5元,比上年增长9.2%;经营净收入为6085.9元,比上年增长9.6%;财产净收入为90.6元,比上年增长10.0%;转移净收入为3139.6元,比上年增长8.0%。

二、农村居民消费

2016年,农村居民人居生活消费支出总计11224.7元,比上年10.7%。其中,食品烟酒支出为3524.8元,比上年增长10.4%;衣着类消费为570.8元,比上年增长11.3%;居住类消费2159.1元,比上年增长8.9%;生活用品及服务类消费为864.3元,比上年增长12.6%;交通通信类消费为896.6元,比上年增长13.9%;教育文化娱乐类消费为2079.4元,比上年增长10.8%;医疗保健类消费为953.5元,比上年增长10.5%;其他用品消费为176.1元,比上年增长12.9%。

第三节 居民消费价格指数(CPI)

2016年,为全面及时了解和掌握居民消费、商品零售以及农业生产资料价格变化情况。为国民经济核算提供基础资料。为测算通货膨胀(或通货紧缩)、制定价格政策、工资政策和财政金融政策等提供依据。为政府和社会公众及时提供价格运行数据及相关信息。滨海国调队采用分层抽样与重点抽样相结合的方法抽选样本,调查150个价格调查点和3个镇区农业生产资料零售门市,对出售的产品或提供服务的价格进行不间断调查,由调查人员直接采集价格,按月汇总上报。2016年,全县居民消费价格指数(CPI)为101.9。

第35章　社会保障

综　述

2016年，做实托底救助、养老和殡葬服务工作，提高保障改善民生的普惠性和针对性。全县城乡社会保险覆盖率达97%，城镇新增就业11345人，再就业8919人，实施再就业援助742人，城镇登记失业率控制在1.9%以内。投入961万元提升通榆镇等敬老院基础设施条件。确定新一轮建档立卡低收入户4.1万户、10.7万人，新增低保对象1078户、2257人。全年投入各类救助资金128.4亿元，全县脱贫低收入人口3.28万人，5个省定经济薄弱村、10个县级重点帮扶村实现新"八有"。优化就业创业环境，加大服务力度，加强基层平台建设，积极推进服务职能下移，超额完成各项目标任务。围绕市下达的年度目标任务，突出扩面、征缴、社管服务、保发放等重点，取得良好效果，按照上级文件精神，将企业职工退休人员养老金调增至月人均1620元，城乡居保基础养老金提高到每月115元，实现各类保险待遇稳步提升。

第一节　劳动就业与管理

一、就业和再就业

2016年，为缺工企业提供"店小二"式用工服务，定期开展企业缺工专项调查走访，对全县229家规模以上企业缺工进行监测。制定出台《滨海县人社局挂钩服务108家重点企业用工及人才服务方案》，成立10个服务小组，逐一上门对接和提供服务。举办新春、五一及周五集中招聘等县内招聘会50场。新拓展四川合江县、辽宁朝阳市、山西蒲县等省外劳务输入基地6家，组织县内重点缺工企业赴四川、云南、甘肃、武汉等地举办专场招聘会6场，现场达成就业意向684人，引进高技能人才110人，年内累计服务企业用工6200人次。全年培养高技能人才1266人（列市第一），打造省级技能大师工作室"赵敏大师工作室"1个（全省共20个），争取省补专项资金10万元。"桥缘家政"被评定为盐城市首批市级家庭服务职业培训示范基地（全市3家）。全县农民工工作受到省厅领导的充分肯定，县人社局被省政府表彰为农民工工作先进单位。落实援企稳岗补贴政策，为符合条件的45家企业发放稳岗补贴资金138.44万元；下调失业保险费率，为企业和职工减负年累计达1368万元。

二、服务全民创业

2016年，组织开展"中秋情·创业梦"创业政策及项目集中推介、"全民创业镇村行"、滨海县"返乡创业之星大赛"等系列活动。脉动医疗科技、大唐现代农业、迅易电子商务等3个项目在市获二、三等奖，江苏滨海南山智汇园获省级创业孵化基地称号。冬暖设施蔬菜种植、苗木花卉种植获省大学生优秀创业项目。开展在外有成人士调查摸底工作，建立滨海籍在外有成人士名录。先后到广州、上海、昆山等6地，举办了服务返乡创业就业推介会和返乡创业典型座谈会。印发推进全民创业文件，设立800万元全民创业园建设奖励资金、1000万元创业专项资金，保证首次创业补贴、创业贷款贴息、社保补贴、载体建设补贴及时发放到位；全年发放创业贷款5500万元、各类补贴368.2万元。

2月11日，新春服务企业引才用工招聘洽谈暨返乡创业推介会剪影。　陈其龙　摄

三、职业技能培训

2016年，对全县206家规模定报企业开展培训需求调查，并及时组织实施；加强部门合作，积极与商务、经信、妇联等职能部门对接联系，组织开展电子商务、农村淘宝等创业培训。全年组织完成对省外劳动力进行培训869人和创业者进行培训3114人以及对城乡劳动者就业技能进行培训5070人。

四、人社平台建设

2016年，累计投入2000余万元，对全县14个镇区、15个社区和281个村的基层人社平台进行新建改建，建立县级创业指导中心和覆盖全县的县、镇、村三级人社服务网络。已建成国家级标准村级平台1个，省级平台29个，基本实现"四个不出村"的目标。发放社保卡58万张，激活金融功能34.59万人，在全市率先开通具有代扣代缴与待遇领取功能的城乡居民社保卡，转入社保卡发放城乡居保待遇15.65万人，有17.89万人通过社保卡缴纳城乡居保保费，代扣保费5828.46万元，既保证资金安全，又方便群众。

五、人社扶贫

2016年，县人社局利用省人社厅在滨海县牵头扶贫的机遇，制定落实一系列工作措施和优惠政策，主动做好省人社厅驻滨海扶贫工作队的工作配合和后勤服务工作，完成"10·17"全国扶贫日江苏人社扶贫帮困滨海主会场组织工作。创业基地、基层平台、人社扶贫等工作得到在滨海视察的省人社厅厅长谭颖，副厅长周英、刘德民和市人社局局长王娟等领导的充分肯定。资金、技能、项目等向贫困村、贫困户倾斜，全年动员4000余名贫困人员参加技能培训和创业培训。发挥失业保险扩大支出功能，吸纳、引导3300余名贫困人口实现就近就业或成功创业。做好县定机关单位结对帮扶工作，直接结对帮扶7个村，投入资金30多万元。就业创业政策及培训送到村头田边，开展精准帮扶就业创业专场活动27场次，一对一结对帮扶186户，新上扶贫项目69个。

六、监察执法

全年累计接待来信来访投诉74批次，立案查处58起，结案52起，帮助处理千余名农民工拖欠工资1200余万元，代发工资300余万元，未发生一起逾期案件。3月在全县范围内开展清理整顿人力资源市场秩序专项检查，县民政局与县市场监督管理局联合执法，成立了6人工作小组。检查用人单位6户，职业中介机构2家，没有发现违反就业管理相关规定的行政违法案件。6月15日至7月29日开展用人单位遵守劳动用工和社会保险法律法规情况专项检查，共检查用人单位19家，涉及劳动用工人数440人，督促1家用人单位为8名劳动者补签了劳动合同，并补缴纳社会保险费1万元。其中，涉及劳务派遣单位3家，涉及派遣劳动者40人。

七、劳动人事争议调解仲裁

2016年，成立"滨海县劳动人事争议人民调解委员会"。调结各类争议146件，涉及当事人468人，各类补偿金额862万元。通过省专家平台处理劳动争议430件，为劳动者追回各类补偿费用521.6万元。稳妥地解决县吉华化工220人、汇利食品108人、鑫源镍业260人等多起重大集体劳动争议，涉及金额1021万元，促进全县劳动关系的和谐稳定。

八、为农民工服务

2016年，重抓农民工欠薪问题，每半年组织1次对农民工工资发放情况的专项检查行动，组织人社、住建、公安等部门对全县境内的企业和施工单位进行"地毯式"排查，对发现的问题组织专人包干负责，采用登记销号制，确保事事得到解决。10月，由县人社局牵头联合住建、交运、水利成立4个专项检查小组，重点检查招用农民工较多的工程建设（含建筑市政、交通运输、水利建设）、加工制造、餐饮服务企业。年内有22家用人单位存在拖欠用工工资行为，涉及劳动者1000余人，涉及金额2000余万元。

滨海县举办校地合作恳谈会暨百名海外博士江苏行滨海专场活动。 县人社局 提供

第二节 社会保险

2016年，县人社局扩大各项社会保险覆盖范围，社保扩面工作在困难中扎实推进，扩面人数稳中有升，保持持续增长态势，特别是养老保险基金收入创历史新高，至年末累计收入5亿元，保证全县3万多名企业离退休人员养老待遇按时足额发放，全年累计发放养老待遇6.5亿元。其他险种基金征收，保证各种保险待遇足额及时发放。

一、职工养老保险

截至2016年年末，参保企业789家，比上年增加了54家。参加养老保险总人数达96710人，比上年新增2498人。年末基金收入5.29亿元，比上年多收入0.83亿元。月缴费基数2400元，比上年度提高350元。企业离退休人员3.7万人，支出退休金6.79亿元。

二、医疗保险

2016年，滨海县城镇职工医疗保险参保100303人，征收基金2.16亿元，支出18057.9万元；城镇居民医保参保98002人，基金收入0.367亿元，支出652.5万元。职工、居民医保政策范围内住院医疗费用报销比例分别达到80.45%、70.22%，达到省医保部门要求的职工、居民医保政策范围内住院医疗费用报销比例不低于80%、70%的规定。

三、失业保险

2016年,将支持企业稳岗政策扩大到所有符合条件的企业,鼓励企业少裁员、不裁员。对符合条件的45家企业,发放稳岗补贴资金138.44万元。为降低失业保险费率,从2016年1月起又下调0.5个百分点,通过失业保险费率下调,为企业和职工减负1368万元。失业保险实现参保53800人,征收失业保险费2736万元。

四、工伤保险

全面推进建筑业参加工伤保险"同舟计划",5月份与县住建局联合下发《滨海县建筑施工企业务工人员参加工伤保险实施办法》(滨人社〔2016〕13号),根据省市要求,调整工伤保险基准费率,由原来三档调整为八档,从2015年10月1日执行。同时按新《工伤保险条例》规定,全面提高一次性工亡补助金、一次性伤残补助金标准,落实工伤职工住院伙食补助费、转外地就医交通食宿费待遇。

五、生育保险

截至2016年年底,全县生育保险实际参保人数48910人,缴费人数46475人,征收保费1005万元。

六、机关事业养老保险

2016年,同步省、市机关事业单位工作人员养老保险改革进程,制定颁发滨海县《关于机关事业单位工作养老保险制度改革实施意见》《养老保险制度视同缴费指数表》和《养老保险制度改革人员核定工作通知》。参保登记工作在省业务系统上完成参保登记单位308个、在职人员11386人、退休人员5766人,与盐城其他县市相比,处于领先位置。

七、城乡居民养老保险

全年参保32.63万人,征收保费1.02亿元;为16.8万待遇领取人员调增、补发基础养老金,月领标准由105元/人提高到115元/人,累计发放总额达2.486亿元,发放率达100%;3020人发放丧葬补助金计302万元。出台滨政发〔2016〕40号《滨海县征地补偿和补征地农民社会保障实施办法》和滨政办发〔2016〕71号《关于进一步完善城乡居民基本养老保险制度的意见》。开通具有代扣代缴与待遇领取功能的城乡居民社保卡,代扣保费6000万元,占全年保费总收入的60%。

八、社保卡发放

1月底,滨海县社会保障卡管理中心装修工作全部完成,在完成线路安装后,卡管中心由局信息中心搬迁至农商银行银海支行内。全年计发放社保卡13万张,包括机关、企事业单位、个体就业户及城乡居保人员。与地税、财政、银行等部门通力合作,对社保卡开发延伸功能。在全市率先使用社保卡代扣代缴(农保)和待遇发放(农保)。为方便群众,购买2台自助查询机。为缩短制卡时间,简化补换卡流程,县人社局与银行磋商,由银行购买2台领卡制卡一体机系统设备。

九、基金监督

加强规划管理,对全县人力资源和社会保障事业发展规划及对2016年民生工程指标进行监管分析。组织编制人社系统工作经费和社会保险基金预决算草案,并对上年度决算和本年度预算上网公示。参与制订公用经费和固定资产管理文件,规范经费使用和审批程序,明确固定资产购置和管理方法。加强对社会保险基金的监督和审计,通过对现场和网上的两方面监督,加强基金监管。2016年,重点对企业职工养老保险基金中更改姓名、年龄改动、多地参保等情况进行核实和整改,对失业保险降低缴费比例0.5个百分点政策落实情况进行监督管理。

相关链接·关于进一步完善城乡居民基本养老保险制度的意见

滨政办发〔2016〕71号

2016年8月28日

各镇人民政府,经济开发区工业园、沿海工业园,滨海港经济区、现代农业产业园区,县各委办局,县各有关单位:

2013年2月以来,滨海县并轨实施新型农村社会养老保险和城镇居民社会养老保险,建立统一的城乡居民社会养老保险制度,进一步巩固和提高城乡居保参保率、续保率和发放率,待遇水平不断提升,管理服务更加规范,有力促进了社会保障事业发展。为加快建立更加公平可持续的社会保障体系,根据国务院《关于建立统一的城乡居民基本养老保险制度的意见》(国发〔2014〕8号)、省政府办公厅《关于进一步完善城乡居民基本养老保险制度的意见》(苏政办发〔2014〕104号)和市委办、市政府办《关于进一步完善城乡居民基本养老保险制度的意见》(盐办发〔2015〕76号)等相关文件精神,结合实际,现就滨海县进一步完善城乡居民基本养老保险制度提出以下意见:

一、将"滨海县城乡居民社会养老保险制度"更名为"滨海县城乡居民基本养老保险制度。"

二、城乡居民基本养老保险以"全覆盖、保基本、有弹性、可持续"为方针,以增强公平性、适应流动性、保证可持续性为重点,合理分担个人(家庭)与政府责任,科学确定筹资标准和待遇水平,完善保险关系转移接续和制度衔接,强化基金管理监督和经办管理服务,逐步提高基金管理层次,建立完善覆盖全体城乡居民的基本养老保险体系。

三、城乡居民基本养老保险坚持和完善社会统筹与个人账户相结合的制度模式,巩固和拓宽个人缴费、集体补助、政府补贴相结合的资金筹集渠道,完善基础养老金和个人账户养老金相结合的待遇支付政策,强化长缴多得、多缴多得激励机制,完善服务网络,提高管理水平,促进城乡居民基本养老保险平稳可持续发展。

四、具有本县户籍,年满16周岁(不含在校学生),非国家机关和事业单位工作人员及不属于职工基本养老保险制度覆盖范围的城乡居民,可以在户籍地参加城乡居民基本养老保险。

五、参加城乡居民基本养老保险人员(以下简称参保人员)个人缴费标准分设每年100元、300元、500元、800元、1000元、1500元、2000元、2500元8个档次。其中100元的缴费档次,只适用于重度残疾人等缴费困难群体。

今后将根据省、市要求和经济发展及城乡居民收入增长等情况,适时调整缴费档次标准。参保人员多缴多得、长缴多得。

六、有条件的村集体经济组织应当对参保人员缴费给予补助,鼓励有条件的社区将集体补助纳入社区公益事业资金筹集范围。鼓励其他社会经济组织、公益慈善组织、个人为参保人员缴费提供资助。补助、资助金额不超过县最高缴费档次标准。

七、对参保人员缴费给予补贴,补贴部分全部记入个人账户。对选择100元档次缴费的,补贴标准为30元;对选择300元档次缴费的,补贴标准为40元;对选择500元档次缴费的,补贴标准为60元;对选择800元档次缴费的,补贴标准为80元;对选择1000元及以上档次缴费的,补贴标准为100元。对重度残疾人等缴费困难群体,由县、镇(区)两级财政为其代缴最低标准的养老保险费。

八、建立终身记录的养老保险个人账户,个人缴费、政府对参保人员的缴费补贴、集体补助和其他社会经济组织、公益慈善组织、个人对参保人员的缴费资助以及个人账户利息,全部记入个人账户。个人账户储存额参照我省企业职工基本养老保险个人账户记账利率计息。

九、参保人员年满60周岁、累计缴费满15年且未领取国家规定的基本养老保障待遇的,可以按月领取城乡居民基本养老保险待遇。

新农保、城居保制度实施时,距规定领取年龄不足15年的,应逐年缴费,并允许补缴(补缴部分不享受财政补贴),累计缴费年限不超过15年,亦可延长缴费至15年后按月领取待遇。距规定领取年龄超过15年,但到规定领取年龄时缴费年限不足15年的,延长缴费至15年后按月领取待遇。

基本养老保险待遇包括基础养老金和个人账户养老金。

十、对符合领取城乡居民基本养老保险待遇条件的参保人员全额支付基础养老金。对于连续缴费超过15年的参保人员,每超过1年,基础养老金增发1%。提高和增发基础养老金部分的资金由县财政安排。

十一、个人账户养老金的月计发标准,为个人账户全部储存额除以139。

参保人员死亡的,其个人账户资金余额可依法继承,并可享受丧葬补助金,标准为1000元/人,所需资金由县财政安排。

待遇领取人员死亡后2个月内未主动申报的,不予发放丧葬补助金,并追讨不符合发放条件的养老金。对冒领时间偏长、拒不配合处理的,将通过法律渠道解决。

社会保险经办机构要完善城乡居民基本养老保险人员信息核对机制,与职工基本养老保险、机关事业单位养老保险等信息进行比对,确保基本养老保险待遇、丧葬补助金发放工作不虚、不重、不漏、不错。

十二、参保人员在缴费期间户籍迁移、需要跨地区转移城乡居民基本养老保险关系的,可在迁入地申请转移养老保险关系,一次性转移个人账户全部储存额,并按迁入地规定继续参保缴费,缴费年限累计计算;已经按规定领取城乡居民基本养老保险待遇的,无论户籍是否迁移,其养老保险关系不转移。

十三、完善城乡居民基本养老保险基金财务会计制度和各项业务管理规章制度。城乡居民基本养老保险基金纳入社会保障基金财政专户,实行收支两条线管理,单独记账、独立核算,任何地区、部门、单位和个人均不得挤占挪用、虚报冒领。城乡居民基本养老保险基金按照国家统一规定投资运营,实现保值增值。

十四、县人力资源和社会保障局要会同有关部门加强城乡居民基本养老保险基金监管,健全内控制度和基金稽核监督制度,并按规定发布信息,接受社会监督。财政、审计部门要对基金的收支、管理和投资运营情况实施监督。有关部门要依法严肃查处虚报冒领、挤占挪用等违纪违法行为。

十五、县人力资源和社会保障部门要加强城乡居民基本养老保险经办管理,为参保人员提供便捷服务。要在现有业务管理系统基础上,纳入"金保工程"建设,与其他公民信息管理系统实现信息资源共享。将信息网络向基层延伸,实现县、镇(区)、村(居)实时联网。

十六、本意见自2016年1月1日起实施,已有规定与本意见不一致的,按本意见执行。

第三节　社会救济

2016年,推进社会救助组织体系建设,成立县社会救助中心,整合民政、人社、住建、教育和卫计委等救助资源,实行集中办公,全科式受理,及时分办或转办,方便群众,确保救助及时。加大镇、村社会救助网络建设,督促镇区社会救助中心和村(居)社会救助工作站达到"有阵地、有牌子、有人员、有经费、有成效"的五有要求,打造标准化的县、镇、村三级社会救助"一门受理"平台。规范社会救助窗口管理,窗口设置实现"四统一"(即统一窗口标识、统一岗位职责、统一工作流程、统一资料表式)和"四公开"(即公开救助政策、办理流程、工作职责、监督电话)。完成申请救助家庭经济状况核对信息平台建设,2016年投入近100万元,通过公开招标的方式,分别与北京用友软件公司、盐城市网拓信息工程有限公司签订了软件、硬件建设合同,建成申请救助家庭经济状况核对系统,实现"搭建一个平台"的工作目标。

一、城乡低保

2016年6月，成立县社会救助中心，挂“县城乡低保管理中心”“县申请救助家庭经济状况核对中心”牌子，核定编制总数达11名。制作印发《城乡低保政策宣传手册》，并通过电视、广播、网络等媒体进行宣传，让低保政策家喻户晓。规范低保管理，完善最低生活保障申请审核审批流程，邀请镇区分管领导、民政科员、核查人员共同会办审批，对拟审批对象除在镇村公示外，一律在县民政局网站予以公示；对不予批准的对象一律出具《不予批准通知书》，委托镇区代为送达并做好政策宣传工作。坚持动态管理，加大核查力度。对在册低保对象采取整村逐一上门复查的方式，重点核查家庭经济收入和财产状况变化较大、人员状况变化较大、人户分离以及可能存在隐性收入等情况的对象。通过信息比对、镇区自查、低保中心上门核查等方式，及时取消不再符合低保条件的、重复享受救助的、低保对象中的人员死亡等对象的低保待遇，全部发放书面告知书并委托镇区送达。2016年1～10月取消不再符合低保条件的1205户，可节约资金460万元。更换户主404户，增减人口动态707户。开展对城乡低保政策执行情况专项检查活动，联合县纪委、县检察院制定并出台《关于在全县开展城乡低保政策执行情况专项检查的通知》，重点解决低保认定、发放、管理等工作中存在的各种问题。开展低保公示专项督查工作，随机抽查15个镇区的61个村，对检查情况及时通报，对公示工作未到位的村，限期整改，并做好跟踪督查工作。截至2016年12月，全县共有城乡低保23571户，42880人，其中农村低保21132户，38522人，保障标准为每人430元/人·月，年累计发放低保金9273万元；城镇低保2439户，4358人，保障标准为每人530元/人·月，累计发放低保金1405万元。全年累计新增1078户2257人，累计退出1316户1959人。

二、医疗救助

加强医疗救助同步结算平台建设，提升重特大疾病的医疗救助水平。积极与县合作医疗管理办公室、县医保中心沟通协调，全面实现医疗救助“一站式”结算，实时结算率90%以上。做好医疗救助对象信息平台的日常维护，及时录入新增对象，退出不符合对象，有效维护医疗救助平台的稳定运行。多方筹集资金，全额资助省定6类对象参保参合。全县医疗救助范围覆盖城乡9类15种对象，救助比例70%以上。救助封顶线提高到城乡基本医保封顶线的50%，达到10万元。规范临时救助工作，拟定临时生活救助标准，各镇区参照标准进行救助。明确救助时效，救助金额较小的审批权限下放到镇区，对于大额临时救助，县民政局接到救助申请后，5个工作日内予以办结。2016年，全县省定重点医疗救助对象的医疗救助比例提高到70%，救助封顶线达到城乡基本医保封顶线的50%。全年累计救助23049人次，发放救助金2724万元。经县政府常务会议研究决定，县财政协调资金657万元，全额资助省定的城乡低保、农村五保、60年代精简退职职工、重点优抚对象、孤儿、总工会核定的特困职工、临时救助对象中的大重病患者等7类对象参保参合。

三、临时救助

加大对镇区临时救助资金管理力度，严格规定镇区临救资金用途，定期不定期督查资金使用情况，确保专款专用，及时救助临时遇困群众，保障他们的基本生活。2016年1～10月，临时生活救助累计救助3712户，发放临时生活救助资金195万元，在很大程度上缓解了城乡困难群众的燃眉之急。建立流浪乞讨人员救助档案，实行一人一档，分类保存。开展以“在站寻亲，让爱回家”为主题的寻亲活动，发挥广播、电视、报纸、互联网等新闻媒体作用，为受助人员寻找家人。对滞留滨海的两名流浪乞讨的人员，经过县三院救治，精神恢复正常。2016年3月底核实两人的身份信息，并护送他们顺利返乡。配合县公安机关，对5名流浪乞讨人员进行DNA血样采集，并将采集的血样送到市公安部门进行DNA检测分析，录入全国走失人口信息库、全国打拐DNA信息库。2016年，县政府下发《关于进一步做好“救急难”工作的通知》。镇区按月报社会救助中心备案，县社会救助中心按季度通报各镇区的临时救助资金使用情况。全年累计救助困难群众4746户10068人，发放救助金253万元。

四、特困供养

2016年，全县共有五保户4880人，共发放3480.228万元。2016年1～6月集中供养每人每年7800元，分散供养每人每年6600元；2016年7～12月集中供养每人每年8760元，分散供养每人每年7440元。全县五保对象全部纳入新农合范畴，对续保和新参保的五保对象均进行全额资助。

五、灾害救助

召开镇区民政助理和灾害信息员会议，组织学习《江苏省自然灾害救助办法》和新版《自然灾害统计制度》。加强汛期应急处理工作，出台《关于2016年灾情值班工作的通知》（滨民发〔2016〕33号），确保24小时通讯畅通；各镇区结合实际，制定本年度灾情值班表和镇区级自然灾害应急预案。建立灾害信息员制度，健全灾害信息员网络，检查维护救灾网络上报系统，健全完善救灾预警应对机制。对救灾物资进行清理检查，核对救灾物资的品种、数量、质量，对已过期的物品进行更换、补充，购买救灾车一辆，帐篷75顶、雨衣60套以及发电机、救灾折叠床等必备救灾物资，共计94万元。合理调整救灾物资储备布局，仔细检查救灾物资存放条件、堆放次序、进出路线等情况，确保重大灾情发生后救灾物资及时有效供给。统筹使用救灾资金，根据各镇区的受灾情况，初步下达救灾款指标计划，再根据救灾款实际使用情况，按照多减少增原则，适度调控，统筹使用，确保救灾资金合理使用。规范救灾资金使用流程，由受灾群众提出申请，镇区审查公示后报县民政局，县民政局调查审核通过后，由银行统一打卡发放，确保救灾资金发放公开、公正、规范。5月11～17日之间，在仁和家园小区开展为期一周的防灾减灾进社区活动，通过摆放展板、发放宣传画册、钥匙扣、宣传扇子、手提袋、防灾减灾宣传扑克牌等纪念品的形式，向居民宣传防灾减灾知识。活动期间发放资料2000余份，接受居民咨询100余人次。2016年，强化灾情值守，加强防灾减灾基础设施建设，投入80万元加大救灾仓库建设，购置救灾车辆。救助冬春生活困难群众4093户，10233人，发放救济棉被422床；救助火灾户254余户，发放救灾款38.47万元。救灾款采用统一打卡的方式，发放到受灾户手中。

六、慈善事业

2016年，贯彻执行《慈善法》，积极培育发展公益慈善组织，与优利家超市、江苏农商银行、陆川餐饮等多家单位合作建设慈善基地，实行社会化运作，努力将其打造成公益慈善综合服务平台，让更多的贫困弱势人群得到帮扶和救助。开展慈善助学活动，继续做好“徐普东孤儿助学基金”“瑞华助孤”等慈善助学工作。全年支助贫困学生85人，发放资金174000元。开展慈善救助工作，及时救助患有重大疾病的35名儿童，发放慈善救助资金223129元。救助患有重大疾病的成年人以及受灾户，发放慈善救助资金623301元。全县14个镇（区），2场（滨淮农场、新滩盐场），296个村居基本成立慈善分会和慈善工作站。在“6·23”赈灾募捐中为阜宁和射阳灾区，共筹集善款4673855元，全部捐赠到位。

第四节　社会福利

一、困境儿童保障

逐步扩大困境儿童救助政策覆盖范围，经第28次县长常务会研究决定，明确“其他需救助的儿童”的类型，将“实际无人监护儿童、困难单亲家庭儿童以及家庭困难确需救助的受虐待、侵害和失足未成年人”纳入救助范围，稳步推进普惠式儿童福利（去年纳入保障的困境儿童是五种类型：孤儿、监护缺失儿童、父母无力监护儿童、重病（重残）儿童和其他原因陷入困境的儿童）。2016年，对全县困境儿童（含孤儿）实行分类施保，具体保障标准是：重病重残的720元/月、父母无力监护的840元/月、监护缺失的950元/月、孤儿1200元/月。全县困境儿童共计1658人，按照“一人一档”的要求整理归档相关资料，建立困境儿童档案管理系统和困境儿童基本数据库。制定并出台《滨海县困境儿童分类保障办法》，实施特困家庭儿童大病救助制度，发放困境儿童（含孤儿）生活补贴共1468.637万元。建立儿童督导员制度，全县296个村（居）设立儿童保护督导员，各镇区设立专职儿童保护工作人员，儿童保护督导员负责对本区域内的困境儿童进行调查登记，帮助其解决基本困难，同时做好儿童福利政策宣传和解释工作，建立横到边、纵到底的保障网络。对新申报的900余名困境儿童，逐一入户调查，填写调查报告，建立困境儿童基本数据库。坚持动态管理，完善困境儿童保障进入、退出机制，确保符合条件的能够早发现、早介入，不符合条件的也能及时退出，提升管理的精细化水平。会同教育局、公安局，联合制定出台《滨海县农村留守儿童摸底排查工作实施方案》（滨民发〔2016〕41号），召开全县农村留守儿童摸排动员工作会议，对各镇区民政助理、会计、具体业务人员进行培训和辅导。全县共摸排出农村留守儿童27194人，建立留守儿童单一信息采集表，详细登记儿童父母姓名、联系方式、具体务工地点、儿童具体居住地址、委托监护人联系方式等相关信息，并全部录入江苏省民政业务信息平台。

二、尊老金发放

2016年，全县尊老金发放标准是80～89周岁每人周月50元，90周岁～99周岁每人每月100元，100周岁及以上每人每月300元。2016年，全县80周岁以上老人共有26571人，发放尊老金1622.335万元。百岁以上老人有79人，共发放尊老金22.17万元。

三、福利企业

加大对福利企业的日常监管，维护残疾职工的合法权益。组织人员走访全县所有福利企业，了解企业经营状况和残疾职工所占比例、在岗情况以及工资待遇等，摸清福利企业残疾职工信息。建立滨海县残疾人员信息库，为残疾人就业和福利企业用工搭建平台。召开福利企业法人会议，传达《关于促进残疾人就业增值税优惠政策的通知》（财税〔2016〕52号）文件精神，邀请国税局领导讲解新的退税政策，确保福利企业的各项优惠政策得到落实。2016年，共有福利企业23家，解决残疾人就业568人，年销售额3.5亿元，实现税收1750万元。建立滨海县残疾人员信息库，为企业用工搭建平台。

四、福利彩票销售

强化彩票发行安全，派专人负责全县镇区站点服务工作，定期检查，每季度派专车到各镇区站点上门兑奖、领票。加大宣传力度，利用节假日和中市路分厅开业之际，进行全方位的宣传，采取嘉奖等促销手段来提升销量。同时抓内部管理和服务，使滨海县中福在线销量稳中有升。2016年，全县累计销售福彩总量5807万元。其中电脑票4490万元；即开票121万元；中福在线1196万元。省、市排名位居第32、第5名。

表 25　　2016 年滨海县福利彩票站点销售情况一览表　　单位：元

序号	逻辑机号	地　址	姓　名	电脑票	开票	年销售额
1	32090301	中市中路 81 号	邱孔亚	382456	15250	397706
2	32090302	阜东中路 398 号	梁太杰	341344	12000	353344
3	32090303	人民北路 1 号楼 103	王道明	478416	8500	486916
4	32090304	新建南路 5 号	孙汉军	350790	11000	361790
5	32090305	向阳大道 513 号	陈爱华	90744	9000	99744
6	32090306	阜东中路 356 号	王国荣	1977850	44500	2022350
7	32090307	吉达广场 390 号	邱孔亚	498038	14100	512138
8	32090308	新滩盐场北路 17 号	徐依海	131200	5500	136700
9	32090309	凡集老供销社晨月超市对面	徐宝然	378118	3100	381218
10	32090310	五讯训坍路口福彩点	徐爱民	496972	32400	529372
11	32090311	迎宾大道 506 号	姚国放	447384	7150	454534
12	32090312	阜东南路 224 号	李海兵	257732	6000	263732
13	32090313	蔡桥镇蔡坎路 206 号	孙明喜	415026	25100	440126
14	32090314	纬中路南 1 排 106 室	程翠英	13012	0	13012
15	32090315	人民南路 189 号	孟怀进	105066	1000	106066
16	32090316	振东乡 91 号福彩点	周益丰	630616	49400	680016
17	32090317	阜东南路 35 号	汪惠维	400936	15000	415936
18	32090318	纬中路南 3 排 107 室	刘洪斌	71010	2450	73460
19	32090319	八巨镇阜东路 23#	吴春亮	235384	0	235384
20	32090320	滨淮农场沿河东路彩民之家	张怀前	45062	0	45062
21	32090321	东罾大道幸福小区	陈德刚	741688	16000	757688
22	32090323	八滩镇八滩中路 163 号	王红梅	579030	39850	618880
23	32090324	老陈铸尹桥路 013#	张红卫	129776	3500	133276
24	32090325	育才西路 45 号	梁红珍	419972	9000	428972
25	32090326	五讯街福彩点	张学军	511096	10000	521096
26	32090327	仁和家园五栋 203 室	仇文生	0	0	0
27	32090328	纬中路北二排	茆永云	108998	0	108998
28	32090329	头罾旺旺超市	胡凤琴	876500	3400	879900
29	32090330	新时代乐园 17 栋 101 室	陈夕标	982684	20000	1002684
30	32090331	人民南路 143 号	侍井秀	449506	0	449506
31	32090332	玉龙路 442 号	王春生	22752	0	22752
32	32090333	正红中市路 299 号	刘成林	174674	3750	178424
33	32090334	玉龙路 243 号	徐宝然	382256	3750	386006
34	32090335	越河路 70 号	方红宇	182530	9100	191630
35	32090336	正红镇影剧院北侧福彩点	郭正荣	229198	5000	234198
36	32090337	阜东南路 389 号	周广豹	197570	8600	206170
37	32090338	月亮湾	梁芝鹏	301532	0	301532

续表 25

序号	逻辑机号	地　址	姓　名	电脑票	开票	年销售额
38	32090339	玉龙路 15 栋 105 号	陈德祥	447856	5000	452856
39	32090340	阜东中路 383 号	陈金兰	78268	4000	82268
40	32090341	五汛镇北坍街	徐爱仁	214342	4250	218592
41	32090342	丰园小区北门 A1－09 号	陈　东	55112	0	55112
42	32090343	碧水绿都南门 5 号商铺 116 室	王锦红	14024	0	14024
43	32090345	蔡桥镇汛坎路 759 号	王祝梅	147650	0	147650
44	32090346	界牌镇坎友路 63 号	王文东	339972	58750	398722
45	32090347	阜东中路 153 号	汪志云	344492	3000	347492
46	32090349	小岛路 128 号	葛永胜	97718	10250	107968
47	32090350	阜东北路 90 号	孟德贵	218542	14300	232842
48	32090351	迎宾大道 555 号	陈　东	137780	2500	140280
49	32090352	育才西路 200 号	何亚萍	449906	12100	462006
50	32090353	中市南路 10 号	杜　凯	1163620	20500	1184120
51	32090354	老正红复兴小街 217 号	顾邦鉴	33748	4200	37948
52	32090355	陈涛新街路 237 号双惠超市	陈亚国	276402	2500	278902
53	32090356	公路站邮电亭	黄云芬	177870	7000	184870
54	32090357	幸福小区	李桂林	327840	6100	333940
55	32090358	双灯路 35 号	王　维	934890	11500	946390
56	32090359	滨海港镇杨庄桥对面	张海霞	150848	6250	157098
57	32090360	头罾安泰路福彩点	朱海梅	286226	17000	303226
58	32090361	人民南路 253 号	黄卫章	458950	0	458950
59	32090362	纬中路北 2 栋 126 室	林从亚	919684	8000	927684
60	32090363	阜东中路 161 号	李素文	251716	3000	254716
61	32090364	新港新街路 88 号	匡余国	43060	4000	47060
62	32090368	迎宾路 142 号	崔恒胜	338668	0	338668
63	32090369	淤尖小街 93 号	吴守秀	65974	4450	70424
64	32090370	安居馨苑 21 号 103 室	刘冬冬	88772	8000	96772
65	32090371	滨淮镇东罾村旺旺超市	马银莉	434066	1700	435766
66	32090373	工业园安置楼 2 号	杨必海	35086	0	35086
67	32090374	正红社区东街 38#	宋正明	49122	0	49122
68	32090375	蔡桥镇振兴路 8 号	王惠娣	52990	2000	54990
69	32090376	滨海港经济区政府路	王红林	257796	36250	294046
70	32090377	新时代 4 栋 102 室	周　娟	266044	18200	284244
71	32090378	东坎西路 35 号	周爱华	28650	0	28650
72	32090379	界牌镇陆集小街	花秀东	147106	13450	160556
73	32090380	人民北路 521 号	毛　伟	440316	3000	443316

续表 25

序号	逻辑机号	地　址	姓　名	电脑票	开票	年销售额
74	32090381	南湖花园 2 号楼 111 室	周雪莲	190760	0	190760
75	32090382	老界牌小街 31 号	周加俊	57322	5950	63272
76	32090383	通榆镇通榆路 161 号	朱余高	83252	0	83252
77	32090384	阜东北路 33 号	庞洪兵	132536	0	132536
78	32090385	通榆小街	杨　剑	170220	11150	181370
79	32090386	海滨大道 6 号	刘　勋	190562	21250	211812
80	32090387	滨淮镇中兴路 4 号	贾循会	168260	14400	182660
81	32090388	景湖理想城西大门 C－3－1005 室	刘训飞	1380666	9000	1389666
82	32090389	滨淮镇从兴路 3 号	张　清	217704	3500	221204
83	32090390	新港新八路 19 号	张卫林	11882	0	11882
84	32090392	人民南路 147 号	李　波	145664	5400	151064
85	32090393	八滩镇 5008 路 132 号	于利华	689942	10000	699942
86	32090394	滨海港镇闸口	徐远松	163564	0	163564
87	32090395	农贸批发市场	赵朦朦	160642	3500	164142
88	32090396	人民北路综合楼 108 室	周金娣	175548	14600	190148
89	32090397	景湖理想城 A2 栋	吴桂花	76126	0	76126
90	32090398	众源发超市	董志华	282402	5400	287802
91	32090399	丰园苑 B20 号	刘海霞	1132186	38200	1170386
92	32095301	迎宾大道 653 号	张尚旺	334686	13000	347686
93	32095302	坎南商业街 168 号	杨巍	203496	1000	204496
94	32095303	头罾小街阳光超市	周慧玲	400084	11500	411584
95	32095304	大套万福东路 16 号	张展望	384686	14500	399186
96	32095305	银厦广场 19 栋 2 室	潘恒根	517024	0	517024
97	32095306	八巨建设路 12 号	朱成海	39948	0	39948
98	32095307	西苑路 51 栋 34 号	薛春明	294162	9000	303162
99	32095308	绿都佳苑 5 栋 117 号	朱健铭	573566	6000	579566
100	32095309	滨淮镇朝阳路 71 号	周善虎	234868	26600	261468
101	32095310	向阳大道 619 号	梁晓东	97756	5500	103256
102	32095311	蔡桥镇蔡坎路 398 号	罗　勇	121054	5200	126254
103	32095313	新滩产业园	姚同峰	34868	0	34868
104	32095314	果林小街春雷 57 号	陈胜海	290758	0	290758
105	32095315	花园西巷 1 号福彩点	朱　毅	420816	27300	448116
106	32095316	天场秉义村	邹素珍	9756	2000	11756
107	32095317	碧水绿都小区东大门口	吉启丽	391718	12500	404218
108	32095318	育才西路 107 号	刘　芳	441036	7000	448036
109	32095319	八滩村二组 28 号	徐友祥	319174	0	319174

续表25

序号	逻辑机号	地　址	姓　名	电脑票	开票	年销售额
110	32095321	滨海新区停车场	何奎国	16024	2000	18024
111	32095322	北区工业园	王苏远	43768	0	43768
112	32095323	陈涛郭集街	郭　磅	35292	6000	41292
113	32095324	新时代23栋101室	陈吉林	48750	2500	51250
114	32095325	碧云小区17－6号	徐晓明	300992	6650	307642
115	32095326	东罾中环路	沈德林	120706	12000	132706
116	32095327	滨淮农场众兴路48－115号	李德祥	4270	0	4270
117	32095328	县社巷5号	胡海燕	57436	1500	58936
118	32095329	中市北路39号	邱　峰	2112394	18000	2130394
119	32095330	滨淮镇沈滩街	于广海	150380	1000	151380
120	32095331	景湖路菜场	王　慧	330174	7000	337174
121	32095332	阜东北路504号	李克树	1364536	14700	1379236
122	32095333	大於尖街65号	潘恩东	455114	0	455114
123	32095334	华芳国际2栋101室	张广浪	16872	0	16872
124	32095335	陈涛乡八层街	吴方明	32840	0	32840
125	32095336	华德名人苑B03栋106室	李素文	243578	0	243578
126	32095337	沙庄四组83号	施晓平	48124	9500	57624
127	32095338	纬中路南1排83号	张道林	1354	6200	7554
128	32095339	南庵市场	邱　峰	1675850	1000	1676850
129	32095340	向阳大道153号	候明东	272884	0	272884
130	32095341	景湖理想城北门C23幢101室	姜金汛	81006	0	81006
131	32095342	沿河路21号	陈开林	126790	0	126790
132	32095343	阜东南路440号	于海芹	3548	0	3548
133	32095345	海洲嘉苑3号楼132－133室	刘春雷	414910	1000	415910
134	32095346	新时代37栋123室	胥　飞	16158	0	16158
135	32095347	江南新城12栋	王丙舟	38932	5400	44332
136	32095348	西湖一品6幢101－10室	陈玉芹	183264	4500	187764
137	32095349	迎宾大道745号	王　中	196086	7500	203586
138	32095350	人民北路155号	邱长秀	89962	4750	94712
139	32095351	友创滨河湾	王茗杨	683774	8500	692274
140	32095352	新时代24栋101室	李亚平	456580	0	456580
141	32095353	凤鸣路华信景园5栋1－22室	刘素琴	150386	0	150386
142	32095354	滨淮农场祥云小区1栋1－3－4号	孙　起	341244	14850	356094
143	32095355	獐沟街中心路108号	陆从来	192328	12000	204328

说明：表中标注0的销售点为已经撤销经营权。

第五节 住房公积金管理

2016年，全县新增住房公积金开户单位83个、7559人，归集住房公积金3.15亿元；发放个人住房贷款1012笔、3.17亿元；提取住房公积金3.9万人次、2.74亿元；个贷率为114.9%，个贷逾期率连续12年保持为“零”。滨海管理部被表彰为盐城公积金系统“最美服务窗口”、信息宣传先进集体。

一、扩面征缴

舆论引导 2016年，县住房公积金管理部把扩面开源工作作为攻坚克难的重点，不断创新载体，推出新举措，持续扩大制度覆盖面。联合承办银行推进拓面，“进企业、入社区，送政策、送服务”，与企业老总面对面宣传政策，消除职工的思想顾虑，全年累计走访企业76家，上门宣传动员286人次；做客县广播电视台“政风行风”热线，精心解答听众提出的热点问题，同时，在滨海公园广场举办公积金政策法规现场咨询活动，期间共接待来访群众近500多人次，发放宣传资料800余份，在各承办银行的LED电子显示屏滚动播出公积金政策宣传标语和自制的宣传片；坚持在“两个园区”大型路口设立路牌，作为第二舆论阵地，及时印发《告广大企业的一封公开信》，建立微信群，实现与广大缴存职工“微”距离交流，构建制度扩面工作的舆论引导机制。

执法推动 坚决执行“应建尽建，应缴尽缴”的政策，通过开展诚信约谈、上门催建和寄送通知书等形式不断创新催缴形式，3月，联合县信用办出台《关于推行住房公积金诚信“红黑榜”的函》，通过对失信企业“广而告之”，为诚信企业树立“金字招牌”，提高企业“老总”缴存意识；依照养老人数敲定重点建制企业名单，50家一组滚动开展催建文书的寄送工作，全年共约谈企业16家，寄发开户通知书365封、催建通知书323封、责令限期整改通知书9封。2016年，全县共筛选出非公扩面重点企业100家，建立住房公积金制度的非公企业44家、逾3000人。

二、贷款管理

严审提取录入 提取初审及复审人员严格按照市中心提取细则的规定，对材料的真实完整性严格审核把关，条件符合的即时办理，有疑问的尽快核实材料并告知职工3个工作日给与答复，遇到相关政策调整时，组织全体职工讨论，规范好提取工作。

严密贷款程序 按照标准化、精细化、规范化的工作要求，加强业务日常管理，健全完善各项制度，防范资金运行风险。按照“贷前严审、贷中规范、贷后跟进”原则，加强贷前调查，严格执行贷款审批程序，确保贷款申请所填资料和提供证件的真实性；定期对贷款逾期进行短信方式催收，同时辅以电话、上门等方式催收，为建立贷款催收长效机制奠定良好基础；加大贷后管理力度，建立逾期贷款跟踪管理台账，保证资金安全，杜绝风险产生，全面开展贷款档案、抵押权证等的全面核查清查工作，并做好档案交接，保障档案完整连续性，进一步规范档案管理。

严格内控管理 从健全制度、规范操作和提升队伍三个层面入手，着力增强内控管理。建立以风险评估和控制为核心的贷款风险管理机制，完善考核办法，资金使用实行多级复核制，做到风险及早掌控，及时排除，确保资金的安全运行。滨海管理部连续12年保持个贷逾期“零”记录。

三、服务保障

2016年，推出“公转商”贷款业务。年内县住房公积金个贷率一直保持在高位运行，达115%。为了缓解由于资金导致不能及时满足缴存职工贷款需求的压力，适时提请市公积金中心批准出台住房公积金转商业贴息贷款业务，建设银行、邮储银行等银行已陆续开展该业务，截至12月底，累计发放贷款271笔、8137.3万元，缓解资金压力。

第36章　医疗卫生

综　　述

2016年，县委、县政府召开“健康滨海”建设工作会议，出台《深入推进“健康滨海”建设的实施意见》《加强卫生计生人才队伍建设的实施意见》《推进分级诊疗工作的实施意见》等系列文件，构建“健身、防病、治病”全民健康保障体系，推动“以治病为中心”向“健康为中心”转变、“病有所医”向“病有良医”升级，累计引进各类卫技人才291人，其中研究生16人。对口培训提高221人次。15名县级专家被评定为市级医学重点人才。实施农村订单定向医学生免费培养计划，是年招收39名，其中本科15名、专科24名。开展基层卫技人员到县级医院“务实进修”活动，累计选派60名镇区卫生院医疗骨干和265名村医分期分批到县级医院进修。举办乡村医生业务培训34期5850人次。建立健全县级医院中、高级职称医生下派制度，定期到镇区卫生院坐诊带教。完善基层医疗卫生机构绩效考核分配机制，根据综合目标绩效考核结果，核定镇区卫生院绩效工资总量。对乡村医生实施基本药物补助，按照标准落实村卫生室运行经费，乡村医生均参加工伤保险。制定出台《滨海县医务人员不良执业行为记分管理办法》和《滨海县医疗事故(纠纷)责任追究办法》。自主开发基层卫生记分考核管理系统，对村卫生室实施的基本药物制度，以及新农合、公共卫生服务、基本医疗服务、整体环境以及群众满意度评价等电子化管理。自主研发卫生信息数据监测系统，对相关数据进行监测分析，为决策提供参考依据。成功创建国家级妇幼健康优质服务示范县、省人口协调发展工作先进县，“滨海白首乌”省食品安全地方标准成功发布；卫计委机关连续3次蝉联省级文明单位，连续6年荣获县目标绩效考核综合先进奖。启动县人民医院、妇保院和三院迁建工作，新改扩建村卫生室60个。创建全国“群众满意的乡镇卫生院”2个、省示范卫生院2个、省示范村卫生室8个、省级基层特色科室1个，总数居市前列。

卫计委行政机关办公楼　　卫计委　提供

第一节　医疗改革

一、公立医院改革

2016年，建立完善法人治理结构和院长负责制，构建现代医院管理制度；推行岗位聘用、合同管理，实行按岗定薪、按劳取酬、分级核算、绩效挂钩；加强医联体建设，健全远程医疗服务体系，打造区域医疗服务中心；促进分级诊疗制度落实，构建县级医院、镇区卫生院、村卫生室的县镇村一体化医疗联合体，形成“基层首诊、分级诊疗、双向转诊”的分级诊疗体系；健全完善医保体系，落实城乡居民基本医保筹资稳定增长机制，稳步提高医保保障水平；县人民医院、中医院试点推行在岗不在编卫技人员与在编人员同岗同酬；推进公立医院医药价格综合改革，门、急诊人次、住院人次比上年分别增长2.9%、10.74%，次均费用增长率控制在合理范围内，减轻群众负担5000万元。

3月2日，县卫计委党委举办“两学一做”讲坛(第一次)。　　卫计委　提供

二、基层医疗改革

2016年，调整完善基层医疗卫生机构绩效考核分配机制，根据综合目标绩效考核结果，核定镇区卫生院绩效工资总量，镇区卫生院绩效工资总量上浮至115%～135%，镇区

卫生院主要负责人绩效工资控制在本单位年人均绩效工资水平的150% ~230%之间;遴选产生50名县级基层卫生骨干人才,其中18名获批“省优秀基层卫生骨干人才”;乡村医生实施基本药物补助标准提高至1.6万元/年,按照每个卫生室每年1万元标准落实运行经费。年内与6家省内外医院实现紧密合作,设立名医工作室11个。建成5个专病专科联盟。县域卫生信息平台通过省四级评估,县域远程会诊、心电、影像等五大中心基本建成并试运行。制定分级诊疗县镇医疗服务范围“两张清单”,健全差别化医保支付机制,强化考核引导,基层首诊率、县内就诊率均显著提高。

表26　　2016年滨海县获批省优秀基层卫生骨干人才名单(18人)

姓　名	单　　位	称　　号	授予单位	授予时间
周天虎	五汛镇中心卫生院	省优秀基层卫生骨干人才	江苏省卫计委	2016-12
朱月柳	五汛镇中心卫生院	省优秀基层卫生骨干人才	江苏省卫计委	2016-12
郑　超	蔡桥镇卫生院	省优秀基层卫生骨干人才	江苏省卫计委	2016-12
韩庭状	正红镇中心卫生院	省优秀基层卫生骨干人才	江苏省卫计委	2016-12
李华兵	通榆镇卫生院	省优秀基层卫生骨干人才	江苏省卫计委	2016-12
李玉明	八滩镇中心卫生院	省优秀基层卫生骨干人才	江苏省卫计委	2016-12
李　静	八滩镇中心卫生院	省优秀基层卫生骨干人才	江苏省卫计委	2016-12
戴国明	现代农业产业园区	省优秀基层卫生骨干人才	江苏省卫计委	2016-12
徐　勇	天场镇卫生院	省优秀基层卫生骨干人才	江苏省卫计委	2016-12
李红玉	东坎镇中心卫生院	省优秀基层卫生骨干人才	江苏省卫计委	2016-12
周俐玲	东坎镇中心卫生院	省优秀基层卫生骨干人才	江苏省卫计委	2016-12
潘其杭	滨海港镇卫生院	省优秀基层卫生骨干人才	江苏省卫计委	2016-12
沈立红	陈涛镇中心卫生院	省优秀基层卫生骨干人才	江苏省卫计委	2016-12
徐仁峰	八巨镇卫生院	省优秀基层卫生骨干人才	江苏省卫计委	2016-12
陈　剑	界牌镇中心卫生院	省优秀基层卫生骨干人才	江苏省卫计委	2016-12
薛春光	滨淮镇中心卫生院	省优秀基层卫生骨干人才	江苏省卫计委	2016-12
单体育	滨淮镇樊集街道卫生室	省优秀基层卫生骨干人才	江苏省卫计委	2016-12
杨公武	滨海港经济区中心卫生院	省优秀基层卫生骨干人才	江苏省卫计委	2016-12

三、卫生信息化建设

2016年,县自主研发的基本公共卫生服务3600管理系统受到省卫计委的充分肯定,在全市率先实现学生健康检查信息化管理,并与省平台直连传输。区域卫生信息平台通过省四级标准验收评估。县域远程会诊、心电、影像等五大中心基本建成并试运行。县院与深圳金蝶医疗合作建成移动互联网医院。县妇计所在全市妇幼保健系统率先使用孕育桥APP软件。建立基层卫生记分考核管理平台、村卫生室规范服务视频监管平台。镇区卫生院大厅设立卫生信息互动平台,为患者提供政策咨询、健康知识宣传、居民电子健康档案查询及满意度评价等服务。自主研发卫生信息数据监测系统,对住院人次、次均费用、药占比等重点指标监测分析。

四、医疗服务体系建设

2016年,完成县人民医院、县第三人民医院、县妇幼保健院的迁建规划设计方案的招投标工作;新改扩建60个村卫生室,完成陈涛镇、界牌镇卫生院改造工程;建成“全国群众满意的乡镇卫生院”2个、省示范卫生院2个、省示范村卫生室8个、省级基层特色科室1个。

五、免费健康体检

2016年,17家公立医疗机构全面建立体检中心,开发应用全民免费体检暨家庭医生签约服务信息管理系统,建成电子健康档案新建短信告知平台,提高签约居民门诊费用补偿比例,开通签约患者市内综合医院优先转诊“绿色通道”。全年共免费健康体检45.3万人,查出肝肾疾病6037人、妇科疾病1106人,新发现高血压8709人、糖尿病3308人;签约服务3.49万人,其中个性化签约6581人;核实完善电子健康档案近72万份;51.14万人健康卡发卡对象通过省公安厅信息比对。

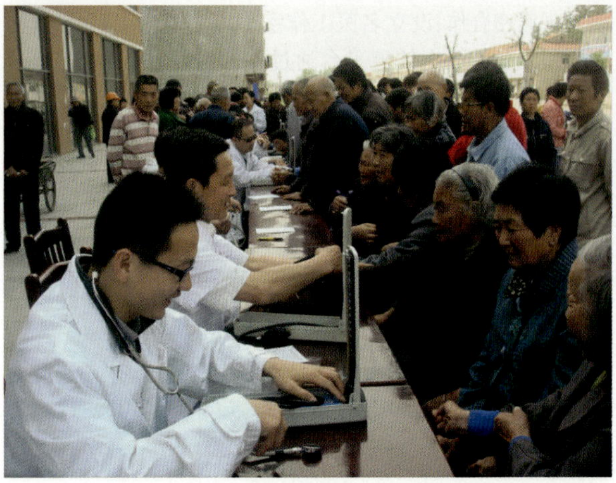

卫计委组织街头义诊活动现场。　　卫计委　提供

六、行风建设

2016年，在全系统开展"学习系列讲话、强化四个意识""做四讲四有合格党员""三个怎么"等讨论活动，举办争当"健康滨海"建设排头兵演讲比赛，评选表彰"最美卫计人"及"医德之星"，营造向先进看齐、向标兵学习的鲜明导向；深入开展"治痼疾、强党性、树新风"作风建设，对执行纪律规定、重大事项决策贯彻落实、重点工作开展等情况进行督导，组织明察暗访31次，整改问题35个，问责12人；剑指医德医风，深化收受"红包、回扣"专项治理，推行无红包、无回扣三级承诺，调查案件线索21个，查处13人，上缴、退还红包62人次、3.4万元；加大信访化解办结力度，督办交办各类信访举报93件，群众满意率96.29%。同县文明办联合评选表彰"最美卫计人""医德之星"，并在县电视台《卫计之窗》专栏分期宣传报道，着力营造向先进看齐、向标兵学习的明确导向，1人被表彰为省劳模，1人获评省"百名医德之星"，10人被评为市"优秀护士长"和"优秀护士"，1人获评2016年度"美丽新滨海人"，同县文明办、关工委联合评比表彰第二批最美卫计人25人，委机关蝉联省级文明单位。

第二节　新型农村合作医疗

一、保障机制

2016年，新农合筹资标准人均545元，全县参合人口103.102万人，参合率100%。全年累计补偿305.96万人次、56330.36万元，补偿达万元以上的8705人。政策范围内住院补偿比75.52%，实际补偿比66.67%，均居全市前列且两者差距最小。基金使用安全、结构合理、运行平稳；完成实施重大疾病救治，重大疾病救治病例数和补偿金额均居全市第一。实施农村居民大病保险制度，为所有参合群众实行大病商业保险，实行新农合补偿、农村医疗救助与大病保险赔付"一站式"同步即时结算，赔付比例全市最高，享受大病保险赔付人员的住院补偿提高13.11个百分点，切实减轻参合群众医疗费用负担。

二、规范管理

2016年，完善管理制度，签订服务协议，实行诚信等级评审公示，加大医疗机构监管力度，实施精细化、常态化、规范化监管，增加监督检查频次和病历评审数量，对少数定点医疗机构实行全过程、全方位的重点管理，切实整治不规范医疗服务行为。全面实施以门诊补偿资金和一般诊疗费总额控制和按人头包干、住院按病种和按床日付费等多形式相结合的新农合混合支付方式。做到机构、病种全覆盖，并强化对核心指标的考核，考核结果与基金结算挂钩。实行管理信息系统自动控制，有效控制不合理医疗费用过快增长，县内次均住院费用增长率低于5%。

三、健康扶贫

2016年，提取新农合结余基金5000万元，对2016年个人自负费用在5000元以上建档立卡的低收入人口和个人自付费用在2万元以上的大病、重病参合患者实行二次补偿，低收入人口住院费用实际报销比例90%，大病、重病患者住院费用实际报销比例70%，切实减轻了大病、重病患者医药费用负担。

第三节　公共卫生

一、疾病控制

2016年，开展AFP、麻疹、乙肝等相关疾病的监测，全县传染病发病率为99.16/10万。提高疫苗接种率，一类疫苗接种209964针次，二类疫苗接种46459针次，疫苗接种率95%以上，及时率90%以上。实施全民免费体检"四个一"工程，17家公立医疗机构全面建立体检中心，开发应用全民免费体检暨家庭医生签约服务信息管理系统。新建设全长5000米的师苑渠、高速路出口2条健身步道，对县健康主题公园设备进行维护更新，新建70处健康自助检测点。

二、妇幼保健

全县建成急危重孕产妇和新生儿两个救治中心，新创妇幼健康规范门诊8个，实施妇幼保健分级服务清单，妇幼健康服务信息全覆盖。妇幼重大公共卫生服务项目规范实施，宫颈癌筛查26018人、乳腺癌筛查26287人；孕产妇保健管理率99.52%、住院分娩率99.99%。免费婚检18029人，婚检率达92.17%；孕前优生检查6344对，随访10406人次，分娩8495人，无出生缺陷。妇幼卫生"三网"监测和免费婚检等工作成绩显著，创成国家级妇幼健康优质服务示范县。

三、卫生监督

2016年，打击无证行医专项行动，实行“打非”三级联防无缝隙监管；规范行政执法行为，实施行政处罚52起，执行金额23.95万元，《某医师未按照药品说明书中的用法用量开具处方案》获全市卫计行政处罚案卷第一名，被国家卫计委监督局评为卫计监督执法优秀典型案例。

四、精神卫生

强化重性精神病防治项目的管理力度，对全县3505名重性精神病患者实施网络管理，收治肇事、肇祸精神病患者128人，开设居家治疗床位140张，加大对经济贫困的重性精神患者居家治疗力度，降低重性精神患者肇事肇祸率。

五、爱国卫生

全县开展以农村环境综合整治和美丽乡村建设为主要内容的爱国卫生活动，完成农村改厕10000座，新创省级健康村2个、省级卫生村2个、市级卫生镇2个。农业园区卫生院推行“四位一体”慢性病综合防控模式在全市作经验交流。

第四节　医政管理

一、医疗质量管理

全县3个二级医院与上海复旦大学附属妇产科医院、省人民医院等6个省内外医院紧密合作，设立名医工作室11个；建立5个专病专科联盟，58名县级医院骨干医师到卫生院设立“名医工作室”；开展病历和处方质量、院感控制和抗菌药物合理使用等专项质量控制活动16次；组织医、护“三基”培训和抽考；推行预约诊疗、日间手术等便民措施，制定出台《滨海县医务人员不良执业行为记分管理办法》和《滨海县医疗事故(纠纷)责任追究办法》，实行医疗安全管理领导带班制、职责公示制、督查通报制和责任追究制，推动医疗责任重心下移。全年发生医患纠纷31起，比上年下降37.5%。开展问纪问效专项巡查，累计开展明察暗访31次，整改问题35个，问责12人。先后对存在公共卫生服务不力、新农合服务不规范等问题的35个基层医疗机构负责人进行约谈。

二、中医药服务

县中医院定期邀请省中医院、南中医专家到滨海坐诊、带教，连续举办6届“膏方节”。县妇计所中医妇科门诊与龙江韩氏妇科合作，建成由国家中医药管理局批准的“龙江韩氏妇科二级工作站”。推进基层医疗机构中医科、中药房规范化建设，建成镇区中医馆8个；组织中医药健康文化科普周和中医药文化巡讲活动14场，开展中医适宜技术培训1500人次，为近万名城乡居民提供传统文化知识和中医药保健服务。

三、卫技人才培养

新招录卫技人才66名，其中研究生7名，免费订单定向培养医学生38名。选派14名卫生院医疗骨干和77名村医分期分批到县级医院“务实进修”，举办各类业务培训52期5580人次。在市举办的基层卫生岗位练兵和技能竞赛中获团体总分第三名、二等奖，1人在市中药技能竞赛中获第一名、特等奖。

第37章 体育事业

综 述

2016年,全县新建县城10千米绿色健身步道,对城市10分钟体育健身圈进行提档升级;年内完成对全县镇区农民体育健身工程,实现14个镇区农民体育健身工程建设全覆盖的目标;投资7.55亿元的城东体育中心,完成立项审批,开始规划设计。县体育中心全年开放达350天,每周达60小时,承办各类赛事活动50余场次。城乡居民经常锻炼的人数比例达45%以上。年内承办江苏省第七届全民健身运动会门球大联赛暨第七届江苏省县区门球比赛、江苏省首届“爱乒才会赢”乒乓球王城市争霸赛盐城赛区滨海站比赛等省、市级赛事10多项。全年共销售体育彩票8000多万元。

第一节 全民健身

2016年,按照“体育惠民、服务社会”主线,活跃群体活动,推进健身设施、健身组织、健身服务“三大网络”建设工作,推动群众健身活动经常化、多样化、科学化、趣味化。7月23日,召开全县三级社会体育指导员培训暨体育社团工作会议,年内培训全县三级及以上社会体育指导员近3000人次,城乡社会体育指导员覆盖率近100%。加强体育社团建设,积极推动县“3A”级体育社团创建,指导和鼓励创建体育俱乐部,全县共建有各类体育单项协会23个,其中县体育总会、门球协会等9个体育协会被评为“3A”级体育社团。完善县级国民体质监测站建设,开展国民体质监测活动,指导群众科学、有效健身。8月8日,启动“全民健身月”系列活动,1000多名群众参加节目展演。12月31日,举行“辞旧迎新”广场舞展演,活动在央视12套黄金时间展播。年内,县体育局联合县妇联、县总工会、县老年体协等单位,在“三八”“五一”等节日期间,举办羽毛球、三对三篮球赛、老年人体艺节等体育活动。

5月4日,县游泳协会运动员参加“四方杯”全国游泳比赛获奖现场。 县游泳协会 提供

第二节 竞技竞赛

2016年,与县第一初级中学合作,办好县少年业余体育学校,向省市运动队输送高水平运动员6人。打造市队县办柔道项目,提升滨海的竞技水平。组织参加省市举办的各类体育比赛,成绩不断提升。

表27 2016年滨海县参加市及市以上体育竞赛获奖情况一览表

序号	时间	赛事	获奖单位	奖次	等级
1	3月12日	盐城市中小学生羽毛球赛	县代表队	团体第二名	市级
2	5月6~9日	江苏省第七届全民健身运动会门球大联赛暨第七届江苏省县区门球比赛	县代表队代表盐城参赛	亚军	省级

续表 27

序号	时间	赛事	获奖单位	奖次	等级
3	5 月 14～16 日	盐城市青少年校园篮球联赛	县一中篮球队	第二名	市级
4	5 月 20～22 日	盐城市中小学生田径比赛暨盐城市体育传统项目学校田径比赛	县代表队	获得 7 枚金牌	市级
5	5 月 30 日	盐城市青少年校园篮球联赛小学组总决赛	县实验小学篮球队	男甲亚军、女甲季军	市级
6	6 月 4～5 日	盐城市中小学生乒乓球比赛	县代表队	小学丁组团体第三名	市级
7	7 月 15 日	江苏省青少年柔道锦标赛	市柔道队（市队县办）	共 9 人获奖	省级
8	7 月 17 日	江苏省中小学第十一届棋类锦标赛	县围棋队	小学组团体第一名	省级
9	11 月 18～21 日	江苏省青少年柔道冠军赛	市柔道队（市队县办）	丁普浩获得男子丙组 73 公斤级第三名，其他 10 人获奖	省级
10	12 月 30 日	盐城市第 27 届迎新年万人长跑暨半程马拉松活动	县代表队	分获男女第一名	市级

第三节　体育设施

一、学校体育设施

2016 年，完善学校体育设施建设，保障学校阳光体育运动的开展，促进体育教育教学水平持续提升。为 12 所学校配发体育器材 11 套，乒乓球桌 32 张、单（双）杠 42 个、单人组合器械 2 套、室外健身路径 9 套以及足球门、篮球面等。

二、社会体育设施

2016 年，扩大“城市社区 10 分钟体育健身圈”范围，添置和修缮健身设施，提高人民群众体育锻炼舒适度。新建 10 千米绿色健身步道，配齐配足健身器材。对体育健身站点体育器材进行拉网式排查，为全县 13 个社区的 8 个站点维修及安装体育健身器材 135 件；粉刷、油漆 126 件，累计投入 26 万元。加快农村体育健身设施建设，对 40 个行政村农民体育健身设施进行提档升级，改善镇区居民健身条件，14 个镇（区）和 14 个城市社区体育健身中心建设率达 100%。

第四节　体育产业

一、承办赛事

2016 年 5 月，承办 2016 年江苏省第七届全民健身运动会门球大联赛暨第七届江苏省县区门球比赛，滨海县队代表盐城市参赛荣获亚军。6 月，承办 2016 年“江苏省首届‘爱乒才会赢’乒乓球王城市争霸赛盐城赛区滨海站”比赛。7 月，承办“江苏省跳高跳远项群比赛”。8 月 8 日，承办 2016“全民健身日”系列活动启动仪式（滨海分会场）。9 月，承办 2016 年“乐在棋中”全国业余棋王象棋大赛江苏赛区滨海县分站赛。

二、体育商务

2016 年，利用有关扶持和优惠政策，加大招商引资力度，引进体育器材装备企业落户滨海，积极培育体育竞赛表演、健身休闲、培训咨询、场馆服务及体育用品销售等体育市场，促进大众体育消费，加大体育赛事的商业开发力度，协调推进体育产业与传媒、旅游、会展等相关产业互动发展。争取省体育产业发展引导资金扶持全县体育运动项目，指导县罗玛皇宫游泳馆申报并获批通过。加强体育彩票站点的管理及宣传工作，合理布局体彩销售点，为全县公共体育事业发展提供有效资金保障。全年体育彩票销售 8000 多万元，全面完成省市中心下达的销售指标。

第38章 社会事务

综　　述

2016年，县民政部门探索社区自治，推进社区协商民主、减负增效，创新社区运行体制机制。10月，全面启动县第十一届村委会和第六届居委会换届选举工作。实行常规检查和突击检查相结合方式，对社会养老机构加大督查力度，落实整改要求。县双拥工作本着“补短板、强基础、抓重点、求特色”的工作思想，着眼双拥工作项目化、实效化、常态化的要求，开展“六送军营六进社区”互助活动。深入全县镇区、村组，登门走访全县78名抗战时期入伍老复员军人。计计划生育实行二胎放开政策，由控制向计生优质服务转变。全县关心下一代工作，发挥“五老”的优势和作用，开展有利于青少年健康成长的各类实践活动。县关工委被中国关工委表彰为全国关心下一代宣传工作先进单位。全县80周岁以上老人，有2.6万多人，按照老年人口结构和分布情况，综合考虑地理位置、交通状况、基础设施、医疗条件等因素，科学规划、统筹设置养老机构布局。全县残疾人扶助以实施为民办实事项目为抓手，按照年初确立的工作思路，做好助残资金发放、培训残疾人就业、康复与托养以及残疾户扶贫。县民宗局领导多次深入少数民族集中聚集区，找少数民族上层人士谈心了解情况，建立朋友关系，保持正常联系，遇事能帮助做工作。为保障宗教活动健康有序开展，切实维护宗教领域的和谐稳定，滨海民宗局始终将宗教活动场所的安全稳定工作放在首位。县气象局结合气象现代化建设需求，强化防灾减灾工作，推进气象行政审批及防雷业务体制改革，增强技术服务能力。县政府领导多次协调解决防震减灾的实际问题，提出明确目标，督促落实。

第一节　双拥优抚

一、双　　拥

2016年，县双拥工作本着“补短板、强基础、抓重点、求特色”的工作思路，夯实双拥基础开展“六送军营六进社区”互助活动，军地双方先后开展先后举办“医疗巡诊军营行”“移动党课进军营”“端午粽香飘军营”“翰墨飘香拥军行”“领导关怀暖军营”“文艺演出献军营”“爱心助学进校园”“扶贫济困进乡村”“消防宣传进企业”“平安联防进社区”等多项活动，扩大社会影响力，提升军民融合度。与此同时，为挖掘红色资源，传承红色基因，滨海在全省率先开展“让红色印记永流传”抗战老兵寻访活动，先后投入近3万元，组织人力深入全县15个镇区、69个村组，历时3个月，登门走访全县78名抗战时期入伍老复员军人，做好老兵照片、手印、军功章和战斗故事采集工作；布置8个展示架，摆放77名老兵手印、照片和老兵简介，以警示后人，勿忘历史。2015年、2016年滨海县民政局连续两年被市委、市政府、市军分区联合表彰为双拥工作先进单位。

二、优　　抚

重点优抚对象及抚恤金发放　2016年，全县共有各类重点优抚对象8276人（不包括复员军人遗孀），发放各类抚恤补助经费5510.2万元；2016年滨海县复员军人遗孀1355人，每人每月按490元标准发放，县级财政支出796万元。

六级以上伤残军人医疗待遇　2016年，全县六级以上残伤军人享受离休干部医疗待遇，由县财政按2万元投保，2016年共支出800万元。

义务兵优待金　2016年，全县义务兵优待金标准为每人11000元（西藏服役士兵33000元/人，共有30人），共计发放912人，经费1069万元。

优抚事业费　2016年，全县抚恤事业费277万元，经局务会研究报请县分管领导审批，其中206万元由县财政局拨付各镇区，用于各类优抚对象的临时救助、医疗救助等。县局留存61万元，用于优抚对象春节解困、各类优抚对象体检鉴定、优抚对象信息核查、涉核人员体检、走访慰问优抚对象、医疗补助、住房补助等方面。

三、安　　置

2016年，组织2015年冬季退役士官安置选岗工作，4人全部选择安置岗位。完成2016年冬季退役士兵档案拆封、登记工作，共接收497人；完成2016年冬季退役士兵技能培训报名入学工作，共有448人报名入学，退役士兵一次性经济补助497人，共1400万元。

第二节　民政管理

一、村务民主

2016年，滨海县推进村务公开“清白工程”。主要是规范村务公开内容、村务公开程序、村务公开形式、村务公开时间、村务公开监督、村务公开管理制度。对不符合规定的镇区，按统一规格、尺寸、栏式及时制作到位。在公开栏目上，党务、财务、政务、事务区分公开。统一在村部设置村级公开栏，在组里设置组级公示栏，除重要事项在村部公布外，与农户利益直接相关的事项，都在组里得到及时公布。建立县级阳光村务网和乡情网两大信息平台，各村设立阳光村务网页，以村为单位建立手机虚拟网，实现全县村级事务及时公开“掌上通”。重新印制《滨海县村务公开及民主管理“五簿一册”》，修订和完善村务公开目录，发放到各村（居），所有公开事项登记在册，建立台账。

二、社区建设

2016年，滨海县印发《关于加强城乡社区协商的实施意见》的通知（滨社办发〔2016〕2号）推动基层民主协商的新做法，完善社区协商民主制度，全面运行社区协商民主机制，将协商民主方法与本土经验的有机结合，推进减负增效，创新实践。在2015年“政社互动”全面推动的基础上，继续巩固提高，积极探索“政社互动”的有效运作机制，科学界定基层政府和基层群众自治组织在社区公共事务和公益事业上的权责关系，完善镇政府与村（居）委会签订委托协议和购买服务协议，健全履职履约双向评估机制，促进政府治理和社区自治良性互动。以“政社互动机制”和“社区事务准入制”保障社区负担不反弹，做到真正实现全覆盖。并带动“三社联动”的试点工作，推动政府治理和社会自我调节、居民自治良性互动，巩固社区“减负增效”工作成果。

换届选举　根据省市的统一部署，县第十一届村委会和第六届居委会换届选举工作，于2016年10月全面启动，整个换届选举工作取得成功。全县辖11个镇、3个街道，总人口122.99万，这次选举，全县有293个村（居）参选，292个村（居）一次性选举成功，选举成功率达99.7%。共选举产生村（居）委会主任290人，其中支书、主任一肩挑的有53人，连任154人，新当选136人；副主任20人，连任4人，新当选16人；委员1140人，连任568人，新当选572人。整个换届选举工作于12月31日结束。

三、地名调查

2016年，印发《关于城区主要道路（规划路）命名的通知》（滨政发〔2016〕73号）文件，推进地名清理整顿工作，着重解决有地无名、一地多名、地名重名的问题。本着尊重历史、照顾习惯、体现规划、好找易记的原则，对城区66条基本建成道路、31条规划路、39条主要巷道进行规范命名。

四、地界维护

为预防和及时调处边界争议纠纷，印发《关于成立平安边界创建工作领导小组的通知》（滨民发〔2016〕35号）和《关于印发滨海县＜平安法治边界建设工作联席会议制度＞的通知》（滨民发〔2016〕56号），促进平安法治边界建设工作深入开展。加强界线管理，维护边界地区和谐稳定，制发《关于印发＜关于深入开展平安法治边界创建活动实施方案＞的通知》（滨民发〔2016〕55号）文件，并与阜宁县、响水县、射阳县以及涟水县就共同创建平安和谐行政区域界线达成并签署协议。落实界线年检，逐一查看响滨线、滨阜线界线上所设界桩，及时更换破损、缺失的界桩，清理界桩周围的杂草。

五、社团管理

2016年，社会组织管理服务机制进一步优化，对行业协会、科技类、公益慈善类、城乡社区服务类等四类社会组织试行直接登记，推动直接登记和双重管理二元体制的衔接过渡。社会组织共登记180个，其中民办非企业组织173个，社会团体7个。

六、婚姻登记

2016年，婚姻登记服务工作规范有序，登记和服务分开，工作人员挂牌上岗。县婚姻登记处共办理结婚登记11575对，离婚登记2998对，补发结婚证3213对，登记合格率100%；此外，还接受各类咨询5000多次，归档445卷，查档500多次。

七、收养登记

2016年，全县共办理收养登记3个，接受各类咨询约300人次；共办理老年证748个。

八、殡葬管理

2016年，全年火化遗体6139具。对三台普通火化机进行大修保养，按时清理烟道，全馆工作人员签订责任状，实现全年安全运行无事故。完善规章制度，实行挂牌上岗，加大违规违纪处分力度，殡仪馆行风建设取得实效。加大硬件实施投入，购置殡葬车1辆、9个单体式冰柜，6个瞻仰棺，解决非正常死亡遗体的接运和存放问题。成立殡仪馆消防安全领导小组，购置灭火器等消防器械。对全馆电线电路进行检查，及时更换老化线路，排除安全隐患。

第三节　人口与计划生育

一、人口管理

数据对比　2016年末总人口数1229953人，2015年末总人口数1223476人，年平均数为1226715人，总人口比上年净增6477人。其中男性647115人，占总人口数的52.61%；

女性582838人,占总人口数的47.39%,性别比例约为1.11:1,在总人口中17岁以下的258106人,占总人口数的20.98%;18岁~34岁之间的311630人,占总人口数的25.34%;35岁~59岁之间的433067人,占总人口数的35.21%;60岁以上的227150人,占总人口数的18.47%,在18岁~59岁之间的人占绝大多数,总人口中,中青年仍是主力。2016年,全县出生人口为16920人,死亡8604人,出生数高于死亡数。省内迁入2023人,省外迁入1364人,迁往省内7747人,迁出省外1286人。年末总户数341405户,2015年末总户数341276户,总户数比去年增加129户。城镇人口为649139人,占总人口数的52.77%,2015年度非农人口640689,占总人口数的52.37%,城镇化率增长0.4%。

年内针对持出生、迁移、释放等证件未入户及漏户漏人、迁出未销、死亡未销等现象进行调查核实,共申报出生16920人,死亡核销8604人,迁入人口3387人,迁出人口9033人。

情况分析 全县的总人口中,男女比例基本平衡,男性人口数略高于女性人口数,在各年龄层次结构中,中青年的人口数在总人口中比例较大,还没有出现人口年龄结构的老龄化。出生人口数高于死亡人口数。前几年全县对无计划生育手续的小孩全面放开入户,以往因各种原因无法入户的近年来都已经入户,所以出生申报趋于平稳,补报往年出生的小孩也逐步减少。全县当年死亡人口8604人,和上年相比,基本持平。年内全县人口迁出数9033人,与上年相比略有增加,主要是因为今年省厅出台一系列放宽户口登记迁移政策,全县一些因婚嫁、工作、购房、务工等原因居住在外地的人陆续将户口迁到了实际居住地,迁出人口略有增加。全县今年的省内外迁入人口3387人,主要因为迁入的统计口径和往年有所不同,跨县迁移的才统计为迁入人口,这样全县的迁入人口比往年减少,县内移居人员增加。全县人口总户数比上年增加129户,大部分是购房迁入立户和农村家庭分户形成的。城镇人口与上年相比增加8450人。主要因为省厅、市局出台放宽城镇落户迁移政策后,很多在城镇务工、经商、购房的外来人口符合入户条件的,将户口从农村迁至城镇。全县城镇化率比上年增加0.4%。

二、计划生育

两孩政策实施 2016年,全面两孩政策宣传,调查摸底目标人群10.3万对夫妇,有生育意愿夫妇3.06万对。开展政策实施情况跟踪监测,全面实行生育登记服务,全年受理生育登记1.18万户,照顾再生227户,出生10271人,其中两孩5387人,出生政策符合率99.86%,人口自然增长率5.06‰。

计生管理服务 推动计生控制向计生优质服务转变,采取集中和设点相结合方式开展免费孕前优生检查,全年检查6344对夫妇,任务完成率106%。加强避孕药具管理,发放药具6465人次,监测不良反应362例。强化流动人口区域协作,与上海、浙江等地签订流动人口双向管理协议,全县流出人口13.8万人,纳入服务管理13.56万人,管理服务率98.26%。

家庭发展服务 开展“资助留守儿童、救助贫困母亲、扶助空巢老人”活动,全面落实计划生育家庭奖励扶助政策,全年发放扶助资金1167.18万元,惠及7679人,走访慰问计生困难家庭341户,发放慰问金25万元。严厉打击“两非”行为,出生人口性别比107,比上年降5个点。

第四节 关心下一代

2016年,全县关心下一代工作,进一步发挥“五老”的优势和作用,扎实开展有利于青少年健康成长的各类实践活动。县关工委被中国关工委表彰为全国关心下一代宣传工作先进单位。

一、主题教育活动

2016年,在全县广大青少年中开展“学党史、学国史、听党话、跟党走”主题教育活动。县关工委编写《为中华民族的伟大复兴而奋斗》《没有共产党就没有新中国》《把“听党话、跟党走”作为我们一生的基本遵循》等宣讲材料,印发1000多份,发至镇村、校、企关工委供老同志宣讲。各级关工委结合建党95周年、红军长征胜利80周年等重大纪念日,充分利用自身的红色资源和爱国主义教育基地,组织青少年参观、瞻仰英雄先烈纪念基地,开展“重走长征路”“红色之旅”“追寻先辈足迹”等体验活动,丰富青少年的党史国史知识,增强爱党、爱国情怀。使“两史”教育成为全县宣传思想文化工作的要点,推动对全县青少年党史、国史教育工作扎实开展。

二、社会教育管理

法制教育 县关工委会协同有关部门着力抓好对未成年人犯罪教育工作。各学校关工委从公检法等部门聘请人员进校园开展法制教育,通过“安全文明校园创建”活动,巩固法制教育成果。在全县推广坎南小学“带法回家”活动,其经验被《中国火炬》杂志介绍。

帮教工作 打造“阳光驿站”“绿色家园”帮教平台。全县关工组织积极参与零犯罪社区创建、问题青少年社区矫正以及为青少年排忧解难、扶贫助困等工作,创建和推广“阳光驿站”“绿色家园”等帮教平台,使结对帮教失足青少年和关心关爱失学、失业、失亲青少年的工作也有了新的发展。2016年已救助贫困、病患、残疾青少年1975人次。

网吧监督 继续加大网吧的监管力度,组织“五老”,采取定期巡检、节假日期间不定时抽查、异地查访的方式,发现情况及时提醒和制止。县水利局、县供销合作联社等关工委在暑假期间还先后三次集中行动对网吧进行检查,未成年人进入网吧得到一定遏制,受到社会和学生家长的一致好评。

三、关爱弱势群体

关爱贫困学生 2016年,共协调78.76万元资金,用于对420名贫困学生的资助。沿海工业园慈善资金会出资

30 万元，县康达医院出资 5 万元，滨海农商银行出资 27 万元，对考上高校的贫困生和全县贫困的中小学生予以资助。通过《关心下一代周报》《扬子晚报》争取资金 6.75 万元，受助贫困生 30 人。各镇区、各单位关工委都通过不同形式把温暖送给弱势群体。

县沿海工业园慈善基金捐助贫困学生读书捐赠仪式现场。 刘军 摄

关爱留守儿童 实施留守儿童集中教育工程。在镇村继续设立留守儿童之家、儿童亲情吧、读书角、健身场地等活动场所，投入资金配备电脑、音响和图书等软硬件设施。集中组织留守儿童参加相关活动，为农村留守儿童假期的学习教育、娱乐锻炼提供场地，开辟“第二课堂”。

办好校外教育基地 截至 2016 年底，全县先后办起校外教育辅导站 196 个，辅导点 112 个，覆盖率 91%，参加活动的青少年有 3 万多人，基本形成县、镇区、村三级校外教育辅导网络。在 9 月份盐城市召开的全市城乡社区校外教育辅导站先进集体、先进个人表彰大会上，滨海县有 12 个单位和个人受到表彰。

办好家长学校 在全县开展家教讲座 16 场，受益家长达 1.4 万人。去年 12 月 17 日，特邀北大学生刘子瑜到滨海在天海元举办家风及家庭教育讲座，受益家长 3000 余人。

四、创新宣传工作

2016 年，全县关工委宣传报道工作取得新成绩。县关工委被中关工委表彰为“全国关心下一代宣传工作先进单位”。年内充分利用县关工委网站，搞好宣传活动，网站的点击量达 50000 余人次。县关工委编写的《为中华民族的伟大复兴而奋斗》宣讲材料被教育部《家教周报》刊载。主题关于做好关爱全县留守儿童工作的通讯稿件被《中国火炬》杂志刊登。全年共有 110 多篇调研文章和反映全县关工委个人先进事迹和工作经验的报道稿件，在县以上媒体发表。

五、基层组织建设

2016 年，县现代农业产业园关工委、教育局关工委获评全省“关心下一代工作先进集体”；顾正岚、杨春、黄明连、钱桂珍、苏锦生等 5 人获评全省“关心下一代工作先进个人”。蒋善卓、杨步庚、陆海涛、程友明、徐徐、周洁荣获盐城市校外辅导站先进个人。在开展“基层工作年”活动中，为使关工委组织适应新时期关心下一代工作要求，实现“五有五好”的目标，县关工委与县委组织部联合下发《关于进一步加强基层关工委组织建设的意见》。抓好镇（区）、村（居、社区）关工委主任的配备，在全县构建一支年龄均在 70 岁以内、有能力、有威望、有奉献精神的，社区、村民小组三级关工组织网络队伍。全县基层关工委 618 个，基本做到“五落实”：组织落实，有人干事；阵地落实，有地方办事；经费落实，有钱办事；制度落实，有章办事；责任落实，主动办事。

第五节 滨海县老区建设促进会

一、贫困帮扶

2016 年，全县镇（区）、村老促会参与本地区农业产业引领、技能培训、资产收益、托底救助等工作。全县老促会系统组织老促会会员参与实施“四青”蔬菜种植，畜禽水产养殖等产业到户项目达 987 个，带动近千户增收脱贫，其中仅实施载体建设项目就达 36 个。通过老促会牵头的合作组织、家庭农场、龙头企业带动 1000 多户增收脱贫。老促会参与各镇（区）村促进金融资产收益匹配分红惠及贫困的低收入户 2231 户，资金达 376.8 万元。滨海港镇老促会主动带头，调动全镇 280 多户人家养猪积极性。干河村老促会理事李子刚组织养猪大户现场参观，接受培训。他协助公司为农户培训养殖技术和管理技术，提供苗猪，饲料防疫，收购肥猪等一条龙服务。蔡桥镇二联中村老促会成员蒋金中曾担任过村支书，他与温氏集团联营办起万头猪场，投资 200 多万元，新建 5000 平方米标准猪舍，租土地 20 公顷，年收入在 20 万元以上。11 月中旬，老促会约请县扶贫主任在全县镇（区）老促会会长会议上作辅导，讲解“农户申请、村组评议、镇区审查、县级审定、公示公告”的工作步骤，回去后积极参与本镇、村、组“四看一问一算账”活动。各镇（区）老促会以建档方式，先行熟悉、了解本地的扶贫对象。要求各镇（区）老促会特别重视县内实施的扶贫对象兜底保障工程，关注城乡居民基本养老、城乡低保、“五保”供养情况，将孤寡老人、无劳动能力人、丧失劳动能力残疾人等贫困人口全部纳入监测评估范围，协助监测有关部门实现应保尽保。针对全县贫困人口中，因病致贫人口占 68.4% 的情况，老促会倡议全县各级老促会积极参与建立本地贫困人口的健康档案，协助有关部门牵住脱贫的“牛鼻子”。

二、“两带”帮扶

2016 年，组织一技之长且有组织能力的会员带动农民致富。滨海港经济区老促会常务理事长杨步庚长期参与农业技术指导，被区农业中心聘为农技授课老师。他深入田头和村组进行技术讲课,根据自己所掌握的技术和本地具体情况,推广早熟、早茬、早播和及时调整水稻生长状况的"三早一调"高产栽培法,保证全区水稻安全齐穗、丰产丰收。当年全区直播水稻普遍超过600公斤,比上年每亩增50公斤,全区1800公顷水稻增产值150万公斤,增收430余万元。县老促会引导各镇区老促会组织会员带领贫困户参与美丽乡村建设活动,参加卫生保洁、小区物管、垃圾清运、河塘整治、秸秆禁烧等公益活动。全县老促会系统全年计组织低收入劳力1200多名参加美丽乡村建设。

三、教育帮扶

2016年,实施教育脱贫工作,以阻断贫困现象的代际传递。7月20日,召开镇区老促会会长会议,传达省老促会扶持贫困家庭学生进扬州技师学院"圆梦班"会议精神,在全县范围内对贫困学生排队摸底。全县共有8名贫困生被录用。

第六节　老龄事业

制定养老机构发展规划　贯彻落实《江苏省养老服务条例》,规范养老服务行业,保障老年人合法权益,促进养老服务业健康发展。按照老年人口结构和分布情况,综合考虑地理位置、交通状况、基础设施、医疗条件等因素,科学规划、统筹设置养老机构布局,确保均衡发展,无盲点,无重复建设和资源浪费。

敬老院升级改造工程　2016年,投入961万元用于敬老院基础设施提档升级。新建通榆五保老人宿舍楼、农业园区五保老人宿舍楼、八巨镇餐饮服务综合楼,并投入使用。新建或改建东坎、八巨、八滩、界牌、滨淮镇、滨海港经济区、通榆、蔡桥、正红镇9家敬老院标准化浴室,设置浴区、更衣休息室,安装空气能热水器和水暖空调,实现一年四季不出院门就能洗澡的要求。新建八巨镇、滨海港经济区标准化厨房,使用新型节能电磁炉,达到原料库、粗加工间、切配间、烹饪间、凉菜制作间、备餐间和消毒间分隔,餐厅内设施配备符合规范要求。加大安全投入力度,为14所敬老院安装自动喷淋灭火系统和消火栓,敬老院的实体性消防隐患全部排除。

社会养老机构运营管理　实行常规检查和突击检查相结合方式,加大督查力度,落实整改要求。召开业务培训会,提高管理人员的服务水平。及时通报督查结果,约谈整改不到位、存在问题比较突出的夕阳红老年康复中心、五汛北坍老年关爱之家、爱心养老护理院、阜康养老院的负责人,强化安全责任意识,并吊销爱心养老护理院等11家不具备养老机构运营条件的民办非企业证书。加大养老机构安全隐患排查力度,出资12万元,聘请具备资质的房屋安全鉴定机构(第三方),对12所社会办养老机构和有房屋安全隐患的陈涛、八滩镇2所敬老院进行房屋安全鉴定,对存在房屋质量问题的8家养老机构出具整改通知书,并抄送县安监局和属地镇政府。

社区养老服务设施建设　加强社区养老服务规范化建设,通过镇民政办申报、民政局老年科工作人员实地勘察、综合评估,确定标准化居家养老服务站建设点和老年人助餐点。依托天场镇标准化居家养老服务站示范点,召开现场会,发放建设指导手册,现场观摩和实地指导,2016年新增的32个标准化居家养老服务站和18个老年人助餐点全部建成。东坎街道日间照料中心建设正在进行装修设计,预计2017年上半年建成并投入使用。

推进居家养老服务全面升级　提升12349民政综合服务功能,为全县农村分散供养"五保"老人、低保对象中的60周岁以上老人等困难群体优先免费提供民政老年手机,每年补助120元话费,用于开展居家养老服务联系,2016年已发放民政老年手机7000多部。

调整特困人员供养待遇　2016年,将符合"三无"标准的15人从低保中剥离出来,按"三无"标准执行,每人每月享受935元供养经费。通过村、镇申报审核,县局审批,2016年共新增五保供养对象453人,核销197人,目前供养总数4768人,供养标准按市定标准执行,集中供养每人每年7800元,分散供养每人每年6600元。

宣传和精神关爱　开展以"敬老爱老　全民行动"为主题的敬老月活动,利用广播、电视、《黄海在线》等媒体,

3月15日,明达中学组织学生到敬老院慰问老人。
明达中学　提供

2月2日,滨海港经济区106岁老人毛吴氏(中)。
民政局　提供

投放关爱老人的公益性广告，营造爱老助老的良好氛围。重阳节前，县委、县政府主要领导亲自慰问八滩镇两位百岁老人陆陈氏和于从金。推动社会力量参与养老服务，组织县阳光艺术团为天场镇敬老院和东坎镇敬老院的老人进行慰问演出，丰富老年人的精神文化生活。开展敬老献爱心活动，组织县人寿保险公司、县仁慈医院等单位为养老机构捐钱捐物，奉献爱心。

落实老年人福利待遇 2016 年，县财政出资 83 万元对全县 80 周岁以上老人购买“老年人意外伤害险”，提高高龄老人家庭抗风险能力。全县 80 周岁以上老人，共有 2.6 万多人，发放尊老金 1644 万余元。通过县人大等权力部门，加强和交通、卫生、广电、通讯、文体等部门沟通，积极落实好职责范围内的老年人优待工作，确保老年人用水、用电、用气、通讯、乘车、就医等方面得到优待。全县运营中的 26 所养老机构以及 280 个居家养老服务站全部参保养老机构综合责任保险，提高养老机构抗风险能力。

表 28　　2016 年滨海县养老机构一览表

序号	单位名称	法定代表人	地　　址	床位(张)	性　质
1	滨海县东坎镇敬老院	于欢涛	滨海县东坎镇	254	事业单位
2	滨海县五汛镇敬老院	陆素霞	滨海县五汛镇	157	事业单位
3	滨海县蔡桥镇敬老院	张庆龙	滨海县蔡桥镇	210	事业单位
4	滨海县正红镇敬老院	尹秀珍	滨海县正红镇	212	事业单位
5	滨海县通榆镇敬老院	刘必柱	滨海县通榆镇	207	事业单位
6	滨海县天场镇敬老院	方林海	滨海县天场镇	187	事业单位
7	滨海现代农业产业园区敬老院	李　玮	滨海现代农业产业园	180	事业单位
8	滨海县界牌镇敬老院	张爱国	滨海县界牌镇	282	事业单位
9	滨海县陈涛镇敬老院	丁　平	滨海县陈涛镇	172	事业单位
10	滨海县八巨镇敬老院	李友朴	滨海县八巨镇	200	事业单位
11	滨海县八滩镇敬老院	徐子素	滨海县八滩镇	237	事业单位
12	滨海县滨海港镇敬老院	甘晓芹	滨海县滨海港镇	214	事业单位
13	滨海县滨淮镇敬老院	林善光	滨海县滨淮镇	302	事业单位
14	盐城滨海港经济区敬老院	张立胜	滨海县滨海港经济区	202	事业单位
15	滨海县乡村别墅老年公寓康复中心	王延山	滨海县人民北路 697 号	160	民办非企业
16	滨海县颐和老年疗养院	杜效和	滨海县东坎镇蔬菜社区 2 号	200	民办非企业
17	滨海县阳光养老护理院	胡　庆	滨海县蔬菜社区	180	民办非企业
18	滨海中山医院有限公司养老院	洪浩志	滨海县城北区幸福路 208 号	300	民办非企业
19	滨海县中医院养老院	胡为海	滨海县向阳大道中医院内	170	民办非企业
20	滨海县万康园养老康复护理中心	王　霞	滨海县人民南路	165	民办非企业
21	滨海县夕阳红老年康复中心	范庆礼	滨海县变电路 1 号	172	民办非企业
22	滨海县爱德老年康复中心	徐爱明	滨海县越河路 16 号	200	民办非企业
23	滨海县五汛北坍老年关爱之家	朱建国	滨海县五汛镇北坍社区六组	95	民办非企业
24	滨海县五汛弘正老年关爱之家	谷海东	滨海县五汛镇富民路小河口	50	民办非企业
25	滨海县正红托福老年关爱之家	王理艮	滨海县正红镇尹桥小街	70	民办非企业
26	滨海辛荡常春藤养老农庄	徐文龙	滨海县现代农业产业园区辛荡村	256	民办非企业
27	滨海县滨淮镇长寿春养老院	张伟珍	滨海县滨淮镇	165	民办非企业
28	滨淮农场福康养老康复中心	施则林	滨淮农场医院内	100	民办非企业

第七节 残疾人扶助

2016年,全县残疾人工作以实施为民办实事项目为切入口,按照年初确立的工作思路,切实做好助残资金发放、培训残疾人就业、康复与托养以及残疾户扶贫工作,受到广大残疾人一致好评。残疾运动员吴佰融在由中国残联、中国特奥会联合举办的"铁人杯"全国特奥乒乓球比赛上获得男单、男双冠军。

一、救 助

2016年,为全县4414重度残疾人发放重残救助金,计发放救助金2000多万元;为347名残疾人发放一户多残、依老养残救助金,计120多万元;为1637名低保内重度残疾人发放重残补贴金,计150多万元;为4800多名残疾人发放重残护理费,计300多万元。

二、培 训

举办盲人推拿培训班1期,培训视力残疾人28人,举办农村实用技术培训班2期,培训残疾人68名,通过培训有76人实现就业。

三、就 业

依规督促机关、团体、企业、事业单位和民办非企业单位履行扶持残疾人就业的责任和义务,提供适当的劳动工种和公益岗位,按照不低于本单位在职职工总数的1.5%比例分散安排残疾人就业。扶持残疾人扶贫示范基地7个,残疾人创业示范基地6个。全年,新增残疾人就业350多人。

四、康 复

2016年,为40名下肢残疾人安装了普及型假肢;为300多名白内障患者实施免费复明手术;为3名听力残疾儿童免费安装人工耳蜗;为50名适婚年龄段的听力残疾人进行致聋基因检查;为101名盲人进行定向行走训练;为660名贫困精神残疾人发放省规定的5大类25种精神类药品;为880多名残疾人适配了轮椅、护理床、助听器、盲人手机等1157件辅助器具。

五、托 养

全县新建镇区级"残疾人之家"3个,村(社区)"残疾人之家"2个,每个"残疾人之家"建筑总面积均不少于150平方米,室外活动场地均不少于100平方米;日间照料残疾人数50人,从事辅助性劳动的残疾人52人。

六、扶 贫

全力推行"1+N"精准扶贫新模式。扶持残疾人扶贫示范基地7个,残疾人创业示范基地6个,带动150名残疾人就业。为50户残疾人户发放液晶电视,为50户残疾人户发放洗衣机,为100户残疾人户发放电饭煲,为100户残疾人户发放电风扇。

第八节 民族宗教事务

一、民族工作

民族村扶促工作 2016年,县民宗局帮助东坎镇广垛民族村和界牌镇淮河民族村完成养牛、养羊、少数民族企业补贴、修建村组水泥路等项目资金的申报工作,总申报金额60万元。至9月20日,为广垛民族村争取15万元少数民族扶贫资金,扶持该村30户低收入农户养牛。为淮河民族村争取15万元少数民族扶贫资金,扶持该村30户低收入农户养羊。滨海恒盛制衣有限公司吸纳90多个少数民族群众就业,为该企业争取少数民族发展资金10万元。为两个民族村各争取10万元修建村组水泥路资金。为少数民族群众提供服务。帮助少数民族中、高考考生办理加分手续,全县共办理18名,其中高考考生7人,中考考生11人。

群体稳定工作 2016年,县民宗局主要领导和分管负责人多次深入少数民族集中聚集区,找少数民族上层人士谈心了解情况,建立朋友关系,保持正常联系,遇事能帮助做工作。当年在两个民族村分别召开一次由村干部、少数民族上层人士、村民代表参加的座谈会,会上共排出2个不稳定因素,通过村干部和少数民族上层人士做工作,2个不稳定因素都得到化解。经常走访外来少数民族流动人员,与他们保持联系,发现不稳定的因素及时化解。2016年,县境有少数民族营业的拉面馆30家,从业人数100多人,其中县城23家,五汛、八滩、滨淮、八巨、蔡桥、正红镇、滨海港经济区各1家,他们相互之间,与当地汉民之间和睦相处。

二、宗教事务

教育培训 3月,县民宗局协助县基督教"三自"爱国运动委员会举办场所负责人、传道人提高培训班(69人,培训15天),举办联系点和新任场所负责人、传道人初级培训班(45人,培训15天)。经考试,及格率达100%,优秀率达90%。协助"县三自"举办基督教场所会计培训班一期,培训7天,参训人数达46人;举办基督教场所保管员培训班一期,时间3天,参训人数48人;举办基督教场所理财组长培训班一期,时间1天,参训人数46人。同时,利用新巨、陶河、长兴、吉龙、华林、友联、玉民、潘吉、蔡桥街等9个场所新堂落成举行开堂典礼的机会,对广大信众进行时事政策法规教育,受教育人数近2万人次。4月,开展爱国主义教育活动。民宗局分管负责人带队,带领新任组长、传道人46人赴南京参观雨花台、南京大屠杀遇难同胞纪念馆、渡江战役纪念馆等爱国主义教育基地,通过参观,使全体人员受到深刻教育。

安全稳定 2016年,为保障宗教活动健康有序开展,切实维护宗教领域的和谐稳定,滨海民宗局始终将宗教活动场所的安全稳定工作放在首位。4月下旬,下发《关于开展创建"平安"宗教活动场所的通知》,要求全县各宗教活动场所要争创"平安"宗教活动场所。5月,组织专人处理红纲、友爱等基督教活动点矛盾,通过做工作,这两个点基本稳定。5月8日,布署安全大检查工作。5月9~15日,各场所组织自查。5月16~23日由"三自"常委组织分片互查,经检查共发现43个安全隐患。6月下旬~7月上旬,经滨海民宗局会同县消防大队、"县三自"进行督查,所发现的安全隐患得到及时排除。

捐赠救灾 6月23日阜宁县部分乡镇遭受龙卷风灾害后,6月24日县佛教协会、县基督教"三自"爱国运动委员会组织开展捐款活动。县佛教协会募得善款4.2万元,交市佛教协会转赠阜宁灾区。县基督教"三自"爱国运动委员会募得善款56万余元,7月11日县基督教"三自"爱国运动委员会将11万元现金送给阜宁"县三自",由他们转交给受灾较严重的5个基督教活动场所。余款交滨海县红十字会转交阜宁灾区。

星级认定 2016年,组织开展星级宗教活动场所认定工作。3月,在基督教培训中心五楼会议室召开各场所负责人参加的动员会,下发《关于继续开展星级宗教活动场所认定的通知》。5月,接到《盐城市星级宗教活动场所认定三年规划》后,滨海民宗局会同县佛教协会、县基督教"三自"爱国运动委员会研究制定滨海县星级宗教场所认定三年计划(年内1星级场所达到110个,3星级场所达到10个;2017年2星级场所要达到110个,3星级场所要达到20个;2018年3星级场所要达到30个)。至2016年年底,1星级场所达到120个,3星级场所达到10个,4星级场所达到1个,完成当年工作计划。

第九节 气象服务

评估考核 1月初,省气象局对全省48个中央财政"三农"气象服务专项验收评估,滨海县被评为特别优秀单位(全省六家,滨海县排名第一)。在1月份盐城市气象部门综合目标考核评比中,县气象局总分第3名,被评为优秀达标单位。在2016年全县综合考核中,县气象局被评为综合考核先进单位。

防寒防汛 2016年初,天气形势异常复杂。1月22~24日,滨海县出现近30年来罕见的寒潮低温过程。县气象局提前为政府领导提供决策材料,通过各种渠道为公众提供预警信息,全力做好灾害性天气服务,县政府办根据县气象局相关预报意见及时下发紧急通知,要求全县做好防寒防冻工作。

信息共享 加强部门的横向联系,健全部门间协调联动和信息共享机制,充分利用手机、微博、网络等新媒体,提高气象服务的准确性、时效性、针对性和覆盖面。不断完善微信公众号"滨海气象"对外发布内容;全年共发布各类预警信号60份、决策气象服务材料7期和气象信息参考58份;紧紧围绕县委县政府及相关部门的重大活动和重要节假日,开展"元旦""春节""春运""两会"和高考天气等专题气象服务材料42期;完成8次重大天气过程应急响应工作。共发布各类"三农"气象服务材料74份,开展田间调查和指导63次。

县政府主要领导到气象局专题调研气象预报工作。
县气象局 提供

第十节 防震减灾

2016年,滨海县政府在县行政审批服务中心设立审批窗口,县地震局机关增挂"行政许可服务科"牌子,将抗震设防要求管理纳入建设工程审批程序,确保新建、改建、扩建工程达到抗震设防要求。县地震局开展地震分析预报技术研究,及时通报震情,提出科学合理的震情分析意见。提交的《2017年度地震趋势研究报告》,在2017年获得全市地震趋势研究报告评比第三名奖。

一、防震减灾法制建设

2016年8月8日,县政府召开全县防震减灾工作会议。各镇政府分管负责人、县防震减灾工作联席会议成员单位、江苏省经济开发区工业园和沿海工业园负责人共50多人出席会议。会议邀请市地震局监测预报处处长张月辉就防震减灾业务工作和防震减灾科普知识做专题辅导。在会上,县政府与各镇政府、县联席会议成员单位、江苏省经济开发区工业园和沿海工业园签订《2016年防震减灾工作目标管理责任书》。

二、地震监测预报

6月初、10月底,县安排专业人员参加全市下半年震情趋势会商会和2016年度地震趋势会商会。会上,滨海县提交的《2017年度地震趋势研究报告》,获得第三名。在2016年强地震台评比中,获得强震动观测运行维护优秀奖。在射阳县有感地震发生时,县地震局及时向县政府领导报告相关情况,并做好地震趋势分析和震情跟踪,提出地震应急救援工作措施,为稳定社会发挥作用。

三、应急体系建设

2016年,县防震减灾联席会议成员单位、各镇政府、各村(社区)、各中学和镇中心小学、各镇中心卫生院,根据县防震减灾联席会议精神,在县地震局的统一安排下,对2001年制定的《滨海县震后早期趋势快速判定工作预案》进行修订,并制定地震应急流程图。做好应急通信、交通等应急条件的落实,完善地震应急装备建设。“5·12”全国防灾减灾日,江苏省滨海中学、县第一初级中学、县实验小学、明达中学、八滩中学等学校,组织学校师生进行地震、火灾逃生大演练。为推进地震安全社区建设,县将应急避难场所建设纳入县城总体规划,完善地震应急避难场所,保证发生破坏性地震时的地震应急工作顺利开展。完善县城综合防灾规划,在县城设立10多个应急避难场所,地点明确、功能划分清晰,保证在突发性灾情时有序有效地开展应急工作。

“防灾减灾日”宣传活动 5月12日,县政府举办第八个“全国防灾减灾日”宣传活动。副县长余吉生参加,活动现场,县气象、民政、地震、消防等相关职能部门通过设立咨询台、发放宣传资料等方式,向市民讲解地震、洪涝、雷击等灾害的科学防范知识和逃生技巧。

市督查滨海防震减灾工作 12月13日,市地震局局长、党组书记唐耀华率市督查组一行在滨海督查防震减灾工作。县委常委、常务副县长周岚陪同。督查组一行实地察看了南湖公园应急避难所、县一中地震安全示范学校、东坎镇新安村和县地震台等处,认真听取相关情况汇报,了解“三网一员”优化、运维管理、培训考核等情况。市督查组通过听取工作汇报和查看相关台账资料,认为滨海县高度重视防震减灾组织建设,不断加大资金投入,完善“三网一员”工作体系,全民应对突发性自然灾害的能力和自我保护意识不断提升。

组织中学生消防演练,普及救灾知识,提高全民救灾意识和救灾能力。 陈其龙 摄

第八篇

镇场概况

第39章 五汛镇

综 述

五汛镇位于滨海县东南隅,南邻射阳河,北傍苏北灌溉总渠,东邻射阳县,西与蔡桥镇接壤,省道328、348横贯东西,民便河、射阳河水运穿境而过,距沿海铁路滨海北站20分钟车程,距盐城、淮安、连云港机场均一小时车程。镇域面积152.54平方千米,总人口8.8万人,辖29个行政村,2个居委会。2016年,公共财政预算收入完成1.53亿元,占任务数的91.1%,比上年增长8.9%;地区生产总值完成30.53亿元,占任务数的91.7%,比上年增长8.5%;定报工业增加值完成9.59亿元,占任务数的91.7%,比上年增长16.8%;定报工业开票销售完成5480万元,占任务数的91.3%,比上年增长28.5%;定报工业企业入库税收完成83.6万元,占任务数的83.6%,比上年增长33.1%;固定资产投资完成27.69亿元,占任务数的91.7%,比上年增长16.8%。其中工业投资20.48亿元,占任务数的91.6%,比上年增长16.5%。各项主要经济指标均实现两位数以上的增长。先后获评国家级生态镇、江苏省文明镇、盐城市重点镇。

第一节 经济发展

一、工业经济

2016年,总投资5000万元、占地2公顷的士福机械,落户民营创业园,完成征地、土地平整、图纸设计、项目报批等

五汛镇民营创业园外景。 范芳琳 摄

前期工作。新签约的盐城久祥管业有限公司,进行前期审批。茂盛粮食加工项目建成投产。投入400多万元,在民营创业园新铺设自来水、消防水管道3000米,架设高压电缆电线500米,新增100千伏变压器2台,新建标准厂房完善园区建设4000多平方米,园区道路提档升级3千米。

二、农业经济

温氏集团养殖项目,占地32公顷,投资2亿元,已全面开工建设。总投资1000万元,占地66.66公顷的北坍设施蔬菜生产基地,建成并生产。大力发展菊花产业,年内全镇种植菊花66.66公顷,在向阳村投资200万元,新建菊花初级加工厂,延长菊花生产的产业链,也为菊花的正常收购提供基本保障。在三洼、北坍、坍东等村,建立国家级有机水稻生产基地,投入100万元,增加33.33公顷的太阳能灭蚊灯,购进荷兰网及支柱,在三洼村有机水稻基地上建立硬质隔离带,明年采用稻鸭共作模式生产有机水稻,与上海晶稻晶穗农业科技有限公司深度合作,打造五汛镇的有机品牌。温氏养殖项目运营后将带动周边6到8个村的生猪养殖业健康发展。青龙村炳忠山羊专业合作社,带动598户低收入农户养殖山羊1196只,成为全县扶贫开发模板。

第二节 社会事业

一、集镇建设

2016年,坚持新老镇区协调发展,对新镇区不断加大投入的同时,对老镇区进行升级改造。在镇区建设上,按照集镇框架向北拓展的总体思路,先后累计投入近4000万元,启动实施一系列实事工程,提升镇区的整体服务功能和整体形象,获得“省特级村镇建设档案室”称号。年内,光明路上涉及的三户拆迁协议已全部签订,并将相关房屋拆迁到位。位于幸福大道上的幸福小区、学苑楼等新型居民小区加紧建设,建成后可容纳1000多人入住。计划投入1020万元,总建筑面积达3200平方米的大润发超市主体建筑已经封顶。幸福路与光明路的建成,将投入使用的镇中心幼儿园工程,即将启动实施的镇中心小学新校区工程、裕兴城商业综合体、大润发超市以及五汛中学新开西门连为一体,带动新镇区发展。省道S348的建设,横贯新镇区,将不断提高新镇区的集聚力和辐射力,带动农村人口向新

五汛镇市民休闲广场。　　　　　　　　范芳琳　摄

镇区集中。在形象提升上，按照集镇"五化"要求，投入400万元，对老镇区进行提档升级。实施亮化工程：本着重实效、讲节俭的原则，不建密集型灯群，不在旷野地竖灯，不用大功率霓虹灯。将政府办公区的原30多灯盏老旧霓虹灯、白炽灯、射灯全部拆除，更换成20多盏投资小、安全系数高、环保节能的LED灯。镇区朝阳路、光明路、市民广场已实现亮化全覆盖。市民公园补植绿化600株、修建汉白玉小桥2座，光明路、朝阳路沿线单位、商铺墙面出新8000平方米，制作固定宣传标语3处，拆除光明路占道广告和移动广告，对沿线店面店牌重新规范制作，统一尺寸和格调。朝阳路、朝阳支路、光明路、政府广场实施路面黑色化28000平方米，铺设大理石道板砖及路牙10000平方米。对市民公园实施增绿补绿，完善提升绿量，以乔木为主，适当配置常绿和开花植物。对朝阳路两旁补植香樟，绿化带补植大叶黄芽，空地补种三叶草，消除黄土裸露和缺株现象。对五汛大街、朝阳路、光明路实施电力杆线"上改下"工程，供电、通信、有线等线路均改走地下，实现地下传输。严格规范停车秩序，科学布设机动车、非机动车位，完善社会服务大厅停车场、派出所停车位等基础设施，有效规范停车秩序。在建设管理上，采用"休克疗法"，狠刹各类违章建设之风，出台专门文件，规范农村建房秩序和违章建筑处置力度，坚决遏制小产权房建设，坚持集体会办管理，依法打击违规搭建。依法对幸福大道旁违章搭建进行拆除，打击和遏止小产权房建设、违规建设、违章建设的势头，使建房秩序更加规范。完善考核督查机制，重点完善农村环境整治长效机制落实，各村对河道、道路、重点地段，坚持定人定位定责定价要求，全部落实包保责任，签订责任状，明确经费，组织观摩，逐村考核，收到良好效果，顺利通过盐城市人居环境星级创评验收。争取扶贫项目，各村配备4名保洁员负责保洁，签订上岗合同，分地段、按标准进行常规保洁，环境管护工作进入常态化。

二、民生实事

2016年，五汛镇对渠团路、沟头支渠路、三顷中心路、向阳中心路等七条农村公路进行提档升级，全长29千米，涉及13个行政村，砍伐各类树木1.92万株，拆除建筑350多平方米，新上土方12万多立方米，占用土地2.33公顷左右。修复破损路面5924平方米，新实施汛西等9个村11千米水泥路，工程全部完工，申报县、市级验收。投入近30万元，在全镇31个村(居)安装调频音响190组，建成有线传输、上级优先、智能控制、授权插播、应急直播、安全优质、无人值守的农村有线广播"村村通"系统。遇有急事需要发通知、发布信息时，可以直接用电话、手机插播，及时将上级方针政策、防汛抗旱、农村环境整治、农业技术推广等应急信息传达给农民群众。一级管网11千米全部通水，二级管网42千米全部完成，三级管网750千米已完成650多千米。泥螺、汛东、团洼、四汛等16个村已吃上净化水，通济、推虾、汇川等6村大部分吃上安全饮用水。全镇共23座小水厂，成功处置22座，北坍水厂已完成前期准备，为全镇区域供水一体化打下坚实基础。投入150余万元，对汛北大桥、射北干渠桥和团洼桥进行改造，完成民便河桥招标工作，并将组织施工，对汛坍路10多座桥梁接头进行维修，方便群众出行。五汛实验小学新校区征地6.66公顷，完成围墙和规划设计，北坍幼儿园征地1.13公顷，进行图纸设计。S348在镇境共12.9千米，拆迁工作涉及9个村，93户。拆迁工作自7月13日启动以后，得到沿线广大群众的支持和参与，截至9月27日，S348拆迁工作全部完成，取土坑选址及征地工作进入扫尾阶段，项目部进场施工。总投资751万元，在四汛、汛西、大众等村实施农业综合开发项目，共修建排灌站9座，开挖疏浚渠道10.5千米，防渗渠4千米，修建涵洞、桥梁等渠系建筑物106座，修筑水泥路12.4千米，逐步将四汛片沿射阳河段打造成集观光、旅游、餐饮、娱乐为一体的休闲农业示范带。

五汛镇中心小学新校区总体规划鸟瞰图。
范芳琳　摄

表 29　　2016 年五汛镇各村基本情况一览表

村　别	村支书	村主任	村会计	村民小组（个）	人　口（人）	承包地面积（公顷）	人均纯收入（元）	经济总收入（万元）
四　份	张志军	陈　涛	陈昌怀	6	2414	238	15492	4559
张　圩	郁步刚	王效勇	刘立华	6	3371	273	14292	5665
推　虾	张桂兵	李文进	陈德法	6	3012	235	15404	5277
汇　川	陈允佳	杭万荣	陈允华	6	2752	200	16551	5231
路　建	陈旭林	王良俊	王良付	6	2160	155	15257	3845
汛　南	徐　韬	陈德金	沈志诚	6	3014	150	16138	5644
三　顷	杨德银	杨允胜	张鹏山	6	2371	215	15404	5061
向　阳	张克兵	项达林	葛永生	6	3154	111	16189	5358
泥　螺	项仁俊	彭凤成	李纯才	6	2053	254	16095	4915
汛　东	王成之	徐克明	刘从忠	6	2706	255	17765	5153
五　汛	沈加标	包瑞法	沈良成	5	3899	203	16955	6016
五　七	杨士和	郁海洋	唐　卫	5	2583	138	17081	5485
汛　西	马中华	张文楼	杨学宝	6	2648	203	15875	4231
范　场	阙德华	陈高中	赵爱民	6	2672	214	18232	5875
郁　庄	颜仁海	戴常生	颜海武	5	1615	197	15290	4026
马　营	施克东	戴启标	徐仁标	6	2985	298	15034	5113
大　众	马中举	金乃科	王海春	6	2542	207	16876	5002
港　浜	刘训刚	丁家怀	耿如华	6	2112	145	15858	4146
四　汛	许如干	姜建明	范厚超	6	3076	221	15115	5255
双　龙	徐以华	臧步山	侍国成	10	3947	405	14082	6281
三　洼	梁学良	顾明标	严于华	10	4098	419	14136	5863
北　坍	刘素道	徐洪仁	张明祥	6	3770	218	16786	6017
坍　东	刘必平		朱立春	6	2063	213	15093	4828
莫　湾	陈德华	吴尚华	倪习兵	6	2358	201	14084	4522
通　济	徐新东	孙　宏	刘春红	6	3242	291	15023	5626
团　洼	张克荣	朱怀富	铁金怀	6	2341	246	14013	5112
汛　北	王　强	赵　明	丁如宏	6	2941	307	16083	5368
青　龙	马丙忠	赵宝堂	许科华	7	3616	355	14786	6006
前　进	郁步荣	赵成明	刘德宣	8	2849	306	14805	5545
渠　南	李德贵	徐广柱	钱庆先	7	2544	262	17928	6412
弘　正	陈桂林		贾大海	10	2481			

第40章　蔡桥镇

综　　述

蔡桥镇系江苏省文明镇、生态镇、盐城市文明镇标兵，2016年创建国家级生态镇。镇区位于滨海县东南隅，北枕苏北灌溉总渠，南临射阳河。沈海高速、连盐铁路纵贯南北，在建的省道348横穿镇区，省道328、县际道路"三三线"在高速道口交汇，向东连接省道226直达滨海港和沿海工业园。辖17个村居，1.6万户，6.23万人口，耕地面积5531.47公顷。2016年，实现地区生产总值15.06亿元，公共财政预算收入8520万元，固定资产投资18.1亿元，其中工业投入13.5亿元。城乡居民年人均纯收入17100元。

第一节　经济发展

一、工业经济

2016年，新招引5000万元以上项目1个，5000万元以下项目2个，其中外资企业联立包装科技（滨海）有限公司1家。开工建设项目3个（联立包装、新盛达中空玻璃、海实生物燃料），竣工投产项目3个。泰悦木业获批规模以上企业，联立包装项目正式投产后将具备规上企业条件。镇级园区规上企业实现3家。置换且当年竣工投产项目3家，新增个体私营企业151家。修编完善园区建设规划，水、电、路、绿化、排污等基础配套和内部环境优越，打造外资项目集聚区的条件日趋成熟。

8月18日，落户镇全民创业园的新加坡联立包装（科技）有限公司。　陶建飞　摄

二、农业经济

2016年，全镇设施栽培基地4家，总面积153.33公顷。完成1000公顷高标准基本农田建设，联耕联种总面积1666.66公顷。加大生态农业建设，控减畜禽禁养、限养区生猪养殖规模，发展绿色种植。整改关停畜禽养殖户21家，新增生态种植园4家，33.3公顷以上家庭农场11个，发展规模化、示范化农机合作社3家。规划建设S348沿线现代农业示范带，启动生态农庄、高效林业建设，总投资3000万元的红久生态农庄开工建设。建成苗木花卉基地3个，总面积80公顷。

三、第三产业

2016年，围绕农业产业配套，新增农资服务个体业主22个，新增个体运输业13家，新增省内销售窗口5个，总数达16个。全镇年内新增各类个体工商户1800户，个体私营业201家。新增电子商务（企业）17家，从业人员209人。镇区酒店、宾馆、KTV、超市、茶社等个体服务企业16家。镇全民创业服务平台、电商服务平台和创业有成人士微商服务平台投入运行，创业指导、产品推介和市场开发能力得到提升。2016年，三产比重较上年增长26.9%。

第二节　社会事业

一、城乡统筹

农田水利基础条件更加完善，高标准完成3个村千亿斤粮项目区和5个村土地平整项目建设。农村道路提档升

3月15日，市县领导在蔡桥镇调研集镇建设。
陶建飞　报

级加快实施,维修村级道路16000多平方米,新建道路5条计12.4千米。按照三年农路、农桥改建计划,完成9条10.2千米一事一议农路和8座农桥建设。农村环境整治持续开展,突出整治镇村河道46条70千米,健全完善长效保洁机制,完成农村改厕700余座,顺利通过省级卫生城市和文明城市验收和测评。生态保护更加扎实,新建畜禽粪污处理设施(化粪池)400余户近5000立方米。村级债务有效化解,顺利完成镇级化解率40%的任务,切实减轻村级债务负担。

二、集镇建设

2016年,组织实施道路、水系、绿化、亮化、环卫配套和店招店牌等6项重点改造工程,顺利完成美丽乡村“一条街”建设。集镇管理机制逐步完善,市场经营、文明小区创建、市民行为、环境秩序等进一步规范,先后代表全县接受省级文明城镇验收,得到好评。切实加大基础配套投入,改建雨污体系6.9千米,新铺设污水管网4.3千米,镇区污水处理全覆盖。市民文化广场、群众文化服务中心全部投入运行,敬老院、学校、医院等配套设施进一步提升。镇区绿化工程建设加快推进,中山路、三三线、商业广场、新建干渠沿河景观等绿化层次显著提升,镇区绿化覆盖率达33.7%,“水绿蔡桥”特色日益明显。

三、民生实事

2016年,康居工程加快推进,完成87户D级危房改造任务。占地3.65公顷的公益性公墓启动建设,年内顺利完成基础建设项目。交通条件显著改善,大汛港大桥、团结路拓宽、城乡公交等重点路桥民生项目申报落地,投入建设。教育基础更加牢固,第二中心幼儿园基本建成。社会托底救助工作机制更加完善,镇村两级建立工作站,各类救助对象得到及时准确的救助。遵循应保尽保、应退尽退原则,城镇、农村低保、五保等政策得到准确落实,扶贫开发扎实推进,落实到户产业项目1751个,结对帮扶实现全覆盖,累计帮扶人口4360人,落实帮扶资金120多万元,人民群众的获得感和幸福感明显提升。

蔡桥镇敬老院一角。　　陶建飞　摄

表30　2016年蔡桥镇各村基本情况一览表

村别	村支书	村主任	村会计	村民小组(个)	人口(人)	承包地面积(公顷)	粮食产量(吨)	人均纯收入(元)	经济总收入(万元)
蔡桥	洪军	严必铁	徐东海	11	7302	187.8	2810	17920	25472
当尖	郭志祥	郭玉洪	王立才	5	3820	129.13	2235	17343	12030
官尖	江涌	陶高峰	颜仁兵	8	4335	240	4723	16871	13115
德胜	刘必良	王祚豹	刘必生	7	3696	209.87	3570	16739	11078
木港	于春洋	于春洋	郑兴荣	6	3496	258.87	3626	17187	11045
东滩	吕连艾	周古忠	吕达波	6	3864	209.87	3470	16897	10120
三岔	王志淼	王敦弼	姜于佐	7	4545	249.27	3925	17230	12436
新民	赵成高	赵其俊	胡国佐	6	4050	266.2	4510	17405	10056
洼东	陈帮凯	丁仲林	吉秀芹	7	5049	239.67	5520	16799	10998
大洼	魏星	徐海超	杨兵	6	4075	217	3327	17217	11540
永裕	施善国	蒋海民	王加梅	12	5307	337.73	6350	17528	14645
新沙	郑以岗	徐富荣	陈绍立	6	3645	292.53	4420	17525	10110
良洼	江明雷	李廷才	杨应荣	7	4134	271.33	5260	17328	11039
四层	陈冬生	陈冬生	黄加健	3	3450	170.53	4275	17023	9560
大汛港	陈必训	孙庆高	李运永	8	3105	226.47	4015	17635	12370
二联中	沈学东	蔡学军	周胜洋	8	3850	283.13	6330	16767	13860
十四顷	张道洪	庞志久	夏礼和	7	3646	326.4	5750	17817	11775

第41章 正红镇

综 述

正红镇是著名“五卅”运动烈士顾正红故乡，2001年由原正红、獐沟、陈铸三个乡镇合并而成，地处滨海、射阳、阜宁三县交界处，是滨海的南部门户，东枕沈海高速，南临射阳河，西与阜宁县毗邻，北与通榆镇接壤。镇域面积145.29平方千米，辖29个村，2个社区，10.91万人口。2016年，围绕发展镇村经济、社会和谐稳定两大主题，突出新镇区、新社区、新园区三新建设，推进项目建设、全民创业、生态文明、民生发展四大战略，经济社会实现又好又快发展。主要指标稳步攀升。完成地区生产总值35亿元，比上年增长9.1%；公共财政预算收入7674万元；规模以上工业增加值3.6亿元，比上年增长10%；规模以上工业企业开票销售7500万元；固定资产投资7.4亿元，比上年增长17.9%；农民人均纯收入18980元，比上年增长9.5%。2016年获得县综合先进二等奖。

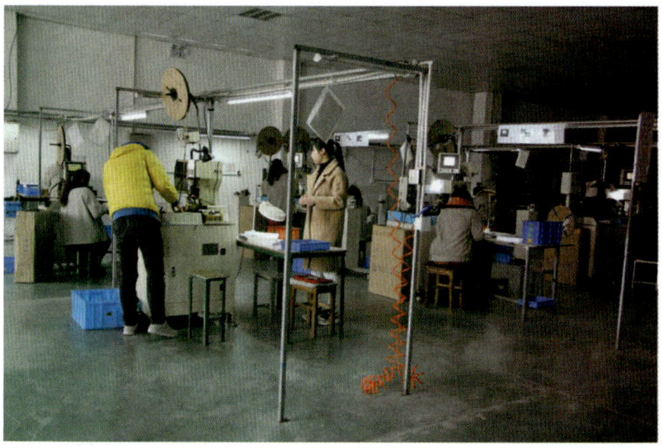

3月13日，滨海名通包装制品有限公司生产车间一角。 严岭山 摄

第一节 经济发展

一、工业经济

2016年，实现工业投入6.01亿元，比上年增长19%；规模以上工业入库税收180万元，新增2个规模以上工业企业。新开工项目4个，包括投资1亿元的晶科电力光伏项目，投资1000万元的大鹏木业的板材加工项目，投资1000万元的江苏海诺机械的阀门加工项目，投资1000万元江苏健舒家具有限公司户外用品项目。新竣工项目4个，滨海晶科电力投资的光伏项目，7月初并网发电；盐城沃源道路设施有限公司投资的塑料井盖项目已生产；海诺机械和健舒家具两个项目，已投产并形成开票销售。新建标准厂房2幢；新建一条长700米、宽7米的道路，改造3千米的中心路；铺设污水管网8000米，提升园区承载项目能力。

二、农业经济

新建朱集千亩高效农业示范园，一期建成13.33公顷连栋大棚、16.66公顷浅水藕＋小龙虾混养、23.33公顷小龙虾＋泥鳅＋黄鳝立体种养格局。新拓栾滩甲鱼基地、新丰野鸭养殖基地、33.33公顷昧洋麻蟥养殖。全面规划省道348沿线的复合种养示范带。秸秆“双禁”实现“双零”即秸秆焚烧“零火点”、乱抛“零现象”。秸秆还田6333.33公顷，还田率达85%以上。新办合作社7个，新增私营企业107家、个体工商户725户，新建家庭农场33个，其中：省级示范家庭农场1个、市级示范家庭农场2个。与盐城技师学院、县农干校、县委党校联合办学，培训种植、养殖、加工等各类人员2100人(次)。组织1258名党员干部参与“牵手致富”结对帮扶活动，申报扶贫开发项目11个、个体经营项目1702个，发放农村小额贷款1716万元，实现1497户3983人口低收入农户脱贫。平整土地800公顷，累计土方31万立方米，疏浚河道7707米，铺设水泥路面26836米，新建防渗渠22814米，新建桥、涵、电站188座。通过广泛宣传、有序组织，全面完成31个村土地、财务台账资料搜集，一轮公示100%，二轮公示100%，确权登记22094户，确权率93.6%。自主核销南尖、大滩、小尖、虹桥、仁杰5个村村级债务201.28万元。

第二节 社会事业

一、集镇建设

新建长356米、宽24.6米的中心北路及长520米、宽7米的新街路，通合线集镇段铺设沥青1500平方米，街道裸土硬化2600平方米，御心园二期工程竣工。启动建设市民广场占地2公顷，总投资350万元。实施育才路提升工程，立面出新6500平方米，统一更换店面店铺招牌800平方米，新建户外宣传栏3处，修复路面1500平方米，铺设道板花砖1200平方米，新增绿化节点2个1000平方米。结合“植草行动”，补植900棵行道树，提升政府庭院绿化亮化工程，打造通合线绿色通道7.8千米，栽植绿化7.1万株，播种三叶草4.3万平方米，建设苗圃6.66公顷，种植麦冬1500平方米。獐沟中学、第一中心小学庭院整治全面完成。

规划占地2公顷的正红市民广场。　严岭山　摄

二、民生实事

镇成立美丽办，抽调5名人员专职办公，组建村环保专干队伍31名、保洁队伍234名，建立健全长效工作机制；新建176户化粪池6888.95立方米；整治垃圾4610吨、乱堆乱放3821处、野广告800多处；整治镇级河道63条187.17千米和村级河塘209条183.7千米；三个板块式环境综合整治示范片正稳步推进。建成地龙桥等骨干河道桥梁及农桥31座，新建、拓宽村通公路46.24千米，修复破损路面35000平方米，新建桥涵闸站33座。改制18座水厂，铺设三级管网460多千米，通水31个村23206户，通水率达90%以上。11所中小学新砌5100平方米的教学楼、综合活动楼及生活配套用房，周庄小学建成并投入使用。新申报低保116户；投资16.3万元，新建消防喷淋系统，完成敬老院“提档升级”工程，顺利通过市验收；新建昧洋、仁前、陈圩三个村幸福院，昧洋、栾滩、仁前三个村新建标准居家养老服务站。完成42户D级危房拆迁工作；新农保扩面6.1万人，参保率达97%；新农合筹资91815户，占100%。

镇街道中心北路绿化一角。　严岭山　摄

三、安全稳定

2016年，按照“一岗双职”“一案一策”的要求，滚动排查、定期会办、销号办结。全年共排查各类社会矛盾97件，已化解89件，8件正在化解中，发放“权益保障卡”26张。按照“党政同职”“一岗双职”的要求，健全机制，定期检查，限期整改，全年责令7家企业停产整顿，整改安全隐患21个。购置消防车1辆。全面推进社会服务管理平台规范化建设，新建36个电脑客户端、31个手机客户端，安装“村村通”监控122个，实行网格化管理，提升治安防范水平。

表31　2016年正红镇各村基本情况一览表

村　别	书记	主任	会计	村民小组（个）	人口（人）	承包地面积（公顷）	人均纯收入（元）	经济总收入（万元）
复　兴	徐荣亮	徐荣春	刘建德	16	5925	209	15272	9364
新　丰	崇恩惠	王祚俊	徐以昌	19	2958	233	11175	7104
正　红	周同明	顾明兄	缪安仁	6	3280	180	14372	6977
仁　前	栾德礼	顾曰江	刘必爱	6	2696	253	13101	5670.3
南　尖	刘德豹	徐向东	陈训洋	7	2493	207	15695	8261
大　尖	徐　志	徐　志	陈吉新	10	3370	254	15902	6810
大　港	刘　托	郑明发	刘　建	6	3046	227	13040	6446
大　滩	邹必生	刘兆堂	陈克荣	9	3659	135	15665	7715
蔡　河	王志群	周　艺	戴国军	8	2862	294	16125	4820.4

续表 31

村 别	书记	主任	会计	村民小组（个）	人口（人）	承包地面积（公顷）	人均纯收入（元）	经济总收入（万元）
红 纲	李功祥	李功兵	梁于清	9	2449	263	15689	7230
贺 君	刘志鹏	袁士春	刘 祥	10	2204	197	13698	6240
小 尖	仇先进	刘一清	徐寿轩	10	2126	152	14253	4891
李 元	陈允官	陈恒禹	陈之宠	6	3073	140	15142	5720
旧 河	钱龙先	陈之俊	陈之培	7	3330	329	17070	11115
上 旧	陈之泉	杜官堂	杜官堂	6	3168	266	16522	8957.24
尹 桥	尹善金	朱于林	王成丽	10	8025	362	14763	9504.61
陈 铸	皋 斌	王友培	皋德标	7	3780	255	14996	10705
虹 桥	罗斯柏	薛 旭	王瑞坚	8	4229	251	15642	11925
吴 王	吴茂军	王正平	严俭洋	5	2364	276	18000	4826
黄 浦	陈德运	李云龙	刘训富	8	4360	390	16050	12980
昧 洋	蒯红冰	刘长高	马建章	7	4038	285	16200	11524
獐 沟	陆从来	陆从来	陈如凡	9	6977	415	18600	6900
陈 圩	刘必信	刘必成	陈乃俊	8	4060	274	17334	10482
四 渡	李凤珍	顾和生	徐启才	9	2614	295	16190	7667
朱 集	吴茂军	唐树仁	单正波	11	4131	320	15895	8290
陈 坍	王金洋	李云飞	李海清	6	2578	287	17866	4092.7
联 盟	于正鹏	陈德宣	陈允卫	6	2600	197	16246	4123
仁 杰	鲁昌环	李花章	顾加建	8	2442	265	16800	6350
射 北	刘颖波	张堂胜	陈之成	10	3447	298	15473	8217.97
栾 滩	栾 毅	杜龙建	栾 俭	17	2921	255	15577	9372
篆 河	刘必超	刘训建	郭以馥	16	3913	200	15655	9665.15

第42章 通榆镇

综　　述

通榆镇位于滨海、阜宁两县交界处，距滨海县城7千米，苏北灌溉总渠、入海道和通榆运河在镇区交叉过境，G204、S328在镇域纵横交汇。镇域面积56平方千米，下辖9个行政村、2个社区居委会、72个村民小组，共有1.09万户，4.06万人。耕地3219.6公顷。2016年，全镇实现地区生产总值10.97亿元，比上年增长8.7%；实现一般公共预算收入9931万元；固定资产投资12.14亿元，比上年增长16.2%，其中工业投资8.93亿元，比上年增长14.6%；规模以上工业开票销售超亿元，入库税收400万元；农民人均纯收入1.73万元，比上年增长9.2%。

第一节　经济发展

一、工业经济

2016年，新引进项目7个。小川硅藻泥项目，投资2000万元，租赁厂房7000平方米；金立鑫生物能源，投资2000万元，租赁厂房7000平方米；宇晟纺织项目，投资5000万元，占地17000平方米；众达粮油项目，投资5000万元，占地33000平方米。新增规模企业3家，恒驰轴承、玉谷米业、金蜂食品成功申报规模企业。新建园区道路0.8千米，改造桥梁1座，新建标准厂房8300平方米，置换闲置厂房16000平方米。园区主干道全部架设路灯，工业路实施绿化改造，建成休闲绿地3000平方米，园区形象得到新的提升。

通榆镇叶波大润发超市。　　朱丽娜　摄

二、农业经济

2016年，在蛋鸡养殖、生猪养殖、豆制品加工、优质皮蛋加工等特色养殖业和农副产品加工业基础上，新发展黑山羊养殖、水蛭养殖、特种水产养殖等项目，培育特色、培养大户、形成规模，带动发展。加快推进适度规模经营，新发展万岗设施连栋大棚13.33公顷，万绿生草莓种植基地一期33.33公顷全部建成，阜坎村山水苗圃基地扩建达13.33公顷。新增家庭农场3家，目前共有农民专业合作社31家、家庭农场22家，示范带动作用进一步增强。新建泵站8座，防渗渠3.7千米，桥涵204座，疏浚河道37千米，硬质道路8.3千米，新增高标准农田333.33公顷。

表32　　2016年通榆镇农业合作社一览表

序号	注册号	名　　称	法定代表人/负责人姓名
1	320922NA000034X	滨海县绿丰蛋鸡专业合作社	李成梅
2	320922NA000058X	滨海县阜坎特种畜禽专业合作社	陈绍建
3	320922NA000119X	滨海县永佳蔬菜专业合作社	戴素兰
4	320922NA000120X	滨海县丰惠生猪专业合作社	杨树华
5	320922NA000121X	滨海县丰源草鸡专业合作社	张庆龙
6	320922NA000307X	滨海万岗蔬菜专业合作社	徐宝华

续表 32

序号	注册号	名　　称	法定代表人/负责人姓名
7	320922NA000308X	滨海县恒惠畜禽专业合作社	李恒富
8	320922NA000309X	滨海县桥南畜禽专业合作社	龚艳华
9	320922NA000310X	滨海县诚信畜禽专业合作社	孙国华
10	320922NA000311X	滨海县昌盛意杨树专业合作社	李海林
11	320922NA000312X	滨海县三埝畜禽养殖专业合作社	李章亚
12	320922NA000378X	滨海县苏农草鸡养殖专业合作社	牛红超
13	320922NA000401X	滨海县丰收农机专业合作社	蔡素娟
14	320922NA000404X	滨海县龙洲禽蛋专业合作社	李章雷
15	320922NA000406X	滨海县益农生猪专业合作社	蒯乃洋
16	320922NA000523X	滨海县赛成蛋鸡养殖专业合作社	闻赛成
17	320922NA000526X	滨海青松农产品专业合作社	钱钦松
18	320922NA000527X	滨海县锦成禽蛋专业合作社	王锦成
19	320922NA000557X	滨海华泰农产品专业合作社	申桂华
20	320922NA000635X	滨海县瑞丰农产品专业合作社	周洪民
21	320922NA000698X	滨海县嘉富鸿农产品专业合作社	陈　洲
22	320922NA000752X	滨海县河东秸秆专业合作社	陈之木
23	320922NA000774X	滨海县大林生猪专业合作社	蒯　刚
24	320922NA000780X	滨海县亚青农产品专业合作社	喻长青
25	320922NA000787X	滨海县乙林蛋鸡专业合作社	王跃东
26	320922NA000905X	滨海县腰庄农机专业合作社	李国华
27	320922NA000921X	滨海县榆埝农机专业合作社	李章亚
28	320922NA000922X	滨海永泰生猪专业合作社	李运典
29	9332092205867813X2	滨海县万绿生蔬菜专业合作社	刘海梅
30	933209220694911000	滨海县三维小蜜蜂专业合作社	唐艾莲
31	9332092231374625XH	滨海县绿胜园蔬菜专业合作社	董　胜
32	933209223212128000	滨海县富榆山羊专业合作社	杨尊挺
33	93320922346531925K	滨海县舀港秸秆专业合作社	李功全
34	93320922398224505P	滨海县金龙农机专业合作社	金加波
35	93320922591107087Q	滨海县刘簖淡水鱼专业合作社	衡仁加
36	93320922MA1MA30A3A	滨海县启胜农机专业合作社	江其胜
37	93320922MA1MB29CXG	滨海县富军农机专业合作社	孙国华
38	93320922MA1MR9T802	滨海秀美蔬菜专业合作社	杨尊挺
39	93320922MA1MT0XM7W	滨海县通盈蔬菜种植土地专业合作社	金加波
40	93320922MA1MTMCA5J	滨海县丰富苗圃专业合作社	陈德松
41	93320922MA1MXQBA1D	滨海县乔乔家禽养殖专业合作社	张大勇
42	93320922MA1MY3088J	滨海康健无花果专业合作社	沈海清
43	93320922MA1NDQ271X	滨海青云农业机械专业合作社	倪武成
44	93320922MA1NMRHE6Y	滨海县顺兴农机专业合作社	徐为军

表 33　　2016 年通榆镇家庭农场一览表

序号	企业名称	法定代表人	地　址	经营范围
1	滨海县云龙家庭农场	厉祥龙	滨海县通榆镇居委会五组	蔬菜种植,生猪饲养
2	滨海县胜农家庭农场	董　胜	滨海县通榆镇万岗村三组	蔬菜、水果、水稻、小麦、玉米种植
3	滨海县富华家庭农场	孙国华	盐城市滨海县通榆镇阜坎村五组	谷物、豆类、油料、蔬菜、水果、园艺作物
4	滨海县由坤家庭农场	陈明珍	滨海县通榆镇刘龠村七组	内陆水产品(除水产品种苗)养殖
5	滨海东兰家庭农场	张继东	盐城市滨海县通榆镇三埝村五组	蔬菜种植,生猪饲养
6	滨海县乃洋家庭农场	蒯乃洋	盐城市滨海县通榆镇三埝村四组	蔬菜种植,生猪饲养
7	滨海县乃娣家庭农场	蒯乃娣	盐城市滨海县通榆镇舀港村三组	蔬菜种植,生猪饲养
8	滨海县蒯本法家庭农场	蒯本法	盐城市滨海县通榆镇舀港村三组	蔬菜种植,生猪饲养
9	滨海县本稳家庭农场	蒯本稳	盐城市滨海县通榆镇三埝村四组	蔬菜种植,生猪饲养
10	滨海县本才家庭农场	蒯本才	盐城市滨海县通榆镇三埝村四组	蔬菜种植,生猪饲养
11	滨海县明国家庭农场	梁明国	盐城市滨海县通榆镇通榆社区二组	蔬菜种植,生猪饲养
12	滨海县军梅家庭农场	姜海军	盐城市滨海县通榆镇舀港村四组	蔬菜种植,生猪饲养
13	滨海县华梅家庭农场	徐春华	盐城市滨海县舀港村七组	蔬菜种植,生猪饲养
14	滨海县会林家庭农场	范会林	盐城市滨海县通榆镇通榆社区五组	蔬菜种植,生猪饲养
15	滨海县泽涵家庭农场	李卫国	盐城市滨海县通榆镇舀港村四组	蔬菜种植,生猪饲养
16	滨海县洪夏家庭农场	陈洪夏	盐城市滨海县通榆镇三元村二组	蔬菜种植,生猪饲养
17	滨海县文秀家庭农场	路文秀	盐城市滨海县通榆镇三元村二组	蔬菜种植,生猪饲养
18	滨海县利玲家庭农场	刘利玲	滨海县通榆镇阜坎村八组二十号	蔬菜种植,生猪饲养
19	滨海县梦之圆家庭农场	刘洋	滨海县通榆镇腰庄村一组	蔬菜种植,羊、猪饲养
20	滨海县启松家庭农场	戴启松	滨海县通榆镇阜坎村八组三十四号	蔬菜种植,草鸡、生猪饲养
21	滨海县来明家庭农场	戴来明	盐城市滨海县通榆镇阜坎村六组	蔬菜种植,生猪饲养
22	滨海县华芹家庭农场	刘丰华	盐城市滨海县通榆镇阜坎村八组五号	蔬菜种植,生猪饲养
23	滨海县必强家庭农场	张必强	滨海县通榆镇通榆社区二组	蔬菜种植,生猪饲养
24	滨海县龙华家庭农场	徐宝华	滨海县通榆镇万岗村三组	水稻、小麦、玉米、水果种植,内陆水产品
25	滨海县朝源家庭农场	周朝飞	盐城市滨海县通榆镇腰庄村七组	蔬菜种植,生猪饲养
26	滨海县佳景蔬菜种植家庭农场	高磊	滨海县通榆镇万岗村六组	蔬菜种植

叶波大润发超市　位于通榆镇通榆社区通化路北,是一家以经营日用百货、烟酒食品为主的商业零售企业,占地面积2000 平方米,总投资 720 万元。以物美价廉的商品,优雅的购物环境和热情周到的服务享誉周边,是通榆百姓的理想购物场所。超市坚持"诚信为本,和谐共赢"的企业宗旨,严把好商品进货关,质量关。为村民提供"实惠、便捷、满意"的购物享受。

第二节　社会事业

一、集镇建设

重点打造"示范一条街"。镇区主干道迎宾路拓宽工程快速推进，实施路面黑色化，道路两侧无杆化，改造提升绿化带，重新布植绿化树木，配置高杆路灯，沿线房屋立面统一设计出新，打造"景观式"街道。学府园项目、通化路与迎宾路交界处商住楼项目、紫庭苑小区项目等基本竣工；工业路连幢别墅小区新建休闲广场、篮球场等附属设施，配套功能更加完善；成立保洁队伍，建立管理制度，严禁乱搭乱挂，抓实常态管理。污水管网、区域供水管网实现镇区覆盖；污水处理厂、垃圾中转站将投入使用；占地3000平方米的农贸市场竣工，大润发超市入驻营业。

通榆镇黑色化道路。　　朱丽娜　摄

二、民生实事

2016年，新建中心小学、舀港小学、万岗小学教学楼，中小学基础设施更加完善；舀港小学、万岗小学被评为市平安校园、市依法治校示范校；舀港、万岗、刘簖幼儿园成功创建省农村合格幼儿园；通榆小学足球教育在全县创建品牌特色。完成通榆卫生院门诊楼改造，全面完成11个村居"卫生室"标准化建设，超额完成义务献血指标任务，新农合参保率100%，参保进度全县第一。康居工程有序推进，全面完成2016年危房拆建改造任务；公益性公墓加快建设，年内建成1200座墓室，加快打造"园林式"公墓；区域供水三级管网铺设全面竣工。新建850平方米的敬老院宿舍楼建成投用；低保户应保尽保，社会托底救助覆盖面不断扩大。实施"社会治理创新行动计划"，推进"平安创建"，及时排查化解矛盾问题；加强精神文明建设，积极开展道德模范评比、最美滨海人评比；加快美丽乡村建设，以獐坎线、阜坎干渠、朝阳河等主要河道为中心，全面疏浚镇域河道水系，改造提升獐坎线、舀红线、轧花厂路等3条道路，河道、道路两侧统一栽植绿化树木，村庄房屋立面统一出新，加快打造"水清岸绿"村庄环境；扎实推进连盐铁路、500千伏输变电线路拆迁、S348征地拆迁；村务公开"清白工程"、安全生产、计划生育、扶贫开发、人武等工作全面加强，全镇未发生一起重大治安刑事案件，信访形势总体可控，社会大局持续稳定。

阜坎干渠绿化带。　　朱丽娜　摄

表34　　2016年通榆镇各村基本情况一览表

村　别	村支书	村主任	村会计	村民小组（个）	人口（人）	承包地面积（公顷）	人均纯收入（元）	经济总收入（万元）
刘　簖	杨　笋	刘鹏程	郑　强	7	3392	239	13172.5	4633.04
三　元	皋德才	薄尧加	李运典	7	3152	220	14520.0	4741.70
阜　坎	乔　江	孙国华	严加斌	8	2720	236	14427.6	4089.31
腰　庄	李国华	刘　芬	陈贺梅	7	3652	307	12349.7	4675.11
周　舍	蒯本如	蒯本如	蒯本飞	5	2450	231	13638.9	3506.49
西　沙	陈秋婷	梁舒童	刘必飞	4	2444	163	13938.1	3571.47
舀　港	钱　劭	蒯治君	姜勤章	8	3430	277	12507.0	4454.90
三　埝	李章亚	蒯金兰	郝林胜	6	3294	264	13691.7	4715.74
万　岗	孙　华	徐宝华	金加波	7	3582	231	14488.1	5420.64
通　榆	牛惠姝	戴克举	李　强	7	2238	48	13583.9	3040.07
桥　南	李运旺	李运旺	龚艳华	6	2974	126	14651.9	4492.73

第43章 天场镇

综 述

天场镇位于204国道西南,东连滨海县城,南濒国家重点工程——淮河入海水道,西与阜宁县交界,北邻县现代农业产业园,通榆河、S327省道贯穿境内,是滨海地区成陆最早的地方,古称"天赐场"。2015年获评盐城市双拥模范镇、盐城市现代民政示范镇、盐城市政法综治示范镇、盐城市文明镇。镇域面积81.93平方千米,下辖14个行政村,93个村民小组,1.29万户,5.14万人,耕地面积4294.07公顷,水面600公顷。2016年,地区生产总值13.05亿元,比上年增长10.5%;固定资产投资15.07亿元,比上年增长17.2%;工业投资达111910万元,比上年增长17.5%;财政收入12185万元;一般公共预算收入8860万元;农民人均纯收入12930元,比上年增长9.1%。

第一节 经济发展

一、工业经济

2016年,先后签约5000万元以上项目8个:高效设施农业、绿厦安装制品、新弘湾食品、康进新能源、农副产品加工、景凯户外家具、玩具制作、家具生产等8个项目,其中高效设施农业项目总投资2亿元。新开工项目5个:大吉发电,投资3.5亿元,占地60000平方米;绿厦包装,投资5000

4月14日,天场镇连片的高效农业基地。

陈其龙 摄

万元,占地17000平方米;新弘湾食品加工,投资5000万元,占地17000平方米;秸秆加工项目,投资3000万元,占地17000平方米;食品深加工项目,投资3000万元,占地13076.92平方米。新竣工新投产项目2个:分别是汽车零配件,投资5000万元,占地3000平方米,正式投产;中恒电杆,投资5000万元,占地3.07公顷,正式投产。置换项目2个,景凯户外家具,购置原江苏施劳模板厂房,并新建两栋4500平方米钢结构标准厂房,投入生产;江河机械项目,已完成厂房置换。

二、农业经济

2016年,天场现代农业园规划面积200公顷,分三期建设,一期33公顷已经建成。海天青生态高值农业园规划面积66.66公顷,土地平整全部到位。天赐场现代农业综合体规划面积200公顷,一期完成66.66公顷土地流转,规划打造集高效农业、观赏农业、民俗旅游、生态养老功能于一体的综合性园区。

三、第三产业

2016年,乡村旅游产业渐上规模,推进红色旅游风景区建设项目。以红色文化纪念馆为中心,以红色文化为内涵,融合当地风光和生态资源,打造AAAA级文化旅游景区。投入100余万元,对红色文化纪念馆进行提升,国防园、知青馆等项目有序推进。全面推广天赐场红色文化旅游品牌,年内接待县内外游客2万余人,开展党史教育、民兵训练、重大节假日纪念活动50余次。发展周边旅游产业,鼓励群众建设生态农庄,增长旅游经济,带动群众致富。

第二节 社会事业

一、集镇建设

2016年,中心小学成功创建市安全校园,吴姚小学成功创建市法制校园,天场小学、绿杨小学成功创建县平安校园。吴姚小学、绿杨小学先后通过市、县"依法治校示范校"验收。投入200余万元,对绿杨小学、天场小学、天场中学等进行基础设施建设。开展"健康滨海"行动,组织全民免费体检。新农合筹资工作在全县率先完成。14个村全

天场镇敬老院外景。　　陈其龙　摄

部建设完成村级卫生室，方便群众就医。投入1800万元，规划建设建筑面积6320平方米的新卫生院。深入一线排查安全隐患，下发整改通知单，限期整改。全面加强高温室外作业、特种机械作业等各个领域的安全监管，实现全年安全生产零事故。对全镇危桥、险路进行全面排查登记，设置警示标志并逐步整改，保障群众出行安全。

二、民生实事

完成杨庄新社区、马套新社区等社区建设和绿化配套。完成新派出所大楼建设。集镇道路、环卫、绿化、路灯、公益广告等基础设施全部建设并管护到位，打造融创大街，拉开集镇建设框架，全方面提升集镇层次。交通路网逐步完善。推进农村公路提档升级工作，率先完成潘马线、马陈线等主干道路建设，打造全县样板道路。全年各村新修水泥路面38.7千米，其中土地整理项目配套水泥路10余千米。总投入2000万元的引江济黄河1号桥、2号桥，坎岗河1号桥、2号桥全部建成。农田设施同步配套。坚持土地平整与配套设施同步规划，同步实施，同步使用。新建灌溉泵站18座、防渗渠10千米、新建生产桥29座、新建防渗渠桥80座、新建各类涵洞128座。全面落实社保全覆盖，新农保缴费比例一直居全县前列，努力确保广大群众老有所养。更加关注低收入农户和弱势群体，社会托底救助体系日趋完善。全年安排送戏下乡4场，公益放映数字电影160余场，为各村农家书屋配送科普书籍1000余册，丰富广大群众文化生活。

6月26日，天场镇开展为6·23阜宁灾区爱心捐款活动。　　陈伟　摄

表35　　2016年天场镇各村基本情况一览表

村别	村支书	村主任	村会计	村民小组（个）	人口（人）	承包地面积（公顷）	人均纯收入（元）	经济总收入（万元）
马套	梁娟	高德俊	吴伏超	6	4256	269	12897.00	4189.48
杨庄	李广成	嵇为军	李桂兰	4	2953	168	12898.00	2759.33
天场	叶熔	王可扬	薛红梅	7	5142	203	12916.00	3680.68
天沟	冷佳峻	洪立亮	黄泽前	6	3379	282	12862.00	3064.90
绿杨	陈国左	杨勇	王德柱	6	3931	308	12898.00	3518.82
潘吉岗	潘建兵	潘建兵	喻旭初	9	4968	327	12859.00	4088.70
海关	沈学友	沈长金	沈炳祥	6	3297	241	12905.00	3252.12
秦桥	李红旗	于国友	于正其	7	3070	223	12435.00	2900.03
海峰	陈国林	陈其铜	张金华	6	2507	180	12897.00	2233.91
陶河	蒋其江			7	2781	248	12853.00	2949.97
陈老	尹红飞	丁春华	嵇为成	9	3662	362	12926.00	3928.99
徐丹	杨明	张高	赵长春	9	5230	325	13202.00	5473.18
荡东	潘顺利	潘开用	黄达通	5	3281	247	12968.00	2842.57
秉义	徐善祥	徐超明	潘建中	6	2912	197	13043.00	2709.41

第44章 东坎镇

综　述

东坎镇是滨海县的城关镇，镇域面积133.59平方千米，辖有17个社区、18个行政村，总人口22.75万人。近几年来，全镇以争当“经济发展的排头镇、百姓致富的先行镇、环境优美的示范镇、社会和谐的文明镇”为目标，奋发进取、成绩显著。先后被评为“国家级生态示范镇”，江苏省“文明镇”“生态优美镇”，盐城市“五好乡镇党委”“盐城市文明乡镇”。2016年，实现地区生产总值63.02亿元，公共财政收入6.53亿元，农民人均纯收入18931元，城镇居民可支配收入26543元。

第一节　经济发展

一、工业经济

招商引资　2016年，明确3名班子成员、抽调12名精干人员，组建4支专职招商队伍，常年驻外招商；分别在上海、苏州、浙江、广东等地拓展6个招商驻点，利用滨海籍在外创业有成老板组建4个招商信息联络网站。举办招商推介会、企业老板座谈会5次。全年共招引实施工业项目12个，其中亿元以上重大项目3个，5000万元以上项目2个，1000万元以上项目7个，新培植规模以上企业3家。

项目推进　2016年，制定项目实施方案，切实帮助企业解决好项目实施中所面临的各种困难和矛盾，以常态督查、现场会办、定期观摩等方式，促使落地项目抢开工、快竣工、早投产，年内实现滨海县联盛阀门有限公司等7个项目竣工投产。

载体提升　全年累计投入3500万元，完成中小企业园6幢25000平方米厂房建设和2幢4000平方米综合服务楼建设；投入1000余万元，为园区铺设管网3600米、架设输电线路3600米、新建道路2千米以上、安装路灯77盏、新增绿化4.1万棵、绿化提升9.2万平方米、设置园区标志牌30块，园区的配套功能、承载功能大幅提升，已具备了重大项目承载的基础功能。

二、农业经济

高效农业　全镇新增高效农业166.66公顷；新建兴庄、友好、盘洋、沙浦等4个特色产业示范基地，新发展种养业致富户1500户、科技示范户3000户。

设施农业　温室6.66公顷，主要分布在坎东、东三，主要生产西葫芦、蕃茄、辣椒以及其他时令蔬菜，年产值2.5万元/亩。大棚(普通大棚和连栋大棚)263.33公顷，头层13.33公顷、兴庄53.33公顷、友好10公顷、坎东6.66公顷、东三10公顷、沙浦13.33公顷、三烈6.66公顷、桃李6.66公顷、三友6.66公顷、吕滩26.66公顷、新安20公顷、广垛6.66公顷、东园53.33公顷、果林17.33公顷、新建1.33公顷、孟杨1.33公顷、中山河3.33公顷、响坎6.66公顷，主要生产西瓜、草莓以及食用菌等，年产值1.2万元/亩。喷滴灌100公顷，主要分布在兴庄、沙浦、友好、吕滩、新安等高效大棚内。遮阳网166.66公顷，一般大棚夏季都使用遮阳网生产蔬菜。防虫网110公顷，主要用于在兴庄、吕滩、新安等村的设施农业育苗以及特色产业育苗，长法有10公顷水稻机插秧育苗。

特色产业　四青蔬菜100公顷，主要分布在兴庄、吕滩、新安等村，以西兰花为主，每季产值在4000元/亩，多作为西瓜后茬生产。草莓主要分布在沙浦、友好、果林，面积在33.33公顷，休闲采摘草莓产值5万元/亩。其他露地及季节性露地蔬菜306.66公顷，生产大白菜、萝卜、辣椒、茄子、小白菜、韭菜、大蒜等，亩产值8000元。

惠农政策　各项农业直补资金按时足额发放到位，累计完成农机购机补贴850台套，推广玉米、油菜收割机、水稻插秧机110台，鼓励购置大型拖拉机62台，联合收割机38台，发放补贴资金450万元，组建农民专业合作社8个。

三、第三产业

2016年，东坎镇共有三产服务业企业942家，其中批零企业336家、住餐企业45家、服务业企业561家；含规模以上企业131家，其中批零企业68家、住餐企业21家、重点服务业企业42家；属文化企业的有158家，其中规模以上17家。另有服务业个体12985家，其中规模以上企业29家。企业三产增加值25.5亿元，“三产”增加值占地区生产总值达40.5%。

4 月 23 日，县“美丽乡村”建设示范村东坎镇吕滩村村民种植的 21.33 公顷大棚西瓜。 刘胜铨 摄

第二节 社会事业

一、集镇建设

组织实施新安小区三期、会农铁路安置小区建设规划和广垛、沙浦、三友等 3 个农民集中居住点的前期规划评估工作，对全镇上的农民集中居住点建设的布局、选址、用地及运作模式，提出初步指导意见。累计投入 700 万元资金，打造三友、长法、桃李等 3 个环境优美村庄，对新安、东三等 11 个环境优美村庄进行巩固提升。完成乡村绿化 3.8 万株，新建绿色通道 9 千米，完成新安、三烈等村 6 条 19 千米绿化景观带建设工程，为 18 个村农民休闲广场添置体育健身器材 18 套、安装太阳能路灯 74 盏、新置宣传牌 108 块。投入 150 万元疏竣镇村河道 133 条，整治废沟塘 316 个，完成土方 35 万立方米；拆除破旧猪圈厕所和乱搭乱建 1581 处，新建垃圾池 1500 座，建成广垛、新安、东三 3 座污水处理厂，新建东三垃圾中转站 1 个；投入 70 万元，支持 508 户畜禽养殖大户，新建化粪池 4500 平方米，堆粪池 4300 平方米。对全镇 24 个村 2414 万元村级债务进行清查统计，逐村拟定化解方案，提出切实的化解措施，着重化解吕滩、沙浦、响坎、会农和友好村等 5 个村 591 万元的债务，化解率 100%。认真做好 19 个村、129 个村民小组、13790 户农户土地确权工作。

二、民生实事

2016 年，全镇累计投入 3000 多万元资金，组织实施六大类 98 件民生实事工程。农路建设方面，帮助 10 个村铺设“组组通”水泥路 18 千米，完成 6700 平方米的农路治破工程。农村改水方面，对 25 个村、19706 户群众，实施城乡供水一体化工程，11 万农村人口全部饮用上安全卫生水。基层基础方面，组织实施沙浦、头层、坎北、阜康等 11 个村、社区的党群服务中心提升工程。民生建设方面，新建、改建农桥 13 座、电站 4 座；完成 100 户 D 级、26 户 C 级危房改造任务。精准扶贫方面，完成 2490 户 6856 人口低收入农户建档立卡工作，567 户实施自主创业项目，开辟公益性岗位 110 个，3 个省定经济薄弱村申报 18 个精准扶贫项目；组织镇村干部与贫困户开展牵手帮扶、与五保户开展“结对关爱”活动；全年脱贫 860 户、2036 人，完成吕滩村“新八有”建设，中办、省市领导视察 9 次，代表滨海县接受脱贫攻坚工作验收；建立常态化救助机制，投入 130 多万元资金，开展“亲情大联动”和资助贫困学子活动。社会事业上，组织迁移大田坟墓 563 座，新建 30 个标准的农村坟墓及墓点，绿化围挡 9 个农村老坟场。全年发放创业贷款 750 人次，小额贷款 3000 多万元，举办两期创业培训，870 人次参加，2016 年，东坎镇作为全县唯一充分就业乡镇接收省人社厅验收。农技推广上，分片举办农业科技巡回讲座 22 场次；组织劳动力就业技能培训 6 次，参训人数达 800 人。

8 月 23 日，东坎镇新安新村二期项目。 陈其龙 摄

表 36 2016 年东坎镇各村基本情况一览表

村 别	村支书	村主任	村会计	村民小组（个）	人口（人）	承包地面积（公顷）	人均纯收入（元）	经济总收入（万元）
新 建	徐忠祥	徐忠祥	吴玉芹	2	18290	1.2	22561	99981
三 里	陈付勇	王 斌	丁正华	6	7928	36	22824	87396
坎 东	王海滨	陈叶莲	韩立功	5	8378	64	21803	51693
东 园	张 忠	高友扣	胡海玲	4	4629	40.53	17842	27846

续表 36

村　别	村支书	村主任	村会计	村民小组（个）	人口（人）	承包地面积（公顷）	人均纯收入（元）	经济总收入（万元）
蔬　菜	刘大明	吕　猛	孙士华	4	5848	2.93	18630	45792
仁　和	殷树航	殷树航	陈新奎	4	7510	0.4	19723	35582
坎　北	李　飞	李　飞	秦　勇	4	3790	1.93	20010	44798
孟　杨	顾培将	张　波	李　峰	8	4244	119.53	17940	9987
坎　南	王　雷	顾祥玉	韩朝军	9	19600	12.73	18957	17361
友　好	仇旭东	侍得成	张桂荣	6	5485	91.33	20240	11964
北　荡	徐宝华	胡为祥	李如忠	5	41360	45.6	20310	11358
三　友	杨锡超	李克华	李选光	10	5895	117.73	17071	12145
东　三	刘开泉	魏福文	杨英	5	3859	156.53	16928	10841
桃　李	周乔德	周乔德	李利明	11	4950	251.93	20793	9571
三　烈	江士兵	江士兵	孙永祝	11	3885	279.13	17649	8598
沙　浦	杨　军	张乃军	懂玉彩	10	2475	244	16218	8141
头　层	冯德忠	冯德忠	施德义	6	1888	190.73	15351	4897
沿　淮	顾加军	顾加军	明洪千	8	3210	310.13	15793	4818
兴　庄	陆古成	陆古成	单林年	8	2788	276.2	16517	5871
广　垛	董仁花	陶永年	韩雪艮	6	3090	198.13	13570	8144
盘　洋	周兆茂	周才卓	蒋志伍	7	4226	150.8	13434	9641
新　安	祖道来	徐步余	孙贤永	5	2663	194.8	13835	5872
会　农	韩朝俊	韩朝俊	韩乃荣	5	2378	159.2	10258	5598
中山河	李　俊	陈兆德	张　军	8	3600	222.53	13647	8776
响　坎	张道和	冯国稳	单冬冬	8	3906	221.4	13287	11243
吕　滩	吕金城	陈爱华	魏广金	5	1936	168.93	13116	2482
长　法	于永军	于永军	于利龙	8	3203	265	12443	12879
肖　港	单康凤	卢正江	刘绪才	6	3495	237.53	11121	5053
果　林	李成东	龚彦超	陈　才	8	2992	172.6	15786	6395
阜　康	范海峰	刘亚军	王子菊	5	5429	–	23421	24363
阜　东	葛永祥	杨海兵	张慧玲	6	5430	–	25471	26192
团　结	钱玉芹	钱玉芹	祖清秀	4	7510	–	25694	26279
阜　中	孟　虎	谷红艳	赵国庆	8	19278	–	23896	23989
城　南	王秀云	栾为民	蒯小艳	5	10651	–	24801	25196
花　园	杨锦兰	顾　琦	陈秀玲	5	10586	–	24685	24968

第45章　八巨镇

综　　述

八巨镇位于滨海县中部，地处废黄河以南，北八滩渠以北，面积69.02平方千米，下辖12个村（居），93个村民小组，共有1.41万户，5.3万人。八巨镇距离滨海县城和滨海港均在20千米左右，距沿海高速出入口12千米，交通快捷便利，投资环境优越，区位优势明显。2016年，全镇完成地区生产总值16亿元，增长11.8%；实现财政公共预算收入1.1亿元，增长7%；完成固定资产投资15亿元，增长16%，其中工业投资完成11亿元，增长13%；实现工业增加值10.2亿元，增长18%；人均纯收入实现13045元，增幅8%。

第一节　经济发展

一、工业经济

2016年，全镇加大招商力度，建立健全招商人员考核管理机制，定期会办梳理项目信息，加大对接力度和频次。举办八巨（昆山）招商引资推介会，组建八巨商会，加大政府与商会会员之间的沟通联系，搭建信息交融平台，及时了解招商信息和企业动态。年内全镇共招引项目8个，新签约项目4个，新开工项目4个，其中亿元以上项目1个。实现全口径开票销售8500万元，新增火炬科技、高环科技两个规模以上企业，规模以上工业企业开票销售增长达100%。推进全民创业园载体建设，投入150余万元实施全民创业园区提档升级工程，新建标准厂房15000平方米，新落户企业3家。园区绿化、亮化、美化不断提升，基础设施不断完善，承载能力不断增强。已具备项目落户的基本条件，经济软环境得以优化，为企服务理念不断强化，奖励政策兑现落实，规模工业继续企稳回升。

12月19日，八巨镇创业园内的滨海捷硕电子科技有限公司生产车间。　陈其龙　摄

二、农业经济

2016年，整合土地资源。对玉民、案东等7个村实施万亩农田开发复垦，水利配套得到加强。在原巨峰、巨星、八巨3个村建成千亩连栋大棚的基础上，在前冲、玉民再建千亩高效农业生产基地，年内实施16.66公顷，建成林果生产基地，与前冲村万紫千红生态农庄融合发展，打造集观光、休闲、采摘于一体，形成观光、生态旅游农业项目。围绕“三增”目标，推行“三单”制度，对全镇新建档低收入农户2317户、5861人口，实施精准扶贫，使低收入人口全部脱贫，经济薄弱村全部实现新“八有”目标，脱贫奔小康工程圆满收官。前案村因党建促脱贫机制新、带动效果好，为全市抓党建促脱贫座谈会提供观摩现场。突出“一村一品”建设。加快培育农村合作经济组织，带动现代农业发展，将高效农业规模做大、特色做亮、基地做强、产品做优。以专业大户为骨干、生产基地为载体、合作组织为纽带、典型示范为引导，推动“一村一品”建设。在巨峰、东港等5个村新建电站2座、涵洞8座、生产桥10座、防渗渠道1.6千米，受益农田面积达87公顷。

6月9日，八巨镇群众正在收获小麦。　陈其龙　摄

三、第三产业

2016年，加大对各村青壮年技术培训，邀请各类专家上门对口辅导6次，在服装、养殖、电子、电商、制造等方面开展各类订单式培训468人次，加大劳务输出力度，与县内、县外企业保持良好的合作模式，进一步扩大就业渠道，以全民创业促进就业，鼓励发展创业项目，继续以宝恒广场为创业主阵地，切实掀起全民创业

热潮,全面提高群众收入,新增创业岗位300个。镇民营创业园企业提供近300多个用工计划,全力促进镇域经济发展。

第二节　社会事业

一、集镇建设

2016年,全镇环境整治投入200多万元,投入1850人次,机械180辆次,共清理7186处乱堆乱放,清理道路25千米,清运垃圾1200吨,疏浚沟塘102千米,整治河塘水面、河坡185千米,新建垃圾池146个,每村配备一辆垃圾清运车,全镇配备保洁人员104人。栽植红叶石楠、柳树等景观绿化苗木1万多株,绿化村庄主干道,建设完成“2万米绿色长廊”,村庄环境整体向好,达到“路畅、水清、岸绿、景美”的效果。对全长4千米的十巨支渠和1.2千米长的5008巨峰路段和1千米贾庄路进行建设,改善路况路貌;对总长19千米的前永路、阜东路、东合路、玉民支大沟路进行拓宽改造,进一步改善农村群众出行条件。投资130万元,新建前案大桥;对破损严重的东合路、余王路等5条道路进行修补;建好巨星村中心路和贾庄路;为案东、永余等村铺设水泥路3.5千米、新建改造桥梁6座。

二、民生实事

科学规划前冲、前案“美丽乡村”建设方案,建设宜居的人文环境,进一步提高居民的生活质量和幸福指数。规范镇村建设秩序。全年审批建房86户,处理违章建筑6户,有效遏制小产权房开发势头。完成农村危房改造40户,实施农村康居工程34户,全面完成县下达的任务。“清洁乡村”工作扎实有效开展,顺利通过盐城市评定验收。集镇功能不断完善。重点打造“一条街”,完成新入城口、财源路西延扩建工程,形成镇区“三横四纵”骨干路网;对财源路、育才路、阜东路两侧4000米人行道板和排水管网进行改造;完成派出所整体搬迁工程,全镇新增监控摄像头10个,全面提升技防人防水平;建成垃圾中转站,完成镇污水处理厂建设,铺设污水管道,建成集镇排水管网体系。全镇12个村全部接入城乡一体化供水系统,老百姓都喝上放心水。创建省级标准化社区教育中心通过验收。新建前冲、案东、八巨3个省级达标卫生室,新农合覆盖率继续保持100%。城乡居民养老保险应保尽保,在全县率先完成4.3万张社会保障卡发放工作。申报落实农村低保81户、五保户38人、帮助88名重度残疾人员、7名困境儿童申报办理生活救助手续。对全镇留守儿童进行全面排查,将2251名留守儿童信息录入省民政业务网。集中开展矛盾信访大排查活动,全年累计排查各类社会矛盾111件,已化解97件;对14件信访问题对接处理;对排查出的102处安全隐患,均按要求整改到位。对因两起非法集资案件导致生活困难的农户,实施生活救助和项目帮促等,保证其基本生活,对其他农户实施思想化解、责任帮扶,起到化解矛盾、稳定民心的作用。加强服务型党组织建设,积极组织“十送”活动,做好服务群众面对面,深入开展“百名机关干部走访千户群众”活动。严肃党内组织生活,按期召开专题民主生活会,深入开展批评与自我批评,班子作风明显转变。组织实施以“聚精会神抓党建,提升效能转作风”为主题的效能竞赛活动,以“季初立、每月晒、季末评”评比活动为抓手,促进全体党员干部提高工作效能。召开全镇基层党建大会,重点学习习总书记系列讲话、依法治国等重要内容,明确党员干部的行为规范和准则,组织开展“我为八巨发展献一策”演讲活动,为建设强富美高新八巨提供强有力的组织保证。

环境整治后八巨镇前案村的临塘村庄远景。
陈其龙　摄

表37　2016年八巨镇各村基本情况一览表

村　别	村支书	村主任	村会计	村民小组(个)	人口(人)	承包地面积(公顷)	人均纯收入(元)	经济总收入(万元)
八　巨	宋华伟	宋华伟	陈　军	7	4958	202	11401	5789
巨　峰	于正林	秦强田	于正林	8	4894	328	8853	4163
巨　星	张玉海	冯开友	孙志军	8	3603	278	8738	4356
东　港	金　勇	周华尧	周华东	11	6127	497	8952	5492
前　案	朱立雄	朱立国	刘运传	5	3113	262	10952	3567
案　东	于红兵	于红兵	高观武	6	3089	223	9640	2412
合　成	李文风	左卫国	王海燕	6	2820	189	9062	2316
华　新	周宜适		许梦霞	8	4257	289	9964	4589
玉　民	魏正军	马云中	杨志荣	8	4133	300	8856	4414
前　冲	张东风	赵　军	王泽秀	8	3607	354	10091	5007
永　余	王万群	吴成明	周　华	8	5257	163	9750	6720
王　庄	孙广顺	孙广顺	汪学军	10	5378	472	9684	5056

第46章 界牌镇

综　　述

界牌镇地处黄河故道南岸，南与县城交融，东和八巨镇、陈涛镇接壤，西同响水县隔河相望，北连滨淮镇。镇域面积122.6平方千米，下辖行政村20个，社区居委会1个、村民小组159个，农户2.06万户，人口8.04万人。2016年，全镇地区生产总值21.7亿元，比上年增长9.54%。财政一般公共预算收入1.46亿元，比上年增长9.74%。全社会固定资产投资21.6亿元，比上年增长14.7%，其中工业投资17.3亿元，比上年增长14.3%。规模以上工业增加值12.8亿元、规模以上工业开票销售1.1亿元。农民人均纯收入13220元，比上年增长11.2%。在全县目标任务绩效综合考核中荣获一等奖。

第一节　经济发展

一、工业经济

2016年，全镇累计签约各类项目14个，其中亿元以上项目5个，5000万元以上项目7个，2000万美元外资项目1个。年内开工项目8个，新增工业定报企业1家，镇域内工业定报企业数量累计5家，招商引资集聚效应初步显现。全镇在持续招商引资的推动下，逐家形成以台资富川生物和元昊科技为龙头的农产品精深加工产业；以中凯装备、华晟环保为龙头的环保科技产业；以鑫鹤服饰、迪奇色纺为龙头的纺织服装产业；以昌隆科技、凌携机械为龙头的机械加工产业，园区发展定位更明确，方向更精准，集聚效应更明显。

7月25日，界牌镇最美农户颁奖仪式。

朱　猛　摄

二、农业经济

2016年，新上一批较大规模的现代农业产业项目。阅田、水云涧、黄河湾等生态高效农业项目，占地面积分别达到80公顷、53.33公顷和133.33公顷，总投入分别达到1亿元和2亿元，在全县现代农业项目中居有标杆地位。全年新增高效农业面积66.66公顷，新办家庭农场15个，新增规模养殖大户75个。条河小花生产业合作社、新巨生猪养殖合作社、谭燕草鸡养殖合作社等一批现代农业合作组织，为全镇农民提升种养效益，提高收入水平起到示范带动作用。农业农村十项重点工作综合排名全县第一。全年申请产业脱贫项目9个，到户脱贫项目1116户，争取扶贫资金265万元，发放小额贷款1920多万元，1024户建档立卡低收入户实现脱贫。化解村级债务320万元，村级集体经济得到提升。

三、第三产业

2016年，全镇新发展个体工商户910家，个体私营企业200家，个转企10家。农村劳动力转移组织化水平不断提升。全年组织开展劳动力培训3期，培训人次300人。先后组织600多名劳动力参加县新春和中秋企业招聘会，拓宽农民务工渠道，全镇外出务工人员3万人以上。工资性收入成为农民增收的主要方式。

第二节　社会事业

一、集镇建设

环境整治　2016年，先后对全镇38条29.84千米河道沟塘进行疏浚整治，清理积存垃圾2000多吨，新增垃圾池200多座，配备环保专业设备100多台套。建立健全长效保洁管理机制，全面推行网格管理，每月一检查，每月一评比，保洁质量明显提升。全面完成D级危房改造康居工程任务。建成高标准绿色通道22千米，森林覆盖率25%，生态环境更加优美,创建省级生态镇通过评估验收。

街道建设 2016年,投入1000万元打造老镇区美丽乡村一条街,对育才路、创业路、沿河北路3条1.5千米长的老街道,按照“一街一景一特色”的设计规划全面改造,实现黑色化、无杆化、绿化、亮化、美化一体化,解决老镇区排水不畅、交通拥堵的问题。新育才路、人社服务中心、文化活动中心、中心小学、中心幼儿园以及亮化、绿化配套工程等一批重点城建项目相继开工建设,陆续投入使用。实施陆集大道西延,全民创业园中心路绿化、亮化工程。投入500多万元,在集镇北段主街道实施裸土硬化、地下管网铺设以及绿化、亮化改造提升工程,对张弓河桥两侧护栏、沿街破损绿化带、破损路面等实施维修改造提升工程。添置移动垃圾箱、垃圾桶60个,停车线120处。集镇功能日臻完善,集镇品位不断提升,成功创建市级卫生镇。

集镇道路黑色化建设现场。 朱 猛 摄

二、民生实事

社会保障 新型合作医疗覆盖率100%,大病报销比例逐年提高。镇敬老院设施条件更加完善,集中供养率达到80%以上。低收入户达到应保尽保的要求,城乡居保参保率达到96%。建立健全大病救助、特殊困难救灾救济公共服务体系。

惠民实事 新增农村水泥路13千米,破损路面得到全面修补,交通条件进一步改善。新建电站20座,农桥、生产桥9座,涵洞、渠首130座,建成防渗渠10.6千米。结合绿化造林,在竹林、双龙港、淮河、陆集等4个村实施冬春水利工程,疏浚大中小沟36条,挖土方13万立方米,使该地区生产条件得到极大改善。森林村庄建设将得到示范推进,农作物参保面积5333.33公顷,能繁母猪参保3000头,高效农业保险达到800公顷。中心幼儿园、中心小学新校区建设工程顺利推进。界牌中学重点高中升学率位居全县同类学校先进位次。高标准文化活动中心即将竣工,送电影下乡达到500多场,组织送戏下乡4场。建成4个村级厚德界牌文化广场,群众文化生活丰富多彩。开展“美丽滨海人”“文明和谐家庭”和“最佳、最差环境卫生单位、家庭”评选活动。青年、妇联、人武、三老一关工作推进有力,较好地维护妇女儿童和老年人的权益。

8月15日,界牌荷花塘。 朱 猛 摄

安全稳定 完善稳定工作机制,开展“金桥行动”,立足问题在基层发生,矛盾在基层解决。拓宽村务公开清白工程内涵,建成高标准的村务公开栏,将所有涉农事项全部向村民公开,主动接受社会监督,促进干部作风的规范,迎得群众的拥护。推行与群众联系卡制度,畅通信访渠道。在实施海港大道、疏港航道、医药产业园建设、铁路建设及镇主要工程等一大批征地拆迁项目的情况下,稳定工作持续向好。每年组织全体机关干部坚持开展“亲情联动扶贫济困大慰问”活动,每年慰问救助困难群众1000多户,干群关系融洽。信访、综治工作综合得分居全县第一。

表38 2016年界牌镇各村基本情况一览表

村 别	村支书	村主任	村会计	村民小组(个)	人口(人)	承包地面积(公顷)	人均纯收入(元)	经济总收入(万元)
周 庄	陈恒仁	陈恒仁	晏爱国	8	3220	313	11827	9625
官 庄	唐子燕	唐为江	朱福国	8	3380	363	11605	7172
冯 庄	李运高	李运高	顾金帮	8	2920	333	11757	4348
界 牌	王青峰	王青峰	张建利	12	5272	464	11788	10529
大于庄	张立松	张立松	贾斯华	9	3038	246	11882	4962
冲 边	郁立秀	郁立秀	郑明德	5	2830	233	11177	4483

续表 38

村 别	村支书	村主任	村会计	村民小组（个）	人口（人）	承包地面积（公顷）	人均纯收入（元）	经济总收入（万元）
众 兴	王国军	王国军	吉筛成	6	3255	237	11880	7975
条 河	张井红	张成华	藤学良	6	3250	231	10835	3491
许家圩	汤 锋	汤 锋	张德富	6	3200	259	10541	4454
淮 南	吴佩湖	吴佩湖	王加超	8	2830	303	11691	5874
三 坝	赵武军	顾德青	周庭干	5	2370	217	11381	5055
华 林	李玉华	李玉华	张春雨	6	3216	240	10822	5334
吉 港	周加宣	周加宣	汤立昌	10	4090	317	11987	5968
双龙港	张海涛	左元高	朱礼刚	8	4050	247	12365	5111
陆 集	陆立余	陆学明	王学海	5	2913	181	13066	6501
镇 南	杨正军	陆从铁	孙加伟	10	5568	400	12601	11462
双 巨	陆 海	杨道玉	郭春成	8	3923	336	11165	8762
新 巨	于广茂	于广茂	李道松	8	3300	200	13100	4642
兴 和	顾明全	王永林	李广余	7	3550	303	13081	4677
淮 河	张一婷	周本东	吉凤连	8	3730	300	12672	4911
竹 林	王 勋	嵇仙培	黄章法	9	3698	301	14630	4296

图为界牌镇新巨村村民刘光景在屋前河塘栽植的两亩多荷花。　　祝正兵　摄

第47章 八滩镇

综 述

八滩镇是全国重点中心镇、国家级生态镇、省苏北重点建设中心镇、全国科学发展千强镇、特色旅游小城市建设试点镇、全国经济综合实力千强镇,素有"金东坎、银八滩"之称。西距县城、东距滨海港港口、北距沿海工业园均15分钟车程,是县城和港城之间的节点性城镇,港城和沿海工业园理想的产业配套区和生活服务区。S327、S226、5008公路,县道坎振线贯穿全境;南、中、北三条渠、淮河入海水道、通济河穿境而过。自古以来是滨淮农场、滨海港经济区、滨淮镇、沿海工业园等镇场的物资集散地。镇域面积111.14平方千米,其中镇区面积5.5平方千米,辖村(居)22个、村民小组144个,总人口9.07万人。2016年,实现地区生产总值28.32亿元,比上年增长8.9%;财政总收入1.37亿元;一般预算收入1.12亿元;固定资产投资35.88亿元,增幅16.9%;规模以上工业增加值16.24亿元,增幅9.5%;工业投资25.23亿元,增幅15.7%;农民人均纯收入17823元,比上年增长9.1%。

第一节 经济发展

一、工业经济

2016年,全镇引进鸿源包装、雷乐思洁具、福钜纺织等11个项目,其中龙泰服饰、嘉泰纱业等3个项目已经投产;雷乐思洁具、鸿源包装等2个项目进入试生产;福钜纺织开工建设,恒美嘉门业、海隆电子等5个项目完成签约,有关手续正在办理之中。

二、农业经济

2016年,22个村(居)村务全面公开。全镇成立41个家庭农场、66个专业合作社,培植30户蔬菜种植、40户粮食种植示范户,示范效应得到放大。重点打造133.33公顷连片的界山、河岸、粮西、粮东设施农业产业园,粮东村新建蔬果设施大棚33.33公顷。推进产业结构调整,东进新种植浅水藕混养小龙虾20公顷,岔河村推广"稻虾共生"模式发展综合种养20公顷;新港、新南、东进等村分别建设粮食烘干基地;全镇购买烘干机、收割机、秸秆粉碎机、旋耕机等大型农机械152台(套);新北、东进、裕民、岔河等村培植666.66公顷联耕联种示范点;新南、胜利等村新增高效设施渔业66.66公顷;裕民、新北等村新增泥鳅养殖面积36.66公顷、蚂蟥养殖面积43.33公顷;新胜、新港等村新增南美白对虾养殖100公顷;发放耕地地力保护补贴16765户5477.60公顷;清理农村河道98千米,疏浚大小河道36条,新建成片造林40公顷、高标准农田林网266.66公顷、绿色通道35千米和四旁植树8万株。推进农村土地确权工作,18个村参加土地确权,16个村完成登记颁证,10个村完成验收工作;着力开展农村脱贫致富工程,全年发放扶贫小额贷款2500万元,实现1126户2596人口脱贫目标,申报10个扶贫开发项目,获批奖补项目4个,奖补资金达500万元。

12月3日,八滩镇民俗文化街。 王晶晶 摄

三、第三产业

2016年,全镇有三产企业201家,注册资本达48763.9万元,从业人数有840人。个体工商户962户,投入资金达9980万元,从业人员1147人。全镇服务业投资达87692万元,实现增加值93426万元,增幅11.2%。八滩镇总体规划为东至陈李线,西至省道327,南至新粮一排河,北至古黄河,总规划面积11平方千米,民俗风情小镇核心区面积4平方千米,建设面积2平方千米,规划区人口8万人,核心区人口3万人。计划通过三年时间,总投入达到30亿元。功能定位为突出酿酒产业特色、民俗文化特色、水绿生态特色、功能融合特色,把特色小镇打造成为民俗风情洋溢、红色内涵深厚、酿酒文化独特、

水绿特色鲜明、古镇风貌彰显的产业小镇和风情小镇，达到AAAAA级景区标准。

第二节　社会事业

一、集镇建设

2016年，开启总面积12平方千米、核心区4平方千米、建设区2平方千米的总体规划编制工作。总长6000米的3条道路进行黑色化、无杆化施工；育才路街道立面改造全面展开；金、银八滩大道入口等6个广场节点，以及镇区剩余5条道路改造设计工作全面铺开；17层的学府公寓主体全部建成，进行装饰；容纳3000名学生的八小新校区主体建成，进行配套设施施工；大王庙风景区、游客集散中心、客运站、新中心幼儿园等项目开始征地拆迁。年内，特色小镇建设累计投入5000万元。

八滩允大槽坊门楼。　　八滩镇　提供

二、民生实事

2016年，通过低保、"五保"、残补等方式，使1478户2716人享受农村低保补助、133户212人享受城镇低保补助、集中供养"五保户"94人、分散供养"五保户"267人、352户享受其他救济类补助，共发放救助金约26.5万元。新增"五保户"35户；完成全镇1611户、2928人城乡低保年审工作；新增农村劳动力转移2000人，占年度任务的120%，其中，外出务工1200人，就地转移800人。城乡居民基本养老保险完成参保人数达2.6万人，新增保费900万元，领取基础养老金人数达1.12万人，完成社保卡发放3.86万人，新增企业职工及灵活就业人员参保人数580人，占年度任务102%；调处4起劳资纠纷，追讨1起欠薪案件，督促1家企业全员参保。新增包括5个村的水泥路7千米，实施惠及13个村的道路拓宽工程24.12千米，新建、改造桥梁10座，新建垃圾池300个、配备拖拉机12台、垃圾清运车3台；镇成立美丽乡村办公室，配备专职人员3人，村配备环境整治专业干部22人、保洁员173人。

金八滩新城住宅区。　　陈其龙　摄

三、稳定工作

2016年，围绕村两委换届，重点针对年龄老化、思想僵化的村组干部，共调整13名，基层组织力量得到进一步加强；围绕"党务政务公开日"，强化农村财务管理，凡是法律、政策和制度要求公开的事项，涉及群众切身利益、群众普遍关心的事项，都及时向群众公开；围绕"清白工程"，加大农村低保户、低收入户的清理核实工作，共核销低保户189户，重新调整低收入农户107户；加大基层干部培养力度，通过压岗锻炼、轮岗锤炼的方式，先后有8人充实到基层一线，提升农村基层组织的战斗力。政法综治工作严格落实责任制，拓展工作思路，突出严打整治及基层基础建设，强化宣传引导，推进社会矛盾化解。通过耐心工作，基本稳定民师、代课、退伍军人、悦恒服装厂等重点群访人员情绪；通过日常接访，面上化解137件基层矛盾。

表39　　2016年八滩镇各村基本情况一览表

村　别	村支书	村主任	村会计	村民小组（个）	人口（人）	承包地面积（公顷）	人均纯收入（元）	经济总收入（万元）
八　滩	邓正山	李维荣	张如成	9	10343	135.03	11704	4469
河　岸	邸兆德	于利春	于利勇	8	3918	259.2	9625	8820
界　山	周　来	刘　杰	程玉卓	7	4943	290.28	10530	8253
粮　西	钱白桃	钱白桃	刘　凯	8	5127	279.99	9490	7376
老　街	张　辉	张　辉	汤进昌	4	6063	–	11233	5826

续表 39

村　别	村支书	村主任	村会计	村民小组（个）	人口（人）	承包地面积（公顷）	人均纯收入（元）	经济总收入（万元）
幸　福	戴佳益	付百元	高荣剑	6	4352	66.67	9620	6300
新　港	朱贵兵	朱贵兵	嵇保全	8	4315	356.93	9563	7210
新　北	田松柏	田松柏	王树兵	5	2800	249.62	8708	3735
黎　明	孟凡华	杨　海	张大洪	7	3722	226.67	9386	4986
裕　民	周晨光	朱文彬	徐正亚	7	3778	353.33	7706	4704
胜　利	顾中锋	嵇春华	杨素成	7	3355	300.29	9491	5179
新　南	王　飞	江　海	皋古勇	6	2859	307.71	9871	3956
粮　东	孟庆明	杜龙海	潘恒庄	9	4370	252.33	7957	4832
岔　河	周体华	周体华	吴联兵	6	2494	279.6	6800	2636
新　胜	张育林	任满顺	张高林	4	2752	192.23	9388	4231
隆　兴	张爱兰	吴才豹	唐　雷	6	2928	208.25	7459	4836
宋　尖	严苏军	宋政良	于利兰	7	3958	258.87	7999	7014
东　兴	沈向东	施为成	左　辉	7	4422	295.55	7723	6888
东　进	殷学铨	孙作洪	安月海	5	2638	300.76	7441	2647
卫　东	丁晨苏	王连和	王以鹏	7	3662	274.87	10685	6654
新　街	王爱林	王爱林	江纯伟	8	4241	342.92	10435	7760
西　洼	王先兵	黄广祥	鲍卫东	7	3603	240.53	7539	4725

6月5日，“世界环境日”，县自行车运动协会与盐阜酒业有限公司组织近百名骑车爱好者，从滨海公园出发环行县城，经S327抵达八滩镇，以实际行动倡导绿色低碳出行、共享运动健康的生活理念。　陈其龙　摄

第48章　陈涛镇

综　　述

陈涛镇位于滨海县城东部,是以革命烈士陈涛命名,坎振线、八滩渠贯穿全境,辖行政村19个、村民小组132个、1.76户、7.07万人,农村劳动力28474个,农民人均纯收入15312元,耕地6735.27公顷公顷,总面积110.89平方千米。2016年,全镇实现工业增加值4.22亿元,比上年增长11.9%,实现固定资产投资11.25亿元,比上年增长15.1%,其中工业投资7.8亿元,比上年增长14.7%,实现一般公共预算收入7945万元,实现规模以上工业开票销售7500万元,实现规模以上工业入库税收700万元,全镇工业经济保持平稳发展。

陈涛镇新田时装生产车间。　　镇党政办　提供

第一节　经济发展

一、工业经济

招引项目　2016年,推进招商引资和项目建设,转型升级步伐加快。组织5名班子成员,4个招商小组带着明确的月度招商任务外出开展招商,依托产业地图"按图索骥",变"地毯式招商"为"地图式精准招商",在上海、苏南等产业转移地区设立2个招商联络处。年内累计招引创华药品包装、鑫腾电子、汇燊粮食加工、条洋服饰等千万元以上项目4个,红星美凯龙、"杰宝大王"电动车等重大项目相继签订投资意向协议。

发展项目　推动新田时装提档升级,推进互联网与纺织服装产业融合发展,加快以传统代加工向自主研发设计、打造自主品牌转变;围绕推进供给侧结构性改革,积极开展清除"围墙企业"工作,整合重组鼎泰鹅业等企业3家;五洲化工等6个重点技改项目完成投入1.5亿元。

服务项目　完善"一个项目、一个责任领导、一套服务班子"的挂钩责任体系,对新招引的4个项目进行跟踪服务,帮助企业解决建设过程中的用水、用电困难和办理各类手续问题,千方百计破解各类瓶颈制约,为以商引商打好铺垫,形成"引进一个、建好一个、带来一批"的联动效应。

二、农业经济

高效农业　2016年。坚持"创新强农、协调惠农、绿色兴农、开放助农、共享富农"的理念,镇村经济蓬勃发展。完成联耕联种2800公顷;友联高效农业示范基地新拓面积20公顷;招引规模农业龙头企业1家;夏、秋两季累计还田面积超过8000公顷;"陈涛粉丝"申报江苏名牌商标。

精准扶贫　完成3646户低收入农户和8195个低收入人口的建档立卡工作;完善制定辛庄村危桥改造、党群服务中心的建设、四青蔬菜种植、温氏养猪等村级集体增收项目,明确奖补标准,精准排定1578个到户增收项目;针对扶贫对象特点,简化扶贫小额贷款发放手续,全年发放小额扶贫贷款1400万元;化解村级债务572万元,村级集体经济得到壮大。

全民创业　积极宣传引导在外创业人士返乡创业就业,加大创业政策扶持力度,加强八大类创业主体培育,以规模养殖、连片种植、农副产品加工和特色生态农业打造为切

1月9日,陈涛镇山芋粉产品晾晒现场。

镇党政办　提供

入点,新发展私营企业155家、个体工商户768户;农村新型经营主体快速成长,集体经济加快发展,已形成家庭农场46个,农村合作经济组织6个;农村劳动力转移组织化水平不断提升,全年组织开展劳动力培训3期,培训2200人次。

第二节　社会事业

一、集镇建设

规模扩展　围绕“改造老街道,做美新大街”的总体思路,加大投入,完善功能,提升品位,着力打造靓丽陈涛。按照“新镇区、新园区、新社区”的要求,定位高标准,设计高品味,对集镇总规进行精雕细琢,集镇规模达2.6平方千米,常住人口近1.5万人。

品位提升　坚持精品理念,建设秀美陈涛,投入3000余万元,共实施重点项目6项,澳明大酒店、百富新城、沿河小区等一批重点城建项目相继建成投运,完成商贸房建设2万平方米;幸福大街新建花池绿化2100米,老街道完善两侧刀砖立面、补植绿化苗木1200余株,新增集镇绿化8000平方米。

环境优化　坚持“政府主导、系统整治、三级统筹、长效管理”的原则,推进美丽乡村建设,组建环卫所、建立“河长制”,投入资金200余万元。建立环境管护长效保洁队伍242人,先后对全镇41条29.84千米河道沟塘进行了疏浚整治,清理积存垃圾2000多吨,新增垃圾池200多座,配备环保专业设备100多台套。完成127户规模养殖户化粪池建设,2个不合格生猪屠宰厂全部关停,建成压缩式垃圾中转站1个,镇区污水处理厂投入使用,“省级生态镇”创建顺利通过验收。

秩序管理　健全和完善农村建房管理制度,引导农民建房要严格执行集镇建设总体规划,严格规范报批程序,杜绝无序建房和违章搭建。同时加强农村危房改造工作的质量监管,从名单上报、材料采购、图纸审核、竣工验收四个方面进行把关,全面完成27户D级危房改造工作;加强对乱停乱放、店外出摊、占道经营等不文明现象教育管理,施划停车线120余处,保证集镇日常秩序井然、通行顺畅。

二、民生实事

实事工程　组织实施25.4千米农村公路提档升级和10.6千米“一事一议”财政奖补道路工程;新建电站29座,农桥、生产桥9座,涵洞130座,建成防渗渠10.6千米;结合环境整治、绿化造林,在条洋、六联等村实施农业综合开发工程,疏浚大中小沟36条,挖土方13万立方米,该片生产条件将得到极大改善;城乡区域供水一体化工程顺利推进,区域供水实现镇村两级全覆盖。

社会保障　城乡居民养老保险参保人数持续增加,完成7个村社会保障平台建设,实现村级社会保障平台全覆盖;新农合参合率达到98%以上;建立社会托底救助制度,织密社会保障网络,面向特困户、重病灾户,发放30余万元救济款,基本解决困难群众基本生活需求。

公共服务　全面推进基层医疗卫生基础设施标准化建设,新建7个村的基层卫生室,新建“健康小屋”,组织全镇老年人健康体检,提升基层卫生服务水平,切实改善农村群众的就医环境;实施“文化预约”惠民工程,组织送戏下乡4场,繁荣丰富群众文化生活。

教育事业　陈涛中学全面完成教育信息化建设,被评为市“教育装备工作先进单位”;投入4000余万元的中心小学分校区建设进入招投标程序,全镇学校办学设施已达到国家教育均衡化标准。

安全稳定　以“三严三实”标准加强村级干部队伍建设,以村两委班子换届为契机,陈涛、吉龙等4个村调整了村党总支书记,条洋、七层等8个村调整了村委会主任,优化村干部年龄结构和性别比例,调动村干部的积极性,提高村两委班子的学历层次。开展“正风肃纪村居行”活动,围绕侵害群众利益不正之风和腐败问题,查摆“四风”问题11件,提出整改要求15条,诫勉谈话8人,坚决查处顶风违纪、隐形变异的“四风”问题,防止反弹回潮。坚持反腐高压态势,不断加大违纪查处力度,全年共对涉及党员干部赌博、违反财经纪律等一系列发生在群众身边的“四风”和腐败问题,立案13件,给予党纪处分13人,着力构建“不想腐、不敢腐、不能腐”的良性工作机制。开展“六五普法”“七五普法”,郭集、樊圩河等3个村成功创建省级“民主法治村”,友渔、后三层等5个村建立综治一站三室,获得上级验收,社会防控面建设取得长足进步;完善信访稳定工作机制,扎实开展“金桥行动”,立足问题在基层发生,矛盾在基层解决,对部分特殊矛盾和人员进行稳控,同时对有合理诉求的上访群众发放权益保障卡20张;强化安全生产责任落实和机构队伍建设,常态化开展安全环保大检查,安全环保形势始终平稳可控,安全环保零事故。

表40　　2016年陈涛镇各村基本情况一览表

村　别	村党支部书记	村委会主任	村会计	村民小组(个)	总人口(人)	承包地面积(公顷)	人均纯收入(元)	经济总收入(万元)
条　洋	孙卫国	刘必富	臧嗣海	9	4363	343	14250	17056
樊圩河	黄　旭	杨卫东	韦士和	6	3396	273	16487	14949
丁　墩	顾柄成	李兵文	王文学	5	2652	221	15352	12898

续表 40

村　别	村党支部书记	村委会主任	村会计	村民小组（个）	总人口（人）	承包地面积（公顷）	人均纯收入（元）	经济总收入（万元）
长　吉	张和堂	邱长丰	谢兆文	10	4194	371	14935	14958
六　联		李功华	戴训传	9	4063	304	14416	14963
七　层	严佳锋	沈恩林	刘宇仲	6	2499	228	14805	9772
五　层	蒯本胜	王锦东	王茂之	7	2350	177	14938	8298
后三层	周　军	辛　海	陈咸春	8	3963	291	14778	12651
辛　庄	蒯　波	孙承权	胡文荣	6	3451	251	14909	12032
郭　集	郭海兵	郭五洲	颜可成	7	4728	187	16545	21167
吉　龙	朱从明	左成林	汪志华	6	3251	267	14988	13489
新　联	杨应广	吉　飞	王成荣	7	3096	233	14642	13078
陈　涛	王则权	王则权	王金卫	6	2259	168	14784	8297
友　联	张生华		何文华	6	265	205	13747	10376
新　滩	钱钦富	张　冲	王延宝	7	3096	206	14642	10383
屋　基	王爱红	沈国伍	祁连左	7	3256	253	14618	9979
友　渔	王海燕	李章海	唐修全	8	3271	290	14439	9968
七　顷	赵尚林	张其良	程玉东	7	3517	307	14765	13079
盐　路		朱永良	杨胜早	5	2096	144	14575	8756

陈涛镇五层村村民利用当地丰富的山芋资源加工粉丝，走出了一条群众在家门口创业致富的好路子 。图为粉丝晾晒现场。　　陈其龙　摄

第 49 章　滨海港镇

综　　述

滨海港镇,原为振东乡,以革命烈士陈振东命名,2011 年 1 月更名为滨海港镇。位于滨海县东部沿海,东濒黄海,南临淮河入海水道,与射阳县隔河相望,西邻八滩镇,与 S327、S226 陈李线、盐连高速公路、G204 相通,北与滨海港经济区接壤,距滨海港码头 10 千米。镇域面积 180 平方千米,其中含国营淮海农场 40 平方千米。下辖行政村 15 个,村民小组 104 个,农户 1.8 万户,6 万人。2016 年,全镇实现地区生产总值 19.92 亿元,增幅 10.02%;完成全社会固定资产投资 17.51 亿元,增幅 15.7%,完成公共财政预算收入 9984 万元,增幅 9.78%;外资实际到账 300 万美元,增幅 260.08%;农民人均纯收入 17458 元,增幅 9.38%。

第一节　经济发展

一、工业经济

2016 年,镇专职招商小分队累计外出 312 天,其中主要领导轮番外出招商,跟踪老信息,摸索新路子,吸引外地客商到滨海港镇考察 36 批 97 人次,累计实现新签约项目 5 个,其中由盐城正亨装潢材料有限公司投资 1000 万的板材贴膜项目完成手续办理,正在进行内部装饰,由吴江客商投资 5000 万元的正豪钢结构加工项目,计划在 2017 年完成 21000 平方米的厂房建设;新竣工项目 2 个,由滨海荣大饲料有限公司投资 1 亿元的饲料加工和江苏奕帆农业科技有限公司投资 5000 万元的农产品加工两个项目在三季度顺利竣工,已正式投产运行。同时加快启动滨海港镇 S228 临港高新产业园建设,地块已确定,正在积极调整规划,办理相关手续。

二、农业经济

2016 年,全镇新发展高效农业面积 200 公顷,其中设施农业面积达到 66.66 公顷。以木楼为中心辐射周边的条堆、洋口、陈港等村全力打造“四青蔬菜基地”,新建“蔬菜合作社”1000 平方米厂房;以振东为节点带动干河、新东等村新增白首乌、黄芪等中药材种植 166.66 公顷;以建设温

温氏有限公司办公楼。　　　　镇党政办　提供

氏生猪养殖项目为龙头,以头庄、板桥、奋二等村规模猪场为中心,发展生猪养殖业,全镇年出栏生猪 60 余万头;以扁担港优质滩涂资源发展水产养殖,建成 133.33 公顷梭鱼高效养殖基地,高效养殖成效显著;帮助奕帆公司在镇“丰棉线”沿线的奋二、板桥和北片木楼等村发展有机大米种植。建成后该区域将全部种植优质小麦,全面推广秸秆全量还田和水稻机插秧技术,初步形成大农业生产格局。

第二节　社会事业

一、集镇建设

贯彻落实市、县关于加快小城镇建设工作意见,强化新老镇区功能配套,规范管理秩序,打造休闲节点,提升集镇形象。对老镇区主街道和振东大桥进行改造;对工商路、振西路、中心路和府前路两侧实施增绿、增亮工程,栽植常绿树木 8000 余株、路灯 100 余盏,对中心桥、二桥进行绿化节点打造;对农贸市场进行升级改造;克服困难完成对新镇区污水厂和垃圾中转站建设。在不断强化硬件设施配套的同时,持续实施软件升级,壮大城管队伍,完善管理机制,规范商户行为,整治乱搭乱建,镇区管理水平不断得到提升。开展农村环境整治、清洁乡村、“美丽乡村”创建活动,强化队伍建设、健全配套设施,加强督查考核,全镇 15 个村共聘用卫生保洁员 133 人,新建垃圾池 275 座,疏浚河道 125 条,栽植常绿树 4.42 万株,路灯 160 余盏。加快推进中心村打造,完成板桥村省级示范村

庄规划评审、路灯架设、整治区域乱堆乱放清理、道路硬化、居民活动广场等工程。打造条堆村美丽乡村样板，现已完成规划设计、项目论证等前期工作，正在抓紧进行桥梁、道路等配套设施建设。

滨海港镇环境整治后街道一瞥。　　黄西清　摄

二、民生实事

坚持从改善生产条件入手，加大农业基础设施的投入，共投入80余万元新建14.44千米的水泥路面，投入300余万元，疏浚12条河道，23条河塘，累计挖土8万立方米，新建3座农桥，5个涵洞，8千米防渗渠，千米机耕路，治理平整土地2公顷，直接受益农户近万人。坚持专款专用、公开、公正、公平的原则，及时、足额将救灾款发放到贫困人员手中。实施扶贫开发，投入生产启动资金86万元，帮助871户贫困户发展蔬菜、中药材等种植和山羊、生猪养殖。实现奋二村公益性公墓开工建设，基本完成城乡供水一体化工程，敬老院安全消防建设全面完工。多次组织农民实用技术培训，农民经济人培训班，受训人数达8000人次，培养农民经纪人26人。从严加强思想作风建设，强化理想信念教育，抓好“两学一做”专题教育活动，坚持正面教育，拧紧思想“总开关”；坚持学用结合，牢牢抓住以“做”为关键，引导党员创先争优，通过“两学一做”的教育开展，使党员干部素质不断提高，干部作风不断改变，工作效果明显增强。按照“选准人、配强人、用能人”的工作要求，严格依法办事，充分发扬民主，切实做到选举准备扎实有效、选举程序依法有序、选举实施规范管理，完成党委第十四届代表大会选举和新一届村党组织换届工作任务，全面增强基层组织的战斗堡垒和先锋模范作用。保持清醒认识，坚持“高线”，坚守“底线”，坚定不移地推进反腐倡廉建设，逐级签订党风廉政建设责任状和“一岗双责”责任书。结合“正风肃纪”活动，扎实开展党风廉政教育活动，全年未发生一起腐败案件。

表41　2016年滨海港镇各村基本情况一览表

村别	村支书	村主任	村会计	村民小组（个）	人口（人）	承包地面积（公顷）	人均纯收入（元）	经济总收入（万元）
振东	邵善军	周全	陈乃清	7	39410	360	7923.44	2945
干河	王涛	高品龙	郭德洋	10	4522	465	7951.13	3549
合心	嵇克飞	梁加铨	杨功祥	8	3780	281	9426.12	3321
滨兴	吉玉堂	张忠	施问楼	6	2560	235	7925.56	1998
滨东	钱士锦	张为军	季本良	6	2463	161	7521.45	1756
新东	陈庭军	王洪山	王东	8	4152	273	8241.74	3824
头庄	陆连艮	封航兵	窦官祥	5	2807	153	8112.77	2456
龙潭港	张正宇	姜翠金	张正兵	6	3641	272	8298.12	3215
奋二	程选	姜观成	孟怀俊	7	3486	245	7987.21	2651
板桥	王辉	王辉	黄龙海	7	4510	357	9545.54	3541
陈港	于广飞	施华成	沈中儒	7	3898	272	8246.56	2987
木楼	孙月宇	顾乃东	高汝清	9	4751	292	8279.98	3345
老堆	杨亚东	秦仁忠	刘德萍	4	2541	214	8686.42	3541
洋口	陈亚	刘达平	郭敬楼	7	3180	250	9548.36	2656
扁担港	梁国保	梁国保	李明	6	3512	52.8	9542.12	4015

第50章 滨淮镇

综 述

滨淮镇位于滨海县东北部,北接沿海工业园,东临滨海新区,G228、S226、S327在镇内交汇,距离连盐高铁滨海站20分钟车程。镇域面积198.76平方千米,下辖村(居)27个,村民小组205个,总人口10.87万人,是滨海县区域面积最大的镇,是盐城市12个镇人口超10万的特大镇之一。2016年,实现地区生产总值28.83亿元,比上年增长9.5%,完成公共财政预算收入1.89亿元,比上年增长6%,完成固定资产投资41.82亿元,比上年增长16.8%,完成工业投入30.12亿元,比上年增长15.3%,核心指标总量均位居全县镇(区)前列。

第一节 经济发展

一、工业经济

项目建设 2016年,全镇新实施重大工业项目6个,农业产业化项目4个,城建服务业项目8个。全年实现工业增加值27.7亿元,比上年增长10.2%,连续多年位居全县乡镇首位。为新签约项目提供帮办服务,为在建项目提供全程服务,为生产企业提供挂钩服务,围绕企业、项目需求,提供具体化、精准化、"店小二式"服务,为企业做大做强营造优质环境。

滨淮中小企业园(全民创业园)入口处。
黄亚清 摄

载体打造 规划建设占地266.66公顷的滨淮全民创业园和东罾创业园两个中小产业园,开发土地126.66公顷,以环保设备制造、型(建)材加工、服装加工、物流仓储、配套港区重工机械等为主导产业,现有各类项目45个,其中5000万元以上项目18个,投产企业37家,其中定报企业6家,招录员工1300余人,先后获得"盐城市中小企业AA级园、江苏省三星级服务平台、江苏省中小企业创业示范基地"等称号;立足"临港产业园"的发展定位,全面竣工创业园二期基础设施建设,入驻项目3个。

二、农业经济

重点工程 2016年,竣工土地整理工程800公顷,流转土地超533.33公顷,实施万亩高产创建片7个,土地确权登记颁证在全县率先完成。

现代农业 康庄冬暖式大棚新拓面积23.33公顷,公玉葡萄园、硝场冬暖式大棚新拓面积10公顷,S327万亩蔬菜大棚、玉华东罾千亩特水养殖、玉华苗木花卉等进行设施提档升级,新型职业农民培训、技能培训、中级工培训覆盖面不断扩大,农业现代化水平逐年提升,农民增收渠道不断拓宽,全镇农民人均纯收入达到17018元,比上年增长9.3%。

三、第三产业

2016年,挖掘滨淮商会300多位创业成功人士的人脉资源,推动返乡创业、以商引商。全年新增一般纳税人企业16个,私营企业209个(户)。至年底,全镇共有电商公司5家,其中浪莎袜业电商年开票销售超过2000万元;农村淘宝27家,在全县数量最多;专业化工交易市场1个,特色旅游景点2个,特色农产品基地6个,家庭农场115个;培养徐华益、郑华军、毛汉林等一批省、市创业典型,多次获得市、县全民创业和镇村经济发展工作先进表彰。

第二节 社会事业

一、集镇建设

集镇开发 通过政府投入和引入社会资本相结合,不断加大集镇开发建设力度。商住项目方面,东苑商业广场

滨淮镇行政便民中心。　　　　　　黄亚清　摄

二期、佼建大厦、锦园小区等项目全部竣工，完善尚旺新城二期、众鑫家园、和谐家园等项目建设施工手续，前两个项目已经开工，和谐家园一期工程即将开工。功能配套项目方面，启动市民公园、新卫生院、新学校的规划设计。基础设施项目方面，完成集镇中心路兴淮路主路、辅路工程和两侧地下排水、排污管道、绿化、亮化建设。对重大城建项目定期进场开展安全、质量、农民工工资发放情况检查，对集镇环境、秩序成立专门机构进行规范管理，对农村建房审批、违章建筑整治情况实行每周一通报、每月一会办，对新实施各类项目实行全程监管，集镇开发和农村建房市场实现良性发展。

环境整治　2016年，全镇累计投入资金500万元，完善硬件设施。年内新建压缩式垃圾中转站5个，累计配备垃圾箱、垃圾桶和垃圾池3000多个，实现主干道、主路口、主村庄、人员密集场所的全覆盖。每村设立环境整治专干1名，聘用集镇、农村保洁人员225名，建立绩效考评制度，保洁员工资挂钩，确保常态化保洁。对44条镇级河道、384条村级河道，全部建立河长制，树好标牌，公布电话，落实经费，明确责任，接受监督，全力打造“庄美、水清、坡净、路洁”的美丽乡村。

二、民生实事

民政救助　成立滨淮慈善分会组织，通过党员干部带头、商会会员参与、社会吸纳、对上争取，定期开展春节慰问活动、“春荒救济”等活动，2016年投入慰问资金超过50万元。帮助滨淮敬老院新建公用浴室，配齐消防设施器材，提升老有所养水平。

民生工程　完成700千米三级管网铺设，24小时供水入户率接近100%。完成278户D级危房改造工作，占全县总户数的四分之一。实施“一事一议”农路奖补项目10.4千米，农路拓宽工程22.6千米；完成滨淮中心小学分校区、滨淮中心幼儿园分园和滨淮第二中心幼儿园搬迁前期工作，优化整合教育资源。

扶贫开发　规范确定4920户11602人的新一轮低收入对象。全年完成小额贷款发放1560万元，帮助1446户低收入农户发展到户产业项目。申报帮扶项目7个，已帮助1841户3670人成功脱贫，迈出“五年任务、三年完成”的第一步。

文化活动　组织开展全市首家乡镇业余篮球联赛，在市、县都形成一定影响；成立2支60多人的广场舞团队，参加盐城市青儿广场舞联盟会演、大丰荷兰花海展演、县广场文化艺术节等活动，展现滨淮人运动健康的精神风貌。

1月19日，盐城市委常委、宣传部长陈红红（右三），县委书记钱武华到滨淮参加市“三下乡”活动。
黄亚清　摄

表42　2016年滨淮镇各村基本情况一览表

村　别	村书记	村主任	村会计	村民小组（个）	人口（人）	承包地面积（公顷）	人均纯收入（元）	经济总收入（万元）
建　民	王信海	沈廷军	卢国富	12	5681	653	11172	5298
建　西	汤乃高	沈从文	沈玉华	7	3947	447	10050	4836
沈　滩	沈耀恩	沈耀军	沈光涵	11	4005	500	10680	4522
东　滨	张　胜	沈全禄	沈万超	6	3326	474	10297	3458
合　新	王佐文	—	沈从明	10	4978	535	10951	7090
新　岭	张立平	杨九龙	阮飞玲	13	6618	284	18571	8304
建　东	彭　忠	顾祥飞	刘耀铨	7	3825	235	13125	4568

续表 42

村 别	村书记	村主任	村会计	村民小组（个）	人口（人）	承包地面积（公顷）	人均纯收入（元）	经济总收入（万元）
双 舍	沈 望	孙群新	蒋德法	13	6091	574	11664	6674
公 玉	周德荣	胡国加	张 洪	8	4000	242	10630	3870
河 西	王兆国	王凤雷	王兆善	10	5195	521	12654	5812
硝 场	周 宝	王远祥	沈树高	5	2826	322	10156	1898
双 树	周建东	单体国	郭明秀	7	4854	380	14400	6838
长 兴	李育军	张德成	孙加来	10	5675	475	15516	10107
玉 华	颜庭广	冯开文	杨国银	7	3650	473	15145	2950
东 罾	薛正红	葛兵元	路丽娟	9	4588	390	25920	11658
新 垦	仇林亚	陈付明	秦祥生	6	3587	353	9973	4232
玉 龙	季严亮	徐士飞	徐群然	5	2386	186	11585	2570
樊 集	樊启峰	邱祥忠	陆体华	5	2865	237	12622	2725
陆 塘	朱于戈	尤庆岭	单连财	6	3009	196	12858	5646
新 圩	王信福	王 宏	肖明标	6	3257	298	14024	3142
康 庄	冯龙江	陆光荣	鲍如华	10	5624	440	14160	8604
山 星	徐华益	陈为龙	程永岗	6	3360	401	12275	4074
倪 滩	陆 平	陆 平	赵学春	4	4101	371	13956	3874
梁 港	陈德年	陈咸伟	徐华成	5	2386	213	13836	2586
城 门	薛玉来	沈立新	南亲春	6	3012	313	13572	3540
临 淮	何新贵	李明海	何雨伟	7	3651	371	9703	3181
双 建	徐依伟	徐甫连	仇道金	4	3142	276	12614	3336

滨淮镇王记久红生态葡萄园。　　陈其龙　摄

第51章　农场　盐场

综　述

县境驻有省属滨滩农场、淮海农场部分、市属新滩盐场。江苏省国营滨淮农场隶属于江苏农垦集团有限公司，建于1956年，位于滨海县东北部，东临黄海之滨，东西长18.9千米，南北宽4.23千米，占地面积7333公顷，苏北临海高等级公路、G228东西方向贯穿农场；紧贴沿海大通道；东距滨海港10千米。农场依托沿海工业园区、滨海港等区位优势，大力推进城镇化建设。围绕“小城镇、大战略”的指导方针，与滨海县政府合力规划打造沿海特色小镇“兴罾小镇”，围绕为滨海港和沿海工业园生产生活提供配套服务的发展定位，努力推进城镇化进程，全面提高城镇规划、建设和经营管理水平。

新滩盐场地处滨海县东北端，建于1941年，由新四军为解决根据地军需民用拓建晒盐池滩形成，曾被誉为“华中金库”。2013年10月整体划归市新滩经济开发投资有限公司管理，主要从事海盐生产、海淡水养殖发包经营等。全场总人口约4750人，土地面积7826.66公顷，境内开发建设沿海工业园区2266.67公顷。下设10个基层单位和7个机关职能部室，在职职工803人。获得2010～2012年度、2013～2015年度江苏省文明单位，2010～2012年度、2013～2014年度盐城市文明单位，江苏省“居家养老”服务示范点、盐城市廉政文化建设示范点、企业文化先进集体、平安企业等荣誉。

第一节　江苏省国营滨淮农场

2016年，滨淮农场有1个党委，1个党总支，26个党支部；场部机关设立场长工作部、党委工作部(人力资源部)、计划财务部、工会(审计监察部)、资产经营部、投资建设部、宣传文化中心(信息化办公室)等7个部门和1个社区管理委员会；场域有供电中心、景丰园林公司、资产资源开发中心、医院、加油站、金锂渔业有限公司、农业中心、农水中心、商贸中心、高效农业中心以及七个生产区等17个单位。场内常住人口7800人左右，农场在职职工1375人、退休职工2534人，其余为常驻人口。年内，坚持稳中求进工作总基调，适应把握经济新常态，践行五大发展理念，着力抓好稳增长、促改革、惠民生、保和谐各项工作，全场上下团结一致，攻坚克难，奋力拼搏，促进经济社会事业快速发展。农场全年实现营业总收入3434.71万元，比预算营业收入增加396.09万元，增长13.04%，总支出控制在集团公司预算指标的97.88%左右，应收款周转率10.28次。2016年，农场先后获得江苏省“2013～2015年度文明单位”“信用管理达标企业”“2013～2015年度书香企业建设示范点”“综合统计工作先进单位”“省属企业信访维稳工作先进单位”、集团公司“新闻宣传工作先进单位”“网络‘好新闻’三等奖”“思想政治研究工作先进单位”“模范职工之家”“第二届职工趣味运动会一等奖”“先进基层党组织”“模范职工小屋”、滨海县“先进基层党组织”等计13项荣誉。

8月26日，江苏省国营滨淮农场场部机关办公楼。
姚成志　摄

一、经济发展

林业经济　2016年，景丰园林对内抓好苗木管理，对外积极承接绿化工程，探索林业股份合作经营模式，以“产业生态化、生态产业化”理念为指导，依托土地资源优势，不断壮大林业规模，培植新经济增长点。全年实施苗木基地、道路景观、城镇绿化等项目，新增苗圃2.33公顷，苗圃各类苗木17万余株长势良好，实施工程绿化面积2.7万平方米，工程总额234.7万元，自供苗木达10万元以上，合作完成228国道两侧20公顷的苗圃改造升级。

资源管理　滨淮农场充分发挥土地资源优势，努力增加资源收益。加强零星土地资源管理，及时收回到期林带使用权，开展全场零星土地资源清查，签订零星土地承包合同、零星树木栽植合同，增收零星资源租金5.6万元；加强资产资源管理，盘活闲置资产资源，新出租职工联建楼门面、发包零星水面等累计收益44.46万元。

场属企业　滨淮农场共有场直属企业4家，通过强化管理，拓展业务，赢利能力持续提高。供电中心、加油站等场属企业在保障区域生产生活服务的同时，丰富营销促销手段，积极拓展对外业务。供电中心当年度实施 G228 沿线通讯塔供电、“兴罾小镇”二期电力配套等工程，全年实现供电供水收入 1292 万元，利润 204 万元，对外施工创收 49.44 万元；加油站开设“滨淮农场‘汽车 + 油’俱乐部”微信平台，汽、柴油销售总量突破 1500 吨。

淡水养殖 2016 年，利用原盐场 613.33 公顷的盐田资源，与东辛农场合作开发的淡水养殖业，生产经营逐步走向正规，滨淮农场积极发挥股东作用，不断优化生产经营环境，参与经营模式和营销方式的创新，农场投资收益在 200 万元以上，比 2015 年增长 100 万元以上。

对外合作 2016 年，农场立足资源和区位优势，积极抢抓机遇，认真开展调研，坚持规划先行，完善城镇服务配套功能，在发展商业和服务业方面取得新突破。风电合作项目效益优势明显，与国信合作的一期风力发电工程，农场每年资源收益稳定在 108 万元以上。

二、社会事业

社区服务 坚持社区软、硬件建设同重并举。开展“学习好、管理好、服务好、环境好、治安好、风尚好”的“六好”特色品牌社区创建，提高社区居民幸福指数，提升社区建设的层次和品位；完成居委会组织换届选举，开展社区十项标兵评选等各项文体活动，激发居民参与社区建设的积极性，发挥社区自治功能。

5 月 11 日，滨淮农场社区舞蹈队。 姚成志 摄

民生保障 2016 年度，对接地方政府，完善社保体系，保障职工福利，加大居民生活保障力度。农场全年积极对接地方，争取低保、伤残、医疗等社会托底救助，帮扶面进一步扩大；推进社保体系建设，按时足额缴纳职工“五险一金”集体部分，推进新型农村合作医疗，场内参合人数已达 3188 人；组织为职工提供免费体检，全年发放职工福利 260 多万元；倡导公益事业，组织开展献爱心、送温暖、捐款、献血等公益活动。

扶贫帮困 2016 年，针对居民最关心的生活难、上学难、养老难问题，农场深入群众，明确帮扶对象，实施精准帮扶。全年共募集职工困难互助基金 32.485 万元，帮扶 320 人约 37 万元；申请地方帮扶资金 3 万元，帮扶建档困难职工 55 人；争取园区工会金秋助学资金 3 万元，帮扶 22 人；老年康复中心成功取得养老机构证书，投资 40 余万元，升级改造安全设施并通过验收。

和谐稳定 2016 年，农场建立信访工作目标责任制，下发考核细则，将信访工作纳入年度考核；坚持党员干部与困难职工群众“结对”，变上访为下访，做到“事事有回音，件件有着落”；开展矛盾预警排查化解工作机制，实现“小事不出队（居）、大事不出区、矛盾不上交”。全年信访总量实现快速下降，被江苏省国资委评为“省属企业信访维稳工作先进单位”。

安全生产 2016 年，全场落实安全生产责任制，制定各类安全应急救援预案，加强安全生产学习培训，及时传达贯彻上级要求，常态化开展安全生产大检查，保证“三无”目标实现，安全生产形势不断巩固。制订“场庆活动应急救援预案”，农场 60 周年场庆圆满举办；推进“平安滨淮”建设，在场域交通道口、小区增设监控，开展日巡夜查，维护社会治安稳定。

三、城镇建设

基础工程 2016 年，为打造舒适优美的城镇环境，方便居民安全出行，加大镇区基础工程的投资建设力度。截止年底，已建成祥云湖公园、机关门前廉政文化主题园，完成二生产区至三生产区农村公路、通河东路升级亮化工程，扩宽公路 11 千米，新建桥梁 5 座，安装 LED 路灯 68 盏；完成镇区内道路维修，场域道路设置交通标志线喷涂，设置限高栏、减速带；完成部分居民点亮化改造。城镇管理和行政执法规范运行，“四乱”问题得到整治，并进行文明宣传，有效改善镇区环境面貌。成立社区绿化管理所，加强公共绿化管理与养护，加强教育引导，努力促进居民提高环境保护意识。

危房改造 农场高度重视人居环境工程建设，加大投资力度，实施危房改造工程，全面改善人居环境。2016 年，投资 1000 多万元，对场南、砖瓦厂、17 大队居民点约 400 户居民实施危房改造，配套建设排污、道路、绿化、亮化、厕所等，全面改善人居环境。

6 月 3 日，滨淮农场文化宣传长廊。 姚成志 摄

四、管理水平

内控制度 农场管理严格按照 2015 年制定的《江苏省国营滨淮农场内部控制制度》执行并不断完善。2016 年度

开展专项培训,邀请专家对内控制度流程逐章节重点内容详细解读,定期召开内控制度执行情况研讨会,对内控制度执行过程中存在的问题分别列示,并不断完善。严格执行"三重一大"集体决策制度,确保科学、民主、依法决策。

工程管理 重视工程质量,狠抓项目审批、勘察设计、合同管理、现场监督、竣工验收和资料归档等关键环节,有效保证了工程质量;规范工程财务管理,实行专账管理,严格按合同约定工程付款程序结付款、履约保证金等;规范工程资料管理,做到工程资料齐全准确、归档及时。

费用控制 加强预算管理,严格执行费用审批程序,认真研究制订定额管理制度,严格控制非生产性支出,规范工程财务管理,切实做到降本增效。农场全年对各单位、收入、成本费用进行实时监督、审核,按月考核。

招标比价 依法依规组织开展招标、比价采购等,全年共完成85个项目的公开招投标工作。

加强审计 加强工程审计核算工作,要求审计部门协助参与现场管理,确保核算精确,严格各项费用使用的审批程序,全年审计项目核减金额58.5万元。

目标考核 深入开展调研论证,修订和完善二三产单位经济责任制、机关社区管理综合考核办法,重点加强阶段性考核,推动工作作风的转变,提高工作效能,促进形成争先创优的良好工作局面。

五、企业文化

典型创树 开展十项典型选树活动,推进"三型"党组织创建活动,并深入开展"一对一"帮扶。年内全场党员干部结对的困难家庭124户计473人,帮扶人每月深入困难家庭,提交由被帮扶人和基层单位签字的帮扶联系表,联系表体现家庭状况、困难原因、帮扶措施和效果等内容,及时回应职工群众关切的热点、难点问题和合理诉求,实现单位部门党员干部、困难家庭户结对帮扶全覆盖。

8月24日,滨淮农场廉政文化主题园。 姚成志 摄

打造队伍 组织开展三大调研活动,形成调研成果,完善农场党建工作考核办法,推动全面从严治党向基层延伸。注重人才队伍建设,加强干部队伍建设,年底开展"青年员工赴基层锻炼"活动,加快人才培养,建立人才库;注重人才培养,举办入党积极分子培训班,培训入党积极分子53名,发展党员10名。全年度先后获得"滨海县先进基层党组织""江苏农垦先进基层党组织"等称号

思政研究 召开2016年思政研究会议,出台思政课题研究的文件,联系农场实际,在集团公司思政课题的基础上,增加了10条课题,完成思政课题上报,获评"2016年度江苏农垦思想政治研究工作先进单位"。

企业形象 重视文化阵地投入,不断夯实创建基础,通过"内抓管理、外树形象",深入开展文明单位创建活动,先后获评"市模范职工之家""市级文明单位"、江苏省"书香企业"等称号,"职工书屋"于2015年通过中华全国总工会验收,2016年获评"2013~2015年度江苏省文明单位"。

场庆活动 圆满举办建场60周年大型文艺演出"追梦祥云"系列活动,运用广播、网站、微信等宣传阵地,广泛宣传建场60年巨大成就及场庆各种活动开展情况。开展"美丽农场我的梦"征文和老照片征集活动,制作场庆电视专题片和农场画册,新建场庆展馆,展示60年来取得的巨大成就,展出书画作品71幅,摄影作品108幅,展现农场人文风采。编纂出刊《滨淮农场志》。

9月12日,滨淮农场建场60周年庆"追梦祥云"系列活动现场。 姚成志 摄

文化阵地 2016年,新建祥云湖公园、廉政文化主题园、居民活动广场等文化阵地,另外,投资60万元,扩大职工之家建设规模,在原职工之家对面新装潢300多平方米,建立"场史馆"。依托祥云广场、职工之家等文化阵地举办各类活动,当年组织参加集团公司趣味运动会获得团体一等奖及单项一、二、三等奖的好成绩。

第二节 新滩盐场

2016年,新滩盐场下设制盐公司、养殖公司、电力公司、建筑工程公司、生活服务公司、水资源管理中心、社会事务管理中心、综合治理办公室、市政工程公司、副食品基地、职工医院11个直属实体或服务单位。机关设党政办公室、党群工作部、财务审计部、人力资源部、安全生产部、规划发展部6个职能部室。年内,以融入沿海开发、加快转型发展为主线,全力推进"开放、实力、特色、和谐"建设,实现"十三五"发展的良好开局。全年实现社会总产值4.14亿元,较同期增长21.28%;营业收入3641.36万元,较同期增长42.63%;生产原盐3.17万吨,起捕各类水产品总量3.2万

吨;在岗职工人均年收入4.4万元,比上年增长8.1%。安全生产、社会治安综合治理、计划生育达标。

新滩盐场场机关近景。 范业锋 摄

一、原盐生产

全场22个产盐单元,产盐面积733.33公顷。通过纳潮扬水、滩晒制卤、塑池结晶、机械收盐等工艺环节,年产盐量3万吨。注重考核管理,制定出台原盐生产考核奖罚方案,开展一系列小指标劳动竞赛,抓好制卤培咸、两季扒盐、和格压实、防汛抗灾、冬准修滩等工作,夯实生产基础。全场三级卤水总量9.14万立方米,3个单元完成全年产量超三成,2个单元结晶单产达到13吨。

二、开发建设

2016年,按照盐城市委、市政府加快盐田资源综合开发利用的总体要求,市新滩经济开发投资有限公司在盐场规划建设2266.67公顷临港产业园区,积极推进工业邻里中心、自来水厂等配套设施及路、桥交通网建设,建成"七路三桥",基本实现"七通一平",基本满足大企业入驻和产业链延伸所要求的基础配套,为吸纳项目落户、加快产业集聚、推进沿海崛起奠定基础。加大园区路网外延建设力度,成功纳入"县道网",为新滩产业园交通创优条件。海堤路纳入滨海百里海堤风光带规划,即将展开实施。路网、河道、小区均已实现绿化美化和景观配套建设,形成宜居宜业的良好环境。

三、水产养殖

全场养殖面积2940公顷,其中淡水养殖面积2600公顷、海水养殖面积340公顷。通过"公司+农户"发包经营

9月23日,新滩盐场现代渔业园签约仪式。
范业锋 摄

模式,与淮安通威、南通正大、连云港岗埠农场等单位合作,养殖品种主要为异育银鲫与花白鲢、草鱼、鳊鱼混养。注重服务管理,建立"新滩水产养殖"微信平台,推广无公害养殖,加强水产品养殖的全过程监管,督促养殖户完善生产日志和渔药使用等塘头记录,促进水产品质量安全水平持续提升,通过市县渔业执法部门检查验收。

四、服务产业

2016年,以服务园区开发、拓展增值产业项目为目标,推进高效渔业、生态养殖产业发展,规划制定高效渔业、农场基地建设方案。推进副食品基地建设,完善家禽圈舍等基础设施,适度扩大养殖规模,养殖家禽3000余只,种植小麦、大豆等农作物56吨,销售鱼类水产品1.42吨。发挥行业和人力资源优势,积极争取实施临港产业园、疏港航道沿线附属设施等小型工程50余项,增加企业效益。强化市政工程管理,做好路管网、设施及场区亮化工程的维护工作,为逐步配套园区服务奠定基础。

五、民生实事

持续投入民生工程建设,按计划落实年度环境改造、美化、清理等4大类20余项民生实事工程,新建社区水泥路、下水道、过河平桥、停车场、公共厕所、巷道路灯等一批基础设施,推进变电所扩容改造,改善了职工群众的生活环境。调增职工工资及"五险一金"投保基数,全场职工养老、医疗、失业、工伤、生育等五项保险参保率100%。注重社会保障,争取发放尊老金、金秋助学、重阳节慰问金等政策福利,组织职工健康体检,办理60周岁以上人员意外伤害综合保险和居民城镇、新农合医保1652人,发放春节困难职工群众慰问金16万余元。丰富文化生活,开展第五届"大众读书节",举办五一、国庆百姓广场晚会和首届盐田开发杯系列文体娱乐活动,提升职工群众的归属感和幸福感。

3月7日,新滩盐场职代会暨党委工作会议。
范业锋 摄

六、企业管理

围绕管理提质增效目标,结合工作重点和薄弱环节,开展原盐生产、生态养殖、管理机制、社会维稳等课题调研。加强全面预算管理,加大资金管控力度,严格实行物资市场比询价程序,有效节约企业资金支出。加大各项费用清收

力度，分工限期催收全场养殖池塘承包费，取得较好效果。制定出台《基建工程管理规定》，规范工程报审施工、验收审计程序。全面梳理土地矛盾，实行闲置面积责任增效管理，规范土地资源管理秩序。协助疏港航道建设做好施工矛盾协调工作，按期完成沿线涉及房屋拆迁和养殖池塘征收任务。加强人力资源管理定岗调配，严格劳动纪律考勤考核，建立以月度考评为主的绩效考核机制，促进企业管理效能不断提升。组织开展禁毒“雷霆行动”和环保专项整治工作，扎实推进安全生产“百日攻坚”活动，抓好烟花爆竹、加油站、液化气等经营点及道路交通专项整治，对查出的215项安全隐患逐一落实整改措施，维护和谐稳定的发展环境。

新滩盐场生产食用盐的海水盐池。

图说滨海港 ——快马加鞭不下鞍

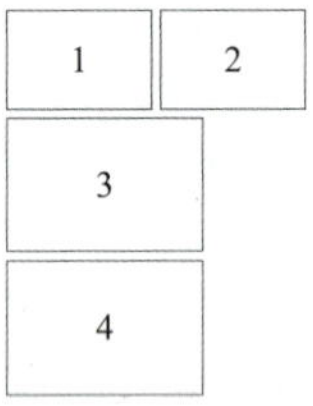

1 2月20日，建设中的滨海港月亮湾海滨浴场。 陈其龙 摄

2 10万吨级通用码头一期工程开港通航。 陈其龙 摄

3 滨海港干散货码头。 陈其龙 摄

4 国家电投协鑫滨海港火电厂。 陈其 龙 摄

第九篇

人物风采

第52章　人物简介

综　　述

本章共4节，按姓氏笔画排序，第一节新闻人物收录盐城市杰出人才候选人孙强，大国非遗工匠文化大使管峻，“中国好人”孙志秀、韩正海、缪格林，“江苏好人”徐振理，“盐城好人”梁加琪、徐晶晶，盐城杰出人才候选人孙强，大国非遗工匠文化大使管峻。第二节收录部表彰先进工作者李运全，省劳动模范陈建银、陈小勇、张蕾、张玉银、钱钦富、陶会玲、谭燕。市劳动模范丁淑萍、王为国、王俊斌、刘健、刘文杰、李显明、邱长兵、陈淑磊、张小航、张珍巧、徐厚良、胡峻海、嵇雷、简贵群、董仁花、蒯刚。第三节收录滨海年度部分人物故事，其中杨东是补录人物。第四节收录逝世人物周崇华、季德贵、顾正岚，按逝世时间排列。

第一节　新闻人物

一、盐城杰出人才候选人

孙　强　1963年6月出生，滨海县人，北京协和医院乳腺外科主任、教授、博士生导师，中国研究型医院协会乳腺疾病分会主任委员，北京乳腺病防治学会学术工作委员会主任及外科专业委员会主任委员，中国老年肿瘤学会乳腺癌专委会主任委员，北京医师协会乳腺疾病专家委员会侯任主任委员，中国微循环学会常务理事。

他从1988年起专业从事乳腺疾病的诊治和研究，对乳腺疾病诊治有丰富经验，累计主刀乳腺癌手术6000余例，近年来每年乳腺癌手术量超过600例。他改进手术方法，曾有15分钟内完成乳腺癌改良根治术的手术现场演示，目前基本可在20分钟内完成乳腺癌改良根治术。他主持和承担多项国家重点科技项目，目前正主持承担国家科技部“十二五”科研课题“建立适合中国国情的乳腺癌筛查模式”，北京市科委重大专项等多项乳腺癌研究课题，发表SCI论文多篇。2016年12月被推选为“中国因你而精彩·盐城杰出人才”评选候选人。

二、大国非遗工匠文化大使

管　峻　1964年出生，滨海县原界牌乡人。1983年，应征入伍。1987年，进南京艺术学院进修书法。1988年，考取南京艺术学院美术系中国画专业，获文学学士学位。作品先后入展全国第三、四、六、七届中青展，首届新人新作展，首届行草书大展，首届、第二届正书大展，首届扇面展，首届、第二届楹联展。曾获首届中国书法“兰亭奖”创作提名奖，在第四届中青展、第七届全国展、首届行草书展、全军书法展、江苏省书法展中获大奖。作品被辑入《中国现代美术全集·书法卷》《当代书法家作品集》。曾任全国青联委员、江苏省青联常委、江苏省首届德艺双馨艺术家、中国书法家协会会员、中国书法家协会国际交流委员会委员、中国书法家协会理事、江苏省青年书法家协会副主席兼创作委员会主任、江苏省国画院副院长等职。现为中国艺术研究院中国书法院院长、中华文化促进会主席团成员兼书画委员会主任，国家一级美术师。他先后被评为全国十大青年书法家第一名、全国书法十大年度人物、中华文化十大年度人物等，其书法作品先后荣获中国书协举办的各项书法活动全国奖、创作奖、最高奖等奖项。在书法家中，他不是专长一种字体，真、草、隶、篆、行，他诸体皆备，获得中国书法界奖项的大满贯。他注重中国传统人文精神，以虔诚的心性守望传统，孜孜不倦地追寻传统艺术的古雅与神韵。他的楷书遒美精绝，草书凝炼逸达，隶书古色古香，行书灵动安详。书法创作之余也兼擅工笔人物、花鸟，笔意翩翩，脱尽俗态，有高逸出尘之致。他学书唯勤、养心唯静、做人唯诚，喜爱书画出于本真。2012年，应北大方正邀约，管峻按方正字库GBK编码完成一万多字的创作，成为全国中青年书法家中以楷书走进方正字库第一人。“管体”楷书，在全国范围内被推广应用。2016年11月17日，“中国非物质文化遗产传承中心筹备仪式暨《国家级非物质文化遗产巡礼》丛书发行仪式”在北京人民大会堂举行。10位文化名人获评“大国非遗工匠文化大使”，江苏滨海人、著名书法家管峻成为书法界唯一入列的“非遗大使”。

在会上，全国政协副主席、北京非物质文化遗产发展基金会荣誉理事长刘晓峰作题为《宣传大国非遗工匠精神　弘扬中华民族文化》的讲话。他和与会嘉宾向于魁智、马未都、冯远、刘岩、苏叔阳、周涛、姜昆、殷秀梅、高希希、管峻10位文化界名人颁发“大国非遗工匠文化大使”聘书。10位文化名人,均为各个文化艺术领域具有实力和影响力的代表性人物。

三、中国好人

孙志秀　女,1957年12月出生,滨海县人。2016年4月25日13时许,孙志秀像往常一样正在屋前干活。突然,她4岁的小孙子跑回来,拽着她的衣服大哭。问其原因,才知道原来是一个叫洋洋(化名)的男童掉进水里了。一听这话,孙志秀赶紧停下手中的活,跟着孙子跑到30米开外一个池塘边,看到一个小孩正漂在水面上一动不动。孙志秀一边加速冲向池塘,一边大声呼救。由于坡度大,到了池塘边,她直接跳了下去,从河里救起小孩。很快,听到呼救的群众赶了过来,周围群众将孩子接上平地后,又将她从池塘里拉了上来。她上岸后将孩子架在肩膀上,来回奔跑10几分钟后,才颠出溺水男童腹中的水,孩子“哇”的一声哭出声来。小孩送医院检查后,确定已经脱离生命危险,孩子母亲感激不已。为了救小孩,孙志秀浑身湿透、感冒发烧,手机也因进水,不能使用。有人问她当时感到害怕吗?她说:“我根本没有考虑那么多,那是一条命呢!”她的善行义举在滨海县引起强烈反响,危急时刻挺身而出,置生死于不顾,救人事迹感人至深。2016年9月,孙志秀被推荐当选为见义勇为类“中国好人”“江苏好人”“盐城好人”。

韩正海　1968年7月出生,滨海县原淤尖乡友爱村人,江苏苏盐阀门集团董事长。贫苦农民出身韩正海长期热心于社会公益和慈善事业。公司创建21年来,为社会公益事业无偿捐赠人民币1000余万元。韩正海先后获评江苏省劳动模范、省首届“十大诚信标兵”、全国“孝亲敬老之星”“中国好人”等称号。自1996年至今已连续21年,每逢春节,他和爱人郑耕云都要准备棉被、新衣、过年吃的食品及压岁钱,一起到滨海港经济区敬老院慰问集中供养的80多位孤寡老人,为他们送上节日的温暖和新年的祝福。近6年来,他每次到敬老院慰问结束后,还要分别来到自己的家乡友爱村及周边4个村看望慰问80多位困难户和1949年前老党员,并给各户送上物品和现金。2011年起,连续三届“中国·滨海泵阀节”,他每次都赞助50万元。他先后多次支援县里教育、体育、文化及拥军等社会事业80万元。连续8年协办全县乒乓球比赛。捐资20万元帮助滨海中学建成一座教学实验室。2013年,捐款5万元举办滨海县首届“淮剧艺术节”和海军“盐城舰”下水贺礼。2014年,他出资10万元协助多部门开展滨海县“首届孝亲敬老之星”评选表彰和慰问驻地部队通信兵站、武警中队、消防大队。近3年来,他还累计向县公安局“见义勇为”基金会捐献30万元,专门用来褒奖全县在见义勇为方面做出突出贡献的单位和个人。针对公司困难职工多,他在建立员工档案基础上,着重对家庭困难人员,特别是人均生活水平低于当地城镇居民最低社会保障标准的困难家庭;因患病、交通事故、自然灾害造成巨大经济损失的困难家庭;长期患病,医药费支出较大的困难家庭;因子女求学,造成收不抵支的困难家庭等,建立翔实的困难人员档案,进行定向资助。2016年1月中旬,韩正海携子赴韬奋希望小学,向11名贫困学生每人送上500元助学金和价值200元的书包和文具等。

缪格林　女,1989年4月生,滨海县人。毕业于扬州大学园林专业,2011年通过江苏省公务员考试进入滨海县公安局。曾在滨淮派出所担任户籍民警,现在网络安全监察大队担任内勤一职。缪格林在做好本职工作的同时,利用“微博”新媒体沟通桥梁,为警民交流搭建平台。2012年7月,她通过注册新浪个人微博“@喵喵小女警”,发表《喵喵小女警系列》原创警民漫画,不断参与防范宣传,得到广大网友的好评与追捧,并在新浪微博发布的《2012年第三季度政务微博报告》中获得“公职人员微博影响力季度飞跃奖”第一名,成为活跃度、传播力、覆盖度等方面微博影响力上升最快的公职人员微博,有粉丝5500余人,发表博文1000余条,转发量和评论数均达到1万余条。2012年12月,被特邀作为盐城市义务普法员,还被《新华日报》《扬子晚报》《现代快报》等多家媒体争相报道,并在《盐城晚报》开设有“漫说防范”漫画专栏。《人民公安报》《中国青年报》《新华日报》《中国新闻网》《中国警察网》《人民网》《新浪网》《搜狐网》《雅虎网》《法制网》《凤凰网》等多家媒体对缪格林的事迹、微博进行跟踪报道。《人民公安报》《中国警察网》《盐城晚报》等媒体还与她合作创办栏目,传播平安知识。2012年,缪格林获得新浪微博三季度“公职人员微博影响力季度飞跃奖”第一名。被评为2012年全市公安宣传工作先进个人,2012年县三八红旗手,盐城市法宣办聘为市义务普法员。2013年1月,被中国互联网协会主办的网站评选为“2012年度十大网络安全卫士”。5月,个人微博“@喵喵小女警”被公安部表彰为“全国公安机关成效突出的民警个人工作微博”;11月2日,缪格林被确定为“盐城最美警察”候选人;11月20日,缪格林被推选为“江苏最美警察”评选活动候选人,江苏公安青春警星,省公安厅二等功一次。参加公安系统组织的书画比赛,获盐城市公安局“迎接十八大、警营铸忠诚”作品征集评选活动二等奖,获2012年盐城“六五”普法书画比赛二等奖。2013年,被评为全省公安系统巾帼建功标兵,江苏好人;10月,入选“中国好人榜”敬业奉献类候选人。

四、江苏好人

徐振理　1961年3月出生,滨海县人,高中学历。2016年被评为江苏好人。1978年12月至1983年1月,

在总参工程兵部做文书,1983年3月至今,在滨海县天场镇任民政室会计。为了摸清新四军在家乡的红色脉络,他到北京八宝山革命公墓、赣榆县抗日山烈士陵园、淮安市大胡庄烈士陵园、镇江市北固山烈士陵园等众多烈士陵园学习收集和印证相关历史资料。在日常工作中,他为42位烈士寻找亲人,为36位烈士修缮坟墓、撰写碑文、树立纪念碑,为120多位烈军属修建新房近300间。撰写的《一部〈家史〉揭开日军滨海烧村暴行》《新四军24团创建在天赐场》《新四军八旅草棚里的党代会》《血战黄海》《将军情定盐阜区》《儒将雪三盐阜征程》《新四军中姐妹花》《血染阜东》等一批研究成果,分别填补国共两党抗日史、八路军、新四军抗日史的空白,引起海峡两岸抗战将士的高度关注。他撰写的抗日研究论文、收集的实物先后被国内多家文博、档案单位珍藏。他编撰的新四军将士在滨海文集《山阳涛声》已达16万字、整理镇江籍烈士解舜臣在阜东抗日殉国的故事《血染国土》8万字已近完稿。2011年,被滨海县委宣传部、县文明办评选为“滨海好人”;2013年1月,中共盐城市委、盐城市人民政府、盐城军分区联合表彰徐振理为“关心支持国防建设十佳公民”;江苏省新四军研究会接收他为会员;盐城市新四军研究会选举他为理事。

五、盐城好人

梁加琪　1964年9月出生,滨海县人。1984年6月毕业于盐城师范学院物理系,1984年8月参加教育工作,1991年加入中国共产党,多年任教高三毕业班。1995年,任教的高三(2)班先后有十几名学生考入空军飞行学院,学校受到南京空军司令部和省教委的表彰。2008年11月初,他被确诊为癌症,坚持工作,任教的高三(8)有两名同学考入清华大学。教学风格独特,成为同行学习的标杆。先后上网交流优秀教学课件30多篇。制作的“波的衍射教学课件”获省教研室二等奖。担任《江苏名校新课标教学案高中物理(3—5)》副主编,担任《导与练(3—2)》副主编,论文《物理教学中渗透学法指导的实践与思考》获市一等奖、省二等奖。他指导的青年教师祁烨、李志国分别获得2006、2008年度省青年教师基本功竞赛一等奖;参与全国中学生物理竞赛辅导,有近50人次获得省物理竞赛一等奖,近300人次获得省物理竞赛二等奖。2002年,被评为中学物理高级教师,中国物理学会会员。多次被评为县优秀共产党员,县优秀教育工作者。2016年1月,被市文明办,市教育局,盐阜报业集团联合表彰为2015年度“最美盐城教师”。2016年6月,被滨海县委宣传部表彰为“美丽滨海人”。2016年11月,被盐城市宣传部市文明办联合表彰为“盐城好人”。

徐晶晶　女,2002年12月生,滨海县人,滨海第一初级中学西湖路校区九(6)班学生。曾担任班级学习委员、生活委员。她家境贫寒,但勤劳能干、乐观坚强、乐于助人。在学校里,她是成绩优秀、乐于助人的好学生。课堂上她认真听讲,积极思考,不懂就问,作业从不拖拉,学习成绩一直名列前茅。年年被评为“三好学生”“优秀学干”。下课了,主动帮助残疾同学高逸凡。和她同岁的高逸凡小时候患脑瘫,下肢绵软无力,基本不能独立行走,上厕所、外出活动成了一大难题。从小学开始,徐晶晶就经常主动与高逸凡沟通,每有需要,就背着高逸凡,就这样一背就背了几年。2010年,当听到青海玉树发生大地震时,她立即收拾家中的衣服,洗净捐献,并省下自己的零花钱,向地震灾区捐献100元钱,还为灾区的学生们制作“爱心卡”。她爱护公共财物,保护生态环境,从不乱扔一片垃圾,从不践踏一草一木。她还在学校组织“环保小卫队”,将垃圾都收集起来,送到回收站。她曾多次被学校评为“环保小卫士”“节能小标兵”。2014年被滨海县宣传部、文明办评为“滨海好人”,2015年被滨海县文明办、团县委、志愿者总会授予“滨海县最美志愿者”称号,2015年被盐城市教育局、团市委、关工委、法学会评为“盐城市崇德守法好少年”。2016年,被推选为“盐城好人”,获“感动江苏教育人物——2016美德学生”提名奖。

第二节　先进模范

一、部表彰先进工作者

李运全　1970年出生,江苏盐城人。高中文化,中共党员,江苏省华宝纺织有限公司前纺车间设备主任。1987年参加工作,2003年被评为盐城市劳动模范、2004年被评为盐城市新长征突击手、2013年被评委滨海县优秀共产党员、2016年7月被评为全国纺织行业劳动模范。先后组织和参与精梳落棉、精梳条干、梳棉落棉、成纱重不匀、成纱条干差异等质量技术攻关,使得华宝的精梳成纱综合指标保持在乌斯特2013公报5%水平以内,设备完好率由原来的70%提高到现在的99%,并获得5项实用新型专利,处于同行业领先地位。

二、省劳动模范

陈建银　女,1969年11月出生,滨海县人。中共党员,大学本科学历,高级教师,江苏省第十三届党代表,江苏省劳动模范。1986年9月~1989年8月毕业于江苏省阜宁师范学校。1989年9月参加工作。1989年8月~1992

年8月,在滨海县通榆镇中心小学任教。1992年8月~2007年8月,任滨海县第二实验小学教师、教务处主任。2007年8月~2010年8月,任滨海中学附属双语小学校长。2010年8月至今,任滨海县永宁路实验学校校长、党支部书记。她以建设"和雅"校园文化为统领,构建交通模拟道路,建设"平安校园";设计"一日十评""晨操四个一"活动,塑造"礼仪校园";建设各类学生社团,提升学生整体素质,培育"艺术校园";主持省级课题,开展"诗文读创习诗育人"的特色研究,编写出版《小学生经典阅读范本》,营造"诗意校园";她以"二段一列"式备课改革,推广"五化"课堂模式,助推教师专业成长;她设计建设经典长廊、诗林、体艺中心等校园物质环境文化,提升学校育人品位;她坚守做人底色,营建清风校园。学校先后获得"江苏省平安校园""江苏省校园文化建设特色学校""江苏省廉政文化建设示范点""江苏省绿色学校""江苏省健康促进学校""盐城市基础教育课程改革先进校""盐城市内涵建设先进学校""盐城市小学教育教学管理示范校""滨海县文明礼仪教育示范学校"等270多项集体荣誉,学校连年获得"滨海县教育工作先进集体""滨海县教学工作优秀奖"。其本人先后获得中国教育学会"德育工作先进个人""江苏省先进工作者""江苏省五一劳动奖章""江苏省五一巾帼标兵""盐城市优秀教育工作者""盐城市基层勤廉干部"、滨海县"优秀共产党员"等荣誉称号。2016年,被评为江苏省劳动模范。

陈小勇　1965年1月出生,浙江省杭州市人。中共党员,本科文化,江苏吉华化工有限公司董事长,高级经济师,江苏省劳动模范。1977年9月~1979年7月,浙江省萧山县中学初中部读书。1979年9月~1981年7月,浙江省萧山县中学高中部读书。1981年9月~1984.7月,浙江工业专科学校读书。1984年7月~1990年2月,浙江全首水泥有限公司任企管科科长等职。1990年3月~1992年6月,浙江吉华集团企管科科长、办公室主任。1992年7月~2004年11月,浙江吉华集团副总裁。2000年9月~2002年10月,浙江商学院读工商管理函授大学学习,取得大学本科学历。2004年12月至今,任浙江吉华集团股份有限公司副总裁、江苏区总监,兼江苏吉华化工有限公司董事长、党委书记。2008年3月,被评为盐城市优秀企业家;2009年7月,被评为盐城市优秀共产党员;2010年5月,被评为盐城市劳动模范;2012年3月,被评为盐城市优秀企业家;2012年~2014年,连续被评为滨海县先进个人;2014年2月,被评为滨海县最美纳税人。2014年、2015年,企业入库税收连续两年超过2.5亿元进入盐城市前五位。他还热心慈善事业,累计捐赠款物200万元以上。2015年12月,被评为盐城市节能工作先进个人。将一个管理混乱、效益低下、事故频发的中小企业建成年销售收入和入库税收连年居滨海县第一位的国家中型企业,员工收入年均增涨10%以上,"五险一金"缴费率达100%。2015年销售额达18亿元,入库税收超2亿元,成为滨海县的支柱型企业。2016年,被评为江苏省劳动模范。

张　蕾　女,1984年6月生,滨海县人。大学学历,中共党员,滨海县人民医院手术室护士长。盐城市第七届党代表,江苏省先进工作者,江苏省"五一"劳动奖章获得者,江苏省劳动模范。1996年7月~1999年7月,就读于坎南中学。1999年7月~2002年7月,就读于五汛中学。2002年7月~2006年7月毕业于武汉工业学院医学院。2006年7月~2008年8月,滨海县人民医院普外科工作。2007年,被评为滨海县人民医院先进个人。2008年8月至今,在滨海县人民医院手术室工作。2009年,被评为滨海县人民医院操作能手。2010年3~5月,盐城市第一人民医院手术室进修。2012年7月,无锡市第一人民医院手术室进修。2012年,被评为滨海县人民医院先进个人、"五一"劳动模范。2013年,获得江苏省"五一"劳动奖章。2015年8月,在南京中大医院手术室进修。2015年,被评为滨海县人民医院优秀共产党员。2016年,被评为江苏省劳动模范。

张玉银　1965年1月出生,滨海县人。中共党员,高中文化,江苏万恒铸造有限公司车间主任,工程师,江苏省劳动模范。1978年9月~1980年8月,就读于滨海县界牌中学初中部。1980年9月~1983年8月,就读于滨海县陆集中学高中部。1983年8月~1988年7月,在滨海县界牌乡东兴村务农。1988年7月~2003年2月,滨海县精密铸造厂车工、模具工。2003年2月~2013年5月,江苏万恒铸业有限公司检验员。2013年5月至今,任江苏万恒铸业有限公司模具车间主任。多年来研发任务一直处于超饱和状态,积极主动和客户沟通,提供优化方案和建议,为公司培养多名技术骨干,为公司的可持续发展作出应有的贡献。多次被评为滨海县经济开发区工业园先进工作者、公司先进工作者,2011年与另两位技术人员一起获得3项实用新型专利。2013年,被评为盐城市劳动模范。2016年,被评为江苏省劳动模范。

钱钦富　1968年9月出生,滨海县人,中共党员,大专文化,陈涛镇新滩村资金合作社社长、农艺师,江苏省劳动模范。1974年9月~1978年7月,在陈涛乡新滩小学读书。1978年9月~1981年7月,在陈涛中学读初中。1981年9月~1983年7月,在陈涛中学读高中。2003年5月~2005年7月,中央广播电视大学函授,乡镇管理大专。

1988年2月～1992年8月，在陈涛乡农科站工作。1992年9月～2001年11月，任陈涛乡新滩村青年书记、经合副主任。2001年12月至今，任陈涛乡新滩村主任(其中2005年1月至今，任陈涛乡新滩村党总支书记)。2011年4月至今，任陈涛镇党委委员。他带领干部群众实施以企兴村战略，协助镇创办66.66公顷的民营创业园，建成厂房15000多平方米，修建道路3700米，使园区具备承载能力，已入园项目8个，年入库税收近700万元，转移劳动力2400人。发挥村“两委”的双带作用，先后创办烟道厂、养鸡场，引进1个皮草加工厂，帮助本村72个农民“拿工资”；组织270人(次)至上海、苏州、无锡等地打工，人均收入8000元以上。坚持民生为本，办好实事。加快中心村建设，多方筹资1.1亿元，新建幸福大街，目前已铺设水泥路1.8千米，建成商住楼41幢。加快村容建设步伐，积极多方争取资金1190万元，组织疏浚沟河2800米，挖土1.3万立方米；修建防渗渠道3600米，改造电排灌站15座，新铺水泥路5.2千米。并积极争取省扶贫项目，兴建丁庄中心路等5条组内道路，得到群众赞誉。坚持产业为要，转型突破。在村内建设示范种植基地10公顷，新建粉丝加工基地1个，打造“陈涛牌”山芋粉丝品牌，带动村内12户发展山芋种植加工，亩平均收入4200元以上。主动为本村农民发展经济出主意、想办法，为全村27个农户发家致富想出“金点子”32个，发展白鹅养殖等特色产业。严格按照政策，创办新滩村农民资金互助社，为农户解决资金困难200多万元，有效地促进村域经济的发展。先后被县委县政府表彰为先进个人、优秀共产党员、新农村建设十佳标兵、十佳双强型村书记、人口与计划生育先进个人、共产党员优秀工作者、优秀村支书，被市委评为脱贫攻坚先进个人、市劳动模范，被省委组织部、省委宣传部评为“吴仁宝”式村支书。2007年、2012年，分别当选为十三届、十四届县人大代表。2016年，被评为省劳动模范。

陶会玲　女，1967年12月出生，滨海县人，高中文化，中共党员，江苏省华宝纺织有限公司细纱车间主任、高级技师，江苏省劳动模范。1987年3月～1990年3月，上海国棉二厂细纱挡车工。1990年3月～1997年6月，江苏省华宝纺织有限公司细纱车间教练。1997年6月～2003年12月，江苏省华宝纺织有限公司细纱车间主任。2003年12月～2007年10月，江苏省华宝纺织有限公司生产部总教练。2007年10月至今，任江苏省华宝纺织有限公司细纱车间主任。1987年3月，被送到上海国棉二厂培训，她白天在车间勤学苦练，晚上回到宿舍学习理论知识，将带回的纱条对照书本重温白天教练传授的动作，练手势、练速度，技术进步非常快，以优异的成绩提前出徒，并且达到行业规定的看台定额标准，熟练掌握纺纱操作技能。1988年，被厂里评为“纺织新秀”(100多名学员中唯一的)。在上海国棉二厂举办的青工操运会中，她一举夺魁，获得厂青工状元称号。1990年3月，被公司提拔为细纱车间教练员，在担任教练员期间，根据企业特点，她自编一套培训教材，亲自参与理论讲课，耐心的向新学员传授自己成熟的理论和实践操作经验，手把手的教，反复纠正她们不规范的动作，使新学员操作技术水平短期内得到快速提高。她累计培训员工600余人，车间优一级手率由原来的50%左右提高到后来的90%以上，技术素质名列全市前茅。她先后获评市“技术能手、五一创新能手、最佳操作能手”称号，和市“五一”劳动奖章的殊荣。其本人也因此被评为“最佳教练员”。1997年，被提升为车间主任，累计向公司提出合理化建议30余条，为企业降本增效500余万元。所在车间班组多次获县“青年文明号”，县“三八红旗班组”称号。她连续多年被评为先进个人、“盐城市岗位明星”文明职工、“五一”巾帼标兵、劳动模范等称号。2016年，被评为江苏省劳动模范。

谭　燕　女，1974年7月出生，滨海县人，中共党员，大专文化，滨海县谭燕草鸡专业合作社理事长，江苏省劳动模范。1988年9月～1991年6月，陆集中学初中部读书。1991年9月～1994年6月，陆集中学高中部读书。1994年7月～1996年8月，滨海海滨商场营业员。1996年9月～2004年8月，海南个体经营。2004年9月～2005年12月，上海养殖场工作。2006年1月～2007年4月，在滨海务农。2006年至今，任谭燕草鸡专业合作社理事长。2007年，被评为县十佳创业之星。2008年，被选举为滨海县政协委员，谭燕草鸡专业合作社被评为十佳合作社。2009年，被评为优秀政协委员。2010年，获评市巾帼创业明星。2011年，被评为滨海县十大魅力女性。2010年3月～2012年7月，中南大学网络教育工商管理学习。2013年4月，被评为盐城市劳动模范。2016年，被评为江苏省劳动模范。

三、市劳动模范

丁淑萍　女，1974年8月出生，滨海县人，中共党员，本科文化，滨海县信访局办信科科长。丁淑萍在工作中真正做到把信访群众当家人对待，她的工作也受到了领导和同事们的充分肯定和高度好评。2012年1月，被县委、县政府表彰为2011年度全县目标任务绩效考核先进个人。2012年12月，被县委、县政府表彰为2012年度滨海县维护社会稳定工作先进个人。2013年2月，被县委政法委表彰为2012年度优秀平安建设指导员。2016年2月，被县委县政府表彰为2015年度先进个人。2016年5月，获评盐城市劳动模范。

王为国　1968年5月出生，滨海县人，中共党员，大专文化，江苏玉醍醇酒业有限公司经理，高级经济师。王为国担任江苏玉醍醇酒业有限公司经理，截至2016年5月，公司累计向当地社会福利事业无偿捐款超过100万元。玉醍醇酒业公司先后获得省、市和国家部门及行业授予的“AAA级重合同守信用企业”、盐城市“优秀民营企业”。个人也相继获评盐城市“先进工作者”、市“优秀企业家”、盐城市“五一”劳动奖章等各类称号12项。2016年5月，获评盐城市劳动模范。

王俊斌　1966年11月出生，大丰市人，中共党员，研究生学历，盐城市滨海地方税务局局长，税务师。他把依法组织收入视为“天职”，为全县经济社会发展做出了重要贡献。积极建言献策，撰写的“三线城市盐城市对‘五改二’房产新政落实情况的专项调查”等7篇调研信息被国务院办公厅采用，其中4篇调研信息被国务院领导批示。在盐城市局及全县综合绩效考核中分别列全市地税系统第二名、全县条管单位第一名。2016年5月，获评盐城市劳动模范。

刘　健　1977年11月出生，滨海县人，中共党员，大专文化，滨海县农业干部学校校长。刘健坚持以农业增效、农民增收为主线，以拓展培训效能、做实惠农项目为手段，深入开展了农业科技推广普及系列活动，取得了显著成效。拟订适合滨海县各镇区产业布局特点的农民培训菜单60多项，推广新技术40多项，打造的“六大学堂”得到农业部肯定，市委朱克江书记亲临视察并给予高度评价。2016年5月，获评盐城市劳动模范。

刘文杰　1970年8月出生，滨海县人，中共党员，专科以下文化，滨海县自来水有限责任公司安装公司经理，助理工程师。刘文杰担任滨海县自来水有限责任公司安装二分公司经理期间，多年来，认真钻研业务，严格规范施工，时刻注重工程质量控制和现场施工安全管理，安装各类管道60千米无质量问题。家庭中是孝子。他十多年如一日，悉心照顾生活不能自理的老父亲，事迹感动邻里乡亲，在全县产生强烈反响，2015年，获评县孝老爱亲十佳个人。2016年5月，获评盐城市劳动模范。

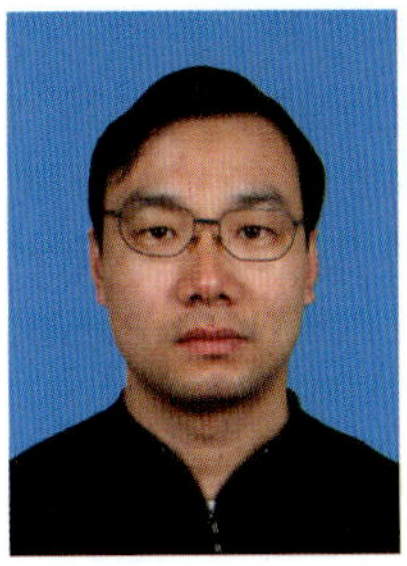

李显明　回族，1981年1月出生，滨海县人，民建会员，江苏清泉化学股份有限公司副总经理，高级工程师。李显明是中国科学院大连化学物理研究所博士、浙江大学博士后、高级工程师，主要承担并完成“中国博士后科学基金特别资助项目”和“浙江省自然科学基金”等多项国家和省部级科研项目，发表高水平SCI论文20篇，EI论文8篇，申请发明专利7项（授权5项）。2013年，获评“盐城市创新创业领军人才”。2014年获评江苏省双创博士。2015年，获评江苏省双创人才。2016年5月，获评盐城市劳动模范。

邱长兵　1964年12月出生，滨海县人，群众，中专文化，滨海县生活垃圾压缩站站长。从事环卫工作10年，从路面清洁、垃圾收集到进入压缩垃圾工作，在苦、脏、累的环境中，在滨海县省级文明城市创建中，他10年如一日，无怨无悔地默默奉献。在平凡的岗位上创造了不平凡的业绩，用辛勤的汗水换来了鲜花和掌声。他先后被评为市“环卫先进工作者”、“滨海好人”、“五一”劳动奖章、“道德模范”等称号。2016年5月，获评盐城市劳动模范。

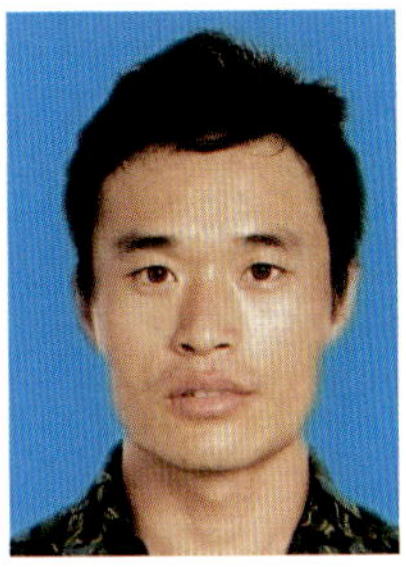

陈淑磊　1981年10月出生，滨海县人，中共党员，大专文化，盐城瓯华化工有限公司安保科长，注册安全工程师。他在全国危化品企业推进安全标准化建设中对照规范仔细梳理现场，对不符合要求的安全设施、警示标识等进行整改，于年底通过三级安全标准化认证；其次提高水资源利用率，将精制真空泵循环水、还原尾气吸收液、软化工段高硬度水套回车间使用，每年可节约新鲜水10万吨。2016年5月，获评盐城市劳动模范。

张小航　1976年3月出生，上海浦东新区人，群众，博士，江苏恒盛化工有限公司副总经理，总工程师。自2013年任职以来，主持研发的“吡啶定向氯化技术及清洁生产工艺”已经实现产业化，项目整体水平处于国际先进，国内领先，现已申请发明专利4项。2014年度获得“盐城市创新创业领军人才”称号。2016年5月，获评盐城市劳动模范。

张珍巧　女，1982年2月出生，江苏宿迁人。中共党员，本科学历，城北派出所社区警务队副队长，机关事业人员。2002年7月，毕业于江苏警官学院治安管理专业。同年8月，分配到滨海县公安局机关工作。2012年，她主动申请从县公安局机关调到派出所工作，成为一名基层社区民警。她认真学习业务技能，研究吸收各地优秀社区民警先进经验做法，热情为群众分忧解难，帮助20年无户口老人补办户口，为刑满释放人员解决生活困难，悉心照顾多名社区孤寡老人和孤儿（单亲儿童）。2013～2015年连续三年被评为全市优秀社区民警，先后被评为盐城市公安青年岗位能手，盐城市十佳女警，盐城市优秀政法干警，第三届"盐城最美警察"，荣立个人三等功一次。创建滨海县公安局青年志愿者服务队，滨海县爱心公益慈善会等公益团队，常年开展公益活动；联系江阴"香樟树"等外地公益组织到滨海助学，为滨海县小沃、广垛民族等6所学校200余名贫困学生捐资助物，帮助正红镇鲁庄小学修葺校舍，添置课桌讲台等教学用具。为社会弱势群体募集捐赠款物30余万元，个人直接帮扶资助20余名贫困学生，经手和牵线助学的寒门学子多达246人；看望慰问敬老院、社区孤寡老人高达千余人次；为3000多学生讲授安全防范知识。2016年，被评为盐城市劳动模范。

徐厚良　1969年12月出生，滨海县人，群众，高中文化，江苏奕帆农业科技股份有限公司总经理。高中毕业后，他先在村中务农，后外出务工，致富后回到家乡。2002年，创立江苏省玉库工贸有限公司，担任江苏奕帆农业科技股份有限公司董事长、总经理。2012年，被滨海县总工会授予五一劳动奖章。2015年3月，公司改制为江苏奕帆农业科技股份有限公司，同年7月在上海股权托管交易中心E版成功上市。公司是滨海县规模最大的大米加工企业，被认定和评为"江苏省农业产业化重点龙头企业""江苏省民营科技企业"。公司坚持走"企业＋基地＋农户"的产业化发展模式，整合滨海水稻产业资源，建有3666.66公顷优质水稻种植基地，积极发挥龙头企业带动作用，通过构建产业化合作平台，促进农民增收，农业增效，基地带动农民达4000多户，年促进农民增收达1000万元以上，在推动农业产业化建设，带动农民增收，开拓滨海大米品牌知名度上，做出了显著的成绩，解决了滨海县大米产业发展不强，经济效益不高的现状，对滨海县大米产业发展有着深远影响。2015年公司销售收入达1.97亿元，年创利税2300万元。是滨海县规模最大的大米加工企业。2016年5月，获评盐城市劳动模范。

胡峻海　1976年8月出生，滨海县人，中共党员，专科以下文化，滨海伟新时装有限公司车间主任，高级技

工。多年来坚持在自己的工作岗位上努力钻研生产技术，为企业建设做出较大贡献。他注重精细管理、科学管理、不断实现工作创新，不但为企业节约大量人力物力，而且提高产品质量，使生产流程更先进、更科学，促进提高企业市场知名度，2012年4月，获评滨海县劳动模范。2016年5月，获评盐城市劳动模范。

嵇　雷　1976年3月出生，滨海县人，中共党员，大学本科，滨海港经济开发区副书记、副主任。嵇雷先后在樊集乡、沿海工业园、滨海港经济开发区从事产业招商和项目服务工作多年，围绕滨海港"能源港、产业港"的定位，认真研究参与制定切合滨海港实际的招商方向。曾被县委、县政府表彰为"十佳招商能手"。2016年5月，获评盐城市劳动模范。

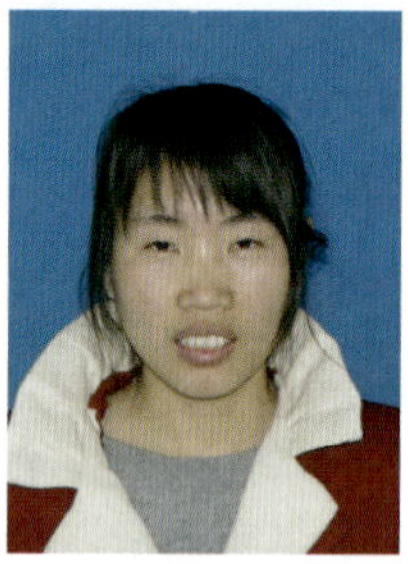

简贵群　女，1983年10月出生，湖南省隆回县人，群众，大专文化，江苏日明消防设备有限公司车间主任，她在公司内带领员工不断学习和加强员工个人素质培训，始终把企业发展为前提，以职工为本开展工作：教育职工忠诚企业，按规程操作，杜绝违章，开展"我同企业共发展"质量在我心中、质量在我手中，争当优秀职工，争当质量标兵等活动，帮助车间领导改进工作方法，不采取过激语言，努力创建企业与职工鱼水情和谐环境。2016年5月，获评盐城市劳动模范。

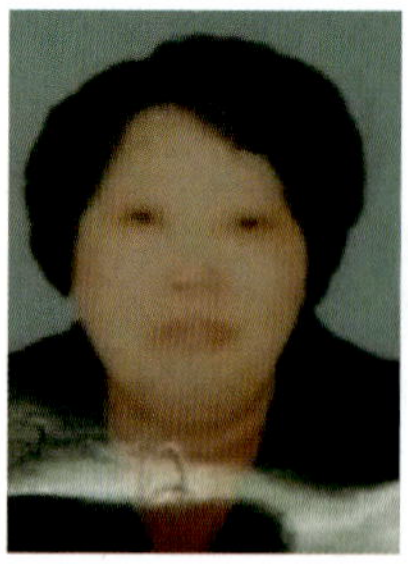

董仁花　1958年3月出生，滨海县人，中共党员，大专文化，滨海县东坎镇广垛菜牛专业合作社理事长。董仁花根据科学发展观要求，立足本地资源优势，认真谋划积极探索发展的新思路和新举措，大力发展回民菜牛养殖，以大户规模养殖带动贫困户，搞分散养殖，贫困户户平养牛5头以上，使贫困户当年养殖都能脱贫致富。全县县城及乡镇都有专业合作社成员经营菜牛屠宰销售点，2015年合作社当年产值5000万元以上，纯收入1500万元。2016年5月，获评盐城市劳动模范。

蒯　刚　1983年7月出生，滨海县人，中共党员，大专文化，滨海县大林养猪专业合作社董事长，初级兽医师。蒯刚成立滨海县大林生猪专业合作社成立以来不

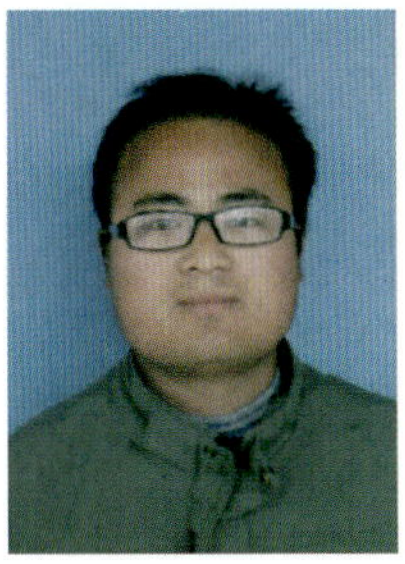

断发展完善，由原来的 8 个成员发展到现在的 191 个成员，免费加工饲料，运送饲料，全程防疫服务，统一销售，解决他们养殖的投入资金和养殖上的困难，使贫困低收入户人均增收 2000 元以上，加快脱贫致富。2016 年 5 月，获评盐城市劳动模范。

第三节　滨海故事

讲述滨海年度故事，传递滨海爱心美德。2016 年，发生在滨海人身边的年度故事，是令人鼓舞、感人至深、催人奋进、追梦前行的强大思想武器。他们只是滨海人身边平凡的一群人，没有什么惊天动地的丰功伟绩。一次次践行道德的义举、传递道德的力量，让他们有了一个共同的称谓：好人。他们用真情感动滨海。在他们身上，体现出助人为乐、见义勇为、无私奉献、孝老爱亲、热心公益的时代典型。他们就工作、生活在我们身边，他们的事迹朴实感人，可敬可学，他们是当今中国社会公民的主流，是中华民族传统美德和时代精神的践行者与塑造者，是引领社会风气的中坚力量。“年度故事”带我们走近滨海大地上涌现出来的好人，用心感受这座海滨小城独有的道德沃土，真诚聆听普通人的真情故事。本节选录的年度故事是《滨海新闻网》《滨海日报》刊载的原文缩写。

杨　东：用热血为生命接力

连续多年义务献血量达到 3000 毫升；6 年前加入中华骨髓库，成为造血干细胞志愿者……他就是通榆镇卫生院副院长杨东。多年来，杨东坚守在基层公共卫生服务战线上，用无私的奉献向社会传递着温情与大爱。

2015 年 8 月 6 日，杨东清楚地记得这个日子。这一天，杨东成功为一名白血病患者捐献造血干细胞，挽救患者的生命。“我期盼 5 年的心愿，在那一天实现了。我的内心感到非常的充实和满足，有一种说不出的幸福感。”杨东笑着告诉我们。

2015 年 5 月，杨东接到了县红十字会工作人员打来的电话。当得知他与一名白血病患者初配成功的消息后，杨东毫不犹豫地决定向这名患者捐献造血干细胞，并很快在捐献书上签字。在杨东的积极配合下，经过初配、高分辨配型、体检等层层关口，杨东与白血病患者的配型完全成功，身体各项指标也符合捐献要求。“这么多年来，我一直在等待，希望自己有朝一日能够挽救别人的生命，这个愿望终于可以实现了！”杨东开心地说。

从成为志愿者的第一天起，杨东就一直保持着健康的生活方式，时刻准备着为有需要的人作捐献。“当亲友们听说我要捐献造血干细胞后都纷纷劝阻，生怕我会因此伤了身体。”杨东告诉记者，“作为一名医务工作者，我深知捐献造血干细胞的重要意义。造血干细胞移植是挽救白血病患者生命的良药，捐献造血干细胞对身体并没有伤害，而且还能挽救一个人的生命，何乐而不为呢？”后来，杨东便不停地给家人做思想工作，向他们宣传捐献造血干细胞无损健康的科学道理和挽救血液病人生命的意义。他的坚持和勇气最终说服家人。

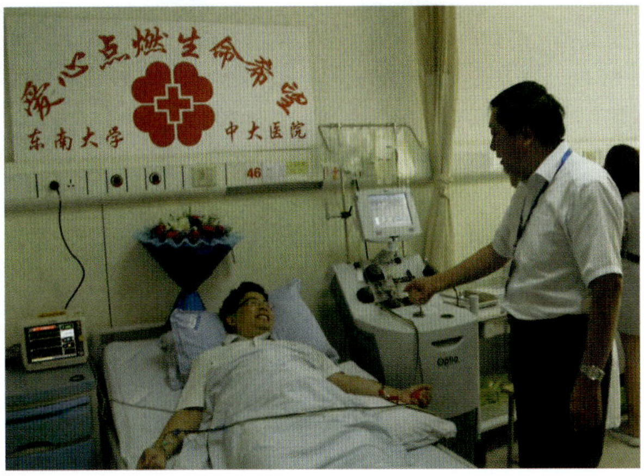

杨东在捐献造血干细胞。　　　　红十字会　提供

2015 年 7 月 31 日，杨东在妻子张丽华和县红会工作人员的陪同下来到南京，在东南大学附属中大医院办理住院手续。8 月 1 日至 4 日，医生连续 4 天为杨东打动员剂，早晚各一针。8 月 5 日早上 6 点多，医生为他打了最后一支动员剂。上午 8 点半至下午 1 点，杨东走进造血干细胞采集室，在采集床上躺了足足 4 个半小时，直到造血干细胞悬液量足够。看着血液从身体里流出，顺着管子慢慢地、一点一点地流向收集袋，杨东想到此时和他一样正躺在病床上的患者。虽然他们素未谋面，但想到几个小时以后，他的血液就会在患者的身体里流淌，为患者带来生命希望的时候，杨东感到由衷地高兴。采集结束后，他的造血干细胞悬液便被空运至北京，为一名素不相识的白血病患者带去希望。

“整个手术过程非常顺利。可能是动员剂的作用，那几天腿部和腰部有一些轻微疼痛感，不过还是完全可以克服的。”杨东告诉我们，“没有什么比救人生命更重要了！能用自己的造血干细胞去挽救一个人的生命，我认为是很有价值、也是很有意义的一件事情。希望自己今后能为更多需要帮助的患者尽一份绵薄之力。”

陆婷婷：全市年龄最小女性捐献者

2016 年 8 月 9 日，90 后陆婷婷在南京东南大学附属中大医院成功为一名患有白血病 6 岁女孩捐献造血干细胞。她是滨海县第 4 例、盐城市第 38 例成功捐献造血干细胞者，同时也是全市年龄最小的女性捐献者。

年值 24 岁的陆婷婷是滨海县东坎镇人，滨海县实验小学英语教师。2015 年，她登记成为中华骨髓库的志愿者。2016 年 3 月底接到通知，她与一名患者初配成功，也正是从那一刻，陆婷婷和患者的命运便紧密相连。

2016 年 8 月 3 日，陆婷婷从滨海入住到南京东南大学

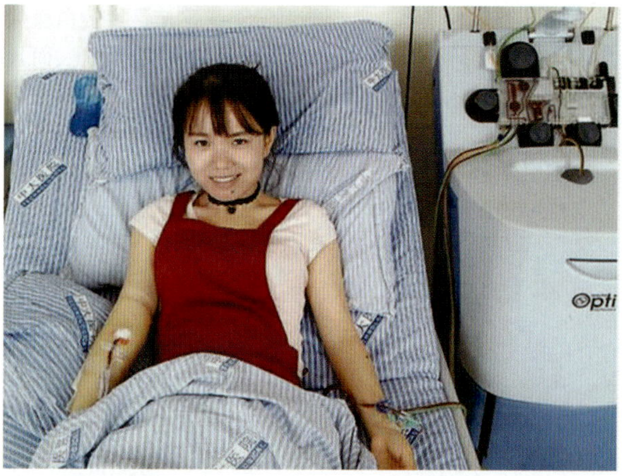
陆婷婷在捐献造血干细胞。　　红十字会　提供

附属中大医院。从8月5日开始,接受为期4天半的动员剂注射,每日2针,共计9针。在捐献前的日子里,陆婷婷不断加强锻炼,补充营养,争取在捐献时能够保持一个良好的身体状态。她在美国实践期间,曾受到陌生人的帮助,对她影响至深,坚定了她捐献的决心。捐献前期,市红十字会工作人员反复向陆婷婷确认她和家人的意见,自始至终,陆婷婷同意捐献的答案都没有动摇过。

"捐献造血干细胞和献血一样,不会影响人体的健康,我的一点付出对他人来说也许就是个新生命的开始。"陆婷婷平静地说。这个年轻的姑娘一直保持着一种积极乐观的心态。

2016年8月9日上午9点20分,陆婷婷躺在了采集床上,历时5个小时圆满地完成了此次造血干细胞的捐献工作。很快,带着她体温的144毫升的造血干细胞混悬液由志愿者搭乘高铁送往患者所在的上海医院,并于当天输入患者体内。据悉,患者是一名6岁女孩。"非常感谢你给了我女儿重生的机会,也给我们全家带来了新的希望!"患者母亲在给陆婷婷的感谢信里这样写道。

杜甫秀:一个孝媳、贤妻、慈母的大爱情怀

八滩镇黎明村六组有这样一位妇女,在婆婆偏瘫、老伴被病魔夺去生命、小叔子去世、弟妹改嫁等一连串的家庭变故下,始终没有向命运屈服,为破碎的家庭撑起一片蓝天。她就是抚养兄弟姐妹家8个年幼孩子长大的杜甫秀,她的举动被邻里广为称赞。

已近花甲之年的杜甫秀,与丈夫结婚时,条件非常艰苦,公公还常年患病卧床。面对这样的困境,杜甫秀没有丝毫的怨言,就这样,年复一年,杜甫秀精心照料着生病的公公,直到他去世。谁曾想,在公公去世后不久,小叔子戴见明患上了肝癌。丈夫戴中明是教师,平时工作繁忙,没有时间照顾病重的弟弟,只能由杜甫秀陪同弟弟去医院诊治。小叔子去世后,他的妻子改嫁,丢下不足6岁的侄子。看着可爱的侄儿,杜甫秀默默地擦干眼泪,"奶奶偏瘫没法照料孙子,只能我来照顾了,这孩子是全家的希望,一定不能让这个家就这样塌了。"面对年幼的侄儿,杜甫秀视如己出,日当爹夜当娘,慢慢将他抚养大。在家庭经济非常困难的情况下,她坚持让侄儿读完大学。侄儿大学毕业后,杜甫秀拿出自己的积蓄帮他娶了媳妇成了家。2010年,丈夫不幸患上食道癌。为了给他治病,杜甫秀倾尽所有,带着丈夫四处求医问药,最后连两人养老的积蓄都全部花光,孩子们集体自发筹钱带他去北京治疗,可还是没能留住他的生命。在杜甫秀查出患有子宫癌的时候,她仍然没有向命运低头,没有向社会抱怨,而是用积极乐观的心态战胜病魔。这就是杜甫秀,一位伟大的女性、一个坚强的母亲,她用柔弱的肩膀诠释了孝媳、贤妻和慈母的大爱情怀。

于　生:痴情公益不言悔

"赠人玫瑰,手留余香;帮助他人,快乐自我。"这是于生做公益活动的内心动力。自走出军营的那一天起他就热心公益事业。任滨海生活网副总经理以后,他利用一切可以利用的时间,利用一切可以利用的资源,全身心投入公益活动。近年来,他发挥自身的优势,协调、策划、组织数十次公益活动,进学校、军营、企业、贫困户、敬老院、留守儿童家庭,为他们提供志愿服务,受到人们的称赞,赢得良好的口碑。他的辛勤付出也得了有关部门的褒奖,先后荣获"全县十大爱心公益人物"和"全县最美志愿者"光荣称号。

殷绍华:平凡人的热血浓情

1980年,一次偶然救人让殷绍华参加无偿献血。从1998年开始,他每年都会在八滩镇动员组织志愿者进行定期献血活动,截至目前,已经组织上千人次参加无偿献血。不仅如此,如今他的妻子、儿子、弟弟都成为滨海县血站义务献血的"固定成员"。37年来,他无偿献血近30000毫升,两次获得全国无偿献血奉献奖金奖。妻子在他的带动下献血10000毫升,获得全国无偿献血奉献奖银奖。身边很多亲友也在他的影响下加入无偿献血的行列。

施见林:倡导文明乡风"使者"

几年前,61岁的施见林在外创业,告老还乡——蔡桥镇十四顷村。在得到村干部的支持后,他自筹3万元资金,办起全镇第一家村级"中老年活动中心"。村里帮他解决场地问题,他自己采购音响设备和照明用具,请村农电工架设线路,一个露天的文化活动场所就这样落成了。如今,每天傍晚后,小小的广场上便聚集了很多男女老少,在健身舞老师的带领下翩翩起舞。大家累了就坐在一起聊家常,邻里关系越来越密切。2016年,他又筹资创建村文体活动中心,丰富群众文化生活,为村里的经济发展和社会和谐发挥余热。

陈法兰:30余载悉心照料失明婆婆传美谈

在滨海港经济区双堆村,农家妇女陈法兰30多年如一日、悉心照料婆婆的事迹被左邻右舍传为美谈。在公公和丈夫生病期间,陈法兰四处借钱为他们看病治疗,可最终没能挽回他们的生命。处理完两位至亲的后事,已经背负一身债务的陈

法兰心中暗暗发誓，无论压力多么沉重，都要把双目失明的婆婆精心照料好。服侍婆婆，陈法兰付出常人难以想象的心血。平时从来舍不得添置新衣服，处处节约开支，将省下来的钱给婆婆买营养品吃。春夏时节，陈法兰都要养一栏鸭鹅，养肥后却从未卖过一只，都宰杀给婆婆吃。30多年来，陈法兰她用孱弱的肩膀挑起生活的重担，把婆婆照料得很幸福。

“8·19”抬车救人市民：生命因三分钟施救而延续

2016年8月22日下午，中央电视台新闻频道以《老人被压车底　众人抬车救人》为题报道滨海县市民合力救援的感人事迹。8月19日下午两点多，在县城向阳支路景湖路菜场南门的马路上，一对骑电瓶车的老夫妇不慎和一辆小轿车发生碰撞，男性老人因被压在车轮下失去知觉。危急时刻，过往的路人、周边商店业主……20多人纷纷赶了过来帮忙抬车，将受伤老人救了出来。“从头至尾的救援最多也就3分钟，一群素不相识的人在这一刻因为救人而凝聚起强大的力量，其实‘好人’就在我们身边。”在附近上班的徐先生感慨地说。

王磊、张世杰：两次出手相助挽救九旬老人生命

2016年8月10日，天场镇马套村的张世杰和同班同学、陈老村的王磊，在路上遇见一位老太摔倒在地，嘴里不停地求救。张世杰和王磊立即停好电瓶车，跑过去将老太扶起来，搀扶她走了一阵后，老太说自己可以走了，两位少年才离开去超市买东西。从超市出来后，他们看见不远处的路边有一把雨伞，好像与刚才搀扶老太太的伞一样，感觉老人可能出事了。赶快来到雨伞旁，一看老太正瘫倒在河岸边，呕吐物溅得一身。他们将老太扶坐起来，准备送她回去，可是由于老人的神志已不清醒，无奈中只能报警，并赶紧找到最近的一家农户让老人安顿下来。

唐子伍：见义勇为不言悔

界牌镇官庄村农民唐子伍带着妻子到苏州看病，途中遇到七旬老奶奶落水，唐子伍义无反顾地冲进齐肩深的水里救起老奶奶，自己的脚筋却意外被割断。他的凡人善举感动了苏州人、感动了无数网友，也感动了家乡人民。大家纷纷称他“好心大哥”“好心大叔”。事发当天，76岁的苏州人郭奶奶经过一段河道，一不留神滑进了河里。郭奶奶患有老年痴呆症，她的女儿又不会游泳，只能大声呼救。带妻子到苏州求医的唐子伍正好路过此处，听到呼救声，毫不犹豫就跳了下去。当郭奶奶被救上岸时，唐子伍发现自己脚上划了一个大口子，脚跟被东西割伤了，鲜血直流。随后，周围几名群众立即用电瓶车把他送往附近的医院救治。经过医生初步判断，唐子伍脚后跟的吊腿筋被割断。

高步海：精心照顾岳母小记

儿女孝顺父母，世间常有之，但作为女婿，能做到多年如一日悉心照顾丈母娘，还真不容易。东坎镇三里社区居民高步海就是这样一位好女婿。他孝敬岳母十几年如一日的事迹在邻里周边被传为佳话。90岁高龄的缪春兰十分高兴，对自己这个女婿赞不绝口：“要不是我这个女婿就没得我了，现在我的闺女、女婿轮番服侍我，这还多亏了党的政策好啊，我们老年人才过上幸福的生活！”十几年来，每天高步海都会早早地起床把饭做好，等岳母醒了之后，就搀扶着她去洗漱间刷牙洗脸，然后带老人出门散散步、透透气。当天气炎热或者寒冷难以外出时，高步海服侍老人吃完之后就搀着老人在房间里面走动走动。妻子周玲告诉记者：“这么多年来，他对我妈真的不错，每次老人生病都是他带去看，就像待自己的妈妈一样。”高步海家的条件不是太好，有一双儿女正在上学，妻子身体不好，自己又下岗，平时只能靠打打零工赚些微薄的工资，一家5口人挤在不足60平方米的房子里，生活很是不方便。后来社区帮他重新建了新房子，改善他们家的居住条件。高步海这样孝敬岳母，就是为让老人度过一个安心舒适的晚年：“她老人家一辈子操劳，如今岁数大了，我们作为晚辈应该好好照顾她。这也是我们做儿女应尽的责任和义务。”

张卫萍：多年如一日照顾患病公公的好儿媳

在周围邻居的眼里，她一直被大家称为“好媳妇”；在全家人的眼里，她更是不可或缺的“顶梁柱”。多年来，她恪尽孝道，对患病卧床的公公悉心照料，用自己的一举一动为人们讲述了一个“久病床前有孝媳”的故事。张卫萍，安徽人，10多年前，与丈夫李文成在无锡打工时结识。两人相见很是投缘，共同牵手步入婚姻殿堂。结婚后，她随丈夫来到滨海生活。丈夫在家排行最小，上面有三个姐姐，都已出嫁。张卫萍嫁入李家两年后，婆婆因病去世，照顾年迈公公李长珠的重担就落在了她的身上。虽然家庭经济不怎么好，但她从不亏待老人，有好吃的总会留一份给公公。2014年5月的一天，张卫萍像往常一样来到公公床前喊他起床吃饭，老人却怎么也起不来，说浑身没劲、头疼。张卫萍急忙带公公到医院检查，被告知公公的病症是脑梗死，需立即住院治疗。经过抢救，公公虽然保住了性命，但生活无法自理。10天后，公公出院回家，正在上班的张卫萍挑起了照顾他的担子。喂水喂饭、洗脸擦身、换洗衣服、做按摩，一天忙下来，张卫萍浑身累得像散了架。一边是正在上学的孩子，一边是瘫痪在床的公公，不少人都劝她请个护工看护老人，把自己的精力留在辅导孩子身上。而张卫萍却笑着说：“公公为家庭操劳了一辈子，照顾好他是我们晚辈应尽的义务，请保姆肯定没有自己家人体贴周到，孩子我会照顾，公公我也不会放弃。”经过张卫萍的悉心照料，老人的情况有所好转，生活基本能自理了。看到希望的张卫萍，抑制不住心中的喜悦，决定开始陪公公练习走路。然而，练习的过程远比想象中艰难，因为年迈加上卧床时间较长，公公的腿一时根本使不上劲，单靠他自己的话，一步也走不了。张卫萍搀着公公来回地走，常常累得满头大汗，可是为了公公早日康复，她咬咬牙继续坚持着。过了很长一段时间，公公可以扶着墙慢慢徒步走了，从几米到几十米，张卫萍觉得所有

辛苦都值得了。对于媳妇的悉心照料,80多岁高龄的李长珠老人不住地夸奖:“媳妇为我所做的一切,我都记在心中,她对我越好,我心里越不是滋味,自己只有努力地进行恢复锻炼,才是对她最大的回报。”

高观春夫妇:照料两位叔叔 践行孝道传佳话

33年前,他们毅然挑起照顾两位叔叔的重担;33年期间,老人身边总有他们相依相伴,一直到生命的尽头。在村里,他们成了大家诠释孝道和展示村民淳朴的典范和缩影。他们就是陈涛镇吉龙村村民高观春、李国英夫妇。高观春原是八巨镇八巨村村民,1982年,经人介绍与家住吉龙村的李国英相识、相恋、结婚。婚后不到一年,李国英因时刻牵挂着娘家两位叔叔——五保老人李如生、李有才,就跟丈夫高观春商量,到吉龙村重新安家,以便照顾两位叔叔。1983年春天,高观春与妻子一起,来到吉龙村。虽然高观春设想会有若干个困难,但是现实中的困难仍比他预想的多而难。高观春夫妇勇敢挑起了照料两位叔叔的重担。叔叔李如生因膝下无儿无女,政府为他办理五保,虽然生活有了着落,但是由于他不会做饭,只能由高观春夫妇轮流给他做饭。这一做就是10年,平时就算家务农活再忙,也没有间断过一次。他们每天总是按时将做好的饭盛好了给老人吃。叔叔李有才则更难服侍,经常刚吃过饭就忘了,又要吃,而且饭量特别大,耐心的高观春总是不厌其烦……后来,吉龙村办起敬老院,李有才被送到敬老院里,但是由于他是盲人,脾气又不好,敬老院的饭菜又不合他口味。高观春夫妇没有办法,只好每天骑自行车将做好的饭菜送到1.5千米以外的敬老院。为此,他们骑坏5辆自行车,里程超过3万多千米。李有才患上前列腺疾病,高观春每逢夏季每天都会用自行车将他拖回家洗澡。百善孝为先。在吉龙村,高观春夫妇的感人事迹家喻户晓,人人为之点赞。“真是了不起!这么多年来,高观春夫妇把两位叔叔当成自己的亲生父亲一样,为他做任何事情,从来没听他们抱怨过一句。”吉龙村村民李大爷一边说,一边竖起大拇指。

杨玉明:“善小而为”的最美警察

没做过惊天动地的大事,没有特别闪光的亮点,从警10年来坚持“善小而为”、务实为民的民警杨玉明,近日被盐城电视台《盐城警方》栏目组以“警察故事”为题,作了专题报道。在这之前,他有一个荣誉称号:2015年度“滨海县最美人民警察”。如果细数,还有“优秀公务员”“优秀共产党员”“年度警营之星”“执法标兵”等殊荣。县公安局交警大队通榆中队的杨玉明,是位家乡远在内蒙古自治区的客籍民警。2007年10月参加公安工作的他,做事特别认真,为人谦逊纯朴。早在上大学时,他就是“武林”高手,各项比赛他总是名列前茅,是个“学霸”。2005年,还在大学就读的杨玉明,在“全国大学生跆拳道锦标赛”中获得男子67公斤级季军,在“西南四省跆拳道联赛”中获得男子67公斤级的季军;参加公安工作后,连续两年获得盐城市公安系统田径比赛男子青年组冠军。多次代表市、县公安局参加警务实战比武。在通榆中队,他既是内勤,又做兼职法制员,主要工作是负责辖区内道路交通事故调处工作。市公安局“随岗培训基地”设在通榆中队,他还兼任警务实战教官。2015年8月16日上午,当事人吴某驾驶苏J81×××号普通两轮摩托车在五汛镇双龙村境内行驶,与沈某驾驶的电动自行车发生碰撞,致双方受伤。杨玉明在事故调查走访中得知沈某家境特别困难,家中有年迈的老母亲,大哥在对越自卫战中牺牲,二哥在北京军区一次重大任务中也光荣牺牲,系烈士家属。如今又发生交通事故,是雪上加霜。他立即向事故当事人吴某说明沈某的家庭情况。在他的耐心劝说下,双方就赔偿事宜相互达成了谅解,事故得到圆满处理。事后,他还捐助钱物给沈某,让沈某一家深受感动。他秉承“知民情、懂民意、得民心”的说理执法服务理念,负责处理4600余起道路交通事故,无一起被当事人投诉,无一例事故责任认定被推翻。2014年,桥南村被评为“全国道路交通文明示范村”,其劝导经验被省交警总队在全省推广。桥南村交通安全劝导站被确定为全省交警现场会观摩点。

谢　越:自己打点滴救病人

10月29日,一位身穿白大褂、戴着口罩的男医生,一边打点滴,一边为病人写医嘱的照片,出现在盐城人的微信朋友圈中。这位医生是滨海县人民医院的住院医师谢越,当时正在抢救病人,场景非常感人。照片中,谢越正在为病人写医嘱,并和病人家属交待相关事宜。在他的身边,一根一人高的铁支架上,挂着一袋盐水,还有一袋已经输液完毕。今年28周岁,从医已经3年。“当天晚上7点多,我们科室突然接到两个重症病人,一个是吃老鼠药的,还有一个是重病感染的病人。”谢越说,他们当时的病情都很严重、拖不起,那时自己正好在打点滴,还有一袋就快挂完了,于是就推着点滴架帮病人下医嘱。”两周前,谢越的脚部不慎受伤发炎,本以为能自行好转,不料炎症却越来越重,已经有化脓的迹象。“我担心再拖下去会影响到正常工作,不得不挂水治疗。”提到自己照片被发到朋友圈的事,谢越不好意思地笑了笑:“这本身就是我的工作,在这样紧急的情况下,换成别的医生也会这样做的,因为救死扶伤是医生的天职。”谢越说,其实每一位医生都会真诚地服务患者,希望大家能更多地看到医护人员的辛苦付出,对这份工作多一些理解,那样就是最大的安慰了。

蔺玉菊:用爱心浇灌每一株春蕾

她对孩子们是无比的关心爱护,少苛求、多宽容,少埋怨、多理解,少指责、多鼓励,努力营造宽松的学习氛围。她把爱的种子种在孩子们的心里。在她精心管理下,春蕾班学生个个热爱学习、快乐生活,都能做到互相关心、互相帮助。她就是东坎镇东坎小学数学老师蔺玉菊。在近日省妇联和省儿童少年福利基金会联合举行的表彰活动中,她荣获省“最美春蕾班主任”称号。

2014年,在县妇联、县教育局等有关部门的指导和关心下,东坎小学设立春蕾班,有学生40名,都是女童. 她们有的父母离异，有的家庭经济困难，有的身体先天性残疾，有的是留守儿童。为了使真正需要帮助的学生得到资助，蔺玉菊深入贫困学生家庭调查摸底，细心了解每一名学生的情况，做好名单公示、逐级申报、建立档案、助学款签发、定期反馈等工作，确保把每一笔爱心款送到学生手中。春蕾班里有一名学生叫许金金，两只手均先天性残疾，母亲在她出生时便去世了，她一直随父亲生活。而父亲无固定工作，靠踏三轮车维持生活。在班级里，金金有时会受到其他同学的歧视和嘲笑，经常会做出一些过激的行为。为了保护她的自尊心，蔺玉菊便把她带到办公室里，单独与她谈心，耐心地开导和教育她。除此之外，蔺玉菊经常把金金带到家里，给她做好吃的，辅导她学习，还给她买新衣服、鞋子、学习用品等。有一天，长期缺乏母爱的金金天真地问："老师，在没有其他同学的时候，我可以叫您妈妈吗？"蔺玉菊把她紧紧地搂在怀中，含着泪说："以后我就是你的妈妈！"从此，蔺玉菊视金金为己出，孩子变得阳光活泼起来。春蕾班另一名学生王晶晶，母亲视力残疾，家里兄弟姐妹多，父亲无固定收入，靠打零工来维持生活。家长为了讨生计，无暇顾及孩子的学习和成长，孩子渐渐地对学习没有了兴趣，甚至有厌倦情绪。晶晶的数学成绩一直比较差，为了提高她的数学成绩，蔺玉菊让她当数学课代表，帮助她树立起学习信心，培养她对数学的兴趣。有时蔺玉菊把她叫到办公室里，当面边批改她的数学作业，边帮助她解答疑问。课堂上除了经常提问，还时不时给她一个鼓励的眼神，一个会意的微笑；课后还经常和她谈心，给她讲自强故事，鼓励她自立自信，通过自己的努力，去实现心中的理想。在她的不断鼓励和教育下，晶晶的学习兴趣被调动起来，成绩有了显著提高。

第四节 逝世人物

周崇华

周崇华（1939～2016），1939年11月出生，滨海县人。江苏省、盐城市劳动模范，副研究员职称，中国书法家协会会员，中国知识产权文化大使，中国中外名人文化研究会终身荣誉会员，一级书画师，江苏省国画院特聘书法家，滨海书画家协会主席。1959年8月～1964年9月，任小学教员、主任、校长。1964年10月～1967年3月，任县委宣传部干事、文化馆馆员。1967年4月～1986年1月，任人民公社、乡镇党委秘书、副主任、副书记、书记。1986年2月至退休，任县粮食局局长、党委书记。他从小爱好书法绘画、文艺活动。1988年，书法作品获"中医杯"全国书法大奖赛一等奖。1995年，他从一线工作岗位上离任后，便肩负起县书法美术协会的工作，全身心地投入到全县的书画事业中。他的书法作品在省、全国历次书法大展中多次入选、获奖，作品先后三次被选送到日本、俄罗斯巡回展览，两次被全国人大常委会办公厅、光明日报社收藏。2000年，作品被选送"全国第七届书法篆刻展"入展，并荣获"水晶纪念雕像"。是年年底，获文化部颁发"全国第八届群星奖"。2001年，获首届世界人类"非物质文化遗产杰出成就奖"。"中国历代书法家名人大辞典""20世纪世界书法作品鉴赏""世界书法家世纪末成就大典"等几十种大型书籍辞典选编他的作品。2002年6月，作品获文化部"世纪之辰情系奥运中华艺术大展作品奖"。2004年，获"江苏省五星工程奖"金奖。2008年，获"2008和谐中华迎奥运"全国美术、书法、摄影大展金奖。2016年1月28日逝世，享年77岁。

顾正岚

顾正岚（1950～2016），1950年1月出生，原獐沟公社顾舍大队人。1971年，在獐沟公社陈坍小学当教师。后被选调到县农中、县实验小学、东坎中学任教。1979年9月，任滨海中学团委书记。1983年9月，任獐沟中学副书记、副校长（主持工作）。1984年3月，任县教育局人秘股副股长。1984年5月，任蔡桥乡副乡长。1987年1月，任天场乡党委副书记、乡长、党委书记。在天场乡工作4年2个月，抓住省委扶贫工作队在天场乡扶贫的机遇，进行中低田地改造、修建排灌水利系统，发展农副业生产等，使天场乡的贫困面貌得到改变。1991年4月，任县委常委、县纪委书记。1995年1月，任县委副书记。2002年1月～2010年1月，任县政协主席、党组书记。2010年1月退休。是年8月，任滨海县关心下一代工作委员会主任。坚持围绕中心，服务大局，情系后代，无私奉献，在预防青少年违法犯罪、关爱留守儿童健康成长、创建校外教育辅导站，为青少年中的弱势群体做好事、办实事、解难事，取得显著成绩。他撰写的两份调查报告，受到全国关心下一代工作委员会主任顾秀莲批示肯定，先后两次被省委、市政府表彰为关心下一代工作先进个人。2015年，县关工委被表彰为全国关心下一代工作先进单位。2016年10月14日，因病在滨海逝世，享年66岁。

季德贵

季德贵（1945～2016），1945年出生，滨海县东坎镇人。中共党员。1968年12月，毕业于江苏师范学院中文系。是年12月，在建湖"五七"干校劳动。1970年5月，建湖玉新中学任教。1974年10月，滨海中学任教。1984年5月，任獐沟中学副校长（主持工作）。1986年8月，任滨海中学副校长。1987年9月，任教育局教研室副主任。1992年3月，任滨海中学副校长。1994年，被评为江苏省中学语文特级教师。1996年，被评为江苏省中青年突出贡献专家，获省"红杉树"园丁银奖。享受省政府特殊津贴。退休后，坚持诗词歌赋的创作与研究，创作《滨海名人赋》《滨海中学赋》，其多篇诗词作品在有关刊物发表。2016年11月1日在滨海因病逝世，享年71岁。

第53章　人物名录

综　　述

本章收录的人物名录是2016年年度表彰人员，第一节收录国家部委及部门表彰人员有8人；第二节收录省及部门表彰人员有67人(其中有11人次是重复表彰，即1人获2个或3个荣誉名称)；第三节收录市级部门表彰人员有136人(其中有15人次是重复表彰，即1人获2个或3个荣誉名称)；其中有10人表彰日期为2017年1月，2月，3月，但都是表彰2016年年度工作取得的成绩；第四节收录全县目标任务考核先进个人248人；第五节收录2016年获评高级专业技术职称资格561人。

第一节　国家部委及部门表彰人员

表43

姓　名	单　位	荣誉名称	授予单位	授予时间
李运会	华宝集团	全国纺织行业劳动模范	国家纺织工业部	2016.7
孙永军	人武部	优秀共产党员	中央军委国防动员部党委	2016.6
贾　儒 刘德宇	供电公司	2016年“安规”调考生产(变电、线路、配电专业)优秀个人	国家电网公司	2016
陆　潇 余瀚知	供电公司	2016年第一期新员工集中培训班优秀学员	国网技术学院	2016
陆　潇	供电公司	2016年第一期新员工集中培训班技能竞赛营销专业一等奖	国网技术学院	2016
蒋佩玲	联通公司	中国联通技术能手	中国联合网络通信有限公司集团总公司	2016.12

第二节　省及部门表彰人员

表44

姓　名	单　位	荣誉名称	授予单位	授予时间
陶会玲	江苏华宝纺织有限公司	江苏省劳动模范	江苏省人民政府	2016.5
张玉银	江苏万恒铸造有限公司	江苏省劳动模范	江苏省人民政府	2016.5
陈小勇	江苏吉华化工有限公司	江苏省劳动模范	江苏省人民政府	2016.5
谭　燕	滨海县谭燕草鸡专业合作社	江苏省劳动模范	江苏省人民政府	2016.5
钱钦富	陈涛镇新滩村资金合作社	江苏省劳动模范	江苏省人民政府	2016.5

续表 44

姓　名	单　位	荣誉名称	授予单位	授予时间
陈建银	滨海县永宁路实验学校江	苏省劳动模范	江苏省人民政府	2016. 5
张　蕾	滨海县人民医院	江苏省劳动模范	江苏省人民政府	2016. 5
岳志刚	县供电公司	先进个人	中共江苏省委宣传部、江苏省法制宣传教育工作领导办公室、江苏省司法厅	2016
庄浴阳	县供电公司	江苏省质量管理小组活动优秀推进者	江苏省总工会、江苏省妇女联合会	2016
王　胜	县供电公司	2016 年度安全生产先进个人	国网江苏省电力公司、国网江苏省电力公司工会	2016
王　胜	县供电公司	2016 年度“安康杯”竞赛先进个人	国网江苏省电力公司、国网江苏省电力公司工会	2016
管为民	县供电公司	集体企业管理提升工作先进个人	国网江苏省电力公司、国网江苏省电力公司工会	2016
管为民	县供电公司	物资工作先进个人	国网江苏省电力公司、国网江苏省电力公司工会	2016
糜德凯	县供电公司	电网建设先进个人	国网江苏省电力公司、国网江苏省电力公司工会	2016
糜德凯	县供电公司	电网建设先进个人	国网江苏省电力公司、国网江苏省电力公司工会	2016
钟红雨	县供电公司	“6・23”抢险保电先进个人	国网江苏省电力公司、国网江苏省电力公司工会	2016
钟红雨	县供电公司	“6・23”抢险保电先进个人	国网江苏省电力公司、国网江苏省电力公司工会	2016
顾　军	县供电公司	2016 年度优秀班组长	国网江苏省电力公司、国网江苏省电力公司工会	2016
左　敏	县供电公司	财务劳动竞赛先进个人	国网江苏省电力公司、国网江苏省电力公司工会	2016
李　磊	县供电公司	保卫专业工作先进个人	国网江苏省电力公司、国网江苏省电力公司工会	2016
李海青	县供电公司	供电服务先进个人	国网江苏省电力公司	2016
毛维杰	县供电公司	电费回收先进个人	国网江苏省电力公司	2016
王立冬	县供电公司	农村供电所电费回收先进个人	国网江苏省电力公司	2016
李　昕	县供电公司	2016 年度农电先进工作者	国网江苏省电力公司	2016
王桢干	县供电公司	2015 年度优秀共青团员	共青团国网江苏省电力公司委员会	2016
余瀚知	县供电公司	优秀志愿者	共青团国网江苏省电力公司委员会	2016
于正球	市场管理局	全省工商系统公用企业专项整治行动先进个人	省工商局	2016. 12
解　伟	市场管理局	全省物品编码工作优秀个人奖	中国物品编码中心江苏省分中心	20016. 8

续表 44

姓 名	单 位	荣誉名称	授予单位	授予时间
蒋佩玲	联通公司	省首届营业人员技能大赛一等奖	联通江苏省分公司	2016.10
蒋佩玲	联通公司	江苏省十佳青年	联通江苏省分公司	2016.3
蒋佩玲	联通公司	江苏省服务明星个人	联通江苏省分公司	2016.1
李 悦	联通公司	省先进个人	联通江苏省分公司	2016.12
刘德勋	县委农工办	2016年度省扶贫系统先进工作者	江苏省扶贫工作领导小组办公室	2017.1
张 峰	县新闻中心	先进个人	江苏省市县新闻中心工委	2016
许学军	县新闻中心	先进个人	江苏省市县新闻中心工委	2016
盛伟为	县新闻中心	先进个人	江苏省市县新闻中心工委	2016
徐德超	县新闻中心	先进个人	江苏省市县新闻中心工委	2016
王爱军	宣传部	江苏省三下乡先进个人	省委宣传部	2016
陈晓亚	县教育局	江苏省优秀教育工作者	江苏省教育厅	2016.9
王 彤	县实验小学	江苏省优秀教育工作者	江苏省教育厅	2016.9
刘志国	八滩镇中心小学	江苏省优秀党务工作者	江苏省教育厅	2016.9
茆建军	江苏省滨海中学	江苏省教学名师	江苏省教育厅	2016.9
刘文胜	县检察院	全省“十佳反贪(反渎)局长”	江苏省检察院	2016.4
刘文胜	县检察院	省第三届“十大法治人物”	省依法治省领导小组、省委宣传部	2016.11
高 颂	治安大队	2015年全省打击食品药品环境犯罪‘利剑行动’成绩突出个人	省公安厅政治部	2016.3
高卫星	指挥中心	2015年度全省公安调研工作成绩突出个人	省公安厅政治部	2016.6
陈东阳	县公安局	个人嘉奖	省公安厅	2016.9
程尚恕	县公安局	个人嘉奖	省公安厅	2016.9
姬俊彦	县公安局	个人嘉奖	省公安厅	2016.9
江宏宇	县公安局	个人嘉奖	省公安厅	2016.9
李俊骁	县公安局	个人嘉奖	省公安厅	2016.9
李 韬	县公安局	个人嘉奖	省公安厅	2016.9
沈强达	县公安局	个人嘉奖	省公安厅	2016.9
王炳雄	县公安局	个人嘉奖	省公安厅	2016.9
朱 帅	县公安局	个人嘉奖	省公安厅	2016.9

续表 44

姓　名	单　位	荣誉名称	授予单位	授予时间
周　进	县公安局	全省公安机关优秀教育工作者	省公安厅	2016. 9
曹树华	县公安局	个人二等功	省公安厅	2016. 12
张珍巧	城北所	“江苏最美警察”提名奖	省公安厅	2016. 12
张珍巧	城北所	个人二等功	省公安厅	2016. 12
于广巨	经信委	省墙改工作先进个人	省墙改办	2016
王　亚	县安全生产监察大队	全省危险化学品先进个人	省安监局	2016. 12
江　雷	县档案局	全省档案系统先进工作者	省档案局	2016. 2
赵春节	县文广新局	省首批群众文化“百千万”工程优秀文艺骨干	江苏省委宣传部、江苏省文化厅、江苏省新闻出版广电局、江苏省文联	2016. 5
陈兰英	县三院	第三届江苏省“百名医德之星”	省委宣传部、省文明办、省卫计委	2016. 12
蒯中华	县城管局	省住建行业优秀共产党员	中共江苏省住房和城乡建设行业委员会办公室	2016. 6
周加军	县城管局	省风景园林工作先进个人	江苏省住房和城乡建设厅	2016. 4
刘　健	县农委	全省农民培训优秀教学资源一、二等奖各一个	江苏省农业委员会	2016. 12
孙永军	县人武部	优秀共产党员	江苏省军区党委	2016. 6
陈曙光	县人武部	优秀职工标兵	江苏省军区	2016
于正球	市场管理局	公用企业专项整治先进个人	省工商局	2016
解　伟	市场管理局	全省物品编码工作优秀个人奖	省工商局	2016
陈　哲	东坎镇	省人口抽样和月度劳动力调整先进个人	省统计局	2016. 12
唐　馨	东坎镇	省人口抽样和月度劳动力调整先进个人	省统计局	2016. 12

第三节　市及部门表彰人员

表 45

姓　名	单　位	荣誉名称	授予单位	授予时间
胡峻海	滨海伟新时装有限公司	盐城市劳动模范	盐城市人民政府	2016. 5
陈淑磊	盐城瓯华化工有限公司	盐城市劳动模范	盐城市人民政府	2016. 5
简贵群	江苏日明消防设备有限公司	盐城市劳动模范	盐城市人民政府	2016. 5
刘文杰	县自来水有限责任公司	盐城市劳动模范	盐城市人民政府	2016. 5
张小航	江苏恒盛化工有限公司	盐城市劳动模范	盐城市人民政府	2016. 5
李显明	江苏清泉化学股份有限公司	盐城市劳动模范	盐城市人民政府	2016. 5
王为国	江苏玉醍醇酒业有限公司	盐城市劳动模范	盐城市人民政府	2016. 5
徐厚良	江苏奕帆农业科技股份有限公司	盐城市劳动模范	盐城市人民政府	2016. 5
董仁花	滨海县东坎镇广垛菜牛专业合作	盐城市劳动模范	盐城市人民政府	2016. 5
蒯　刚	滨海县大林养猪专业合作社	盐城市劳动模范	盐城市人民政府	2016. 5
王俊斌	滨海地方税务局	盐城市劳动模范	盐城市人民政府	2016. 5
张珍巧	城北派出所	盐城市劳动模范	盐城市人民政府	2016. 5
丁淑萍	县信访局	盐城市劳动模范	盐城市人民政府	2016. 5
刘　健	县农业干部学校	盐城市劳动模范	盐城市人民政府	2016. 5
邱长兵	县生活垃圾压缩站	盐城市劳动模范	盐城市人民政府	2016. 5
嵇　雷	滨海港经济开发区	盐城市劳动模范	盐城市人民政府	2016. 5
钱晶晶	县供电公司	优秀团干部	共青团盐城市委	2016
龚久红	市场管理局	全市优秀普法志愿者	市依法治市办、市法宣办、市共青团、市关工委	2016. 4
徐拥军	县供销总社	2016 年度先进个人	市供销合作总社	2017. 3
孙必成	县供销总社	2016 年度先进个人	市供销合作总社	2017. 3
李文亮	县供销总社	2016 年度先进个人	市供销合作总社	2017. 3
戴　飞	县供销总社	2016 年度先进个人	市供销合作总社	2017. 3
李克标	县供销总社	2016 年度先进个人	市供销合作总社	2017. 3
郭党生	县供销总社	2016 年度先进个人	市供销合作总社	2017. 3
徐冬春	县供销总社	2016 年度先进个人	市供销合作总社	2017. 3
刘德勋	县委农工办	2016 年度牵手致富先进个人	盐城市扶贫工作领导小组办公室	2017. 3

续表45

姓　名	单　位	荣誉名称	授予单位	授予时间
严　光	县粮食局	粮食流通工作先进个人	市粮食局	2016
皋　宣	县粮食局	粮食流通工作先进个人	市粮食局	2016
戴加成	县粮食局	粮食流通工作先进个人	市粮食局	2016
刘东升	江苏省滨海中学	盐城市优秀教育工作者	盐城市教育局	2016.9
储素芹	五汛中学	盐城市优秀教育工作者	盐城市教育局	2016.9
王　顶	獐沟中学	盐城市优秀教育工作者	盐城市教育局	2016.9
金仁俊	明达中学	盐城市优秀教育工作者	盐城市教育局	2016.9
刘菊香	县第一初级中学	盐城市优秀教育工作者	盐城市教育局	2016.9
张艳平	县第三中学	盐城市优秀教育工作者	盐城市教育局	2016.9
王红专	蔡桥初级中学	盐城市优秀教育工作者	盐城市教育局	2016.9
申　丽	坎北初级中学	盐城市优秀教育工作者	盐城市教育局	2016.9
于晓平	陈涛中学	盐城市优秀教育工作者	盐城市教育局	2016.9
鲁大竹	新港初级中学	盐城市优秀教育工作者	盐城市教育局	2016.9
孙丽丽	振东初级中学	盐城市优秀教育工作者	盐城市教育局	2016.9
李秀华	县实验小学	盐城市优秀教育工作者	盐城市教育局	2016.9
蒋春雷	县永宁路实验学校	盐城市优秀教育工作者	盐城市教育局	2016.9
戴立生	五汛实验小学	盐城市优秀教育工作者	盐城市教育局	2016.9
左元玲	通榆镇中心小学	盐城市优秀教育工作者	盐城市教育局	2016.9
王兆芹	八巨镇大冲小学	盐城市优秀教育工作者	盐城市教育局	2016.9
沈海云	滨淮镇中心小学	盐城市优秀教育工作者	盐城市教育局	2016.9
刘　畅	东坎镇中心小学	盐城市优秀教育工作者	盐城市教育局	2016.9
蔺淑敏	滨海县幼儿园	盐城市优秀教育工作者	盐城市教育局	2016.9

续表45

姓　名	单　位	荣誉名称	授予单位	授予时间
沈劲松	县教育局教研室	盐城市优秀教育工作者	盐城市教育局	2016.9
蒯元元	江苏省滨海中学	盐城市优秀教育工作者	盐城市教育局	2016.9
吴素红	县第二实验小学	盐城市优秀教育工作者	盐城市教育局	2016.9
杨　光	江苏省滨海中学	市教育系统优秀共产党员	盐城市教育局	2016.9
吴乃江	县第一初级中学	市教育系统优秀共产党员	盐城市教育局	2016.9
张兆明	滨淮初级中学	市教育系统优秀共产党员	盐城市教育局	201609
缪德文	条港初级中学	市教育系统优秀共产党员	盐城市教育局	2016.9
刘　权	县第二实验小学	市教育系统优秀共产党员	盐城市教育局	2016.9
钱钦胜	天场镇中心小学	市教育系统优秀共产党员	盐城市教育局	2016.9
左文彪	滨海港镇中心小学	市教育系统优秀共产党员	盐城市教育局	201609
陈苏宁	东坎镇坎北小学	市教育系统优秀共产党员	盐城市教育局	2016.9
盛迎迎	县机关幼儿园	市教育系统优秀共产党员	盐城市教育局	2016.9
钱钦玲	五汛中学	市教育系统优秀共产党员	盐城市教育局	2016.9
王劲松	八滩第二中学	市教育系统优秀党务工作者	盐城市教育局	2016.9
陈劲松	蔡桥镇中心小学	市教育系统优秀党务工作者	盐城市教育局	2016.9
许晓红	界牌镇二中心	市教育系统优秀党务工作者	盐城市教育局	2016.9
王冬成	港区第二中心小学	市教育系统优秀党务工作者	盐城市教育局	2016.9
贺翠梅	五汛镇中心幼儿园	市教育系统优秀党务工作者	盐城市教育局	2016.9
李晓东	县司法局	全市优秀政法干警	市政法委	2016
李晓东	县司法局	个人三等功	市司法局	2016
于彬彬	县统计局	盐城市工业统计岗位能手	市统计局	2016
刘忠明	县公安局刑警大队	个人三等功	市公安局	2016.1
曲振华	县公安局刑警大队	个人三等功	市公安局	2016.1
张　杰	县公安局禁毒大队	个人三等功市	市公安局	2016.1

续表 45

姓　名	单　位	荣誉名称	授予单位	授予时间
张珍巧	县公安局城北所	盐城最美警察	市公安局	2016. 2
吉林娟	县公安局刑警大队	全市优秀人民警察	市公安局	2016. 2
张珍巧	县公安局城北所	个人三等功	市公安局	2016. 2
吉林娟	县公安局刑警大队	个人嘉奖	市公安局	2016. 2
张珍巧	县公安局城北所	全市优秀政法干警	市委政法委	2016. 2
王龙恩	县公安局东坎所	全市公安派出所消防工作先进个人	市公安局	2016. 2
吴岳聪	县公安局新城所	全市公安派出所消防工作先进个人	市公安局	2016. 2
吴　海	县公安局工业园所	2015 年度全市优秀派出所所长	市公安局	2016. 2
尹　悦	县公安局东坎所	2015 年度全市优秀社区民警	市公安局	2016. 2
祁　琦	县公安局工业园所	2015 年度全市优秀社区民警	市公安局	2016. 2
石　磊	县公安局东坎所	2015 年度全市优秀社区民警	市公安局	2016. 2
张珍巧	县公安局城北所	2015 年度全市优秀社区民警	市公安局	2016. 2
吉林娟	县公安局刑警大队	第三届盐城市“十佳女警”	市妇联、市公安局	2016. 3
沈子林	县公安局张岩家属	第三届盐城市“十佳警嫂”	市妇联、市公安局	2016. 3
薛　凡	县公安局	清理打击“三非”外国人专项行动成绩突出个人	市公安局	2016. 3
张太峰	县公安局港区所	个人三等功	市公安局	2016. 3
侯春兵	县公安局国保大队	个人三等功	市公安局	2016. 3
汤洋洋	县公安局农业园所	盐城公安青年岗位能手	市公安局	2016. 5
张　杰	县公安局禁毒大队	个人三等功	市公安局	2016. 8
赵海伟	县公安局刑警大队	个人三等功	市公安局	2016. 8
钟　旭	县公安局刑警大队	个人三等功	市公安局	2016. 8
温向明	县公安局新城所	个人三等功	市公安局	2016. 8
吉君宁	县公安局蔡桥所	全市公安机关优秀教官	市公安局	2016. 9
陆　石	县公安局刑警大队	全市公安机关优秀警师	市公安局	2016. 9
赵成海	县公安局政治处	全市公安机关优秀教育工作者	市公安局	2016. 9
庞松胜	县公安局巡特警大队	个人嘉奖	市公安局	2016. 12
顾伟伟	县公安局刑警大队	个人三等功	市公安局	2016. 12

续表45

姓　名	单　位	荣誉名称	授予单位	授予时间
林卫东	县公安局城北所	个人嘉奖	市公安局	2016.12
蒯　彬	县公安局	个人嘉奖	市公安局	2016.12
朱道军	县公安局警务保障科	个人嘉奖	市公安局	2016.12
李柳昊	县公安局巡特警大队	个人嘉奖	市公安局	2016.12
吴舒昊	县公安局刑警大队	个人三等功	市公安局	2016.12
朱　亮	县公安局治安大队	个人嘉奖	市公安局	2016.12
黄　波	县公安局治安大队	个人三等功	市公安局	2016.12
陆　石	县公安局刑警大队	个人三等功	市公安局	2016.12
于连富	农业园区夹堆村	“盐城市十佳绿色人物”奖	市环保局	2016.6
陈建民	农业园区	2016年度人口和计划生育工作先进个人	市卫计委	2017.1
刘德猛	农业园区	盐城市2016年农机安全检验检测技能竞赛优秀奖	盐城市农业委员会	2016.10
吕彩成	农业园区	盐城市五一创新能手	盐城市总工会	2016.10
朱永惠	县民政局	双拥工作先进个人	盐城市双拥工作领导小组	2016.8
许岐晔	东坎镇	法制建设工作先进个人	市委、市政府	2016.11
吕彩成	农业园区	盐城市首届乡村美食大赛金牌农家菜	盐城市旅游局、盐城市农业委员会、盐城市总工会	2016.10
王蕾先	农业园区	滨海中行业务经理	盐城市“五一创新能手兵”盐城市总工会	2016.7
王蕾先	滨海中行业务经理	盐城市“五一巾帼标兵”	盐城市总工会	2016.7
嵇兰平	天场卫生院	盐城市最美接种医生	市预防医学会、疾控中心	2016.11
陈玉兰	农业园区卫生院	盐城市优秀接种医生	市预防医学会、疾控中心	2016.11
黄　梅	县院	盐城市“优秀护士长”	市卫计委	2016.5
曹　创	县院	盐城市“优秀护士长”	市卫计委	2016.5
吴　平	县院	盐城市“优秀护士长”	市卫计委	2016.5
黄曼曼	县院	盐城市“优秀护士长”	市卫计委	2016.5
林　林	县中医院	盐城市“优秀护士长”	市卫计委	2016.5
厉慧敏	县中医院	盐城市“优秀护士长”	市卫计委	2016.5
杜慧玲	新仁慈医院	盐城市“优秀护士长”	市卫计委	2016.5
朱爱娣	县二院	盐城市“优秀护士长”	市卫计委	2016.5
沈雯雯	县三院	盐城市“优秀护士长”	市卫计委	2016.5
毕理娟	五汛卫生院	盐城市“优秀护士”	市卫计委	2016.5

续表 45

姓　名	单　位	荣誉名称	授予单位	授予时间
王小三	县疾控中心	盐城市卫生应急处置岗位能手	市卫计委、市总工会	2016. 10
蔡　伟	县疾控中心	盐城市卫生应急处置岗位能手	市卫计委、市总工会	2016. 10
孟十成	康达医院	盐城市中药传统知识与技能竞赛优胜选手	市卫计委、市总工会	2016. 10
嵇冬梅	县中医院	盐城市中药传统知识与技能竞赛优胜选手	市卫计委、市总工会	2016. 10
吉乃芹	中山医院	盐城市中药传统知识与技能竞赛优胜选手	市卫计委、市总工会	2016. 10
牛丽珍	滨淮卫生院	盐城市基层卫生岗位练兵和技能竞赛活动优胜团体	市卫计委、市总工会	2016. 10
王艺颖	滨淮卫生院	盐城市基层卫生岗位练兵和技能竞赛活动优胜团体	市卫计委、市总工会	2016. 10
周建娥	滨淮卫生院	盐城市基层卫生岗位练兵和技能竞赛活动优胜团体	市卫计委、市总工会	2016. 10
刘　健	县农委	全市十佳青年农技推广标兵	盐城市农委、共青团市委	2017. 2
刘　健	县农委	盐城市党员干部现代远程教育工作先进个人	中共盐城市委组织部	2017. 3
陈曙光	县人武部	新闻宣传先进个人	盐城军分区政治部	2017. 1
陈曙光	县人武部	对台宣传先进个人	盐城军分区政治部	2017. 1
龚久红	市场管理局	优秀普法志愿者	市工商局	2016

第四节　全县目标任务综合考核先进个人

1. 优秀企业家

江苏吉华化工有限公司董事长　陈小勇
江苏森达沿海热电有限公司总经理　杨　甲
江苏清泉化学股份有限公司总经理　朱兆火
江苏万恒铸业有限公司董事长　季严海
江苏八巨药业有限公司总经理　楚玮明
江苏超威电源有限公司总经理　张永轩
江苏新化化工有限公司总经理　赵建标
江苏苏盐阀门机械有限公司董事长　韩正海
江苏省华宝纺织有限公司董事长　刘如松
江苏日明消防设备股份有限公司董事长　沈善通

2. 创业之星

江苏脉动医疗器械科技有限公司　郑晓勇
江苏康乐新材料科技有限公司　沈　健

江苏迅易电子商务有限公司　江莹莹
江苏大唐现代农业发展公司　于庆琳
滨海陌上花开电子商务有限公司　陈冬冬
滨海亿婴天使早教中心　方　华
雀来宝科技江苏有限公司　杨天中
滨海县绿谷家庭农场　姚　程
滨海县兴业蔬菜种植家庭农场　曹德伟
阳光水蛭高密度养殖合作社　李坤阳
贵宇金属制品有限公司　李胜宇
滨海鸡鸣鞋业有限公司　刘光景
滨海县校语家庭农场　姜娴然
谭燕草鸡专业合作社　谭　燕
轩驰网络科技股份有限公司　薛仁兵
江苏阅田生态农庄　嵇绍雄
薰衣草庄园　孙翔龙
盐城居尚日用品有限公司　韩志海
江苏金立鑫生物质燃料有限公司　张海鹏
黄河湾绿色科技农业旅游观光产业园　陈　建

3. 优秀村(社区)党组织书记

五汛镇汛西村党总支书记　马中华
五汛镇青龙村党总支书记　马炳忠
五汛镇泥螺村党总支书记　项仁俊
蔡桥镇良洼村党总支书记　江明雷
蔡桥镇新沙村党总支书记　郑以岗
正红镇上旧村、射北村党总支书记　陈之泉
正红镇獐沟社区党总支书记　陆从来
正红镇吴王村、朱集村党总支书记　吴茂军
通榆镇周舍村党总支书记　蒯本如
天场镇秉义村党总支书记　徐善祥
农业园区夹堆村党总支书记　宋　明
东坎镇三友村党总支书记　杨锡超
东坎镇新建社区党总支书记　徐忠祥
东坎镇新安村党总支书记　祖道来
东坎镇中山河村党总支书记　李　俊
界牌镇官庄村党总支书记　唐子燕
界牌镇条河村党总支书记　张井红
陈涛镇丁墩村党总支书记　顾炳成
陈涛镇郭集村党总支书记　郭海兵
八巨镇前案村党总支书记　朱立雄
八滩镇粮东村党总支书记　孟庆明
八滩镇隆兴村党总支书记　张爱兰
滨淮镇东滨村党总支书记　张　胜
滨淮镇新垦村党总支书记　仇林亚
滨淮镇倪滩村党总支书记　陆　平
滨海港镇木楼村党总支书记　孙月宇
滨海港镇滨东村党总支书记　钱士井
滨海港经济区东杨庄村党总支书记　李胜俊
滨海港经济区双港村党总支书记　王秋生
经济开发区工业园西坎村党总支书记李明明

4. 先进个人

黄　军　王炳山　崔　雯　王荣峰　顾永泉
权照阳　陈浩海　徐　军　于　惠　李向辉
胡　波　卞耀成　丁成富　李　品　朱永胜
刘必胜　葛长宇　朱素云　郑贵荣　陆汉邦
李章保　陆燕山　顾雷广　陈红兵　蒯中华
杨　光　栾茂成　张庆山　朱中亮　丁贵军
王俊斌　郁步生　张婷婷　陈　骥　周　正
唐　明　周金芝　于广轩　陈　斌　孙信成
唐子海　葛育富　胡亚萍　钱士同　施　翔
张　红　严大同　蔡超群　朱正东　戴　威
王　锦　周廷轩　汤志清　郭　衍　朱政全
姚发军　蒋涟滨　陈立国　唐　明　吴雪东
沈　明　程　华　陈　炜　沈连国　臧必飞
马　力　徐宙然　陈翔宇　仇国东　肖红祥
姜　静　郭乃军　杨晓健　许世兵　陈　标
杨桂梅　王朝晖　蒋玉宝　陈国庆　江瑞峰
张　磊　程开山　潘海城　程　卫　李元豹
郭曙东　孟大军　陆岩松　辛　全　戈长海
孙　权　李海峰　汪海军　刘中山　王岩之
姜观军　梁建兵　陈　波　薛德华　周　翔
杨红兵　蒋建凯　杨　正　徐　照　张清鸿
沈新华　孙　龙　李元林　严岭山　杨　笋
李　磊　庞雪峰　李元耀　茆　颖　孙江海
于彬彬　顾　姝　王文龙　邱永丽　蒯乃畅
李明勇　刘震宇　郭　恒　潘成杰　李海洋
吴　科　李仲伯　吴　昊　刘长山　李森楠
朱临滨　于广东　任庆华　刘照耀　赵皓宇
田　可　方素娟　张红海　朱东进　江　雷
施秀娟　尹仁军　王　伟　孟　晓　周为民
叶为国　王　智　刘奇峰　党娟妮　张　程
马　良　张耀华　杨　艺　范龙宇　李用军
周立军　薛　峰　朱文兵　徐亚娟　曹志瑶
于正球　徐　翀　张如苏　崔进海　王　浩
姜莲然　刘宏宇　范海军　吴进文　魏　巍
赵建国　高照娜　徐大全　陈黎明　张　岩
尹　悦　袁道成　孙峻峰　吴堂胜　陈　昊
沈建文　李　祥　戴玲玲　王兆艺　杜观军
周　峰　李朝霞　徐　新

第五节　2016 年获评高级专业技术职称人员名录

江苏省人力资源和社会保障厅苏人社发〔2017〕51 号文，滨海县植保植检站吕卫东同志已具备全国农业技术推广研究员资格；江苏省人力资源和社会保障厅苏人社发〔2016〕193、277、297、322、338、354、387、399、415、444、447、457、460 号文，郭达等 80 人已具备高级专业技术资格；江苏省人力资源和社会保障厅苏人社发〔2017〕19号文，滨海县张明佐等480人已具备中小学正高级教师、中小学高级专业技术资格、幼儿园教师高级专业技术资格、中小学教师（乡村）高级专业技术资格、幼儿园教师（乡村）高级专业技术资格。2016年，全县有561人获评高级专业技术职称资格。其中全国农业技术推广研究员1名，高级工程师6人，高级经济师4人，高级农艺师2人，高级审计师1人，高级统计师2人，高级政工师1人，主任医师9人，主任护师2人，社区主任医师3人，副主任医师14人，副主任中医师1人，副主任中药师1人，副主任药师1人，副主任护师2人，副主任技师2人，社区副主任医师15人，社区副主任药师2人，社区副主任技师2人，社区副主任护师9人，副研究馆员1人，中小学正高级教师2人，中职校高级讲师7人，幼儿园高级教师8人，中小学高级教师463人。

表46　2016年获评主任、副主任医师及高级经济师、工程师等职称人员名录

姓　名	单　位	专　　业	职称名称	资格起算日期
郭　达	县中医院	卫生专业	主任护师	2015.11
李巨荣	县第二人民医院	卫生专业	社区副主任医师	2015.11
吕卫东	滨海县植保植检站	农业专业	全国农业技术推广研究员	2016.11
刘旭辉	江苏滨海农商银行	审计专业	高级审计师	2016.8
戴卫章	县统计局	统计专业	高级统计师	2016.9
王　鹏	县统计局	统计专业	高级统计师	2016.9
李庆体	正红镇农业技术推广服务中心	农业专业	高级农艺师	2016.9
梁春玲	县农产品质量安全检验检测站	农业专业	高级农艺师	2016.9
陈先进	东坎镇卫生院	思想政治专业	高级政工师	2016.11
李竟鹏	江苏普信制药有限公司	经济专业	高级经济师（认定）	2016.11
曹　彬	滨淮镇人力资源社会保障服务中心	经济专业	高级经济师	2016.11
严拥军	县乡镇交通运输综合管理所	经济专业	高级经济师	2016.11
范海军	县供排水管理处	经济专业	高级经济师	2016.11
陈必文	县水利工程质量监督站	水利专业	高级工程师	2016.9
陶德东	县环境监测站	环保专业	高级工程师	2016.9
张　勇	县建筑设计院	建设专业	高级工程师	2016.11
严海蓉	江苏华实市政建设集团有限公司	建设专业	高级工程师	2016.11
刘　宝	县建筑工程管理处	建设专业	高级工程师	2016.11
陈天天	县水产养殖场	水产专业	高级工程师	2016.11
陈云波	县人民医院	卫生专业	主任医师	2016.12
程田海	县人民医院	卫生专业	主任医师	2016.12
马　卫	县人民医院	卫生专业	主任医师	2016.12
王体兵	县人民医院	卫生专业	主任医师	2016.12
周克中	县人民医院	卫生专业	主任医师	2016.12
蒯卫华	县中医院	卫生专业	主任医师	2016.12
李卫东	县中医院	卫生专业	主任医师	2016.12
杨立超	滨海新仁慈医院	卫生专业	主任医师	2016.12
蒯本刚	滨海新仁慈医院	卫生专业	主任医师	2016.12
黄　梅	县人民医院	护理专业	主任护师	2016.12
张富春	界牌镇卫生院	社区专业	社区主任医师	2016.12

续表 46

姓　名	单　位	专　业	职称名称	资格起算日期
杨国柱	县第二人民医院	社区专业	社区主任医师	2016. 12
李国章	界牌镇卫生院	社区专业	社区主任医师	2016. 12
李能功	县城乡建设档案馆	档案专业	副研究馆员	2016. 10
孙慧霞	县人民医院	卫生专业	副主任中药师	2016. 12
李绍林	县第三人民医院	卫生专业	副主任药师	2016. 12
沈子进	正红镇卫生院	社区专业	社区副主任药师	2016. 12
朱红桥	正红镇卫生院	社区专业	社区副主任药师	2016. 12
顾秀云	东坎镇卫生院	卫生专业	副主任中医师	2016. 12
陈国萍	县人民医院	卫生专业	副主任医师	2016. 12
孙　文	县人民医院	卫生专业	副主任医师	2016. 12
杨宝才	县人民医院	卫生专业	副主任医师	2016. 12
胡　娟	县中医院	卫生专业	副主任医师	2016. 12
郑金凯	县中医院	卫生专业	副主任医师	2016. 12
左劲松	滨海虹济医院	卫生专业	副主任医师	2016. 12
周亚娟	蔡桥镇卫生院	卫生专业	副主任医师	2016. 12
沈映辉	县第二人民医院	卫生专业	副主任医师	2016. 12
张正中	县第三人民医院	卫生专业	副主任医师	2016. 12
王宝寅	东坎镇卫生院	卫生专业	副主任医师	2016. 12
杨　云	东坎镇卫生院	卫生专业	副主任医师	2016. 12
杨　志	县妇幼保健所	卫生专业	副主任医师	2016. 12
蒋佳海	正红镇卫生院	卫生专业	副主任医师	2016. 12
徐尉华	滨海中山医院	卫生专业	副主任医师	2016. 12
刘德东	滨海阜东医院	社区专业	社区副主任医师	2016. 12
潘其杭	滨海港镇卫生院	社区专业	社区副主任医师	2016. 12
祁明涛	滨淮镇卫生院	社区专业	社区副主任医师	2016. 12
孙加刚	滨淮镇卫生院	社区专业	社区副主任医师	2016. 12
王选中	蔡桥镇卫生院	社区专业	社区副主任医师	2016. 12
沈立红	陈涛镇卫生院	社区专业	社区副主任医师	2016. 12
于　旋	县第二人民医院	社区专业	社区副主任医师	2016. 12
陈　剑	界牌镇卫生院	社区专业	社区副主任医师	2016. 12
嵇兰平	天场镇卫生院	社区专业	社区副主任医师	2016. 12
李树章	通榆镇卫生院	社区专业	社区副主任医师	2016. 12
韩仁华	五汛镇卫生院	社区专业	社区副主任医师	2016. 12
王秀琴	五汛镇卫生院	社区专业	社区副主任医师	2016. 12
姜　苏	现代农业产业院卫生院	社区专业	社区副主任医师	2016. 12
杨开通	滨海港经济区卫生院	社区专业	社区副主任医师	2016. 12
刘亚芬		护理专业	副主任护师	2016. 12

续表 46

姓　名	单　位	专　　业	职称名称	资格起算日期
吴　平	县第二人民医院	护理专业	副主任护师	2016. 12
戴明光	陈涛镇卫生院	社区专业	社区副主任护师	2016. 12
梁正云	县第二人民医院	社区专业	社区副主任护师	2016. 12
夏秀梅	县第三人民医院	社区专业	社区副主任护师	2016. 12
王艳菊	界牌镇卫生院	社区专业	社区副主任护师	2016. 12
李亚玲	天场镇卫生院	社区专业	社区副主任护师	2016. 12
杨　蕾	通榆镇卫生院	社区专业	社区副主任护师	2016. 12
于彩红	通榆镇卫生院	社区专业	社区副主任护师	2016. 12
刘红云	五汛镇卫生院	社区专业	社区副主任护师	2016. 12
陈海霞	正红镇卫生院	社区专业	社区副主任护师	2016. 12
徐剑勇	县人民医院	卫生专业	副主任技师	2016. 12
杨　宁	县妇幼保健所	卫生专业	副主任技师	2016. 12
邹兰霞	八巨镇卫生院	社区专业	社区副主任技师	2016. 12
孟林海	现代农业产业院卫生院	社区专业	社区副主任技师	2016. 12

表 47　　2016 年获评高级教师专业技术资格人员名录

序号	姓　名	单位名称	学　　科	评审职称	申报类别	资格起算日期
1	张明佐	江苏省滨海中学	高中政治	中小学正高级教师	普通教师	2016. 12
2	朱　浩	江苏省滨海中学	高中地理	中小学正高级教师	普通教师	2016. 12
3	刘从兵	江苏省滨海中等专业学校	中职语文	中职校高级讲师	普通教师	2016. 9
4	成建勇	江苏省滨海中等专业学校	中职语文	中职校高级讲师	普通教师	2016. 9
5	刘以富	江苏省滨海中等专业学校	中职数学	中职校高级讲师	普通教师	2016. 9
6	韩立华	江苏省滨海中等专业学校	中职数学	中职校高级讲师	普通教师	2016. 9
7	曹炳信	江苏省滨海中等专业学校	中职体育	中职校高级讲师	普通教师	2016. 9
8	王家高	江苏省滨海中等专业学校	中职生物	中职校高级讲师	普通教师	2016. 9
9	李鸿章	江苏省滨海中等专业学校	中职计算机	中职校高级讲师	普通教师	2016. 9
10	陈乃华	滨海县八滩中学	高中语文	中小学高级教师	普通教师	2016. 12
11	陈中生	滨海县八滩中学	高中语文	中小学高级教师	普通教师	2016. 12
12	左元芹	滨海县八滩中学	高中语文	中小学高级教师	普通教师	2016. 12
13	陈二雷	滨海县八滩中学	高中化学	中小学高级教师	普通教师	2016. 12
14	梁　健	滨海县八滩中学	高中化学	中小学高级教师	普通教师	2016. 12
15	钱忠华	滨海县八滩中学	高中化学	中小学高级教师	普通教师	2016. 12
16	沈耀平	滨海县陈涛镇中心小学	小学语文	中小学高级教师	普通教师	2016. 12
17	吴素红	滨海县第二实验小学	小学语文	中小学高级教师	普通教师	2016. 12
18	田　红	滨海县第二实验小学	小学数学	中小学高级教师	普通教师	2016. 12
19	王兆素	滨海县第二实验小学	小学数学	中小学高级教师	普通教师	2016. 12
20	卢　山	滨海县第二实验小学	小学数学	中小学高级教师	普通教师	2016. 12

续表 47

序号	姓　名	单位名称	学　　科	评审职称	申报类别	资格起算日期
21	倪　娟	滨海县第二实验小学	小学数学	中小学高级教师	普通教师	2016. 12
22	潘海燕	滨海县第二实验小学	小学数学	中小学高级教师	普通教师	2016. 12
23	张素红	滨海县第二实验小学	小学数学	中小学高级教师	普通教师	2016. 12
24	唐为宏	滨海县第一初级中学	初中语文	中小学高级教师	普通教师	2016. 12
25	刘菊香	滨海县第一初级中学	初中数学	中小学高级教师	普通教师	2016. 12
26	王晓平	滨海县第一初级中学	初中英语	中小学高级教师	普通教师	2016. 12
27	龚跃华	滨海县第一初级中学	初中英语	中小学高级教师	普通教师	2016. 12
28	殷开云	滨海县第一初级中学	初中政治	中小学高级教师	普通教师	2016. 12
29	李明军	滨海县第一初级中学	初中政治	中小学高级教师	普通教师	2016. 12
30	唐克春	滨海县第一初级中学	初中音乐	中小学高级教师	普通教师	2016. 12
31	易媛媛	滨海县东坎实验小学	小学信息	中小学高级教师	普通教师	2016. 12
32	刘　畅	滨海县东坎实验小学	小学语文	中小学高级教师	普通教师	2016. 12
33	陆　芹	滨海县东坎实验小学	小学语文	中小学高级教师	普通教师	2016. 12
34	李　慧	滨海县东坎实验小学	小学语文	中小学高级教师	普通教师	2016. 12
35	叶丽丽	滨海县东坎实验小学	小学语文	中小学高级教师	普通教师	2016. 12
36	魏海燕	滨海县东坎实验小学	小学语文	中小学高级教师	普通教师	2016. 12
37	刘夏云	滨海县东坎实验小学	小学语文	中小学高级教师	普通教师	2016. 12
38	刘几何	滨海县东坎实验小学	小学数学	中小学高级教师	普通教师	2016. 12
39	许春荣	滨海县东坎实验小学	小学数学	中小学高级教师	普通教师	2016. 12
40	蒯平华	滨海县东坎实验小学	小学数学	中小学高级教师	普通教师	2016. 12
41	陈卫祥	滨海县东坎镇东坎小学	小学数学	中小学高级教师	普通教师	2016. 12
42	荀　光	滨海县东坎镇果林小学	小学数学	中小学高级教师	普通教师	2016. 12
43	王大海	滨海县东坎镇坎北小学	小学语文	中小学高级教师	普通教师	2016. 12
44	卢海林	滨海县东坎镇坎北小学	小学语文	中小学高级教师	普通教师	2016. 12
45	姜为燕	滨海县东坎镇坎北小学	小学数学	中小学高级教师	普通教师	2016. 12
46	钱红曼	滨海县东坎镇坎南小学	小学美术	中小学高级教师	普通教师	2016. 12
47	许体方	滨海县东坎镇坎南小学	小学语文	中小学高级教师	普通教师	2016. 12
48	刘素兰	滨海县东坎镇坎南小学	小学语文	中小学高级教师	普通教师	2016. 12
49	徐素梅	滨海县东坎镇坎南小学	小学语文	中小学高级教师	普通教师	2016. 12
50	李巨良	滨海县东坎镇沙浦小学	小学语文	中小学高级教师	普通教师	2016. 12
51	钱钦康	滨海县坎北初级中学	初中语文	中小学高级教师	普通教师	2016. 12
52	顾伟军	滨海县坎北初级中学	初中数学	中小学高级教师	普通教师	2016. 12
53	左其柏	滨海县坎北初级中学	初中物理	中小学高级教师	普通教师	2016. 12
54	黄清飞	滨海县明达中学	高中数学	中小学高级教师	普通教师	2016. 12
55	张　成	滨海县明达中学	高中英语	中小学高级教师	普通教师	2016. 12
56	张孝祥	滨海县明达中学	高中历史	中小学高级教师	普通教师	2016. 12

续表 47

序号	姓　名	单位名称	学　　科	评审职称	申报类别	资格起算日期
57	沈苏杭	滨海县明达中学	高中物理	中小学高级教师	普通教师	2016. 12
58	顾海华	滨海县明达中学	高中生物	中小学高级教师	普通教师	2016. 12
59	金仁俊	滨海县明达中学	高中生物	中小学高级教师	普通教师	2016. 12
60	孟寒冰	滨海县实验小学	小学语文	中小学高级教师	普通教师	2016. 12
61	胡　净	滨海县实验小学	小学语文	中小学高级教师	普通教师	2016. 12
62	陆立海	滨海县实验小学	小学数学	中小学高级教师	普通教师	2016. 12
63	李　平	滨海县实验小学	小学数学	中小学高级教师	普通教师	2016. 12
64	单体兵	滨海县特殊教育学校	小学体育	中小学高级教师	普通教师	2016. 12
65	陈之祥	滨海县通榆初级中学	初中语文	中小学高级教师	普通教师	2016. 12
66	顾祥芳	滨海县通榆初级中学	初中数学	中小学高级教师	普通教师	2016. 12
67	王建华	滨海县永宁路实验学校	小学语文	中小学高级教师	普通教师	2016. 12
68	于利平	滨海县永宁路实验学校	小学语文	中小学高级教师	普通教师	2016. 12
69	嵇海霞	滨海县永宁路实验学校	小学语文	中小学高级教师	普通教师	2016. 12
70	王巧珍	滨海县永宁路实验学校	小学语文	中小学高级教师	普通教师	2016. 12
71	姜国章	滨海县永宁路实验学校	小学数学	中小学高级教师	普通教师	2016. 12
72	徐黎明	滨海县永宁路实验学校	小学数学	中小学高级教师	普通教师	2016. 12
73	於丽华	滨海县永宁路实验学校	小学数学	中小学高级教师	普通教师	2016. 12
74	郭卫海	滨海县永宁路实验学校	小学数学	中小学高级教师	普通教师	2016. 12
75	左克亮	滨海县永宁路实验学校	小学数学	中小学高级教师	普通教师	2016. 12
76	杨胜东	滨海县永宁路实验学校	小学数学	中小学高级教师	普通教师	2016. 12
77	王　顶	滨海县獐沟中学	高中语文	中小学高级教师	普通教师	2016. 12
78	王海洋	滨海县獐沟中学	高中物理	中小学高级教师	普通教师	2016. 12
79	刘必锋	滨海县正红初级中学	初中语文	中小学高级教师	普通教师	2016. 12
80	刘许强	滨海中学	高中语文	中小学高级教师	普通教师	2016. 12
81	黄翠苹	滨海中学	高中语文	中小学高级教师	普通教师	2016. 12
82	戴文明	滨海中学	高中语文	中小学高级教师	普通教师	2016. 12
83	严加刚	滨海中学	高中语文	中小学高级教师	普通教师	2016. 12
84	赵　慧	滨海中学	高中数学	中小学高级教师	普通教师	2016. 12
85	范国栋	滨海中学	高中数学	中小学高级教师	普通教师	2016. 12
86	彭素梅	滨海中学	高中英语	中小学高级教师	普通教师	2016. 12
87	洪　伟	滨海中学	高中政治	中小学高级教师	普通教师	2016. 12
88	郭建华	滨海中学	高中地理	中小学高级教师	普通教师	2016. 12
89	左永军	滨海中学	高中物理	中小学高级教师	普通教师	2016. 12
90	杜明天	滨海中学	高中信息	中小学高级教师	普通教师	2016. 12
91	张　俊	滨海中学	高中化学	中小学高级教师	普通教师	2016. 12
92	冯文青	滨海中学	高中生物	中小学高级教师	普通教师	2016. 12

续表 47

序号	姓　名	单位名称	学　　科	评审职称	申报类别	资格起算日期
93	朱卫松	滨海中学	高中体育	中小学高级教师	普通教师	2016. 12
94	王保宏	滨海县八巨初级中学	初中语文	中小学高级教师	乡村教师	2016. 12
95	吴建广	滨海县八巨初级中学	初中数学	中小学高级教师	乡村教师	2016. 12
96	刘海祥	滨海县八巨初级中学	初中政治	中小学高级教师	乡村教师	2016. 12
97	王　虎	滨海县八巨初级中学	初中信息	中小学高级教师	乡村教师	2016. 12
98	祁　进	滨海县八巨镇大冲小学	小学语文	中小学高级教师	乡村教师	2016. 12
99	王海霞	滨海县八巨镇大冲小学	小学数学	中小学高级教师	乡村教师	2016. 12
100	戈礼松	滨海县八巨镇前案小学	小学语文	中小学高级教师	乡村教师	2016. 12
101	唐立昌	滨海县八巨镇前案小学	小学数学	中小学高级教师	乡村教师	2016. 12
102	梁龙华	滨海县八巨镇前案小学	小学数学	中小学高级教师	乡村教师	2016. 12
103	汪宇才	滨海县八巨镇王庄小学	小学语文	中小学高级教师	乡村教师	2016. 12
104	刘玉众	滨海县八巨镇王庄小学	小学数学	中小学高级教师	乡村教师	2016. 12
105	韩朝光	滨海县八巨镇玉民小学	小学数学	中小学高级教师	乡村教师	2016. 12
106	王　翔	滨海县八巨镇玉民小学	小学数学	中小学高级教师	乡村教师	2016. 12
107	凡　雷	滨海县八巨镇中心小学	小学英语	中小学高级教师	乡村教师	2016. 12
108	蔡中立	滨海县八巨镇中心小学	小学语文	中小学高级教师	乡村教师	2016. 12
109	徐海燕	滨海县八巨镇中心小学	小学语文	中小学高级教师	乡村教师	2016. 12
110	孟　雨	滨海县八巨镇中心小学	小学数学	中小学高级教师	乡村教师	2016. 12
111	辛艳华	滨海县八巨镇中心小学	小学数学	中小学高级教师	乡村教师	2016. 12
112	张海苹	滨海县八滩第二中学	初中语文	中小学高级教师	乡村教师	2016. 12
113	吴　逊	滨海县八滩第二中学	初中数学	中小学高级教师	乡村教师	2016. 12
114	季洪图	滨海县八滩第二中学	初中英语	中小学高级教师	乡村教师	2016. 12
115	崔可伟	滨海县八滩第二中学	初中化学	中小学高级教师	乡村教师	2016. 12
116	王玉祥	滨海县八滩镇第二中心小学	小学语文	中小学高级教师	乡村教师	2016. 12
117	潘爱华	滨海县八滩镇第二中心小学	小学语文	中小学高级教师	乡村教师	2016. 12
118	张　伟	滨海县八滩镇第二中心小学	小学语文	中小学高级教师	乡村教师	2016. 12
119	周成海	滨海县八滩镇第二中心小学	小学语文	中小学高级教师	乡村教师	2016. 12
120	于广成	滨海县八滩镇第二中心小学	小学语文	中小学高级教师	乡村教师	2016. 12
121	王友锋	滨海县八滩镇聂庄小学	小学语文	中小学高级教师	乡村教师	2016. 12
122	张　兰	滨海县八滩镇宋尖小学	小学英语	中小学高级教师	乡村教师	2016. 12
123	何志静	滨海县八滩镇宋尖小学	小学语文	中小学高级教师	乡村教师	2016. 12
124	徐春雷	滨海县八滩镇宋尖小学	小学数学	中小学高级教师	乡村教师	2016. 12
125	周婷婷	滨海县八滩镇中心小学	小学语文	中小学高级教师	乡村教师	2016. 12
126	徐　旭	滨海县八滩镇中心小学	小学语文	中小学高级教师	乡村教师	2016. 12
127	张　霞	滨海县八滩镇中心小学	小学语文	中小学高级教师	乡村教师	2016. 12
128	吉红明	滨海县八滩镇中心小学	小学语文	中小学高级教师	乡村教师	2016. 12

续表 47

序号	姓　名	单位名称	学　　科	评审职称	申报类别	资格起算日期
129	汤乃全	滨海县八滩镇中心小学	小学语文	中小学高级教师	乡村教师	2016. 12
130	李明成	滨海县八滩镇中心小学	小学数学	中小学高级教师	乡村教师	2016. 12
131	徐晓云	滨海县八滩镇中心小学	小学数学	中小学高级教师	乡村教师	2016. 12
132	李　玲	滨海县八滩镇中心小学	小学数学	中小学高级教师	乡村教师	2016. 12
133	尚中华	滨海县八滩镇中心小学	小学数学	中小学高级教师	乡村教师	2016. 12
134	陈红亚	滨海县八滩镇中心小学	小学数学	中小学高级教师	乡村教师	2016. 12
135	梁兆秀	滨海县八滩镇中心小学	小学数学	中小学高级教师	乡村教师	2016. 12
136	陈昌华	滨海县八滩中学	高中语文	中小学高级教师	乡村教师	2016. 12
137	陈华晖	滨海县八滩中学	高中语文	中小学高级教师	乡村教师	2016. 12
138	顾　军	滨海县八滩中学	高中语文	中小学高级教师	乡村教师	2016. 12
139	王　霞	滨海县八滩中学	高中语文	中小学高级教师	乡村教师	2016. 12
140	陈乃胜	滨海县八滩中学	高中数学	中小学高级教师	乡村教师	2016. 12
141	成建师	滨海县八滩中学	高中数学	中小学高级教师	乡村教师	2016. 12
142	陆效敬	滨海县八滩中学	高中数学	中小学高级教师	乡村教师	2016. 12
143	宋兢利	滨海县八滩中学	高中数学	中小学高级教师	乡村教师	2016. 12
144	田志华	滨海县八滩中学	高中数学	中小学高级教师	乡村教师	2016. 12
145	王建波	滨海县八滩中学	高中数学	中小学高级教师	乡村教师	2016. 12
146	张晓华	滨海县八滩中学	高中数学	中小学高级教师	乡村教师	2016. 12
147	周仁春	滨海县八滩中学	高中数学	中小学高级教师	乡村教师	2016. 12
148	陈宝国	滨海县八滩中学	高中英语	中小学高级教师	乡村教师	2016. 12
149	倪玉飞	滨海县八滩中学	高中英语	中小学高级教师	乡村教师	2016. 12
150	潘长军	滨海县八滩中学	高中英语	中小学高级教师	乡村教师	2016. 12
151	钱玉龙	滨海县八滩中学	高中英语	中小学高级教师	乡村教师	2016. 12
152	沈海洋	滨海县八滩中学	高中英语	中小学高级教师	乡村教师	2016. 12
153	汪素君	滨海县八滩中学	高中英语	中小学高级教师	乡村教师	2016. 12
154	姚才章	滨海县八滩中学	高中英语	中小学高级教师	乡村教师	2016. 12
155	王学春	滨海县八滩中学	高中历史	中小学高级教师	乡村教师	2016. 12
156	张　治	滨海县八滩中学	高中历史	中小学高级教师	乡村教师	2016. 12
157	葛建国	滨海县八滩中学	高中物理	中小学高级教师	乡村教师	2016. 12
158	丁加春	滨海县八滩中学	高中信息	中小学高级教师	乡村教师	2016. 12
159	吉　娟	滨海县八滩中学	高中信息	中小学高级教师	乡村教师	2016. 12
160	范荣玉	滨海县八滩中学	高中化学	中小学高级教师	乡村教师	2016. 12
161	于建华	滨海县八滩中学	高中化学	中小学高级教师	乡村教师	2016. 12
162	袁　进	滨海县八滩中学	高中化学	中小学高级教师	乡村教师	2016. 12
163	胡胜兵	滨海县八滩中学	高中生物	中小学高级教师	乡村教师	2016. 12
164	徐海燕	滨海县八滩中学	高中生物	中小学高级教师	乡村教师	2016. 12

续表 47

序号	姓　名	单位名称	学　　科	评审职称	申报类别	资格起算日期
165	刘士兵	滨海县八滩中学	高中体育	中小学高级教师	乡村教师	2016. 12
166	骆海霞	滨海县八滩中学	高中美术	中小学高级教师	乡村教师	2016. 12
167	李如洋	滨海县北坍初级中学	初中语文	中小学高级教师	乡村教师	2016. 12
168	杭俊杰	滨海县北坍初级中学	初中政治	中小学高级教师	乡村教师	2016. 12
169	范金林	滨海县北坍初级中学	初中物理	中小学高级教师	乡村教师	2016. 12
170	凡永涛	滨海县北坍初级中学	初中化学	中小学高级教师	乡村教师	2016. 12
171	刘清璞	滨海县滨海港经济区陈庄小学	小学语文	中小学高级教师	乡村教师	2016. 12
172	徐国荣	滨海县滨海港经济区农兴小学	小学语文	中小学高级教师	乡村教师	2016. 12
173	朱耀春	滨海县滨海港经济区玉丰小学	小学数学	中小学高级教师	乡村教师	2016. 12
174	程永祥	滨海县滨海港经济区中信小学	小学数学	中小学高级教师	乡村教师	2016. 12
175	王达云	滨海县滨海港镇板桥小学	小学英语	中小学高级教师	乡村教师	2016. 12
176	梁庆波	滨海县滨海港镇板桥小学	小学数学	中小学高级教师	乡村教师	2016. 12
177	朱永东	滨海县滨海港镇龙潭港小学	小学语文	中小学高级教师	乡村教师	2016. 12
178	骆桂林	滨海县滨海港镇龙潭港小学	小学数学	中小学高级教师	乡村教师	2016. 12
179	施建明	滨海县滨海港镇振东小学	小学数学	中小学高级教师	乡村教师	2016. 12
180	王正益	滨海县滨海港镇振东小学	小学数学	中小学高级教师	乡村教师	2016. 12
181	解　进	滨海县滨海港镇中心小学	小学语文	中小学高级教师	乡村教师	2016. 12
182	左文彪	滨海县滨海港镇中心小学	小学语文	中小学高级教师	乡村教师	2016. 12
183	高汝礼	滨海县滨海港镇中心小学	小学语文	中小学高级教师	乡村教师	2016. 12
184	李佑华	滨海县滨海港镇中心小学	小学语文	中小学高级教师	乡村教师	2016. 12
185	南青广	滨海县滨海港镇中心小学	小学数学	中小学高级教师	乡村教师	2016. 12
186	陈兴翠	滨海县滨海港镇中心小学	小学数学	中小学高级教师	乡村教师	2016. 12
187	刘晓华	滨海县滨海港镇中心小学	小学数学	中小学高级教师	乡村教师	2016. 12
188	杨　芬	滨海县滨海经济区中信小学	小学语文	中小学高级教师	乡村教师	2016. 12
189	王通明	滨海县滨淮初级中学	初中语文	中小学高级教师	乡村教师	2016. 12
190	沈玉晔	滨海县滨淮初级中学	初中数学	中小学高级教师	乡村教师	2016. 12
191	潘育生	滨海县滨淮初级中学	初中数学	中小学高级教师	乡村教师	2016. 12
192	姬鸣亚	滨海县滨淮初级中学	初中物理	中小学高级教师	乡村教师	2016. 12
193	于国强	滨海县滨淮初级中学	初中化学	中小学高级教师	乡村教师	2016. 12
194	邵双权	滨海县滨淮农场学校	初中语文	中小学高级教师	乡村教师	2016. 12
195	洪　亮	滨海县滨淮农场学校	初中语文	中小学高级教师	乡村教师	2016. 12
196	张中国	滨海县滨淮农场学校	初中体育	中小学高级教师	乡村教师	2016. 12
197	何　芹	滨海县滨淮农场学校	小学语文	中小学高级教师	乡村教师	2016. 12
198	钱　梅	滨海县滨淮农场学校	小学语文	中小学高级教师	乡村教师	2016. 12
199	周克军	滨海县滨淮农场学校	小学数学	中小学高级教师	乡村教师	2016. 12
200	吴海波	滨海县滨淮农场学校	小学数学	中小学高级教师	乡村教师	2016. 12

续表 47

序号	姓 名	单位名称	学 科	评审职称	申报类别	资格起算日期
201	范拥军	滨海县滨淮镇第二中心小学	小学语文	中小学高级教师	乡村教师	2016. 12
202	柏汉柱	滨海县滨淮镇第二中心小学	小学语文	中小学高级教师	乡村教师	2016. 12
203	王 云	滨海县滨淮镇第二中心小学	小学语文	中小学高级教师	乡村教师	2016. 12
204	戴长友	滨海县滨淮镇东罾小学	小学语文	中小学高级教师	乡村教师	2016. 12
205	刘卫国	滨海县滨淮镇樊集小学	小学语文	中小学高级教师	乡村教师	2016. 12
206	邵正川	滨海县滨淮镇樊集小学	小学语文	中小学高级教师	乡村教师	2016. 12
207	徐素青	滨海县滨淮镇樊集小学	小学数学	中小学高级教师	乡村教师	2016. 12
208	刘仁静	滨海县滨淮镇樊集小学	小学数学	中小学高级教师	乡村教师	2016. 12
209	曹志龙	滨海县滨淮镇樊集小学	小学数学	中小学高级教师	乡村教师	2016. 12
210	龚霞云	滨海县滨淮镇公玉小学	小学语文	中小学高级教师	乡村教师	2016. 12
211	刘仁飞	滨海县滨淮镇公玉小学	小学语文	中小学高级教师	乡村教师	2016. 12
212	陆道云	滨海县滨淮镇公玉小学	小学数学	中小学高级教师	乡村教师	2016. 12
213	褚宝东	滨海县滨淮镇梁港小学	小学语文	中小学高级教师	乡村教师	2016. 12
214	王鹏军	滨海县滨淮镇沈滩小学	小学数学	中小学高级教师	乡村教师	2016. 12
215	沈永明	滨海县滨淮镇沈滩小学	小学数学	中小学高级教师	乡村教师	2016. 12
216	王保军	滨海县滨淮镇盐场小学	小学语文	中小学高级教师	乡村教师	2016. 12
217	沈中江	滨海县滨淮镇长兴小学	小学数学	中小学高级教师	乡村教师	2016. 12
218	于维民	滨海县滨淮镇长兴小学	小学数学	中小学高级教师	乡村教师	2016. 12
219	沈育国	滨海县滨淮镇中心小学	小学语文	中小学高级教师	乡村教师	2016. 12
220	沈玉娟	滨海县滨淮镇中心小学	小学语文	中小学高级教师	乡村教师	2016. 12
221	尹丽华	滨海县滨淮镇中心小学	小学语文	中小学高级教师	乡村教师	2016. 12
222	朱 琳	滨海县滨淮镇中心小学	小学语文	中小学高级教师	乡村教师	2016. 12
223	沈光华	滨海县滨淮镇中心小学	小学语文	中小学高级教师	乡村教师	2016. 12
224	王海英	滨海县滨淮镇中心小学	小学数学	中小学高级教师	乡村教师	2016. 12
225	姚龙成	滨海县滨淮镇中心小学	小学数学	中小学高级教师	乡村教师	2016. 12
226	殷 红	滨海县滨淮镇中心小学	小学数学	中小学高级教师	乡村教师	2016. 12
227	王玉井	滨海县滨淮镇中心小学	小学数学	中小学高级教师	乡村教师	2016. 12
228	周丽萍	滨海县滨淮镇中心小学	小学数学	中小学高级教师	乡村教师	2016. 12
229	王加虎	滨海县滨淮镇中心小学	小学数学	中小学高级教师	乡村教师	2016. 12
230	李 会	滨海县秉义初级中学	初中语文	中小学高级教师	乡村教师	2016. 12
231	杨海艳	滨海县秉义初级中学	初中英语	中小学高级教师	乡村教师	2016. 12
232	朱修红	滨海县蔡桥初级中学	初中语文	中小学高级教师	乡村教师	2016. 12
233	马红	滨海县蔡桥初级中学	初中数学	中小学高级教师	乡村教师	2016. 12
234	徐林祥	滨海县蔡桥初级中学	初中数学	中小学高级教师	乡村教师	2016. 12
235	张 侨	滨海县蔡桥初级中学	初中数学	中小学高级教师	乡村教师	2016. 12
236	左成中	滨海县蔡桥初级中学	初中数学	中小学高级教师	乡村教师	2016. 12

续表 47

序号	姓　名	单位名称	学　　科	评审职称	申报类别	资格起算日期
237	赵亚东	滨海县蔡桥初级中学	初中英语	中小学高级教师	乡村教师	2016. 12
238	刘必正	滨海县蔡桥初级中学	初中政治	中小学高级教师	乡村教师	2016. 12
239	王信根	滨海县蔡桥镇大洼小学	小学语文	中小学高级教师	乡村教师	2016. 12
240	孟宪军	滨海县蔡桥镇东墩小学	小学语文	中小学高级教师	乡村教师	2016. 12
241	李会林	滨海县蔡桥镇三层小学	小学语文	中小学高级教师	乡村教师	2016. 12
242	夏明海	滨海县蔡桥镇三层小学	小学数学	中小学高级教师	乡村教师	2016. 12
243	李为良	滨海县蔡桥镇三岔小学	小学语文	中小学高级教师	乡村教师	2016. 12
244	刘　璐	滨海县蔡桥镇新沙小学	小学语文	中小学高级教师	乡村教师	2016. 12
245	刘菊花	滨海县蔡桥镇中心小学	小学语文	中小学高级教师	乡村教师	2016. 12
246	汤树勇	滨海县蔡桥镇中心小学	小学语文	中小学高级教师	乡村教师	2016. 12
247	王必国	滨海县蔡桥镇中心小学	小学语文	中小学高级教师	乡村教师	2016. 12
248	王　尖	滨海县蔡桥镇中心小学	小学语文	中小学高级教师	乡村教师	2016. 12
249	杨中华	滨海县蔡桥镇中心小学	小学语文	中小学高级教师	乡村教师	2016. 12
250	张德中	滨海县蔡桥镇中心小学	小学语文	中小学高级教师	乡村教师	2016. 12
251	赵海兵	滨海县蔡桥镇中心小学	小学语文	中小学高级教师	乡村教师	2016. 12
252	李为虎	滨海县蔡桥镇中心小学	小学数学	中小学高级教师	乡村教师	2016. 12
253	王爱民	滨海县蔡桥镇中心小学	小学数学	中小学高级教师	乡村教师	2016. 12
254	李中华	滨海县陈涛镇八层小学	小学语文	中小学高级教师	乡村教师	2016. 12
255	陈广云	滨海县陈涛镇八层小学	小学数学	中小学高级教师	乡村教师	2016. 12
256	程玉华	滨海县陈涛镇后垛小学	小学语文	中小学高级教师	乡村教师	2016. 12
257	顾　斌	滨海县陈涛镇李庄小学	小学语文	中小学高级教师	乡村教师	2016. 12
258	王　莉	滨海县陈涛镇新联小学	小学语文	中小学高级教师	乡村教师	2016. 12
259	马　琳	滨海县陈涛镇友联小学	小学语文	中小学高级教师	乡村教师	2016. 12
260	许乃华	滨海县陈涛镇渔洼小学	小学语文	中小学高级教师	乡村教师	2016. 12
261	潘亚东	滨海县陈涛镇渔洼小学	小学语文	中小学高级教师	乡村教师	2016. 12
262	王莉莉	滨海县陈涛镇中心小学	小学音乐	中小学高级教师	乡村教师	2016. 12
263	杜古英	滨海县陈涛镇中心小学	小学语文	中小学高级教师	乡村教师	2016. 12
264	沈国富	滨海县陈涛镇中心小学	小学语文	中小学高级教师	乡村教师	2016. 12
265	王连松	滨海县陈涛镇中心小学	小学语文	中小学高级教师	乡村教师	2016. 12
266	张主武	滨海县陈涛镇中心小学	小学语文	中小学高级教师	乡村教师	2016. 12
267	张广林	滨海县陈涛镇中心小学	小学语文	中小学高级教师	乡村教师	2016. 12
268	周德左	滨海县陈涛镇中心小学	小学数学	中小学高级教师	乡村教师	2016. 12
269	杨素萍	滨海县陈涛镇中心小学	小学数学	中小学高级教师	乡村教师	2016. 12
270	丁雷明	滨海县陈涛镇中心小学	小学数学	中小学高级教师	乡村教师	2016. 12
271	施汉云	滨海县陈涛镇中心小学	小学数学	中小学高级教师	乡村教师	2016. 12
272	徐海燕	滨海县陈涛镇中心小学	小学数学	中小学高级教师	乡村教师	2016. 12

续表 47

序号	姓　名	单位名称	学　　科	评审职称	申报类别	资格起算日期
417	陈之赛	滨海县獐沟中学	高中英语	中小学高级教师	乡村教师	2016. 12
418	高银领	滨海县獐沟中学	高中英语	中小学高级教师	乡村教师	2016. 12
419	崇海兵	滨海县獐沟中学	高中政治	中小学高级教师	乡村教师	2016. 12
420	朱　蓉	滨海县獐沟中学	高中信息	中小学高级教师	乡村教师	2016. 12
421	胡加荣	滨海县獐沟中学	高中化学	中小学高级教师	乡村教师	2016. 12
422	郭　越	滨海县獐沟中学	高中化学	中小学高级教师	乡村教师	2016. 12
423	梁　良	滨海县獐沟中学	高中体育	中小学高级教师	乡村教师	2016. 12
424	曹海凤	滨海县振东初级中学	初中数学	中小学高级教师	乡村教师	2016. 12
425	王　慧	滨海县振东初级中学	初中英语	中小学高级教师	乡村教师	2016. 12
426	陈其虎	滨海县振东初级中学	初中政治	中小学高级教师	乡村教师	2016. 12
427	罗建祥	滨海县正红初级中学	初中数学	中小学高级教师	乡村教师	2016. 12
428	蔡欣欣	滨海县正红镇第二中心小学	小学语文	中小学高级教师	乡村教师	2016. 12
429	周　姝	滨海县正红镇第二中心小学	小学语文	中小学高级教师	乡村教师	2016. 12
430	崇淮南	滨海县正红镇第二中心小学	小学语文	中小学高级教师	乡村教师	2016. 12
431	杨海红	滨海县正红镇第二中心小学	小学语文	中小学高级教师	乡村教师	2016. 12
432	王　彬	滨海县正红镇第二中心小学	小学数学	中小学高级教师	乡村教师	2016. 12
433	朱凤玲	滨海县正红镇第二中心小学	小学数学	中小学高级教师	乡村教师	2016. 12
434	董安梅	滨海县正红镇第二中心小学	小学数学	中小学高级教师	乡村教师	2016. 12
435	闵沪平	滨海县正红镇第二中心小学	小学数学	中小学高级教师	乡村教师	2016. 12
436	刘银梅	滨海县正红镇第二中心小学	小学数学	中小学高级教师	乡村教师	2016. 12
437	梁玉龙	滨海县正红镇第三中心小学	小学语文	中小学高级教师	乡村教师	2016. 12
438	杨红亮	滨海县正红镇第三中心小学	小学语文	中小学高级教师	乡村教师	2016. 12
439	陈忠业	滨海县正红镇第三中心小学	小学数学	中小学高级教师	乡村教师	2016. 12
440	王乃顺	滨海县正红镇第三中心小学	小学数学	中小学高级教师	乡村教师	2016. 12
441	陈德庄	滨海县正红镇旧河小学	小学语文	中小学高级教师	乡村教师	2016. 12
442	戴艳平	滨海县正红镇中心小学	小学语文	中小学高级教师	乡村教师	2016. 12
443	陈　腾	滨海县正红镇中心小学	小学语文	中小学高级教师	乡村教师	2016. 12
444	李建萍	滨海县正红镇中心小学	小学语文	中小学高级教师	乡村教师	2016. 12
445	沈开林	滨海县正红镇中心小学	小学语文	中小学高级教师	乡村教师	2016. 12
446	蒯　柏	滨海县正红镇中心小学	小学数学	中小学高级教师	乡村教师	2016. 12
447	张　华	滨海县正红镇中心小学	小学数学	中小学高级教师	乡村教师	2016. 12
448	顾红军	滨海县正红镇中心小学	小学数学	中小学高级教师	乡村教师	2016. 12
449	高　磊	滨海县正红镇中心小学	小学数学	中小学高级教师	乡村教师	2016. 12
450	张士龙	滨海县正红镇中心小学	小学数学	中小学高级教师	乡村教师	2016. 12
451	施丽玲	滨海县正红镇中心小学	小学数学	中小学高级教师	乡村教师	2016. 12
452	严兰芳	滨海县正红镇中心小学	小学数学	中小学高级教师	乡村教师	2016. 12

续表 47

序号	姓　名	单位名称	学　科	评审职称	申报类别	资格起算日期
453	张玉华	滨海县正红镇中心小学	小学数学	中小学高级教师	乡村教师	2016. 12
454	成小军	滨海县正红镇中心小学	小学数学	中小学高级教师	乡村教师	2016. 12
455	刘中原	滨海县正红镇中心小学	小学数学	中小学高级教师	乡村教师	2016. 12
456	王海峰	滨海县正红镇中心小学	小学数学	中小学高级教师	乡村教师	2016. 12
457	陈海林	滨海县正红镇中心小学	小学数学	中小学高级教师	乡村教师	2016. 12
458	寇　勇	滨海现代农业产业园区大关小学	小学语文	中小学高级教师	乡村教师	2016. 12
459	周安中	滨海现代农业产业园区苏南小学	小学语文	中小学高级教师	乡村教师	2016. 12
460	陈国兰	滨海现代农业产业园区育才小学	小学语文	中小学高级教师	乡村教师	2016. 12
461	潘海霞	滨海现代农业产业园区中心小学	小学语文	中小学高级教师	乡村教师	2016. 12
462	孟爱明	滨海现代农业产业园区中心小学	小学语文	中小学高级教师	乡村教师	2016. 12
463	夏海云	滨海现代农业产业园区中心小学	小学语文	中小学高级教师	乡村教师	2016. 12
464	陈　华	滨海现代农业产业园区中心小学	小学语文	中小学高级教师	乡村教师	2016. 12
465	张全树	滨海现代农业产业园区中心小学	小学语文	中小学高级教师	乡村教师	2016. 12
466	孟　丽	滨海现代农业产业园区中心小学	小学语文	中小学高级教师	乡村教师	2016. 12
467	张　蕾	滨海现代农业产业园区中心小学	小学语文	中小学高级教师	乡村教师	2016. 12
468	李玉锦	滨海现代农业产业园区中心小学	小学数学	中小学高级教师	乡村教师	2016. 12
469	祖明芳	滨海现代农业产业园区中心小学	小学数学	中小学高级教师	乡村教师	2016. 12
470	秦高峰	滨海现代农业产业园区中心小学	小学数学	中小学高级教师	乡村教师	2016. 12
471	于社婷	滨海现代农业产业园区中心小学	小学数学	中小学高级教师	乡村教师	2016. 12
472	王翠玲	滨海现代农业产业园区中心小学	小学数学	中小学高级教师	乡村教师	2016. 12
473	徐素玲	滨海县东坎镇实验小学附属幼儿园	学前教育	幼儿园高级教师	普通教师	2016. 12
474	高　虹	滨海县人民政府机关幼儿园	学前教育	幼儿园高级教师	普通教师	2016. 12
475	徐苏华	滨海县人民政府机关幼儿园	学前教育	幼儿园高级教师	普通教师	2016. 12
476	严彬彬	滨海县幼儿园	学前教育	幼儿园高级教师	普通教师	2016. 12
477	孟　慧	滨海县八巨镇中心园	学前教育	幼儿园高级教师	乡村教师	2016. 12
478	吕其平	滨海县八滩镇中心幼儿园	学前教育	幼儿园高级教师	乡村教师	2016. 12
479	王向群	滨海县天场镇中心幼儿园	学前教育	幼儿园高级教师	乡村教师	2016. 12
480	龚素平	滨海县通榆镇中心幼儿园	学前教育	幼儿园高级教师	乡村教师	2016. 12

附 录

- □ 文献选编
- □ 文件要目
- □ 先进集体
- □ 组织机构及负责人
- □ 各单位审稿、撰稿人

附　录

文献选编

县委工作报告(摘要)

中国共产党滨海县第十二次代表大会报告

(2016 年 7 月 16 日)

县委书记　钱武华

一、立足新起点,准确把握全县发展的基本方位

县第十一次党代会以来的五年,是滨海经济社会发展稳中奋进、城乡面貌持续变化、人民生活明显改善的五年。我们坚持以习近平总书记系列重要讲话特别是视察江苏重要讲话精神为指导,明确方向、创新举措、扎实工作,探索走出增长与转型良性互动、发展与生态相得益彰、经济与社会协调并进的发展路径,“建设新滨海、发展上台阶”的步伐不断加快,全面完成了县第十一次党代会确定的各项目标任务,迈上了新的发展起点。

五年来,我们重抓经济稳健增长,发展实力不断增强。经济总量不断扩张,2015 年,实现地区生产总值 361.5 亿元,规模以上工业增加值 161 亿元,服务业增加值 153.2 亿元,一般公共预算收入 37.5 亿元,分别比“十一五”末增长 82.4%、92.2%、123.4%、158.6%;完成固定资产投资 318 亿元,工业投资 197 亿元,五年翻一番,服务业投资 116 亿元,五年翻两番;累计新开工、新竣工亿元以上项目 158 个、126 个;开票销售超亿元工业企业 67 家、入库税收超千万元工业企业 21 家,分别比 2010 年增加 35 家、4 家,吉化公司成为全县首家入库税收超 2.5 亿元企业。

五年来,我们积极推进转型升级,发展质态持续趋好。产业结构不断优化,二三产占比达 84.6%,比“十一五”末增加 5.3 个百分点;质量效益不断提升,一般公共预算收入占地区生产总值比重达 10.4%,税收占公共财政预算收入比重达 82%,分别比“十一五”末增加 2.8 和 8 个百分点,连续四年获省财政收入登台阶奖;新医药、新材料、风电光伏等新兴产业加快发展,化工、纺织、机械等传统产业焕发生机,2015 年新兴产业、传统产业开票销售是 2010 年的 2.6 倍、1.6 倍;“一三五”工程有力推进,实施千万元以上技改项目 240 个,重组企业 60 家,奕帆科技、日明消防成功上市,实现本土企业上市零的突破。

五年来,我们着眼长远统筹推进,发展前景更加广阔。着力优化生产力布局,形成了沿海、园区、城镇、农业协调并进的发展格局。10 万吨级通用码头开港试航,投资 80 亿元的 2×100 万千瓦火电项目开工建设,储配煤中心项目完成投入 35 亿元,月亮湾度假酒店、灵龙湖等港城重点项目加快实施;工业园、沿海工业园合计实现规模工业开票销售 201 亿元,比“十一五”末增加 66.1%,成功创建新材料、新医药、流体装备三个国家级特色产业基地和省“两化”融合试验园区,电商产业园获批省级众创空间;完成城建投入 360 亿元,县城建成区面积达 32 平方千米、常住人口 30 万人,城市化率五年提高 11 个百分点,推进老城区一期改造,创成省级园林城市、卫生县城和文明城市;大力实施农业“接二连三”工程,粮食总产突破百万吨,实现“十二连增”,获评全国粮食生产先进县。

五年来,我们大力发展社会事业,发展成果惠及百姓。人民群众的获得感不断增强,财政用于民生支出占比由 2010 年的 68.2% 提高到 2015 年的 75%,五年来兴办重大民生实事 138 件,完成投入 196 亿元;城乡居民人均可支配收入是“十一五”末的 1.7 倍、1.8 倍;城乡居民储蓄余额五年增加 34 亿元,通过省定小康县原标准验收;如期完成原标准脱贫攻坚任务,脱贫 17.1 万人;城乡区域供水一体化工程基本完成。交通基础设施加快建设。创成国家义务教育发展基本均衡县、全国计生优质服务先进县。建立社会救助政府托底机制,城乡低保、新农保、新农合、城镇居民医保基本实现全覆盖。政法维稳扎实推进,安全环保平稳可控,信访总量持续下降,荣获省信访工作先进县,连续四年获评省平安县。

五年来,我们全面加强党的建设,发展能力日益增强。扎实开展党的群众路线教育实践活动和“三严三实”专题教育,干部队伍作风持续好转;推进党建工作创新工程,深化干部人事制度改革,建立干部巡查走访制度,基层组织战斗力不断增强;抓牢“两个责任”,从严查处腐败行为,创新廉政风险防控、县级专项巡查评议制度,推进村务公开;推进厚德滨海建设,“文化预约”惠民工程经验做法在省市推广。同时,切实加强党对人大、政协工作的领导,人大、政协的职能作用得到充分发挥。法院、检察院积极推进公正司法,为发展保驾护航。统战、武装、工青妇、台侨、老干部、关

心下一代等各项工作取得新的进步。社会各界同心协力、服务大局,各层各级积极争先创优,全社会形成了群策群力、昂扬向上、和衷共济的可喜局面。

(一)立足新起点、实现新跨越,必须把握机遇、顺势而为 当前,滨海县处在"一带一路"、长三角一体化、江苏沿海开发等国家战略交汇叠加区域,淮河生态经济带建设即将上升为国家战略,省委、省政府支持苏北发展力度持续加大,为我们加快发展提供了更加广阔的空间;盐城正式列入长三角城市群,沿江苏南地区生产力加速向沿海苏北地区转移,全市"一带两核四区多节点"战略布局把滨海县作为"北核"进行定位,将有力促进各类资源要素向滨海县汇聚,为我们加快发展增添了更加强劲的动力。滨海县迎来了大发展、大跨越的重大历史机遇,全县上下要牢固树立强烈的机遇意识、作为意识,主动融入、借势发力,更加主动地抢抓机遇,更加主动地参与长三角合作分工,更加主动地超前谋划淮河生态经济带战略布局,发挥战略机遇叠加的乘数效应,让未来五年成为滨海大有作为的黄金发展期。

(二)立足新起点、实现新跨越,必须真抓实干、埋头苦干 当前,我们正处于沿海开发提速发展的战略机遇期、产业加快转型发展的阵痛磨合期、深化改革勇闯难关的攻坚突破期、民生事业共建共享的提档升级期、城乡统筹一体推进的融合加速期,面临着经济增长与转型升级的双重压力、经济建设与民生社会事业发展的双重任务、发展改革与维护稳定的双重责任,挑战前所未有。要真抓实干,求真务实,脚踏实地,"不受虚言,不听浮术,不采华名,不兴伪事";要埋头苦干,多做少说,只做不说,兢兢业业履职,勤勤恳恳尽责;要紧张快干,卷着铺盖上一线,带着干粮下基层,两步并作一步走,一天干成两天事;要担责敢干,工作面前能尽责、难题面前敢负责、压力面前勇担责,不断创造发展新业绩。

(三)立足新起点、实现新跨越,必须开拓进取、创优争先 当前,区域竞争日趋激烈,苏南地区率先开启了现代化建设新征程,苏中地区进入了跨江融合、加快崛起的新阶段,周边兄弟县市发展势头强劲,我们前面的标兵越来越多,后面的追兵越来越少,要切实增强危机意识、忧患意识、紧迫意识,始终保持奋发向上的精神状态。要勇于开拓创新,机遇面前敢下决心、困难面前敢于挺身,敢涉险滩,敢攻堡垒,敢闯盲区;要主动抬高目标定位,自加工作压力,立足行业做标杆,县内争前列,全市创一流,全省进位次,不断开拓发展的突破点、打造发展的增长点、争夺发展的制高点。

(四)立足新起点、实现新跨越,必须锤炼党性、身心归党 坚强的党性、坚定的信念是修身立业的"压舱石",是加快发展的"定盘星"。要深入学习习总书记系列重要讲话精神,筑牢信仰之基、补足精神之钙、把稳思想之舵,切实增强道路自信、理论自信和制度自信,不忘初心、继续前行,认真执行中央和省市委的方针政策和决策部署。时刻牢记组织的重托、人民的期盼,在跨越发展的征程中没有局外人、不做旁观者,牢固树立"每个板块都是主战场、每个部门都是主力军、每位同志都是主人翁"的责任意识,守土有责、守土负责、守土尽责,同心协力抓落实,聚精会神促发展。

二、开启新征程,精心描绘高水平全面小康宏伟蓝图

总的指导思想是:全面贯彻党的十八大和十八届三中、四中、五中全会精神,深入学习习近平总书记系列重要讲话特别是视察江苏时的重要讲话精神,认真落实省委市委决策部署,按照"四个全面"战略布局,以"五大发展理念"为引领,以"强富美高"为方向,按照"建设五大盐城"战略定位,紧扣"沿海争先跨越、淮河争当门户、全市争创一流"的发展目标,坚持"项目为上、转型为要、改革为先、民生为本、统筹为重、环境为基"的发展要求,组织开展"项目载体攻坚、沿海开发提速、工业发展转型、城市品质提升、城乡一体统筹、民生幸福升级、社会治理创新、生态文明建设"八大行动,扎实推进全面从严治党,奋力实现从脱贫攻坚重点县向精准脱贫示范县跨越、从苏北沿海节点城市向淮河流域门户城市跨越、从低水平全面小康向高水平全面小康跨越。

总的发展目标是:全面建成高水平小康社会,我们将围绕目标,首抓开局打好基础,突破重点带动全局,环环相扣接续推进,不断取得人民群众看得见、摸得着、感受得到的发展成果。重抓开局、夯实基础。今年全面完成既定的主要经济指标年度任务,完成省市下达的资源环境约束性指标;脱贫致富奔小康工程取得阶段性成果,实现贫困户和经济薄弱村年度脱贫任务;高水平小康社会建设多数指标达到或超过时序进度,经济社会各项重点工作全面启动,重大生产力布局全面展开,实现良好开局。提速进位、全面突破。到2018年,经济社会发展取得重要阶段性成果,绝大多数指标超过序时发展水平,提前实现"两个翻番"目标,全县经济总量和城乡居民收入分别比2010年翻一番;脱贫致富奔小康工程全面完成,低收入人口人均可支配收入达到6000元以上标准、村集体经济年收入达到18万元以上标准;高水平小康社会基本建成,所有指标达到或基本达到创建标准。巩固提升,再创新业。通过两年努力,确保脱贫致富奔小康工作、高水平小康社会建设如期通过省市验收,在此基础上,奋力开启基本现代化新征程,迈上振兴跨越的历史新起点。

目标催人奋进,任务十分艰巨。要牢固树立"等不起"的危机感、"慢不得"的紧迫感和"坐不住"的责任感,提振精气神、奋力求作为,加快实现沿海争先跨越、淮河争当门户、全市争创一流的发展目标。沿海争先跨越。就是要在全省、全市沿海区域发展中勇当先锋,发展速度和增量快于沿海县份,质量和结构好于沿海县份,力争通过五年的努力,跨入江苏沿海县份先进行列,成为全市沿海开发"双核"发展战略的"北核"。港城经济区成为全县发展活力最强、增长最快的板块,全县新增经济总量、公共财政预算收入、固定资产投资、注册外资实际到账80%以上来自沿海板块。淮河争当门户。就是提升滨海在淮河生态经济带建

设中的首位度,滨海港成为淮河流域的枢纽港,成为淮河流域地区重要出海通道;县城和临港新城成为淮河流域门户城市,建成区域性现代化物流中心,成为物流、人流、资金流、技术流、信息流等各种发展要素的汇集地,综合竞争力、辐射带动力和资源集聚力明显增强。全市争创一流。就是要力争各项工作在全市走在前列。综合实力不断提升,在全市目标任务综合绩效考核中创造一年更比一年好的业绩,跻身全市先进行列;镇村经济更加繁荣,奋力实现提档进位,镇区在全市综合实力排名每年总体提升3个位次以上;园区经济加快发展,综合实力在全市经济开发区排名逐年进位,在全省每年递增3个位次以上;条线部门工作创塑更多品牌和特色,进入省市优秀行列。

总的发展要求是:

——坚持项目为上,坚定不移走产业强县之路。把项目建设作为第一抓手,坚持以项目扩张总量,以项目促进转型,以项目培植产业,全力推动精准招商,着力培植高端海工装备、先进装备制造、新医药、新材料、新能源、纺织服装、农副产品精深加工、现代精细化工、现代物流、文化旅游十大主导产业,加快形成新型工业、现代农业、现代服务业结构合理、协调发展的现代产业业态,用产业挺起县域经济"脊梁"。

——坚持转型为要,坚定不移走"四化"同步之路。把转型发展作为第一路径,推动信息化和工业化深度融合、工业化和城镇化良性互动、城镇化和农业现代化相互协调,深入推进供给侧结构性改革,持续扩大消费需求,着力调优供给结构,减少低端供给,增加有效中高端供给,促进要素集聚、资源集约、产业集群,实现经济发展由传统向现代、单一向多元、数量向质量、粗放发展向内涵提升转变。

——坚持改革为先,坚定不移走创新驱动之路。把改革创新作为第一动力,坚持问题导向、目标导向、需求导向,把改革创新贯穿于经济社会发展的各个领域、各个环节,既落实好上级部署的各项改革任务,又结合滨海县实际突破重点领域改革。统筹部署,扎实推进投融资体制、行政管理体制、行政审批制度、农村产权制度、农村经营体制、财税管理制度、科技创新体制等各项改革,加快释放发展潜能、不断激发发展活力,努力创造一批面上可复制可借鉴,走在全市乃至全省前列的改革经验,加快建成国家级创新型城市、创业型城市。

——坚持民生为本,坚定不移走全民共享之路。把改善民生作为第一追求,按照习近平总书记提出的"七个更"要求,推进民生幸福"全民共享、全面共享、共建共享、渐进共享",进一步加大投入,补齐短板,提高标准,丰富内涵,加快民生事业从"无"到"有"拓展,从"有"到"优"提升,让发展的成果更有"温度",群众的幸福更有"质感"。扎实推进民主法治建设、平安滨海建设,加强和创新社会治理,着力营造公正、公平、平安、和谐的社会环境,增强人民群众安全感、满意度。

——坚持统筹为重,坚定不移走城乡一体之路。把统筹城乡作为第一民生,注重以城带乡、以工促农,加快新型城镇化与城乡发展一体化进程,扎实推进"城乡规划一体化、城乡建设一体化、城乡供水一体化、城乡公交一体化、产业布局一体化、公共服务一体化、城乡就业一体化、社会保障一体化、社会管理一体化、环境改善一体化"十个一体化。优化县域空间布局、提升城镇功能品质、建设美丽宜居乡村,着力建设县城、临港新城、兴胥新城、10个城镇、540个集中居住区,加快形成"一主、一副、一辅、十镇、多节点"的新型城镇化和城乡一体格局,逐步缩小城乡差距,形成城乡互动发展、互促并进的和谐景象。

——坚持环境为基,坚定不移走绿色发展之路。把生态资源作为第一资源,坚守生态"底线"、筑牢生态"防线",形成以绿色增长为标志的发展模式、绿色产业为主体的产业结构、绿色宜居为底色的城乡环境、绿色低碳为代表的生活方式,建设经济发展与绿色生态高度融合、河海神韵与田园风光相映生辉、人与自然和谐共处的美丽家园。

三、引领新常态,全面落实跨越发展的战略举措

(一)实施项目载体攻坚行动,大力推进项目建设,加快建设苏北沿海新兴产业基地 牢固树立"有项目就有希望,没有项目就没有一切"的理念,用最强的力量、最硬的举措、最优的环境、最严的奖惩推进项目建设,实现项目投入大突破、载体功能大提升、产业结构大优化。

1. 坚持抓项目扩增量,推动企业做大做强 突出把招商引资、项目建设作为培植规模企业的主要方向。理顺招商体制,建立"县主要领导牵头挂帅、分管领导具体负责、招商部门统筹协调、园区、镇区、部门、单位招商机构组织实施"的一体化招商体制,形成领导带头示范引领、招商主体全力推进、全县上下积极参与大招商工作格局,聚合突破项目的最强力量;完善招商思路,坚持行政推动和市场化招商并行,正面激励和反向激励结合,境内招商和境外招商统筹,活动招商和常态化招商协调,一二三产招商齐抓,大力推行产业招商、专业招商、驻点招商、以商引商;推进精准招商,组织力量,深入研究产业发展规律,把握发展趋势,找准招商路径,做到"围绕一个产业链、绘制一张招商地图、编制一个项目信息库、撰写一组项目建议书、排出一个拜访计划",开展建链、补链、强链招商;瞄准欧美日韩、长三角、珠三角、环渤海、京津唐、沿江苏南等资本技术富集区、产业集聚区、转移活跃区,着力引进产业领军企业、重大龙头项目,每年确保引进亿元项目50个以上,5亿元到10亿元项目6个以上,10亿元以上项目5个以上,新竣工亿元以上项目40个以上,完成投资超60亿元。

2. 坚持强龙头补链条,推动产业高端攀升 坚持以项目发展产业,以健全产业链为目标,着力建链补链,充分发挥滨海县深水大港、滨河临海、腹地广阔、交通便捷、区位独特、资源丰富的优势,在培植原有传统产业的基础上,大力发展新兴战略产业,按照"四年翻两番、五年达千亿"的新兴产业发展目标,强化政策激励,推进"三新一高"产业向中高端发展。新能源产业以新型煤电、风电、生物质发电为主攻方向,扩大中电投新型煤电产能规模,加快突破LNG、冷能利用、垃圾发电、光伏等重点项目,打造中国清洁能源

之都;新医药产业以生物制药、化学制剂等为主攻方向,依托永太、普信等现有企业,加快产业链条由原料药、中间体向成品药延伸,打造省内外知名的成品药生产基地;新材料产业以高分子材料、高端金属结构材料、高性能纤维及其复合材料为主攻方向,重点招引合金、有机新材料项目,打造江苏沿海新兴材料产业基地;高端海工装备产业发挥滨海县深水大港优势,以海洋开发装备为主攻方向,大力招引港口作业设备、海上运输装备、海上能源装备等装备制造项目,打造东部沿海新兴海工装备生产基地。

3. 坚持强基础重服务,推动园区转型升级　顺应新常态对园区发展的新要求,推动园区从完善基础设施向优化营商环境提升,从简单的土地、政策要素供给向综合配套服务转变,从项目的无序集聚向构筑产业链转变,从行政主导的建园模式向市场化取向、加快体制机制创新转变,加快创建国家级经济开发区,推进项目集中、企业集聚、产业集群发展。抬高定位,增强园区实力。树立"产业强园、融合兴园、创新立园、生态固园"的理念,加快建设"实力园区、高端园区、绿色园区、和谐园区"。工业园要实现三年综合实力跃进全省省级开发区30强,进一步提升发展规划、拓宽发展空间,完善基础设施,积极创新投融资、绩效管理、薪酬分配体制,以发展城市型工业为方向,大力扩张产业规模,确保今年新招引亿元项目8个以上,超3000万美元外资项目2个以上,新竣工项目10个,其中南山产业园年内新签约、新开工亿元项目4个,科技企业孵化器新增入孵企业30家;沿海工业园要加快转型升级,塑造产业特色,着力推进产业装备现代化、产品高端化、资源循环化,加快建设原料药基地、新材料基地,确保今年引进并开工超亿元项目10个,超3000万美元项目2个以上,新竣工亿元以上项目8个,实现规上工业开票销售182亿元、规模工业入库税收10.2亿元,固定资产投资85.8亿元,进出口总额3.5亿美元。新医药产业园要提升招商服务中心的配套功能,加快建设GMP车间,引进医药生产科技孵化器,每年开工建设亿元以上项目4个以上。提升标准,增强承载功能。坚持基础设施完善和综合服务配套并举。工业园全面实施道路管网建设工程,三年全面完成平方基础设施"九通一平"建设任务,完成主干道路管网园区全覆盖。以南山智汇园为依托,加快创业孵化中心、检验检测中心、产业研究中心、人力资源中心、为企服务中心和物流基地、电子商务基地"五中心两基地"建设。沿海工业园区要提升信息化管理水平,加快建设智慧园区,全面开展道路、供电、供热、管廊升级改造,年内完成黄海南路、黄海路改造工程。按照产业保障型、沿海开发辅助型城镇的要求,加快建设兴晋新城。加快建设化工产业研究院和科技成果转化中心,充分发挥现有博士后工作站、科技研发中心服务平台的技术创新、成果转化作用。做优服务,增强要素支撑。破解资金难题,加快组建园区发展公司,明确投资建设方向,提升资信水平和融资能力;积极运用融资租赁、债务融资等工具,多渠道筹集建设资金。破解用工难题,大力推行"订单培养、订单招工、订单服务",再造劳动力新优势。破解审批难题,加快推进"五图联审"、"七评合一"、"一费制"打造效率最高、服务最优的审批服务流程。

(二)实施沿海开发提速行动,放大内联外通开放优势,加快打造江苏沿海战略增长极　坚持开放开发、绿色开发、集约开发、有序开发、聚力开发,早日将"通河达海的枢纽港、千亿板块的产业城、观海揽胜的魅力地"美好梦想变成现实,将昔日广阔的荒芜海滩打造成黄金海岸增长极。

1. 以正式通航为目标,建设综合交通集疏运体系,全力打造淮河流域枢纽港　高起点规划建设"功能型、国际型、产业型、智慧型、生态型"现代化港口,建成国家一类开放口岸。系统建设综合交通网络。以建设淮河流域交通枢纽为目标,组织开展全县交通基础设施建设大会战,着力构建陆地、水面、空中一体,铁路、公路、机场衔接,国道、省道、县道、镇道贯通的综合集疏运体系。到2020年,在县域范围内形成以沿海港口为龙头、"六纵六横"通联的高等级骨干公路网络,加快推动淮滨高速、阜新泰北延、连盐铁路疏港支线三条主干动脉和通用机场。年内,确保海港大道二期、省道348、省道328北移等十大交通重点工程全面开工,滨海港经济开发区主干路网等基础设施基本建成。集群推进码头航道建设。加快建设大型深水泊位,完善泊位结构,拓展航道通航能力,全面提升港口综合能级。到2020年,形成散装码头、能源专用码头、集装箱码头和邮轮码头功能齐全、布局合理的专业化港口码头群,建成16个5-15万吨级码头泊位,出海航道达到10万吨级标准,北疏港航道达到1万吨级标准,开展20-30万吨级码头泊位和南疏港航道前期工作。年内全面建成7个码头泊位,出海航道疏浚至5万吨级标准,北疏港航道实现通航。统筹实施港口运营管理。加快推进开港运营,到2020年基本形成质量效益高、枢纽作用强、绿色安全、高效便捷的现代港口建设运营体系。建立专业、高效、智慧的运营管理体制:组建专业化的港务公司,切实提升港口管理专业水平;建设港航智慧化平台,推进港口信息化和作业自动化;构建多元化的战略合作联盟,积极拓展与周边港口、东北亚及海外重点港口在产业、航线、物流等方面的战略合作,加强港航合作,开辟货源市场,努力实现互利共赢。力争到2018年港口实现2000万吨吞吐量,2020年突破5000万吨。

2. 以重大项目为牵引,推进战略产业链式发展,全力打造盐城沿海开发北核心　全面加快项目建设进度。加快国家电投储配煤中心、国家电投火电、海上风电、陆上风电,大唐风电以及华电陆上风电项目建设进度,确保年内完成投资100亿元以上;全面开工建设中海油LNG储运、仓储物流项目,确保年内完成投资25亿元以上。奋力突破战略产业项目。依托资源优势,着力招引大用水量、大用地量、大运输量的基地型、龙头型项目,重点发展新能源、新材料、高端装备制造以及物流、旅游等主导产业。加快推进火电二期、LNG接收站、冷能利用项目。到2020年,实现开票销售800亿元、力争达到1000亿元,税收突破50亿元。加快推动临港产业园区。规划建设新能源产业区、新材料产业区、高端装备产业区、现代物流产业区、保税区、进出口加工区等特色园区,按照"项目引领、统筹推进、配套先行"的原则,加快园区基础设施建设。

3. *以现代港城为定位，推进临港新城区建设，全力打造门户城市副中心*　做大体量规模。加快建设现代化临港新城，到2020年，形成35平方千米、10万人口的体量规模。年内，全力推进60个港城项目建设，基本拉开临港新城建设框架。优化空间布局。坚持“一体规划、分区建设、相互支撑”，统筹推进临港新城和滨淮镇、滨海港镇建设。重点建设临港新城15平方千米的海港旅游度假区、20平方千米的综合服务区两大核心片区。综合服务区要打造成集行政服务、商务服务、生活服务为一体的沿海开发保障基地。打造旅游胜地。挖掘港城独特的人文景观、自然资源和文化元素，打造集海洋蓝色文化、古黄河农耕文化、水浒文化、绿色生态为一体的AAAAA级海滨旅游度假区，塑造独具魅力的港城名片。挖掘水浒发源地的历史文化资源，加快建设注重游客体验参与互动的特色旅游项目；发挥盐城沿海唯一生活性海岸线的资源优势，加快推进沿海百里风光带、古黄河万亩森林公园和古黄河生态湿地公园；放大河海交汇地、南北临海分界点的独特优势，加快打造“古黄河入海口、黄海临海基准点、亚热带与暖温带临海分界点”三个标志性节点景观。加快实施月亮湾温泉度假酒店、月堤海景公园、灵龙湖、海滨浴场等旅游基础设施建设。

4. *以有序开发为要求，创新体制机制，全力打造合力建港新模式*　以二年创成省级经济开发区、五年创成国家级经济开发区为目标，加快打造机制体制活、政策环境优、发展活力强的“特别经济区”。创新行政管理体制。加快推进“区镇合一”管理模式，打破行政区域限制，整合滨海港经济开发区、滨海港经济区，以及滨海港镇、滨淮镇等区域的资源，促进区镇融合，聚合力量、集聚发展。加强与央企、市属新滩公司，以及省属滨淮农场、淮海农场的合作，建立“规范有序、互惠共赢”的开发体制。完善规划建设体制。以港城经济区为主体，实行“一张图”规划、“一盘棋”建设、“一体化”发展，构建港区总体规划、各区域控制性详规和专项规划完备的规划体系，进一步明确各区域的发展方向和功能布局，推进各区域分工协作、合理布局、错位发展。健全经营管理体制。以市场化为导向，组建港口集团公司和相关子公司，实行建设、管理、运营分离的开发体制，建立规范化的公司管理制度，发展壮大公司规模，确保2020年实现上市。以增强服务效能为重点，推进县级经济社会管理权限下放，组建综合行政审批服务和综合行政执法机构，减少行政审批事项、规范审批程序，提高行政效率。

（三）实施工业发展转型行动，加快推进供给侧结构性改革，着力提升产能供给水平　围绕“存量优化、余量去除、超量消化”的思路，以质量和效益为中心，坚定不移调结构、抓创新、转方式。

1. *加快提升传统产能。着力提升产业层次*　积极推动传统纺织服装提档升级，推进互联网与纺织服装产业融合发展，推进网上产品研发、网上品牌创建，加快从传统代加工向自主研发设计、打造自主品牌转变，实现生产、经营、销售一体化；以新医药、新材料产业原料供应基地为发展定位，积极推动沿海工业园传统化工向精细化工升级，加强技术创新，提升生产工艺，优化产品结构，促进减量排放、循环利用，推进化工产业绿色转型，到2018年，精细化工占化学工业比重达到60%以上；积极推动传统装备制造向先进装备制造升级，推进流体装备产业从粗放制造向精密制造转变，推进纺织机械产业从单纯制造商向制造服务商转变，推进精密特种加工产业从零部件制造向整机装备制造转变，力争到2020年，化工、纺织、机械三大产业实现销售达到500亿元。着力推进科技创新。实施创新主体培育计划，引导企业加大科技投入，推动企业技术创新、产品创新、管理创新和商业模式创新，到2020年，县内国家级高新技术企业达到120家以上；实施创新平台提升计划，积极争创省高新技术开发区、省级科技型园区、省两化融合示范区，到2020年，建成孵化器15家、公共研发机构30家以上；实施政产学研协同创新计划，实施产学研合作项目250个以上，推动重大技术创新成果产业化。促进工业化与信息化深度融合，加快发展智能制造，促进制造业服务化。着力降低运行成本。多管齐下降低企业制度性交易成本、用能用地用工成本、物流成本、融资成本，税费负担，释放企业增长潜力，提升盈利水平和抗风险能力。

2. *加快释放先进产能。积极推进企业培植*　按照“梯度培育、分类推进”的思路，大力实施“重点企业上台阶”、“小微企业进规模”三年行动计划，加快形成大企业“顶天立地”、成长型企业“专精新特”、小微企业“活力迸发”的发展局面。力争到2018年，全县规模以上企业达到250家以上，销售超亿元企业100家以上、超10亿元企业5家以上。今年，规模企业总数要达到家。积极推进企业上市。抢抓国家扩大直接融资比重、启动股票发行注册制改革、设立战略性新兴产业板、改革创业板等重大机遇，加大要素资源倾斜力度，加强与实力券商战略合作，力争到2020年，实现滨海县企业本土上市15家以上，着力打造资本市场的“滨海板块”。积极推进企业创牌。强化“品牌就是资源、品牌就是市场、品牌就是生产力和竞争力”的意识，积极实施品牌战略，促使一批掌握核心技术、拥有自主知识产权的企业和产品脱颖而出。到2020年，创建国家级商标品牌个以上、省级个以上、市级个以上。

3. *加快化解落后产能。腾笼换鸟置换一批*　按照“政府推动、市场引导、有序退出”的办法，积极稳妥、因地制宜，通过“协议退出”“协商置换”等途径退出用地，腾退厂房，到2018年，“僵尸企业”基本出清，“围墙项目”彻底消除，为新项目让出空间。挂大靠强重组一批。坚持“兼并重组、减少数量、扩大规模、提升质量”，以大型企业、优势企业为龙头，推动产业链垂直整合，着力提高产业集中度和市场竞争力。到2018年，工业园、沿海工业园要分别完成企业重组10家、30家以上。坚持标准优化一批。加大对附加值低、污染大、能耗高的小型化工企业整治力度，到2018年，淘汰落后工艺和装备400台套以上，化工企业总数减少20家以上。

（四）实施城市品质提升行动，提升城市发展能级，推进中等城市强势崛起　坚持“产城融合、生态宜居、内涵提升、特色发展”，加快建设“淮河流域门户城市、江苏沿海开放城市、人文生态宜居城市”。

1. *发挥滨河临海优势，打造淮河流域门户城市* 统筹产业发展、人口规模和空间布局。扩张城市发展规模。优化城市空间布局，按照“东向拓展，北面延伸，城中改造，城西提升，城南转型”的要求，启动五轮修编工作，明确城市发展边界，扩张和完善县城建设整体框架。以发展教育卫生事业和商贸物流业为重点，启动城东片区开发，规划建设城东中学、城东核心商业圈、东湖公园、城东体育中心等重大功能性项目；以发展现代物流和商贸居住为重点，统筹建设城北片区和城西片区；以发展文化旅游和居住商贸为重点，实施棚户区改造行动计划，改善老城区居民居住条件；加快工业园启动区“退二进三”步伐。明确城市发展目标，今年，投入96亿元，实施7类93项城建重点项目，实现3万人进县城，户籍人口城镇化率提高个百分点；2018年，县城人口规模达到40万人，户籍人口城镇化率达%，规划建设面积达到110平方千米；“十三五”末，建成产业繁荣、生活宜居、生态良好的中等规模城市。增强城市发展能力。推进产城融合发展，以建设辐射淮河流域和江苏沿海的现代化区域性物流中心为目标，统筹规划建设城西内河港口、省道327沿线大型综合批发市场、现代专业物流园，加快火车站集疏运中心建设；结合棚户区改造，建设特色商业街区、商业广场和各类专业市场；建设城市综合体，构建购物娱乐、住宿美食、医疗健身一体化的15分钟经济圈。增强城市承载功能。全面提升城市基础设施建设水平。建设联通顺畅的城市路网。按照“一年纵横延伸、二年基本贯通、三年全面完成”的目标，推动干线公路与城市道路融合发展，优化城市路网和枢纽布局，提升道路通行能力，加快交通节点改造，三年新建25条道路，提升15条道路，新建15座桥梁，改造3座危桥，形成“三环九纵九横”的城市快速路网。年内新建人民路北延、港城路北延、育才路东延、站前路等14条城市道路，改造提升师苑路、迎宾大道等8条道路。形成源水互补的供水格局。规划建设生态湖，作为城市应急水源；加强水源地保护，实施中山河取水口西迁，建设中山河、通榆河两条饮用水源清水走廊。实施自来水厂扩建工程，改造提升供水净化工艺，确保饮水安全。构建结构合理的住房体系。建设以商口房为主体，拆迁安置房为基础，廉租房为补充的住房保障体系。推行货币安置与住房安置相结合的拆迁安置办法，改善拆迁户、贫困户、低收入家庭的居住环境，年内完成锦绣园安置小区一期工程。实施棚户区改造行动计划，完成棚户区改造1500户（套），把棚户区建设成为展示滨海文化的核心区、美丽风光的引领区、健康乐居的幸福区。实施中低房价城市发展战略，推进房地产市场持续健康发展，年内新建商品房60万平方米。打造惠民便民的城市家具。按照“一体、规范、便民”要求，启动建设集行政审批、行政管理、公共服务多种功能为一体的为民服务中心。合理布局停车位、道路指示牌、街头小品、环卫设施、卫生公厕等市政设施，建设“方便实用、有利管理、提升形象、全面覆盖、细致入微”的城市公共服务设施。

2. *深入推进改革创新，打造江苏沿海开放城市* 扎实推进国家新型城镇化综合改革试点工作，全面增强城市发展活力。创新融合发展体制。推进区域融合，统一规划建设县城、东坎镇、现代农业经济区和工业园区，实行产业布局、基础设施一体化规划，道路、供水、公交、环卫、燃气、污水处理“一体化”建设。创新投资融资体制。坚持直接融资和间接融资相结合，加快推进国有投融资平台实体化、市场化、规范化运作。健全利益共享和风险共担机制，积极实施公益项目PPP融资，大力推行债券融资。创新建设管理体制。完善城市规划管理，加强城市总体规划和土地利用总体规划的衔接，推进两规融合；实行总体规划、城市控制性规划、城市设计、单体建筑规划多规统一；加强专业规划管理队伍建设，健全完善规划评审制度，加强规划执法监管，强化规划科学性、约束力。规范土地收储管理，坚持净地出让原则，实行“一次集中收储、分批有序推出、深度规划出让”，把生地变熟地，合理调控城市地价。严格工程招投标管理，加强建筑质量管控，强化建筑主管部门、监理企业、施工单位、开发企业和责任人员的质量监管责任，切实保证工程建设质量。推进户藉制度改革。落实配套措施，逐步建立城乡一体化社会保障体系，保留进城农民土地经营权，落实居民户口通迁制度，稳步提高户籍人口城镇化率。

3. *坚持绿色集约发展，打造人文生态宜居城市* 坚持强化配套与优化环境并举、丰富内涵与塑造特色并行，全面创成国家级园林、卫生和文明城市。系统治理河道，让水灵秀起来。按照“源头严管、流域严控、暗流严查”的要求，全面整治城市主干河道，有效治理南湖、西湖、清水湖，响坎河、张家河。按照雨污分流要求，建设全面覆盖的地下管网，实现污水主干管网及配套泵站连接互通，统筹建设城东片区污水处理厂，实现河清水畅、活水绕城、碧水润城。全面植绿造景，让绿通透起来。高起点建设绿地景观，每年新增10万平方米绿地，同步规划建设生态湖和城市森林公园，营造城郊有绿肺，环城有绿带、沿路有绿脉、沿河有绿廊、广场有绿苑、小区有绿景，绿树掩映、绿景林立、绿色满目的宜人风光。今年重点推进人民路、港城路、S327城区段、三湖两河沿线绿化和景观美化。推进智慧城管，让城整洁起来。加快建设“智慧滨海”，拓展“数字城管”应用范围，实行精细化、网格化管理，加快提升城市管理水平。加强执法巡查，严厉打击未批先建、私搭乱建行为。完善物业服务监管措施，健全物业公司准入退出机制。加强开放式小区建设管理维护工作，把开放式小区建设成为整洁、优美、文明的对外窗口。加大对问题突出的重点区域、重点行业的综合整治力度，大力“治脏治乱治破、补短补缺补差”。完善城市垃圾收集处理体系，建成6座垃圾中转站，推进垃圾焚烧发电企业并网发电。注重内涵塑造，让人精神起来。把“开放包容、明礼诚信、厚德向善、崇文重教”作为作为新时期城市精神，以“爱国、孝善、明礼、诚信、崇文”为核心元素，建设城市主题广场和主题公园。加快县城文化设施建设，推进教育、卫生布局调整，让城市居民拥有更好的文化、教育和医疗条件。营造“美丽风光养眼、良好生态养生、幸福感受养心”的人文生态宜居环境。

（五）实施城乡一体统筹行动，缩小城乡二元差距，推

进"三农"工作跃上台阶 坚持"创新强农、协调惠农、绿色兴农、开放助农、共享富农",以农业现代化致富农民、新型工业化提升农业、新型城镇化建设农村,全面加快"十个一体化"进程。

1. *围绕"农民富",构建多元增收体系,努力提高农民收入水平* 镇村经济是县域经济的重要基础。大力发展镇村经济,夯实增收基础。突出"一镇两园"建设,加快新型工业化、城镇化和农业现代化步伐。按照"五通一平"标准,加快建设镇民营创业园、现代农业园(现代农业示范基地)基础设施,建设用工、培训、物流等综合性配套服务平台,年内新建标准厂房40万平方米,新入驻企业60家,培育特色产业园区4个。"一村一策"发展村级经济,加快发展"资源开发、资产经营、合作共享、为农服务、入股分红""五型"村级经济。坚持发展与化债并举,严格杜绝新债,逐步化解陈债,落实帮扶措施,加快经济薄弱村转化。年内培育特色专业村60个,化解村级债务5000万元以上,三年基本消除村级债务。大力推动创业就业,实现全民增收。落实全民创业激励政策,实施"万凤还巢"系列工程,推动"打工经济"向"创业经济"转变。年内培育八大类创业主体10000个,新增就业8000人以上。大力培植农业新型经营主体,培育家庭农场、种养大户,扶持发展农民专业合作社。年内新增专业大户200户、家庭农场65家、合作示范社60家。大力实施精准扶贫,促进增收致富。健全"收入账单制、点供菜单制、责任清单制、实绩榜单制"工作机制,重抓项目扶贫、资产扶贫、社会扶贫、托底扶贫。年内实施1万个到户增收项目,75个到村、46个到片项目,发放扶贫小额贷款贷款3亿元,完成总任务的30%。

2. *围绕"农业强",加快农业转型升级,努力提高现代农业发展水平* 加快转变农业发展方式,全面提高质量效益。加快发展现代农业。以"富民、生态、循环、创新"为要求,推广生产技术先进,积极发展工厂型、生态化、循环式现代农业。重点建设现代农业经济区,以"创意农业引领区、生态农业观光区、设施农业核心区、故道文化展示区"为发展定位,全面繁荣农业业态:发展观光农业,打造以生态农业为基础的农业观光休闲旅游业;发展精致农业,推广"物联网+生产"的种植方式;发展创意农业,培植农田艺术景观,探索会展农业等新兴业态;发展电商农业,推行"互联网+产品"的销售模式,组织"电商镇"、"电商村"、"电商基地"创建活动。三年建成10平方千米农产品加工区、15平方千米农业科技示范区、30平方千米生态旅游区,"十三五"末建成国家级现代农业园区和农产品加工园区。今年,引进超5000万元农产品加工项目2个,开工建设总投资5亿元的中农批项目,实现泽农食品、泰悦木业项目建成投产。加快建设农产品加工园二期工程,推进梨花大道、紫薇大道等主干路网建设,打造万鸟天堂生态景区。大力发展规模农业。坚持"分类指导、片区开发、带状推进、典型引路",根据"黄河故道片区、沿海盐土片区、渠南水网片区、渠北高亢片区"的区位特点和资源禀赋,重点打造五条农业示范带:省道327高效设施农业示范带、省道328循环农业和景观农业示范带、省道348生态复合种养农业示范带、国道228盐土农业和沿海旅游示范带、海港大道特经农业带;加快建设八大基地:农副产品加工基地、农副产品物流基地、科技农业推广基地、循环农业示范基地、乡村旅游基地、白首乌和中药材种植基地、特经作物生产基地、优质粮油生产基地。积极推进土地流转,发展适度规模经营,促进碎片农业向规模农业转变,年内新增联耕联种面积3.73万公顷、设施农业1333.33公顷。大力改善农业生产条件,完成2.33万公顷中低产田改造任务。实施河道整治三年行动计划,年内疏浚整治农村河道24条、330万方,新建改造危桥39座、农桥120座。提升农业机械装备水平,深入推进秸秆机械化还田利用,基本实现耕种、收获、加工、储运全流程机械化。积极发展品牌农业。实施品牌强农工程,按照"政府推动、企业主导、市场运作"的办法,统筹区域品牌、产品品牌的创建工作,发挥品牌的市场价值。用好滨海大米国家地理标志商标,提高白首乌产品附加值,创建农业"三品"品牌50个以上。

3. *围绕"农村美",巩固优化发展环境,努力提高美丽乡村建设水平* 推动农村建设方式由"单项突进"向"整体推进"转变,由"千村一面"向"各美其美"转变,由"物的新农村"向"人的新农村"转变。强化规划引领,实现农村"布局美"。统筹推进10个重点镇区和540个重点农村集中居住区。以建设特色小镇为目标,坚持"分类指导、完善功能、集聚人口、产城融合、组团建设",推进城镇、园区、社区一体规划建设,推进农民就近城镇化,加快建设全国特色小镇试点镇——八滩镇。遵循农村多样性,因村制宜,对镇区撤并后的老旧居民区、重点古村落,完善功能、就地建设,使老旧居民区成为幸福家园,古老村落再现古韵新貌。对一般村庄,以减少"一村多点"作为规划建设方向。年内新增镇区建筑面积平方米,新建个集中居住区,打造7个省级美丽乡村、康居村庄,加快推进自然村落人口向镇区、村居集中,五年集聚全县农村人口的80%以上。强化综合治理,实现农村"环境美"。坚持"政府主导、系统整治、三级统筹、长效管理"的原则,下大力气推进清洁家园、清洁庄园、清洁水源、清洁田园和村庄绿化为主要内容的农村环境综合整治工程。因地制宜,镇区重点推进污水集中处理,年内完成10个镇区9个污水处理厂及其配套60千米主管网建设;社区重点发展沼气池、微动力污水处理设施,年内推进卫生改厕1万户;加快乡镇移动式垃圾中转站建设,基本建成"村组定点收集、镇区打包转运、县集中处理"的垃圾集收运体系;开工建设县殡葬服务综合体,完成零散坟墓迁移任务。强化服务配套,实现农村"生活美"。加快城乡基本公共服务均等化步伐。推进供水一体化,年内完成两个镇区饮水安全工程建设任务,基本实现安全饮水全覆盖;推进公交一体化,实施农村道路提档升级工程,今年改造农村公路108千米,三年完成720千米,实现镇村公交全覆盖;按照一体化的要求,推进农村疾病防治、文化娱乐、技能培训、技术服务等公益事业发展,加快构建配置合理、功能完善、便捷高效、覆盖城乡的基本公共服务体系。

(六)实施民生幸福升级行动,提升社会事业发展水平,不断增强人民群众获得感 持续增加财政投入,倾力兴办民生实事,不断满足人民群众对美好生活的新期待,增强人民群众的获得感和幸福感。

1. 坚持教育优先,构建优质教育体系　构建“公平普惠、优质多样、充满活力、人民满意”的均衡优质教育体系,从“学有所教”向“学有优教”提升,全面加快教育现代化步伐。均衡配置教育资源,加快教育布局调整步伐,三年新建、改造高中3所、初中8所、小学7所、扩建幼儿园49所,创成10所“省标教育技术装备先进校”,义务教育优质均衡发展水平达省定标准。今年,确保县城“两校一园”投入使用,启动城南初中、城西小学建设。加快提升教育质量,通过三年努力,教育发展指标达到省教育现代化水平,五年实现教育现代化。突出加强师资力量建设,大力引进和培训教师,实施师能建设“十百千万”工程,培训2万人次,建成省示范性教师发展中心、4个省级课程基地。不断拓展职业教育,强化教育服务地方经济社会发展的基本职能,加快发展成人教育、社区教育、职业教育,加快建设实用技术专业培训基地,规划建设职业教育园。通过三年努力,使镇区、社区教育中心达省定标准,从业人员培训率超55%。

2. 建设“健康滨海”,构建全民健康体系　建立“健身、防病、治病”一体化全民健康体系,加快“病有所医”向“病有良医”提升。提升资源配置水平。加快建立“三级联动、基层首诊、急慢分治、双向转诊”的分级诊疗体制,让群众就近享受优质医疗服务。合理布局医疗资源,启动县人民医院、县中医院、县妇保院、县三院和东坎中心卫生院联动整体搬迁,新建、改扩建89所村卫生室,三年全面完成基层卫生机构标准化建设。设立3个镇区医疗急救分站,打造城乡15分钟急救圈。提升诊疗技术水平。推进合作建院,深化与北京301、上海长海医院、省人民医院等医疗单位合作,建立预约诊疗机制,建成县域远程医疗会诊、病理诊断等5大中心,加强医师技能培训。积极推进重点医院、重点专科创建工作,通过三年努力,县人民医院建成三级综合医院,建成省级重点专科2个、市级重点学科20个,设立10个名医诊疗中心,县内就诊率达90%。提升健康保障水平。实施全民免费体验计划,三年完成全县常住人口免费体检普查,设立电子健康档案,建立定期常态体检制度,对特殊人群、60岁以上人口,实行“一年一检”;实施全民健身计划,加快建设体育场馆,合理布局全民健身设施,建成城市15分钟健身圈。实行优生优育全程服务,加强出生人口性别比治理。

3. 注重以文化人,构建文化服务体系　加快建立“设施完善、覆盖城乡、发展均衡、服务便捷”的现代公共文化服务体系,到2020年,实现县镇村三级文化实施全覆盖。完善文化设施。加快建设县文化艺术中心,推进文化馆、美术馆、博物馆、科技馆和大剧院建设,新建改造镇区文化站3个、图书分馆5个、村公共文化服务中心30个。繁荣文艺创作。充分发挥先进文化引领人、凝聚人、激励人、塑造人的重要作用。每年创作排演小戏40部,大戏2部,做强“文化预约惠民”特色品牌,举办文化艺术周、大众读书节等系列活动,年内送戏80场,送电影4000场,送讲座展览超百场。发展文化产业。坚持“政府扶持、市场运作、服务群众、规范管理”原则,加强淮剧团队伍建设,组建相关艺术团体。加快发展文化旅游产业,建设文化创意产业园,培植旅游市场、书画市场。

4. 推动扩面提标,构建社会保障体系　使社会保障更有力度、更有温度、更有质感。筑牢社保保障线。加快建立“全覆盖、保基本、多层次、可持续”的社保体系,加大社会人员扩面参保力度,年内参保人数净增8000人,稳步提高城乡低保标准,逐步缩小城乡最低生活保障差距。筑牢养老保障线。按照“政府推动、社会参与、规范管理、医养融合、完善功能”的要求,建立县镇村三级养老服务体系,三年基本实现养老服务机构全面覆盖。年内完成14所敬老院升级改造工程,加快建设县社会福利中心。筑牢医疗保障线。进一步扩大医保受益范围、提高补助标准、优化结报程序,今年企业职工医疗保险基本全覆盖,住院费用报销比超75%,加快提升城乡居民常规保障、重大疾病医疗保障水平。

5. 推进全面覆盖,构建托底救助体系　建立以县财政兜底为基础,以基本生活保障为底线、专项救助相配套、应急救助和社会互助为补充的综合性政府托底救助体系,实现对全县困难群众救助全覆盖。提高救助标准。统筹本级财政、上级拨付、社会捐赠等资金,进一步提高城乡低保、五保供养、困境儿童、残疾人生活保障标准。拓宽救助范围。通过生活救助、临时救助、教育救助、医疗救助、灾害救助、就业援助等方式,将因病、因灾、因祸、因残及求学等多种因素导致基本生活困难的城乡群众,全员纳入托底救助受惠范围,整合救助资源。整合民政、红十字会、慈善总会、社会捐助、民间爱心志愿团体等各类救助资源,建设民生综合救助服务中心,建立县镇村“三级”救助管理体制,健全“一站式”救助运行机制,有效解决多头救助、重复救助、遗漏救助问题。

(七)推进社会治理创新行动,促进社会公平正义,保持社会大局持续稳定　加快构建“党政善治、合作共治、基层自治、社会法治、全民德治”五位一体的综合治理格局,建成全省平安建设的示范区、法治建设的先导区、社会治理的创新区。

1. 实施全民素质提升计划　用民风建设化解社会管理难题,将社会主义核心价值观和优秀传统文化相结合,将教育群众与服务群众相结合,塑造“遵纪守法、明礼诚信、奋进求变、淳朴向善、理性包容”的民风环境。实施文明新风培育工程。积极选树标杆,在全社会选树遵纪守法、见义勇为、友爱奉献、孝敬父母等多方面典型,宣传学习“最美人物”、“滨海好人”等各类道德模范,倡导践行善举,倡导开展“日行一善”实践活动,引领良好民风。广泛教育群众,利用文艺演出、广播电视、网络论坛、公益广告等形式,深入、持久、全面传播好声音、弘扬主旋律、占领主阵地;大力创建文明,编制市民村民文明规范手册,组织开展文明单位、文明社区、文明小区、文明楼宇、文明家庭等群众性精神文明创建活动,强化社会公德、职业道德、家庭美德、个人品德“四德”教育,营造文明向上的社会风尚。实施法治教育普及工程。深入推进“七五普法”,创新法治宣传教育机制，创建法制宣传教育基地，扎实开展法律进机关、进企业、进乡村、进社区、进学校、进家庭等“六进”活动，推动全民自觉尊法学法守法用法。实施诚信体系建设工程。加快形成政府诚信为表率、企业信用和个人信用建设为重点、信用服务为支撑的滨海社会信用体系，定期发布诚信“红黑榜”，打造“诚信滨海”品牌。

2. 实施群众权益保障计划。突出源头防范　全面落实社会稳定风险评估制度，实现“应评尽评”；加强矛盾排查，完善矛盾纠纷四级排查预警机制，健全滚动排查、资源共享、分析研判和预警报告制度；畅通表达渠道。落实领导干部接访、走访、下访、联系群众等制度，完善诉讼、仲裁、行政复议等法定诉求表达机制，实行网上受理信访制度，健全及时就地解决群众合理诉求的工作机制；着力解决问题。深化“大调解”机制建设，加强人民调解、行政调解和司法调解的衔接配合；落实矛盾纠纷受理、交办、承办、督办、销账制度，强化挂牌督办措施。继续保持信访工作在省市的先进行列。

3. 实施公正司法行动计划。推进依法行政　推进领导干部学法尊法，深入推进任职法律考试、述职述法考核、党政机关法律顾问等机制，不断提高依法决策、依法管理、依法行政的能力。推进司法改革。支持法院、检察院依法独立公正地行使审判权、检察权。实行人民陪审员、人民监督员制度，开展人大代表、政协委员和社会群众代表评议执法活动，拓宽人民群众有序参与司法渠道。推进司法公开。全面落实审务、检务、警务公开。着力打造审判流程公开、裁判文书公开、执行信息公开“三大平台”，不断提高执法司法公信力。

4. 实施公共安全防范计划。深化平安滨海建设　坚持物防、人防、技防统筹推进，规范化建设治安卡口、警务查报站和治安岗亭；对集中居住小区落实“一区一警”制度，实现居住小区民警派驻全覆盖；推进“守望平安”志愿者队伍建设，健全镇区专职巡防队伍；积极开展省级防控体系建设示范县、示范镇（区）创建，加快推进居住小区技术防范措施，推进视频监控补盲升级“村村通”工程；持续开展社会治安重点地区和突出治安问题排查整治，依法严厉打击违法犯罪活动，“八类”案件破案率高于全省平均水平。加强公共安全监管。深化安全生产领域专项治理，加强食品药品安全、交通安全、消防安全和危化物品生产、运输、存储监管，大力压降各类事故，确保不发生有重大影响的公共安全事故。完善应急管理体系。建立突发事件监测预警、信息报告、应急处置、信息发布、舆论引导等工作机制。推动应急办规范化运作，健全完善应急预案，定期组织演练，增强应急处置能力。加强特殊人群管理。探索建立“以证管人、以房管人、以业管人”的流动人口管理新模式。对闲散青少年、刑释解教人员、社区矫正对象、吸毒人员、邪教痴迷者、具有肇事肇祸倾向精神病人等特殊群体，实行户籍所在地和实际居住地双向管理，加快建立信息化动态管控教育平台，确保不脱管不漏管。

5. 实施虚拟社会管理计划。健全综合管理体系　建立虚拟社会管理联席会议制度，形成党委统一领导、政府严格管理、企业依法经营、行业加强自律、全社会共同监督的综合管理格局。构建严密防控网络。加强网上技术手段和力量建设，及时监测、研判、预警，提高对网上煽动指挥、网下串联行动事件的处置能力。建立互联网舆情导控队伍，有效实现对网上重点人、网上信息舆情和网上重点阵地的动态管控。坚持依法公开管理。力推进重点网站、重点网络社区、重点联网单位、非营业性上网场所的安全保护技术设施建设。健全互联网信息服务、互联网上网服务“黑名单”制度。推进网络实名制、手机实名制、网络互动环节实名制。加大信息公开力度。运用现代信息技术提高社会管理工作效率，大力推行网上电子政务、网上政府信息公开和网上服务平台、网上互动平台建设。

6. 实施基层基础建设计划。加强基层组织建设　适应城市快速发展需要，加快推进撤镇建街道工作，科学调整街道管辖范围、合理设置居民片区。着力做好“网格化”管理基础工作，积极推行社区片长、楼长制。探索居住小区物业管理与社区管理服务相结合的新体制。加强以党组织为核心的基层组织建设，推广村居（社区）党组织领导、村（居）委会依法自治、社区管理服务中心承接公共服务，社区综治办负责综治维稳的“一委一居一站一办”社区管理服务模式。加强民主自治建设。规范提升自治水平，强化村居党组织决策权、保障村居代表会议议定权、落实村居委会执行权、完善群众监督权，努力实现民事民议、民事民办、民事民管。加强平台载体建设。按照“统筹协调扁平化、服务管理网格化、工作手段信息化”基本要求，建立“三三制”、“四频合一”工作模式，做好市三级平台规范化等级评定迎查工作，确保滨海县三级平台规范化达标率分别达100%、100%、90%。加快形成“上下贯通、部门联动、责任共担”的社会管理服务新格局。

（八）实施生态文明建设行动，全力厚植生态优势　着力打造美丽滨海。以创成国家生态文明建设示范县为目标，让绿色成为发展的底色，把生态优势转化为发展的竞争优势。

1. 坚持生产和生活两头入手，着力净化生态源头　一方面，大力推进绿色生产。要把好产业准入关口，提高环保准入门槛，对不符合环境要求的项目实行“一票否决”。要积极推进清洁生产，实施绿色制造工程，全面推进化工、原材料加工等“十大”重点行业清洁化改造，年内建立清洁生产企业和清洁化工工艺改造项目清单。要大力发展循环经济，推行企业循环式生产、产业循环式组合、园区循环式改造，农业循环式提升，推进资源高效利用。另一方面，大力倡导绿色生活。强化绿色意识，在全社会积极培育生态文化、生态道德，使生态文明成为社会主流价值观；提倡绿色出行，落实公交优先战略，积极推进城市公共交通“公益化”改革，优化公交线网结构，提高公交服务质量。实施县城公共自行车建设，规划布点100处公共自行车租赁点，满足市民多样化出行需求；鼓励绿色消费，倡导使用绿色节能产品，实现消费模式向勤俭节约、绿色低碳、文明健康的方向转变。

2. 坚持整治和创建两手齐抓，倾力打造生态家园　常态化开展城乡环境综合整治工作。一方面，以整治促改善。让河道更清澈，全面落实“水十条”，分流域、分区域、分阶段治理，全县河道全部疏浚整治到位。让空气更清新，突出长效治理、应急防控、区域联动，坚持降煤、控排、农作物禁烧和综合利用多管齐下，加强能源、工业、农业、交通、建筑等多领域协同并治。让镇村更清洁，重点推进城镇污水、垃圾、土壤污染、白色垃圾集中整治，有效解决脏乱差问题。另一方面，以创建抓提升。加快建设生态空间、发展生态经济、提升生态环境、建设生态社会、完善生态制度。持续开展“绿色滨海”建设会战，按照“因地制宜、树种多样、合理布局、提升层次”的要求，加快建设绿色城镇、绿色园区、绿色村庄、绿色社区，沿海建设绿色林带、交通干道、河道建设绿色走廊。确保年内创成省级生态城市，到2018年，全县林木覆盖率三年达到32%以上，实现绿满滨海。

3. 坚持管理和执法两端发力，致力筑牢生态屏障　切实把握好开发与保护的平衡点。一方面，严明红线。按照面积不减少、核心功能不降低的原则，进一步调优生态红线区域保护规划，强化监督管理、严格管控措施、实施生态补偿，确保生态红线面积不低于国土面积的22%；严明耕地保护红线，划定永久基本农田，确保耕地数量不下降、质量不降低，2020年耕地保有量不低于省市下达的保护任务；严明城市开发边界红线，明确城镇建设区、工业区、农村居民点等的开发边界，坚决防止摊大饼、野蛮生长。另一方面，严格执法。落实省以下环保机构监测监察执法垂直管理体系改革举措，实行多部门联动执法，推进环保行政执法与刑事司法的有效衔接。建立健全网格化环境监管长效机制，实现环境监管横向到边、纵向到底。严厉精准打击各类环境违法行为，铁腕执法、铁面问责。

四、树立新状态，扎实推进全面从严治党

实现跨越发展，关键在党，关键在各级党组织，关键在各级领导干部。我们将把全面从严治党要求贯穿于党的建设各个方面，充分发挥党委总揽全局、协调各方的领导核心作用，积极推进人大、政府、政协依法履行职能，切实加强党对人民武装、统一战线和群团工作的领导，充分调动各方面积极性，广泛凝聚各界力量，着力营造“风清气正、心齐劲足、海晏河清”的良好政治生态，为新一轮跨越发展提供坚强保证。

（一）从严加强思想建设，以先进的文化培育政治生态

政治文化是政治生态的灵魂。思想上的滑坡是最严重的“病变”，思想上松一寸，行动上就会散一尺。突出铸魂补钙，把理想信仰融入血脉。切实增强政治意识、大局意识、核心意识、看齐意识，在思想上政治上行动上向习近平同志为总书记的党中央看齐，认真执行中央和省市委的方针政策和决策部署，确保行动一致、步调一致。统筹运用中心组学习、干部培训、党员轮训等载体，扎实做好理论武装工作，教育引导广大党员干部筑牢信仰之基、补足精神之钙、把稳思想之舵。突出党性锤炼，把政治纪律记在心上。牢固树立党章党规党纪意识，深入学习《中国共产党章程》、《中国共产党廉洁自律准则》、《中国共产党纪律处分条例》和《中国共产党问责条例》，将党章党规党纪作为工作生活不可逾越的底线，永葆共产党员的政治本色；严肃党内政治生活，认真贯彻民主集中制，从严开好民主生活会，不断清除思想和行为上的灰尘。突出思想引领，把道路自信化为行动。把推进思想解放、提升全民素质、凝聚发展合力、树立滨海形象作为宣传思想工作的主要任务，坚持党管媒体、党管舆论、党管导向的原则，始终坚持团结稳定鼓劲、正面宣传为主的方针，讲好滨海故事，传播滨海声音，凝聚社会共识。

（二）从严加强组织建设，以鲜明的导向涵养政治生态

选人用人导向是政治生态的风向标。用一贤人则群贤毕至，见贤思齐就蔚然成风。树立崇尚实干的导向，加强干部队伍建设。为发展配干部、凭实绩用干部，按照“20字”好干部标准，真正将“坚定信仰、崇尚实干、情系民生、敬畏规矩”的干部及时发现出来、合理使用起来，让老实人不吃亏、优秀人得重用、正派人受尊重，努力打造政治强、懂专业、善治理、敢担当、作风正的干部队伍。精准识别干部。建立“三制五评”综合分析研判机制，评德、评能、评勤、评绩、评廉，为干部精准画像：实施工作实绩联合评估制度，建立纪检、审计、信访等多部门参加的干部实绩联合评议制度，通过内外结合、上下联评，考准考实干部实绩；实施干部选用负面清单制度，对履行岗位职责不到位、违反党纪政纪以及规章制度、跑官要官说情打招呼等情况，确认后一律列入负面清单进行备案，防止带病提拔、带病上岗；实施干部选用多维考察制度，在“上级考评”中突出全局贡献、在“同级互评”中看出团队位置、在“下级测评”中了解群众基础、在“社会评议”中勾画社会形象，拓宽考察面，拉长考察线，全面准确掌握德才表现。规范选用干部。严格执行《干部选拔任用条例》，推行“四审四议四公开”工作法，实行“职数预审、档案核审、资格联审、试用复审，充分酝酿动议、民主推荐公议、考察分析评议、集体讨论审议，选用标准公开、组织考察公开、个人事项公开、任前公示公开”，发挥组织把关和程序把关叠加效应，使制度成为选人用人不可逾越的屏障。从严管理干部。落实《关于推进领导干部能上能下的若干规定》，对那些不思进取的坚决挪位子、干无实绩的坚决抽凳子、为官乱为的坚决摘帽子。既严格管理干部，又关心爱护干部，探索建立鼓励干部干事创业的容错纠错制度，为干事创业创造良好环境。培养后备干部。实施后备干部梯队培养工程，注重在基层一线培养、艰苦环境历练、关键岗位轮训，着力建设一支数量充足、结构合理、梯次接续的优秀干部队伍。加大年青干部培养力度，建立“小班化、多轮次、集中式”培训制度，实行专题式、互动式、体验式教育，增强培训效果。打破“论资排辈”，注重使用年轻干部，培养选拔女干部和党外干部。树立大抓基层的导向，筑牢基层战斗堡垒。实施“强基提能”三年行动计划，推动基层组织全面进步、全面过硬。提升引领能力。选优配强带头人，发挥领头雁作用。重抓选拔，重点从致富能人、产业发展大户、外出创业返乡人员、大学生村官中，遴选出一批优秀人才纳入村后备干部人才信息库，进行重点跟

踪培养；重抓培训，扎实组织好基层党组织书记集中轮训，统筹开展村干部针对性培训；重抓激励，积极开展“十佳优秀村干部”评选，打通优秀村干部进入事业单位、公务员队伍和乡镇党政领导班子的晋升通道，建立健全村干部待遇保障制度，形成村干部工资报酬自然增长机制，全面落实村“三大员”社会养老保险、医疗保险制度，让他们在事业上有奔头、生活上有保障。提升服务能力。围绕“阵地建设一体化、管理使用规范化、作用发挥最大化”的目标，将党群服务中心打造成融便民服务、科技服务、信息服务、医疗服务、创业服务、平安服务、文体活动、群众议事等于一体的综合服务阵地，提升服务的针对性、实效性和常态化，“打通最后一千米”，把“流动的服务集市”变为“固定的服务超市”。提升管理能力。健全完善村务公开民主管理制度，在抓实“四议两公开”的基础上，进一步扩大村务公开范围，健全公开制度。全面建立村务监督委员会，稳步提升基层组织管理水平和民主化程度。建立软弱涣散基层党组织常态化整顿机制，持续开展动态梳排、循环整顿工作，切实增强基层党组织的战斗堡垒作用。树立务实管用的导向，强化人才梯队培养。坚持引进外部人才和用好本土人才并举、高新尖人才与实用型人才并行、引进来和留得住并重，提高招才引智的质量和效益。组织实施党政干部、企业经营管理、产业规划研究、建设规划设计、农业技术推广、文化旅游、现代物流、科技金融、社会管理、名医名师名校长“十大类人才培育计划”，扎实推进“万名人才聚滨海”引才计划。不惜代价招才引才。建立灵活多样的招引机制，设立人才引进专项基金，建设紧缺人才信息库，定期发布急需紧缺人才信息；大力实施柔性引才战略，与科研院所建立长期合作关系，聘请政府顾问和专家；加强与知名猎头公司合作，积极利用博士后工作站、科技研发中心等载体，广泛吸纳人才。不拘一格用才培才。建立成就事业的使用机制，积极培育人才，大胆使用人才，实施人才顶岗、轮岗交流、挂职锻炼、专业培训制度，为人才成长创造空间和平台。不遗余力聚才留才。建立可靠持续的保障机制，制定激励性政策，实现“一流人才、一流业绩、一流报酬”。设立紧缺高端人才绿色通道，在住房保障、户口迁移、家属安置、子女入学等方面实行“一卡通”。加快建设一支素质优良、结构合理，与滨海县发展需求相匹配的宏大人才队伍，实现人才洼地向人才高地跨越。

（三）从严加强作风建设，以优良的作风维护政治生态

优良的作风是事业成功的基石，是良好政治生态最直观的体现。要认真践行“三严三实”，严格执行中央八项规定、省市委十项规定和相关作风规定要求，锲而不舍抓作风、弛而不息改作风。狠抓关键少数带动普遍多数，把党员干部的形象树起来。坚持领导带头、以上率下，引领推动“两学一做”活动扎实开展。党员领导干部要发挥好“关键少数”的引领作用，对照“七查摆七强化”要求，深刻查摆剖析、自觉检身正己；对照“四讲四有”合格党员标准，争做标杆和示范，把政治身份亮出来，把先锋形象树起来。着眼常态长效整治作风痼疾，把严抓长管的制度立起来。结合“两学一做”学习教育，组织开展“治痼疾、强党性、树新风”作风建设专项行动。坚持正面教育，深入开展“爱滨海、话发展、献净言”活动，精心组织“坚守信仰、崇尚实干、情怀民生、敬畏规矩”大讨论，将全县上下的力量和智慧引导到跨越发展的生动实践中；坚持问题导向，从抓小抓实抓具体开始，步步深入推进问题整改，切实防松懈、防变异、防反弹、防隐身，坚决杜绝跑官拉关系、谋人不谋事，团团伙伙、拉帮结派，上有政策、下有对策，合意的就执行、不合意的就打折变通，无事生非、颠倒是非、阳奉阴违等为官不正之风；不守规矩、不讲纪律，吃吃喝喝、拉拉扯扯，以权谋私、贪污受贿、贪赃枉法等为官不廉之风；实功不够、虚火太旺，项目建设注水充气、惠民政策缩水走样、具体工作玩水造假等为官不实之风；安于现状、不思进取，不想负责、没有担当，工作不入心不入脑，遇到困难绕道走、碰到矛盾就缩手等为官不为之风。坚持长效治理，重抓制度完善，重抓规则执行，制定作风建设问责具体办法，规范党员干部行为。坚持苦干实干狠抓工作推进，把精准落实的机制建起来。抓作风重在促落实，始终秉持“事在人为、干就干好”的理念，大力弘扬“马上就办、真抓实干”的精神，积极倡导“严谨细致、精准高效”的作风。成立绩效管理机构，推行“精准工作法”，从严把握五个环节：决策论证要精深，把决策前调研、专家论证、征求意见、可行性研究、合法性审查、社会稳定风险评估作为决策的必经程序，推动决策的科学化、民主化和合法化。任务分解要精细，对全县重点工程、重要工作、重大项目，按照“项目化分解任务、节点化明确时间，责任化落实人员”的要求，明确时间表、任务书、责任人，把工作做细做实做到位；推进措施要精准，情况要摸准，对每一项工作，要将深入调查作为第一环节，深入一线、掌握实情；措施要定准，将多轮探讨、逐步完善、方案比选作为重要前置条件，制定好分步落实的具体办法，增强措施针对性、可行性；资金要算准，对政府投资工程和项目，编制科学详细的资金测算表，经过财政审计部门的审核把关，精算投入产出，杜绝不计成本、不讲效益的粗放行为；工作成果要精致，严明工作标准，严格工作程序，加强过程控制，对重点工程、重大项目、重要事项等各项工作成果，组织相关部门进行联合评估验收，出现问题，严肃问责，将每一项工作都做成精品，每一项工程都经得起历史和群众的检验；督查考核要精确，实行全流程的督查考核，探索实行第三方考核评估制度，让执行不力、弄虚作假的行为行不通，让得过且过、无所作为的干部混不了。

（四）从严加强廉政建设，以严明的纪律净化政治生态

腐败是破坏政治生态的最大毒瘤。以猛药去疴、重典治乱的决心，以刮骨疗毒、壮士断腕的勇气，扎实开展党风廉政建设和反腐败斗争。健全责任链条。各级党组织要把党风廉政建设当作分内之事、应尽之责，严格落实“两个责任”，建立健全领导协调、工作研判、责任传导、巡查考核“四项机制”，做到全覆盖、无缝隙。认真落实把党风廉政建设“一岗双责”要求，严格执行“一案双查”制度，做到真抓真管、严抓严管。扎紧制度铁笼。聚焦权力运行的关键点、内部管理的薄弱点、可能产生腐败的风险点，完善权力制衡、监督机制，对国资监管、政务公开、土地出让、招标投标、工程建设、房屋征收等重点领域、重点环节,要健全监管制度,建立健全权力运行痕迹管理、廉洁性评估制度,要加强对农村小微权力的监管,凭制度用权、按制度办事、靠制度管人。高悬惩腐利剑。坚持挺纪在前,有腐必惩、有案必查、有贪必反,既严肃查处党员干部违纪违法案件,又从快查办群众身边的腐败问题;既严肃查处违法行为,又严格问责违纪问题,坚决让腐败丑恶现象无处藏身,让贪赃枉法之辈无处立足。坚持预防为主,把讲廉洁、守底线当成为官从政的立身之本,正确对待名利:广厦千间,夜眠不过八尺;良田万顷,日食不过三餐。自觉防微杜渐:尺间能溃坝,寸漏可沉舟。涵养清廉家风:牢记勤俭治家,和顺齐家,谨慎保家,诗书起家,善孝传家。努力打造政治清明、政风清新、政通人和的发展环境。

政府工作报告(摘要)

滨海县第十五届人民代表大会第一次会议

2017年1月16日　刘永轩

过去五年政府工作回顾

刚刚过去的五年,是滨海县经济社会发展最好最快的时期之一。本届政府在上级党委政府和中共滨海县委的正确领导下,在县人大、县政协的监督支持下,始终坚持稳中求进工作主基调,自觉践行新发展理念,主动顺应经济发展新常态,以供给侧结构性改革为主线,扎实做好稳增长、调结构、促改革、惠民生、防风险各项工作,圆满完成了"十二五"规划确定的各项目标任务,实现了"十三五"发展的良好开局。

五年来,我们始终坚持发展是第一要务,综合经济实力明显增强。2016年全县完成一般公共预算收入34.07亿元,是2011年的1.64倍;预计实现地区生产总值391.61亿元,年均增长11.2%;服务业增加值、规模以上工业增加值五年翻一番;固定资产投资四年翻一番;注册外资五年到帐4.9亿美元。三次产业结构不断优化,二三产业占比达85.2%,五年提高4.3个百分点。小康创建迈出新的步伐,顺利通过省定小康县原标准验收,升级版小康标准36个指标预计达标22个。

五年来,我们聚力会战项目载体,产业转型升级取得积极进展。项目推进接续突破,扎实开展"项目攻坚年"等活动,五年累计新开工舒马克电器等亿元以上项目176个,新竣工超威新能源等亿元以上项目148个。企业培植成效明显,全县规模企业总数达244家,开票销售超亿元企业72家、入库税收超千万元企业29家;新增上市企业3家,实现零的突破。新兴产业加快扩张,2016年新兴产业占规上工业开票销售收入比重达45.8%。载体支撑显著增强,成功创建3个国家级特色产业基地、1个国家生物医药孵化器、1个国家级众创空间,获批省"两化"融合试验园区和省新型工业化示范基地。

五年来,我们全面加快"三港联动"步伐,沿海开放开发势头强劲。滨海港作为江苏唯一的新开一类独立开放口岸被列入《国家"十三五"口岸发展规划》。港口码头加快建设,通用码头、国家电投煤炭码头等7个5万吨~10万吨级码头泊位完成投资26亿元,10万吨级通用码头开港试航,海港大道、国道228滨海段建成通车。港产项目加速集聚,储配煤中心、协鑫火电等5个临港重大产业项目完成投资214.5亿元,LNG项目加快推进,60万千瓦风电并网发电。港城建设展现新貌,40平方千米港城框架全面拉开,"三纵五横"路网基本建成,灵龙湖生态公园、海滨浴场等60个港城项目完成投资12亿元。

五年来,我们不断丰富城市内涵,城乡面貌发生深刻变化。完成县城四轮规划和14个镇区总体规划修编,"一主、一副、一辅、十镇、多节点"的城镇发展布局体系初步构建,列入国家新型城镇化综合改革试点。城市品质显著提升,五年实施城建重点项目320个,完成投入360亿元,城市化率提高7.6个百分点,创成省级文明城市、园林城市和卫生县城。镇村建设步伐加快,八滩镇跻身国家特色镇试点、国家重点镇,兴罾新城加快建设,康居工程1197户D级危房改造任务全面完成,城乡供水基本实现同网同质同价,农村公路实现"村村通"。城乡环境日益改善,扎实开展城市"931"环境整治、县城环境秩序"三补三治"专项整治和农村环境"七整治三提升"行动,中央环保督察反馈问题全部整改到位,创成省级生态县;全县林木覆盖率30.8%、全市第一。

五年来,我们扎实开展精准扶贫,"三农"工作登上新的台阶。现代农业加快发展,两次被评为全国粮食生产先进县,五年新增高效农业3.33万公顷、规模农业龙头企业35家,推广联耕联种5.33万公顷,培育新型经营主体650个,农村土地承包经营权确权登记颁证完成80%,创成国家级农机安全示范县和省农业资源开发先进县、土地节约集约利用模范县、渔业平安示范县。镇村经济不断壮大,镇区全民创业园五年新建标准厂房206.6万平方米,入园项目322个;发展专业特色村160个,新增年收入超15万元村150个,化解村级债务1.55亿元。精准扶贫工作受到国家表彰,圆满完成上一轮扶贫任务,全面展开新一轮脱贫致富奔小康工程,2016年实现脱贫3.28万低收入人口,5个省级经济薄弱村、10个县级重点帮扶村实现新"八有"。

五年来,我们统筹发展社会事业,人民群众的获得感显著提升。五年兴办重点民生实事110件,财政用于民生方面的支出占比五年增长17.9个百分点。居民收入稳步增长,城乡居民人均可支配收入分别达26530元、14970元,是2011年的1.57倍、1.63倍,五年新增私营企业1.6万家、个体工商户7.6万户,创成省级创业型城市。民生保障不断加强,社会救助政府托底机制基本建立,城乡低保、城乡居保、新农合、城镇居民医保实现全覆盖,五年实施棚户区改造4300户,建设保障性住房30万平方米。社会事业全面发展,创成全国科技进步先进县、国家义务教育发展基本均衡县、国家级妇幼健康优质服务示范县和全国计生优质服务先进县,成功举办首届“梨花雨故道情”乡村旅游节,“文化预约”惠民工程受到普遍赞誉。社会大局和谐稳定,食品药品安全监管得到加强,安全生产形势始终平稳可控,荣获省法治建设先进县、省信访工作先进县和省平安县。同时,统计、物价、档案、编制、外事接待等工作进一步加强,人武、人防、民族、宗教、拥军优属、红十字会、残联、地方志、老干部、关心下一代等工作取得新的进步。

五年来,我们持续改进工作作风,政府行政效能进一步提高。扎实开展政府系统群众路线教育实践活动、“三严三实”专题教育和“两学一做”学习教育。政府职能加快转变,完成公务员制度改革、事业单位人事制度改革和机关公车改革;“517”行政审批制度改革扎实推进,精简行政审批事项236项;有效化解县乡机关和事业单位高息债务14.5亿元;申报实施总投资73.56亿元的公共事业PPP项目28个,创新经济社会发展的新路径。民主法治建设持续深化,严格依法依规执行政府重大行政决策程序规定,顺利完成法治政府建设阶段性目标;认真执行县人大及其常委会的决议、决定,定期向县人大常委会报告工作,及时向县政协常委会通报情况,人大代表议案、政协委员提案办复满意率95%以上;全面完成“六五”普法,扎实推进“七五”普法,五年实施法律援助3266件;支持工会、共青团、妇联、工商联、科协等人民团体开展工作,积极听取社会各界意见和建议。廉政建设不断加强,组织开展“正风肃纪村(居)行”和政风行风评议活动,政府公共工程和专项资金实现审计全覆盖,“三公”经费等一般性支出保持“零增长”,树立了政府的良好形象。

今后五年奋斗目标

今后五年,“一带一路”、长三角一体化、江苏沿海开发等国家战略交汇叠加效应将加速释放,淮河生态经济带建设即将上升为国家战略;省委、省政府支持苏北发展力度持续加大,市党代会明确提出打造滨海新区,将有力促进各类资源要素向滨海县集聚;县第十二次党代会描绘了滨海未来发展的宏伟蓝图,我们有信心、有责任再造一个黄金发展期。

今后五年,我们将深入贯彻党的十八大和十八届三中、四中、五中、六中全会精神,认真学习习近平总书记系列重要讲话精神,全面落实省第十三次党代会、市第七次党代会和县第十二次党代会的决策部署,统筹推进“五位一体”总体布局,协调推进“四个全面”战略布局,自觉践行“五大发展理念”,坚持稳中求进工作总基调,深化供给侧结构性改革,围绕“两聚一高”主题和“产业强市、生态立市、富民兴市”发展导向,紧扣“三争”目标,坚持“六为”要求,深入实施“八大行动”,高水平推进全面小康社会建设,着力打造“强富美高”滨海版,奋力谱写中国梦的滨海篇章。

今后五年的主要目标任务是:

经济综合实力持续增强。经济保持中高速增长势头,主要指标增速高于省市平均水平,地区生产总值年均增长9.5%～10%,固定资产投资年均增长13%以上,到2021年,一般公共预算收入、进出口总额分别突破40亿元、7亿美元。

沿海开发取得重大进展。沿海板块成为全县发展活力最强、增长速度最快的板块,滨海港建成国家一类开放口岸,年吞吐量突破6000万吨,全县新增经济总量、一般公共预算收入、固定资产投资60%以上来自沿海板块。

产业结构不断优化。现代产业体系基本形成,新兴产业产值“四年翻两番、五年达千亿”,高新技术产业产值占规模以上工业产值比重达到60%;服务业增加值占地区生产总值比重达到50%左右;现代农业发展水平达80%以上。

生态文明建设深入推进。环保优先战略全面落实,城乡生态环境和人居环境明显改善,万元地区生产总值能耗持续下降,主要污染物排放总量有效控制,空气质量优良以上天数比例超过75%,创成国家级生态文明建设示范县。

人民生活水平全面提高。大众创业、万众创新的活力充分释放,城镇居民人均可支配收入力争突破5万元,农村居民人均可支配收入力争突破3万元,全面完成精准脱贫任务,如期全面建成小康社会,人民生活得更有尊严、更加幸福。

2017年工作任务

2017年是党的十九大召开的喜庆之年,是实施“十三五”规划承上启下的重要一年,也是新一届政府的开局之年,做好今年的政府工作至关重要。我们将全面落实县第十二次党代会和县委十二届二次全会的决策部署,积极投身“三比三争”活动,全力做好稳增长、促改革、调结构、惠民生、优生态、防风险各项工作,重抓40个重大项目、40项重点工程、10件重要事项和20件民生实事,创新创优勇争先,苦干实干促发展,奋力开创全面建设小康社会新局面。

今年全县经济社会发展的主要预期目标建议为:地区生产总值增长9.5%～10%;一般公共预算收入同口径增长7%;固定资产投资增长15%;注册外资实际到账增长10%;进出口总额增长6.5%;社会消费品零售总额增长11.5%;全社会研发投入占地区生产总值比重提高到2.15%;城镇和农村居民人均可支配收入分别增长9%、9.6%;完成节能减排、空气质量、断面水质等各类约束性指标年度任务。

围绕上述目标,我们将重点抓好以下八个方面工作:

(一)全力加快沿海开发进程

提升港口运营能级。启动建设3号通用码头、2号液体散货码头和LNG码头,全面运营10万吨级通用码头和国家电投煤炭码头;加快10万吨级航道建设,完成5万吨级港池疏浚,北疏港航道正式通航,积极开展南疏港航道建设前期工作;进一步健全港口码头运营管理机制,加快组建港口集团公司,启动建设“一关三检”,完成4个物流园基础建设,力争港口年吞吐量达300万吨以上,年内获批国家一类独立开放口岸。

加快临港产业集聚。加强与国家电投、中海油等央企的沟通对接，提速推进6个重大临港产业项目，确保协鑫火电一期建成发电、二期年内开工，LNG上半年全面开工，石油仓储项目三季度开工建设，大唐海上等3个风电项目完成投入超百亿元。积极参加省市对接央企活动，强化新加坡新浦石化、海底电缆等重大项目跟踪对接，年内新招引超10亿元项目4个以上。加快推进临港产业园道路管网等基础设施建设，积极组织申报省级经济开发区。

出新港城整体形象。新开工港城重点项目16个、建成10个，完成投入8亿元以上。全面拉开"四纵八横"主干道路框架，宋公大道南延等15条道路建成通车；重点建设"一楼、一湖、一滩、一寺、一寨、一街"，确保月亮湾温泉度假酒店年内建成运营，灵龙湖生态公园、海滨浴场竣工投用，海佛禅寺基本建成，沙浦寨水浒遗迹公园启动建设；规划建设"一带两区三节点"，打造沿海百里风光带，建成月亮湾旅游度假区，建设古黄河入海口等3个标志性节点景观，启动申报AAAA级景区和省级旅游度假区，加快提升"美好滨海、海滨好美"知名度。

（二）大力推进项目载体突破和产业转型升级

全力招商引资，攻坚项目突破。深入推进"项目攻坚年"活动，组织开展"四抓四看"招商竞赛，围绕产业链，绘制招商图、建立信息库、拟定计划表，做到每月都有招商活动、每月都有重大项目落户，全年组织各类招商活动30场次以上，新签约超5000万元项目100个以上；进一步完善项目推进机制，每旬组织一次项目会审，每月组织一次项目专项督查，每季度组织一次项目集中签约、集中开竣工、"4+4"项目载体建设集中观摩活动，确保全年新开工、新竣工亿元以上项目60个、45个以上。

推进科技创新，壮大企业规模。深入实施"重点企业上台阶""小微企业上规模"三年行动计划，建立规模企业培育梯队和成长企业培育梯队，完善滚动培育退出机制，大力推进"百企技改"，全年完成技改投入50亿元，新增规模企业30家、上市企业2家以上。扎实推进企业创新，实施政产学研合作项目80个以上，新增国家高新技术企业12家、省级高新技术产品30项，培育驰名商标1个。加速现有企业整合优化，全年重组企业15家，清理置换"僵尸企业""围墙项目"10个以上。定期开展企业要素保障专项服务活动，每季度组织一次银企对接活动，继续办好"服务企业引才用工月"、"周五集中招聘"等活动，全面完成"万人计划"人才招引任务，帮助企业解决资金需求70亿元、招工3000人、招引各类紧缺人才1000人以上。

加强载体建设，推动产业升级。加强工业园"五中心、两基地"建设，建成国家级泵阀产品检验检测中心，争创省级信息化和工业化产业示范基地。加快沿海工业园"智慧园区"和兴罾新城建设，争创国家特种高分子新材料产业化基地。推进医药产业园"五大中心"建设，年内新入园企业5家以上，争创省级新医药特色产业基地和省新医药产业产学研协同创新基地。加快南山智汇园省级公共服务平台建设，争创国家级创业孵化基地。用好电商产业园"特色中国滨海馆"线上平台，力争年内入园企业60家以上，线上交易额突破20亿元，争创国家级"双创空间"。加快镇区全民创业园创业服务、技术服务、融资服务、信息服务等四大平台搭建，全年新建标准厂房30万平方米，新增入园企业60家以上，争创特色产业基地4家。

（三）全面启动国家级"三城同创"

优化空间布局。扎实推进国家级新型城镇化综合试点，启动城市五轮总体规划修编，完成28项专项规划、7项片区规划和52项单项规划编制任务。加快推进"三环九纵九横"城市路网建设，新建城东大道等主干道路6条，改造延伸迎宾大道等道路14条，完成四八桥等3座城市危桥改造。加快推进海绵城市试点建设，新改建地下雨水管网71千米、污水管网52千米以上。力争年内城市框架规模45平方千米以上，县城人口规模38万人以上，城市化率达54%。

完善城市功能。组织实施市政建设类、公共服务类、功能配套类等7大类80项重点工程，完成投入100亿元以上。开工建设城东体育中心、全民健身中心，新改建城市健身步道20千米以上，着力打造10分钟健身圈；建设城北小学、城南初中等5所学校，着力打造10分钟教育圈；迁建县人民医院、第三人民医院、妇幼保健院，着力打造10分钟医疗圈；组织实施市民服务中心、文化艺术中心等15个公共服务类项目，着力打造10分钟便民服务圈。

改善人居环境。改造提升县城"三湖一渠"，加快实施响坎河景湖路至省道327段两岸风光带打造，全年新增改造城市绿地100万平方米，打造城市雕塑小品20个以上。深入开展城市环境"931"综合整治接续行动，综合改造10条背街后巷、6个住宅社区，新建5座移动式垃圾中转站，建成运营垃圾焚烧发电项目。加快完善智慧城市公共信息平台，全面提升城市管理智能化、信息化、科技化水平，积极创建省级优秀管理城市。加快棚户区改造进程，推动公租房保障货币化，完成房屋征收28万平方米以上。

推进产城融合。组织开展集中招商推介活动，全年推介各类城建服务业项目16个。规划建设城北城市综合体和滨海源城市综合体，加快推进宝丰商博城二期等12个大型商业广场建设，积极推动工业园"退二进三"，着力打造"现代生产性服务业示范区、生活性服务业核心区、省道327沿线专业市场集聚区、城市商贸集中区"四大商贸功能区。全力稳定房地产市场，开发商品房100万平方米。完成城发公司、水务公司AA级评定，年内发债10亿元以上。

（四）扎实抓好农业农村十项重点工作

加快建设现代农业"四区五带八基地"。着力提升县现代农业产业园区和镇区农业园建设水平，加速打造万亩高效永久设施园，全县新上规模现代农业项目14个，新增设施农业1666.66公顷，创建市级农业园2个。加快实施农产品加工园二期工程，新上规模农产品加工企业10个以上。做大做强白首乌等特色品牌，用足用好"滨海大米"国家地理标志商标，新申报"三品"基地25个以上，新发展专业特色村60个。积极推进中农批项目建设，全力打造苏北农产品集散地。大力推进"互联网+现代农业"，新建智能农业示范点4个，加快推进四季年华农业公园建设，全年地方农特产品线上销售额超5000万元。

继续实施脱贫致富奔小康工程。全面落实“四个六”精准扶贫要求，组织实施自主创业项目1万个以上，发放扶贫贷款2亿元，完成脱贫4.28万人，10个省级经济薄弱村、20个县级重点帮扶村实现新“八有”。扎实开展进村入户助贫“三清三实三帮”大走访，建立申请救助对象家庭经济状况信息核对系统，全面落实城乡低保等各项救助政策，实现临时救助常态化。继续开展村级债务化解三年行动，年内化解村级债务30%以上，全面完成负债50万元以下村化债任务。

深入推进村庄环境综合整治。持续开展农村环境“七整治三提升”行动，每个镇重点整治提升2条～3条街道、2个～3个村，同步完善农村环境长效管护机制，推动“垃圾进城、城管下乡”。组织开展“美丽村庄”“康居村庄”“整洁村庄”创建活动，改造农村C级危房2440户，完成农村改厕1.5万座。实施农村基础设施建设提升工程，疏浚整治河道528条，改造中低产田7133.33公顷，建成高标准粮田1333.33公顷，创建粮食绿色高产示范片15个。

不断深化农业农村改革。全面完成农村土地确权登记颁证工作，引导支持土地经营权向适度规模经营集中，新增适度规模经营6666.66公顷。鼓励发展多种形式经营业态，新发展家庭农场60家、合作组织50家，培训职业农民7000人。建立完善县镇两级农村产权交易市场，年内开展农村集体产权股份合作试点5家以上。进一步深化供销合作社综合改革，不断提升为农服务水平。

(五)持续推进交通基础设施建设大会战

建设“六横六纵”骨干路网。加快推进S348、S328、S226滨海段新改建工程建设，年内完成投资13亿元。完善县城外环快速路网，启动建设东海大道、北海大道。扎实开展县城交通秩序整治年活动，及早实现“进城10分钟、高速一刻钟”目标。

打造区域交通枢纽。推进火车站枢纽建设，建成站前广场、公共停车场和周边道路。聚焦产业服务，优化内河港口布局规划，年内建设500吨级泊位15个和内河港口作业区2个。做好疏港铁路、滨淮高速、阜建高速北延和通用机场等项目前期工作。

改善农村出行条件。实施农村公路提档升级工程，投入6.5亿元提档县道108千米、升级村道372千米、“治破”路面20万平方米、改造危桥143座。建成城西、城南、城东等5个公交站场和镇区公交站台，初步实现镇村公交“村村通”。实施农村公路交叉路口安全隐患治理“五小工程”，有效压降交通事故。

深化交通运输改革。组建运作好城市公交、城镇公交、镇村公交和公务用车“四大平台”。大力推进“校车进镇区”，年内开通1个镇区试点运营。加强出租车运营管理，进一步规范县城客运市场秩序。建立完善全县公路绿化养护和环境整治长效管理机制，打造畅安舒美的交通干线网。

(六)倾力办好20件重点民生实事

加快补齐民生短板。围绕居民增收、环境提升、公共服务、民生保障、法治安全等群众关注关心的热点焦点问题，全力办好碧水蓝天、教育现代化“三通两平台”、便民市场建设、幸福夕阳、食药放心等20件民生实事，总投资43.12亿元，确保年内完成投入23亿元以上。

健全社会保障网络。持续开展社会保险扩面征缴，基本实现企业职工医疗保险全覆盖，城乡居民社会保险参保达到30万人。健全托底救助体系，实现镇区社会救助中心和村(居)社会救助工作站全覆盖，试行低保审批县、镇、村三级会办机制，确保实现精准救助。全额资助低收入农户参加新农合，全年发放新农合二次补偿3600万元以上。加强殡葬服务体系建设，新建县殡葬服务综合体，建设镇区公益性公墓27个。

协调发展社会事业。加快推进义务教育优质均衡提升、学前教育提升、教育装备提升三大工程92个重点项目建设，规划建设职教园，积极创建省学前教育改革发展示范区；探索联盟办学，大力推进“名教师、名校长”创建，全面提升教育教学质量。完成全县基层医疗机构基础设施标准化建设，健全完善县镇医院医联体运行机制，初步建成分级诊疗制度，打造城乡15分钟急救服务圈。稳妥实施全面二孩政策，深入推进计生幸福家庭建设“五大行动”，组织开展“两非”专项整治，确保性别比控制在110以内。举办“月月戏相逢”等文化预约惠民活动，加快“书香滨海”建设，全面完成镇区文化站房、村居文化服务中心达标建设，推进广播电视双向化改造“户户通”，积极创建省公共文化服务体系示范区。大力推进梨花雨、薰衣草庄园等旅游景区建设，加快打造星级乡村旅游区。

(七)深入推进社会治理创新六项计划

弘扬文明新风。扎实推进“厚德滨海”建设，继续开展“感动滨海·系列最美”评选活动，建成爱国主义教育公园，打造“七彩阳光”未成年人心理健康教育基地，让“遵纪守法、明礼诚信、奋进求变、淳朴向善、理性包容”成为全县人民共同的文明标杆。组织实施市民素质提升、文明创建提质、志愿服务提效等系列行动，年内注册志愿者突破13万人，开展各类志愿活动1000场次。

保障群众权益。全力打造“阳光信访”“责任信访”和“法治信访”，进一步健全社会服务中心、人民来访接待中心、社会矛盾调解中心“三个融合”的运行机制，加快建立一站式受理、一条龙服务、一揽子解决“三制合一”的服务架构，继续实施权益保障卡制度，全力排查化解涉及群众切身利益的征地拆迁、环境保护、房产开发、企业改制、劳资纠纷等矛盾，积极争创全国“三无县”。扎实推进“七五”普法，深入开展“法律六进”活动，全年为困难群众提供法律援助500件以上，争创全国法治宣传工作先进县。

维护社会稳定。扎实开展安全生产“执法年”活动，深入推进安全隐患大排查大整治和“打非治违”专项行动。全面建成技防工程“村村通”二期工程，健全镇区专职巡防队伍和流动人口协管员队伍。组织开展“共建清朗网络空间”系列活动，不断提高舆情应对能力和管控水平。理顺政府部门110联动机制，扎实开展应急救援综合演练、行业专项应急演练，切实增强自然灾害、突发事件应急处置能力，确保社会大局和谐稳定。

夯实基层基础。加快撤县建市前期工作，稳妥推进撤镇设街道、撤村设社区。提高县社会服务中心标准，打造县镇村三级社会服务网络，实现村综治办、警务室和司法站一体化运作。完善社区服务管理体系，加强社工队伍建设，确保平安法治示范区创建率提高到50%。加快基层民主法治建设，组织开展民主法治示范村（社区）、平安村（社区）、诚信守法示范户等系列创建活动，健全村民自治章程和村规民约，年内村（居）依法自治达标率分别达97%、92%以上。

（八）不断加快国家级生态县创建步伐

全力解决环保突出问题。扎实推进“两减六治三提升”专项行动，打好治气、治水、治土三大治理攻坚战。组织开展治“两煤”、控“三尘”、净“四气”专项行动，实施企业废气整治20家以上。全面落实“河长制”、“断面长制”，组织实施饮水安全巩固提升工程，加大3个饮用水源保护区保护力度，启动县城取水口西移工程。严格落实耕地保护和节约集约用地制度，大力实施农业面源污染防治，确保全年化肥、农药、农膜使用量零增长。

持续加强绿色生态建设。继续开展绿色滨海建设会战，组织实施五大类100项重点绿化工程，年内成片造林800公顷，全县林木覆盖率达31.2%。规划建设生态湖，着力打造园林式小区、园林式单位、园林式企业各15个，灵龙湖生态公园争创省级自然湿地公园。扎实推进集镇和村庄绿化“五个一”工程，新建森林小镇3个、森林村庄15个、绿化示范村15个。大力实施高速公路、干线公路、铁路“三路”绿色通道建设，年内新建和完善绿色通道100千米。

全面推进节能减排。组织开展节约型机关、学校、社区创建活动，引导全社会树立节约消费理念、养成绿色生活习惯。鼓励绿色出行，开通运营城市公交7号线，新建公交站台、交通指示牌220个，加快健全城市公共自行车租赁系统。严格实施排污许可证制度，全面落实排污权有偿使用交易机制，严厉打击偷排直排和数据造假等违法行为。

加强政府自身建设

（一）为民　始终把群众利益举过头顶，做到凡事必访民情民意、凡事必问民生民计。坚持把群众关切作为根本指向，定期开展“金桥行动”，严格落实“星期二信访接待日”制度，办好12345服务热线，认真对待每一次人民来访，及时回复每一封人民来信，全力打通联系群众“最后一千米”。坚持把群众智慧作为创新源泉，做到问政于民、问策于民、问计于民，使政府的各项决策更加符合滨海实际、各项工作更加符合人民意愿。坚持把群众满意作为评判标准，自觉站在群众立场想问题、办事情、作决策，尽心尽力为群众办实事、做好事、解难事，努力让为民成为新一届政府最鲜明的导向。

（二）务实　为政之要，重在落实，贵在务实。坚持用项目化的办法落实县委决策，突出抓好40个重大项目、40项重点工程、10件重要事项和20件民生实事，做到项目化管理、节点化推进、责任化落实。坚持用一线工作法提高行政效能，大力提倡“马上就办”的工作精神，全面落实“首问负责制”，变交办为督办、变转办为会办，以“钉钉子”精神推动问题在一线解决、工作在一线落实。坚持用创新的方法破解发展难题，用足用好产业发展引导资金，进一步完善镇区财政管理体制机制，加强学习型机关建设，不断增强政府创新能力。坚持用改革的手段优化政务服务，扎实推进“全面深化改革攻坚年”活动，持续深化行政审批服务“放管服”改革，着力推进一个门办事、一张网审批、一站通公开、一条龙服务、一体化监管，当好“店小二”，全力促发展，努力让务实成为新一届政府最靓丽的名片。

（三）清廉　腐败是民心之痛，更是民生之患。进一步加强法治政府建设，坚持依法行政、按规办事，规范执行重大行政决策程序，自觉接受县人大法律监督、工作监督和县政协民主监督，虚心接受人大代表、政协委员的意见和建议。持续深化“治痼疾、强党性、树新风”作风建设专项行动，积极开展为官不为乱为、“三公”经费违规使用、“四风”隐身变异“三项专项整治”。贯彻执行《关于新形势下党内政治生活的若干准则》和《中国共产党党内监督条例》，坚决落实政府系统党风廉政建设责任制和责任追究制，突出抓好工程建设领域招投标、规划设计、项目变更、造价决算等关键环节，进一步完善公共资金、公共资源交易、国有资产资本管理制度，全面加强行政监察和审计监督工作。深入推进“正风肃纪村（居）行”活动，坚决查办损害群众利益的不正之风和基层贪腐问题，努力让清廉成为新一届政府最厚重的底色。

创新管理　整合优化　均衡发展　全力打造一流师资队伍

无论是已经通过的“均衡发展”，还是正在建设的教育现代化，教师队伍建设都是重中之重。近年来，滨海县创新教育人事管理机制，全面加强队伍建设，为促进全县教育内涵提升和均衡发展提供了坚强有力的组织保证和人才支撑。

多渠道引进

建立多渠道教师引进机制，是我们一直坚持的方向。每年，根据全县学科教师的需求实际，研究制定《滨海县招聘研究生及部分重点院校师范类本科毕业生简章》和《滨海县招考中小学教师简章》，会同县组织、人社、监察等部门认真组织实施人才引进工作，不断优化学科教师结构。一是提前招引优质师资。2010年以来，对于硕士以上研究生和“211工程”院校优质毕业生，我们均采取提前招引的方式予以提前录用。每年根据全县各学校用人计划，提前拿出一定用人指标单独用于招引研究生和“211工程”院校毕业生。每年年初，组织县内知名中小学奔赴各地师范院校召开毕业生供需洽谈会，与毕业生签订就业意向后，统一组织面试，面试合格，直接与毕业生签订就业协议。五年来，全县教育系统共招引硕士以上毕业生 53 人，211 工程师范院校毕业生 68 人。二是公开考录优秀师资。每年，在提前招引的基础上，我们按照县审批的进人计划，按照“公开、平等、竞争、择优”的原则，通过笔试、面试答辩、技能考查等方式，2010 年以来共考录新教师 849 人，其中 80% 以上的新教师被充实到农村学校任教。三是破格录用紧缺师资。针对县中等专业学校新兴专业设置对紧缺人才的需求，实行“先上船后买票”的方式破格录用一些紧缺专业的专业教师，如电子、旅游、机械、化工等专业教师，允许非师范类专业的毕业生参加考录，但规定这些破格录用的毕业生考录后两年内必须拿到相应的教师资格证书。

6 专版

新华日报

滨海人社局主动适应经济新常态，着力破解发展新问题——

服务上水平，助推地方经济跨越发展

全力打造一流师资队伍

加强环境保护　改善环境质量

全方位培训

一是组建教师发展中心。根据苏教师〔2012〕20 号文件精神，结合滨海县实际，经县编委会研究同意，在整合县教育局教研室、电教室以及滨海中等专业学校部分职能和资源的基础上，恢复县教师进修学校，并更名为“滨海县教师发展中心”，目前，教师发展中心的领导配备已到位，人员调整和基地建设规划等工作正在有序进行，力争用两年时间通过省示范性教师发展中心评估验收。二是规范教师教育工作。以 2015 年为例，制定出台《2015 年滨海县中小学教师校长培训计划》和《滨海县教育局培训费管理办法》，编制了《滨海县 2015 年教师培训项目指南》，构建县级培训项目 82 个。通过远程培训、集中面授、校本研修等多种途径，组织对全体教师进行分层、分类、分岗培训。选拔 11 名教师赴英国、澳大利亚等国家培训，推荐了 6 名教师参加省“雏雁培育计划”选拔；先后承担省英语教师“引智培训”（参培教师 75 名）和“名师送培”活动（参培校长 250 名）。年内，共组织 29 名同志参加国家培训，1078 名同志参加省级培训，80 名同志参加市级培训，参加县级培训 12189 人次，所有培训均及时在省网络培训管理系统录入、审定和学时验证。在省中小学教师融合教育知识网络竞赛活动中，滨海县 4758 人参加竞赛，其中 1240 人被评为优秀。在省中小学教师班主任知识网络竞赛活动中，滨海县 5190 人参加竞赛，其中 1350 人被评为优秀，列全市之首。三是创新名师培养模式。引进省特级教师、南京师范大学附属小学教师贲友林，省特级教师、南京市北京东路小学校长孙双金，省特级教师、苏州工业园区车坊实验小学校长徐斌等 3 人，分别在县实验小学、县第二实验小学、东坎实验小学成立名师工作室，通过定期讲学、师徒结对等形式带动滨海县教师快速成长。

2016 滨海春晚县教育局演出的小合唱《教育情 · 中国梦》。　　陈其龙　摄

最优化整合

一是全面推行教师流动。近几年，滨海县坚决贯彻落实省政府五部门《关于进一步推进义务教育学校教师和校长流动工作的意见》（苏教人〔2012〕19 号）文件精神，按规定要求做好校长教师交流工作，将中小学教师流动、干部交流工作与加强薄弱学校建设和教育布局调整相结合，推进教育人才的合理、有序流动，实现校际人力资源均衡配置，促进教育均衡发展。2015 年全年共有 731 名校长和教师参与流动，其中县城学校教师到农村学校挂职支教 92 名，农村学校教师到县城学校顶岗学习 104 名，缺编县城学校公开选聘教师 69 名，镇区之间交流教师 84 名，镇区小教内各小学交流教师 273 名。同时，根据各镇区初中教师编制余缺和学科分布情况，合理调配了 89 名初中教师到本镇区小学任教。选派县城 6 名中层干部到农村学校或薄弱学校挂职。选派滨海中学冯文青同志到西藏拉萨任教，参与援藏工作。二是合理调配全县师资。为合理调配教师资源，促进教师有序流动，在认真调研教师现状和总结教师流动经验的基础上，根据学校编制余缺和学科教师需求情况，制

定了教师流动的十条原则和县城教师公开选调实施方案，2010年以来，农村学校共有300名左右教师公开考录至县城学校任教，合理调配镇区之间学校教师301名，镇区内各学校之间调配教师1200余名。三是协调结对支教活动。2010年以来，滨海县共有63所农村中小学分两批次参与省教育厅统一安排的“千教万师支援农村教育工程”，结对学校双方根据省教育厅的统一要求，统筹安排，相互协调，并结合双方实际制定了有针对性和可操作性的支教方案，近千名教师直接参与了这一活动。2012年以来，我们又开展了“百名骨干教师送知识”活动，在教育局机关和县城学校挑选了百名优秀教师组成“百名骨干教师”分赴全县各镇区，定人定岗，实施支教活动。仅2015年，开展服务群众“十送”现场宣传咨询活动10次，发放各类宣传资料15000余份，向农村学生及家长赠送图书及学习用品20余万元。

8月20日，网络教室虚拟实验教学教师培训现场。

教育局　提供

规范化考核

一是干部选任和考核上扩大民主。实施干部职位空缺公示制。根据职位空缺，面向全县教育系统公开选拔、平等竞争、择优聘任。打破了干部选拔任用的传统模式，使一些综合素质高，组织协调能力强，思想、业务水平过硬的新人走上了学校领导岗位。对全县所有中学、中心小学和县直学校的全体领导班子成员的考核，所在单位的所有教职工参加，对教职工不满意率超过30%的干部责令辞职，优秀合格率未达80%的一律不列为提拔对象。二是严格教师综合考核，规范格次确认。2014年共有8112名教职工参加年度考核，其中919名同志被确定为优秀等次，6970名同志被确定为合格等次，16名同志被定为合格以下等次。强化“一把手”校长（园长）考核。各镇区中心小学、中学和县直学校校长（园长）由县教育局党委确定考核等次。对交流教师实施专项考核。2015年暑期，对到农村学校挂职支教的112名教师和到县城学校顶岗学习的128名教师实施专项考核，共有35人被确定为优秀等次。三是深化职称改革。严格按照事业单位岗位设置管理要求，坚持按岗位申报和聘用，各单位按照不超过县人社局审核批复的岗位设置方案，核算空余岗位数的60%进行推荐申报。对有突出业绩成果的名教师、骨干教师继续实行不占岗位申报。2015年，共有28名同志（高级25人，中级3人）符合不占岗位申报条件被推荐晋升高一级职称。

（《新华日报》2016年1月30日第6版　左其安）

中共滨海县委员会　滨海县人民政府
关于深入推进“健康滨海”建设的实施意见
（滨发〔2016〕27号）

2016年10月25日

为认真贯彻全国卫生与健康大会精神和省政府《关于深入推进“健康江苏”建设不断提高人民群众健康水平的意见》要求，全面落实市第七次党代会和县第十二次党代会决策部署，扎实开展民生幸福升级行动，不断提升人民群众健康水平。现就深入推进“健康滨海”建设提出如下实施意见：

一、总体要求

（一）指导思想

全面贯彻党的十八大、十八届三中四中五中全会和习近平总书记系列重要讲话特别是视察江苏重要讲话精神，以《健康中国2030规划纲要》为指引，坚持健康优先发展战略和人民共建共享，不断深化卫生计生改革，大力实施卫生布局调整，积极推进分级诊疗，全面提升卫计服务水平，加快完善“健身、防病、治病”全民健康体系，推动“以治病为中心”向“以健康为中心”转变、“病有所医”向“病有良医”升级，满足多样化、差异化、个性化的健康需求，努力让人民群众享有更高水平的健康服务、更可靠的医疗保障、更安全的健康环境，为实现“沿海争先跨越、淮河争当门户、全市争创一流”发展目标提供有力保障。

（二）主要目标

到2018年，全县卫生布局调整基本完成，分级诊疗制度初步建立，卫计服务能力有效提升，机制活力明显增强，全民医保公平普惠，群众性健身活动广泛开展，健康养老体系不断完善，主要健康指标达全市中上游水平，2020年达到全市一流。争创国家级计划生育优质服务先进县、妇幼健康优质服务示范县、慢病综合防控示范区，省人口协调发展先进县。

1. 主要健康指标进一步改善 2020年人均期望寿命80岁左右；孕产妇死亡率、婴儿死亡率分别控制在6/10万、3.7‰以内。

2. 健康素养水平进一步提升 2020年城乡居民健康知识知晓率80%以上，健康行为形成率65%以上；有组织参加体育锻炼人口比例50%以上，体质合格率92%以上。

3. 医疗服务能力进一步增强 2020年全县医疗机构床位总数5400张以上,每千人床位数达5.75张;卫计人员总数5700人以上,每千人卫计人员数达6人。

4. 疾病防控水平进一步提高 2020年甲乙类传染病发病率稳定在120/10万以下;孕产妇和0-6岁儿童健康管理率95%以上;严重精神障碍患者管理率85%以上;高血压和糖尿病患者规范管理率65%以上。

5. 公共卫生服务进一步优化 2020年适龄儿童国家免疫规划疫苗接种率保持在95%以上;免费孕前优生健康检查率90%以上;住院分娩率稳定在99%以上;出生缺陷发生率控制在4‰以内;流动人口基本公共卫生计生服务率90%以上。

6. 医疗保障制度进一步健全 城乡基本医保覆盖率继续保持100%,筹资和保障水平稳步提高;基本医保、大病保险、重大疾病救助、医疗救助、疾病应急救助和商业保险等相结合的疾病风险分担机制更加完善。

7. 健康养老体系进一步完善 医疗卫生、康复护理和精神慰藉等医养服务覆盖所有老年人,医养融合的居家养老服务中心实现镇区全覆盖。

(三)基本原则

1. 以人为本、健康至上 坚持以人的健康为中心,从大健康、大卫生、大医学的高度出发,综合施策,努力让群众少得病、看得上病、看得起病、看得好病、方便看病。

2. 政府主导、社会参与 强化政府主导,引导社会力量参与,注重发挥市场机制作用,丰富健康产品和服务。

3. 深化改革、创新发展 围绕补短板、强基层、建机制,实施医疗、医保、医药"三医"联动,大力推进卫生计生改革创新,深入实施精准健康扶贫,为人民群众提供更高水平的健康服务。

4. 统筹兼顾、突出重点 既着眼长远、统筹谋划,明确总体目标和政策措施,持续加以推进;又立足当前、积极作为,着力解决影响群众健康的重点问题,全力满足群众的健康需求。

二、重点任务

(一)着力增强卫计服务承载能力

1. 优化医疗资源布局 加快县城医疗机构布局调整。按照2000张床位的三级综合医院标准迁建县人民医院,新建二级妇保院、精神卫生中心。2016年完成项目征迁、规划设计等前期工作,2018年县人民医院、妇保院、精神卫生中心建成投用,实施县中医院、东坎镇中心卫生院联动搬迁。2020年,县人民医院创成三级综合医院,力争县妇保院、精神卫生中心、第二人民医院、康达医院创成二级医院,全县二级医院达6所。加快基层医疗机构布局调整。持续实施基层医疗卫生机构基础设施标准化建设,改造提升通榆、天场、陈涛、界牌4个镇卫生院,新改扩建172个村卫生室;实施滨海港经济区中心卫生院与县医院港城分院合并;增设界牌、农业园区、滨海港3个急救分站,打造城乡15分钟急救服务圈。2017年6月底全县所有基层医疗卫生机构基础设施均达省定标准,2018年50%以上的镇区卫生院、15%以上的村卫生室达到省示范建设标准。2020年建成"全国群众满意乡镇卫生院"7个、省示范卫生院10个、省示范村卫生室60个。加快民营医疗机构布局调整。鼓励社会资本投资改善民办医疗机构办院条件,创建专科特色;兴办第三方独立检验机构。

2. 整合卫计服务资源 按照"县整合、镇增强、村共享"的思路,2016年底完成镇村妇幼保健和计划生育技术服务资源整合;建设高危孕产妇和新生儿救治中心,整合婚检和免费孕前检查项目;强化镇区卫生院妇幼健康规范化门诊建设,2018年全部达省规范标准。

3. 发展健康服务产业 引导支持医疗机构新办老年护理、康复、临终关怀等特色服务专科;加快打造体育健身健康、运动康复服务中高端平台;规范发展母婴护理、养生美容等服务市场,培育专业化、规范化的心理咨询、辅导机构;招引现代医药产业项目在县医药产业园集聚发展。

(二)全面提升医疗卫生服务水平

1. 加强医卫人才引进培养 加大医卫人才招引力度,2018年新招录卫技人才400名以上、培养免费医学生150名以上,2020年分别达750名、300名以上,其中研究生50名以上。每年引进5名以上高级专业人才和学科带头人,柔性引进20名以上省内外知名医学专家,2018年确定长期合作的高级医疗专家60名以上,2020年达100名以上,建立完善名医专家库。公立医疗机构每年面向社会择扰录取30名以上成熟专业人才,每年定向考录20名工作满6年的优秀乡村医生入编镇区卫生院,每年向社会公开招录50名具有医技类执业资格人员从事乡村医生工作,每年择优返聘30名到龄离岗乡村医生,公立医疗机构合同制人员逐步实行同岗同酬。加强业务培训,每年选派30名县级医院业务骨干到国内知名医院进修学习、选派20名基层医疗骨干到三级医院接受全科医师规范化"转岗培训"、选派80名乡村医生分期分批到县级医院"务实进修"。

2. 加快学科专科建设 每年安排1000万元专项资金,打造重点学科、特色专科。2018年建成省级重点专科、市级重点学科、市级重点专科、市级基层特色科室分别达到2个、5个、20个、10个以上,2020年分别达到3个、8个、30个、15个以上。

3. 加强外引内联、开放合作 鼓励县级医院采取院校联办、合并托管、医疗联合等形式开放办院,2018年与北京、上海等地15家以上知名医院建立合作联盟,实现远程诊疗。邀请名医开展经常性的讲学坐诊,扩大名医工作室覆盖面,实现常见病、多发病名医工作室全覆盖,多名专家轮流坐诊,2018年设立名医工作室或诊疗中心15个以上,2020年达20个以上。加强专病专科联盟合作,每年遴选县级医院50名以上"名医"到镇区卫生院常态设立"名医工作室",每三年遴选10名"名医",担任专病专科联盟中心主任,推动优质资源下沉。

4. 发展中医药健康服务 加强综合医院和镇区卫生院中医重点专科、重点学科和诊疗中心建设,将县中医院打造成"医养结合"中医健康养老医院,2018年所有镇区卫生院和95%以上的村卫生室提供中医药服务，设立名老中医传承工作室5个以上。强化中医药适宜技术培训与推广，组建中医药健康服务团队，加快白首乌药食同用中药材产品研发与应用。

5. 实施智慧健康工程 推进区域人口健康信息平台升级改造，强化全员人口、卫生资源库、电子健康档案和电子病历等信息化基础建设和健康医疗资源整合，2017年实现县与省、市平台及县域内医疗卫生机构互联互通、资源共享。实施“互联网+”健康医疗服务，开展健康医疗大数据应用发展试点工作。加大远程医疗服务体系建设力度，2016年底县域远程会诊、影像诊断、检查检验、心电诊断和病理诊断等中心建成投用。

6. 推进“四个一”工程 每个常住居民进行一次免费体检。全县公立医疗卫生机构实现体检中心全覆盖，建成县健康管理服务中心，每三年进行一次常住居民免费体检，重点人群、贫困人口一年一检，为行动不便患者等特殊人群提供上门体检。每个家庭拥有一名合格的家庭医生。由县镇村三级家庭医生团队通过个性化签约，为居民提供基本医疗、公共卫生和约定的健康管理服务；2018年完成重点人群签约，家庭医生签约服务覆盖率40%以上，2020年实现全覆盖。每个居民拥有一份动态管理的电子健康档案。结合全民免费体检、临床诊疗和用药记录，为每个常住居民建立电子健康档案，实施动态管理，2018年全县城乡居民健康档案建档率、合格率、使用率均达95%以上。每个居民拥有一张服务功能完善的居民健康卡。建设集居民身份识别、医院通用就诊、个人基本健康信息、电子病历、医保结算等功能于一体的居民健康卡，2018年覆盖率60%以上，2020年实现全覆盖。

7. 推动精准健康扶贫 健全贫困人口健康档案，实施电子化、动态性、互通式管理。建立特定人群再病治疗保障机制，实行贫困人口县域内先治疗后付费，设立定点医院贫困人口专用病房，试行基本药物免费供应，提供全科医生免费签约服务。建立完善大病医疗救助基金制度，提高贫困人口大病报销比例和救助标准。建立疾病应急救助基金制度，健全卫计、民政、慈善等综合救助机制。完善困难残疾人和重度残疾人护理补贴制度，加大低收入残疾人康复和医疗救助力度。

8. 加强医德医风建设 强化法律法规培训和职业道德教育，推进依法执业；完善医疗安全核心制度，提升医疗安全保障水平；加大执法力度，严格整治大处方、重复检查等行为，严肃查处收受“红包”“回扣”等问题，完善医德医风第三方评价机制，实行医德考评“一票否决”，评选宣传“人民好医生”，不断提升医德医风建设水平。

（三）不断深化卫生计生体制改革

1. 深化公立医院改革 探索建立公立医院管理委员会，完善法人治理结构和院长负责制，构建现代医院管理制度。加强公立医院内部管理和绩效评估，建立以合理成本和收入结构变化为基础的公立医院价格动态调整机制，控制医疗费用不合理增长。积极推行薪酬制度改革，鼓励医生多劳多得、优绩优酬，适当放宽公立医疗卫生机构绩效工资总额控制，加大奖励性绩效工资向临床一线、关键岗位、业务骨干和贡献突出人员倾斜分配力度。推行公立医院人员编制“标准核定、备案管理、岗位设置、分类聘用”管理模式。

2. 构建分级诊疗制度 通过柔性政策逐步建立引导到基层就医的刚性机制，加强医疗资源纵向整合，成立以县级医院为龙头，镇区卫生院、村卫生室为成员的县镇村一体化医疗联合体，健全三级联动、衔接互补的县域医疗服务体系；通过家庭医生签约服务、远程诊疗、专病专科联盟、县级骨干医师基层工作室、差别化医保支付等措施，引导群众就近就医；试行执业医师多点执业，推动医师合理流动，形成“基层首诊、分级诊疗、双向转诊”的分级诊疗体系。2018年实现县内就诊率达90%以上，基层医疗卫生机构诊疗量占总诊疗量的60%以上。

3. 健全完善医保体系 落实城乡居民基本医保筹资稳定增长机制，稳步提高医保保障水平。深化医保支付方式改革，推进总额控制下的按病种付费、按服务单元付费等相结合的混合付费方式综合改革，健全医保经办机构与医疗机构谈判协商机制，强化医保基金使用监管。完善大病保险筹资、承办、管理和运行机制，精准实施大病保险。实施“互联网+医保经办服务”，推进医保异地结算。探索推进城乡基本医疗保障并轨，逐步实现“统一覆盖范围、统一筹资政策、统一保障待遇、统一医保目录、统一定点管理、统一基金管理”。

4. 完善药品供应保障体系 强化公立医院药品集中采购管理；允许基层医疗卫生机构按规定比例配备使用国家基本药物和省增补目录外、医保目录内的药品；探索民营医疗机构实施基本药物制度的方式路径；实施短缺药品精准管理，开展常用廉价短缺药品动态监测，在县人民医院建立紧缺药品库，为基层就诊、上级医院转诊提供药品供应保障。

5. 巩固完善基层运行机制 完善基层医疗卫生机构经费补助方式，实行核定任务与定额补助挂钩、适时动态调整等办法，鼓励基层医疗卫生机构提供更多更优服务。对基层医疗卫生机构基本建设和设备购置支出给予补助，创成省示范卫生院、卫生室分别奖励60万元、10万元，创成“全国群众满意乡镇卫生院”给予更高奖励。健全绩效工资总量调控机制，根据综合目标绩效核定镇区卫生院绩效工资总量，实绩较好的卫生院绩效工资总量上浮至100%～135%、卫生院主要负责人绩效工资上浮至本单位年人均绩效工资水平的150%～230%之间，奖励性绩效工资逐步提高到60%。按照基层卫技人员总数的5%每两年遴选基层骨干人才，给予每人每年2万元补助，对被确定为省优秀基层骨干人才可实行协议工资制；进一步提高乡村医生待遇。创新基层卫计人员管理，建立“按需设岗、竞聘上岗、按岗聘用、合同管理”机制，探索实行卫计专业人员“县管镇用、镇管村用”；基层高级职称卫技人员聘用不受岗位职数限制。

6. 推进医疗纠纷调处法制化 健全医患纠纷第三方调解机制，成立独立的医患纠纷人民调解委员会，由县政法委牵头，县公安、司法、卫计等部门协同，统一扎口管理。建立镇区卫生院医疗事故风险基金,按当年医疗收入的1%计提。推行村卫生室医疗责任保险制度,化解基层医疗风险。严厉打击涉医违法犯罪行为,营造安全有序医疗环境。

7. 强化计生服务管理 稳妥实施全面两孩政策,加快生育控制向计生优质服务转变。实行生育登记服务制度,优化再生育办理流程,推进优生优育全程服务,强化流动人口计生服务管理。重抓“两非”整治,压降出生人口性别比,2020年控制在110以内。创建计生幸福家庭,开展“关爱留守儿童、救助贫困母亲、帮助空巢老人、扶助困难家庭”等系列活动,为计生特殊家庭排忧解难。

（四）突出加强卫生防病工作

1. 提升公共卫生计生服务效能 推行基本公共卫生服务360度全封闭管理法,扩大农村妇女“两癌”筛查、住院分娩补助、增补叶酸等妇幼重大公共卫生服务项目覆盖面。加强应急救护知识普及与技能培训,建立卫生应急志愿者队伍,提升城乡居民卫生应急素养和自救互救能力。

2. 落实重大疾病防控措施 健全完善传染病监测系统,提高各类传染病早期发现、诊断和处置能力,2018年A类检验项目从105项扩大到118项。推进数字化预防接种门诊建设,加强食品安全风险监测和评估,开展精神卫生宣传及心理卫生保健,逐步建立学校、家庭、社会三方合作的学生心理健康促进模式。提高重性精神病患者治疗率和管理率,努力做到应收尽收、应管尽管、应治尽治。

3. 提高慢性病综合防治能力 推行慢性病防控“三位一体”管理模式,开展慢性病及其危险因素监测,提高心血管等高危人群早查早诊早治率。强化基层医疗卫生机构慢性病管理,加强肿瘤等患者的随访和康复指导。

（五）切实强化健康促进行动

1. 普及健康教育知识 充分利用报纸、电视、互联网、移动客户端等媒体传播健康知识,倡导“最好的医生是自己”的理念;加强重点人群健康教育与促进,组织开展健康素养巡讲、健康咨询和健康培训活动,推进人口和健康文化阵地建设,落实《中小学健康教育指导纲要》;及时监测纠正虚假错误信息,坚决取缔虚假医疗、药品等广告,严厉打击不实和误导宣传行为。

2. 营造健康生活环境 突出抓好空气、土壤、水污染防治,深入开展城乡环境综合整治,加快美丽乡村建设,发扬爱国卫生运动传统,2020年新增农村无害化卫生户厕7.5万座,建成国家卫生镇1个以上、省卫生镇5个以上、市卫生村100个以上,生活垃圾无害化处理率95%以上,镇、村生活垃圾集中收运率90%以上,县城污水处理率90%以上,农村饮用水水质合格率85%以上。加强食品药品安全监管,加快食品可追溯体系和快速检测体系建设,完善药品不良反应监测、评价、预警机制,加强无公害农产品、绿色食品和有机食品等基地建设。强化职业病防治,加大职业病危害源头控制力度。

3. 倡导健康生活方式 创建健康促进学校,提升学生健康素养,2018年全县50%的中小学达到健康促进学校标准。积极开展“三减三健”行动(即减油、减盐、减糖,健康体重、健康骨骼、健康口腔),引导居民科学合理膳食,定期开展居民营养状况监测评价。全面推行公共场所禁烟,积极创建无烟医疗卫生机构、无烟学校、无烟单位,降低吸烟率。

4. 开展全民健身活动 实施“全民健身计划”,推动全民健身与全民健康的深度融合,加快打造城市社区10分钟健身圈,每年建成10公里以上健身步道。提档升级镇区体育健身中心,推进乡村自行车道和“慢行健身绿道”建设。实施青少年体育活动促进计划,支持体育社会组织参与公共健身服务。建设集体质和疾病检测、运动能力评估、科学健身指导为一体的综合服务平台,2018年建成县级体质测定与运动健身指导站。

（六）扎实推进健康养老服务

1. 提升健康养老服务能力 充分利用各类资源,积极为老年人提供多样化、分层次、高质量的健康养老服务,2018年养老床位数达老年人口的38‰,2020年达40‰。推进城乡居家养老服务中心建设,提升居家养老服务机构的医疗保健服务能力。积极推动医疗卫生机构将护理服务延伸至居民家庭,鼓励发展多种形式的老年人照料服务。发挥公办养老机构托底作用,重点为城乡特困老人提供无偿或低收费的供养、护理服务。鼓励民间资本兴办养老机构,通过委托管理等方式运营公有产权养老服务设施。积极推进农村“老年关爱之家”建设。

2. 大力推进医养结合 对养老机构实行医疗定点定向服务。床位数100张以内的养老机构,就近与医疗服务机构签订合作协议,有条件的可设立医务室;床位数100以上的养老服务机构,设立卫生室、医务室等卫生设施,聘请具有执业资格的医师、护士提供基本医疗护理服务;所有镇区敬老院设立医务室。大力扶持发展护理院和护理型养老机构建设,支持部分闲置床位较多的医院拓展养老护理服务或转型为养老护理院,2018年建成1所以上老年护理院。

3. 优化老年医疗卫生服务 全面落实老年医疗服务优待政策,开通老年人就医绿色通道,县级医院开设老年病科,增加老年病床数量。对80－90岁生活困难老年人按70%收取住院床位费,对90岁以上老年人减半收取住院床位费,突发危急重症老年人使用“120”救护车费减免50%。加强老年人精神关爱服务,开展心理讲座和培训,提供专业心理咨询、辅导和康复服务。

4. 提高残疾人康复服务水平 积极实施残疾人重点康复项目,为城乡贫困残疾人、重度残疾人提供基本康复服务,努力实现残疾人“人人享有康复服务”。积极推进无障碍环境建设,建立残疾人辅助器具和家庭无障碍改造补贴制度。实施残疾儿童抢救性治疗和康复工程,提高残疾儿童康复率。逐步扩大残疾人康复项目纳入医保报销的范围。实施残疾预防行动计划,有效预防和控制残疾的发生和发展。

三、职责分工

（一）县有关部门职责

1. 卫计委 牵头负责“健康滨海”建设,做好全县卫计事业发展工作；指导督促各镇（区）、推动有关部门加快“健康滨海”建设工作、落实年度目标任务。

2. 宣传部（文广新局、新闻中心） 负责“健康滨海”建设宣传工作，加强基本公共卫生项目知识宣传，推动全民增强健康意识、养成健康习惯和生活方式。

3. 发改委 负责在经济社会发展规划中优先安排健康事业发展，做好“健康滨海”建设重点项目立项审批工作。

4. 编办 负责做好卫计人员编制管理和卫计人才招聘用编计划安排。

5. 人社局 负责做好城镇职工医疗保险工作，指导协同卫计部门做好人才引进、职称评聘等工作，协助卫计部门与知名医院开展合作。

6. 财政局 负责做好“健康滨海”建设财政性资金安排，按要求及时拨付公共卫生服务项目资金。

7. 环保局 负责做好全县环境保护和生态建设工作，严格控制“三废”排放，积极推进大气治理，提高生态水平。

8. 沿海工业园 负责监督沿海工业园企业规范“三废”排放，做好污水、固废处理设施建设。

9. 工业园 负责监督工业园企业规范“三废”排放。

10. 住建局 负责在城乡规划中优化医疗机构布局，加快推进全县污水处理体系建设，做好“健康滨海”建设基建项目工程质量、安全监管。

11. 城管局。负责县城垃圾处理设施建设，加快构建全县垃圾集转运体系，推动市民卫生文明习惯养成，持续深入整治县城环境。

12. 教育局（体育局） 负责学生健康教育，培养学生养成良好卫生习惯和健康生活方式，做好学校卫生防疫工作；牵头做好全民健身工作，负责县城健康步道建设，指导镇区建设全民健身中心。

13. 水利局 负责全县饮用水安全，做好重点河道清理保洁工作。

14. 交通局 负责县城公共自行车系统建设，倡导绿色出行方式。

15. 农委 负责农业面源污染防治，做好生猪养殖废弃物排放治理工作。

16. 粮食局 负责放心粮工程建设工作。

17. 海洋渔业局 负责做好绿化造林工作。

18. 民政局 负责做好大病救助工作，加快推进医养融合发展。

19. 市场监管局 负责做好食品、药品等安全监管工作，依法取缔非法医药广告。

20. 其他部门 按照县委县政府要求和职责分工，协同做好“健康滨海”建设工作。

（二）镇区职责

负责本镇区“健康滨海”建设工作，协助卫计部门做好基层医疗卫生机构新建改造、“四个一”工程实施，加强健康教育，引导居民健康习惯养成，倡导健康生活方式，持续深入开展农村环境综合整治，加快绿色生态建设，加强农村环境保护，综合治理农村水环境、垃圾处理和农业生产污染，大力实施农村改厕，引导居民义务献血。规范落实两孩政策，提高计划生育服务管理水平，推动优生优育，全面完成县委县政府部署的“健康滨海”建设任务。

四、保障措施

（一）强化组织领导 坚持把“健康滨海”建设摆上突出位置抓紧抓好，将医药卫生体制改革作为全面深化改革的重点；成立“健康滨海”建设工作领导小组，统筹推进“健康滨海”建设工作；各镇区、县各有关部门要按照职责分工，科学制定专项行动计划和年度工作方案，扎实高效推进“健康滨海”建设；要强化镇区部门协调联动，切实增强推进合力。

（二）加大投入力度 建立健全多元化健康投入机制，强化政府对公共健康服务投入；积极推行重点项目 PPP 建设模式，争取更多信贷资金；加大对上争取支持力度；引导支持社会资本参与“健康滨海”建设，鼓励社会力量兴办慈善健康服务机构，支持社会资本举办和运营非营利性健康服务机构；逐步增加健康服务类公共产品政府采购的类别和数量。

（三）加强宣传引导 多渠道、多形式、多层面宣传“健康滨海”建设的重大意义，造浓舆论氛围，引导全社会参与支持“健康滨海”建设，提高公众的认知度和参与意识，推动健康生活方式、行为习惯养成；合理引导社会预期，使“健康滨海”建设符合群众意愿、得到社会支持，在共建中共享，在共享中共建。

（四）严格督查考核 将“健康滨海”建设列入县委、县政府重大督查事项，常态化对项目建设、履职尽责等情况进行督查，及时通报督查结果；健全考核办法，优化考核导向，对按规定时间完成“健康滨海”建设任务的镇区、部门给予奖励，对有功人员予以表彰；对未在规定时间内完成目标任务的责任单位、责任人员严格问责追责。

滨海县“十三五”旅游发展规划（节选）

第二章 发展目标与发展战略

一、规划总则

（一）规划范围 本规划范围为滨海县境全域，总面积约 1949 平方千米，辖 12 个镇以及盐城滨海港经济区、江苏滨海现代农业产业园区、省级经济开发区（江苏滨海经济开发区工业园、开发区沿海工业园）、滨淮农场、新滩盐场等。

（二）规划期限 规划期限为 2016～2020 年。

（三）规划依据（略）

二、发展思路

“十三五”期间，以沿海经济的大发展为契机，紧抓沿海旅游开发的发展机遇，依托滨海县特色的海滨生态资源、人文艺术资源、乡村田园资源等旅游资源，以海滨旅游为引爆点,做大城市品牌,做强旅游产品,理顺旅游管理体制机制,着力产业转型引导,强化产业联动,建设黄海之滨新兴的旅游城市。

三、发展目标

(一)总体目标　到2020年,滨海县旅游基础设施进一步完善,旅游服务质量进一步提高,旅游产业结构不断优化,市场主体不断壮大,产业规模不断扩大,产业素质不断提升,逐步把滨海县建设成为黄河故道旅游带的节点城市、黄海之滨新兴旅游胜地、区域有影响力的生态旅游目的地。

(二)经济目标　以2016~2020期间内,滨海县旅游增长速度为参考,同时考虑旅游项目开发、旅游市场拓展和旅游发展前景,到2020年滨海县接待游客总人数为500万,旅游总收入为50亿元。

(三)社会目标　进一步优化社会环境,提升城市旅游形象,扩大对外交流,提高滨海县的知名度和美誉度;扩大旅游企业对劳动力的吸纳力度,旅游就业显著增长,到2020年,全县旅游直接和间接就业人数占全县城乡就业人数的10%左右。提升城市的宜居度和居民生活质量与生活品位;拉动内需,促进消费;促进城郊和谐互动、城乡和谐互动,促进县域全面协调发展,增强滨海人民的幸福感和荣誉感。

(四)文化目标　保护和弘扬滨海县的书画艺术、河海文化等历史文化,整合现代时尚文化,丰富文化旅游产品,促进文化旅游产业的繁荣;加强文化交流,策划和举办文化旅游节庆,开发文化旅游项目,促进文化交流和社会对滨海县文化特色的形成多元化认同;培育新的文化旅游消费热点,引导市民和旅游者形成积极的休闲旅游需求、旅游方式和消费习惯,并将文化创意产业培育成滨海县旅游的新热点。

(五)品牌目标　到2020年,新增2个4A景区(中国古黄河入海口风景区、滨海水魔方),

1个省级旅游度假区(中国古黄河入海口风景区),1个AAA级景区(滨海文化景观园),1个省四星级乡村旅游示范点(何首乌养生生态园),1个省三星级乡村旅游示范点(“醉美五醍浆”体验园),1个省级生态旅游示范区(淮河入海口风景区)。构建由旅游目的地品牌、旅游产品品牌、旅游企业品牌等组成的多元旅游品牌体系,提升滨海旅游品牌价值和品牌效应。

(六)环境目标

通过滨海旅游的发展,保护滨海的生态环境,提升滨海城市的生态品质,将滨海建设成为省内知名的生态旅游名城。

四、发展战略

(一)品牌引领战略

在未来的“十三五”期间,按照“突出重点、深度开发、联动发展”的思路,通过市场运作,筹集资金,加大投入,打造一批精品旅游景区。滨海县重点建设的精品项目包括中国古黄河入海口风景区、滨海水魔方两大景区,同时强化精品项目对次要景区的辐射与带动作用。至“十三五”期末,基本建立滨海县旅游精品培育、发展和保护体制机制,形成一批区域内知名的、具有明显竞争优势的旅游精品项目,塑造鲜明的旅游形象。

(二)旅游立县战略

滨海县要顺应产业融合发展的趋势,积极寻求旅游与相关产业的最佳结合点,不断加大与相关产业的联合与协作,整合相关资源和政策措施,大力推进旅游与体育、文化、农业、商业、水利等相关产业和行业的融合发展。突出重点,统筹兼顾,积极推动研学旅游、自驾旅游、养生养老旅游等旅游新业态实现较快发展。

第三章　空间结构与功能分区

一、空间结构

根据滨海县旅游资源特色和分布特征,以及“十三五”期间旅游发展动力机制,确定滨海县的旅游业发展空间结构为:一轴、一带、二心、二片区。“一轴”即滨海旅游发展轴;“一带”即沿海旅游景观带;“二心”即城市旅游综合服务中心、港城月亮湾海滨旅游度假中心;“二片区”即海滨度假旅游片区、生态体验旅游片区。

二、发展引导

(一)一轴:滨海旅游发展轴

1. 范围　S327道路沿线区域。

2. 思路　依托S327整合串联沿线旅游资源,重点打造以五醍浆酒文化为特色的旅游节点,贯通串联滨海县城与月亮湾两大核心板块,引爆带动整个滨海旅游发展。

(二)一带:沿海旅游景观带

1. 范围　X201即海堤公路。

2. 思路　滨海沿海段是江苏沿海区域不可多得的真正临海区域,按照旅游风景道标准提升海堤公路,沿途设置生态停车场、自行车租赁站点、休息站点、旅游商店等游憩配套设施,完善旅游交通指示牌、区域旅游交通图和景区道路标牌引导系统等解说系统,构建慢行绿道网络。

(三)二心:城市旅游综合服务中心

1. 范围　东坎镇。

2. 思路　以滨海县城良好的服务设施和基础设施为依托,一方面结合滨海汽车站等交通枢纽打造滨海旅游发展的旅游交通枢纽、游客集散和综合服务中心,另一方面依托清水湖文化艺术中心等城市游憩资源,彰显滨海文化艺术之乡内涵,大力完善城市休闲旅游产品。

3. 措施

■在滨海县汽车站、火车站附近选取合适的位置建设现代化城市旅游综合服务中心。以服务设施完善、综合服务贴心为特色,承担起滨海游客集散和休息的功能,在服务中心周边尽可能地丰富旅游要素,满足游客吃、住、行、游、购、娱的需要,为游客提供更加便利的服务。

■发挥“艺术之乡.书画名城”的文化品牌优势,结合清水湖文化艺术中心的建设,以景观小品、雕塑等文化符号营造文化艺术氛围。

■依托清水湖文化艺术景观区等为载体,开展文化休

闲娱乐活动，着力发展夜旅游休闲产品，构建城市休闲游憩空间

（四）二心：港城月亮湾海滨旅游度假中心

1. 范围　滨海港经济区开发区。

2. 思路　以江苏沿海经济大发展为背景，以滨海打造的“亿吨大港”和“千亿经济板块”为契机，充分发挥海滨资源优势，打造集商务会议、企业文化展示、养生度假、海滨休闲、野外露营为一体的旅游度假区。

3. 措施

■以省级旅游度假区规范为标准，扩大度假区面积，延长游客停留时间，增加度假区内的住宿接待设施。

■充分利用天然的海滨沙滩资源，解决现有沙滩遗留的问题，克服自然条件限制，打造娱乐性海滨浴场。

■整合央企文化资源、滨海养生资源和滨海港优良的生态环境资源，在度假区内集中打造央企文化体验展示馆、养生馆、河海度假群落和自驾车营地，将其建设成为滨海具有影响力的休闲度假中心。

（五）二片：海滨度假旅游片区

1. 范围　S226以东片区。

2. 思路　以古黄河入海口、淮河入海口等独具特色的河海交汇生态资源，以月亮湾旅游度假区为核心，带动拓展整个海滨旅游度假发展，同时以海盐、何首乌为代表的养生文化、《水浒》文化等文化为内涵，构建多层次的旅游体验产品。

3. 措施

■以创建省级旅游度假区为契机，以国家旅游度假区规范为标准，建设和完善度假区内旅游服务设施，提升餐饮与住宿条件，依托天然的海滨沙滩资源和央企进驻带来的商务旅游流，打造集商务会议、企业文化展示、养生度假、海滨休闲、野外露营为一体的多功能度假小城，推动度假区的转型升级。

■在月亮湾海滨旅游度假区外围，依托滩地、芦苇等良好的生态环境，以《水浒传》中的相关历史的沙浦寨等相关历史文化传说为参考，打造集生态休闲、湿地观光、军事体验等功能为一体的水浒文化旅游区。

■发挥何首乌作为中国传统的食、药、美容兼用植物的功效，利用黄河故道独特的生态环境，强化与月亮湾海滨旅游度假区的旅游联动，成为全国有影响力的一站式何首乌文化体验园。

■以“淮海入海口”为卖点，结合两岸沿河景观带的打造，近期以打造“江苏省级生态旅游示范区”为目标，完善旅游服务设施和旅游产品。

（六）二片：生态体验旅游片区

1. 范围　S226以西片区。

2. 思路　充分发挥滨海县的乡村资源和河湖水利资源优势，以滨海水魔方为核心形成乡村旅游产业集聚，同时通过旅游道路改造，旅游线路有机串联，拉开旅游框架，形成联动发展、次第渐起的旅游发展格局。

3. 措施

■以创建国家4A景区为契机，整合废黄河立交与通榆河水利枢纽风景区、梨花雨生态休闲园，重点对现有万鸟天堂景区进行提升改造，进一步优化景区的项目配置，同时，依托万亩梨园，打造万亩梨园特色观光和采摘体验区。

■延长梨旅游价值产业链，以梨花雨生态休闲园为核心驱动，生产具有滨海地方特色的果酒，并形成以采摘品尝体验带动果酒购物的旅游模式，逐渐培育滨海果酒优质品牌。

■依托传统的五醍浆酿造工艺和保留传统生产方式的酿酒作坊，整合乡村等旅游资源，构建以酒文化为特色的大旅游区。

第四章　项目策划与游线设计

一、旅游项目策划

1. 中国古黄河入海口风景区

（1）位置范围　滨海县东部沿海，滨海港以南区域，西起银杏湖水库，沿古黄河南至首乌村，东至黄海，北依翻身河。

（2）品牌目标　省级旅游度假区、国家AAAA景区

（3）发展思路　开发依托黄河故道及黄河入海口自然风光，按照省级旅游度假区完善旅游设施、提升旅游产品，同时以水浒文化为内涵，推进《水浒》背景地沙浦寨项目建设，共同构建大的滨海旅游集聚区。将黄河故道的自然风光为主体旅游吸引物，建设内涵丰富的现代月亮湾海滨旅游度假区，《水浒》背景地沙浦村为风景区内的主要文化旅游吸引物，自然与人文相得益彰。

（4）建设要点

——月亮湾海滨旅游度假区

■度假设施提升：以国家旅游度假区规范为标准，降低目前旅游小镇的容积率，同时建筑风格保持协调，注重度假酒店、木屋等度假设施的完善。

■海滨浴场：充分利用天然的海滨沙滩资源，解决现有沙滩遗留的问题，克服自然条件限制，引入摩托艇、水上自行车、快艇等水上游乐项目；设立沙滩运动区域，为游客提供沙滩排球、沙滩足球等项目；在近海岸处设立专门的沙滩雕塑区，满足游客的戏水弄沙的旅游需求；在沙滩中部位置建设游客休憩空间，让游客可以尽享沙滩阳光浴。

■商务设施：对接滨海港商务开发，进一步完善度假区内的商务会议和商业集聚功能，延长商务游客的度假时间，配套完善金融交易场所，完善商务旅游产品和商务服务设施。

■滨海企业文化展示体验馆：以滨海港的央企文化为内涵，结合海港的生产基地，以企业介绍、主要生产场景、企业文化为主要展示内容，通过图文以及现场讲解的方式进行呈现，以实地参观项目为特色，带领游客走进企业内部，观看实际生产场景。

■养生馆：发挥滨海的生物医药产业集聚优势，整合何首乌、温泉、海盐等养生旅游资源，打出养生牌，建设养生馆，以知名中医坐诊、健康云管家为特色，引入优秀中医专

家和国际健康机构,提供专业化的体检疗养、健康管理等功能。养生馆内设百医馆、健康庐、颐养舍和康缘苑。百医馆,以知名中医坐诊为特色,主要开展中医体质辨识、中医经络检测和亚健康辨识项目。健康庐,以高端设备体检和健康云管家为特色,主要开展健康体检、远程专家、社区健康监护、网络健康档案项目。颐养舍,以定制化私人护养为特色,为游客提供全天候的健康看护。康缘苑,以趣味实景化体验为特色,为游客进行何首乌等滨海特色药材的展示,同时提供健康器材体验。

■河海度假群落:依托优美的海滨自然风光和良好的生态环境,围绕湖、岛、田、溪四大主题,打造不同景观组合的公寓、会所和别墅,在四大主题区域之间建立交通联结,建设商业街区,从而形成河海度假群。鹭湖畔,聚水成湖,依湖畔建造度假式公寓,通过良好的角度设计,使得每间公寓都可以观赏湖景和园林风光。香鲸岛,以水中岛屿为特色,在水中央打造艺术化度假会所,建设户外餐厅,以艺术雕塑来打造人文景观,带给游客水色与艺术交融的视觉体验。黄河居,以水网密布的农田为特色,打造树林、水色、住宅、农田交相辉映的私密化院落式别墅,院落之间进行良好的空间分割,保证私密的度假环境不受打扰。黄海苑,以水系串联而成的清溪为特色,清溪成条带状,在溪岸上建造滨水型生态度假别墅。

■自驾车营地:自驾车营地是停车场与露营地的结合,停车场设计为生态停车场,车位与车位间留出足够大的空间用来露营,正对景致较好的方向设置生态餐桌餐椅,材料采用原木为佳。要求整个环境开阔整洁,配备服务管理处,保障安全与秩序井然。同时可选择适当位置安排木屋,木屋的设计应追求小巧而精致,门窗正对的方向,要确保至少一面景观良好。木屋周围用绿化与其他建筑隔离成较私密空间,木屋的式样和周围景观设计要多元化,部分木屋旁可留出停车位。

■水浒沙浦寨:挖掘原生因素、努力再现一座以《水浒》主要背景梁山水寨为原型的水浒寨遗迹,命名为“水浒沙浦寨”。

■水亭:生态意义的芦荡草亭是水浒沙浦寨中眺望梁山水寨的最佳去处,是领略苇塘荷荡、享受芦荡风光的重要节点,打造完全区别于江南私家园林中的亭台楼阁,注重野趣,师法造化,犹如自然天成,融入苏北沿海滩涂的自然和人文生态。

■金沙滩:它的原型当是沙浦滩,为江河下游泥沙淤积的滩地,沙浦,作为黄淮下游入海口的沙滩,注重地貌的培育和恢复,与水亭相呼应。

■梁山聚义亭:沙浦寨,又名“沙浦墩”,说明沙浦的地貌,曾有过较高的沙土堆积,也当有过人工的累叠土丘,是为水浒梁山的原型。所以芦荡梁山,既是地貌生态意义上的组合,更是名著文化内涵上的链接。可深挖拓宽,湖面辽博,展开了审美视野;种苇植荷,辟出蓼儿洼;造山构洞,加大景观体量,扩充旅游容量。在聚义厅建设上,以聚义厅为主,参考原著中的“忠义堂”。建筑风格坚守水荡山寨特色,木架、草顶、苇墙。盐阜地区的草顶建筑既有特色,也能耐久,保温性能良好。以《水浒传》原著为依据,打造一栋具有地方特色又能符合《水浒传》情节要求的古建筑,从景观特点、个性特色、人文氛围等方面皆可以独树一帜。

■盐民起义文献资料陈列馆:以展示历代的盐民生活、盐民民俗,盐民斗争的历史为主题,展示盐民的创造价值及其在推动历史进程中的作用,体现盐在人类经济生活、文化传承中的重要地位,盐业生产、销售经营以及与之相关的意识形态。

2. 滨海水魔方

(1)位置范围　位于滨海现代农业产业园区,包括梨花雨生态休闲园、通榆河水利枢纽景区、废黄河立交景区等,面积约 4 平方千米。

(2)品牌目标　国家 AAAA 景区

(3)发展思路　整合废黄河立交与通榆河水利枢纽风景区、梨花雨生态休闲园,理顺管理体制,共同组建旅游开发经营公司,重点对现有万鸟天堂景区进行提升改造,进一步优化景区的项目配置,同时,依托万亩梨园,打造万亩梨园特色观光和采摘体验区,延长梨旅游价值产业链,联合共创国家 4A 景区。

(4)建设要点

——梨花雨生态休闲园

■“梨园芳菲”度假庄园:对目前的空置木屋进行提升改造,采用茅草和木材等原生态建筑材料,建设吊脚楼式建筑,建筑主体由玻璃门拼接而成,让旅游者尽享全景式梨园风光。

■水果采摘:建立专门的水果采摘体验区,增加水果栽种的现场观赏项目,让游客了解果园农事活动,形成集观光、餐饮、农事体验为一体的乡村旅游区。

■氛围营造:建造以“梨花”主题的诗词书法长廊,集中展现滨海丰富的诗词文化旅游资源,建造名人雕像,营造文化氛围。

■果酒销售:以百年梨树为卖点,引导游客通过采摘、榨汁、成酒等体验式购物,打造个性化定制果酒品牌。

■万鸟天堂观鸟台:依托景区内丰富的鸟类资源,距离鸟群集中区一定距离的地方建造观鸟台。观鸟台主体形态类似古代的瞭望台,台基为石质,通过二层阶梯通往观景台顶层,为了与周边自然环境相融合,阶梯和支撑架采用木质或竹质材料,整个观鸟台成由下到上逐渐收缩的长方梯形。观鸟台周围要注重自然景观的打造,但是注意为了不影响观鸟视线,观鸟台周围不宜栽种过高的树木,以灌木丛和花卉为主。

■观赏天桥:以为游客带来与鸟儿近距离接触为特色,在鸟群集中区内打造空中观赏天桥,让游客可以从不同角度观赏鸟儿的活动。空中观赏天桥的支架采用木质材料,桥面和桥身采用透明玻璃,从而形成一种与大自然亲密接触的观赏体验。

■公共服务体系:按照国家 4A 景区标准,完善道路交通,提升道路沿线景观,通过种植当地植物品种改造单一的林相景观色彩,完善游客咨询服务中心与旅游标示系统。

■溯源广场:以黄河文化为依托,打造以追溯黄河源头为主题的文化广场,通过文化长廊和石柱碑刻来展现有关黄河文化的历史渊源,配以游客休息石凳、垃圾箱等服务设施。

■废黄河水0点高程:以废黄河0点为卖点,建造0点高程地标,打造成废黄河立交内的标志性建筑。

■古渡口:以黄河古渡口旅游资源为依托,再现古渡口历史风貌,建造当时的船只和口岸商铺,打造具有历史感的古黄河渡口场景。

■穿越时空:打造古黄河历史文化馆,以古黄河历史演变为脉络,时空穿越为特色,集中展现不同历史时期古黄河的历史风貌。运用现代声光技术,全方位展示黄河文化。

3. 何首乌养生生态园

(1)位置范围　位于滨海港镇,约66.66公顷。

(2)品牌目标　省四星级乡村旅游示范点

(3)发展思路　何首乌与灵芝、人参、冬虫夏草并成为四大仙草,滨海是白首乌主要的种植生产基地,占全国95%产量,当地农民种植白首乌的历史悠久,是我国著名的首乌之乡。发挥何首乌作为中国传统的食、药、美容兼用植物的功效,利用黄河故道独特的生态环境,强化与月亮湾海滨旅游度假区的旅游联动,成为全国有影响力的一站式何首乌文化体验园。

(4)建设要点

■何首乌养生文化苑:以何首乌为主题,结合相关养身知识,打造滨海何首乌文化展示馆,具体包括李时珍采摘何首乌、张果老吃何首乌成仙等历史介绍。李时珍对何首乌十分推崇,他曾在《本草纲目》中记载到:“何首乌,足厥阴、少阴药也,白者入气分,赤者入血分……此物气温味苦涩,苦补肾,温补肝,能收敛精气,所以能养血益肝,固精益肾,健筋骨,乌髭发,为滋补良药,不寒不燥,功在地黄、天门冬诸药之上。”何首乌具有极大的养生价值,其功效神奇卓然,最出名的莫过于八仙的张果老误食飞升的传说,相传张果老是吃了何首乌后倒骑毛驴得道成仙,这些都说明了何首乌是十分珍贵的药材和养生良药。何首乌养生文化苑可以更好地让游客了解滨海作为中国唯一一个何首乌之乡的悠久历史,将何首乌与美食旅游相结合,在文化苑中设立何首乌养身美食苑,通过与美食营养专家合作,打造凸显滨海地方特色的何首乌美食,让游客在美食中养身,在养身中增长何首乌养身知识。

■何首乌种植休闲园:原生态的何首乌种植园将为滨海何首乌养身旅游提供强大的物质支撑。将人工景观的打造与何首乌种植相结合,让何首乌“优美”地种植在休闲园中,为游客提形态各异、姿态千奇百的供何首乌观赏体验。

■美食康体中心基地:在康体基地里要以何首乌为依托,打造美食、温泉、汗蒸、SPA为一体的美食康体项目。同时要在美食康体中心的建筑风格上体现原生态和何首乌、百年银杏元素,使游客仿佛置身于大自然中,提高返璞归真的舒适感,植物元素的加入也更加有利于游客的身心健康。

4. 淮河入海口风景区

(1)位置范围　淮河入海口区域,约66.66公顷。

(2)品牌目标　省级生态旅游示范区

(3)发展思路　以淮河入海口的独特地理区位为特色,以湿地生态环境为依托,围绕淮河的历史文化、地理标志以及水利文化为核心主题,打造省级生态旅游示范区。

(4)建设要点

■大禹治水(淮河)神话故事园:以大禹降生、应龙画江河、浩浩洪水、临危受命、偷窃息壤、大禹治水、三过家门而不入、九尾狐说亲的历史故事为素材,打造集宣传教育、娱乐休闲于一体的主题型神话故事园。

■淮河历史文化博览园:结合淮河入海口的独特地理区位,以良好的生态环境为依托,打造室内与室外景观展示为主的淮河文化博览园。

历史文化:历史上,淮河与长江、黄河、济水并称四渎,是独流入海的四条大河之一。据传说,淮河边生存着一种叫“淮”的短尾鸟,“淮水”就因此而得名。

地理标志:淮河看作是中国东部地区的一条南北方分界线。这条线的南北两侧无论在气候、水文、土壤、植被以及农业生产、人民习俗等方面都有明显的差异。

水利文化:受黄河长期侵淮夺淮的影响,、淮河水系紊乱,以毛主席对淮河的关心以及淮河治理及水利文化为内容,结合水利工程展示诠释这段历史。

■亲水栈道:打造从河岸向水域延伸的亲水栈道,游客可通过亲水栈道进行“水上行走”的独特体验,同时亲水栈道还可以使游客顺利到达游船登陆处,进行各种水上游船体验项目。岸边设置游客休憩区,以方便游客驻足观赏美丽的水景。

■淮河居生态园:淮河居生态园的定位是高端生态会所,临河而建,保证会所周边生态环境优质,同时环境清幽,不受外界打扰,从而为游客提供优质的生态休闲体验。

5. “醉美五醍浆”体验园

(1)位置范围　八滩镇

(2)品牌目标　省三星级乡村旅游示范点

(3)发展思路　依托传统的五醍浆酿造工艺和保留传统生产方式的酿酒作坊,整合乡村等旅游资源,构建以酒文化为特色的旅游集聚区。

(4)建设要点

■苏北民俗文化街:苏北民俗文化街以充分展示苏北民俗文化为开发重点,街区的建设要体现出浓郁的地方特色和接地气的民间生活气息。在界区内建设苏北民俗文化博物馆,展现原汁原味的苏北文化。此外,商业活动是民俗文化街的重要内容,要对街区内的商户和功能区进行统一规划,保证出售的旅游商品尽可能体现苏北和滨海的地方特色,同时界区内要有明确的功能区划分,满足游客的购物、餐饮、休憩等要求。

■八滩五醍浆体验园:滨海五醍浆大曲始酿于清乾隆年间,曾有“隔墙三家醉,开坛十里香”之美誉。取用八滩镇鸭蛋汪水质优良、软硬度适中的地下泉水,以优质高粱为原料,以小麦、大麦、大豆精心制作麦曲为自然糖化发酵剂。具有色清透明,窖香馥郁,绵甜洌甘,入口圆润,口味悠长的独特风格,素以“香、醇、绵、甜、净”著称。八滩五醍浆体验园以传统生产方式的酿酒作坊为特色,以游客的学习体验为目标,在体验园内依次设立五醍浆历史及酿造工艺介绍区、五醍浆作坊再现区、现场品酒区,通过游客现场参与五醍浆生产等活动来让游客体验民间原汁原味的五醍浆生产场景,从而达到观赏工艺流程、亲自参与做酒、品尝五醍美酒的三合一体验。为了延长五醍浆的产业价值链,体验园还承担着出售五醍浆的重要任务,因此要打造专门的五醍浆销售区,让游客更好地了解不同种类的五醍浆,做到放心、开心购买。

■酒文化博物馆:集中打造动静结合的现代化博物馆,一方面,可通过静态陈列的方式展现滨海五醍浆的悠久历史和传统制作工艺,对制作场景的展现尤为重要,可通过现场有声讲解等方式来来加深游客的认识,并且要综合运用各种现代声光和电子技术,打造出历史与现代交相辉映的别样酒文化博物馆。动态部分的主要任务是给予游客体验式的参与,让游客听讲解、观流程、参与做酒、品尝没酒、感悟"醉美"五醍浆的独特魅力。

6. 滨海文化景观园

(1)位置范围　位于东坎镇。

(2)品牌目标　国家 AAA 景区

(3)发展思路　依托东坎镇深厚的人文资源,整合文化艺术中心等旅游资源,发挥城区丰富的公共服务设施优势,打造文化旅游产业区。

(4)建设要点

■清水湖文化艺术中心:结合清水湖文化艺术中心进行提升改造,依托清水湖的自然风光,在湖畔边建造以艺术文化为主题的文化艺术中心。按照"美观、实用、经济、超前、协调"的原则,建成文化艺术展览、活动基地和休闲娱乐基地于一体的文化综合体,展示滨海形象,体现特色,打造成城市的标志性建筑。主要功能含公益性群众文化功能区,包含文化馆、图书馆、博物馆、剧院、影城以及文化产业功能区和相配套的商业项目,并集中打造历代名帖观赏区,展现滨海作为书法艺术之乡的魅力。

"楷模"临习台:在广场上打造"楷模"临习台,临习台周边以名人字帖石刻走廊为景观,临习台上布置经典名人书法字帖、笔、墨、纸、砚,并配有专门人员进行管理,供书法爱好者交流学习之用。

书法广场:重点打造书法广场和书法宝典项目,推出唐诗三百首书法碑林,将滨海丰富宝贵的书法文化从纸张上移动到空间上,在广场上通过石柱等雕刻艺术来展现滨海的书法瑰宝。

■书画交易中心:依托滨海丰富的民俗资源,集中展现地方诗词文化、楹联文化、名人文化,在整合提升现有资源的基础上,打造集娱乐、交易和教育为一体的书画交易中心。

7. 古黄河口第一村

(1)位置范围　八滩镇新港村。

(2)发展思路　充分利用八滩镇的古村落资源,融入古黄河口的历史文化元素,打造具有历史遗迹感的村落游览区。在村落内着重突出乡村自然景观和古黄河口的历史人文景观,积极开展农家乐项目,丰富村落的旅游业态,将新港村打造成文化型的乡村度假景区。

8. 百里总渠绿色长廊

(1)位置范围　滨海县苏北灌溉总渠沿线。

(2)发展思路　通过架设桥梁等方式连接苏北灌溉,形成慢行环道,以慢行绿道相关规范为标准依托河道、道路、绿带,并加以提升改造,串联沿线重要功能区和特色景观资源,形成完善的点、线、面相结合的绿化慢行网络。

9. 阅田生态园

(1)位置范围　滨海县界牌镇内,东侧濒临废黄河,北侧紧邻中山河;占地约为 86.66 公顷。

(2)发展思路　以科学发展观为指导,以企业化经营、品牌化运作、规模化生产为支撑,坚持生态农业、绿色农业、循环农业发展原则。生态庄园以生态有机稻米和生态猪为主导产业,结合现代农业休闲观光理念,开发新建度假、观光、体验、素质拓展等休闲场所,满足市民休闲、娱乐、养生的需求。生态休闲场所通过合理的植物搭配,构成丰富的天际线变化,同时注重季相变化,通过树种花卉的选择和搭配,创造"春花烂漫、夏荫浓郁、秋色绚丽、冬景苍翠",四季有景可赏的景观艺术效果,创造优美、舒适而恬静的绿色环境。生态生产场所在满足生产需求的同时,结合植物造景,形成整齐划一的农田景观,以及设置景观保护林带。

10. 正红故里篆河乡情风光带

(1)位置范围　滨海县正红镇。

(2)发展思路　依托顾正红烈士故居,整合周边资源,扩充相关红色旅游吸引物,打造顾正红烈士陈列馆等,开展具有启发性、教育性的名人寻踪游和红色旅游。充分利用篆河丰富的水资源,种植水杉、芦苇等绿色植物,配以荷花等植物,将红色旅游资源和自然生态景观有机结合,完善旅游要素及服务设施,打造独具特色的篆河乡情风光带。

一、旅游线路设计

鉴于旅游者的需求越来越多样化和个性化,滨海应推出利于灵活组合的多个旅游精品,形成交通便捷、主题突出、特色鲜明、内涵丰富、要素配套、服务完善和独具吸引力的多条精品旅游线路。

(一)古黄河精品主题游

县城(滨海文化景观园)——滨海水魔方(包括废黄河立交、通榆河水利枢纽风景区、梨花雨生态休闲园春景区)——阅田生态园——"醉美五醍浆"体验园——中国古黄河入海口风景区(包括月亮湾海滨旅游度假区、名著《水浒》背景地沙浦寨)

(二)海滨度假精品游

中国古黄河入海口风景区(包括月亮湾海滨旅游度假区、《水浒》背景地沙浦寨)——何首乌养生生态园——淮河入海口风景区

(三)淮河休闲生态体验游

百里总渠绿色长廊——淮河入海口风景区

滨海县生态文明建设行动计划
（2016～2018）

生态环境总体质量改善是实现全面小康社会目标的重要任务，也是建设“美丽滨海”的主要内涵，为切实抓好环境保护工作，全面提升生态文明建设水平，根据《江苏省生态文明建设环境保护重点任务行动方案（2016～2017年）》《中共盐城市委市政府关于加快推进生态文明建设的实施意见》和《盐城市大气污染防治工作方案》《盐城市水污染防治工作方案（2016～2020）》《盐城市生态文明建设环境保护重点任务行动方案（2016～2017年）》《滨海县十三五环境保护规划》等，制定本行动计划。

一、总体要求

全面贯彻党的十八大和十八届三中、四中、五中、六中全会和习近平总书记系列重要讲话精神，按照县十二次党代会的决策部署，坚持以环境为基，坚定不移走绿色发展之路，按照“工作项目化、项目目标化、目标责任化”的要求，组织实施一批生态环境治理与保护重点工程，扎扎实实改善生态环境质量，努力打造环境质量优良的宜居宜业城乡建设模式，为实现“三争”目标提供坚实保障。

二、目标任务

环境质量改善：到2018年，全县PM年均浓度较2015年下降5%，城市空气质量优于二级标准以上天数的比例达73%；地表水国家考核断面水质优良（达到或优于Ⅲ类）比例达到75%以上，县级以上集中式饮用水水源水质达到或优于Ⅲ类比例达100%，基本消除丧失使用功能（劣于V类）的水体，土壤环境质量总体保持稳定。

主要污染物减排：到2018年，全县化学需氧量、氨氮、二氧化硫和氮氧化物排放总量较2015年分别削减9%、9%、10%和10%，重点行业VOCS排放总量较2015年下降10%。

生态系统保护：生态红线区域占国土面积比例不低于20.52%，湿地面积不低于5万公顷，自然湿地保护率不低于43%，林木覆盖率达到31%，自然岸线保有率不低于30%。

三、重点工作

（一）加快推动绿色发展

1. 进一步优化生态红线范围。协助完成市级生态红线区域优化调整和省级生态保护红线划定工作（县环保局牵头）。

2. 加强生态红线监督管理，完善生态补偿制度，协助省、市完成生态红线区域保护地理信息系统建设和国家生态红线监管平台建设。（县环保局牵头，县国土局、住建局、农委、水利局、交通运输局、海洋林业渔业局等部门配合）

3. 全面推进化工、原料药加工、电镀等“十大”重点行业清洁化改造，年内建立清洁生产企业和清洁化工艺改造项目清单，2018年底前，全部完成清洁化改造项目，按年度完成强制性清洁生产任务。（县经信委、环保局牵头，县发改委等部门配合）

4. 加快县城区污染企业搬迁改造，年内全面排查县城建成区污染较重企业，制定企业搬迁改造退出方案和清单。（县经信委牵头，县发改委、环保局、住建局等部门配合）

5. 加快淘汰落后和低端过剩产能。年内全面取缔小化工、塑料电镀等“十小”行业，到2018年，机械、纺织、化工等传统行业低端、低效产能有效压减。（县经信委牵头，县发改委、环保局等参部门与）

6. 严格控制煤炭消费总量。2016～2018年，全县煤炭消费总量控制在78万吨（不含国家电投协鑫火电项目耗煤274万吨标煤/年），增量40万吨，煤炭占能源消费总量比重降到65%以下，电力行业煤炭消费占煤炭消费总量的比重提高到60%以上。（县发改委牵头，县经信委等部门配合）

7. 积极开展全民节能行动计划，围绕化工、纺织、机械等行业开展节能改造工程，加大高耗能行业工艺技术、设备更新改造力度，提高能源使用效率，2018年全县单位地区生产总值能耗比2015年降低7%，单位工业增加值能耗降低9%。（县经信委牵头，县发改委、统计局等部门配合）

8. 深入推进绿色建筑行动。新建民用建筑全面达到一星级及以上绿色建筑标准要求，到2018年，新建1万平方米以上的政府投资或使用国有资金的公共建筑，2万平方米以上的公共建筑，10万平方米以上的居住区执行二星级以上绿色建筑标准；推进绿色建筑示范城市和绿色生态城区创建，大力发展预制装配式建筑和全装修住宅，加快建筑产业现代化。（县住建局牵头，县发改委等部门配合）

9. 实施水效领跑者引领行动，加快建设节水型社会、节水型城市，2018年全县单位地区生产总值水耗下降到116立方米/万元以下。（县水利局牵头）

10. 实施印染等行业取水量和污染物排放总量协同控制，开展热电、钢铁、纺织、化工等高耗水行业节水技改，推动达到先进定额标准。（县水利局牵头，县经信委、环保局等部门配合）

11. 开展复合型循环发展示范区建设，构建一、二、三产业联动发展的复合型循环经济产业体系，2018年全县工业固体废弃物综合利用率达到95%。（县发改委牵头，县经信委等部门配合）

12. 构建园区循环链接的产业体系，推进生态工业园区建设，县工业园完成循环化改造，创建省级生态工业园区。（县发改委牵头，县环保局、商务局、科技局等部门配合）

13. 切实加强技术突破和成果转化示范，组织实施重大环境治理与保护科技成果转化与示范项目，加强环境治理与修复关键技术研发攻关，加快科技成果的转化应用，取得具有自主知识产权的核心专利1项。（县科技局牵头，县环保局、经信委等部门配合）

（二）全面推进水污染防治

14. 开展重点行业专项整治，实施化工、纺织印染、农副食品加工、造纸等重点行业限期达标排放改造。针对化工、印染等重点行业定期开展专项执法行动，完成污染防治

设施的升级改造,强力推进污染物达标排放和管理。(县环保局牵头)

15. 完善工业集聚区污水收集配套管网,开展沿海工业园污水处理厂升级改造。2017 年全部完成工业集聚区污水处理设施升级改造,在线监控装置规范运转,完成数据实时传输和数据有效性审核改造。2018 年医药产业园区污水处理厂建成投运。(沿海工业园、工业园牵头,住建局、环保局等部门配合)

16. 加强船舶港口污染控制,根据省环保厅统一部署,开展沿海港口船舶污染物接收、转运和处置能力评估等工作,按照"一港一方案"的要求研究组织编制港口污染防治建设方案,2018 年底前,辖区内港口、码头、装卸站等污染防治设施达到建设要求。(县交通局牵头,县环保局、住建局、海事局等部门配合)

17. 持续推进城镇污水处理设施和配套管网建设,2016 年各镇区污水处理厂全部正常运营,达标处置(县住建局牵头,各镇区配合)。县城污水处理厂完成除臭系统建设(县水利局牵头)。到 2018 年,县城新增污水处理能力 0.6 万吨/日,新增污水管网长 54 千米。各镇区新增污水处理能力 2 万吨/日,新增污水管网长 300 千米。(县住建局牵头,县水利局、各镇区配合)

18. 强化畜禽养殖分区管理。年内划定禁养限养区(环保局牵头),完成禁养区畜禽养殖企业关闭搬迁工作(县农委牵头)。

19. 强化畜禽粪污治理。新、改、扩建规模化畜禽养殖场(区)全部实施雨污分流,2017 年底前,完成省下达的规模化畜禽养殖场污染治理配套设施建设任务,规模化养殖场(区)治理率达 60%。(县农委牵头,县环保局、发改委等部门配合)

20. 加强畜禽养殖废弃物综合利用。优化养殖业布局,科学编制出台《滨海县畜牧业养殖发展规划》,合理确定养殖区域、总量、畜种和规模。突出推进规模养殖,生态养殖、设施养殖"四位一体"的生产模式,加快畜牧业转型升级。按照"无害化、零排放、高效益、可持续、环境美"的思路,大力推广沼气、有机肥生产等畜禽粪便资源化利用技术。鼓励和支持散养密集区实行畜禽粪便分户收集、集中处理,加快病死畜禽无害化处理体系建设,促进畜禽养殖业的健康可持续发展。2018 年,全县规模化畜禽养殖场畜禽粪便资源化利用率达 90%。(县农委牵头,各镇区配合)

21. 加强水产养殖污染治理,划定养殖水域,推进退圩还河、退养还河,积极推广生态健康养殖,年内制定全县百亩连片标准化池塘改建方案。到 2018 年,全县新增生态健康养殖面积 1000 公顷。(县海洋林业渔业局牵头,县水利局等部门配合)

22. 制定实施农业面源污染防治方案,开展化肥、农药使用量减量化行动,推广使用高标准农膜(县农委牵头)。2018 年前完成 1 个大型及 3 个中型灌区沟渠疏浚、污水净化塘、地表径流集蓄池等设施建设(县水利局牵头)。

23. 切实保障居民饮水安全,加快推进水厂深度处理工艺改造,按既定计划完成现有水厂自来水深度处理工艺改造。到 2018 年,完成自来水厂深度处理改造 2 万吨/日(县水利局牵头)。巩固饮用水源地达标建设成果,加强全县应急备用水源建设和管理(县水利局牵头)。从 2016 年起每季度向社会公开饮用水水源、供水厂出水、用户水龙头水质状况(县卫计委牵头,县水利局等部门配合)。继续实施农村饮用水安全工程,不断完善蔡桥、八滩水厂区域供水管网建设,实现区域供水乡镇通达率 100%。,解决农村居民饮水安全问题。(县水利局牵头)

24. 加强水污染防治,按市统一要求做好通榆河清水廊道建设(县环保局牵头)。强化对妇女河、响坎河、张家河、清坎河等城区主要河流进行整治,实施河道清淤、沿河绿化、新建节制闸门、建设挡墙、进行河坡生态修复、封闭沿河排污口等措施。(县水利局牵头)

25. 开展近岸海域污染防治状况调查,突出抓好入海河流整治,规范入海排污口设置,2017 年底前全面完成非法或设置不合理的入海排污口清理。(县环保局牵头,县海洋林业渔业局等部门配合)

26. 系统治理城市黑臭水体,建立并完善城市水环境综合治理工作体系,制定实施整治方案和年度计划,到 2018 年,全县完成黑臭河道整治任务。(县水利局牵头,县住建局、城管局、环保局等部门配合)

27. 严格控制地下水开采,开展地下水环境状况评估。制定实施地下水污染防治方案,强化地下水质、水量监测评价,防范地面沉降等地质灾害。(县水利局、国土局、环保局牵头)

(三)深入开展大气污染防治

28. 加快燃煤锅炉大气污染综合整治,年内整治 10 蒸吨及以下燃煤小锅炉 211 台,基本完成省、市下达的燃煤锅炉整治任务。2017 年全县范围内取缔 10 蒸吨及以下燃煤设施。(县环保局、公安局、教育局、财政局、各镇区牵头,县市场监督管理局、住建局、农委、经信委等部门配合)

29. 加强重点行业挥发性有机物污染防治,年内实施化工等行业 VOCS 治理工程 35 项,化工园区全面开展无组织废气排放控制,探索开展 VOCS 排污费征收试点。(县环保局牵头,沿海工业园配合)

30. 推进非电行业全要素达标排放,年内继续实施热电、水泥等行业的脱硫、脱硝、除尘提标改造;2017 年底前,按要求完成提标改造,全面完成治理任务。(县环保局牵头,县经信委等部门配合)

31. 加大机动车排气污染治理力度,年内对新注册和异地转入车辆全面实施国Ⅴ标准(县环保局、公安局牵头,县交通局等部门配合)。全面淘汰黄标车。2017 年起,逐步提高老旧车淘汰技术标准,加快淘汰老旧机动车。今年淘汰 2468 辆。(县公安局牵头)

32. 推广新能源汽车,年内推广新能源汽车 80 辆(标准车)。(县经信委牵头,县交通局等部门配合)

33. 推广港口岸电系统,实施 5 项港口岸电系统建设工程。(县经信委牵头,供电公司等部门配合)

34. 强化船舶排气污染治理,及时完成省下达淘汰非标船型和老旧船任务。(县交通局牵头)

35. 加强大气污染面源控制。全面推行建设工程“绿色施工”（县住建局牵头）；提高城市道路机械化作业水平，到2018年，建成区道路机械化清扫率提高到85%以上（县城管局牵头）；加强秸秆综合利用，加快生物质成型燃料锅炉供热示范项目建设。（县农委牵头）。

36. 开展非道路移动机械排气污染治理，强化冒黑烟非道路机械执法和油品质量监管。2017年底前，落实第三阶段排放标准。（县农委牵头，县交通局、商务局、环保局等部门配合）

37. 强化重污染天气应急保障。严格按照省、市工作部署要求，及时修订滨海县重污染天气应急预案。完善强制性应急控制措施，提前应急“削峰”。（县环保局、气象局牵头）

（四）着力实施土壤污染防治。

38. 严格落实滨海县与盐城市签订的目标责任书要求，积极推进工业企业入园进区，优化农村建设用地布局，通过农用地整理、损毁土地复垦、宜耕后备土地资源开发等土地综合整治，增加有效耕地面积。（县国土局牵头）

39. 根据国家“土十条”和江苏省土壤污染防治工作方案，配合全市制定土壤污染防治工作方案，明确治理目标、落实市下达的重点工程任务。（县环保局牵头，县发改委、财政局、国土局、农委、城建局等部门配合）

40. 开展土壤环境质量详查，进一步摸清土壤污染状况，积极推进省土壤环境基础数据库和信息管理平台建设。（县国土局、环保局牵头，县财政局、农委等部门配合）

41. 强化监测监控能力建设，完善土壤环境质量监测网络，形成土壤pH、总汞、铬、砷、铜、锌、镍、铅、镉、六六六和滴滴涕等11项土壤监测能力，2018年底前，进一步加强土壤重金属、有机污染物监测能力。（县环保局、国土局牵头，县发改委、财政局、农委等部门配合）

42. 加强工业污染场地风险防控。严格污染场地开发利用管理，组织相关责任方采取隔离、阻断措施，防止土壤和地下水污染扩散。（县环保局牵头，县国土局、住建局等部门配合）

43. 积极开展污染土壤治理与修复试点示范。以工业场地、农用地为重点，推进污染地块治理修复。（县国土局、农委、环保局牵头，县住建局等部门配合）

44. 强化自然湿地保护与修复，疏浚废黄河沿线河道、河道两侧500米范围内退耕还林（草），2016年起，每年修复各类退化湿地20公顷。（县水利局、海洋林业渔业局牵头）

（五）防范环境风险

45. 完善环境风险防控及突发环境事件应急响应体系，开展全县重点企业、敏感目标风险评估，加强重点流域、区域环境风险预警系统建设。完善沿海工业园区域风险预警系统。（县环保局牵头，沿海工业园配合）

46. 深化重金属污染综合防治。按照省环保厅制定实施六大重点防控行业重金属综合整治方案有关要求，加强含重金属废弃物减量化和循环利用。2018年，全县重金属污染物排放总量不增加，涉重行业排放强度逐年下降。（县环保局牵头，县发改委、经信委等部门配合）

47. 大力提升危险废物处置能力。以沿海固废三期、光大危废填埋场等工程为重点，全面提升滨海县危险废物处理处置能力和水平。到2018年底，全县危险废物焚烧填埋处置能力比2015年增加一倍以上。（县环保局、沿海工业园牵头）

48. 保障核与辐射环境安全，提升核与辐射项目审批和验收工作水平，强化对放射性废源（物）的安全收贮。（县环保局牵头）

49. 继续开展化工园区专项整治工作，加强化工园区化学品储运、环境监控、应急响应等一体化建设，提升园区规范化建设水平，加快推进智能化园区建设步伐，有效防控环境风险。（县环保局、沿海工业园牵头，县安监局、经信委等部门配合）

（六）加强生态保护与修复

50. 加大自然湿地保护与修复，到2018年，修复各类退化湿地20公顷，建设省级以上湿地公园1处～2处。（县海洋林业渔业局牵头，县发改委、国土局、环保局、水利局等部门配合）

51. 建设生态清洁型小流域，到2018年，全县综合治理水土流失面积40平方千米。（县水利局牵头）

52. 进一步加大植树造林力度，到2018年新增造林绿化2400公顷。（县海洋林业渔业局牵头）

53. 全面提升农村人居环境，协同推进村庄环境改善提升工程，加快推进城乡生活垃圾收集、转运处置一体化建设，2018年前全面建成规范化的城乡生活垃圾收集、转运处置体系。（县城管局牵头）

54. 强化生活垃圾综合利用，建设2台400吨/天机械炉排焚烧炉，2台33.6吨/小时余热锅炉，1台装机容量为15兆瓦的凝汽式汽轮发电机组主体工程及垃圾接收、贮存与厂内输送系统、焚烧系统、烟气处理系统、垃圾热能利用系统等公辅工程。（县城管局牵头）

（七）建立健全生态制度与生态文化

55. 发展生态旅游经济，建设月亮湾海滨旅游度假区，打造现代农业经济区乡村观光游，建设通榆河、苏北灌溉总渠旅游景观带。（县文广新局牵头）

56. 强化政府绿色采购机制，实现各级政府采购100%绿色化，所采购产品均为采购节能环保产品和环境标志产品。（县政务办牵头）

57. 完善企业相关环保制度，提高企业环境影响评价率及环保竣工验收通过率，建立基于企业的生态文明考核指标体系和责任报告制度。（县环保局牵头）

58. 落实政府信息公开政策，加强政府和企业及时公布环境信息公开的相关制度、设施等能力建设。（县环保局牵头）

59. 广泛开展生态文明宣传教育，建立县、镇、村三级宣传网络，积极倡导绿色消费理念，提高公众生态文明意识，推进节约型、环保型机关建设，强化企业节约资源、保护生态社会责任。结合“4·22”地球日和“6·5”世界环境日每年开展环保宣传，进行主题文化表演、派发宣传材料等。

（县环保局牵头，宣传部、文新局配合）

60. 开展学习型家庭、学习型社区、学习型单位、学习型城市的建设，提高居民文化素质和文化素养。（县委宣传部牵头，县广新局配合）

四、保障措施

（一）落实工作责任。各镇区、县各有关部门要按照本计划，制定细化落实方案，明确工作任务，齐抓共管，增强合力。各镇区、县有关部门每年向县委、县政府报告方案实施情况，相关工作纳入生态文明建设工程年度目标任务，严格考核。县委、县政府适时组织开展专项监督检查，对实施不力的，按照《江苏省党政领导干部生态环境损害责任追究实施细则》等有关规定，严肃追究责任。

（二）加大投入力度。各镇区、县各有关部门要将生态环境治理与保护列为公共财政支出的重点，安排专项资金支持大气、水、土壤、重金属污染防治以及生态保护与修复、生态环保能力建设，并逐年加大投入。不断扩大环境保护引导资金规模。积极推进财政资金与社会资本合作，引导鼓励社会资本以 PPP 等形式配合生态环境治理与保护。

（三）提升治理能力。统筹推进环境保护各职能部门监测、监管、应急等队伍的标准化和现代化建设。制定实施滨海县生态环境监测网络建设方案，建设覆盖全县环境质量、重点污染源、生态状况的环境监测网络监管平台。

（四）深化改革创新。认真落实中央生态文明体制改革总体方案、省实施方案和《关于加强生态文明制度建设意见》，开展生态环境保护制度综合改革试点，重点在环保机构监测和监察执法垂直管理、编制自然资源资产负债表、领导干部自然资源资产离任审计、排污许可证一证式管理等改革方面率先取得突破，鼓励各镇区、县各有关部门先行先试，积极探索与生态文明建设、绿色发展理念相适应的一批可操作、可示范、可推广的制度措施。

（五）严格监管执法。严格执行环境保护法，对各类环境违法行为实行“零容忍”。完善网格化环境监管体系，形成党委组织领导、政府具体实施、部门各司其职、社会广泛配合的环境监管格局。完善区域污染联防联控机制，强化行政执法与刑事司法衔接。贯彻落实江苏省环境保护综合督查办法，落实环境保护主体责任。落实环保“黑名单”制度，建立完善环保失信联合惩戒机制。

（六）强化项目支撑。建立重点工程项目责任制，明确各项工程的责任单位、资金来源和年度建设计划，加强重点工程项目的组织、管理和监督检查，将生态环境保护目标落到实处。定期分析通报项目建设情况，积极协调解决项目实施中的困难和实际问题，确保重点工程项目的顺利实施。

关于加快推进扶贫开发工作的实施意见

（滨发〔2016〕20 号）

为认真贯彻落实县第十二次党代会精神，深入推进全县脱贫致富奔小康工程，全面完成今年各项目标任务，现提出实施意见如下：

一、总体思路

围绕“一个不少、一户不落”的总定位和“打造精准扶贫先行县、精准脱贫示范县”的目标，突出“精准确定扶贫对象、精准制定扶贫方案、精准使用扶贫资金、精准实施扶贫项目、精准派驻帮扶人员、精准评估扶贫成效”的“六个精准”的核心，坚持“扶贫开发与发展镇村经济相结合、与全面小康建设相结合、与建设美丽乡村相结合、与片区整体开发相结合、与推进城乡统筹相结合、与加强基层党建相结合的“六个结合”的工作思路，举全社会之力，实行靶向施策、精准发力，努力形成大扶贫格局，坚决打赢脱贫攻坚战，为全面建成更高水平的小康社会奠定坚实基础。

二、目标任务

按照“五年任务、三年完成、两年巩固”的总体要求，3:4:3序时进度，2016 年实施扶贫产业到户项目 10000 个，实施光伏扶贫等村集体增收项目 23 个，灌溉总渠以北片区整体帮扶项目 46 个，发放扶贫小额贷款 3 亿元，15 个村（省定经济薄弱村 5 个，县级重点帮扶村 10 个）实现新“八有”，3.21 万低收入人口脱贫任务。

三、重点工作

（一）实施产业脱贫工程，夯实脱贫经济基础

1. 落实低收入农户脱贫精准措施。针对建档立卡有劳动能力的低收入农户，通过产业引领，放大增收空间。一是对有创业愿望的，突出项目扶贫。加快培育和引导农民兴办多类型的专业合作社、家庭农场等新型生产经营主体，有序推进农村土地承包经营权流转，发展多种形式的适度规模经营，做强做大发展“四青”蔬菜种植、生猪养殖、水产养殖等等特色种养业；大力发展农村二三产业，培育和引进一批市场竞争力强、辐射带动面广的农产品加工和流通龙头企业，优先扶持经济薄弱村、县级重点帮扶村发展农村电商，通过土地托管、订单帮扶、吸纳就业等方式，建立低收入农户与产业发展主体之间利益联结机制；扶持具有法律资质和带动能力的农产品加工龙头企业、农民专业合作社、家庭农场等新型市场经营主体，带动低收入农户增收，奖补标准按实施产业项目标准上浮 20%；鼓励低收入农户自主实施“四青”蔬菜种植和畜禽水产养殖等项目，通过农户申请、镇村认定、县级审定程序，在完成生产周期并经逐户验收、公示和审核的前提下，直接将精准扶贫帮扶资金打入低收入农户“一折通”卡上，每户最高奖补 3000 元。二是对创业增收资金短缺的，突出金融扶贫。把握扶贫小额贷款提标（由每户 1 万元提高到 2 万元）政策机遇，放大扶贫小额贷款惠农政策带动效能，结合“全民创业，万众创新”活动，鼓励和引导低收入劳动力“草根创业”，给予扶贫小额贷款支持，同时按实施产业项目标准进行奖补，每年通过贷

款扶持脱贫不少于5000户，并对拿取扶贫小额贷款且实现脱贫的给予每户500元奖励资金；把财政直接补贴的项目资金更多地转变为政策性贴息、担保资金和风险补偿基金，建立完善信用担保和风险补偿机制，创新符合实际的抵（质）押贷款品种，确保满足低收入人口创新经营、扩大规模的资金需求。三是对实施项目有难度的，突出资产扶贫。将光伏、林地等可提供长期稳定收益的村集体资产量化折股，确权到村、受益到户，在增加村集体经济收入同时，突出解决失能弱能低收入人口脱贫问题。（县扶贫办牵头，县财政局、农委、海洋林业渔业局、人社局、农商银行等部门配合）

2. 着力增强村级集体积累。围绕新"八有"体系中权重最大的村集体经济年收入18万元核心指标，着力解决收入无来源问题。一是用好政策增积累。积极争取省经济薄弱村发展引导资金，今年启动实施7个村。投入400万元，在天场镇海峰村、农业园区同心村实施土地股份合作项目，实施面积106.66公顷。整合省工作队帮扶资金、省村级发展引导资金1500万元，实施1.5兆瓦集中式光伏项目，带动正红镇仁杰、东坎镇吕滩等5个村增加积累。二是开发资源增积累。对地处城郊、集镇的村居，发挥区位优势，将部分建设用地用于发展村级经济，新建标准厂房、门面房，公开对外出租，增加物业收入。挖掘"三荒"资源，通过中低产田改造、土地整理等项目的实施，将渗溢的土地和改造后的水面等资源公开发包。三是盘活资产增积累。对村级闲置或低效使用的办公用房、校舍等各类集体资产整修改造，对外出租。对上一轮扶贫开发扶持形成的集体资产，规范管理，提高效能，其收益50%用于村内公益事业，50%用于低收入农户脱贫。四是招引项目增积累。鼓励村集体积极招引项目，新上项目。对村级新办的项目，税收地方留存部分全额返还，作为村集体收入。鼓励结对企业与村共建项目，减免相关行政事业性收费。五是提供服务增积累。大力推广木楼模式，鼓励并引导村级集体依托自身产业基础和资源优势，创办生产经营合作社、劳务合作社等服务组织，为各类市场主体尤其是农业生产经营主体提供生产、加工、流通、仓储、劳务等有偿服务，促进农业由生产环节向产前、产后延伸，在带动农户增收的同时增加村级集体积累。六是结对共建增积累。强化结对挂钩工作，挂钩部门每年投入不得少于5万元。同时加强村级债务化解工作，优先将省经济薄弱村和县重点帮扶村纳入化债范围，减轻村级负担，年内确保化解20个村以上。（县委农办牵头，县发改委、财政局、农委、经信委、国土局、开发局、县社等部门配合）

3. 切实加强重点片区项目建设。按照"打造扶贫开发示范区"的要求，完善提升滨海现代农业经济区规划，实行规划一张图，项目一张表。加快培植重点产业，全力发展现代农业、生态旅游业，重点推进中农批、薰衣草庄园、随耕生态园、众恒食品等项目建设，把扶贫开发的重点片区建成精准脱贫的示范区、现代农业的引领区、生态旅游的观光区。（滨海现代农业经济区指挥部办公室牵头，县委农办（扶贫办）、发改委、财政局、农委、交通局、水利局、开发局、文广新局、经信委等部门配合）

（二）实施医疗救助工程，着力解决因病致贫。加强低收入农户医疗救助工作，建立低收入人口健康台账，免除低收入人口新型农村合作医疗个人缴费部分。建立完善大病医疗救助基金制度，简化结算程序，将低收入人口全部纳入大病救助范围，降低大病救助起付线，提高大病救助报销比例和最高救助标准。对新型农村合作医疗、慢性病门诊救助、大病保险、大病救助等支付后，自付费用仍有困难的低收入农户，再实行临时救助。组织医疗专家服务队，巡回开展低收入人口免费义诊，开展地方常见病、慢性病、重大病种排查工作，将检查发现的贫困患者纳入系统管理并动态更新，做到患病早发现、早治疗。建立民政、卫生、慈善等共同支撑的综合救助机制，动员、鼓励、引导和支持全社会参与社会救助，对非低收入人口因病需大额支出的，在正常报销的同时，及时整合红十字会、慈善总会等部门资金进行救助，最大限度避免因病致贫、因病返贫问题发生。健全完善困难残疾人生活补贴和重度残疾人护理补贴制度，加大符合条件的建档立卡低收入残疾人康复服务和医疗救助力度，扩大纳入基本医疗保险范围的残疾人医疗康复项目。（县卫计委牵头，县民政局、人社局、红十字会、残联、扶贫办、财政局等部门配合）

（三）实施教育扶贫工程，阻断贫困代际传递。把教育扶贫作为"阻断穷根"的重要支撑，积极实施教育强民、技能富民的精准脱贫举措。一是扩大资助范围。使低收入农户幼儿全部接受学前教育，免除建档立卡家庭学生普通高中、中等职业教育学杂费，使未升入普通高中的初中毕业生都能接受中等职业教育。建立低收入农户大学生救助制度及未就业高中毕业生就业支持制度，对考取全日制大专、本科的低收入农户子女分别按3000元/人、5000元/人实行一次性资助。二是推进技能培训。整合人社、教育、扶贫、农林等部门培训资源，变政府"端菜"式培训为群众"点菜"式培训，大力推行定向、订单、定岗培训，确保到2017年实现贫困家庭劳动力职业技能培训全覆盖，每个贫困家庭至少有1人拿到职业资格证书，推动劳务输出由体力型逐步向技能型转变，由分散短期输出向常年稳定输出转变；加大低收入劳力和低收入农户子女特别是初中后、高中后毕业生培训力度，重点培训农业实用技术和工商业职业技能，促其掌握一门致富技能，取得一本职业资格证书，年内新增就业2000人以上。三是推进创业就业。出台扶持办法，挖掘就业岗位，县级公益性岗位、政府购买服务岗位在同等条件下优先选录县境内贫困大学生。结合全民创业工程，出台贫困大学生创业政策，有针对性地提供场租、水电费补贴及金融扶持。将村庄保洁公益性岗位向低收入劳动力倾斜，拿出30%左右用于安排低收入农户劳力，年内可安排就业岗位1000个以上。（县扶贫办牵头，县人社局、教育局、农委、海洋林业渔业局等部门配合）

（四）实施兜底保障工程，加强政策资源集成。强化农村低保申请家庭经济状况核查工作，将所有符合条件的低收入农户家庭及时纳入低保范围，确保应保尽保。完善农村最低生活保障制度，健全低保标准动态调整机制，逐步实现扶贫标准与低保标准相互衔接。对生活困难的重度残疾人，家庭不够低保标准的，可以单人立户纳入低保范围。对困境儿童进行分类保障，实现全覆盖救助。加强敬老院建设管理工作，将无依无靠的社会老人吸纳进入敬老院集中供养。健全城乡居民基本养老保险制度，引导农村低收入人口积极参保续保，逐年提高基础养老金标准，逐步提高保障水平，有效减少因老致贫。为低收入人口投保人身意外伤害保险，加大火灾、车祸等临时救助力度，帮助这类低收入农户解决临时困难。继续深化农村"三留守"人员的关爱管护机制，落实监管帮包责任，与精准脱贫进行有效对接。整合县民政、人社、卫计、教育等部门力量，建立完善托底救助机制，全面解决低收入农户医疗、教育、住房等最基本生活问题。（县民政局牵头，县扶贫办、财政局、人社局、卫计委、教育局、公安局、住建局、残联等部门配合）

（五）实施基础建设工程，加快改善发展条件。坚持扶贫到村到户与改善设施同步，统筹扶贫、交通、水利、电力、电信等部门扶持资金，将各类资源和要素向经济薄弱村和县级重点帮扶村集中，凝聚多方力量推动扶贫取得实效。实施农村道路提档升级和村通公交工程，用足用活"一事一议"财政奖补政策，全面完善镇村路网。实施农业开发、国土整治和农田水利等项目，对土地进行平整、沟渠进行疏浚、桥涵闸站进行配套，建设高标准农田。深入推进美丽乡村建设，配套建设垃圾集收运体系，实现干净整洁目标。加快推进康居工程建设，整合资金项目，将低收入农户的危房全部改造到位。（县交通局牵头，县委农办、县财政局、水利局、国土局、开发局、住建局、城管局、美丽乡村建设办公室等部门配合）

（六）实施公共服务工程，不断提升生活质量。加快薄弱地区社会事业发展，促进基本公共服务向农村延伸、向经济薄弱村覆盖。加大投入力度，调整优化支出结构，建立扶贫资金稳定增长机制，主要用于职业教育、劳动力培训、社会保障等公共服务领域项目。完善提升15分钟便民服务圈，加快学校、文化站、卫生室、广电网络等公共服务基础设施建设，帮助贫困人口就近解决文化、卫生、教育等服务需求。在加强镇区和村文化综合服务中心建设的基础上，运用民间资源，发挥能人作用，编创、演出农民喜闻乐见的现代淮剧、小品等节目，陶冶人文情操，提升文化素质。全面提高村卫生室医护人员水平，添置先进和实用的诊疗设备，逐渐降低因病致贫人群的比例。充分利用村民活动广场和闲置集体资产等空隙地，配套健身器材，营造健身氛围，逐步让低收入农户感受健身的乐趣和体育的魅力。（县委宣传部牵头，县文广新局、卫计委、体育局、扶贫办、财政局等部门配合）

四、保障措施

（一）建立压力传递机制。实行党政一把手负总责的工作责任制。镇村是精准扶贫的第一责任主体，镇区党政主要负责同志、村党组织书记和第一书记是第一责任人，明确一名分管负责人专抓，明确2－3人专职负责扶贫开发工作。认真贯彻落实县委《关于全面从严加强农村基层党建工作的意见》等文件精神，以"七加强七提升"为抓手，以建设"学习型、创业型、服务型、法治型"的"四型"基层党组织为目标，深入实施基层党组织"五位一体"提升计划、基层干部"强基提能"三年行动计划、党员干部教育管理"三回归"计划、基层党建＋精准扶贫"双推进"计划和党建责任周月季年督查考核计划五大计划。加强基层干部的培养，鼓励村居从优秀外出务工经商能人、在外打工创业有成人员、复退军人和大学生村官中选拔村两委班子，两委班子中至少要有1名年龄在45周岁以下，解决班子无能人问题，全面提升基层干部素质，全面提高扶贫开发工作的组织化水平。县直部门单位主要负责同志是单位挂钩帮扶工作第一责任人，明确1名分管负责人为直接责任人，1名股职干部为联系人，负责所挂钩联系村（居）扶贫开发工作及所在单位结对帮扶工作。切实强化责任意识、担当意识、奉献意识，充分发挥组织协调作用，将精准扶贫工作落实的责任和压力层层传递到每个挂钩单位、每个经济薄弱村、每个责任人员，引导帮扶单位和帮扶责任人带着感情、带着责任，逐村逐户落实包干帮扶脱贫责任，落实精准帮扶措施。（县委办牵头，县政府办、县委组织部、县扶贫办等部门配合）

（二）建立精准管理机制。一是建立信息系统。科学设计模块，释放联网功能，将扶贫系统与县民政、卫计、人社、教育、公安等信息系统进行联网，进行综合开发、综合利用。县扶贫办牵头建立全县扶贫开发数据系统，由村级录入低收入农户基本情况，包括人口情况、收入情况、支出情况、致贫原因、实施的项目、项目建设的效果，结对帮扶人情况等，并及时更新。镇区对村级情况进行监管和考核，确保录入准确、更新及时。县卫计部门扩大低收入农户用药报销目录范围，提高报销比例，进行实时结算。及时将新发生大病对象报县扶贫部门，由各镇村进行核实，符合条件的及时纳入建档立卡范围，按低收入农户标准进行报销结算。县公安部门将突出车祸、火灾等情况报县扶贫和民政部门，由相关部门纳入救助对象，按相关标准进行救助。县人社和农业部门及时掌握劳动力情况，有计划组织开展技能培训工作。各部门各尽其职，统筹协调，共同做好扶贫开发工作。二是设置资产台账。严格恪守《江苏省农村扶贫开发条例》，及时、真实、准确地将扶贫资金形成的资产明晰权属、建立台账，并订立透明、阳光的收益协议，蓄积省定经济薄弱村、县级重点帮扶村的发展潜力。三是实行销号制度。对借助扶贫开发项目实施或政策优惠而实现稳定增收且脱贫的低收入农户，按年度在建档立卡系统中予以销号，建立"脱可退、贫可进"的动态更新体系，不断提高精准扶贫的层次和水平。（县扶贫办牵头，县民政局、人社局、教育局、公安局、农委、海洋林业渔业局、卫计委、统计局、国调队等部门配合）

（三）建立帮扶包保机制。在县调整扶贫开发工作领导小组的同时，建立完备健全的责任清单，县四套班子成员分工联系到镇、挂钩到村、结对到户，每季度至少牵头会办一次以上所挂钩联系镇区、村（居）专项扶贫工作。县人大、县政协组织各级人大代表和政协委员每半年专题视察、督查1次扶贫工作。落实县直部门单位挂钩联系到村、机关人员全部结对帮扶到户，深入现场会办解决问题，确保帮扶人员入户到位，帮扶资金投入到位、帮扶项目实施到位。组建县委帮扶工作队，选派工作能力强、熟悉农村工作的副科级以上干部任县委帮扶工作队队长，工作与派出单位脱钩，队长单位同时选派1名工作队内勤，便于工作联系衔接，做好"第一书记"和县委工作队的培训、协调、指导、督查、考核和服务等工作。（县委组织部牵头，县人大办、县政协办、县扶贫办等部门配合）

（四）建立资金保障机制。建立以上级财政专项扶贫资金为引导、县级财政专项投入为主体、社会帮扶资金为补充的资金整合机制。围绕村级公路建设、安全饮水、农村电网建设、危房改造、特色产业增收、乡村旅游扶贫、教育扶贫、卫生计生、文化建设和农村信息化等十项重点工作，统筹整合基础设施、产业发展、民生改善、公共服务、能力建设和生态环保等六大类项目资金，有效捆绑，精准投放，按照"整合、集中、统一、严管"的要求，把资金分配与工作实绩、使用效益和评价考核相结合，保证扶贫资金直接用于贫困对象，切实提高资金使用的针对性和实效性。（县财政局牵头，县扶贫办、交通局、农委、海洋林业渔业局、文广新局、水利局、住建局、教育局、卫计委、经信委、供电公司等部门配合）

（五）建立社会联动机制。整合更多的公共资源和社会资源，全面形成扶贫开发合力。县经信委要牵头组织相关企业到经济薄弱村和县级重点帮扶村开展结对共建，围绕企业所能、发展所需、村级所盼和群众所望，用足省里奖励政策，有针对性地搞好结对共建，对没有完成年度帮扶任务的企业，将不得享受财政扶持的企业发展各项奖补资金。发挥县老促会和县慈善基金会等社会组织作用，建立扶贫信息网络平台，鼓励县内个体工商户开展"一对一结对"、"手拉手帮扶"活动，参与扶贫济困和扶贫助学等活动。支持青年学生、专业技术人才和退休人员参与扶贫志愿行动，开展助教支医、文化下乡和科技推广等活动。切实把扶贫的精神辐射到社会每个角落，把社会各界力量凝聚到扶贫攻坚上，形成各负其责、各尽所能，协调联动、齐抓共管局面。（县经信委牵头，县科技局、文广新局、人社局、团县委、县老促会、县慈善基金会等部门配合）

（六）建立督查考核机制。县扶贫办牵头，对帮扶资金、项目实施和目标任务完成情况进行督查；县委组织部牵头，对县委帮扶工作队、单位帮村、牵手致富和"第一书记"工作情况进行督查；县经信委牵头，对村企共建工作进行督查。县财政局牵头，负责扶贫项目收益和资金使用绩效进行考核；县纪委牵头，对历年扶贫资产管理，扶贫项目资金收益和扶贫政策落实实行督查；滨海人行牵头，对县内金融机构的服务扶贫实绩进行督查。各牵头单位每季度督查1次，督查结果报县扶贫开发工作领导小组办公室汇总并通报全县，针对条管部门的年度考核结果将向对应的上级部门通报。建立脱贫致富奔小康工作考核问责制度，县委督察考核办公室将脱贫致富奔小康工作作为全县年度目标绩效综合考核的重要内容，加大考核权重，设立单项奖。对未完成年度脱贫目标任务，考核分值列全县后三名的镇区和县直机关单位实行"一票否决"，主要负责人当年不得评先评优、提拔使用；企业未完成村企结对任务的，不得参加各级文明单位评比，不享受政府的各类表彰及扶持优惠政策；村（居）"两委"主要负责人未完成年度脱贫任务的，取消各类表彰及考核奖励报酬；党员干部未能履行结对帮扶义务的，年终不得评为称职（合格）以上等次，当年不得提拔使用。（县委督查考核办牵头，县纪委、县委组织部、县扶贫办、经信委、财政局、人社局、审计局、人行等部门配合）

文件要目

1. 县委文件

表48

文　号	文　件　标　题
滨发〔2016〕3号	关于开展"作风建设提升年"活动的实施意见
滨发〔2016〕4号	关于认真做好镇领导班子换届工作的通知
滨发〔2016〕5号	印发《关于开展中央巡视组巡视江苏反馈意见整改落实情况"回头看"工作的实施方案》的通知
滨发〔2016〕6号	关于实施脱贫致富奔小康工程的意见
滨发〔2016〕7号	关于加强禁毒工作的实施意见
滨发〔2016〕8号	2016年工业经济工作意见
滨发〔2016〕9号	关于开展"项目攻坚年"活动的意见
滨发〔2016〕10号	关于加快交通运输发展工作的意见

续表 48

文　号	文　件　标　题
滨发〔2016〕12 号	关于在全县党员干部中开展落实“三基本”实现“三回归”活动的通知
滨发〔2016〕13 号	关于做好全县村(社区)党组织换届选举工作的通知
滨发〔2016〕14 号	关于全面从严加强农村基层党建工作的意见
滨发〔2016〕15 号	滨海县村(社区)党组织书记工作目标考核办法(试行)
滨发〔2016〕16 号	滨海县村(社区)干部管理规定(试行)
滨发〔2016〕17 号	滨海县村(社区)党组织工作规则(试行)
滨发〔2016〕18 号	关于加快推进教育现代化建设的实施意见
滨发〔2016〕19 号	印发《关于进一步优化全县发展环境切实解决审批难、办事难的实施意见》的通知
滨发〔2016〕20 号	关于加快推进扶贫开发工作的实施意见
滨发〔2016〕21 号	关于 2016 年度全县目标任务综合考核和表彰奖励的意见
滨发〔2016〕22 号	关于深入学习贯彻市第七次党代会精神的意见
滨发〔2016〕23 号	转发《中共滨海县人大常委会党组关于做好全县县镇两级人民代表大会换届选举工作的意见》的通知
滨发〔2016〕24 号	关于进一步加快新型城镇化建设工作的意见
滨发〔2016〕25 号	关于加快推进全县“三农”重点工作的意见
滨发〔2016〕26 号	关于印发《滨海县社会治理创新行动计划》的通知
滨发〔2016〕27 号	关于深入推进“健康滨海”建设的实施意见
滨发〔2016〕28 号	转发《县组织部、县委统战部关于政协滨海县第十三届委员会人事安排的意见》的通知
滨发〔2016〕29 号	印发《关于开展巡察工作的实施意见(试行)》的通知
滨委〔2016〕3 号	关于申请选派省第九批“科技镇长团”的请示
滨委〔2016〕6 号	2015 年度市责任制检查考核反馈意见整改落实情况汇报
滨委〔2016〕20 号	关于召开中国共产党滨海县第十二次代表大会的请示
滨委〔2016〕24 号	关于向乡镇区派驻 2016—2017 年度帮扶工作队的通知
滨委〔2016〕28 号	关于落实省委巡视办《整改通知书》的情况汇报
滨委〔2016〕50 号	关于学习贯彻党的十八届六中全会精神深入推进全面从严治党的决定
滨办发〔2016〕6 号	关于组织开展改革开放新时期党史专题资料征集编修工作的通知
滨办发〔2016〕7 号	关于印发《2016 年党风廉政建设和反腐败工作责任分解意见》的通知
滨办发〔2016〕9 号	关于转发《滨海县关心下一代工作 2016 年工作要点》的通知
滨办发〔2016〕10 号	关于印发《滨海县“正风肃纪村(居)行”专项整治活动的实施方案》的通知
滨办发〔2016〕11 号	关于开展滨海县第六届“大众读书节”活动的通知
滨办发〔2016〕12 号	关于印发《2016 年 4 月份全县领导干部下访“金桥行动”实施方案》的通知
滨办发〔2016〕13 号	印发《关于在全县共产党员中开展“学党章党规、学系列讲话,做合格党员”学习教育的实施方案》的通知
滨办发〔2016〕16 号	关于印发《滨海县第二十八届科普宣传周实施方案》的通知
滨办发〔2016〕17 号	关于做好 2016 年度民兵军事训练补助经费征缴工作的通知
滨办发〔2016〕19 号	关于在省定经济薄弱村、县级重点帮扶村中开展“三位一体”帮扶行动的实施意见
滨办发〔2016〕20 号	关于印发《滨海县脱贫致富奔小康工程考核办法》的通知
滨办发〔2016〕21 号	关于印发《滨海县 2016 年国民经济和社会发展主要预期目标》的通知
滨办发〔2016〕22 号	关于转发县禁毒委《全县禁毒百日整治“雷霆行动”工作方案》的通知

续表 48

文号	文件标题
滨办发〔2016〕23 号	关于紧密结合"两学一做"学习教育开展庆祝中国共产党成立 95 周年系列活动的通知
滨办发〔2016〕24 号	关于印发《县委常委会开展"两学一做"学习教育工作方案》的通知
滨办发〔2016〕25 号	关于在"两学一做"学习教育中开展"爱滨海、话发展、献净言"活动的通知
滨办发〔2016〕26 号	关于印发《2016 年全县交通运输基础设施建设十大重点工程任务分解表》的通知
滨办发〔2016〕27 号	关于印发《2016 年全县交通基础设施建设考核办法》的通知
滨办发〔2016〕28 号	关于印发《县城环境秩序"三补三治"集中整治行动实施方案》的通知
滨办发〔2016〕29 号	印发《关于在"两学一做"学习教育中开展"治痼疾、强党性、树新风"作风建设专项行动的实施意见》的通知
滨办发〔2016〕30 号	关于印发《滨海县党员干部"九提倡九反对九严禁"暂行规定》的通知
滨办发〔2016〕31 号	关于印发《滨海县深化村(居)干部廉洁履职行为"十个严禁"》的通知
滨办发〔2016〕32 号	关于在全县开展城乡环境综合整治行动的通知
滨办发〔2016〕34 号	关于印发《2016 年 8 月份全县领导干部下访"金桥行动"实施方案》的通知
滨办发〔2016〕35 号	关于印发《滨海县城乡环境综合整治"突击月"实施意见》的通知
滨办发〔2016〕36 号	关于切实做好列入市 2016 年度"三重"工作、八大类重点工程项目推进工作的通知
滨办发〔2016〕37 号	关于印发《滨海县 2016 年"项目攻坚年"活动考核办法》的通知
滨办发〔2016〕38 号	关于印发《2016 年滨海县法治宣传教育工作要点》的通知
滨办发〔2016〕39 号	关于印发《全县工业经济和转型升级工作考核办法》的通知
滨办发〔2016〕40 号	关于印发《全县优化发展环境工作考核办法》的通知
滨办发〔2016〕41 号	印发《滨海县关于对损害经济发展环境行为实行问责的暂行办法》的通知
滨办发〔2016〕42 号	关于印发《滨海县督查工作实施意见》的通知
滨办发〔2016〕43 号	关于印发《滨海县 2016 年度脱贫致富奔小康工程考核细则》的通知
滨办发〔2016〕44 号	关于印发《滨海县党政机关公务接待管理规定》等六项制度的通知
滨办发〔2016〕45 号	关于印发《中共滨海县委全面深化改革领导小组 2016 年工作要点》的通知
滨办发〔2016〕46 号	关于认真做好全县 2017 年度重点党报党刊征订发行工作的通知
滨办发〔2016〕47 号	关于印发《2016 年滨海县开放型经济工作考核奖励办法》的通知
滨办发〔2016〕48 号	关于印发全县迎接省级生态县考核验收工作任务分解表的通知
滨办发〔2016〕49 号	关于印发《滨海县"十三五"期间人口和计划生育工作考核评估意见》的通知
滨办发〔2016〕50 号	关于印发《2016 年度全县目标任务综合先进考核办法》的通知
滨办发〔2016〕51 号	关于印发《全县"三农"重点工作任务分解表》的通知
滨办发〔2016〕52 号	关于印发《全县"三农"重点工作考核办法》的通知
滨办发〔2016〕53 号	关于印发《滨海县社会治理创新行动计划考核办法》的通知
滨办发〔2016〕55 号	印发《关于开展全县党员干部"周末大讲堂"活动的实施意见》的通知
滨办发〔2016〕56 号	关于印发《滨海县行业协会商会与行政机关脱钩实施方案》的通知
滨办发〔2016〕57 号	关于做好全县第十一届村民委员会和第六届居民委员会换届选举工作的实施意见
滨办发〔2016〕58 号	关于印发《滨海县县级党政机关办公用房管理暂行办法》的通知
滨办发〔2016〕59 号	关于细化分解市第七次党代会报告重点工作任务的通知
滨办发〔2016〕62 号	关于印发《中共滨海县委全面深化改革领导小组 2016 年工作要点》的通知
滨办发〔2016〕64 号	关于认真学习宣传党的十八届六中全会精神的通知

2. 县政府文件

表 49

文 号	文 件 标 题
滨政发〔2016〕1 号	关于请求确认滨海县兴罾新城棚户区改造项目的请示
滨政发〔2016〕2 号	关于扎实做好第三次全国农业普查工作的通知
滨政发〔2016〕4 号	关于印发《2016 年绿色滨海建设工作意见》的通知
滨政发〔2016〕9 号	关于请求考核评估江苏滨海经济开发区沿海工业园环保整治情况的请示
滨政发〔2016〕10 号	关于申请确认滨海县 2016 年～2017 年城区“城中村”改造项目计划的请示
滨政发〔2016〕11 号	关于申请确认 2015—2017 年棚户区改造项目的请示
滨政发〔2016〕13 号	关于修改《滨海县土地利用总体规划(2016 年～2020 年)》的请示
滨政发〔2016〕15 号	关于申请推荐为 2016 年“海疆生态行”系列宣传报道活动海域综合管理宣传报道典型的请示
滨政发〔2016〕16 号	关于请求设立滨海港城经济区的请示
滨政发〔2016〕17 号	关于申报 2016 年江苏省海绵城市建设试点城市的请示
滨政发〔2016〕18 号	关于 2015 年度促进全县经济稳定增长、加快转型发展工作的奖励决定
滨政发〔2016〕21 号	关于贯彻落实财政部 2015 年地方政府置换债券自查和核查情况整改工作的汇报
滨政发〔2016〕33 号	滨海县人民政府关于印发滨海县国民经济和社会发展第十三个五年规划纲要的通知
滨政发〔2016〕34 号	滨海县人民政府关于落实盐城市滨海县兴罾新城棚户区改造一期工程项目建设有关问题的通知
滨政发〔2016〕35 号	滨海县人民政府关于省住建厅《关于抓紧整改城市供水水质超标问题的函》落实情况的汇报
滨政发〔2016〕39 号	滨海县人民政府关于落实滨海县城区“城中村”改造房屋征收项目有关问题的通知
滨政发〔2016〕41 号	滨海县人民政府滨海县人民武装部关于下发《征兵工作量化考评暂行办法》的通知
滨政发〔2016〕44 号	滨海县人民政府关于划定集中式饮用水源保护区的请示
滨政发〔2016〕45 号	滨海县人民政府关于对“滨海县城乡教育布局调整(一期)建设项目”采用政府购买服务模式实施的通知
滨政发〔2016〕47 号	滨海县人民政府关于建设滨海港铁路支线的请示
滨政发〔2016〕51 号	滨海县人民政府关于请求转报认定盐城国家高分子新材料高新技术产业化基地的报告
滨政发〔2016〕53 号	滨海县人民政府关于印发《促进社会组织改革发展实施意见(试行)》的通知
滨政发〔2016〕61 号	滨海县人民政府关于供给侧结构性改革补短板的实施意见
滨政发〔2016〕62 号	滨海县人民政府关于供给侧结构性改革去库存的实施意见
滨政发〔2016〕69 号	滨海县人民政府关于加快养老服务体系建设的意见
滨政发〔2016〕70 号	滨海县人民政府关于落实创建省级生态县技术评估整改意见的情况报告
滨政发〔2016〕71 号	滨海县人民政府关于上报滨海县 2016 年度第 4 批次村镇建设用地的请示
滨政发〔2016〕75 号	滨海县人民政府关于印发《2016 年推进简政放权放管结合优化服务改革工作要点》的通知
滨政发〔2016〕80 号	关于落实滨海县月亮湾小镇整体城镇化项目建设有关问题的通知
滨政发〔2016〕81 号	滨海县人民政府关于降低实体经济企业成本的实施意见
滨政发〔2016〕82 号	滨海县人民政府关于供给侧结构性改革去产能的实施意见
滨政发〔2016〕84 号	滨海县人民政府关于清理偿还政府欠款专项工作的报告

续表 49

文　号	文　件　标　题
滨政发〔2016〕85 号	滨海县人民政府关于加强卫生计生人才队伍建设的实施意见
滨政发〔2016〕86 号	滨海县人民政府关于对 2015 年秋季秸秆综合利用与“双禁”工作进行奖励兑现的通知
滨政发〔2016〕88 号	滨海县人民政府关于对 2016 年夏季秸秆机械化还田作业补助资金暨核查和工作经费进行兑现的通知
滨政发〔2016〕89 号	滨海县人民政府关于畜禽规模养殖禁养区、限养区的划定方案
滨政发〔2016〕90 号	滨海县人民政府关于加快农业转型升级促进现代化农业发展的奖补意见
滨政发〔2016〕96 号	滨海县人民政府关于滨海县国考断面水质状况的报告
滨政发〔2016〕99 号	关于建立健全粮食安全责任制的实施意见
滨政发〔2016〕100 号	关于公布规范性文件清理结果的通知
滨政发〔2016〕108 号	关于 2016 年推进依法行政工作情况的报告
滨政发〔2016〕111 号	关于印发《滨海县农村产权交易管理办法（试行）》的通知
滨政发〔2016〕112 号	关于推进“先照后证”改革后加强事中事后监管的实施意见
滨政办发〔2016〕3 号	关于印发《滨海县节约用水管理办法》的通知
滨政办发〔2016〕4 号	关于印发《滨海县实行最严格水资源管理制度考核暂行办法》的通知
滨政办发〔2016〕5 号	关于做好《滨海年鉴（2015）》发行及《滨海年鉴（2016）》编纂工作的通知
滨政办发〔2016〕6 号	关于印发《滨海县 2016 年度安全生产监管执法检查计划》的通知
滨政办发〔2016〕7 号	关于印发《滨海县财政支农专项资金管理办法》的通知
滨政办发〔2016〕8 号	关于印发《内河渔业船舶更新工作实施方案》的通知
滨政办发〔2016〕9 号	关于进一步加强财务管理严肃财经纪律的通知
滨政办发〔2016〕10 号	关于印发《滨海县新型职业农民培育工作实施意见》的通知
滨政办发〔2016〕11 号	关于印发《滨海县新型职业农民培育规范管理、政策扶持实施办法》的通知
滨政办发〔2016〕12 号	关于开展“人道万人捐”活动的通知
滨政办发〔2016〕14 号	关于加快推进全县广电网络升级改造的通知
滨政办发〔2016〕15 号	关于印发《滨海县环境监管网格化划分方案》的通知
滨政办发〔2016〕16 号	关于组织开展 2016 年度社会工作者职业水平考试的通知
滨政办发〔2016〕18 号	关于印发《滨海县耕地保护责任目标考核办法》的通知
滨政办发〔2016〕19 号	关于加快粮食烘干能力建设的通知
滨政办发〔2016〕21 号	关于印发《滨海县行政许可和行政处罚等信用信息公示工作实施方案》的通知
滨政办发〔2016〕22 号	关于印发《滨海县 2016 年公益性应急救护万人培训项目实施方案》的通知
滨政办发〔2016〕23 号	关于进一步加强政务信息和调研工作的通知
滨政办发〔2016〕24 号	关于做好 2016 年无偿献血工作的通知
滨政办发〔2016〕25 号	关于印发《滨海县 2016 年农村卫生改厕工作实施方案》的通知
滨政办发〔2016〕26 号	关于开展规范性文件文件清理工作的通知
滨政办发〔2016〕28 号	关于开展安全生产专项整治百日攻坚行动的通知
滨政办发〔2016〕29 号	关于印发滨海县《2016 年大气污染防治工作计划》的通知

续表 49

文　号	文　件　标　题
滨政办发〔2016〕31 号	关于印发《滨海县关于加强地名文化保护清理整治不规范地名工作实施方案》的通知
滨政办发〔2016〕32 号	关于印发《滨海县秸秆综合利用与禁烧禁抛工作考核办法》的通知
滨政办发〔2016〕33 号	关于印发《全县夏季秸秆综合利用与禁烧禁抛工作实施意见》的通知
滨政办发〔2016〕34 号	关于向各镇村派驻夏季秸秆综合利用与禁烧禁抛工作组的通知
滨政办发〔2016〕35 号	关于转发《省政府办公厅关于加强行政应诉工作的意见》的通知
滨政办发〔2016〕37 号	关于印发《滨海县危险化学品安全专项整治实施方案》的通知
滨政办发〔2016〕39 号	关于印发《2016 年滨海县秸秆机械化还田实施方案》的通知
滨政办发〔2016〕40 号	关于印发《滨海县秸秆机械化还田作业补助第三方核查工作实施方法》的通知
滨政办发〔2016〕43 号	关于印发《滨海县 2016 年农业支持保护补贴(耕地地力保护)实施方案》的通知
滨政办发〔2016〕44 号	关于印发《滨海县集中开展安全环保执法专项行动方案》的通知
滨政办发〔2016〕47 号	关于下达 2016 年度全县商务工作目标任务的通知
滨政办发〔2016〕49 号	关于印发《滨海县加油站点安全专项整治工作实施方案》的通知
滨政办发〔2016〕50 号	关于 2016 年价格调控目标责任制的实施意见
滨政办发〔2016〕51 号	关于组织开展 2016 年"全民健身日"活动的通知
滨政办发〔2016〕52 号	关于开展全县高污染燃料锅炉专项检查的通知
滨政办发〔2016〕53 号	关于加强城乡环境综合整治移动网络媒体平台建设应用工作的通知
滨政办发〔2016〕55 号	关于印发《滨海县 2016 年政务公开工作要点》的通知
滨政办发〔2016〕56 号	关于转发《盐城市人民政府关于建立政府法律顾问制度的意见》的通知
滨政办发〔2016〕58 号	关于印发《滨海县小型农田水利重点县建设与其他农田水利建设资金整合方案》的通知
滨政办发〔2016〕61 号	关于印发《滨海县免费婚前医学检查工作实施方案》的通知
滨政办发〔2016〕63 号	关于印发《滨海县创建妇幼健康优质服务示范工程实施方案》的通知
滨政办发〔2016〕64 号	关于印发《滨海县创建妇幼健康优质服务示范工程任务分解表》的通知
滨政办发〔2016〕65 号	关于开展"地条钢"专项整治工作方案
滨政办发〔2016〕66 号	关于县金融办增加编制、增设科室的请示
滨政办发〔2016〕67 号	关于大力推进粮食生产全程机械化的实施意见
滨政办发〔2016〕68 号	关于印发《滨海县生猪屠宰清理整顿工作实施方案》的通知
滨政办发〔2016〕70 号	关于开展全县工业用地调查及推进低效产业用地再开发工作实施意见
滨政办发〔2016〕71 号	关于进一步完善城乡居民基本养老保险制度的意见
滨政办发〔2016〕72 号	关于进一步加快推进燃煤锅炉整治工作的通知
滨政办发〔2016〕75 号	关于印发《2016 年度滨海县食品安全工作意见》的通知
滨政办发〔2016〕76 号	关于转发《2016 年全市食品安全重点工作安排》的通知
滨政办发〔2016〕77 号	关于进一步加强农村集体聚餐食品安全管理工作的通知
滨政办发〔2016〕80 号	关于落实推行"双随机一公开"抽查监管工作任务的通知
滨政办发〔2016〕83 号	关于对新建畜禽粪污处理设施进行验收的通知
滨政办发〔2016〕85 号	关于加强全县食盐安全管理工作的通知

续表 49

文　号	文　件　标　题
滨政办发〔2016〕86 号	关于印发《全县秋季秸秆综合利用与“双禁”工作实施意见》的通知
滨政办发〔2016〕87 号	关于向各镇村派驻秋季秸秆综合利用与“双禁”工作组的通知
滨政办发〔2016〕88 号	关于印发《2016 年全县融资工作考核奖励办法》的通知
滨政办发〔2016〕91 号	关于推进分级诊疗工作的实施意见
滨政办发〔2016〕93 号	关于印发《2016 年新型城镇化工作考核办法》的通知
滨政办发〔2016〕94 号	关于印发《2016 年滨海县秋季打击电力捕鱼专项行动实施方案》的通知
滨政办发〔2016〕95 号	关于印发《滨海县推行“双随机一公开”抽查监管工作机制实施方案》的通知
滨政办发〔2016〕96 号	关于全县城乡居保工作完成情况的通报
滨政办发〔2016〕98 号	关于做好 2017 年度全县新型农村合作医疗资金筹集工作的通知
滨政办发〔2016〕100 号	关于在全县组织开展黄标车淘汰工作突击月活动的通知
滨政办发〔2016〕101 号	关于印发《滨海县水污染防治工作方案》的通知
滨政办发〔2016〕102 号	关于印发《滨海县“十三五”气象事业发展规划》的通知
滨政办发〔2016〕103 号	关于印发《滨海县粮食安全责任制目标任务分解表》的通知
滨政办发〔2016〕105 号	关于在全县范围内开展城乡居民基本养老保险 2017 年扩面征缴突击活动的通知
滨政办发〔2016〕105 号	关于印发《滨海县食品安全工作考核评价办法》的通知
滨政办发〔2016〕106 号	关于印发《滨海县食品安全工作责任制与责任追究办法》的通知
滨政办发〔2016〕107 号	关于印发《滨海县生态文明建设行动计划(2016—2018)》的通知
滨政办发〔2016〕108 号	关于印发《滨海县药品和医疗器械安全突发事件应急预案》的通知
滨政办发〔2016〕110 号	关于进一步加强政府性债务管理的通知
滨政办发〔2016〕111 号	关于印发《2017 年滨海县新型农村合作医疗补偿方案》的通知
滨政办发〔2016〕113 号	关于开展农民工工资支付情况专项执法检查的通知
滨政办发〔2016〕114 号	关于印发《滨海县企业投资建设项目实行七评合一、五图联审、推进并联审批的实施意见(试行)》的通知
滨政办发〔2016〕115 号	关于印发《滨海县全民健身实施计划(2016～2020 年)》的通知

先进集体

国家部委及部门表彰的先进集体

表 50

获奖单位	荣誉名称	授奖单位	授奖时间
县检察院	全国先进基层党组织	中共中央	2016. 7
县检察院	全国先进基层检察院	最高人民检察院	2016. 5

续表 50

获奖单位	荣誉名称	授奖单位	授奖时间
县扶贫	全国扶贫系统先进集体	国家人力资源和社会保障部、国务院扶贫开发领导小组办公室	2016. 10
滨海县	国家级妇幼健康优质服务示范县	国家卫计委办公厅	2016. 12
中国海监滨海县大队	海洋工程环境保护执法示范建设单位	中国海警局	2016. 3
县妇联	2015 年～2016 年度实施“母亲邮包”项目优秀实施奖	中国妇女发展基金会、中国邮政集团	2016. 5
蔡桥供销合作总社	蔡桥基层社被全国总社评为标杆社	全国供销合作总社	2016
县法院	2016 年度在司法理论宣传工作中做出突出成绩的人民法院	最高法院政治部人民法院、新闻传媒总社	2016. 11
县农商银行	工人先锋号	全国总工会	2016. 4
县卫生监督所	2016 年度卫生计生监督执法优秀典型案例	国家卫计委	2016. 7
正红镇中心卫生院	2015～2016 年度国家级“群众满意的乡镇卫生院”	国家卫计委	2016. 12
滨淮镇中心卫生院	2015～2016 年度国家级“群众满意的乡镇卫生院”	国家卫计委	2016. 12

省及部门表彰的先进集体

表 51

获奖单位	荣誉名称	授奖单位	授奖时间
团县委	江苏大学生志愿服务苏北计划优秀项目办	共青团江苏省委、江苏省志愿者协会、江苏大学生志愿服务苏北计划省项目管理办公室	2016. 7
县委宣传部	2015～2016 年度全省基层党冬训工作示范县(市、区)	省委宣传部	2016
县文联	江苏省基层文联工作先进单位	省文联	2016
县海洋林业渔业局	2016 年度江苏省海洋综合管理先进集体	省海洋与渔业局	2017. 1
滨海县	江苏省平安渔业示范县	省海洋与渔业局、省安监局	2016. 12
县渔政监督大队	2016 年度全省海洋与渔业行政执法系统新闻宣传工作先进单位	省海洋与渔业局	2016. 12
县信访局	全省信访系统先进集体	省人力资源和社会保障局、省信访局	2016. 2
县妇联	全省妇女儿童工作先进集体	省政府妇儿工委	2016. 11
县妇联	《莫愁》杂志宣传工作先进单位	省妇联	2016. 7
滨海县	妇女小额贷款发放工作先进县	省妇联	2016
县供销合作总社	全省二十强县级供销合作社	省供销合作总社	2016
县供销合作总社	农民专业合作社建设先进单位	省供销合作总社	2016
滨淮基层社	千个乡镇基层社推进为农服务工作先进单位	省供销合作总社	2016
县新闻中心	省新闻工作先进单位	省新闻中心工委	2016
县水利局	淮河入海水道河道工程管理 2016 年度先进单位	江苏省淮河入海水道工程管理处	2016. 12
江苏省滨海中学	江苏省教育工作先进集体	江苏省教育厅	2016. 9

续表 51

获奖单位	荣誉名称	授奖单位	授奖时间
滨海县第一初级中学	江苏省教育工作先进集体	江苏省教育厅	2016.9
滨海县实验小学	江苏省教育工作先进集体	江苏省教育厅	2016.9
五汛镇中心小学	江苏省教育工作先进集体	江苏省教育厅	2016.9
滨海县幼儿园	江苏省教育工作先进集体	江苏省教育厅	2016.9
县供电公司运维检修 QC 小组	2016 年江苏省 QC 小组成果交流发布一等奖	江苏省总工会、江苏省妇女联合会	2016
县供电公司调控运行班	2016 年江苏省质量信得过班组	江苏省总工会、江苏省妇女联合会	2016
县供电公司	江苏省安康杯竞赛优胜单位	江苏省总工会、江苏省安全生产监督管理局	2016
县供电公司	2013～2015 年度江苏省文明单位	江苏省精神文明建设指导委员会	2016
县供电公司	“美丽后勤”故事汇活动二等奖	江苏省电力公司、江苏省电力公司工会	2016
滨海港供电所	2016 年度管理提升劳动竞赛先进供电所	江苏省电力公司、江苏省电力公司工会	2016
县供电公司用电检查班	2016 年度一流班组	江苏省电力公司、江苏省电力公司工会	2016
县供电公司营销党支部	电网先锋党支部	中共江苏省电力公司委员会	2016
县供电公司	2016 年度同业对标综合标杆	江苏省电力公司	2016
县供电公司	2016 年度同业对标营销管理专业标杆	江苏省电力公司	2016
县供电公司	2016 年度同业对标管理进步单位第二名	江苏省电力公司	2016
县供电公司	2016 年度同业对标综合进步单位第三名	江苏省电力公司	2016
县供电公司	2016 年度同业对标营销管理专业进步单位第一名	江苏省电力公司	2016
坎北供电所	2016 年度安全生产先进供电所	江苏省电力公司	2016
县供电公司二次检修班	2016 年度运维检修工作先进集体	江苏省电力公司	2016
县供电公司	“六五”普法先进单位	江苏省电力公司	2016
五汛供电所	2015 年度农电安全生产先进供电所	江苏省电力公司	2016
大套供电所	2015 年度电费回收先进农村供电所	江苏省电力公司	2016
县供电公司运维检修 QC 小组	2015 年度质量管理（QC）小组优秀成果二等奖	江苏省电力公司	2016
市场管理局	2015 年度全省物品编码工作先进集体	中国物品编码中心江苏省分中心	2016.8
县国土局	省厅节约集约模范县创建进步奖	江苏省国土厅	2016
县国土局	省厅政务信息先进单位	江苏省国土厅	2016
县国土局	省厅耕地保护激励单位	江苏省国土厅	2016
县水利局	淮河入海水道河道工程管理 2016 年度先进单位	江苏省淮河入海水道工程管理处	2016.12

续表 51

获奖单位	荣誉名称	授奖单位	授奖时间
八巨镇前案村	省级民主法治示范点	江苏省司法厅	2016
八巨司法所	江苏省人民调解委员会规范化建设示范点	江苏省司法厅	2016
县检察院	全省先进基层党组织	江苏省委	2016.6
县检察院	2013～2015 年度全省先进基层检察院	江苏省检察院	2016.1
天场镇	省级农村电子商务示范镇	(苏商电商〔2016〕883 号)	2016.11
贺君村	省级农村电子商务示范村	(苏商电商〔2016〕607 号)	2016.7
滨海县电商产业园	省级电子商务示范基地	(苏商电商〔2017〕32 号)	2016.12
欧智商贸有限公司	省级电子商务示范企业	(苏商电商〔2017〕32 号)	2016.12
县法院	党建工作先进集体	江苏省高级人民院	2016.11
开发区法庭	全省优秀人民法庭	江苏省高级人民院	2017.1
正红镇	江苏省巾帼电商服务示范基地	江苏省妇女联合会、江苏省妇女“双学双比”竞赛活动领导小组	2016.7
县市场管理局	2015 年度全省物品编码工作先进集体	省工商局	2016
滨淮农场	2016 年度江苏农垦新闻宣传工作先进单位	江苏省农垦集团	2016.11
滨淮农场	2016 年度江苏农垦网络“好新闻”三等奖	江苏省农垦集团	2016.11
滨淮农场	2016 年度江苏农垦思想政治研究工作先进单位	江苏省农垦集团	2016.12
滨淮农场	2013～2015 年度书香企业建设示范点	江苏省总工会、江苏省全民阅读办	2016.6
滨淮农场	江苏农垦模范职工之家	江苏省农垦集团工会	2016.2
滨淮农场	江苏农垦第二届职工趣味运动会一等奖	江苏省农垦集团	2016.9
滨淮农场	江苏农垦先进基层党组织	江苏省农垦集团	2016.7
滨淮农场	2016 年度综合统计工作先进单位	江苏省农垦集团有限公司计划财务部	2016.12
滨淮农场	模范职工小屋	江苏省农垦集团工会	2016.2
滨淮农场	省属企业信访维稳工作先进单位	江苏省国资委	2017.2
滨淮农场	与青年员工结对助成长优秀组织奖	江苏省农业发展股份有限公司工会	2017.3
滨淮农场	2014～2015 年度基层思想政治工作先进单位	江苏省农垦集团	2016.7
县国土局	2014～2015 年度全省国土资源政务信息工作先进单位	省国土厅	2016.3
县国土局	2015 年度江苏省国土资源节约集约利用模范县	省国土厅	2016.6
移动公司	先进基层党组织	中国移动通讯集团江苏有限公司党组	2016.6
移动公司	先进集体	中国移动通讯集团江苏有限公司	2017.3
农业园区大套中学	江苏省健康促进铜牌学校	省教育厅、卫生和计划生育委员会	2016
农业园区卫生院	江苏省免疫规划(预防接种)工作先进集体	省卫计委	2016.9

获奖单位	荣誉名称	授奖单位	授奖时间
农业园区	全省关心下一代工作先进集体	省关心下一代工作委员会精神文明建设指导委员会办公室	2016. 6
县墙改办	省墙改工作先进集体	省墙改办	2016
欧堡利亚大酒店	2016 年度江苏省诚信旅游示范单位	江苏省旅游局、江苏省工商行政管理局、江苏省质量技术监督局、江苏省物价局、江苏省放心消费创建活动办公室、江苏省社会信用体系建设领导小组办公室	2017. 2
随耕生态园	江苏省乡村美食大赛“运河一锅鲜”金牌菜	江苏省旅游局、江苏省人力资源和社会保障厅	2016. 10
县安监局	全省安全生产执法工作先进集体	江苏省安监局	2016. 12
县安监局	全省危险化学品安全监管先进集体	江苏省安监局	2016. 12
县安监局	全省冶金等工贸行业安全生产先进集体	江苏省安监局	2016. 12
县文广新局	江苏省“无小耳朵社区”创建工作先进县	江苏省新闻出版广电局	2016. 11
县文化行政综合执法大队	全省执法办案有功集体	省文化厅	2016. 12
县文联	江苏省基层文联工作先进单位	省文联	2016. 12
滨海港镇卫生院	江苏省示范乡镇卫生院	江苏省卫计委	2016. 12
五汛镇中心卫生院	江苏省示范乡镇卫生院	江苏省卫计委	2016. 12
天场镇陈老村卫生室	江苏省示范卫生室	江苏省卫计委	2016. 12
农业园区夹堆村卫生室	江苏省示范卫生室	江苏省卫计委	2016. 12
八巨镇巨峰村卫生室	江苏省示范卫生室	江苏省卫计委	2016. 12
滨海港镇扁担港村卫生室	江苏省示范卫生室	江苏省卫计委	2016. 12
正红镇陈圩村卫生室	江苏省示范卫生室	江苏省卫计委	2016. 12
滨淮镇双舍村卫生室	江苏省示范卫生室	江苏省卫计委	2016. 12
蔡桥镇良洼村卫生室	江苏省示范卫生室	江苏省卫计委	2016. 12
滨海港经济区友谊村卫生室	江苏省示范卫生室	江苏省卫计委	2016. 12
县文广新局	江苏省“无小耳朵社区”创建工作先进县	省新闻出版广电局	2016. 11
县文化行政综合执法大队	获全省执法办案有功集体	省文化厅	2016. 12
县人社局	全省农民工工作先进集体	江苏省农民工工作领导小组	2016. 11
县供销合作总社	2016 年全省供销合作社系统二十强县级供销合作社	江苏省供销合作总社	2017. 2
县供销合作总社	农民专业合作社建设先进单位	江苏省供销合作总社	2017. 2

续表 51

获奖单位	荣誉名称	授奖单位	授奖时间
东坎镇	乡镇统计规范化建设百佳单位	江苏统计局	2016. 12
滨淮农场	江苏省文明单位	江苏省文明委	2016. 9
县地方税务局	江苏省文明单位	江苏省文明委	2016. 9
县国家税务局	江苏省文明单位	江苏省文明委	2016. 9
县人民检察院	江苏省文明单位	江苏省文明委	2016. 9
县公安局	江苏省文明单位	江苏省文明委	2016. 9
国网江苏省电力公司滨海县供电公司	江苏省文明单位	江苏省文明委	2016. 9
县卫生和计划生育委员会	江苏省文明单位	江苏省文明委	2016. 9
中国邮政集团公司江苏省滨海县分公司	江苏省文明单位	江苏省文明委	2016. 9
盐城市烟草公司滨海分公司	江苏省文明单位	江苏省文明委	2016. 9
县航道管理站	江苏省文明单位	江苏省文明委	2016. 9
县审计局	江苏省文明单位	江苏省文明委	2016. 9
江苏滨海经济开发区工业园	江苏省文明单位	江苏省文明委	2016. 9
县国土资源局	江苏省文明单位	江苏省文明委	2016. 9
县公路管理站	江苏省文明单位	江苏省文明委	2016. 9
中国移动通信集团江苏有限公司滨海分公司	江苏省文明单位	江苏省文明委	2016. 9
县政务服务管理办公室	江苏省文明单位	江苏省文明委	2016. 9
中国电信股份有限公司滨海分公司	江苏省文明单位	江苏省文明委	2016. 9
江苏滨海农村商业银行股份有限公司	江苏省文明单位	江苏省文明委	2016. 9
江苏省滨海中学	江苏省文明单位	江苏省文明委	2016. 9
县实验小学	江苏省文明单位	江苏省文明委	2016. 9
东坎镇	江苏省文明镇	江苏省文明委	2016. 9
五汛镇	江苏省文明镇	江苏省文明委	2016. 9
蔡桥镇	江苏省文明镇	江苏省文明委	2016. 9
东坎镇新安村	江苏省文明村	江苏省文明委	2016. 9
东坎镇三烈村	江苏省文明村	江苏省文明委	2016. 9
东坎镇广垛村	江苏省文明村	江苏省文明委	2016. 9
八滩镇粮东村	江苏省文明村	江苏省文明委	2016. 9
界牌镇条河村	江苏省文明村	江苏省文明委	2016. 9

续表 51

获奖单位	荣誉名称	授奖单位	授奖时间
八巨镇前案村	江苏省文明村	江苏省文明委	2016. 9
东坎镇坎东社区	江苏省文明社区	江苏省文明委	2016. 9

市及部门表彰的先进集体

表 52

获奖单位	荣誉名称	授奖单位	授奖时间
滨海县	全市目标绩效考核旅游工作先进奖	市委、市政府	2017. 2
滨海县	2016 年度绿色盐城建设优秀县	市政府	2016. 12
东坎镇	2015 年度全市综合考核宣传思想和文化发展工作先进集体	中共盐城市委	2016
东坎镇	2015 年度全市目标任务综合考核工作经济和转型升级先进	市委、市政府	2016. 5
东坎镇	2015 年度全市目标任务综合考核民生幸福和社会事业先进	市委、市政府	2016. 5
滨海县海洋林业渔业局	2016 年度绿色盐城建设优秀单位	市政府	2016. 12
市场管理局	执法办案先进集体	盐城市工商局	2016
县法院	2016 年度先进法院	市中级人民法院	2016
县供销合作总社	2016 年度综合考核先进单位	市供销合作总社	2017. 3
县供销合作总社	2016 年度项目建设先进单位	市供销合作总社	2017. 3
县供销合作总社	2016 年度项目建设工作先进单位	市供销合作总社	2017. 3
县民政局	2016 年度民政工作综合评估优秀集体	市民政局	2017. 2
县民政局	现代民政建设示范县	市民政局	2017. 2
县民政局	2016 年度现代民政建设十大创新优秀成果	市民政局	2017. 2
县民政局	双拥工作先进单位	盐城市委、市政府、军分区	2016. 2
县新闻中心	市新闻工作先进单位	市新闻中心工委	2016
县水利局	2016 年度水利系统泵站运行工职业技能竞赛组织奖	市总工会、市人社局、市水利局	2016. 10
县水利局	2016 年度全市先进基层闸(站)和先进基层水利站	市水利局	2017. 3
县粮食局	粮食流通工作创新创优奖	市粮食局	2016
县粮食购销总公司	粮食购销先进企业	市粮食局	2016
县永宁路实验学校	盐城市教育工作先进集体	盐城市教育局	2016. 9
坎北初级中学	盐城市教育工作先进集体	盐城市教育局	2016. 9
条港初级中学	盐城市教育工作先进集体	盐城市教育局	2016. 9
滨海县第二实验小学	盐城市教育工作先进集体	盐城市教育局	2016. 9
东坎镇中心小学	盐城市教育工作先进集体	盐城市教育局	2016. 9
正红镇第二中心小学	盐城市教育工作先进集体	盐城市教育局	2016. 9

续表 52

获奖单位	荣誉名称	授奖单位	授奖时间
县人民政府机关幼儿园	盐城市教育工作先进集体	盐城市教育局	2016.9
县供电公司	“六五”普法先进集体	中共盐城市委宣传部盐城市法治宣传教育领导办、盐城市司法局	2016
县供电公司仓储配送质监班	盐城市“五一巾帼标兵岗”	盐城市总工会	2016
县妇联	全市妇女工作综合考核先进集体	盐城市妇女联合会	2017.2
县妇联	关爱农村留守儿童工作先进集体	盐城市教育局、盐城市民政局、盐城市妇女联合会	2017.8
市场管理局	执法办案先进集体	盐城市工商局	2016.12
八巨司法所	“六五”普法先进单位	市政法委	2016
县检察院党组	团结和谐务实创新好班子	盐城市检察院	2016.1
县检察院反渎职侵权局	集体三等功（综合奖项）	盐城市检察院	2016.1
县检察院	先进基层检察院	盐城市检察院	2016.1
县检察院反贪污贿赂局	集体三等功	盐城市检察院	2016.2
县法院	先进法院	盐城市中级人民法院	2017.2
县档案局	全市档案工作先进集体	盐城市人社局、盐城市档案局	2016.12
县国土局	国土资源规划工作先进集体	市国土局	2016.2
县国土局	土地储备工作先进集体	市国土局	2016.2
县审计局	2016 年度全市审计机关综合考核表彰单位	市审计局	2017.2
农业园区大套中学	盐城市中小学德育工作先进集体	市教育局	2016.2
农业园区大套中学	全市优秀校外教育辅导站	市关工委、文明办、教育局	2016.6
农业园区大套中学	盐城市依法治校示范校	市教育局	2016.6
移动公司	巾帼示范岗	盐城市妇女联合会	2016.3
移动公司	工人先锋号	盐城市总工会	2016.5
欧堡利亚大酒店	旅游业发展工作先进	市委、市政府	2016.2
通榆镇政府经贸中心	优秀服务机构	盐城市中小微企业服务联盟	2017.1
通榆镇政府经贸中心	优秀园区工作站	盐城市中小微企业服务联盟	2017.1
通榆镇政府经贸中心	创新服务项目奖	盐城市中小微企业服务联盟	2017.1
通榆镇阜坎村	七一先进基层党组织		2017.1
中国银行股份有限公司滨海支行	先进基层党组织	盐城中行党委	2016.6
中国银行股份有限公司滨海支行	盐城分行第二十二届青年岗位能手暨 2016 年“巾帼杯”技能运动会团体第二名	盐城中行工会	2016.7

续表 52

获奖单位	荣誉名称	授奖单位	授奖时间
中国银行股份有限公司滨海支行	2016 年度内控管理优胜单位	盐城中行	2017. 2
县档案局	全市档案工作先进集体	市人社局、市档案局	2016. 12
县文广新局	全民阅读先进县区	盐城市文化广电新闻出版局	2016. 1
县图书馆	盐城市第三届全民读书月优秀组织奖	盐城市文化广电新闻出版局	2016. 1
县文化馆	“美丽盐城我的家”少儿书画作品展活动优秀组织奖	盐城市文化广电新闻出版局	2016. 6

2016 年度全县目标任务综合考核先进集体

一、综合奖(排名不分先后)

1. 综合先进奖

镇区组

一等奖:东坎镇　现代农业产业园区　界牌镇

二等奖:滨淮镇　蔡桥镇　正红镇

三等奖:滨海港镇　五汛镇　八滩镇

园区组

经济开发区沿海工业园

滨海港经济开发区(滨海港经济区)

经济开发区工业园

部门二组

县总工会　县编办　县信访局

部门三组

县发改委　县农委　县住建局

县水利局　县环保局　县安监局

部门四组

县城管局　县卫计委　县委农工办

县教育局　县公安局

部门五组

滨海国税局　县国土局　滨海供电公司

滨海地税局　滨海调查队

中行滨海支行　农行滨海支行

农发行滨海支行　人行滨海支行

2. 进位争先奖

县妇联　县审计局

二、单项工作先进奖(排名不分先后)

1. 招商引资和项目推进工作奖

滨海港经济开发区(滨海港经济区)

经济开发区沿海工业园　经济开发区工业园

东坎镇　现代农业产业园区　界牌镇

县发改委　县农委　县环保局　县住建局

县水利局　县交运局　县城管局

县委农工办　滨海供电公司

2. 工业经济和转型升级工作奖

经济开发区工业园　经济开发区沿海工业园

东坎镇　通榆镇　滨海港镇　县财政局

人行滨海支行　滨海国税局

3. 科技创新和人才工作奖

经济开发区沿海工业园　滨淮镇

县科技局　县人社局

江苏清泉化学股份有限公司

江苏八巨药业有限公司

江苏康乐新材料科技有限公司

江苏脉动医疗器械科技有限公司

4. 沿海开发工作奖

滨海港经济开发区(滨海港经济区)

经济开发区沿海工业园　滨海港镇

县海洋林业渔业局　县发改委

县水利局　县环保局　县财政局

5. 基础设施建设工作奖

东坎镇　滨淮镇　天场镇

滨海港经济开发区(滨海港经济区)

经济开发区沿海工业园

县交运局　县住建局　县财政局

6. 开放型经济工作奖

经济开发区沿海工业园

经济开发区工业园

蔡桥镇　县人社局　县财政局

联立包装材料科技滨海有限公司

江苏馨瑞香料有限公司

江苏清泉化学股份有限公司

7. 载体和园区建设工作奖

经济开发区沿海工业园

经济开发区工业园

滨海港经济开发区(滨海港经济区)

东坎镇　滨淮镇　滨海港镇　通榆镇　八滩镇

8. 发展服务业工作奖

东坎镇　现代农业产业园区　界牌镇

经济开发区工业园　县商务局　县民政局

滨海随耕生态农业有限公司

滨海欧智商贸有限公司

9. 安全生产工作奖

东坎镇　陈涛镇　八巨镇　通榆镇

经济开发区工业园　县海洋林业渔业局
县水利局　县民政局
10. 农业现代化和统筹城乡发展工作奖
现代农业产业园区　东坎镇
界牌镇　通榆镇　滨淮镇
县委农工办　县国土局　县农委
11. 社会事业工作奖
东坎镇　八滩镇　正红镇
滨海港镇　县教育局　县卫计委
县文广新局　县财政局
12. 扶贫开发工作奖
现代农业产业园区　东坎镇　蔡桥镇
滨海港镇　八滩镇　县财政局
县人社局　县民政局
13. 民营经济发展工作奖
滨淮镇　现代农业产业园区
界牌镇　蔡桥镇　县人社局
县市场监管局　滨海地税局　县国土局
14. 全民创业工作奖
天场镇　滨淮镇　现代农业产业园区
陈涛镇　县经信委　县市场监管局
县委农工办　县商务局
15. 新型城镇化和城市建设管理工作奖
东坎镇　八滩镇　滨淮镇　五汛镇
县住建局　县城管局　县教育局　县发改委
16. 美丽乡村建设工作奖
东坎镇　蔡桥镇　滨海港镇　正红镇
八巨镇　县住建局　县环保局　县开发局
17. 生态文明建设工作奖
东坎镇　陈涛镇　界牌镇　通榆镇
五汛镇　县水利局　县公安局
县海洋林业渔业局
18. 政法综治和信访稳定工作奖
东坎镇　界牌镇　经济开发区工业园
滨海港镇　县检察院　县民政局
县水利局　县粮食局
19. 党建工作奖
东坎镇　正红镇　现代农业产业园区
县公安局　县人社局　县卫计委
县交运局　县政务办
20. 反腐倡廉和作风建设工作奖
界牌镇　八巨镇　陈涛镇　县住建局
县城管局　县交运局　滨海农商银行
经济开发区工业园
21. 宣传文化旅游和精神文明建设工作奖
东坎镇　蔡桥镇　滨淮镇　县城管局
县住建局　县市场监管局　县卫计委
滨海调查队
22. 服务发展创新创优工作奖
县卫计委　滨海地税局　县教育局
滨海国税局　县发改委　县委农工办
县住建局　县海洋林业渔业局　县人社局
县信访局　县国土局　县环保局　县法院
县城管局　县供电公司　县交运局　县开发局
县总工会　县统计局　县安监局

组织机构及负责人

县级组织机构及负责人

中共滨海县委员会

书　记　李逸浩（　～2016.05）
　　　　钱武华（2016.05～　）
副书记　钱武华（　～2016.05）
　　　　刘永轩
　　　　张孝荣（2016.06～　）
　　　　苏　建（挂）（2016.04～　）
常　委　周　岚（女）
　　　　张孝荣（　～2016.06）
　　　　沈卫东
　　　　李　杰
　　　　姚兆春（女）
　　　　王海荣
　　　　施正祥（　～2016.06）
　　　　徐　亚
　　　　王胜利（挂）（　～2016.10）
　　　　李　军（2016.06～　）
　　　　许晓云（2016.06～　）

县纪律检查委员会

书　记　李　杰
副书记　唐子海
　　　　王刘兵（女）
常　委　徐　亮
　　　　孙昌龙
　　　　陈开尚
　　　　洪　涛（女）（2016.07～　）

县委办公室

主　任　杨　光（　～2016.10）
　　　　周金芝（2016.10～　）
副主任　沈连国
　　　　姜文联（兼）
　　　　王建军

张耀来（　~2016.10）
王永兵（2016.10~　）
张海峰

县委研究室

主　任　沈连国（兼）

县委台湾工作办公室

主　任　王建军（兼）

县国家保密工作局

局　长　沈连国（兼）

县委机要局

局　长　王永兵（兼）（2016.10~　）
副局长　蒯茂国

县档案馆（局）

馆（局）长　唐高龙
副馆（局）长　庞　岩
解英姿（女）

县信访局

局　长　朱素云（女）
副局长　顾春雷
武永祥

县委组织部

部　长　徐　亚
副部长　葛育富
吕连峰
杨　成
徐寿文

县委县级机关工作委员会

书　记　杨　成（兼）
纪工委书记　许　浩
人武部长　肖红祥

县委社区工作委员会

书　记　万堂来

县委企业和社会组织工作委员会

书　记　徐寿文（兼）

县人才工作办公室

主　任　葛育富（兼）
副主任　王　建

县委老干部局

局　长　吕连峰（兼）
副局长　汪祥新

县委离退休干部工作委员会

书　记　吕连峰（兼）（2016.06~　）

县委宣传部

部　长　张孝荣（　~2016.06）
李　军（2016.06~　）
副部长　黄　军（　~2016.10）
洪涌波
胡亚萍（女）
刘向阳（2016.10~　）

县精神文明建设指导委员会办公室

主　任　黄　军（　~2016.10）
刘向阳（2016.10~　）
副主任　李　峰

县新闻宣传中心

主　任　洪涌波（兼）
副主任　李　峰（　~2016.10）
金　力
郭乃军（2016.10~　）

县委统一战线工作部

部　长　郑成铨（　~2016.07）
沈卫东（2016.07~　）
副部长　周　潜
钱士同

县政府侨务办公室

主　任　赵正军

县委政法委员会

书　记　姚兆春（女）
副书记　施　翔
刘龙和
潘爱文（2016.08~　）

县社会治安综合治理委员会办公室

主　任　施　翔（兼）
副主任　毛海滨

县依法治县领导小组办公室

主　任　刘龙和（兼）

副主任　杨晓健

县委610办公室

主　任　皋　健(兼)
副主任　韩　群(女)

县委农村工作办公室

主　任　栾茂成
副主任　许世兵
　　　　辛道领
　　　　黄文军

县委扶贫工作领导小组办公室

主　任　栾茂成(兼)
副主任　许世兵(兼)

县机构编制委员会办公室

主　任　葛育富(　~2016.10)
　　　　葛长宇(2016.10~　)
副主任　陈　标

县委党校

校　长　刘永轩(兼)(　~2016.06)
　　　　张孝荣(兼)(2016.06~　)
常务副校长　刘晓明(　~2016.10)
副校长　陈红兵
　　　　王朝阳(2016.10~　)
工会主席　郭秀清(女)

县委党史工作办公室

主　任　蒋　华
副主任　黄加华
　　　　蒋玉宝

滨海县人大常委会

主　任　李逸浩(　~2016.06)
党组书记　钱武华(2016.06~2016.12)
　　　　宋滨东(2016.12~　)
副主任　于峰岭
副主任、党组副书记　李运亮
副主任　朱乃亮
　　　　薛正红(女)

县人大常委会办公室

主　任　于广轩
副主任　朱　克
　　　　韩朝广

政策研究室

主　任　朱　克(兼)

财政经济委员会

主　任　张　良

内务司法委员会

主　任　戴虎明

环境资源城乡建设委员会

主　任　徐为山

教科文卫委员会(民族宗教侨务委员会)

主　任　陈　将
副主任　刘爱军

农村工作委员会

主　任　李　涛

人事代表联络委员会

主　任　刘海明(女)

江苏省滨海现代农业产业园区工作委员会

主　任　鲍晓峰

盐城滨海港经济区工作委员会

主　任　潘爱文(　~2016.08)

滨海县人民政府

代县长、党组书记　钱武华(　~2016.06)
　　　　刘永轩(2016.06~　)
常务副县长、党组副书记　周　岚(女)
副县长　高明荣
　　　　李　军(　~2016.06)
　　　　王成松
　　　　程　熙(女)
　　　　沈乃峰(2016.06~　)
　　　　张昊春(挂)(2016.12~　)
党组成员　于　宽

县政府办公室

主任、党组书记　陈　斌
副主任　周　兵
　　　　顾炳跃
　　　　姜文联(兼)
　　　　陈海兵
　　　　高明刚

郑国胜
马　力

县政府法制办公室

主　任　郑国胜(兼)

县政府外事办公室

副主任　姜文联(兼)

县人民防空办公室

主　任　顾炳跃(兼)

县金融与企业上市工作办公室

主　任　周　兵(兼)

县政府驻上海联络工作处

副主任　陈之胜

县政府驻北京联络工作处

主　任　崔青松

县深圳招商服务中心

主　任　刘向阳(　~2016.10)
副主任　梁为峰(2016.10~　)

县政府接待服务中心

主　任　姜文联(兼)
副主任　傅　萍(女)(　~2016.10)
卞展月(2016.10~　)

县机关事务管理局

局　长　陈海兵(兼)
副局长　李　健
张　中
傅　萍(女)(2016.10~　)
工会主席　郑宜培

县政务服务管理办公室

主任、党组书记　陈海飞
副主任　周子林
江瑞峰
刘德灿
纪检组长　张其春
工会主席　姜达苏

县发展和改革委员会

主任、党组书记　郑贵荣
副主任　成德春(兼)
徐启南(兼)
副主任、党组副书记　沈光祥
副主任　南敬生
顾伟生

县招商引资和项目推进工作办公室

主　任　郑贵荣(兼)
副主任　张　磊

县粮食局

局　长、党委书记　徐启南
副局长　顾　浩

县物价局

局长、党组副书记　成德春
副局长　张树人
邢加山
工会主席　刘海燕(女)

县经济和信息化委员会

主任、党组书记　杨朝晖
副主任　程开山
席加兵
戴启飞
纪检组长　姜晓东
工会主席　周万友

县中小企业局

局　长　程开山(兼)

县商务局

局长、党组书记　杨月东
副局长　徐拥军(兼)
副局长、党组副书记　刘宝春
副局长　李士信(　~2016.06)
施桂香(女)
刘长礼(2016.10~　)
工会主席　潘海城

县招商局

局　长　杨月东(兼)

县安全生产监督管理局

局长、党组书记　陈红兵
副局长、党组副书记　孙　祥
副局长　刘环宇
朱德华

县环境保护局

局　长　韩立扩(兼)
副局长、党组书记　顾雷广
副局长　李元豹
　　　　樊红芳(女)
　　　　仇志春
　　　　朱　江(　~2016.01)
纪检组长　张苏桥
工会主席　王雪中
总工程师　江瑞清

县教育局

局长、党委书记　左其安
副局长、党委副书记　沈　奎
副局长　王　青
　　　　施同华
　　　　于利军
纪委书记　赵建林
工会主席　朱海斌

县体育局

局　长　左其安(兼)
副局长　李文斌

县委教育工作委员会

书　记　左其安(兼)

江苏省滨海中学

校长、党委书记　张明佐
副校长　陆　健
　　　　张必利
　　　　高晓东
党委副书记　陆岩松
副校长　谢立文
工会主席　秦伯萍(女)

江苏省滨海中等专业学校

校长、党委书记　皋建军
副校长　臧静平(女)
　　　　辛　全
　　　　王良贵
工会主席　严加新

县教师发展中心

主　任　仇道同
副主任　孟大军
　　　　颜志超
　　　　李玉海

县文化广电新闻出版局

局长、党委书记　李章全
副局长、党委副书记　顾宝明
副局长　戈长海
　　　　于利群
　　　　王　笋
纪委书记　蒋桂春
工会主席　张友田

县旅游局

局　长　李章全(兼)
副局长　朱雪生

县广播电视台

台　长　李章全(兼)(　~2016.10)
　　　　刘晓明(2016.10~　)
副台长　李森林(2016.10~　)

县科学技术局

局　长、党组书记　王立超
副局长、党组副书记　张生华
副局长　李　华
纪检组长　徐信国

县地震局

局　长　王立超(兼)

县卫生和计划生育委员会

主任、党委书记　葛长宇(　~2016.10)
　　　　　　　　杨　光(2016.10~　)
副主任、党委副书记　谷　峰
　　　　　　　　　　杨海河
副主任　陈社峰
　　　　孙　权

县市场监督管理局

局长、党委书记　李文明
副局长、党委副书记　李　山
副局长　郃昌华
　　　　李海峰
　　　　殷　豪
　　　　殷瑞金
　　　　吴煦明
　　　　皋　骞
　　　　姜红生
　　　　赵　亮(女)

纪委书记　王　永
工会主席　陈才华

县食品药品监督管理局

局　长　李　山(兼)

县民族宗教事务局

局　长　周　潜(兼)
副局长　王　海

县民政局

局长、党委副书记　王玉才
党委书记　叶青飞
副局长、党委副书记　徐鹏飞
副局长　朱永惠
　　　　李　宏
纪委书记　杨东红(女)
工会主席　汪海军

县财政局

局长、党组书记　周　青
副局长、党组副书记　刘中山
　　　　　　　　　　夏正明
副局长　祁中祥(2016.10～　)
纪检组长　孟怀环
副局长　庄　亚
工会主席　姜劲松

县政府国有资产监督管理办公室

主　任　周　青(兼)

县监察局

局　长　唐子海(兼)
副局长　洪　涛(女)(　～2016.07)

县人力资源和社会保障局

局长、党委书记　洪仁忠
副局长、党委副书记　张建华
副局长　陆海欧(女)
　　　　孙新程
　　　　张耀来(2016.10～　)
纪委书记　王岩之
工会主席　张秀君

县专门办公室

主　任　张建华(兼)

县住房和城乡建设局

局　长　赵远新(兼)(　～2016.10)
　　　　李章保(2016.10～　)
党委书记　刘　彪(　～2016.10)
　　　　　李章保(兼)(2016.10～　)
副局长　史成军
　　　　朱晓东(挂)
　　　　商岳娟(女)
　　　　徐登进
　　　　朱保兵
纪委书记　戴劲松
工会主席　张庆丰

县城市管理局

局长、党组书记　蒯中华
副局长、党组副书记　于　可
　　　　　　　　　　姜观军
副局长　胡秀海
　　　　杜逊东
纪检组长　耿　勇
工会主席　陈　水

县城市管理行政执法局

局　长　蒯中华(兼)

县交通运输局

局长、党委书记　王亚平
副局长　梁建兵
　　　　张恩成
　　　　刘旭兵(2016.10～　)
　　　　吕　博(2016.10～　)
纪委书记　刘旭兵(　～2016.10)
　　　　　唐其发(2016.10～　)
工会主席　吕　博(　～2016.10)

县港口管理局

局　长　王亚平(兼)

县水利局

局长、党委书记　陆燕山
副局长　包知君
　　　　茆洪明
　　　　陈　波
　　　　张良潮(　～2016.10)
纪委书记　周维高
工会主席　万堂庆

县农业委员会

主任、党委书记　陆汉邦
副主任、党委副书记　薛德华

副主任　陈从明(兼)
陈艾根(兼)
刘海洋(　～2016.10)
高亚国(女)
纪委书记　周维峰
工会主席　严俭春

县海洋林业渔业局

局长、党委书记　陈从明
副局长　戴　伟

县农业资源与滩涂开发局

局长、党组书记　陈艾根
副局长、党组副书记　徐天洲
副局长　王景湖

县审计局

局　长　周金芝
党组书记　严大同
副局长　周　翔
王　新
纪检组长　吴　忠

县统计局

局长、党组书记　陆　猛
副局长、党组副书记　杨红兵
纪检组长　陈海东
工会主席　庞松秀(女)

县司法局

局长、党组书记　李冬阳
副局长　张善民
陈祝军
汪洪贵
徐晓明(女)
纪检组长　蒋建凯

县公安局

局长、党委书记、督察长　于　宽
政委、党委副书记　张庆山
副局长　皋　健
江玉虎
杨　峰
曹树华
副政委　程兴俊
周　进
副局长　庄加兴
纪委书记　顾启顺

政治处主任　周　进(兼)
工会主席　徐其斌

县维护社会稳定工作领导小组办公室

主　任　于　宽(兼)
副主任　杨　正

县供销合作总社

主任、党委书记　徐拥军
副主任　沈新华
陈炳东
陈友柱
纪委书记　黄红梅(女)
工会主席　刘旭东

滨海港城城市资产经营有限公司

总经理　刘中山
监事会主席　严大同

滨海国际大酒店有限公司

董事长、总经理、党委书记　刘　彪
副总经理　李玉海

县城镇建设发展有限公司

董事长、总经理　刘海洋
副总经理　钱　俊
金广忠

县水务发展有限公司

董事长、总经理　张良潮
副总经理　曹　锋

县交通实业有限公司

董事长、总经理　朱建军

政协滨海县委员会

主　席　许松柏
党组书记　许松柏(　～2016.12)
姚兆春(女)(　～2016.12)
副主席　王达军
韩立扩
赵远新
郑成铨
秘书长　孙信成

县政协办公室

主　任　孙信成(兼)

经济科技委员会

主任委员　张金林
副主任委员　嵇为光
　　　　　　姜广梅(女)

提案委员会(社会法制和民族宗教委员会)

主任委员　潘　浩
副主任委员　陈步良

教文卫体委员会(人口资源环境委员会)

主任委员　刘洪武
副主任委员　袁九金
　　　　　　吕强声

学习文史委员会(港澳台委员会)

主任委员　唐晓艳(女)

滨海县人民法院

院　长、党组书记　詹荣安(　～2016.06)
　　　　　　　　　丁　煌(2016.06～　)
副院长、党组副书记　刘兆黎
副院长　徐　照
　　　　王大策
　　　　茅　亿
纪检组长　朱序平(女)
政治处主任　罗　涛

滨海县人民检察院

检察长、党组书记　樊　杉(　～2016.06)
代检察长、党组书记　王志道(2016.06～　)
副检察长、党组副书记　刘文胜
副检察长　朱　军
纪检组长　张清鸿
政治处主任　赵大勇

滨海县人民武装部

部　长　张巨光
政治委员　许晓云
副部长　祝海军

群众团体组织机构及负责人

县总工会

主　席、党组书记　刘必胜
副主席　董华林
　　　　金伟根

共青团滨海县委员会

书　记　严栋东(女)
副书记　马坚坚

县妇女联合会

主　席、党组书记　张　红(女)
副主席　史冬珠(女)
　　　　颜慧君(女)

县工商业联合会

主　席　王达军(兼)
党组书记　刘建华(　～2016.05)
常务副主席、党组书记　陈海君(2016.05～　)
副主席　戴克祥

县文学艺术界联合会

主　席　胡亚萍(女)(兼)

县归侨侨眷联合会

主　席　赵正军(兼)

县科学技术协会

主　席　单龙彬
副主席　嵇学武

县红十字会

常务副会长　鲁晓明
副会长　周卫莉(女)
秘书长　周卫莉(女)(兼)

县残疾人联合会

理事长　叶青飞(兼)
副理事长　戴明军

镇区组织机构及负责人

五汛镇

党委书记　胡　波
党委副书记、镇长　卞耀成
人大主席　胡　波(兼)(　～2016.05)
　　　　　皋古华(2016.05～　)
党委副书记　皋古华(兼)(　～2016.11)
　　　　　　范允中(2016.11～　)
副镇长　王曙光(　～2016.11)
　　　　范允中(　～2016.11)
　　　　唐素明

宋海峰(挂)
刘　峰
杨飞虎
孙洪波(2016.11～　)
王　强(2016.12～　)
纪委书记　韩红梅(女)
组织委员　郭爱军(　～2016.11)
杨　潇(2016.11～　)
宣传委员　陈树雷
统战委员　陈树雷(兼)
政法委员　蔡超群
人武部部长　黄建亮
工会主席　郭爱军(兼)(　～2016.11)

蔡桥镇

党委书记　顾永泉
党委副书记、镇长　权照阳
人大主席　顾永泉(兼)(　～2016.11)
吴卓睿(女)(2016.11～　)
党委副书记　吴卓睿(女)(　～2016.11)
姜　豪(2016.11～　)
人大副主席　王月出(　～2016.05)
副镇长　孙洪波(　～2016.11)
朱正东
于海军
郭爱军(2016.11～　)
刘永春(2016.11～　)
纪委书记　王鹤林(　～2016.11)
许榕榕(2016.11～　)
组织委员　韩仁君(2016.05～　)
宣传委员　赵　娟(女)
统战委员　赵　娟(女)(兼)
政法委员　韩仁君(　～2016.05)
江　涌(2016.05～　)
人武部部长　刘铁军

正红镇

党委书记　陈浩海
党委副书记、镇长　陈春雷(　～2016.05)
徐　军(2016.05～　)
人大主席　陈浩海(兼)(　～2016.05)
王广周(2016.05～2016.11)
徐宝军(2016.11～　)
党委副书记　王广周(　～2016.05)
徐宝军(　～2016.11)
杜德路(2016.11～　)
副镇长　周以昊(　～2016.05)
潘春红(女)(　～2016.11)
缪安卫
周　延(　～2016.05)
戴　威
丁自强(　～2016.11)
殷建忠(2016.05～　)
李　晔(女)(2016.11～　)
张凤全(2016.11～　)
纪委书记　殷建忠(　～2016.05)
郑培育(2016.05～　)
组织委员　王　将
宣传委员　曹恒岳
统战委员　曹恒岳(兼)
政法委员　郑培育(　～2016.05)
徐为生(2016.05～　)
人武部部长　王登华
工会主席　王　将(兼)

通榆镇

党委书记　陈海君(　～2016.05)
陈春雷(2016.05～　)
党委副书记、镇长　沈子健
人大主席　陈海君(兼)(　～2016.05)
陈春雷(兼)(2016.05～2016.11)
高志红(女)(2016.11～　)
党委副书记　高志红(女)(　～2016.11)
丁自强(2016.11～　)
人大副主席　辛立权(　～2016.11)
副镇长　李东升
王　锦
王信金
赵明路(2016.05～　)
纪委书记　单兴华(2016.05～　)
组织委员　孔　辉(　～2016.11)
牛惠姝(女)(2016.11～　)
宣传委员　刘朝霞(女)
统战委员　刘朝霞(女)(兼)(　～2016.05)
孙　华(2016.05～　)
政法委员　张凤全(　～2016.11)
人武部部长　钱　劭
工会主席　孔　辉(兼)(　～2016.11)

天场镇

党委书记　张升虎
党委副书记、镇长　王海芹(女)
人大主席　张升虎(兼)(　～2016.05)
李红旗(2016.05～　)
党委副书记　李红旗(兼)(　～2016.11)
尹红飞(2016.11～　)
人大副主席　庄国忠(　～2016.05)
副镇长　刘其军(　～2016.05)

李少华（　～2016.11）
祁　杰
尹红飞（　～2016.11）
朱　晔（2016.11～　）
徐洪兵（2016.11～　）
潘　勋（2016.12～　）
纪委书记　周廷轩
组织委员　王　雯（女）
宣传委员　嵇　昊（　～2016.11）
梁　娟（女）（2016.11～　）
统战委员　沈飞雄
政法委员　孙永明
人武部部长　于和许（　～2016.05）
贾海浪（2016.05～　）
工会主席　王　雯（女）（兼）

东坎镇

党委书记　王海荣（兼）
党委副书记、镇长　李章保（　～2016.10）
黄　军（2016.10～　）
人大主席　李浩东
党委副书记　徐　军（　～2016.05）
仇旭东
人大副主席　侍银芳（女）（　～2016.11）
副镇长　李军东（挂）
毕正茂
韩　忠
殷树航
曹志康（　～2016.05）
杨春艳（女）
韩品松（　～2016.05）
纪委书记　范海峰
组织委员　徐　军（兼）（　～2016.05）
朱　凯（2016.11～　）
宣传委员　孙　涌（　～2016.05）
唐　馨（女）（2016.11～　）
统战委员　汤志清
政法委员　王海滨
人武部部长　刘如忠

界牌镇

党委书记　曹海军
党委副书记、镇长　左元华（　～2016.05）
崔　雯（女）（2016.05～　）
人大主席　曹海军（兼）（　～2016.11）
赵建友（2016.11～　）
党委副书记　崔　雯（女）（　～2016.05）
周　延（2016.05～　）
人大副主席　严俭石（　～2016.11）

副镇长　杜德路（　～2016.11）
王大治
陈胜佐
姚　炯
胥啸暄（2016.12～　）
纪委书记　于利香（女）
组织委员　王大治（兼）（　～2016.11）
郑　捷（2016.11～　）
宣传委员　于　可
统战委员　于　可（兼）
政法委员　郭　衍（女）
人武部部长　曾祥皓
工会主席　王大治（兼）（　～2016.11）

陈涛镇

党委书记　陈敬伟（　～2016.05）
左元华（2016.05～　）
党委副书记、镇长　王东升
人大主席　陈敬伟（兼）（　～2016.05）
张耀雷（2016.05～　）
党委副书记　蒯本胜
人大副主席　蒯　波
副镇长　朱　晔（　～2016.11）
吴宝庆
陆劲松
陈之润
李　晔（女）（　～2016.11）
纪委书记　王爱红（女）
组织委员　季正文
宣传委员　张同恩（　～2016.11）
朱　凯（2016.11～　）
统战委员　张同恩（兼）（　～2016.05）
王宜兵（2016.05～　）
政法委员　王宜兵（　～2016.05）
钱钦富（2016.05～　）
人武部部长　陈育东
工会主席　季正文（兼）

八巨镇

党委书记　王怀亮
党委副书记、镇长　张国华
人大主席　王怀亮（兼）（　～2016.05）
陈建军（2016.05～　）
党委副书记　陈建军（兼）（　～2016.11）
副镇长　徐洪兵（　～2016.11）
朱政全
贾成海（　～2016.05）
许亚光（　～2016.11）
孟　宪

刘溢潇(2016.11～　)
傅长坤(2016.12～　)
纪委书记　刘溢潇(　～2016.11)
李晓权(2016.11～　)
组织委员　吴蓉蓉(女)
宣传委员　沈玉龙
统战委员　沈玉龙(兼)
政法委员　王兆通(　～2016.11)
人武部部长　姚兆光(　～2016.05)
王海兵(2016.05～　)
工会主席　吴蓉蓉(女)(兼)

八滩镇

党委书记　田海波
党委副书记、镇长　丁成富
人大主席　田海波(兼)(　～2016.05)
卢剑波(2016.05～　)
党委副书记　卢剑波(　～2016.05)
赵建友(　～2016.11)
孔　辉(2016.11～　)
人大副主席　贾寿祥(　～2016.05)
副镇长　韩仁久
蒯　军(　～2016.11)
张海旭(挂)
姜　豪(　～2016.11)
姚发军
顾　蔚
丁晨苏(女)
胡修东(2016.11～　)
纪委书记　昌　亮
组织委员　姚发军(兼)(　～2016.11)
侍　勇(2016.11～　)
宣传委员　严海燕(女)
统战委员　程　超(　～2016.11)
政法委员　张兴东
人武部部长　侍　勇(　～2016.11)
杨　洋(2016.11～　)
工会主席　姚发军(兼)(　～2016.11)

滨海港镇

党委书记　于　惠(女)
党委副书记、镇长　李向辉
人大主席　于　惠(女)(兼)(　～2016.11)
钱永军(2016.11～　)
党委副书记　钱永军(　～2016.11)
人大副主席　张效林
副镇长　朱鹏程(　～2016.11)
孟昊华
毛本东
陈庭军
纪委书记　叶　云(女)
组织委员　蒋涟滨
宣传委员　刘永春(　～2016.11)
张同恩(2016.11～　)
统战委员　刘永春(兼)(　～2016.11)
甘晓芹(2016.11～　)
政法委员　王海兵(　～2016.05)
王　辉(2016.05～　)
人武部部长　陈庭军(　～2016.05)
姚兆光(2016.05～　)
工会主席　蒋涟滨(兼)

滨淮镇

党委书记　王荣峰
党委副书记、镇长　王广周(2016.11～　)
人大主席　王荣峰(兼)(　～2016.11)
张寿权(2016.11～　)
党委副书记　王永兵(　～2016.10)
张耀雷(　～2016.05)
张立平(　～2016.11)
朱于戈(2016.11～　)
副镇长　于广松(　～2016.11)
王曙光(2016.11～　)
董星星(女)
张　敏
朱于戈(　～2016.11)
颜庭广
徐华益(2016.12～　)
纪委书记　侍　雷
组织委员　陈允松
宣传委员　陈立国
统战委员　陈立国(兼)(　～2016.05)
周德荣(2016.05～　)
政法委员　彭　忠
人武部部长　杨　洋(　～2016.11)
陈杰先(2016.11～　)
工会主席　陈允松(兼)

江苏省滨海现代农业产业园区

党工委书记、主任　鲍晓峰
党工委副书记、管委会主任　王炳山
党工委副书记　唐　明
管委会副主任　王　斌
王雨春
厉正祥
徐乃生
纪工委书记　朱海军
组织委员　蔡之美(女)

宣传委员　李进华
统战委员　刘纬纬（女）
政法委员　朱文中
人武部部长　贾海浪（　～2016.05）
　　　　　　于和许（2016.05～　）
工会主席　许小明（　～2016.05）

盐城滨海港经济区

党工委书记　潘爱文（　～2016.08）
　　　　　　王成松（2016.08～2016.11）
　　　　　　陈从明（2016.11～　）
党工委副书记、管委会主任　高　飞
党工委副书记　于晓华
管委会副主任　李往祥
　　　　　　　高瑞猛
　　　　　　　杨晶晶（女）
　　　　　　　卞展月（　～2016.10）
纪工委书记　周友刚
宣传委员　梁震萍（女）
统战委员　梁震萍（女）（兼）
政法委员　吴雪东
人武部部长　卞展月（兼）（　～2016.10）

江苏滨海港经济开发区

党工委书记　刘永轩（兼）（　～2016.06）
　　　　　　李　军（兼）（2016.06～　）
党工委副书记、管委会主任　王成松（　～2016.11）
　　　　　　　　　　　　　陈从明（2016.11～　）
党工委副书记、管委会副主任　嵇　雷
管委会副主任　王立新
　　　　　　　沈　明
　　　　　　　姜　忠
纪工委书记　赵　强
工会主席　陈允锋

江苏滨海经济开发区

党工委书记　沈乃峰（兼）（2016.04～　）
管委会副主任　朱永胜

江苏滨海经济开发区工业园

党工委书记　朱永胜（兼）（2016.10～　）
党工委副书记、管委会副主任　贾　猛
　　　　　　　　　　　　　　陈佩金
　　　　　　　　　　　　　　程　华
管委会副主任　朱晓东
　　　　　　　于广松
　　　　　　　孟海东
　　　　　　　赵　君（挂）
纪工委书记　高　力

宣传委员　夏咸丰
政法委员　蒯婷婷（女）
人武部长　吕海军
工会主席　刘亚男（女）

滨海流体装备产业园管理办公室

副主任　梁为峰

深圳南山·滨海产业园管理办公室

主　任　刘长礼（　～2016.10）
副主任　陈允飞
　　　　张　勇

江苏滨海经济开发区沿海工业园

党工委书记　沈卫东（兼）
党工委副书记、管委会主任　李　品
党工委副书记、管委会副主任
　　　　　　金建兵（　～2016.11）
　　　　　　郭敬海
管委会副主任　杨　青
　　　　　　　戴昌盛（挂）
　　　　　　　嵇为礼
　　　　　　　赵广海（2016.11～　）
纪工委书记　张寿权（　～2016.11）
组织委员　蒋　跃
宣传委员　周本耀
政法委员　赵广海（　～2016.11）
人武部长　焦　海
工会主席　曾虎兰（女）

滨海新医药特色产业园管理办公室

主　任　金建兵
副主任　秦为凯
　　　　陈敬峰

滨海高分子新材料产业园管理办公室

主　任　刘　利
副主任　陈　炜
　　　　王雁顺

条管单位组织机构及负责人

县武警中队

队　长　吴长秋
指导员　李小宇

县公安边防大队

大队长　张海峰

政　委　李志成
副大队长　樊士成

县公安消防大队

大队长　朱三强
教导员　牟传宏
副大队长　王健香

县国土资源局

局长、党委书记　朱中亮
副局长　仇恒通
　　　　鲍爱萍(女)
　　　　姜凯然
纪委书记　毕信亚
局长助理　钱永柏
　　　　　周　松

县邮政公司

总经理、党委书记　邢礼俊
副经理　邱子荣
纪委书记　邱子荣
工会主席　邱子荣
总经理助理　刘　勇

县电信公司

总经理、党委书记　赵　雷(　~2016.04)
副总经理　徐海兵
　　　　　刘　成(2016.04~　主持工作)
纪委书记　徐海兵(兼)
工会主席　刘　成(兼)(　~2016.04)
　　　　　崔立东(2016.04~　)

县移动公司

总经理　陈旭东
副总经理　朱德成(　~2016.02)
　　　　　贺小蓉(女)

县联通公司

总经理　王日乐
总经理助理　徐亚君

县供电公司

总经理、党委副书记　岳志刚
党委书记、副总经理　丁贵军
县域检修公司经理　刘建民
副总经理　管为民
　　　　　王　胜
　　　　　刘炳华

纪委书记　黄建民
工会主席　黄建民(兼)
总经理助理　李卫东

县烟草专卖局(公司)

局长、党组书记、经理　潘　硕
副局长　杨冰峰
副经理　黄才章
　　　　徐钰乔

县国家税务局

局长、党组书记　潘国健
副局长　李　轩
　　　　高圣峰
纪检组长　陈锦锋

县地方税务局

局长、党组书记　王俊斌
副局长　刘　彦
　　　　孙　虎
　　　　梁高峰
党组成员、纪检组长　王春华

国家统计局滨海调查队

队　长　郁步生
副队长　于　晓

县气象局

局　长　裴道好
副局长　程立新

中国人民银行滨海县支行

行长、党组书记　朱华良(　~2016.08)
　　　　　　　　唐　明(2016.08~　)
副行长　陈九明(　~2016.05)
　　　　茆红军(2016.05~　)
纪检组长　陈九明(兼)
　　　　　茆红军(　~2016.12)

中国银行股份有限公司滨海支行

行　长　张婷婷(女)
副行长　黄　俊
　　　　李古松

中国农业银行滨海县支行

行长、党委书记　陈　骥
副行长、党委副书记　冯兆华
副行长　王瑞虎

冯兆华（兼）
纪委书记　冯兆华（兼）

中国农业发展银行滨海县支行

行　长　周　正
副行长　成宣江
　　　　蔡加勇

中国工商银行股份有限公司滨海支行

行长、党总支书记　姜爱民
副行长　林正涛
　　　　徐东升

中国建设银行股份有限公司滨海支行

行　长　丁扣林
副行长　邢怀洋
　　　　张红兵

中国邮政储蓄银行滨海县支行

行　长　唐　静（女）
副行长　姬祖光

江苏滨海农村商业银行

董事长、党委书记　刘荣华
行长、党委副书记　杨顺龙
副行长　徐正江
　　　　陈耀清
　　　　夏国锋
　　　　顾作为
行长助理　陈红艳（女）
监事长　胥　刚
纪委书记　胥　刚（兼）
工会主席　胥　刚（兼）

昆山农商银行滨海支行

行　长　孟庆国
副行长　项德成　邝　军
行长助理　张兆标

中国人民财产保险股份有限公司滨海支公司

经　理　尹敦传
副经理　刘苏海
　　　　顾明星

中国人寿保险股份有限公司滨海支公司

经　理　沈　军
协　理　邵海峰
　　　　刘春雨
经理助理　刘　华

县盐业有限公司

党组书记、总经理、局长　段泽琪
经理、副局长　殷绍军
总经理助理、局长助理　张红林

盐城市住房公积金管理中心滨海管理部

主　任　殷振黎
副主任　徐洪志

江苏省国营滨淮农场

党委书记　郭世平（　~2016.07）
　　　　　李德利（2016.07~　）
场长、党委副书记　傅龙光
党委委员　李文忠
纪委书记、党委委员、工会主席　马传武
场长助理、党委委员　杨海燕

苏垦农发滨淮分公司

总经理　郭世军（　~2016.07）
　　　　李德利（2016.07~　）
副总经理　李文忠

盐城市新滩经济开发投资有限公司新滩盐场

场长、党委副书记　黄耀家
党委书记、工会主席　陈正群
纪委书记　胡　军
副场长　乐湛元
　　　　秦　海
场长助理　项达明

滨海新华书店有限责任公司

执行董事、经理　费银芝
副经理　朱　明
经理助事　高　军

中石化江苏盐城滨海石油分公司

经　理　陈乃鹏（　~2016.3）
　　　　张　盛（2016.4~　）

索 引

说 明

1. 本索引由章、节、目、特色条目、相关链接及有关表格分析编制。按标引词第一字汉语拼音字母顺序排列,同音字按声调排列,音调相同按下一字的音序排列。

2. 图说滨海、特载、大事记的具体属目、随文插图等,未编入索引。

3. 章、节标题用小5号黑体加粗标示,正文所有款目用小5号宋体标示。

4. 标引词后的数字,表示内容所在页码,数字后的字母ab分别表示左右两栏。

A

B

C

D

E

F

G

H

J

K

L

M

N

P

Q

R

S

T

W

X

Y

Z